Auswärtige Kul

MW01230901

Reihe herausgegeben von

Wolfgang Schneider, Institut für Kulturpolitik, Stiftung Universität Hildesheim,
Hildesheim, Deutschland

„Die Pflege der Beziehungen zu auswärtigen Staaten ist Sache des Bundes", heißt es in Artikel 32 des Grundgesetzes der Bundesrepublik Deutschland. Die „Pflege" geschieht durch Diplomatie und wirtschaft liche „Beziehungen". Dritte Säule der Außenpolitik ist die Auswärtige Kulturpolitik, die es zu untersuchen gilt. Dialog und Austausch mittels Kunst und Kultur sind Gegenstände von Politikwissenschaft und Kulturwissenschaften. Studien der Kulturpolitikforschung analysieren und reflektieren Anspruch und Wirklichkeit von Projekten und Programmen der so genannten Mittlerorganisationen. Die von Wolfgang Schneider herausgegebene Reihe bei Springer fundiert Theorie und Praxis Auswärtiger Kulturpolitik auf nationaler Ebene, im komparatistischen internationalen Diskurs und im Rahmen der europäischen Integration.

Benjamin Hanke

Kulturelle Teilhabe durch Immaterielles Kulturerbe

Instrumente der Kulturpolitik in
Deutschland zur Umsetzung der
UNESCO-Konvention von 2003

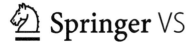 Springer VS

Benjamin Hanke
Berlin, Deutschland

ISSN 2625-1485   ISSN 2625-1493 (electronic)
Auswärtige Kulturpolitik
ISBN 978-3-658-44085-5   ISBN 978-3-658-44086-2 (eBook)
https://doi.org/10.1007/978-3-658-44086-2

Die Deutsche Nationalbibliothek verzeichnet diese Publikation in der Deutschen Nationalbibliografie; detaillierte bibliografische Daten sind im Internet über http://dnb.d-nb.de abrufbar.

© Der/die Herausgeber bzw. der/die Autor(en) 2024. Dieses Buch ist eine Open-Access-Publikation.

Open Access Dieses Buch wird unter der Creative Commons Namensnennung 4.0 International Lizenz (http://creativecommons.org/licenses/by/4.0/deed.de) veröffentlicht, welche die Nutzung, Vervielfältigung, Bearbeitung, Verbreitung und Wiedergabe in jeglichem Medium und Format erlaubt, sofern Sie den/die ursprünglichen Autor(en) und die Quelle ordnungsgemäß nennen, einen Link zur Creative Commons Lizenz beifügen und angeben, ob Änderungen vorgenommen wurden. Die in diesem Buch enthaltenen Bilder und sonstiges Drittmaterial unterliegen ebenfalls der genannten Creative Commons Lizenz, sofern sich aus der Abbildungslegende nichts anderes ergibt. Sofern das betreffende Material nicht unter der genannten Creative Commons Lizenz steht und die betreffende Handlung nicht nach gesetzlichen Vorschriften erlaubt ist, ist für die oben aufgeführten Weiterverwendungen des Materials die Einwilligung des jeweiligen Rechteinhabers einzuholen.
Die Wiedergabe von allgemein beschreibenden Bezeichnungen, Marken, Unternehmensnamen etc. in diesem Werk bedeutet nicht, dass diese frei durch jedermann benutzt werden dürfen. Die Berechtigung zur Benutzung unterliegt, auch ohne gesonderten Hinweis hierzu, den Regeln des Markenrechts. Die Rechte des jeweiligen Zeicheninhabers sind zu beachten.
Der Verlag, die Autoren und die Herausgeber gehen davon aus, dass die Angaben und Informationen in diesem Werk zum Zeitpunkt der Veröffentlichung vollständig und korrekt sind. Weder der Verlag noch die Autoren oder die Herausgeber übernehmen, ausdrücklich oder implizit, Gewähr für den Inhalt des Werkes, etwaige Fehler oder Äußerungen. Der Verlag bleibt im Hinblick auf geografische Zuordnungen und Gebietsbezeichnungen in veröffentlichten Karten und Institutionsadressen neutral.

Planung/Lektorat: Marija Kojic
Springer VS ist ein Imprint der eingetragenen Gesellschaft Springer Fachmedien Wiesbaden GmbH und ist ein Teil von Springer Nature.
Die Anschrift der Gesellschaft ist: Abraham-Lincoln-Str. 46, 65189 Wiesbaden, Germany

Das Papier dieses Produkts ist recyclebar.

Zum Geleit von Professor Dr. Wolfgang Schneider

Kulturpolitik ist keine Erfindung der UNESCO. Aber die Organisation der Vereinten Nationen für Bildung, Wissenschaft und Kultur hat nach dem Zweiten Weltkrieg international dazu beigetragen, dieses Politikfeld mit Leben zu füllen. Schon 1954 sorgte die Haager Konvention zum Schutz von Kulturgut bei bewaffneten Konflikten für ein kulturpolitisches Abkommen, 1982 erfolgte auf der Weltkonferenz über Kulturpolitik in Mexiko die richtungsweisende Definition eines erweiterten Kulturbegriffs und in der Folge waren es neben dem Übereinkommen zum Schutz und zur Förderung der Vielfalt kultureller Ausdrucksformen (2005) vor allem die Welterbe-Konventionen, die auch dazu beigetragen haben, konzeptionelle Kulturpolitik in den Vertragsstaaten zu etablieren. Bereits im Jahre 1972 widmete sich die Weltgemeinschaft dem Weltkultur- und Weltnaturerbe der Menschheit, 1992 folgte das Weltdokumentenerbe „Memory of the World" und 2003 die Konvention zur Erhaltung des immateriellen Kulturerbes.

Mit diesen Programmen sollte das kulturelle Gedächtnis gestärkt, sollten die kulturellen Artefakte geschützt und eine transnationale Verständigung initiiert werden. Der internationalen Liste liegen jeweils die nationalstaatlichen Vorschläge und Vorarbeiten zugrunde, immer auch mit dem Ziel, gemeinsam Verantwortung gegenüber kulturellen Phänomenen möglich zu machen. Es geht um Erscheinungsformen in der Welt von außergewöhnlichem Wert, es geht der UNESCO um deren Erfassung, Schutz und Erhaltung, insbesondere um konkrete Maßnahmen gegen die immer stärker drohenden Gefahren des Verschwindens, Vergessens und Vernichtens. In größerem Kontext wird mit all dieser im besten Sinne der Bürokratie international verwaltenden und national gestaltenden Kulturpolitik auch eine gesellschaftliche Wertschätzung von Kunst, Kultur und

Natur impliziert, die ihre Entfaltung nicht nur auf das Konservieren von Identität beschränkt, sondern auf das Inspirieren von Kreativität im Umgang der
Menschheit mit ihrer Geschichte.

Wie das alles im komplexen Konstrukt der Konventionen funktioniert, im politischen Mehrebenensystem entwickelt und wie Kulturerbe organisiert wird, das
galt es zu beforschen. Benjamin Hanke hat sich dieser Aufgabe gestellt und die
Umsetzung der UNESCO-Konvention zur Erhaltung des immateriellen Kulturerbes am Beispiel der Bundesrepublik Deutschland untersucht. Er war selbst daran
beteiligt, als Bund und Länder sich erst spät im Jahre 2013 zur Ratifizierung
der Konvention verständigten und begleitete in der Geschäftsstelle der Deutschen
UNESCO-Kommission den Prozess der ersten nationalen Inventarisierungsliste.
Damit hatte er Einblicke in alle Gespräche und Dokumente sowie Hintergrundinformationen, die ihn mit besonderer Expertise ausstatteten. Und auch das sei
gleich vorweggesagt: Er macht das mit kritischer Distanz, mit transparenter Vorgehensweise und mit wissenschaftlichem Knowhow. Der Beobachtungszeitraum
geht bis 2016, seine berufliche Verbundenheit endet mit dem Wechsel zu einer
anderen Tätigkeit in einer Landeskulturverwaltung. Auch das hat ihm offenbar
gutgetan, um mit Abstand seine Erfahrungen auswerten zu können, was unter
anderem auch die Analysen, Reflektion und Erkenntnisse auszeichnet.

Soziale Komponenten kultureller Formen
Gegenstand der Untersuchung ist die Umsetzung des Übereinkommens zum
immateriellen Kulturerbe. Dabei handelt es sich „um von Mensch zu Mensch weitergegebenes Wissen und Können mithin um Kulturformen mit identitätsstiftender
Wirkung für ihre Trägerinnen und Träger", schreibt Benjamin Hanke gleich zu
Beginn zur Klärung. Und rekurriert auf die soziale Komponente der Kulturformen,
die in Gemeinschaften und Gruppen eine entscheidende Rolle spielen können. Projekte, Programme und Strategien hat er untersucht, insbesondere im Hinblick auf
ein grundlegendes Ziel von Kulturpolitik, nämlich das Gelingen, mehr Menschen
für kulturelle Teilhabe zu gewinnen. Seine Arbeitshypothese ist, „die Würdigung
bzw. Auszeichnung einer Kulturform als Immaterielles Kulturerbe", das als ein kulturpolitisches Instrument darzustellen sei, „welches von den am Prozess beteiligten
Akteuren mit zum Teil unterschiedlichen Zielen und in unterschiedlicher Intensität sowie verschiedenem Bewusstsein für die damit verbundene Potenziale genutzt
wird".

Die Forschungsfragen fokussieren auf politische Maßnahmen, auf die Akteure
im politischen Mehrebenensystem, auf die Ermöglichung von Partizipation und wie
sich eine Wechselwirkung zwischen der internationalen und nationalen Umsetzung
der Konvention gestaltet. Besonders wichtig erscheint ihm, ob „die Perspektive

der Trägergruppen für (internationale) Zusammenhänge und Gemeinsamkeiten von Kulturformen" sich öffne oder „eher zu einer Verengung des Blicks auf Partikularität des eigenen Kulturschaffens bzw. Kulturerbes" führe. Mit einem methodischen Dreiklang analysiert er Dokumente, wertet einerseits seine Interviews mit Experten aus sowie andererseits sogenannte Hintergrundgespräche und untersucht die Medienberichte zum Forschungsgegenstand.

Benjamin Hanke positioniert sich bei seinen Forschungen von Anfang an mit der Idee einer Neuen Kulturpolitik, die in der Folge von 1968 zunächst in der alten, aber dann auch in der neuen Bundesrepublik um Zugangschancen in der Kulturlandschaft bemüht war, zur Demokratisierung beitragen wollte und auch Alltagsaktivitäten sowie Lebensweisen in ihr Portfolio einzubinden wusste. Mit dem Immateriellen Kulturerbe werden Bräuche, Traditionen und Ausdrucksformen identifiziert, die jenseits der Hochkultur und einen auf die Künste reduzierten Kulturbegriff die sogenannte Breitenkultur zu Tage fördert, die von weiten Kreisen der Bevölkerung gepflegt werden. Differenziert wird ein Kulturpolitikbegriff zugrunde gelegt, der neben Staat und Markt, eben auch die Zivilgesellschaft miteinbezieht. Obwohl die Konvention auf einer außenpolitischen Bundesaufgabe beruht, fokussieren die Forschungen auf die föderale Zuständigkeit der Länder, auch in der Koordination durch die Kultusministerkonferenz (KMK), aber auch auf die Kommunalpolitik, die in erster Linie einen kulturpolitischen Auftrag in Deutschland für sich reklamiert.

Kennzeichen des Immateriellen Kulturerbes seien das Prozesshafte und das Veränderliche oder gar Improvisierte, heißt es und es wird klar, dass die Analysen des Gegenstandes genau darauf fixiert sind. Es geht nicht nur um die Identifizierung und Erhaltung, es geht um die Pflege traditioneller Kulturformen und so stehen die Trägergemeinschaften sowie die Praktizierenden im Mittelpunkt des Diskurses. Exemplarische bzw. symptomatische Fallbeispiele machen die Prozesse der Anerkennung sichtbar, werden auf Auswirkungen und Folgen überprüft und begleiten somit Charakteristika und Strukturen der ersten Inventarisierungsbemühungen des Bundesweiten Verzeichnisses. Interessant in diesem Zusammenhang sind auch einige exemplarischen Einblicke in die europäische Umsetzung, beispielsweise in Österreich, der Schweiz, Belgien oder Frankreich. Die Kriterien der untersuchten Fälle im Sinne der Policy-Theorie werden ebenso transparent gemacht: neue Akteure, besonderes bürgerschaftliches Engagement, Veränderung der gesellschaftlichen Akzeptanz. Sehr hilfreich sind auch die Auflistung und Auswertung der wichtigsten Dokumente, 29 an der Zahl, die als Grundlage zur Analyse beigetragen haben.

Anspruch und Wirklichkeit von Kulturpolitik

Benjamin Hanke macht seine Ergebnissicherung auf besondere Weise nachvollziehbar, er sortiert die „Wegmarken" des Beitrittsverfahren, zitiert die konzeptionellen
Vorüberlegungen, auch zum Vergleich von Anspruch und Wirklichkeit des Vorgehens, und kommt schon früh zu folgender ernüchternden Erkenntnis: „Keiner der
an den damaligen Prozessen der Politikformulierung beteiligten Befragten erinnert
sich an oder hat rückblickend ein geschlossenes kulturpolitisches Konzept oder gar
eine bewusste Form der Kulturförderung von unterrepräsentierten Gruppen erkannt,
dass man mit dem deutschen Beitritt verband." Von besonderer Bedeutung erscheint
ihm deshalb die Einrichtung einer Fachstelle zur Beratung und Begleitung sowie
die eines Fachgremiums zur inhaltlichen Bewertung der Nominierungen. Beein-
druckend ist die Herausarbeitung von 28 Schritten bei der Implementierung in der
Politik durch Bund und Länder, durch Deutsche UNESCO-Kommission (DUK) und
Kulturverbände, auch mittels Workshops und Tagungen, Veröffentlichungen und
Medienbetreuung. Benjamin Hanke weist nach, wie das Programm zunächst mit
Zurückhaltung etwa bei dem Bundesbeauftragten für Kultur und Medien oder dem
Deutschen Kulturrat aufgenommen wurde, durch zunehmende Popularität in den
Politikfeldern Tourismus, Regionalentwicklung und Wirtschaft auf der gesellschaft-
lichen Agenda erst spät auftaucht; er geht soweit, sogar von einer Konstituierung
eines neuen Policy-Netzwerkes zu sprechen.

„Die Umsetzung der UNESCO-Konvention zur Erhaltung des immateriellen
Kulturerbes in Deutschland orientiert sich faktisch an verschiedenen Logiken der
Beteiligung und Steuerung des Zusammenwirkens von Akteursgruppen". Benannt
werden kulturelle Teilhabe, der Kulturföderalismus, die Qualitätsauswahl und die
demokratische Legitimation. Das zeige sich auch bei den Wirkungen auf gesellschaftliche Debatten. Mit der Quantifizierung derer, die Träger und Teilhabende
der Traditionen seien, sei auch eine Bewusstseinserweiterung hinsichtlich des Kulturbegriffs möglich gemacht worden. Kritische Auseinandersetzungen seien aber
weiterhin erforderlich, im Hinblick auf den problematischen Begriff der deutschen
Tradition, das Fehlen migrantisch geprägter Trägergruppen und des gelegentlich
falschen Verständnisses von Denkmalpflege. „Die Erkenntnis, dass Originalität und
Authentizität wenig, aber der Beitrag des Immateriellen Kulturerbes zu sozialem
Zusammenhalt viel zählt, setzt sich auch bei den Trägergruppen der Kulturformen
nach und nach durch." Und mehr und mehr gehe es auch um transnationale Nominierungen, verbunden mit internationalen Kooperationen, ein Desiderat, das zu einem
politischen Lernen geführt haben soll.

Deshalb folgt am Ende der Untersuchung auch die Empfehlung, noch stärker
auf kulturelle Teilhabe Wert zu legen, die Verständigung im politischen Mehrebenensystem zu fördern, das Inventarisierungsverfahren konsistenter, effektiver und

strategischer auszurichten sowie das Netzwerk der Trägergruppen zu stärken. „Und fünftens schließlich sollten Ressourcen zur Inwertsetzung Immateriellen Kulturerbes, insbesondere in Form von Aufmerksamkeit und einer Harmonisierung mit einer nachhaltigen Entwicklung, mobilisiert werden." Von kluger Reflektion zeugen auch die Vorschläge für weitere Forschungen, zum Beispiel zur Frage: „Wer spricht in den Bewerbungsprozessen oder auch nach einer Anerkennung für wen und mit welcher Legitimation?" Eine durch die verantwortlichen Akteure und Austauschprozesse entstehende Veränderbarkeit von Kultur bedürfe der besonderen Beobachtung, was zwar im Text der Konvention anklinge, aber beileibe nicht geteilte Überzeugung aller an der nationalen und internationalen Umsetzung der Konvention Beteiligter sei.

Beitrag zur Identitätsbildung der Menschheit
Benjamin Hanke kennt sich bestens aus, weiß bis ins Detail von seinem Gegenstand, hat Theorien und Methoden der Kulturwissenschaften zur Hand und liefert mit seinen beispielhaften Analysen und daraus folgenden fundierten Reflexionen neue Erkenntnisse in der Kulturpolitikforschung. Mit kritischer Distanz diskutiert er ein Instrument der Gesellschaft zur Qualifizierung eines kulturellen Phänomens, das zur Identitätsbildung in der Menschheitsgeschichte beiträgt. Er kann aber auch bewundernswert pragmatisch sein. Denn sein Anliegen ist nicht nur die Verwaltung der wissenschaftlichen Durchdringung, sondern auch die Gestaltung der strukturellen Perspektiven für ein Weltwissen über Volks-, Alltags- und Breitenkultur. Kulturelle Teilhabe, aber auch ästhetische Bildung sind das Movens für die exzellente Untersuchung.

In diesem Werk wird nicht nur eine Forschungslücke geschlossen, es wird ein Aspekt internationaler Politik zur Diskussion gestellt, die bei allen Rückschlägen durch nationalistische Entwicklungen eine Perspektive zeigt, wie Kulturerbe einerseits sozialen Zusammenhalt ermöglichen und andererseits Interesse an Offenheit, Toleranz und Respekt generieren kann. Diese zutiefst humanistische Haltung könnte auch die Zukunft von Kulturpolitik wieder stärker bestimmen. Kulturerbe erhalten heißt mit Benjamin Hanke vor allem: Kulturerbe leben und dafür Voraussetzungen schaffen, dass dies im öffentlichen Interesse nicht nur bekundet wird, sondern auch in Politik und Gesellschaft verankert ist.

Professor Dr. Wolfgang Schneider war Gründungsdirektor des Instituts für Kulturpolitik der Stiftung Universität Hildesheim und von 2012-2020 UNESCO Chair in Cultural Policy for the Arts in Development. Er ist Persönliches Mitglied der Deutschen UNESCO-Kommission und des Nationalen Nominierungskomitees für das UNESCO-Programm „Memory of the World".

Inhaltsverzeichnis

Abkürzungsverzeichnis

1972er-Konvention	UNESCO-Übereinkommen zum Schutz des Kultur- und Naturerbes der Welt
2003er-Konvention	UNESCO-Übereinkommen zur Erhaltung des immateriellen Kulturerbes
AA	Auswärtiges Amt
Abs.	Absatz
Anm. d. Verf.	Anmerkung des Verfassers
Art.	Artikel
BAK	Bundesamt für Kultur der Schweiz
BHU	Bund Heimat und Umwelt
BKM	Beauftragte der Bundesregierung für Kultur und Medien
BMBF	Bundesministerium für Bildung und Forschung
BMELV	Bundesministerium für Ernährung, Landwirtschaft und Verbraucherschutz
BMI	Bundesministerium des Innern
BMJ	Bundesministerium der Justiz
BMZ	Bundesministeriums für wirtschaftliche Zusammenarbeit und Entwicklung
BT	Bundestag
BTU	Brandenburgisch-Technische Universität Cottbus (bis Ende 2012) bzw. Brandenburgisch-Technische Universität Cottbus-Senftenberg (seit 2013)
CIOFF	Internationaler Rat für die Organisation von Folklorefestivals und Volkskunst
Dok.	Dokument
Drs.	Drucksache

DUK	Deutsche UNESCO-Kommission e.V.
e. V.	eingetragener Verein
GG	Grundgesetz
i. d. R.	in der Regel
i. e. S.	im engeren Sinne
IKE	Immaterielles Kulturerbe
KMK	Kultusministerkonferenz der Länder in der Bundesrepublik Deutschland
Kultur-MK	Kulturministerkonferenz der Länder in der Bundesrepublik Deutschland
MdB	Mitglied des Bundestags
NGO	Nichtregierungsorganisation
NRW	Nordrhein-Westfalen
ÖUK	Österreichische NESCO-Kommission
UNESCO	Organisation der Vereinen Nationen für Bildung (Erziehung), Wissenschaft und Kultur
ZDH	Zentralverband des Deutschen Handwerks

Kultur von allen für alle mit allen? Eine Einleitung

1

1.1 Ziele, Grundlagen und Ausgangsüberlegungen

Spitzenklöppeln, Poetry Slam und Chorgesang. Das alles ist Kultur. Und zwar nicht nur im anthropologischen Sinne. Alle drei Formen sind konkrete Kultur in Form von kreativen Tätigkeiten. (vgl. Groni 2008: 108 ff.) Spitzenklöppeln würde man wohl gemeinhin als ‚Volkskultur‘ bezeichnen. Poetry Slam ist ein erfolgreiches Performance-Phänomen vor allem in Großstädten, kann sich aber auf antike und mittelalterliche Vorläufer berufen. Chorsingen ist eine generationenübergreifende Praxis des gemeinsamen Musizierens in Stadt und Land; elaborierte Formen findet man in Aufführungen der so genannten ‚Hochkultur‘.

Kann man auf die Idee kommen, diese drei sehr unterschiedlichen Kulturformen in ein und dieselbe Kategorie einzuordnen? Durchaus! Die staatlichen und nichtstaatlichen Akteure, die die Umsetzung der UNESCO-Konvention zur Erhaltung des immateriellen Kulturerbes[1] in Deutschland verantworten, haben alle drei als Immaterielles Kulturerbe in Deutschland anerkannt.

Kultur wurde lange als etwas für wenige betrachtet, für die Hochgebildeten, die gesellschaftliche Elite, die über genügend Zeit und Geld verfügen. ‚Volkskultur‘, ein Begriff, der gemeinhin abwertende Konnotation enthält, stand demgegenüber weitgehend im Abseits. „Am Anfang des 21. Jahrhunderts [...] begann man ‚Volkskultur‘ in einem ganz anderen Licht zu sehen, sie wurde zum Thema der Kulturpolitik." (Jacobs 2007: 10) Im Jahr 2003 wurde die UNESCO-Konvention zur Erhaltung des immateriellen Kulturerbes von der Staatengemeinschaft verabschiedet. Immaterielles Kulturerbe sollte damit als Quelle von Identität, Kreativität und Vielfalt gewürdigt werden (vgl. Merkel 2011:

---

[1] https://www.unesco.de/sites/default/files/2018-03/2003_Übereinkommen_zur_Erhaltung_des_immateriellen_Kulturerbes_0.pdf; Zugriff am 12.06.2022.

© Der/die Autor(en) 2024   1
B. Hanke, *Kulturelle Teilhabe durch Immaterielles Kulturerbe*, Auswärtige
Kulturpolitik, https://doi.org/10.1007/978-3-658-44086-2_1

65). Gegenstand des Übereinkommens sind lebendige Traditionen, Kultur- und Wissensformen. Ihre jeweiligen Trägergruppen sollen in der Erhaltung dieser Kulturformen gestärkt werden, um die Vielfalt der menschlichen Ausdrucksformen zu erhalten. Beim Immateriellen Kulturerbe handelt es sich um von Mensch zu Mensch weitergegebenes Wissen und Können, mithin um Kulturformen mit identitätsstiftender Wirkung für ihre Trägerinnen und Träger. „Das immaterielle Kulturerbe bricht etablierte Kulturbegriffe auf und rückt Alltagskultur in ein neues Licht. Das sorgt für ein breiteres Verständnis von Kultur bei den Menschen. [Damit] ist die Chance verbunden, unser kulturelles Gedächtnis und damit die Bedeutung von Gemeinschaften wieder zu entdecken und nicht bei Individualismus und Leistungsdenken stehen zu bleiben." (Prof. Dr. Christoph Wulf, Vorsitzender des Expertenkomitees Immaterielles Kulturerbe der Deutschen UNESCO-Kommission, im Interview auf www.unesco.de, 12.12.2014) Die Kulturformen haben also eine wichtige soziale Komponente. Gemeinschaften und Gruppen spielen bei der Pflege der Formen Immateriellen Kulturerbes die entscheidende Rolle. Als Kulturerbe gelten nur Formen, die für eine Gruppe oder Gemeinschaft Identität stiften. Träger dieser Kulturformen kann prinzipiell jeder sein. Es stellt sich jedoch die Frage, ob mit der Konventionsumsetzung in Deutschland – der Beitritt erfolgte im Juli 2013 – also (endlich) das Ziel „Kultur von allen für alle" (vgl. vgl. Hoffmann 1990: 52 sowie Scheytt 2005) und damit eine echte „Breitenkultur" (vgl. Schneider 2014b) verwirklicht werden kann.

Dies trifft im Angesicht der Globalisierung mit einem Trend zusammen, Kollektive im regionalen und nationalen Raum wieder zu stärken. Um kulturelle und politische Fundamente für den Zusammenhalt von Gesellschaften zu legen, wird auf ein Konzept rekurriert, das etwa im Prozess der Nationenbildung zu beobachten war und heute wieder vermehrt greift: die Konstruktion kollektiver Identität(en). Gerade bei Erinnerungs(kultur)politik geht es immer auch um Fragen der Identität (vgl. Fuchs 2010: 46). Mit Klaus von Beyme dient Kulturpolitik „der Herausbildung zahlreicher Identitäten auf allen Ebenen – vom Weltbürgertum bis zur Dorfgemeinschaft" (von Beyme 1998: 8). Die These, dass die Konzepte von Identität und Erbe interdependent sind, wird auch in der Definition von Immateriellem Kulturerbe in der UNESCO-Konvention vorausgesetzt. Zwar gehört Kulturpolitik nicht zu den Politikfeldern, die in der Öffentlichkeit stark diskutiert werden; staatliche Förderungen werden häufig als „freiwillige Leistungen" erachtet und haben darum scheinbar geringere Relevanz als handfeste Eingriffe in den Energiesektor oder die Sozialkassen (vgl. Wenzler 2009: 23 f.). Und doch wird in den letzten Jahren vermehrt deutlich, dass für die gesellschaftlich relevanten Identitätsdiskussionen kulturpolitische Maßnahmen, wie eine Anerkennung von Traditionen als Immaterielles Kulturerbe, durchaus große Relevanz haben und daher zunehmend politisch und auch wissenschaftlich reflektiert werden.

Ziel der vorliegenden Untersuchung ist es, anhand der nationalen Umsetzung der UNESCO-Konvention zur Erhaltung des immateriellen Kulturerbes in Deutschland, eine Policy-Analyse im Feld der Kulturpolitik vorzunehmen. Da „[d]as Ziel einer Politikfeldanalyse ist, das Zustandekommen einer öffentlichen Politik einschließlich deren Wirkungen zu erklären" (Schneider/Janning 2006: 32), geht es in dieser Arbeit darum, zu analysieren, mit welchen Strategien, Programmen und Projekten Deutschland die UNESCO-Konvention zur Erhaltung des immateriellen Kulturerbes umsetzt und welche konkreten Folgen dies hat. Hierfür sollen die verschiedenen beteiligten Akteure im Rahmen einer retrospektiven, d. h. ex-post-Betrachtung der Umsetzung dieses völkerrechtlichen Instruments im nationalstaatlichen Rahmen mit Schwerpunkt im Zeitraum 2013 bis 2016 mit ihren Projekten, Programmen und Strategien sowie in ihren Zielen und Absichten untersucht werden. Im Rahmen der Arbeit ist die Frage von großem Interesse, ob es neue (innovative) politische Maßnahmen gibt, mit denen Deutschland die Konvention umsetzt und ob es dadurch gelingt eines der grundlegenden Ziele von Kulturpolitik, mehr Menschen für die Teilhabe an Kultur zu gewinnen, zu erreichen. Dabei bewegt sich die Untersuchung nicht nur im nationalen Politikfeld, sondern berührt auch die Auswärtige Kultur- und Bildungspolitik (AKBP). Bei der Umsetzung einer UNESCO-Konvention ist naturgemäß stets die internationale Dimension mitzudenken. Kulturpolitische Entscheidungen in Deutschland, wie etwa die Aufnahme einer kulturellen Ausdrucksform ins Bundesweite Verzeichnis des Immateriellen Kulturerbes oder erst recht eine UNESCO-Nominierung, haben auch Auswirkungen auf die internationalen Kulturbeziehungen Deutschlands. Der Impuls zur innerstaatlichen Umsetzung des Programms kam wiederum aus der internationalen Gemeinschaft. In Deutschland hatte die Kulturpolitik die Förderung der Erhaltung kulturellen Wissens und Könnens, d. h. Immateriellen Kulturerbes, bis dahin weitgehend ausgeklammert. Eine der wesentlichen Folgen des Übereinkommens ist: Immaterielles Kulturerbe bzw. das, was man auch einmal ‚Volkskultur', ‚Alltagskultur' oder ‚Breitenkultur' nannte, und dem man kulturpolitisch ziemlich wenig Aufmerksamkeit schenkte, steht heute auf der kulturpolitischen Tagesordnung. Dies hat das Potenzial zeitgemäße Kulturpolitik in diesem Feld zu gestalten und neue Wege für die Beteiligung an kultureller Praxis inklusive Maßnahmen kultureller Bildung zu eröffnen (vgl. Jacobs 2007: 15). Dabei wird Kulturpolitik aus einer explizit humanistischen Haltung und Perspektive betrachtet: Das bedeutet, dass die Bedeutung von Kultur für Menschen und

Gesellschaften, demgemäß für das soziale Zusammenleben von Gemeinschaften, gegenseitiges Interesse sowie Achtung, Toleranz und Respekt füreinander, im Fokus der Aufmerksamkeit steht. Die Arbeitshypothese ist, dass die Würdigung bzw. Auszeichnung einer Kulturform als Immaterielles Kulturerbe ein kulturpolitisches Instrument darstellt, welches von den am Prozess beteiligten Akteuren mit zum Teil unterschiedlichen Zielen und in unterschiedlicher Intensität sowie verschiedenem Bewusstsein für die damit verbundenen Potenziale genutzt wird. Dieses Instrument steht nicht im luftleeren unpolitischen Raum, sondern entfaltet seine Wirkung entsprechend des spezifischen Modells der nationalen Umsetzung der UNESCO-Konvention und der Rollen der beteiligten staatlichen und nichtstaatlichen Akteure. Die jeweilige konkrete Realisierung dieser UNESCO-Konvention im nationalstaatlichen Rahmen können die einzelnen Vertragsstaaten individuell gestalten. Zwar gibt die UNESCO mit einer Konvention wie jener von 2003 zum Immateriellen Kulturerbe einen Rahmen vor, „inwiefern vorgeschlagene Deutungs- und Interpretationsangebote jedoch auf nationaler und lokaler Ebene umgesetzt werden, muss jeweils im konkreten Fall erneut untersucht werden" (Tauschek 2010: 124). Die verschiedenen Strategien und Verfahren ergeben folglich unterschiedliche Akteurskonstellationen. Dadurch eben handelt es sich bei der vorliegenden Arbeit im Kern um eine Untersuchung des Politikfelds der Kulturpolitik in Deutschland, also des Handlungsraums, in dem sich die beteiligten Akteure bewegen. Ihre Interaktionsmuster und die sich dabei ergebenden Ergebnisse im Zusammenhang mit einem Instrument der Themensetzung und Normgebung sollen hier multiperspektivisch analysiert werden. Die Untersuchung soll beispielhaft für ein neues Nachdenken über Konzepte und Instrumente, mit denen Kulturpolitik gemacht wird, das heißt der Rahmenbedingungen für all das, was unter Kulturpolitik subsummiert wird, sein (vgl. Schneider 2014a). Sie soll Hypothesen generieren und Fragen aufspüren, die in vergleichbaren Zusammenhängen untersucht werden können. Zudem sollen durch die vorgenommenen Analysen Hinweise und Anregungen bzw. Handlungsempfehlungen zur weiteren Umsetzung der UNESCO-Konvention gegeben werden.

Zu den Parametern, die die Umsetzung der Konvention in Deutschland bestimmen, zählen u. a. der Kulturföderalismus, das Zusammenwirken von Ländern als Träger der Kulturpolitik und des Bundes als Vertragspartei der UNESCO, die Art der Zusammenarbeit zwischen Experten und staatlichen Stellen und nicht zuletzt die aktive Rolle der Trägergruppen des Immateriellen Kulturerbes bei der Identifizierung und Erhaltung dessen. Weitere Parameter sollen während des

Untersuchungsvorhabens herausgearbeitet werden. Sie werden anhand von relevanten Dokumenten hergeleitet und mit eigenen qualitativen und quantitativen empirischen Erhebungen kombiniert.

Hinsichtlich der Verständlichkeit, der Lesbarkeit und der Einheitlichkeit in der vorliegenden Arbeit an dieser Stelle noch drei Hinweise: erstens zur Groß-/Kleinschreibung, zweitens bezüglich der Verwendung des generischen Maskulinums und drittens hinsichtlich von Anführungsstrichen im Rahmen dieser Arbeit:

1. ‚Immaterielles Kulturerbe' wird als feste Bezeichnung und Eigenname verstanden und daher i. d. R. großgeschrieben. Wichtigste Ausnahme ist die Bezeichnung der UNESCO-Konvention, die in offizieller deutscher Übersetzung „Übereinkommen zur Erhaltung des immateriellen Kulturerbes" heißt. Auch im gesamten Text der Konvention, den der Sprachendienst des Auswärtigen Amts seinerzeit vor Deutschlands Beitritt zur Konvention angefertigt hat, wird die Kleinschreibung gebraucht. Auch das „Bundesweite Verzeichnis" wird als Teil des entsprechenden Eigennamens großgeschrieben.
2. Im Regelfall wird aus Gründen der besseren Lesbarkeit die männliche Form von Personenbezeichnungen benutzt – soweit es nicht anders gekennzeichnet ist, sind Menschen der Geschlechtsausprägungen weiblich und divers darunter ebenfalls zu verstehen. Wann immer möglich werden geschlechtsneutrale Begriffe genutzt.
3. Anführungsstriche werden in doppelter Ausführung für Zitate genutzt und in einfacher Form zur Kennzeichnung feststehender Begrifflichkeiten und Konzepte.

1.2 Forschungsfragen

Erkenntnisleitende Frage der Arbeit ist, wie sich die Umsetzung der UNESCO-Konvention zur Erhaltung des immateriellen Kulturerbes im nationalen Rahmen Deutschlands zwischen einem i. e. S. kulturpolitischen Impetus mit demokratiefördernden Komponenten („Kultur von allen für alle") und der Würdigung bürgerschaftlichen Engagements, also einer eher gesellschafts- und sozialpolitischen Wirkung von Kulturpolitik, darstellen. Wird das Instrument in seinem Potenzial in beiderlei Hinsicht bzw. auf diesem Kontinuum bereits ausgeschöpft? Folgende Fragen sollen dafür die empirische Untersuchung leiten:

1. Mit welchen politischen Maßnahmen (Projekten, Programmen und Strategien) setzt Deutschland das völkerrechtliche Instrument UNESCO-Konvention zur Erhaltung des immateriellen Kulturerbes um?
2. Wie wirkt sich die Beschäftigung mit dem Thema ‚Immaterielles Kulturerbe' auf die Kulturpolitik und ihre Akteure im deutschen Mehrebenensystem mit ihren Absichten und Zielen aus?
3. Inwiefern ist die Teilhabe an Kunst und Kultur zu ermöglichen, Ziel, Aufgabe und Gegenstand der Umsetzung der UNESCO-Konvention zur Erhaltung des immateriellen Kulturerbes in Deutschland?
4. Öffnet das Immaterielle Kulturerbe die Perspektive der Trägergruppen für (internationale) Zusammenhänge und Gemeinsamkeiten von Kulturformen oder führt es eher zu einer Verengung des Blicks auf Partikularitäten des eigenen Kulturschaffens bzw. Kulturerbes?
5. Wie gestaltet sich die Wechselwirkung zwischen der internationalen und der nationalen Umsetzung der Konvention?

Als Datenmaterial der Analyse in dieser Arbeit dienen verschiedene Dokumente, Interviews, Fallbeispiele und Medienberichte: Relevante Dokumente, zum Teil veröffentlicht, zum Teil unveröffentlicht, aus dem staatlichen wie auch aus dem zivilgesellschaftlichen Raum, bieten einen ersten Grundstock des Quellenmaterials für die Analyse. Hinzu kommen zu erhebende eigene empirische Daten durch Experten- und Hintergrundinterviews mit Vertretern verschiedener Akteursgruppen, ganz konkret auch anhand von konkreten Fallbeispielen von Kulturformen, die ins Bundesweite Verzeichnis des Immateriellen Kulturerbes aufgenommen wurden. Weiterhin erfolgt eine Analyse von ausgewählten Medienberichten. Gerade Medien sind für die Wirkung der Konvention in Deutschland entscheidend, weil sie die mit dem Instrument verbundenen Botschaften und Storys in die Öffentlichkeit transportieren. Politisches Steuerungsinstrument ist im Bereich Immaterielles Kulturerbe v. a. Überzeugung und wiederum zentrales Medium für Überzeugung ist Information (vgl. Blum/Schubert 2009: 86). Die unmittelbare Interaktion zwischen staatlichen und nichtstaatlichen Akteuren auf der einen und Trägergruppen Immateriellen Kulturerbes auf der anderen Seite ist aber natürlich im Rahmen der Analyse der kulturpolitischen Effekte der nationalen Umsetzung der Konvention ebenso wichtig wie die Betrachtung der Medienrezeption. Daher soll eben der beschriebene methodische Dreiklang einer Analyse von Dokumenten, der Durchführung und Auswertung eigener Experteninterviews (transkribiert, Zitation mit Kürzeln, siehe Abschnitt 5.3.2.2., mit Angabe des Datums des Interviews) und Hintergrundinterviews (nicht transkribiert, indirekte Zitation auf Basis von eigenen Notizen mit Angabe des Datums des Interviews) sowie der Analyse von Medienberichten eine fundierte Untersuchung mit validen Ergebnissen im Hinblick auf die Arbeitshypothesen und Forschungsfragen ermöglichen. Hierfür werden Kriterien entwickelt, anhand derer Inhaltsanalysen von Dokumenten, Interviews und Medienberichte vorgenommen werden sollen.

Eine solche Mischung aus einer deskriptiven und quantitativen Analyse empirischer Daten ist typisch für die Politikfeldanalyse (vgl. Schubert 1991: 63). Durch eine Auswertung der empirischen Daten sollen Schlüsse gezogen werden, die Stärken und Schwächen des deutschen Verfahrens in Bezug auf die Nutzung des Instruments deutlich machen und Handlungsempfehlungen für die künftige Umsetzung in Deutschland mit seinem Potenzial an Kulturakteuren im Rahmen des Immateriellen Kulturerbes gegeben werden.

1.3   Aufbau der Arbeit

Folgend auf diese Einleitung wird in Kapitel 2 zunächst der Forschungsstand überblicksartig dargelegt.

Dem schließt sich in Kapitel 3 eine grundlegende Darstellung von Kulturpolitik in Deutschland an: Zunächst wird in Abschnitt 3.1. eine Definition angeboten, bevor ein historischer Abriss der modernen Kulturpolitik in Deutschland gegeben wird. Wichtige kulturpolitische Entwicklungen und Konzepte, die das heutige Kulturverständnis – zum Kulturbegriff siehe Abschnitt 3.3.1. – in Deutschland prägen, werden ebenso vorgestellt wie das deutsche Mehrebenensystem in diesem Politikfeld. Zum Abschluss des Kapitels soll auf aktuelle gesellschaftliche Herausforderungen und das Ziel kultureller Teilhabe als Handlungsfeld von Kulturpolitik eingegangen werden.

In Kapitel 4 wird das Thema ‚Immaterielles Kulturerbe‘ mit der Entstehungsgeschichte der UNESCO-Konvention und ihren grundlegenden Strukturen (Abschnitt 4.3.) eingeführt und beleuchtet. Teil dieses Kapitels sind Definitionen (Abschnitt 4.1.), Fallbeispiele von Anerkennungen von Kulturformen als Immaterielles Kulturerbe in Deutschland (Abschnitt 4.2.) als auch eine Darstellung, wie ausgewählte europäische Staaten die nationale Umsetzung der Konvention zur Erhaltung des immateriellen Kulturerbes im Rahmen ihrer Kulturpolitik gestalten (Abschnitt 4.4.).

Nach diesen beiden Kapiteln mit inhaltlichen Grundlagenbetrachtungen der Gegenstände dieser Arbeit enthält Kapitel 5 die wichtigsten methodischen Erwägungen. Dazu gehören die Klärung von Konzepten der Untersuchung, ausgehend von Theorien der Politikfeldanalyse die Erörterung der Wahl der konkreten

Untersuchungsmethode sowie die Darstellung der Untersuchungskriterien für die Auswertung der Dokumente, Experteninterviews und Medienberichte. Zum Abschluss des Kapitels werden der genaue Untersuchungsverlauf dargestellt und die Datengrundlage bewertet sowie eine Analyse möglicher Fehlerquellen vorgenommen.

In Kapitel 6 erfolgt dann die strukturierte Untersuchung der Umsetzung der Konvention in Deutschland. Hierfür wird zum einen der Policy-Cycle nachverfolgt und zum anderen werden die Akteure unter Beachtung der Ergebnisse der empirischen Untersuchung differenziert in ihren Absichten und Projekten, Programmen und Strategien zur Umsetzung der Konvention betrachtet.

Kapitel 7 bildet mit einem Resümee, gegliedert in die Zusammenfassung der zentralen Ergebnisse dieser Arbeit und die Bewertung der gewählten Untersuchungsmethode, Empfehlungen zur weiteren Umsetzung der Konvention in Deutschland und weiterhin bestehenden Forschungsdesiderata, den Abschluss dieser Arbeit.

Ein neues Forschungsfeld? Zum Stand der wissenschaftlichen Untersuchung des Politikfelds Kultur und von Immateriellem Kulturerbe in Deutschland

2

Um die Ziele dieser Arbeit zu erreichen und Antworten auf die Forschungsfragen zu finden, genügt es nicht, sich mit konkreten Fallbeispielen von als Immaterielles Kulturerbe anerkannten Kulturformen in Deutschland zu beschäftigen. In der vorliegenden Arbeit wird daher der Ansatz einer systematischen Bearbeitung der Thematik mit den Methoden der Politikfeldanalyse, eine analytische Befassung mit der Kulturpolitik in Deutschland und eine wissenschaftliche Aufarbeitung der UNESCO-Konvention im internationalen und insbesondere im nationalen Rahmen, verfolgt. Ein Blick in den Stand der Forschung zu diesen Themen ergibt zunächst, dass zur Umsetzung der UNESCO-Konvention zur Erhaltung des immateriellen Kulturerbes kaum Arbeiten aus einer rein politikwissenschaftlichen Betrachtung bzw. Analyse vorliegen. Zur deutschen Umsetzung gibt es nach aktuellem Kenntnisstand bisher keine Untersuchung.

Die Deutsche UNESCO-Kommission hat 2007 ein Themenheft ihrer damals regelmäßig erscheinenden Reihe „UNESCO heute" zum Immateriellen Kulturerbe veröffentlicht. Dieses enthält eine Reihe von aufschlussreichen Beiträgen zur konzeptionellen Idee und zur Frühphase der Umsetzung der Konvention, bildet jedoch angesichts der dynamischen weiteren Entwicklung international und für die eigentliche Umsetzung in Deutschland seit 2013 nur einen historischen Stand ab. Seitdem hat sich die Deutsche UNESCO-Kommission darauf beschränkt die Vertragstexte (Konvention und Richtlinien zur Durchführung der Konvention) in deutscher Sprache sowie Zusammenstellungen der Einträge im Bundesweiten Verzeichnis in Form von Publikationen zu veröffentlichen. Auf ihrer Webseite unesco.de erschienen eine Zeit lang in Form von Artikeln in loser Folge Meinungsbeiträge von Experten und Interviews mit wichtigen Akteuren der Umsetzung der Konvention, die größtenteils inzwischen aber nicht mehr verfügbar sind. Im Hinblick auf Kulturerbe im Allgemeinen, aber mit einem erkennbar

© Der/die Autor(en) 2024   9
B. Hanke, *Kulturelle Teilhabe durch Immaterielles Kulturerbe*, Auswärtige Kulturpolitik, https://doi.org/10.1007/978-3-658-44086-2_2

großen Interesse am neuen Instrument der UNESCO-Konvention zum Immateriellen Kulturerbe, lief von 2008 bis 2015 in Göttingen ein von der Deutschen
Forschungsgemeinschaft (DFG) gefördertes und international breit rezipiertes
interdisziplinäres Forschungsprojekt zu „Cultural Property" (vgl. http://cultural-
property.uni-goettingen.de; Zugriff am 19.06.2022). Hierbei entstanden zahlreiche
Veröffentlichungen. Markus Tauschek hat in diesem Rahmen mit seiner Untersuchung des Karnevals von Binche (Belgien) in Deutschland Pionierarbeit im
Feld der Kulturanthropologie/Europäischen Ethnologie geleistet. Den entstandenen Sammelbänden sind zudem eine Reihe vorläufiger Einsichten – zeitlich
bedingt allerdings noch in weitgehender Unkenntnis der deutschen Umsetzung –
zur Governance rund um die UNESCO-Konvention von 2003 zu verdanken. Eine
wichtige Erkenntnis, die auch die vorliegende Arbeit inspiriert hat, ist,

„dass aus der Implementierung und Nutzung dieser internationalen Konventionen der
UNESCO auf nationaler, regionaler und lokaler Ebene eine Vielzahl von Heritage-
Strategien erwachsen. Für eine Vielfalt von individuellen Heritage-AkteurInnen und
-Akteursgruppen, Institutionen und sonstigen InteressenvertreterInnen birgt Heritage
politisches, wirtschaftliches oder ideelles Potential, um eigene Interessen, auch außerhalb der UNESCO Ziele (sic!), zu verfolgen. Dabei können mehrere Strategien und
Inwertsetzungsprozesse gleichzeitig auftreten, mehr oder weniger eng miteinander
verwoben sein, sich ergänzen oder sich widersprechen. Die sich ergebenden Konstellationen hängen dabei von den im jeweiligen Kontext vorzufindenden politischen,
wirtschaftlichen und soziokulturellen Verhältnissen ab." (Eggert/Peselmann 2015:
140)

An der Technischen Universität Berlin und der Bauhaus-Universität Weimar gibt
es seit 2016 ein DFG-Graduiertenkolleg unter dem Titel „Identität und Erbe",
das sich ebenfalls zum Teil mit dem Immateriellen Kulturerbe befasst. In Cottbus
an der Brandenburgisch-Technischen Universität wurde am UNESCO-Lehrstuhl
für Heritage Studies von Marie-Theres Albert bis zu ihrer Pensionierung 2015/
16 ebenfalls zum Immateriellen Kulturerbe geforscht, wenn dies auch stets im
Schatten des UNESCO-Welterbes stand. Daraus ist u. a. die Promotion (2020)
von Marlen Meißner zur Inwertsetzung Immateriellen Kulturerbes im Kontext einer Regionalentwicklungspolitik entstanden. Ferner profilierte sich Sophie
Schönberger (geb. Lenski) im Bereich des Öffentlichen Rechts mit einigen Veröffentlichungen und der Mitwirkung an einem internationalen Forschungsprojekt
zum Immateriellen Kulturerbe. Im Bereich des (Kultur-)Tourismus sind die Forschungen und Publikation von Volker Letzner zu nennen. Im internationalen
Raum sind in der interdisziplinären wissenschaftlichen Auseinandersetzung die

zum Teil beachtlichen wissenschaftlichen Artikel und Fallstudien im „International Journal of Intangible Heritage" zu erwähnen sowie Sammelbände von Natsuko Akagawa/Laurajane Smith (2019), Michael Dylan Foster/Lisa Gilman (2015) und – mit Abstrichen – Christiane Brosius/Karin M. Polit (2011). Die meisten Quellen (Publikationen und Dokumente), auf die sich die Ausführungen zur Umsetzung der Konvention in anderen Vertragsstaaten stützen sowie die auch eine der Grundlagen der Analyse der innerstaatlichen Implementierung in Deutschland sind, stammen von staatlichen Institutionen bzw. deren Vertretern. Hierbei sind selbstredend inhärente Interessen in Rechnung zu stellen.

Für die Darstellung der Kulturpolitik und ihrer Erforschung in Deutschland erwiesen sich die Überblicksartikel von Bernd Wagner (2011) und Oliver Scheytt (2008 sowie 2016) sowie die Einführung von Armin Klein (2009) und die Monografien von Max Fuchs (1998) und erneut Wagner (2009), letztere vor allem in historischer Perspektive, als gute Grundlagen. Die beiden letzteren sind zusammen mit den Arbeiten von Klaus von Beyme die „wenigen Versuche einer wissenschaftlichen Durchdringung des Feldes ‚Kulturpolitik'" (Wagner 2009: 21, Fn 6). Wagner stellte 2011 zurecht fest:

„Kulturpolitikforschung existiert bislang weder als eigenständiges Wissenschaftsfeld noch wird auf sie – von wenigen Ausnahmen abgesehen – in den nahe liegenden Bezugsdisziplinen Politikwissenschaft, Soziologie und Kulturwissenschaften intensiver eingegangen." (Wagner 2011: 42)

Auch Michael Wimmer (2011), Klein (2009) und Fuchs (1998, 2008) konstatieren, dass Kulturpolitik in Deutschlands Politikwissenschafts-Szene bisher keinen echten Platz gefunden habe. Kilian Lembke hat sich in seiner Dissertation, die 2017 erschienen ist, mit der kommunalen Kulturpolitik befasst. Er stellt ebenfalls fest, dass es an „Erkenntnissen über die strukturellen Dimensionen von Kulturpolitik, über die Akteure und ihre Netzwerke kulturpolitischer Prozesse" (Lembke 2017: 11) fehle und dass die „politikwissenschaftliche Forschung zur Kulturpolitik […] nahezu gänzlich aus[steht], obwohl das entsprechende Instrumentarium dafür vorhanden ist" (Lembke 2017: 12). Klaus von Beyme weist darauf hin, dass die Politikwissenschaftler dieses Politikfeld, ähnlich wie auch den Städtebau und die Wohnungsbaupolitik sowie die Rechts- und die Sozialpolitik, anderen Disziplinen überlassen habe (vgl. von Beyme 1998: 7). Zwar habe die Politikwissenschaft die Politikfelder entdeckt, aber die Kulturpolitik spiele dabei keine Rolle (vgl. von Beyme 2010: 269). Aber woran liegt das? Möglicherweise daran, dass Länder und Kommunen die Hauptzuständigkeit für dieses

Politikfeld beanspruchen, es also im Schatten der vermeintlich großen Bundespolitik steht? Doch warum behandeln auch die beiden Sammelbände aus dem Jahr 2008 „Die Politik der Bundesländer" von Achim Hildebrandt und Frieder Wolf und „Föderale Politikgestaltung im deutschen Bundesstaat" von Henrik Scheller und Josef Schmid in keinem ihrer politikfeldspezifischen Unterkapitel das Thema Kulturpolitik – obwohl es zu den Kernkompetenzen der Länder gehört, und bis zur Föderalismusreform gar einer der ganz wenigen Bereiche war, „in denen die Länder noch selbständig gesetzgeberisch, gestaltend oder fördernd tätig werden konnten" (Sommer 2008: 1)? Kulturpolitik gehört zwar zu den klassischen Tätigkeitsfeldern von Politik, aber gilt heute gemeinhin nicht als sonderlich prestigeträchtig oder politisch hochrelevant (vgl. Germelmann 2013: 15).

> „Sowohl die theoretisch-konzeptionellen Begründungen kulturpolitischen Handelns als auch die wissenschaftlich-theoretische Auseinandersetzung mit den verschiedenen kulturpolitischen Handlungsfeldern und ihren institutionellen Strukturen, mit den konkreten Praktiken und deren Wirkungen sowie mit den politischen und gesellschaftlichen Legitimationen von Kulturpolitik" (Wagner 2011: 42)

betreffend, besteht ein großes Reflexionsdefizit in Deutschland. Selten sei in Veröffentlichungen, die die ‚Kulturpolitik' im Titel tragen, die systematische Frage gestellt worden, wie der Staat steuernd wirke (vgl. von Beyme 2012: 19). Für diese geringe theoretische Auseinandersetzung mit dem Politikfeld Kulturpolitik gäbe es neben einer historisch bedingten strukturellen Schwäche im deutschsprachigen Hochschul- und Wissenschaftsbetrieb – im Unterschied etwa zur angelsächsischen und französischen Diskussion (Wimmer 2011: 126–136) – auch immanente Gründe, die im Gegenstandsfeld selbst lägen (vgl. Wagner 2011: 42 f.) und die vermutlich wiederum mit der Mehrebenenpolitik in diesem Politikfeld zusammenhängen (vgl. von Beyme 2012: 19). Auch die definitorische Unbestimmtheit des Begriffs ‚Kultur' könnte ein Hinderungsgrund für eine eingehendere Beschäftigung in der Politikwissenschaft sein (vgl. Lembke 2017: 16). Die Publikation „Der Kulturinfarkt" mit dem Untertitel „Von allem zu viel und überall das Gleiche" der Autoren Dieter Haselbach, Arnim Klein, Pius Knüsel und Stephan Opitz hat rund um seine Erscheinung 2012 zuletzt für größere Debatten gesorgt. Oliver Scheytt konstatierte auch 2016 noch im Vergleich zu anderen europäischen Ländern ein Defizit an Forschungsarbeiten zur Kulturpolitik sowie auch im Vergleich mit anderen Politikfeldern eine zu wenig ausgeprägte Forschungsinfrastruktur (vgl. Scheytt 2016: 26). Die Kulturpolitikforschung hat sich allerdings in Deutschland und international in den vergangenen 20 bis 30

Jahren durchaus intensiviert (vgl. Wimmer 2011: 126–129). Das anwendungsorientierte Institut für Kulturpolitik (IfK) bei der Kulturpolitischen Gesellschaft in Bonn, gefördert von der BKM, strebt eine Profilierung der Kulturpolitikforschung in Deutschland an. Das Institut für Kulturpolitik der Universität Hildesheim hat sich bei den Themen der Kulturellen Teilhabe v. a. mit Birgit Mandel und unter Leitung von Wolfgang Schneider bei der Rolle von Kunst und Kultur für Entwicklung, international, aber auch im ländlichen Raum – hier ist unter dem Stichwort der ‚Breitenkultur' (vgl. u. a. Schneider 2014b) eine durchaus enge Beziehung zum Immateriellen Kulturerbe gegeben –, eine führende Position erarbeitet. Einen weiteren Beitrag zum Aufholen des festgestellten Nachholbedarfs möchte diese Arbeit leisten. Für die vergleichende Perspektive, die in der vorliegenden Arbeit ebenfalls angelegt ist, wenn sie auch nicht im Vordergrund steht, hat Claudia Burkhard mit ihrer Strukturbetrachtung der deutschen und italienischen Kulturpolitik (2015) hilfreiche methodische Anregungen gegeben. Laut Wagner (2011: 43) hat Wimmer (2011) erstmals im deutschsprachigen Raum eine Politikfeldanalyse zum Politikfeld der Kulturpolitik entsprechend der Absicht der vorliegenden Arbeit entlang der drei Dimensionen *polity, politics* und *policy* durchgeführt. Wie bei Wimmer geht es in der vorliegenden Arbeit ebenfalls darum, folgende Frage in Bezug auf Kulturpolitik zu beantworten: „Welches Resultat *(policy)* ergibt sich, wenn in einem gegebenen politischen System *(polity)* eine bestimmte – aber prinzipiell veränderbare – Problemlösungsstrategie *(politics)* eingeschlagen wurde […]" (Wimmer 2011: 186)? Wimmers Werk befasst sich zwar mit der Kulturpolitik Österreichs, ist aber methodisch als Orientierung für die vorliegende Arbeit wertvoll. Zudem macht er wiederholt Bezüge zum Nachbarland Deutschland auf. Kilian Lembke, dessen Arbeit ebenfalls methodisch aufschlussreich ist, stellt in seiner Einleitung eine Frage, die auch die vorliegende Arbeit maßgeblich beschäftigt und strukturiert: „Welche Akteure gestalten wie die Policy Kultur im Zyklus von Problemdefinition, Agenda Setting und Implementation" (Lembke 2017: 12)?

Für die methodischen Erwägungen zur empirischen Untersuchung erwies sich hinsichtlich der zugrundeliegenden Konzepte und der Politikfeldanalyse das gleichnamige Handbuch von Sonja Blum und Klaus Schubert (2009) als gute Überblicksliteratur. Ergänzt und vertieft wurde dies durch das „Lehrbuch der Politikfeldanalyse" von Schubert und Nils C. Bandelow (2003) mit verschiedenen Autorenbeiträgen, das ältere Werk von Schubert (1991), welches ebenfalls unter dem Titel „Politikfeldanalyse" firmiert, sowie jenes von Adrienne Windhoff-Héritier (1987) unter dem Titel „Policy-Analyse". Die Publikation „Politikfeldanalyse: Akteure, Diskurse und Netzwerke in der öffentlichen Politik" von Volker Schneider und Frank Janning (2006) geht, wie auch die Werke und Artikel von Claus Offe (1975), Werner Jann (1981), Paul A. Sabatier und Hank

C. Jenkins-Smith (1993), Franz Urban Pappi/Thomas König/David Knoke (1995), Renate Mayntz (1980, 1997), Fritz W. Scharpf (2000) sowie Arthur Benz (2016), detaillierter auf wichtige Konzepte, Methoden und Modelle der Politikfeldanalyse und die Theorie des akteurzentrierten Institutionalismus ein, die in dieser Arbeit angewendet werden soll. Hieraus werden die grundlegende Vorgehensweise der Analyse der Politikprozesse im Zusammenhang mit der Etablierung des Themas Immaterielles Kulturerbe in der deutschen Kulturpolitik und das hierfür in dieser Arbeit anzuwendende Modell des Policy-Cycle als Analyseraster abgeleitet. Die Ausführungen zum Mehrebenensystem der Bundesrepublik Deutschland bauen auf den Werken zur Politikverflechtung, insbesondere von Scharpf (1976), Benz (2004, 2009, 2016) und Sabine Kropp (2010), auf. Maria Behrens' (2003) Beitrag über methodische Erwägungen im Zusammenhang mit der Politikfeldanalyse bietet einen guten Einstieg zur Erläuterung der Methodologie dieser Arbeit. Das Analyseverfahren der qualitativen Inhaltsanalyse, das bei der Auswertung der Dokumente, Medienberichte und Interviews genutzt wird, beruht auf den etablierten methodischen Einführungswerken und praktischen Handlungsanleitungen von Philipp Mayring (2007) sowie Udo Kuckartz (2012). Bezüglich Experteninterviews beruht die Arbeit auf den Erkenntnissen von Mayer (2004) und Meuser/ Nagel (1991/1994). Zum Politischen Lernen sind die Aufsätze von Richard Rose (1991), Peter Hall (1993), David Dolowitz und David Marsh (1996) sowie Bandelow (2003) und der Band von Michael Howlett, M. Ramesh und Anthony Perl (2009) wichtige Basis der hiesigen Ausführungen.

Zusammenfassend kann die vorliegende Arbeit auf einer guten Basis von Literatur zu den behandelten Themenfeldern aufbauen und davon ausgehend erstmals eine Untersuchung der nationalen Umsetzung der UNESCO-Konvention von 2003 in Deutschland vorlegen.

Kulturpolitik und ihre Spezifika in Deutschland

3

3.1 Definition, Maßnahmen und Handlungsfelder von Kulturpolitik

Eine allgemeinverbindliche Definition des Begriffs Kulturpolitik gibt es nicht. Samt seinen Gegenständen und gesellschaftlichen Rahmenbedingungen befindet sich der Begriff in permanenter Veränderung (vgl. Schwencke 2009: 11). Im internationalen Vergleich weitgehend gebräuchlich ist es – geradezu verblüffend pragmatisch – all das als Kulturpolitik zu bezeichnen, was im Rahmen der jeweiligen Staatstätigkeit unter Kulturpolitik verstanden wird (vgl. Mulcahy 2017: vii, xiii sowie Wolf-Csanady 1996: 60 f.). In diesem Sinne könnte man für Deutschland dieser Logik folgend einen Blick in die Einzelhaushalte für Kultur von Kommunen, Ländern und Bund sowie die Abgrenzungen in den Kulturstatistiken werfen. Meist umfasst Kulturpolitik demnach die direkte Trägerschaft von Kultureinrichtungen bzw. ihre Förderung sowie die Schaffung von Rahmenbedingungen künstlerisch-kreativen Produzierens und kultureller Teilhabe (vgl. Wagner 2009: 26).

Maßgebliche Basis von Kulturpolitik in Deutschland ist Art. 5 Abs. 3 des Grundgesetzes zur Kunstfreiheit. Anders als viele andere Politikfelder agiert Kulturpolitik darüber hinaus weitgehend ohne Rechtsnormen – die Aufgaben werden in permanentem diskursivem Austausch zwischen den Akteuren ausgehandelt (vgl. Burkhard 2015: 77, 84). Tendenziell in Konkurrenz zu der soeben vorgestellten eher liberalen Definition steht ein in demokratischen Gemeinwesen wohlfahrtsstaatlich begründetes Verständnis, was Kulturpolitik gesellschaftlich leisten soll, nämlich vor allem Teilhabe erzeugen; sie ist dann im weitesten Sinne Sozialpolitik. Viele Definitionen fassen Kulturpolitik daher als Gesellschaftspolitik auf und erklären damit im Grunde alle Ressorts und Gesellschaftsteile als

© Der/die Autor(en) 2024
B. Hanke, *Kulturelle Teilhabe durch Immaterielles Kulturerbe*, Auswärtige Kulturpolitik, https://doi.org/10.1007/978-3-658-44086-2_3

tangiert. Allen Definitionen von Kulturpolitik ist im Grundsatz der Anspruch gemein, Kultur möglichst breit in der Bevölkerung zu verankern, also sowohl demokratisch zu legitimieren als auch ihre integrative Funktion zu nutzen (vgl. Wimmer 2011 und von Beyme 1998).

Als zentrale Aufgabe von Kulturpolitik kann mit Max Fuchs (1998: 16) gelten, einen symbolischen Diskurs über die Art und Weise, wie wir leben sollen, zu gestalten. In Deutschland gelten auf einer praktischen Ebene zum einen als Konsens die Aufgaben

„Schutz und [...] Unterstützung von Kunst und Kultur durch ihre Förderung, die Sicherung infrastruktureller Grundlagen und die Schaffung kulturfreundlicher Rahmenbedingungen sowie zum anderen die Herstellung der Voraussetzungen, dass möglichst viele Menschen an kulturell-künstlerischen Ereignissen teilhaben können" (Wagner 2009: 13).

Fuchs (1998: 14) plädiert bei der Betrachtung von Kulturpolitik und was ihr Gegenstand ist für die leitende Frage, welche Bedeutung Kulturangebote in der und für die Gesellschaft haben und welche Rolle Kulturpolitik dabei spielen kann.

Festzuhalten bleibt demnach, dass eine eindeutige Bestimmung, was unter Kulturpolitik zu verstehen ist, schwierig bleibt, weil dies sowohl vom Verständnis des Begriffs ‚Kultur' (siehe auch Abschnitt 3.3.) als auch vom Verständnis des Begriffs ‚Politik' (siehe Abschnitt 5.1.) abhängt (vgl. Wagner 2009: 25). Dass man unter ‚Politik' i. d. R. das Steuernde, Regelhafte versteht und unter ‚Kultur', gerade in Deutschland, vor allem das Zweckfreie und Kreative, macht es nicht leichter (vgl. Fuchs 1998: 7). Was genau Inhalt von Kulturpolitik ist, wird zudem von der jeweiligen politischen Ebene selbst bestimmt, kann also damit auf nationaler oder europäischer Ebene etwas anderes sein als in den Kommunen. Die Kulturerbepflege ist in Deutschland zum Beispiel auf nationaler Ebene prominenter vertreten als auf kommunaler Ebene, wo eher die Soziokultur oder Erwachsenenbildung dominieren. (vgl. von Beyme 1998: 11) Lembke (2017: 23) hat die Kultur- und Politikbegriff-Matrix nach Klein (2009: 65) erweitert und aus den Kombinationen der Kultur- und Politikverständnisse vier Typen von Kulturpolitik geschlussfolgert (vgl. hierzu Abbildung 3.1): administrative Kunstpolitik, kooperative Kunstpolitik, administrative Kulturpolitik sowie kooperative Kulturpolitik. Letzterer ist für die vorliegende Arbeit leitend, da das Immaterielle Kulturerbe in seiner ganzen Breite nur im weiten Kulturbegriff einbezogen ist, während bei der Engführung als Kunst vieles, was man unter Sitten, Gebräuche und Lebensweise der Menschen fassen würde, herausfällt, und zudem bei der nationalen Umsetzung der Konvention sowohl staatliches als auch gesellschaftliches Handeln relevant ist.

A *Weiter* Kulturbegriff: Kultur im Plural als Sitten, Gebräuche, Lebensweise der Menschen	B *Enger* Kulturbegriff: Kultur als bildende und darstellende Kunst, Musik, Literatur, Film
X *Weiter* Politikbegriff: Politik umfasst sowohl staatliches als auch gesellschaftliches Handeln	Y *Enger* Politikbegriff: Politik ist ausschließlich staatliches Handeln
AX kooperative Kulturpolitik AY administrative Kulturpolitik	BX kooperative Kunstpolitik BY administrative Kunstpolitik

Abbildung 3.1 Erweiterte Kultur- und Politikbegriff-Matrix nach Klein (2009: 65). (Eigene Darstellung nach Lembke 2017: 23)

In seiner wissenschaftlichen Ausarbeitung für die Enquete-Kommission des Bundestags zum Thema „Kultur in Deutschland" (siehe Abschnitt 3.3.) hat Otto Singer (2003) einen Überblick über die Entwicklungsphasen von Kulturpolitik in Deutschland seit 1945 gegeben (siehe hierzu detaillierter Abschnitt 3.2.). Interessanterweise stellt er im Weiteren aber ausschließlich die „Bereiche, Kompetenzen und Zuständigkeiten der *Kulturförderung* in der Bundesrepublik Deutschland" (Singer 2003: 2, Hervorhebung d. Verf.) dar. „Kulturpolitik […] wird dann besonders gut verstanden, wenn es sich um Kunstförderpolitik handelt." (Fuchs 2006: 93) Kulturpolitik aber „formuliert Ziele, definiert die Rahmen und (…) kontrolliert deren Einhaltung sowie stellt entsprechende Ressourcen für Kunst und Kultur bereit" (Wagner 2011: 41). Staatliche Maßnahmen bzw. Interventionsbereiche in der Kulturpolitik kann man nach von Beyme (1998: 15 f., 2010: 272), ergänzt durch Wimmer (2011: 110), in akquisitive, restriktive, protektive, (re-)distributive und regulative Maßnahmen sowie Personalentscheidung und die Schaffung und Förderung eines öffentlichen Diskurses unterscheiden

und klassifizieren: *akquisitiv* meint hier zum Beispiel den Ankauf von Kunst-
werken oder Museumsneubauten, *restriktiv* Verbote z. B. von pornografischen
Darstellungen in der Kunst, unter *protektiv* ist u. a. Denkmalschutzpolitik zu
verstehen, *distributiv* ist die monetäre Förderung von Kulturinstitutionen, *redis-
tributiv* die Künstlersozialpolitik und *regulativ* sind z. B. gesetzliche Regelungen
oder staatliche Eingriffe in der Urheberrechts- und Steuerpolitik (vgl. von Beyme
2012: 56, 129). Kulturpolitik in Deutschland besteht entsprechend obenstehender
Aussage von Bernd Wagner (2011: 41) vornehmlich aus Förderpolitik – also
distributiv – und der Gestaltung von Rahmenbedingungen – also regulativ –
sowie einer Analyse und Reaktion auf gesellschaftliche Herausforderungen, d. h.
eine Förderung des öffentlichen Diskurses (vgl. Fuchs 2010: 45). Zweifellos
stehen Ordnungs- und Förderpolitik im Vordergrund, die Behandlung gesellschaftlicher Herausforderungen tritt meist nur indirekt in Erscheinung, ist dabei
jedoch nicht weniger bedeutsam: Die Ziele von Kulturförderung sind häufig
nicht kunst- bzw. kulturimmanent. Damit „geht [die Kulturpolitik] über den
engeren Kunst- und Kulturbereich hinaus und bezieht sich auf andere gesellschaftliche Felder wie das politische, das ökonomische und das Bildungssystem
beziehungsweise betrifft die Gesellschaft als Ganze" (Wagner 2011: 41). Kulturpolitik wird also spätestens seit der ‚Neuen Kulturpolitik' stets, manchmal
implizit, teils auch explizit, als Gesellschaftspolitik verstanden. „Damit entfaltet Kulturpolitik in einem äußerst komplexen Zusammenhang Wirkung. Sie
bezieht sich auf die Gesamtheit der eine Gesellschaft kennzeichnenden Aspekte
ebenso, wie auf die Entfaltungsmöglichkeit jedes einzelnen Individuums." (Scheytt 2008: 10) Zur Kulturpolitik gehören auch Fragen der nationalen Identität
und anderer Identitäten (vgl. von Beyme 1998: 8). Diese weite Fassung des
Kulturpolitikbegriffs birgt allerdings eine Gefahr, da man sich zweier unterschiedlicher Bezugsrahmen klar werden muss: Während sich die Diskussionen
der kulturpolitischen Akteure meist um konkrete Projekte, Förderungen usw. drehen – hier also eine Engführung des Begriffs auf „pragmatische Interventionen
in den Kulturbetrieb" (Wimmer 2011: 289) vorzufinden ist – kann durch die
weite Interpretation und eine damit verbundene eher „unverbindliche Rhetorik"
(Wimmer 2011: 289) die Existenz oder das Fehlen konkreter Maßnahmen von
Kulturpolitik verschleiert werden. Die häufige Engführung von Kulturpolitik auf
Kulturförderpolitik führt dazu, dass in der öffentlichen Wahrnehmung, aber auch
in der Forschung, andere Aspekte wie Personalentscheidungen oder das Anstoßen
öffentlicher Debatten bzw. Bewusstseinsprozesse als kulturpolitische Maßnahmen
weniger Beachtung finden, obwohl sie potenziell viel größeren Einfluss haben als
die reine Mittelvergabe (vgl. Wimmer 2011: 109). Der

„Alltag kulturpolitischer Debatten wird sehr stark von Finanzierungsfragen geprägt: Es wird über Rahmenbedingungen gesprochen, über Strukturen, Haushalte, Urheber- und Verwertungsrechte, über die Künstlersozialkasse. Kulturpolitik ist in der Praxis auf Bundesebene sehr stark kulturelle Ordnungspolitik, auf Landes- und kommunaler Ebene überwiegend Kulturfinanzpolitik und in Verbänden Interessenpolitik für die jeweilige Berufsgruppe oder für die betreffenden Kultureinrichtungen" (Fuchs 2003: 16).

Neben der Verantwortung für Rahmenbedingungen und Infrastruktur hat staatliche Kulturpolitik eine weitere Dimension: Der Staat erlangt durch Kulturpolitik eine gewisse Macht, die insbesondere historisch nicht zu leugnen, sondern im Gegenteil Grundlage für das Verständnis ihrer Entstehung ist (vgl. Wagner 2011: 45 ff., Fuchs 2010: 46 f.). „Der ‚Repräsentationscharakter' ist kein Nebenprodukt von Kulturpolitik, sondern Teil ihrer Funktion und ihres Wesens." (Wagner 2009: 21) Gerade auch in der Auswärtigen Kulturpolitik spielt er eine wichtige Rolle (vgl. Wagner 2009: 348).

In der öffentlichen Darstellung der Begründung von kulturpolitischen Aktivitäten rückten im Laufe der Zeit Unterhaltung und Repräsentation zunehmend zugunsten von Bildung und Demokratisierung in den Hintergrund. Die beiden letzteren waren Ende des 19. Jahrhunderts eng mit der Nationalstaatsbildung und der Konstituierung Deutschlands als Kulturnation oder Kulturstaat verbunden. Fürstenhöfe und die Bürgergesellschaft in den Städten begründeten kulturpolitische Maßnahmen zunächst mit den Zielen Unterhaltung und Repräsentation (von Macht und Reichtum). Die Aspekte Bildung und „Umwegrentabilität", d. h. mittelbare Wirkungen auf die Wirtschaft, sowie Demokratisierung kamen später hinzu. Das Motiv der Unterstützung von Kulturschaffenden tauchte erst im 20. Jahrhundert als Grundlage von Kulturpolitik auf. (vgl. Wagner 2009: 451 f.)

Zu den Handlungsfeldern der Kulturpolitik in Deutschland gehören heute nach Scheytt (2008: 10) insbesondere die Künste, die kulturelle Bildung, das kulturelle Erbe und die Kulturwirtschaft. Fuchs (2005: 37) benennt kongruent dazu als strategische kulturpolitische Ziele „Erhaltung des Kulturerbes, Innovation und Publikumsgewinnung". Kulturpolitik muss nach bis heute gültiger Überzeugung der kulturpolitischen Akteure in Deutschland eine kulturelle Infrastruktur bereitstellen. Hierunter sind zunächst in erster Linie materielle Voraussetzungen wie Räume, Gebäude und Orte, wo die Kultur praktiziert werden kann, zu verstehen. Dies trifft sowohl auf institutionell geförderte Kultur bzw. Kunst, wobei hier noch zusätzlich die institutionellen Bedingungen und die Beschäftigten zur kulturellen Infrastruktur gezählt werden, wie im Grunde – wenn auch selten explizit so erwähnt – auch auf nicht-institutionell geförderte Kultur, wie etwa Ausdrucksformen immaterieller Kultur zu. (vgl. Wagner 2010: 11) In diesem

Zusammenhang bietet die Beschäftigung mit einem diesbezüglichen Instrument des Kulturvölkerrechts eine erweiterte Perspektive auf das Feld der Kulturpolitik in Deutschland.

In der Eigendarstellung betont die Bundesrepublik Deutschland heute, dass an westeuropäische Traditionen und Ideale anknüpfend Kunst und Kultur frei seien und sich der Staat nicht einmischen solle (vgl. von Beyme 1998: 10). Dass Kulturerbe und Kultureinrichtungen erhalten werden sollten, darüber besteht in Deutschland weitestgehend gesellschaftlicher Konsens; auch, dass Kulturpolitik öffentlich finanziert und organisiert wird (vgl. Burkhard 2015: 9, 110). Über das „Wie" und „mit wie viel Geld" dieser protektiven bzw. regulativen und distributiven Elemente wird leidenschaftlich debattiert. Dies hat u. a. seine Ursache darin, dass wenig gesetzlich geregelt ist und die Inhalte von Kulturpolitik weitestgehend diskursiv ausgehandelt werden (müssen) (vgl. Burkhard 2015: 84). Die finanzielle Ausstattung der Kulturpolitik ist i. d. R. nicht gerade üppig, wobei die budgetären Aufwüchse der Kulturstaatsministerin im Bund in den letzten Jahren doch aufhorchen lassen. Da das Niveau allerdings weiterhin vergleichsweise gering ist (siehe genauer in Abschnitt 3.4.4.), muss Kulturpolitik meist mit symbolischer Wirkung punkten. (vgl. Wimmer 2011: 103) „Die politischen und gesellschaftlichen Begründungen für diese öffentliche Kulturpolitik lassen sich mit Bildung, Unterhaltung und Kunstförderung sowie gesellschaftlicher Teilhabe und Integration zusammenfassen." (Wagner 2011: 44) Aufgabe der Kulturpolitik ist es damit auch, Menschen zur gesellschaftlichen Teilhabe zu befähigen (siehe detaillierter Abschnitt 3.5.). Einige Akteure, v. a. der politischen Linken, orientieren Kulturpolitik daher am vorsorgenden Sozialstaat (vgl. Ehrmann 2008: 7). Sekundärbegründungen für Kulturpolitik, wie Kultur als Wirtschafts- und Standortfaktor, Tourismusmagnet, als Umwegrentabilität oder als Imageträger (vgl. Wagner 2011: 44) finden im Vergleich dazu im liberal-konservativen Spektrum mehr Anklang.

In Bilanz der erfolgten Ausführungen soll für die vorliegende Arbeit Bernd Wagners Definition aus dem Jahr 2009 als Grundlage dienen. Er versteht unter Kulturpolitik das „Handeln von politischen und gesellschaftlichen Akteuren in einem weit gefassten Praxisfeld künstlerisch-ästhetischer Produktion und Rezeption sowie kulturell-kreativer Aktivitäten" (Wagner 2009: 26). Dies umfasst zum einen den weiten Politikbegriff wie auch den weiten Kulturbegriff, zum anderen orientiert es sich an der Akteursperspektive und erwähnt die beiden Aspekte, die auch die Formen des Immateriellen Kulturerbes ausmachen, nämlich das eher künstlerisch orientierte Ästhetische und das eher kulturell, zum Teil gemeinschaftsstiftende, Kreative.

3.2 Historischer Abriss der (modernen) Kulturpolitik in Deutschland

In Deutschland galt Kulturpolitik lange nicht als eigenes Politikfeld, obwohl sie zusammen mit der Finanzpolitik als eine der ältesten Policies überhaupt gilt. Lange vor heute scheinbar wichtigeren Bereichen wie der Wirtschafts- und Sozialpolitik betätigte sich der Staat im Bereich Kultur, indem etwa Fürsten durch Prestigeprojekte ihre kulturelle Weltgeltung unterstreichen wollten. (vgl. von Beyme 2010: 284) „Trotzdem ist es viel schwieriger als etwa im Bereich der Umwelt- oder Familienpolitik, den spezifischen Inhalt zu benennen. Nur selten beschreibt Kulturpolitik objektivierbare Problemlagen, die einer staatlichen Behandlung bedürfen." (Wimmer 2011: 102) Kulturpolitik i. e. S. war in Deutschland lange vor allem als Teil der Bildungs-, Religions- und Wissenschaftspolitik, oder wie man vor allem auf der Ebene der deutschen Länder bis heute sagt, der Kultuspolitik, verortet. Erst ab den 1970er Jahren kann man von einer Emanzipierung des Politikfelds von der Bildungs- und Kirchen- bzw. eben Kultuspolitik sprechen (vgl. Klein 2009: 8, Wagner 2009: 25 und Wimmer 2011: 100).

Im deutschen Sprachgebrauch taucht der Begriff ‚Kulturpolitik' im Vergleich zu anderen europäischen Staaten spät auf (vgl. Schwencke 2009: 11). Obwohl das Wort selbst jüngeren Ursprungs ist, ist das Konzept, was es beinhaltet, mit mehreren Vorstufen viel älter und reicht bis in die Frühe Neuzeit zurück. Akteure waren die absolutistischen Fürsten- und Königshöfe und später, ab der zweiten Hälfte des 18. Jahrhunderts, das Bürgertum (vgl. Glaser 2009: 9) und das städtische Gemeinwesen (vgl. Wagner 2009: 347). Als Vorläuferbegriffe dessen, was seit Anfang des 20. Jahrhunderts gemeinhin als ‚Kulturpolitik' bezeichnet wird, können im Sinne der Kulturförderpolitik ‚Kunstförderung' und ‚Kulturpflege' gelten. Aber auch der heute befremdlich wirkende Terminus ‚Kulturpolizei' – im 19. Jahrhundert in der Schreibweise „Culturpolicey" gebräuchlich –, der aus der Frühen Neuzeit stammt und im Sinne von Ordnungspolitik das öffentliche Zusammenleben im Innern der Staaten meinte bzw. mit „guter öffentlicher Ordnung" (Wagner 2009: 30) gleichbedeutend war, und damit das Bildungswesen, Religion und Kirche sowie die Künste umfasste, gehört zu den Vorläuferbegriffen (vgl. Fuchs 2010: 46, von Beyme 2010: 228 sowie Wagner 2011: 45). Erst ab den 1970er Jahren verbanden sich dann gewissermaßen die Dimensionen Förder- und Ordnungspolitik (vgl. Wagner 2009: 337–344) und eine „Kunstpolitik", in Frankreich spricht man diesbezüglich von einer *politique des beaux-arts*, erweiterte sich zu einer echten „Kulturpolitik", also einer *politique culturelle* (vgl. von Beyme 2012: 155).

In Zeiten, in denen Deutschland noch ein Flickenteppich von Fürstentümern war, wie auch später während der deutschen Teilung im 20. Jahrhundert, war die Berufung auf eine gemeinsame ,Kultur' ein wichtiges verbindendes Element (vgl. Germelmann 2013: 31). Zugleich waren Kunst und Kultur Möglichkeiten für die vielen deutschen Staaten, die bis 1871 existierten, sich untereinander zu profilieren (vgl. Zimmermann 2018: 22). Klaus von Beyme (1998: 9 f.) macht darauf aufmerksam, dass die Kulturpolitik eines Landes eng an die ,politische Kultur' des jeweiligen Landes geknüpft sei, also u. a. auch von den vordemokratischen Entwicklungen des Landes abhängig ist. Auch Bernd Wagner (2009: 450) betont, dass „Institutionen, Handlungsweisen und theoretisch-konzeptionelle Begründungen aktueller Kulturpolitik [...] entscheidend auch durch ihre Geschichte geprägt" sind. Das erklärt unter anderem, warum vor dem Hintergrund der historischen territorialen Zersplitterung der deutschen Staaten und der vergleichsweise späten Nationenbildung weder bei der Reichseinigung 1871 noch bei der Entstehung der Weimarer Republik 1919 die Kompetenzen für innerstaatliche Kulturpolitik auf der zentralstaatlichen Ebene angesiedelt wurden. Die deutsche Kulturpolitik zehrt bis heute von der daraus begründeten Vielfalt (vgl. von Beyme 2010: 287).

> „In der Tat zeigt die historische Entwicklung, dass die deutsche Kultur in besonderem Maße durch die einzelnen Kulturen der jeweiligen historischen föderalen Untergliederungen geprägt ist [...]. Gleichwohl erschöpft sie sich nicht in einer bloßen Summe der jeweiligen Landeskulturen, sondern hat seit jeher eine darüber hinausgehende verbindende Kraft besessen." (Germelmann 2013: 223)

Systematische Begründungen von Kulturpolitik findet man in der deutschen Geschichte allerdings recht selten. Zunächst sei auf den Deutschen Idealismus am Beginn des 19. Jahrhundert hingewiesen, verbunden vor allem mit den Namen Friedrich Schiller und Wilhelm von Humboldt. Die Begründung, Deutschland sei eine Kulturnation und ein Kulturstaat fand in der zweiten Hälfte des 19. und im beginnenden 20. Jahrhundert Eingang. Im Grunde kann man nur noch mit der „Neuen Kulturpolitik" in den 1970er- und 1980er-Jahren von einer ähnlichen Zäsur sprechen. (vgl. Wagner 2009: 17) Heute verfolgt Kulturpolitik

> „pragmatisch verschiedene Ansätze kulturpolitischer Praxis und differierende Ziele gleichzeitig [...]. Als solches ,Konglomerat' verfügt Kulturpolitik gegenwärtig über keine einigermaßen konsistente Theorie ihres Handelns, auch wenn sie sich als ,Referenztheorie' noch mehr oder weniger auf die Reformansätze von ,Kultur für alle' (Hilmar Hoffmann) und ,Bürgerrechte Kultur' (Hermann Glaser) bezieht." (Wagner 2009: 450)

3.2.1 Deutsches Reich und Weimarer Republik

Nach 1871 entwickelten das Deutsche Reich, seine Länder und die Kommunen auf kulturellem Gebiet zunehmend fördernde und schützende Aktivitäten im Hinblick auf kulturelles Schaffen. Hierfür wurde an die Hauptbegründungsstränge Unterhaltung, Bildung und Repräsentation angeknüpft, diese aber dem Anspruch nach von bestimmten Klassen und Gruppen auf die Gesamtgesellschaft erweitert (vgl. Wagner 2009: 345 ff.). Die Länder hatten nach der Reichsverfassung von 1871 eigene Kompetenzen in der Pflege von Kunst und Wissenschaft sowie Denkmälern – innerhalb der großen Länder wie Preußen galt dies selbst für die einzelnen Provinzen. Die bundesstaatlichen Kompetenzen im Kulturbereich lagen ausschließlich beim Schutz geistigen Eigentums, der Pressegesetzgebung und der auswärtigen Kulturpolitik. Jedoch stand staatlich-kommunale Kulturpolitik weiterhin neben jener der Fürstenhöfe bzw. war, auf Länderebene zunehmend schwächer, auf Reichsebene dagegen wachsend, durch die Einflüsse der Monarchen mitbestimmt. (vgl. Wagner 2009: 355, 362 ff.) Die Phase am Ende des 19. und zu Beginn des 20. Jahrhunderts steht für die Herausbildung von „Kulturpolitik als Praxis und theoretisches Konzept" (Wagner 2009: 449) mit nicht zu unterschätzender Folgewirkung für kulturpolitisches Denken und Handeln in Deutschland.

Die Weimarer Republik stand im Bereich der Kulturpolitik dann vor der Herausforderung, die traditionelle Hofpatronage deutscher Fürstenstaaten und des in Preußen beheimateten Kaisertums in staatliche Kulturpolitik demokratischer Verfasstheit zu überführen (vgl. von Beyme 1998: 10). Die heutige kulturelle Infrastruktur, insbesondere traditionsreiche Theater, Opernhäuser und Museen, ist vielfach aus der vordemokratischen „Kulturpatronage" (Wimmer 2011: 104) entstanden. Und auch die Kulturpolitik ist noch immer von der damaligen Hybridbildung eines „repräsentativ-unterhaltende[n] Strang[s] absolutistisch-höfischer Kulturaktivitäten [… und] der stärker kommunikativ-bildungsorientierte[n] bürgerlichen[n] Tradition" (Wagner 2009: 452 f.) geprägt.

Zur Kulturpolitik der Weimarer Republik gehörten über die Förderung der kulturellen Infrastruktur hinaus die Denkmalpflege, die Förderung der bildenden Künste, die Musikförderung, Bibliotheken, Archive und Volkshochschulen (vgl. von Beyme 1998: 14). Die Weimarer Reichsverfassung verschaffte der Kulturpolitik eine Legitimation – bei den Freiheitsgarantien der Bürgerinnen und Bürger wurde die „Kunst" ergänzt (vgl. Wagner 2009: 345). Das Bild des „Bildungsbürgers" galt dabei bis in die Anfangsjahrzehnte der Bundesrepublik Deutschland hinein als prägend, wenn staatlicherseits kulturpolitische Maßnahmen ergriffen wurden. Nach dem Bedarf des kulturellen Durchschnittskonsumenten wurde nicht

gefragt (vgl. von Beyme 2010: 273). „Die Legitimation für diese Form staatlicher Privilegierung erfuhren diese Einrichtungen im Anspruch, dass auf diese
Weise allen BürgerInnen der Weg offenstünde, den Status als BildungsbürgerIn
zu erreichen." (Wimmer 2011: 270)

3.2.2 Kulturpflege in der Nachkriegszeit

In der Zeit des Nationalsozialismus (1933–1945) war die Kulturpolitik in
Deutschland von Instrumentalisierung und einer mit der föderalistischen Tradition brechenden Zentralisierung von Staatsgewalt über Kunst und Kultur geprägt.
Aufgrund des anschließenden erneuten kompletten Bruchs mit dieser Zeit nach
dem katastrophalen Zweiten Weltkrieg muss dieser atypischen Ära der deutschen
Kulturpolitik hier keine genauere Aufmerksamkeit mit Blick auf ihre Grundlagen und Ausprägungen zuteilwerden. Mit Blick auf die jüngere Geschichte
und Gegenwart muss aber auf die zum Teil ausgebliebene, zum Teil nur formal vollzogene, Abgrenzung zur Kulturpolitik dieser Zeit hingewiesen werden.
Insbesondere die gedankliche Verdrängung von Wirkungen der nationalsozia-
listischen Kulturpolitik auf Formen des Immateriellen Kulturerbes seitens der
Trägergruppen beschäftigten die kulturpolitisch Handelnden im Rahmen des hier
behandelten Untersuchungsgegenstandes wiederholt.

   Nach 1945 war die Bundesrepublik Deutschland aufgrund der direkt voran-
gehenden Erfahrungen zunächst äußerst zurückhaltend auf dem Gebiet Kulturpolitik. Daher rühren auch die heute von Neutralität, Subsidiarität, Dezentralität
und Pluralität geprägte politische Kultur in diesem Bereich und die entsprechende
staatliche Kompetenzverteilung (siehe Abschnitt 3.4.). Singer (2003: 14) spricht
von etwa 1950 bis 1966 von einer Phase der reinen „Kulturpflege", die geprägt
war von einer Rekonstruktion der kulturellen Infrastruktur und der Förderung traditioneller Kunstformen und etablierter Kulturinstitutionen. Diese war maßgeblich
von den einzelnen Städten und Kommunen getragen und mangels übergreifender
und vorausschauender Konzeptionen traditionalistisch und weitgehend zufällig
(vgl. Hoffmann 1990: 45). Kulturpolitik, die fast nur im Sinne der Künste interpretiert wurde, war bis in diese Zeit eine schichtenspezifische Angelegenheit des
klassischen Bürgertums (vgl. Sievers 2010: 221), letztlich eine Politik für eine
kleine Minderheit der Bevölkerung (von Beyme 1998: 9). Schwencke (2009:
13 f.) stellt gar in Frage, ob man diese Art traditioneller Kulturpflege überhaupt
als Kulturpolitik begreifen solle, da zwei Jahrzehnte lang Kultur nur verwaltet
und nicht gestaltet wurde.

Im Osten Deutschland und in der Deutschen Demokratischen Republik orientierte man sich nach den kulturpolitisch dunklen Jahren der NS-Herrschaft
zunächst ganz ähnlich wie in der Bundesrepublik Deutschland wieder an den
Werten des Humanismus und der Aufklärung. Früher als im Westen Deutschlands
wurde auch der Arbeits- und Alltagskultur unter dem Schlagwort ‚Breitenkultur' Aufmerksamkeit geschenkt (vgl. Burkhard 2015: 117). Bald aber schon
wurden Kunst und Kultur zunehmend für Staats- bzw. Parteizwecke der Sozialisti-
schen Einheitspartei Deutschlands (SED) in Dienst genommen. Die Kulturpolitik
der DDR kann nicht als demokratisch legitimiert bezeichnet werden. Die maßgeblichen Parteien in der Bundesrepublik Deutschland teilten dagegen die
Überzeugung, dass Kulturpolitik staatsfern sein solle. (vgl. Schwencke 2009: 13)

3.2.3 Neue Kulturpolitik

Ausgehend von den in Großbritannien etwa ab den 1960er Jahren etablierten
Cultural Studies (vgl. Wimmer 2011: 33), die das Ziel verfolgten neben die so
genannte Hochkultur mindestens gleichberechtigt die Populärkultur zu stellen und
die grobe Differenzierung zwischen beiden Kultursphären aufzuheben, und dem
damit verbundenen *cultural turn* in den Sozialwissenschaften (vgl. von Beyme
2010: 269), kam es in den 1970er Jahren zur wichtigsten Umbruchphase deutscher
Kulturpolitik (vgl. Burkhard 2015: 62) mit einer kompletten gesellschaftlichen
Neubewertung von Kunst und Kultur (vgl. Mandel 2005: 9). Diese war auch
eine Antwort auf die gesellschaftliche Modernisierung, die sich Ende der 1960er
Jahre in Deutschland Bahn brach, und v. a. eine aktivere Beteiligung der Menschen am gesellschaftlichen Leben forderte. Es waren vor allem Akteure auf der
kommunalen Ebene, die den Umbruch prägten: Der langjährige Frankfurter Kulturdezernent Hilmar Hoffmann steht für die kulturpolitische Programmatik einer
‚Kultur für alle'. Diese wurde bald bei allen Parteien Konsens. Es ging jedoch
nicht nur um die Angebotsseite, man sprach bald auch von der ‚Kultur von allen':
die Trennung von Produzent und Rezipient, von passivem Nutzen und aktivem
Mit- und Selbermachen, sollte aufgegeben werden. (vgl. Hoffmann 1990: 52)
Hermann Glaser, Kulturdezernent in Nürnberg, brachte die Neue Kulturpolitik auf
die Formel ‚Bürgerrecht Kultur'. Im Grunde kann man die Neukonzeption von
Kulturpolitik tatsächlich als eine Konkretisierung des Menschenrechts auf Teilnahme am kulturellen Leben und entsprechende Teilhabe (vgl. Fuchs 2005: 34)
und auch des Sozialstaatsgebots aus Art. 20 des Grundgesetzes (vgl. Hoffmann
1981: 48 f.) verstehen.

„Die kulturelle Teilhabe möglichst vieler, vor allem von bislang von den Kulturinstitutionen kaum erreichten Menschen, und die Demokratisierung der Kultureinrichtungen
und ihrer Angebote sind die zentralen Ziele demokratischer Kulturpolitik: Demokratisierung *von*, Partizipation *an* und Emanzipation *durch* Kultur unter den beiden zentralen Motti der neuen Kulturpolitik der 1970er Jahre ‚Kultur für alle' und ‚Bürgerrecht
Kultur'" (Wagner 2010: 17 f., Hervorhebungen im Original).

Die Neue Kulturpolitik war also mit folgenden grundsätzlichen Maßnahmensträn-
gen verbunden: die Öffnung von und die Verbesserung von Zugangschancen
für bislang benachteiligte bzw. vernachlässigte Gruppen zu den kulturellen
Institutionen und Angeboten, Ausweitung der Förderung ‚alternativer Kultur',
Demokratisierung der Beteiligung am Kulturgeschehen und der Entscheidungen
über Förderungen (vgl. Hoffmann 1990: 52, 63 f. und Wimmer 2011: 314, 326)
sowie der Bezug von Kulturpolitik auch auf Alltagsaktivitäten und Lebensweisen (vgl. Singer 2003: 20 sowie Hoffmann 1990: 58). Man hatte mit dem weiten
Kulturverständnis bzw. einem „erweiterten Kulturbegriff (Wie lebt und arbeitet
der Mensch?)" (Scheytt 2005: 26) anerkannt: „Kultur findet nicht nur in großen
Häusern statt, Theatern, Opern und Museen, sondern im Alltag." (Müller/Singer
2004: 46)

„In den Kommunen wurde tatsächlich eine neue Kulturpolitik verwirklicht. Kultur
und damit Kulturpolitik wurde nicht mehr auf das Wahre, Gute und Schöne reduziert,
vielmehr wurden kommunikatives, partizipatorisches und kreatives Handeln aller
Bürgerschichten als neue Ziele der urbanen Kulturpolitik akzeptiert." (Schwencke
2009: 18 f.)

Auf institutioneller Ebene führte die Neue Kulturpolitik zur Gründung der Kulturpolitischen Gesellschaft e. V. Das oben erwähnte Maßnahmenbündel hatte
durchaus einen beträchtlichen Mittelaufwuchs für Kultur(förder)politik, vor allem
im urbanen, weniger im ländlichen Raum, zur Folge. Der Mittelaufwuchs führte
u. a. zur Begründung zahlreicher Institutionen der Soziokultur. Zur Soziokultur rechnet man Kulturläden und Bürgerhäuser, Stadtteilkulturarbeit, Senioren-,
Kinder-, Jugend- und Ausländerkulturarbeit sowie das freie Theater (vgl. von
Beyme 1998: 14). Es fällt jedoch auf, dass auf die eher im ländlichen Raum ver-
ortete Breiten-, Volkskultur oder Folklore, wie man damals meist sagte, sich der
erweiterte Kulturbegriff kaum auswirkte. Einiges, was man heute unter Immateriellem Kulturerbe im ländlichen Raum fasst, fand damals erste, zögerliche
Aufmerksamkeit unter dem Begriff ‚ländliche Kulturarbeit' (vgl. Institut für Kulturpolitik der Kulturpolitischen Gesellschaft 2015: 18). Trotz der damit implizit
einhergehenden ‚Kultur für alle'-Formel wurde diese aber in der Folge noch

nicht wirklich als ernsthafter Teil von Kulturpolitik begriffen. Einige kulturpolitische Akteure, wie Plagemann (1992), gingen zwischenzeitlich sogar so weit,
zu behaupten, dass alle kulturelle Praxis in Deutschland mittlerweile städtische
kulturelle Praxis sei.

In den 1980er Jahren trat in der bundesdeutschen Kulturpolitik zudem
„[n]eben das Prinzip der bürgerschaftlichen Partizipation als Zielgröße von
Kulturpolitik […] eine stärkere marktwirtschaftliche Orientierung auch im Kulturbereich" (Singer 2003: 27). Kultur wurde zum einen von der die Epoche
prägenden „Gürtel enger schnallen"- und Leistungsgesellschafts-Logik erfasst
(vgl. Hoffmann 1990: 13, 54) und war zum anderen nun als Standort- und damit
Wirtschaftsfaktor entdeckt worden, so dass Städte entsprechend repräsentative
Projekte förderten (vgl. Schwencke 2009: 20). Ab Ende der 1980er Jahre sprechen einige Experten und Wissenschaftler (vgl. u. a. Lembke 2017: 32) von der
Ablösung der Neuen Kulturpolitik durch die Aktivierende Kulturpolitik, die in
dieser, v. a. von der kommunalen Sichtweise geprägten, Lesart bis heute zum
dominanten Leitmotiv wurde. Finanzielle Engpässe sollten hierbei durch eine
Einbindung bürgerschaftlichen Engagements überbrückt werden.

„Der *Aktivierende Staat* entdeckte renaissanceartig die Begrenzung seiner Tätigkeit
auf öffentliche Verwaltung wieder und begann, sich von der direkten Trägerschaft
von Kultureinrichtungen zu trennen. Ein Mittel war dabei die Überführung landesei-
gener Kultureinrichtungen in Stiftungen des öffentlichen oder bürgerlichen Rechts."
(Lembke 2017: 32)

3.2.4 Entwicklung nach der Vereinigung Deutschlands

Während Bundeskulturpolitik vor 1990 mit einem Volumen von etwa 300 Millionen DM jährlich vorrangig die finanzielle Unterstützung der Stiftung Preußischer
Kulturbesitz war, übernahm der Bund ab 1990 mit über 2 Milliarden DM mehr
Zuständigkeiten, insbesondere zur Erhaltung der kulturellen Substanz in den
neuen Ländern. Diese sahen sich in ihrer Umbruchsituation und wirtschaftlichen Schwäche nach dem Zusammenbruch der DDR nicht allein in der Lage,
die Lasten zu schultern. Die Intervention des Bundes in die Kernkompetenz der
Länder und Kommunen – der finanziellen Erhaltung kultureller Infrastruktur –
(siehe Abschnitt 3.4.) war nötig, weil die West-Länder als die Kulturzuständigkeit
Innehabende die akute erforderliche finanzielle Hilfe für die Ost-Länder nicht
stemmen konnten oder wollten. Sie war gewissermaßen auch zwangsläufig, weil

man die Vereinigung kulturell begründete: Im Einigungsvertrag hieß es in Art. 35 Abs. 1 Kultur sei die „Grundlage der fortbestehenden Einheit der deutschen Nation" (Ackermann 2013: 87 f.). Vor dem Hintergrund der Entscheidung für Berlin als neue Hauptstadt wuchs dem Bund in der Förderung dortiger Kultur- institutionen ebenfalls noch mehr Verantwortung zu. Nach den Umbrüchen der deutschen Einheit wurden im Verlauf der 1990er Jahre die Mitwirkung des Bun- des bei Aufgaben von nationaler Bedeutung auch über Berlin und Ostdeutschland hinaus sowie eine Bündelung der kulturpolitischen Aufgaben in der Bundesregie- rung fast folgerichtig zunehmend diskutiert. (vgl. Singer 2003: 30 f.) Im Ergebnis stand die Einrichtung des Amtes eines Beauftragten der Bundesregierung für Kul- tur und Medien im Jahr 1998 und parallel die Einrichtung eines Ausschusses für Kultur und Medien im Deutschen Bundestag. Ein solcher hatte in verschiedenen inhaltlichen Kombinationen bis 1969 bestanden und wurde dann, auf Druck der Länder, zunächst nicht fortgeführt (vgl. Singer 2003: 15). Während die Länder durch den BKM anfangs ihre sogenannte ‚Kulturhoheit' in Gefahr sahen und die Einrichtung der neuen Institution bekämpften, legten sich diese Auseinan- dersetzungen bald. Das Misstrauen wich einem kooperativen Föderalismus. (vgl. Neumann 2013: 20) Seitdem funktionieren die weitgehende Eigenständigkeit der Länder in Kulturfragen und ein Engagement des Bundes durchaus erfolgreich zusammen (vgl. Ackermann 2013: 88). Während im Westen aber noch immer vor allem einzelne Projekte und nur wenige Kulturstätten gemeinsam verwaltet und finanziert werden, fördert der Bund in im Grunde allen Regionen Ostdeutschlands gemeinsam mit den Ländern in einer umfassenden thematischen Breite: „von Denkmalpflege bis zu spektakulären Neubauten, von einmaligen Veranstaltungen bis zur dauerhaften institutionellen Mitfinanzierung der Haushalte" (Ackermann 2013: 89) von Kultureinrichtungen. Insgesamt führte die Einrichtung des BKM zu einem erneuten Bedeutungszuwachs der Kulturpolitik. Dies drückte sich u. a. in neuen Kulturförderprogrammen des Bundes, stetig wachsender Kulturetats im Bundeshaushalt, die Gründung von Kulturstiftungen des Bundes und der Länder und der Einrichtung der Enquete-Kommission „Kultur in Deutschland" im Deut- schen Bundestag (siehe ausführlicher dazu Abschnitt 3.3.) aus. (vgl. Schwencke 2009: 23)

Anfang des 21. Jahrhunderts wurde das Konzept ‚Kultur für alle' nun mit einem verstärkten Anspruch auf Teilhabegerechtigkeit und Inklusion in der demo- kratischen Gesellschaft neu gefasst: Man spricht seitdem von einer ‚Kulturellen Grundversorgung' oder ‚Kulturellen Daseinsvorsorge', die der Staat im Sinne einer gesellschaftlichen Inklusion durch verschiedenartige Angebote in der Flä- che zu erschwinglichen Preisen und mit niedrigen Zugangsschwellen garantieren solle (vgl. Schneider 2005: 47, Fuchs 2005: 37 f., Scheytt 2010: 31 f., 41, Sievers

2010: 221). Zunehmend etablierte sich allerdings der politisch konsensfähigere (aber wertneutrale) und zudem von der Akteursperspektive her umfassendere Begriff der ‚kulturellen Infrastruktur‘, der „eine Gesamtsicht auf das Zusammenwirken von Staat, Markt und Gesellschaft und die verschiedenen Rollen des Bürgers als Souverän, Engagierter und Nutzer" (Scheytt 2010: 38) abbildet. Kritiker wie Dieter Haselbach sehen in der ehemals oppositionell formulierten Forderung ‚Kultur für alle‘ allerdings inzwischen eine „[rhetorische] Formel zur Stabilisierung des Status quo" (Haselbach 2013: 94). Im Jahr 2009 konstatierte Bernd Wagner (2009: 13 f.), dass Kulturpolitik sich in einer Phase der Neuorientierung befinde, die ihre finanzielle Basis, ihre organisatorische Struktur und auch ihre inhaltlich-konzeptionelle Ausrichtung betreffe. Dabei verweist er u. a. auf die Notwendigkeit der Mitberücksichtigung marktwirtschaftlicher Mechanismen und zivilgesellschaftlichen Engagements sowie die zunehmende Verflechtung, Bedingungen und Befruchtung der drei ehemals recht separierten Säulen Staat, Markt und Gesellschaft.

Bezogen auf die Partizipationsforderung, die mit ‚Kultur für alle‘ verbunden war und der damit verbundenen Versprechung, diese mache die Gesellschaft besser, hat sich zwar das Angebot seit den 1970er Jahren wesentlich ausgeweitet, aber die Teilhabequote ist trotzdem kaum angestiegen und die Nutzung der Angebote hängt noch immer wesentlich vom erworbenen Bildungsgrad – oder allgemeiner von Faktoren der Sozialstruktur (Herkunft, Arbeitssituation und Bildung) – und natürlich auch von geographischen Faktoren ab. Nicht-Nutzer bzw. nicht öffentlich geförderte Kulturakteure sind immer noch die Bevölkerungsmehrheit. (vgl. Haselbach 2013: 94, Sievers 2010: 222 f., Wimmer 2011: 147) „Kulturpolitik ist eine Förderung von Kunst geblieben und sie kommt vor allem den Städten zugute." (Schneider 2010: 284) Staatlich geförderte Kultur ist auch heute noch vor allem eine Sache der Älteren, Gebildeten und Besserverdienenden (vgl. Ackermann 2013: 92).

Diese Diagnosen gelten allerdings nur so lange, wie man Kulturangebote in einem engen Sinne versteht. Zählte man dazu dagegen auch die Angebote der Volkshochschulen, soziokulturellen Zentren usw. in ländlichen Räumen und eben auch die Ausdrucksformen des Immateriellen Kulturerbes, die seit 2013 in Deutschland mit dem Beitritt zur UNESCO-Konvention und der Erstellung eines Bundesweiten Verzeichnisses immerhin staatliche Würdigung durch kulturpolitische Akteure erfahren und den Kreis der von kulturpolitischen Maßnahmen Profitierenden und an Kulturförderung im weiteren Sinne Partizipierenden deutlich erweitert, käme man zu einem anderen Schluss.

3.3   Wechselwirkungen zwischen Kulturpolitik und Kulturverständnis

Da das Konzept von ‚Kultur', wie bereits im vorhergehenden Abschnitt deutlich wurde, grundlegend das Handeln in der Kulturpolitik bestimmt, ist es nicht unwesentlich, zu klären, was in Deutschland darunter heute verstanden wird. Es gibt bei uns sehr viele Kulturbegriffe, die nebeneinander existieren. Dies kann man einerseits als Vorteil der Förderung von Kultur sehen, für eine Profilierung der Kulturförderung erweist es sich aber meist als Nachteil (vgl. von Beyme 2012: 11). Dass Kulturpolitik hierzulande weitestgehend ohne Rechtsnormen funktioniert und zahlreiche Akteure aus dem staatlichen, zivilgesellschaftlichen und privaten bzw. ökonomischen Bereich Einfluss auf sie nehmen, wirkt sich zudem auch auf den Kulturbegriff aus, der der Kulturpolitik zugrunde liegt. (vgl. Burkhard 2015: 62, 88)

Ganz universalistisch und weit interpretiert ist ‚Kultur' die Beschreibung „des Ganzen, in dem operiert wird" (Fuchs 1998: 134). In einem noch immer sehr weiten Sinne, aber bereits normativ eingeordnet, kann ‚Kultur' als „Gesamtheit der Ausdrucksformen menschlichen Schaffens, die inhaltlich ein qualitatives Mindestmaß an geistigem oder künstlerischem Aussagewert besitzen" (Germelmann 2013: 14) verstanden werden. Dazu gehören dann nahezu alle von Menschen hergestellten Produkte und Äußerungen, aber auch „letztlich alle tatsächlich vorhandenen Lebensweisen, Gebräuche und Wertvorstellungen" (Germelmann 2013: 8). Kultur wird dann „verstanden als Oberbegriff für gesellschaftsbezogene Gestaltung der jeweiligen Lebenswelten", was „weltweit ein bestimmendes Merkmal jeglicher Sozialgemeinschaft" (Institut für Kulturpolitik der Kulturpolitischen Gesellschaft 2015: 15) ist. Häufig wird der Begriff auch synonym für zivilisatorische Errungenschaften verwandt. In Bezug zu Bildung kann man ‚Kultur' auch als das in einer Gesellschaft ‚Erlernte' bzw. das ‚Erlernbare' verstehen (vgl. Wolf-Csanady 1996: 60). Erheblich enger gefasst, werden unter ‚Kultur' vor allem die Künste und Wissenschaften verstanden. Und ganz eng gefasst, ist Kultur noch die Gesamtheit der künstlerischen Werke sowie die gängigen Arten der Kunstausübung und -darstellung. (vgl. Germelmann 2013: 2 f.) Künstlerische Produktion und Rezeption geschehen „immer in bewusster Absetzung vom unmittelbaren Alltagshandeln und von zweckorientierten Aktivitäten wie Arbeit als Erwerbszweck oder zur häuslichen Reproduktion" (Wagner 2009: 42), definiert sich also bewusst in Abgrenzung zu diesen Formen menschlicher Grundtätigkeiten.

Der Deutsche Bundestag hatte zwischen 2003 und 2007 eine Enquete-Kommission „Kultur in Deutschland" mit elf Sachverständigen, Mitgliedern aus der Landespolitik, Wissenschaft und der künstlerischen Praxis sowie aller im

Bundestag vertretenen Parteien eingerichtet, deren Erkenntnisse und Diagnosen nach allgemeiner Überzeugung noch heute Gültigkeit haben. Neben einer Beschreibung der kulturellen Situation in Deutschland und einer Analyse der Defizite und Probleme der Kulturlandschaft ging es vor allem darum, eine Verständigung zu den Belangen der Kultur in Deutschland zu erzielen und Perspektiven für die kulturpolitischen Handlungsfelder aufzeigen. „Dieser Prozess hat den kulturpolitischen Diskurs in Deutschland nachhaltig aufgewertet und ist so zu einer ersten Referenz jeglicher kulturpolitischer Maßnahmen geworden." (Wimmer 2011: 281) Selbst, wenn man sich in der Enquete-Kommission nicht in allen wichtigen konzeptionellen Fragen einig gewesen sei (vgl. von Beyme 2010: 291), herrschte doch immerhin Konsens zu vielen Aspekte der ‚Neuen Kulturpolitik', etwa, dass Kulturpolitik stets auch Gesellschaftspolitik sei. Einvernehmen gab es entsprechend auch über die grundsätzlich große Bedeutung von Kunst und Kultur für die Entwicklung der Gesellschaft in Deutschland. (vgl. Ehrmann 2008: 5) In diesem Sinne: „In der Kulturpolitik werden (...) Fragen nach der Vergangenheit, der Gegenwart und der Zukunft gesellschaftlicher Entwicklung gestellt und mögliche Antworten aufgezeigt." (Scheytt 2008: 10) Es gibt – dies ist in dieser Deutlichkeit eine relativ neue Erkenntnis, die unter dem Schlagwort der *Cultural Governance* behandelt wird (vgl. Wagner 2011: 48, siehe auch Abschnitt 5.1.6.) – in der Kulturpolitik in Deutschland eine geteilte Verantwortung von Staat, Zivilgesellschaft und Wirtschaft (vgl. Scheytt 2008: 10, Ehrmann 2008, Wimmer 2011: 82 f.). Hinzu kommt als besondere Akteursgruppe in diesem „vieldimensionalen Beziehungsgeflecht" (Wagner 2011: 43) noch jene der kulturell-künstlerischen Aktiven. Als Säulen der Kultur(förder)politik in Deutschland benennt Fuchs (2003: 16) folglich „öffentliche Kulturförderung, Kulturförderung der Wirtschaft, private Kulturausgaben und neuerdings vermehrt Stiftungen". Wenn man aus der Perspektive einer kulturellen Ordnungspolitik auf das Politikfeld schaut, ist die Aufgabe die Förderung eines gesellschaftlichen Diskurses. Fuchs spricht in diesem Sinne auch von „Kulturfunktionen": Möglichkeiten zur Selbstreflexion bieten, d. h. der Gesellschaft den Spiegel vorhalten; Angebote an Identitäten und Vorstellungen vom guten Leben machen; hinzu kommt noch die Funktion eines sozialen und kulturellen Gedächtnisses. Kultur soll bzw. muss demnach politisch so gestaltet werden, dass eine Gesellschaft oder soziale Gruppe nicht in Agonie verfällt oder ihre Identität verliert. (vgl. Fuchs 2003: 16) Germelmann (2013: 18) sieht als Legitimation von Kulturpolitik im demokratischen Gemeinwesen, dass diese „nach ihrer eigenen Sachkunde Schwerpunkte [...] setzen und [...] gestalten" müsse.

Aus den Ergebnissen der Enquete-Kommission leiten sich u. a. auch die Kulturentwicklungsplanungen und -konzeptionen ab, die seitdem in einigen Ländern

(u. a. Brandenburg, Thüringen oder Schleswig-Holstein) und Kommunen (u. a. Düsseldorf oder Kassel) umgesetzt wurden. Sie ermöglichen es zum einen Ziele und Leitbilder zu entwickeln und zum anderen bei den politischen Zielen der Kulturpolitik Schwerpunkte zu setzen, diese regelmäßig zu überprüfen und dann nachzujustieren (vgl. Ehrmann 2008: 7). Hier geht es nicht nur um Kulturförderung, sondern auch um konzeptionelle Ansätze, was Kulturpolitik überhaupt im gesellschaftlichen Auftrag leisten soll, welche Zielgruppen sie erreichen soll und wie die Bürgerinnen und Bürger am Prozess der Kulturpolitik beteiligt werden sollen. Lange Zeit wurde Kulturpolitik in Deutschland weitgehend durch den Staat bestimmt bzw. war das kulturpolitische Denken sehr etatistisch geprägt und Partizipationsprozesse, wie bei Kulturentwicklungsplanungen üblich, gab es kaum. Die Kulturlandschaft in Deutschland war dagegen schon seit jeher sowohl von öffentlicher Kulturpolitik wie auch von bürgerschaftlichen Gruppen getragenen Aktivitäten und privatwirtschaftlichen Angeboten geprägt (vgl. Wagner 2009: 450 f.). In den letzten Jahren mehren sich aber die Anzeichen, dass diesbezüglich ein Wandel erfolgt und zivilgesellschaftliche sowie wirtschaftliche Akteure tatsächlich stärker als Akteure der Kulturpolitik auftreten, so dass heute, u. a. aufgrund der „mangelbedingt erhöhten Diversifizierung der Finanzierung sowie der wachsenden Internationalisierung auch dieses Gebiets" (Germelmann 2013: 744), eine Vielzahl staatlicher und nichtstaatlicher Akteure die Kulturpflege in Deutschland prägt. Kulturförderung ist also keine rein staatliche Aufgabe mehr. Dass Kulturpolitik nach wie vor eine öffentliche Aufgabe (vgl. Wagner 2009: 323 f.) ist, bleibt jedoch weitgehend unbestritten. Das System ist also durch drei Säulen gekennzeichnet: der durch verschiedene Regierungsebenen geförderte bzw. staatliche Kulturinstitutionen getragene öffentliche Bereich mit „Kulturverwaltungen, Ministerien, haupt- und ehrenamtlichen KulturpolitikerInnen" (Wagner 2009: 26), privatwirtschaftliche Angebote von Unternehmen und der gemeinnützige bzw. privatrechtlich-zivilgesellschaftliche Bereich mit v. a. Verbänden und Vereinen sowie Stiftungen. Folglich wirkt heute eine Vielzahl von Institutionen – siehe auch Abbildung 3.2 – daran mit, was man als Kulturpolitik in Deutschland bezeichnet. (vgl. Burkhard 2015: 28)

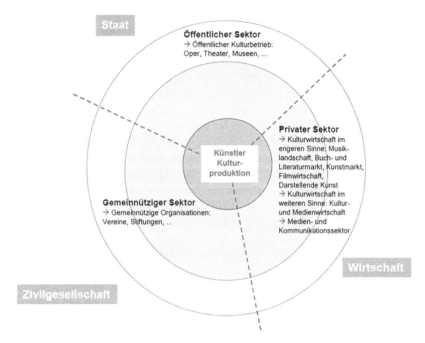

Abbildung 3.2 „Schweizer Modell" nach Söndermann/Weckerle 2003. (Eigene Darstellung nach Burkhard 2015: 166)

3.3.1 Der Kulturbegriff in Deutschland

Bei einer Erörterung des Kulturbegriffs in Deutschland ist wichtig voranzustellen, dass ‚Kultur' hierzulande i. d. R. normativ besetzt ist, anders als etwa in England, den USA oder Frankreich, wo der Sprachgebrauch wertneutral und eng mit jenem der ‚Zivilisation' verbandelt ist. Der Begriff ‚Kultur' hat hierzulande eine spezifische Überhöhung erfahren (vgl. Klein 2009: 10, 32 f., 40). Eine der Folgen dieser anderen Begriffsentwicklung im deutschsprachigen Raum ist die strikte Trennung von Kunst und Kultur (und der weitgehenden Verengung auf Kultur als Kunst) auf der einen Seite und Gesellschaft und Politik auf der anderen Seite, die als typisch deutsch bezeichnet werden kann, während die deutlich weitere Fassung des Kulturbegriffs – Kultur im Plural als Sitten, Gebräuche und Lebensweise der Menschen – als eher typisch französisch betrachtet werden kann (vgl. Klein

2009: 65). Verantwortlich für die folgenreiche Begriffsverengung in Deutschland ist die spezielle gesellschaftliche, ökonomische und politische Konstellation
des 18. Jahrhunderts. Hierzulande musste sich Identität über eine kulturelle Verständigung formieren, während etwa England oder Frankreich sich politisch als
Republik oder Nation bzw. Empire definieren konnten (vgl. Klein 2009: 40, 59).

Der deutsche Terminus ‚Kultur' leitet sich von zwei sehr ähnlichen lateini-
schen Begriffen ab, nämlich einerseits ‚cultura' (Bearbeitung, Bebauung, Ausbildung, Verehrung), das wiederum vom Verb ‚colere' (u. a. anbeten) abstammt, und
andererseits ‚cultus' (Bearbeitung, Bildung, Lebensweise) (vgl. Sommer 2008:
52, Klein 2009: 36). Von letzterer Bedeutungsableitung kommt insbesondere der
deutsche (politisch gebrauchte) Begriff ‚Kultus', der die Kultusministerien und
nicht zuletzt die Kultusministerkonferenz ihre Bezeichnungen verdanken. ‚Kultur' kann zugleich Produkt, also Resultat einer Tätigkeit, wie auch Prozess,
d. h. die Tätigkeit selbst, sein. Letztlich kann man ‚Kultur' als „Produktion
von Bedeutungen" (Lüddemann 2019: 13) verstehen. Damit schafft sie Identität, Kommunikation(-sanlässe), Kontroversen, Vergleiche, Adaptionen, Medialität
und Praxis. (vgl. Lüddemann 2019: 1, 101 ff.)

Wichtig ist unbedingt zwischen ‚Kunst' und ‚Kultur' zu differenzieren, die
häufig in einem Atemzug genannt werden. Im Grunde ist Kunst ein Teil von
Kultur, nämlich die „ästhetischen Ausdrucksformen [...], von der Musik über die
Literatur zu den bildenden Künsten; einschließlich des Films" (von Beyme 1998:
11). Vorgängerbegriffe der ‚Künste' waren historisch *ars* und *téchne*, was man mit
aus Erfahrung (*empeiria*) erworbenem Sachverstand übersetzen kann (vgl. Prima-
vesi/Rapp 2016: 7), wovon u. a. auch Wissenschaft und Handwerk umfasst waren
(vgl. Wagner 2009: 40 Fn 9 sowie Ax/Horchler 2007: 51). „Zur Kultur werden
auch die Entfaltung sozialer Beziehungen bis hin zur Körperkultur gerechnet."
(von Beyme 1998: 11) Kultur ist also das System, das einer Gesellschaft eine
unverwechselbare Gestalt gibt und wesentliche Wertorientierungen begründet
(vgl. Hoffmann 1985: 126). Die meisten konkreten Maßnahmen von Kulturpolitik
bewegen sich allerdings auf der Ebene von Kunst mit der, meist nur impliziten,
Begründung, dass diese sich durch besondere „Kulturleistungen" manifestieren
(vgl. Burkhard 2015: 87). Im Kulturbegriff steckt viel mehr, etwa auch geteiltes
Wissen sowie gemeinsame Denk-, Wahrnehmungs- und Handlungsstruktur (vgl.
Fuchs 1998: 140 f.). Klein (2009: 33 ff.) differenziert vier Begriffsdimensionen
von Kultur: Die vergleichsweise in der Gesellschaft dominanteren Interpretationen des Kulturbegriffs, die normativ und exklusiv sind, *wie Kultur als Kunst* sowie
Kultur als Lebensart schließen die meisten Formen des Immateriellen Kulturerbes
aus. Nur die nicht-normativen und inklusiven Definitionen von *Kulturen im Plural*, worunter auch alltagskulturelle Lebensweisen der Gesellschaft, wie Bräuche,

Traditionen, Feste, Organisation in Vereinen, bürgerschaftliches Selbstverständnis usw. verstanden werden, sowie von *Kultur als Gegensatz zur (unberührten) Natur* umfassen konzeptionell das Immaterielle Kulturerbe (vgl. auch Abschnitt 3.1. mit Abbildung 3.1 aus Lembke 2017).

Häufig wird bis heute noch zwischen Hoch- und Breitenkultur unterschieden. So problematisch das grundsätzlich sein mag, ermöglicht es in historischer Betrachtung eine Annäherung an die Passung des Immateriellen Kulturerbes in das Begriffsverständnis von ‚Kultur' in Deutschland.

„Ländliche Amateurtheater, Trachtenkapellen, Blasmusik oder Brauchtumsfeste werden selbst von den Akteuren oft nicht als Kultur bezeichnet. Auch in den Dörfern wird unter dem Kulturbegriff vielmehr die bürgerlich und urban geprägte Hochkultur verstanden, der dann gegebenenfalls auch eine Förderberechtigung zugestanden wird. Mit dem Dorf und der gemeinschaftsprägenden Breitenkultur hat diese Welt – nach Auffassung vieler breitenkultureller Akteure selbst – nichts zu tun." (Institut für Kulturpolitik der Kulturpolitischen Gesellschaft 2015: 33)

Wolfgang Schneider erklärt: „Breitenkultur scheint ein Phänomen zu sein, das dort stattfindet, wo Gemeinschaften Gruppenidentitäten ausbilden und gemeinsam zu kulturellen Ausdrucksformen derselben finden." (Schneider 2014b: 15) Die Unterschiede zwischen Stadt und Dorf sind konstituierend für den Begriff der ‚Kultur' auf dem Land. Hier war der Bezug der Menschen untereinander stärker als in urbanen Zentren durch gemeinsame Arbeitsstrukturen und Versorgungsgemeinschaften gegeben und der Ausgangspunkt für gemeinschaftsbildenden Gesang, jahreszeitliche Feiern und die mündliche Weitergabe von Wissen und Können.

„Vergleichbar der Weitergabe handwerklicher Fähigkeiten oder des Wissens um landwirtschaftliche Erfordernisse wurden auch kulturelle Verabredungen und gestalterisches Know-how über Generationen mündlich beziehungsweise als Nachahmung aktiver Handlungen überliefert. Weitergegeben wurden dabei stets das jeweils relevante und im praktischen Handeln optimierte Wissen." (Institut für Kulturpolitik der Kulturpolitischen Gesellschaft 2015: 16)

Dies verweist darauf, dass die kulturellen Traditionen nicht statisch waren, sondern, durch die fehlende Verschriftlichung begünstigt, immer wieder verändert wurden. ‚Kultur' hatte auf dem Land einen gänzlich anderen Charakter als in der Stadt:

„Dorfkultur war in der Regel ein aktives Tun der Dorfbewohner. Konsumierbare Kulturangebote waren rar […]. Die Themen entsprangen der dörflichen Lebenswelt, die

Aufführungen waren Dorfereignisse und festigten die Gemeinschaft. [...] Anders als in der Kunstszene der urbanen Räume ging es in diesen Kulturveranstaltungen nur selten um die Ästhetik des Werkes an sich [...]." (Institut für Kulturpolitik der Kulturpolitischen Gesellschaft 2015: 16)

Im Laufe des 20. Jahrhunderts kann man in Deutschland von einer Wellenbewegung der Enger- und Weiterführung des Begriffs ‚Kultur' sprechen. Während Engerführungen insbesondere durch die analytische Trennung von Bildungs-, Religions- und Wissenschaftspolitik von der Kulturpolitik erfolgt sind, gab es Erweiterungen vor allem durch Einbeziehungen von Kulturen des Alltags, wie der Populär- und Massenkultur, und letztlich explizit auch von Formen immaterieller Kulturpraxis. Nach dem Zweiten Weltkrieg dominierte noch die Wahrnehmung von Hochkultur, wenn man von ‚Kultur' sprach: „Theater, Museen und Denkmalpflege stehen im Mittelpunkt der Kulturpolitik und sollen dazu beitragen das Ideal des ästhetisch kompetenten Menschen zu verwirklichen." (Burkhard 2015: 75) Tendenziell seit der gesellschaftlichen Revolution von 1968 und spätestens seitdem ‚Kultur für alle' zum Programm geworden ist, setzte sich zunehmend ein erweiterter Kulturbegriff durch, der nicht nur die Gesamtheit der Künste und Medien umfasst, sondern „alle kreativen Äußerungen der menschlichen Natur" (Hoffmann 1990: 136). Der Kulturbegriff sollte fortan „von dem traditionellen Verständnis einer auf ästhetische Produktion und Vermittlung konzentrierten Kunst-Kultur gelöst werden und Bezüge zur Lebensweise, zum gesellschaftlichen Bezug menschlichen Handelns erhalten." (Pohlmann 1994: 45) Das Verständnis, dass Kultur umfassender zu verstehen ist als Kunst steht in weitgehender Übereinstimmung mit der anthropologisch und ethnologisch orientierten Begriffsbestimmung der UNESCO seit 1982 (vgl. Deutscher Bundestag 2007: 47, 427; siehe detaillierter Abschnitt 4.3.1.). Aus der Etablierung des weiten Kulturbegriffs schließt Hilmar Hoffmann u. a., dass Kulturpolitik mehr als Kunst- und Künstlerförderung sein müsse. Kultur müsse als dauerhafter Prozess der Entfaltung des Menschen begriffen werden. (vgl. Hoffmann 1990: 59) Dahinter steckt ein demokratisierendes Motiv von Kulturpolitik. Es überschneidet sich mit einem soziokulturellen Motiv, das auf sich selbst verwirklichende Menschen zielt. Der Kulturbegriff ist in Deutschland seit den 1970er Jahren also gesellschaftspolitisch und kooperativ ausgerichtet. (vgl. Burkhard 2015: 75, 101) Die so genannte ‚Neue Kulturpolitik' wollte neue Schichten erreichen und sie in den Kulturprozess einbeziehen (vgl. Hoffmann 1990: 152). Das alles beinhaltet konzeptionell im Grunde das Immaterielle Kulturerbe und seine Trägergruppen, aber weder Hilmar Hoffmann zu seinen aktiven Zeiten noch sonst jemand sprach in Deutschland bis ungefähr zur Jahrtausendwende explizit von den gemeinsamen Traditionen

von Menschen und Kulturpraktiken des Alltags als relevantem Teil der Kulturpolitik. In anderen Kulturkreisen gilt durchaus eine andere Kunsttradition, so
dass auch der Diskurs darüber kontextabhängig ist: Max Fuchs stellte etwa im
Rahmen der UNESCO-Weltkonferenzen zur Kulturellen Bildung in den 2000er
Jahren fast schon verwundert fest, dass andere Länder z. B. „Stelzenlaufen, Haare
flechten, Schmieden, Textilverarbeitung" (Fuchs 2010: 49) als relevante Künste
begreifen. Angesichts heutiger internationaler Verflechtungen und Verknüpfungen
sowie einer zunehmend durch internationale Einflüsse geprägten Gesellschaft in
Deutschland hat inzwischen auch das internationale Verständnis der Definition
von ‚Kultur' hierzulande einen erheblichen Einfluss (vgl. Germelmann 2013:
10 f.). In Deutschland kam zwar seit den 1980er Jahren ein ökonomisches Motiv
in der Kulturpolitik auf, was dazu führte Kultur zunehmend als Arbeitsmarkt-
und Standortfaktor zu begreifen (vgl. Burkhard 2015: 75). Insofern hatte sich
der Begriff bzw. das Verständnis in Deutschland nach einer gewissen Kongruenz
in den 1970er und zu Beginn der 1980er Jahre zwischenzeitlich wieder vom
UNESCO-Begriffsverständnis entfernt. Dass kulturelle Bildung, interkulturelle
Verständigung und Inklusion – letztlich zumindest in diesem Bereich nur ein
anderer Terminus für ‚Kultur für alle' – heute wichtige Themen der Kulturpolitik
sind, zeigt aber, dass der Kulturbegriff sich tendenziell wieder geweitet hat und
eine ‚kulturelle Demokratie' heute Leit- und Zielbild ist (vgl. Burkhard 2015:
106). Dies fiel zusammen mit einer genaueren Betrachtung von ‚Breitenkultur',
die frappierende Parallelen mit den Definitionen Immateriellen Kulturerbes (siehe
Abschnitt 4.1.) zeigt:

> „Durch Ausbildung von Ritualen, Bedeutungszumessung und Tradierung dieser über
> Generationen hinweg wird den ausführenden Gruppierungen eine wichtige Funktion
> zur Traditionspflege beigemessen, letztlich als Bewahrerin regionaler Identität. Dar-
> über hinaus sind die in diesen Gruppierungen entwickelten, weitergegebenen und
> identitätssichernden kulturellen Betätigungen gleichzeitig seit jeher von Bedeutung
> für die jeweiligen Sozialzusammenhänge. Sie stellen gesellschaftliche Ordnungen her
> oder bestätigen diese, sichern den Zugang für sozial benachteiligte Randgruppen und
> sind in der Regel für alle Bevölkerungsgruppen offen, unabhängig von Herkunft,
> Bildungsstand und Einkommen." (Schneider 2014b: 15)

Kulturpolitik war traditionell auf das Bildungsbürgertum ausgerichtet, ab den
1970er Jahren ergänzt um einige weitere Zielgruppen. Seitdem aber haben
sich die soziokulturellen Milieus und Lebensstile weiter ausdifferenziert. „Die
Trägergruppen der kulturellen Öffentlichkeit sind durch den Prozess der gesellschaftlichen Individualisierung und Differenzierung heute sehr viel pluraler
aufgestellt als noch in den 1960er und 1970er Jahren." (Sievers 2010: 229) Dies

kann von den Institutionen kaum mehr adäquat bedient werden. Thematisch wie auch örtlich definierte Kulturpraktiken immaterieller Art bieten hier im Vergleich mit den traditionell von der Kulturpolitik beachteten Künsten zunehmend eine alternative, oder vielmehr ergänzende, Perspektive, da sie mehr noch als erstere das Potenzial haben, Gemeinschaft zu stiften:

> „Die Notwendigkeit breitenkultureller Aktivitäten zur Gemeinwesengestaltung ist genauso wenig im Fokus wie die Folgen, die durch den Rückgang des bürgerschaftlichen Engagements in Zeiten gesellschaftlicher Transformationen zu erwarten sind." (Institut für Kulturpolitik der Kulturpolitischen Gesellschaft 2015: 29)

Hier könnte die gedankliche und tatsächliche Einbeziehung alltagskultureller Praktiken, von Bräuchen, Ritualen und Festen oder Handwerkstechniken und der damit verbundenen Produzenten und Rezipienten in Kulturpolitik gegebenenfalls mehr Inklusion leisten als ein weiterer Ausbau von traditionellen kulturinstitutionellen Angeboten. „Wenn Kulturpolitik sich als Gesellschaftspolitik verstehen will, dann muss sie auch dabei mithelfen, dass der Zusammenhang von sozialer und kultureller Exklusion sich nicht weiter verfestigt." (Sievers 2010: 231) Zu diesem Schluss kam auch bereits eine Machbarkeitsstudie zur Umsetzung der UNESCO-Konvention zum Immateriellen Kulturerbe in Deutschland, in der es hieß, dass „die Attraktivität des ihr immanenten Kulturbegriffs in der Bundesrepublik über lange Zeit unterschätzt wurde" (Albert/Disko 2011: 2).

Der Kulturbegriff hat schließlich auch Auswirkungen auf die Kulturstatistiken und damit Aussagen über Teilhabezahlen von Menschen an Kultur sowie über für Kultur bereitgestellte finanzielle Ressourcen. Insbesondere die Vergleichbarkeit, international, aber auch national, stellt ein Problem dar, wenn man sich nicht einig ist, was ‚Kultur' und Kulturpolitik ausmacht bzw. wie man beides abgrenzt, und was in diesen Bereichen in absoluter Höhe gefördert wird. (vgl. Klein 2009: 90 f.) Die Kulturstatistik steht also in Deutschland vor der Herausforderung, auf Basis eines Konsenses zum Kulturverständnis die gesamten Kulturaktivitäten und -ausgaben zu erfassen. Seit 2003 gibt es mit dem alle zwei Jahre erscheinenden Kulturfinanzbericht dazu immerhin eine Verständigung zwischen Bund, Ländern und dem Deutschen Städtetag. (vgl. Klein 2009: 93) Allerdings werden Kulturaktivitäten bisher sehr konservativ definiert, abgefragt und mit Kulturbudgets hinterlegt: Selbstverständlich werden Opern-, Kino- oder Konzertveranstaltungen und -besuche sowie -ausgaben gezählt, nicht jedoch Brauchveranstaltungen oder finanzielle Förderung von traditionellem Handwerk (vgl. Institut für Kulturpolitik der Kulturpolitischen Gesellschaft 2015: 37).

Und trotz der weitgehenden Durchsetzung der Programmatik von ‚Kultur für alle‘ wird zwar unter ‚Kultur‘ in Deutschland nicht mehr nur die an Institutionen wie Theater, Museen usw. gebundene Hochkultur verstanden, sondern etwa auch Pop- und Alltagskultur (vgl. Hoffmann 1981: 31), aber trotzdem ist in der öffentlichen Wahrnehmung, in den Feuilletons der großen Zeitungen und wenn man die meisten Menschen nach spontanen Assoziationen fragt, doch auch heute noch immer regelmäßig die Hochkultur dominierend. Das führt dazu, dass in Deutschland noch immer vor allem die Künste mit dem Begriff ‚Kultur‘ assoziiert werden. Festzuhalten bleibt insgesamt, dass der Kulturbegriff in Deutschland diskursiv bestimmt wird und damit die Chance besteht, ihn auch auszuweiten: „Er kann und soll nicht eindeutig festgelegt werden, sondern sich an den jeweils aktuellen äußeren Bedingungen orientieren." (Burkhard 2015: 88)

3.3.2 Rolle des Staates und der Kommunen

Kultur wird in Deutschland als öffentliches Gut begriffen und der Staat hat eine aktivierende Rolle. Daher haben der Staat (Bund und Länder) sowie die Kommunen die Verantwortung für die Bereitstellung und den Erhalt der kulturellen Infrastruktur und die Schaffung kulturfreundlicher Rahmenbedingungen (vgl. etwa Ehrmann 2008: 6, Scheytt 2008: 10 und Wagner 2011: 44, ausführlicher zum deutschen Mehrebenensystem in der Kulturpolitik siehe Abschnitt 3.4.). Während Art. 142 der Weimarer Reichsverfassung die Verpflichtung des Staates zu Schutz und Pflege der Kunst enthielt, fehlt diese Bestimmung im Grundgesetz (vgl. Hoffmann 1981: 43). Staatsrechtler gehen aber davon aus, dass diese implizit vorhanden sei – spätestens seit einem Bundesverfassungsgerichtsurteil von 1974 (BVerfGE 36, 321, sogenanntes „Schallplattenurteil"), in dem die Staatszielbestimmung als Kulturstaat Erwähnung fand. Zwar gibt es – entgegen der Forderung aus der Enquete-Kommission – bis heute kein „Staatsziel Kultur" im Grundgesetz, aber etwa Scheytt (2008: 11, 2010: 29) und Wagner (2007: 2) argumentieren, man könne die Verpflichtung Deutschlands, Kultur zu schützen und zu fördern, aus Landesverfassungen (siehe Abschnitt 3.4.2.), Kreis- und Gemeindeordnungen sowie eben Entscheidungen des Bundesverfassungsgerichts und der durch Art. 5 Abs. 3 GG garantierten Kunstfreiheit ableiten. Auch im Grundgesetz-Kommentar von Maunz-Dürig (1994) wird diese Einschätzung geteilt (vgl. Klein 2009: 80 f.). Im Einigungsvertrag von 1990 wurde die staatliche Förderung von Kultur in Art. 35 Abs. 1 explizit erwähnt und Deutschland als „Kulturstaat" bezeichnet. Dies wird gemeinhin als eine Bestimmung mit Verfassungsrang aufgefasst, die somit Deutschland als Kulturstaat definiert (vgl. von Beyme 2012: 131). Hinzu kommen

Kulturfördergesetze, etwa das Kulturraumgesetz in Sachsen oder das Kulturfördergesetz Nordrhein-Westfalen, die beide die Kulturförderung auf eine festere
Basis stellen wollen.
Der Staat handelt in Deutschland im kulturpolitischen Bereich zum Schutz
und zur Unterstützung von Kunst und Kultur durch deren Förderung (vgl. Wagner
2011: 44),

> „zum einen durch eigenes Handeln […], vor allem in Form der Bereitstellung von
> Ressourcen und der Ausgestaltung der rechtlichen Rahmenbedingungen (kulturelle
> Ordnungspolitik). Zum anderen wird der Auftrag dadurch erfüllt, dass die öffentli-
> che Hand ihre grundsätzliche Verantwortung mit anderen Partnern in Gesellschaft
> und Wirtschaft teilt oder auch die von privaten und kirchlichen Trägern und Akteuren
> wahrgenommene Verantwortung unterstützt." (Scheytt 2010: 38)

Anders ausgedrückt: Der Staat kann selbst Träger von Kultureinrichtungen (z. B.
Stadt- und Staatstheater, Orchester, Musikschulen, Bibliotheken usw.) sein, er
kann zweitens Organisator von Rahmenbedingungen (Gesetze zur Denkmalpflege oder etwa Buchpreisbindung) sein – die Leistung wird aber durch Dritte
erbracht – oder drittens er kann Förderer kultureller Aktivitäten (z. B. Laienkultur) Dritter, i. d. R. des gemeinnützigen Sektors, sein (vgl. Burkhard 2015:
168).

> „Staatliches Handeln setzt durch Gesetze und Normierungen die Rahmenbedingun-
> gen, unter denen sich alle Akteure bewegen. Gleichzeitig können staatliche Institu-
> tionen als Träger von Kultureinrichtungen […] oder Veranstalter […] auftreten bzw.
> durch entsprechende Zuwendungen Einrichtungen und Organisationen Dritter för-
> dern." (Klein 2009: 100)

Wie der Staat jeweils diese Aufgaben wahrnimmt, ist nach dem jeweiligen
Handlungsfeld zu differenzieren: Im Bereich des kulturellen Erbes nimmt Kulturpolitik zum Beispiel andere Formen und Instrumente, Maßnahmen, Strategien
und Programme an als etwa in der Künstlerförderung (vgl. Scheytt 2010: 38 f.).
Abschließend sei daran erinnert, dass Kulturverwaltung fast gänzlich eine geset-
zesfreie Verwaltung ist. Es geht vor allem um die Bereitstellung finanzieller
Mittel. (vgl. Germelmann 2013: 335) Und da diese finanziellen Mittel vergleichsweise gering im Verhältnis zu den Gesamthaushalten der einzelnen staatlichen
Akteure sind, wird zum einen Kulturpolitik eine relativ geringe Bedeutung zugemessen und zum anderen dominiert ein eher begrenzter Kulturbegriff, der sich
daran orientiert, was und wer monetäre Unterstützung erhält (vgl. Lembke 2017:
205 f.).

3.3.3 Rollen der Akteure aus Zivilgesellschaft und Wirtschaft

Bei Kulturpolitik handelt es sich „um ein vieldimensionales Beziehungsgeflecht zwischen Staat, Wirtschaft, Gesellschaft und kulturell-künstlerischem Bereich" (Wagner 2011: 43). Sie haben eine geteilte Verantwortung für *Good Governance* von Kulturpolitik (vgl. Schneider 2016).

Die öffentlichen Akteure hätten zu lange, so der Vorwurf Bernd Wagners, eine

„Vielzahl kultureller Vereine in allen Feldern der Laien- und Breitenkultur über den großen Bereich der von gemeinnützigen Akteuren getragenen kulturellen Bildung, regionalen Kulturinitiativen und freier Kulturarbeit und das ehrenamtlich-bürgerschaftliche Engagement von Millionen in nahezu allen Kultur- und Kunsteinrichtungen bis zur mäzenatischen Kunstförderung und der Vielzahl von Kulturstiftungen" (Wagner 2009: 14),

kulturpolitisch weitgehend unberücksichtigt gelassen. Auch Wimmer (2011: 269) meint, der Staat wäre in der Kulturpolitik lange nur einer angebotsorientierten Logik gefolgt und hätte alle nicht professionell Involvierten als Nutzer statt als partizipierende Akteure aufgefasst.

Neben dem Staat und der Zivilgesellschaft spielt der Markt, das heißt der Bereich der Wirtschaft, in der Kulturpolitik eine Rolle: Neben den genuin privatwirtschaftlich ausgerichteten Kulturangeboten, insbesondere im Bereich der Musik, der Literatur und der Bildenden Kunst (vgl. Wagner 2007: 1), findet die Kultur- und Kreativwirtschaft in den letzten Jahren zunehmend auch in der Wirtschaftspolitik Beachtung. Motiv der Privatwirtschaft ist auch im kulturellen Bereich der Gewinn, also Geld. Das ist nach allgemeinem Verständnis in Deutschland legitim, sollte aber möglichst durch die anderen Akteure ausgeglichen werden. Staatliche Akteure haben also im deutschen Verständnis die Aufgabe durch die Kulturwirtschaft „nicht erfüllte Bedürfnisse des Gemeinwohls, die sich nicht als profitabel erweisen" (Klein 2009: 100) zu kompensieren. „Aufgabe der Kulturpolitik im Kontext mit der Kulturwirtschaft muss es sein, neben den wirtschaftlichen die kulturellen Aspekte stärker zu betonen." (Ehrmann 2008: 8) Auch das Sponsoring von Kultur(-veranstaltungen) gehört zu den kulturpolitischen Aktivitäten der Wirtschaft.

In der Arbeit und den Ergebnissen der Enquete-Kommission wurde darüber hinaus deutlich, dass im Kulturbereich das bürgerschaftliche Engagement sehr wichtig ist. Strukturierung erfährt dieses durch „Parteien, Gewerkschaften, Kirchen, Verbände, Vereine und weitere nicht-staatliche Organisationen" (Burkhard 2015: 84). Den kulturellen Trägerpluralismus kann man als wichtiges Strukturelement der Kulturlandschaft in Deutschland bezeichnen (vgl. Klein 2009:

82). Gerade Vereine spielen in Deutschland eine tragende Rolle im Kulturleben, wenn man die nicht direkt durch staatliche Interventionen geprägte Kulturszene und die Breitenkultur betrachtet. Etwa Schützen-, Heimat-, Trachten-, Gesangs-, Musik- und sonstige Kulturvereine existieren sowohl in großen Städten als auch in kleinsten Gemeinden. (vgl. Klein 2009: 169 f.)

Die Motive und Logik des Engagements zivilgesellschaftlicher Akteure im Kulturbereich kann man u. a. mit den Schlagworten ‚Anerkennung' und ‚Sinn' beschreiben (vgl. Wagner 2011: 43). Ein wichtiges Feld der zivilgesellschaftlichen Akteure bzw. ehrenamtlicher Kulturarbeit ist die Laien- bzw. Breitenkultur. Darunter fallen alle zivilgesellschaftlich getragenen, nicht-kommerziellen Kulturangebote, die sich durch nicht-elitäre Ausdrucks- und Vermittlungsformen auszeichnen. Wichtige Akteure sind die Kirchen, aber auch Feuerwehren und Hilfsorganisationen sowie nachbarschaftliche Zusammenschlüsse machen Kulturangebote. Hinzu kommen die Laienmusiker, Amateurtheater usw. Auch die Brauchpflege ist ein Tätigkeitsfeld. Die Rolle der Laienkultur als Garant der Vielfalt und kultureller Teilhabe hat die Enquete-Kommission „Kultur in Deutschland" in ihrem Abschlussbericht festgehalten. Bezeichnend im Sinne des – mindestens bis 2013 – vorherrschenden Kulturbegriffs in Deutschland ist allerdings, dass selbst das Kapitel des Berichts der Enquete-Kommission, das sich dem Thema Brauchtum widmet, vornehmlich von Orchestern, Chören und Theatergruppen handelt. (vgl. Deutscher Bundestag 2007: 190 sowie Schwencke/Bühler/ Wagner 2009: 133)

Angesichts knapper Haushaltsmittel wird in der Kulturpolitik das Ehrenamt inzwischen häufiger thematisiert (vgl. Haselbach 2013: 95). Das bürgerschaftliche Engagement würde sich nach Berechnungen für die Enquete-Kommission auf höhere Summen belaufen als das gesamte Geldfördervolumen der staatlichen Stellen, wenn man allein die aufgewendete Zeit in Geldleistungen umrechnen würde (vgl. Ehrmann 2008: 7 f.). Aber erst durch die staatliche bzw. kommunale Gewährleistung der kulturellen Infrastruktur kann die bürgerschaftliche Eigenaktivität produktiv gemacht werden (vgl. Scheytt 2010: 42). Laien- und Breitenkultur lebt von ehrenamtlichem Engagement. Die öffentlichen Förderstrukturen dürfen dieses Feld im Sinne des Drei-Säulen-Modells trotzdem nicht gänzlich aus dem Blick lassen.

3.4   Das deutsche Mehrebenensystem in der Kulturpolitik

Zur Erinnerung: Das in Deutschland historisch gewachsene kulturelle System lässt sich in drei Bereiche einteilen: die öffentlich getragenen und finanzierten Einrichtungen, die privatwirtschaftlichen Angebote und der Bereich der zivilgesellschaftlich getragenen gemeinnützigen Vereine und Initiativen – „vom Musikschulverein über das privat getragene Heimatmuseum bis zu den vielfältigen freien soziokulturellen Aktivitäten und Einrichtungen" (Wagner 2007: 1). Die prägenden Merkmale des Systems sind Dezentralität, Subsidiarität und Pluralität (vgl. Singer 2003: 4).

Betrachtet man die *Governance* von Kulturpolitik, das heißt ihre Strukturen und Prozesse, gibt das föderale System in Deutschland den Ländern und Kommunen nach dem erwähnten Subsidiaritätsprinzip im Bereich Kultur im Vergleich mit anderen Politikfeldern eine starke Stellung. Sie wird sogar als Herzstück oder auch Kernstück der Eigenstaatlichkeit der Länder bezeichnet (vgl. Singer 2003: 6 und Germelmann 2013: 32) oder als Teil der „letzten Residuen einer überwiegenden Kompetenz der Gliedstaaten" (von Beyme 2010: 277). Auch im Vergleich zu anderen Staaten ist Deutschland sehr kulturföderalistisch. Historisch lässt sich dies durch die verschiedenen Feudalstaaten, Fürstentümer und Reichsstädte begründen, die erst seit 1871 einen einheitlichen Staat bilden. Sie haben zuvor eine jeweils eigenständige Kulturpolitik betrieben und eigene Kultureinrichtungen geschaffen. Der Missbrauch von Kultur durch die Nationalsozialisten ist der Grund, warum der Gesamtstaat BRD sich 1949 in diesem Politikfeld ziemlich zurückhielt und erneut eine dezidierte Föderalisierung erfolgte (vgl. u. a. Hoffmann 1990: 16). Heute ist allerdings die Existenz einer ergänzenden Bundeskompetenz in Sachen Kultur weitgehend unstrittig (vgl. Klein 2009: 136 f.). Man kann Deutschlands Kulturpolitik nach einer Typologie von Beymes (1998: 16 f., 2010: 271), der – je nach Sichtweise – zwischen drei und fünf Kulturpolitik-Modelle skizziert, einsortieren: 1.) Das zentralistische, etatistische Modell von einem einzigen Kulturministerium aus dirigiert mit i. d. R. starken inhaltlichen Vorgaben ist insbesondere aus Frankreich bekannt. 2.) Das subzentralistische, parastaatliche Modell mit autonomer Finanzierung der Kultur über autonome Fonds und ohne starke inhaltliche Einmischung des Staates ist typischerweise in Skandinavien und den Niederlanden zu finden. 3.) Das föderalistische Modell, in dem Kultur dezentral aus öffentlichen Mitteln finanziert wird. 4.) Zivilgesellschaftliche Kulturpolitik mit geringer staatlicher Förderung wie in den USA. 5.) Das Modell des staatlichen Kulturunternehmers, in dem der Staat bzw. vielmehr die verantwortlichen Staatsvertreter als „Impressario" gegenüber den Kulturinstitutionen auftreten. Dieses letzte Modell ist gewöhnlich aus Diktaturen bekannt. Nach dieser Klassifizierung gehört Deutschland eindeutig dem föderalistischen Modell der kulturpolitischen Institutionalisierung an: Hier werden die Mittel überwiegend aus öffentlichen Haushalten gespeist und die dezentralen Gebietskörperschaften treffen die relevanten Entscheidungen über deren Verteilung. (vgl. Wimmer 2011: 104 ff.) In den Kommunen wird die kulturelle Infrastruktur jeweils konkret ausgestaltet (vgl. Scheytt 2008: 12).

Klaus von Beyme konstatiert als Besonderheit des Politikfelds die permanente „Dreiebenenpolitik", die sich bei EU-relevanten Themen sogar zu einer Vierebenenpolitik entwickelt habe (vgl. von Beyme 2012: 19). In dieser Arbeit soll, da zusätzlich noch UNESCO als multilateraler Akteur eine Rolle spielt, die inzwischen etablierte Bezeichnung „Mehrebenensystem" (*multilevel governance*), die zugleich beinhaltet, dass die Hierarchien selten eindeutig abgrenzbar sind (vgl. Blum/Schubert 2009: 73 f.), und auch dritte Akteure mitwirken, Verwendung finden. Man darf die ‚Kulturhoheit' der Länder nicht als ‚Kulturmonopol' missverstehen – es gibt durchaus Bereiche, in denen Bund und Kommunen die vorrangigen Kompetenzen haben und es handelt sich bei der beliebten Bezeichnung ‚Kulturhoheit' letztlich um nicht mehr als einen Sammelbegriff der zweifelsohne zahlreichen, aber keineswegs ausschließlichen Zuständigkeiten der Länder. Diese sind zwar quantitativ am höchsten, die Förderpraxis des Bundes erregt aber mehr Aufmerksamkeit und jene der Kommunen leistet die wichtige Versorgung in der Fläche. (vgl. Germelmann 2013: 335 f.) Je höher die Ebene, desto mehr tritt eine unmittelbare, konkrete Kulturförderung allerdings gegenüber der Gestaltung von Rahmenbedingungen in den Hintergrund (vgl. Fuchs 2010: 45). Konstatiert werden kann demnach eine grundsätzliche Aufgabentrennung von Bund, Ländern und Kommunen, die jedoch – wie für das deutsche Mehrebenensystem typisch – durch vielfältige Kooperationen und Verflechtungen zwischen den Ebenen relativiert werden (vgl. u. a. Germelmann 2013: 334; siehe auch Abschnitt 5.1.4.). Bund, Länder und Kommunen haben in diesem System also eine gemeinsame und geteilte, aber jeweils eigenständig wahrgenommene, Verantwortung für die Kulturpolitik (vgl. Singer 2003: 6). Sie stimmen sich in wechselnden und regional durchaus verschiedenen Konstellationen ab (vgl. Müller/Singer 2004: 37). Den kooperativen Föderalismus im Bereich Kultur preisen fast alle i. e. S. politischen Akteure im Feld der Kulturpolitik (vgl. u. a. Deutscher Städte- und Gemeindebund/Landsberg 2015: 6 und Neumann 2013: 20). Der jeweilige Zuschnitt der Zuständigkeiten sorgt jedoch immer mal wieder für Konfliktstoff zwischen den Akteuren auf den verschiedenen Ebenen (vgl. Burkhard 2015: 170). Zu diesen Konflikten gehört auch, dass das Bundesverfassungsgericht

eher von einem engen Kulturbegriff ausgeht, wenn es Einzelfragen der ‚Kulturhoheit' der Länder auslegt (vgl. Lembke 2017: 33). Würde man entsprechend
einen weiteren Kulturbegriff zugrunde legen, könnte der Bund vermutlich mehr
Gestaltungsspielraum beanspruchen.

3.4.1 Bund

Nach dem Grundgesetz hat der Bund nur mittelbar Kompetenzen im Kulturbereich, denn zu diesem Politikbereich nimmt die Verfassung der Bundesrepublik
Deutschland – mit Ausnahme der Auswärtigen Kulturpolitik (Art. 32) und
dem „Schutz deutschen Kulturguts gegen Abwanderung in das Ausland" (Art.
74) – keine Aussagen vor. Nach Art. 30 sind somit die Länder für die Erfüllung der entsprechenden staatlichen Aufgaben zuständig (vgl. Schwencke/Bühler/
Wagner 2009: 98). Noch 1984, in Beantwortung zweier Großer Anfragen im
Bundestag, war die Bundesregierung sehr zurückhaltend in der Darstellung der
eigenen Kompetenzen (vgl. Klein 2009: 123 f.). „In kaum einem europäischen
Land – mit Ausnahme der Schweiz – sind die kulturpolitischen Kompetenzen des
Nationalstaats so klein wie in der Bundesrepublik." (von Beyme 2012: 111)

Mit der deutschen Einigung und spätestens in der Zeit der Berliner Republik – also seit 1998 – ist der Bund allerdings zu einem gewichtigeren Akteur
geworden, am deutlichsten sichtbar durch das Amt des bzw. der Beauftragten
der Bundesregierung für Kultur und Medien (BKM) und die Re-Etablierung
eines entsprechenden Ausschusses im Deutschen Bundestag. Zuvor waren die
kulturellen Angelegenheiten des Bundes in einer Abteilung des Bundesinnen-
ministeriums angesiedelt und erhielten nur sehr sporadisch Aufmerksamkeit im
Deutschen Bundestag (vgl. von Beyme 2010: 275). Nun erhielt BKM aus dem
BMI die vormalige Zuständigkeit für Kultur und Medien – mit Ausnahme der
Bereiche Kirchen und Religionsgemeinschaften, die beim BMI verblieben sind
–, aus dem Bundeswirtschaftsministerium die Zuständigkeit für die Medien- und
Filmwirtschaft, die Hauptstadtkultur- und Bonn-Förderung aus dem für Verkehr
und Bau zuständigen Bundesressort und jene für Medienpolitik aus dem Bun-
desministerium für Bildung und Forschung. (vgl. Klein 2009: 128) Mit dieser
Verantwortung handelt es sich bei der BKM um eine – inzwischen selbst so
bezeichnete – ‚Kulturstaatsministerin'.

Dem Bund obliegt vor allem das Setzen der übergreifenden ordnungspoli-
tischen Rahmenbedingungen für Kultur (vgl. Deutscher Bundestag 2007: 420).
Kulturpolitik ist auf dieser Ebene staatlichen Handelns also mehr Strukturpolitik als konkrete Förderpolitik (vgl. Fuchs 2006: 94). Die finanzielle Förderung

der bzw. des Beauftragten für Kultur und Medien bezieht sich vorrangig auf
Leuchtturmprojekte im gesamtdeutschen Interesse, heute vor allem über die
Bundeskulturstiftung, sowohl im Bereich des Kulturerbes als auch von Gegen-
wartskunst. Für die Hauptstadtfunktion Berlins kommt der Bund in besonderem
Maße auf – seit 2006 auch grundgesetzlich (Art. 22) zur kulturellen „Repräsentation des Gesamtstaats" abgesichert. BKM hat aber auch den Anspruch
ganz grundsätzlich „den öffentlichen Diskurs über Kunst und Kultur zu fördern,
Impulse zu geben und Interessen zu vertreten, […] ein kulturfreundliches Klima
zu schaffen und den interkulturellen Dialog zu beleben" (Klein 2009: 129). Zur
Koordinierung mit den Ländern hat BKM einen Gaststatus im Kulturausschuss
der KMK und es hat sich etabliert, dass die amtierenden Kulturstaatsminis-
ter(innen) sich regelmäßig mehrmals jährlich zu kulturpolitischen Spitzen- und
Kamingesprächen mit der Länder-Kulturministerrunde treffen.

Nach Art. 32 Abs. 1 (in Verbindung mit Art. 87 Abs. 1) GG ist zudem die
Pflege der Beziehungen zu auswärtigen Staaten und damit auch die kulturelle
Außenpolitik Sache des Bundes. Die Abteilung 6 des Auswärtigen Amts (AA)
ist für Kultur und Gesellschaft (vormals Kultur und Kommunikation) zuständig;
UNESCO-Themen sind im Referat 603 bzw. 603–9 angesiedelt. Seit Einrichtung
des BKM gibt es allerdings eine konkurrierende Zuständigkeit, denn das dortige Referat (aktuell K 34) ist ebenfalls der internationalen Zusammenarbeit im
Bereich Kultur verpflichtet und fördert seit 2012 u. a. die Geschäftsstelle Immaterielles Kulturerbe bei der Deutschen UNESCO-Kommission. Für Welterbe, also
die 1972er-Konvention der UNESCO, gibt es im AA eine Koordinierungsstelle,
ebenfalls unter dem Referat 603 angesiedelt – und bei BKM ein Referat für
Denkmalschutz und Weltkulturerbe (K 54). Die Kompetenzen zwischen beiden
Verwaltungen sind bisher nicht endgültig geklärt bzw. klar voneinander abgegrenzt. Vor dem Hintergrund der immer wieder aufflammenden Diskussionen der
Aufwertung des BKM zu einem Bundeskulturministerium wird sich diese Frage
weiterhin stellen.

Die Auswärtige Kulturpolitik ist konzeptionell von großer Kontinuität geprägt.
Seit Mitte der 1970er Jahre gilt als übergreifende Aufgabe und ständiges Ziel
die Legitimation Deutschlands als Kulturnation in einer sich wandelnden Welt.
Dabei soll ein lebendiges, ausgewogenes, wirklichkeitsnahes und damit auch
selbstkritisches Bild vom Leben und Denken in Deutschland vermittelt werden. Zudem beruft sich die Auswärtige Kulturpolitik auf einen erweiterten
Kulturbegriff. Anders als in vielen anderen großen westlichen Staaten wird
die deutsche Auslandskulturarbeit kaum vom Auswärtigen Amt selbst, sondern
vor allem von Mittlerorganisationen aus Bundeshaushaltsmitteln betrieben. (vgl.

Klein 2009: 112 f.) Dazu zählen das Goethe-Institut, das Institut für Auslands-
beziehungen (ifa) und – als sehr kleine Mittlerorganisation – auch die Deutsche
UNESCO-Kommission.

Der Bund fördert auf der Gesellschafts- und Interessenvertretungsebene nationale Verbände, wie etwa den Deutschen Kulturrat, und befördert damit eine
Korporatisierung im Bereich der Kulturpolitik, mutmaßlich auch um den eigenen Einfluss gegenüber den Ländern auszubauen (vgl. Schmid 2008: 356). In der
Dachorganisation Deutscher Kulturrat, gegründet 1981, sind die überwiegende
Zahl der im Kulturbereich aktiven Verbände zusammengeschlossen. Ein weiterer
übergreifender Verband ist die Kulturpolitische Gesellschaft, der sich seit 1976 als
neutrale und unabhängige Plattform positioniert hat. (vgl. Wagner 2007: 4; Klein
2009: 166) Dieser so genannte dritte Sektor der Kulturpolitik in Deutschland bün-
delt die Interessen gegenüber der Politik. Häufig kommen die staatlichen Akteure
bei der Politikformulierung an diesen Interessensvertretungen nicht vorbei. (vgl.
Klein 2009: 100)

Für kleinere Förderaufgaben und zentrale ordnungspolitische Regelungen im
Inland sind „stillschweigend aus der Natur der Sache oder kraft Sachzusam-
menhangs zu einer ausdrücklich zugewiesenen Kompetenzmaterie" (Singer 2003:
4) weiterhin folgende Bundesministerien zuständig: z. B. für die Künstlersozialkasse das Arbeitsministerium, für kulturelle Bildung das Bildungs- und
Forschungsministerium und für Urheberrechts- und weitere juristische Fragen
das Justizministerium. Alle weiteren und vor allem grundlegenden Kompetenzen
liegen bei den Ländern und den Kommunen. (vgl. Wagner 2007: 1)

3.4.2 Länder

Das Grundgesetz legt die staatlichen Aufgaben und Kompetenzen für die Kulturpolitik nach Art. 30 in die Hände der Länder, soweit es im Einzelfall keine
anderen Regelungen enthält. In den jeweiligen Länderverfassungen findet diese
Verantwortlichkeit auf unterschiedliche Art und Weise Niederschlag: Bayern
zum Beispiel bezeichnet sich als Kulturstaat (Art. 3), Berlin bekennt sich zu
Schutz und Förderung des kulturellen Lebens (Art. 20 Abs. 2), Bremen, Hessen, Nordrhein-Westfalen, Rheinland-Pfalz, das Saarland und Schleswig-Holstein
haben die Pflege bzw. Förderung in ihren Landesverfassungen stehen (vgl. Klein
2009: 81 f.). Sachsen bezeichnet sich gar als „der Kultur verpflichteter sozialer
Rechtsstaat" (Art. 1) und „fördert das kulturelle, künstlerische und wissenschaftliche Schaffen" (Art. 11). Mit der Verantwortung für Kulturpolitik verbundene,
verbindlich festgelegte, Aufgaben fehlen allerdings in den Landesverfassungen;

die Länder haben theoretisch eine große Gestaltungsfreiheit. (vgl. Schwencke/
Bühler/Wagner 2009: 111) Die Verfassungen von Brandenburg (Art. 25) und
Sachsen (Art. 6 Abs. 1) nehmen auch Bezug auf Berücksichtigung und Förde-
rung der Kultur der Sorben, einer autochthonen Minderheit. Dies ist interessant
im Hinblick auf den verwendeten Kulturbegriff, denn hiermit „kann nur deren
Lebensweise und Sprache gemeint sein. Eine Schutzklausel, die allein auf die
Künste der Sorben bezogen ist, gäbe wenig Sinn." (Sommer 2008: 54) Ähnliches
gilt für die nationalen Minderheiten in der Landesverfassung von Schleswig-
Holstein, auf deren „kulturelle Eigenständigkeit" in Art. 6 Abs. 2 hingewiesen
wird.

    Ihre Gesetzgebungskompetenz nehmen die Länder nahezu nur im Haushalts-
bereich wahr (vgl. Deutscher Bundestag 2007: 420). In der Praxis sind die Länder
für die Förderung kultureller Institutionen und Projekte von jeweiliger landeswei-
ter Bedeutung zuständig (vgl. Singer 2003: 8). Die eigentliche Kulturpolitik der
Länder als Teil ihrer sogenannten ‚Kulturhoheit' oder ‚vorrangigen Kulturkompe-
tenz' findet allerdings deutlich weniger öffentliche Aufmerksamkeit als etwa ihre
Schul- und Hochschulpolitik (vgl. Hildebrandt/Wolf 2008: 11 f., 16). Ob Hilmar Hoffmanns (1981: 46) Diktum einer durch die Länderregierung praktizierten
Stiefkind-Behandlung von Kulturpolitik, die sich i. d. R. nur als eine „Kulturpflege" verstehe und unter Mangel an Fantasie und Finanzen leide, heute noch gilt,
müsste angesichts der inzwischen erfolgten Einrichtung der Kulturministerkonferenz (siehe unten) genauer untersucht werden. Fest steht jedoch, dass es sich
bei der Kulturpolitik um ein verhältnismäßig gering ‚politisiertes' Feld im Sinne
parteipolitischer Fragestellungen handelt (vgl. von Beyme 2012: 151 f.).

    Koordiniert wird die Politik der Länder in den genannten Bereichen in
der Ständigen Konferenz der Kultusminister der Länder in der Bundesrepublik
Deutschland, kurz „Kultusministerkonferenz" (KMK). Für die Angelegenheiten
von überregionaler Bedeutung im Bereich Kulturpolitik gibt es eine Fachabteilung
und einen Kulturausschuss, der sich aus den Abteilungsleitern der Kulturabteilungen der 16 Länder zusammensetzt. Hier sind jeweils Berichterstattungsfunktionen
für bestimmte Themen festgelegt. Die BKM hat ständigen Gaststatus. Aber
auch in der KMK stand die Kulturpolitik thematisch bisher stets im Schatten der Schul- und Hochschulpolitik, obwohl sie formal gleichrangiger dritter
Schwerpunkt ist (vgl. Klein 2009: 147). Für strategische Fragen der Auswärtigen Kulturpolitik ist die Ministerpräsidentenkonferenz (MPK) der Länder in
Abstimmung mit dem Auswärtigen Amt zuständig. (vgl. Müller/Singer 2004:
38). Anders als in der Bildungspolitik hat die Summe der Länderpolitiken im
Bereich Kulturpolitik bisher keine gesamtstaatliche Bedeutung erworben, da es
bis vor Kurzem in diesem Feld der KMK offenbar an Aktionsbereitschaft zu

koordinierter Politik fehlte. (vgl. Scheytt 2005: 27) Angeblich gab es wesentlich seltener einen länderübergreifenden Koordinierungsbedarf, dafür werde häufiger die Frage des Bund-Länder-Verhältnisses der Kulturförderung beraten (vgl. Burkhard 2015: 187) und es gehe um die allgemeine Diskussion von Problemlagen und die Erstellung von Empfehlungen (vgl. Klein 2009: 148). Die Länder würden zwar ihre Kulturhoheit um jeden Preis verteidigen, aber eine wirkliche vorrangige Schwerpunktsetzung mit starker institutioneller Verankerung und einen echten Einsatz für eine Koordination untereinander ließen sie vermissen. Der Föderalismus wirke im Kulturbereich daher noch immer weitgehend partikularistisch. (vgl. von Beyme 2010: 303) Zum 1. Januar 2019 nahm inzwischen allerdings die Kulturministerkonferenz (Kultur-MK) unter dem Dach der KMK ihre Tätigkeit auf. Hintergrund der Initiative war zum einen, dass in den meisten Ländern anders als früher inzwischen keineswegs Schul- und Kulturpolitik mehr im selben Ministerium bzw. unter demselben Minister ressortieren. Die jeweilige Kulturabteilung kann heute mal Teil des Wissenschaftsministeriums, mal Teil des Justizministeriums, mal in der Staatskanzlei angesiedelt sein oder auch bei Arbeit, Soziales, Jugend usw. Klaus von Beyme (2010: 277) bezeichnete diese Zuordnung zu verschiedenen Ressorts als symptomatisch und etwas flapsig als „kalt angeschweißt". Zum anderen sollen mit der Kultur-MK die kulturpolitischen Belange der Länder als Kernstück der sogenannten ‚Kulturhoheit' der Länder wieder mehr Sichtbarkeit erlangen und ihr Stellenwert in der öffentlichen Wahrnehmung verbessert werden. Offenbar hatte man auch eine zunehmende gesellschaftliche Relevanz der Kulturpolitik diagnostiziert und einen steigenden Koordinationsbedarf konstatiert. Zudem wollten sich die Länder gegenüber dem im Kulturfeld erstarkten Bund behaupten und diesen mindestens stärker zu einer koordinierten Zusammenarbeit bewegen. Für die im Rahmen dieser Arbeit vorwiegend betrachtete Untersuchungsperiode (bis 2016) wurden Kulturthemen aber noch ausschließlich in der Kultusministerkonferenz und in ihrem Kulturausschuss behandelt.

3.4.3 Kommunen

Dezentralität und staatlicher Trägerpluralismus von Kulturangeboten ist im Kontrast zu anderen europäischen Ländern, wie etwa Frankreich, ein Markenzeichen Deutschlands. Die Städte, Gemeinden und Landkreise der Bundesrepublik stellen einen wesentlichen Teil der kulturellen Infrastruktur in Deutschland. Es ist zu beachten, dass sie keine dritte Staatsebene unter Bund und Ländern bilden, sondern verfassungssystematisch Teil der Länder sind, d. h. eine mittelbare Staatsverwaltung, zwar öffentliche Verwaltung, aber unter staatlicher Aufsicht

der Länder. (vgl. K, Interview am 01.11.2018) Der Deutsche Städtetag stellt
zu Recht immer wieder klar, dass Kulturpolitik in Deutschland in erster Linie
Kommunalpolitik ist. (vgl. Klein 2009: 69, 82 f.)

Die Kommunen als unterste Verwaltungseinheiten haben in der Kulturpolitik im Rahmen der Selbstverwaltung weite Handlungsspielräume und leisten den
Hauptanteil der Investitionen der öffentlichen Hand. (vgl. Burkhard 2015: 17 und
Kropp 2010: 119) Sie leiten ihre Kulturzuständigkeit aus Art. 28 Abs. 2 GG ab,
nach dem „[d]en Gemeinden […] das Recht gewährleistet sein [muss], alle Angelegenheiten der örtlichen Gemeinschaft im Rahmen eigener Gesetze in eigener
Verantwortung zu regeln". In den jeweiligen Landesverfassungen sind die Aufga-
ben meist nochmal expliziter formuliert. (vgl. Wagner 2007: 1 f.) Die Kommunen
befassen sich mit recht konkreten Aufgaben in ihrem Wirkungsbereich. Die lokale
Kulturförderung gilt als sogenannte „freiwillige" Aufgabe, weil kaum gesetzliche
Regelungen existieren, obwohl es inzwischen auch eine Reihe von Bereichen
gibt, die eine rechtliche Absicherung erfahren haben. Zudem wurden juristische
Begründungsansätze entwickelt, die grundsätzlich durchaus eine Pflichtigkeit der
Aufgabe feststellen. Der Deutsche Städtetag spricht von einer politischen – nicht
juristischen – Pflichtaufgabe und einem unverzichtbaren Bestandteil kommunaler
Selbstverwaltung (vgl. Deutscher Städtetag 2009: 6). Der Deutsche Städte- und
Gemeindebund verteidigt stärker die Freiwilligkeit und sieht darin die Garan-
tie der Vielfalt (vgl. Deutscher Städte- und Gemeindebund/Landsberg 2015: 4).
Man kann grundsätzlich davon ausgehen, dass Kommunen in irgendeiner Weise
Kulturarbeit durchführen müssen, das „Wie" ist allerdings gestaltungsfähig. Eine
Kommune muss also etwa – von den durch gesetzliche Vorgaben vorgeschriebenen abgesehen – keine eigenen kulturellen Einrichtungen betreiben, sondern
kann sich auf die Förderung privater bzw. zivilgesellschaftlicher Anbieter von
Kultur beschränken. (vgl. Scheytt 2010: 28 ff.) Daher differieren Kulturausgaben von Bundesland zu Bundesland und von Kommune zu Kommune durchaus
erheblich (vgl. Klein 2009: 90). Trotzdem wird „[k]ommunale Kulturpolitik – wie
auch Landeskulturpolitik – […] zuvorderst an fiskalischen Werten gemessen, von
denen eine vermeintliche Bedeutung abgeleitet wird" (Lembke 2017: 205). Geld
allein ist jedoch für die kulturelle Performanz einer Kommune nicht entscheidend (vgl. von Beyme 2012: 158). Die Struktur, die sich eine Kommune für die
Kulturverwaltung und -politik gibt, kann durch eine „Kooperations- und Kom-
munikationskultur" (Deutscher Städte- und Gemeindebund/Landsberg 2015: 2),
klare Ansprechpersonen und Partizipationsformate wie Kulturbeiräte im Zweifel
sogar mehr für die Förderung der vor Ort zivilgesellschaftlich getragenen Kultur
leisten als eine üppige finanzielle Förderung. Im besten Falle fällt eine bedarfs-
gerechte Finanzierung mit einer Rolle der Verwaltung als Mittlerin zwischen

den Akteuren zusammen. Der Gestaltungsauftrag der Kommunen im Bereich Kulturpolitik kann also recht weit gefasst werden – drei Schwerpunkte lassen sich jedoch ausmachen: erstens die kommunale Trägerschaft kultureller Einrichtungen wie Museen, Bibliotheken, Theater, Orchester, soziokulturelle Zentren, Volkshochschulen, Musikschulen usw., zweitens die Rolle als Veranstalter und Auftraggeber z. B. von Kunst am Bau von öffentlichen Gebäuden, und drittens die Förderung von bürgerschaftlichem Engagement im Kulturbereich z. B. durch die Unterstützung von Vereinen oder die Verleihung von Preisen. Hinzu kam in letzter Zeit auch die Unterstützung der lokalen Kultur- und Kreativwirtschaft, etwa durch die Bereitstellung öffentlicher Räume für kreative Zwischennutzung oder die Umgestaltung von Stadtvierteln. (vgl. Schwencke/Bühler/Wagner 2009: 114) Und trotzdem geht es meist um Finanzen: Es sind vor allem die eigenen Einrichtungen der Kommunen, an die im Regelfall der größte Anteil geht. Freie Kulturarbeit durch Vereine, Initiativen oder Kulturgruppen können sich, wenn überhaupt, meist nur um geringe Projektförderungen bewerben (vgl. Schneider 2014b: 18).

Die politischen Akteure sind der Gemeinderat bzw. die Stadtverordnetenversammlung mit, wenn die Kommune eine bestimmte Größe hat, i. d. R. einem Kulturausschuss und als politischer Wahlbeamter der Kulturdezernent, bei dem die politische Verantwortung für Kulturarbeit liegt. Die Verwaltung der Kulturfragen geschieht durch die kommunalen Kulturämter. (vgl. Klein 2009: 154 f.) Dominierende Rollen haben in der Kulturförderung i. d. R. der Bürgermeister oder – sofern vorhanden – der Kulturdezernent und die Verwaltung. In den Kommunen dominiert das Modell des staatlichen Kulturunternehmers nach von Beyme (1998: 17). Das bedeutet, dass die politischen Entscheidungsträger sich eine gewisse Mitsprache in Kulturfragen durch institutionelle Arrangements oder Personalentscheidungen sichern. (vgl. Wimmer 2011: 107) Relativ neu in der Begründung kommunaler Kulturpolitik – neben den etablierten Begründungen Bildung durch Kultur und Demokratisierung durch Kultur sowie Stärkung der Ökonomie durch Kultur – ist ein Identitätsmotiv:

„Die Zielsetzung aktueller Kulturpolitik besteht u.a. darin, durch ihre Angebote die Identifikation der Bevölkerung mit ihrer eigenen Stadt und der regionalen Kultur zu intensivieren […]. Die Strahlkraft kultureller Einrichtungen und Angebote wurde bislang eher zur Außendarstellung genutzt (und damit beispielsweise zur Steigerung der touristischen Attraktivität, die eher in Verbindung mit dem Ökonomiemotiv zu sehen ist) […]." (Burkhard 2015: 273)

Zur Koordinierung ihrer Positionen haben die Städte, Gemeinden und Landkreise eine ähnliche Struktur wie die Länder mit der KMK. Von den kommunalen Spitzenverbänden wie dem Deutschen Städtetag – der größte unter ihnen, der die Interessen aller kreisfreien und der meisten kreisangehörigen Städte vertritt –, dem Deutschem Städte- und Gemeindebund und dem Deutschen Landkreistag werden entsprechende Kulturthemen, die überregionale Bedeutung haben, in den jeweiligen Fachreferaten und Kulturausschüssen beraten und bei Bedarf werden auch Empfehlungen an die Mitglieder gegeben. (vgl. Wagner 2007: 3) Diese Kulturausschüsse haben selbst nichts mit Mittelvergabe zu tun; ihre Rolle ist eher jene der Analyse und Reaktion auf gesellschaftliche Herausforderungen mit Positionspapieren und der Entwicklung von Konzepten (vgl. Fuchs 2006: 93). Der Deutsche Städtetag kann sicherlich als einflussreichster kommunalpolitischer Akteur im Bereich der Kulturpolitik gelten. Er formulierte bereits 1952 mit den so genannten Stuttgarter Richtlinien seine „Leitsätze zur kommunalen Kulturarbeit", die die Kulturpflege als wichtige Aufgabe der Städte im Hinblick auf die Bedeutung für das Gemeinwesen charakterisierten (vgl. Lembke 2017: 30 f). Im Jahr 2009 sprach der Hauptausschuss von einem „kommunalen Kulturauftrag […], der auch erfüllt sein will" (Deutscher Städtetag 2009: 5 f.). Zuletzt charakterisierte der Deutsche Städtetag Kulturpolitik als „gestaltende Entwicklung" von Kommunen, „Gesellschaftspolitik" und das „kulturelle Erbe als Gedächtnis und Ressource der Stadtgesellschaft" (Deutscher Städtetag 2015). Der Deutsche Städte- und Gemeindebund, der die kleineren Kommunen vertritt, stellt optimistisch fest, dass „Kommunen […] die Bedeutung der Kultur vor Ort erkannt" (Deutscher Städte- und Gemeindebund/Landsberg 2015: 1) hätten und dass „die ‚Kultur für alle' und die ‚Kultur von allen' gefördert [werde]. ‚Hochkultur' und ‚Breitenkultur' sind [dabei] keine Gegensätze, sondern stehen nebeneinander und ergänzen sich." (Deutscher Städte- und Gemeindebund/Landsberg 2015: 2) Ausdrücklich wird in dem Positionspapier von 2015 auch die Volks- und Laienkunst als bewahrenswert benannt.

3.4.4   Kooperation im Mehrebenensystem

Die Kommunen und die Länder leisten zu etwa gleichen Teilen die Hauptanteile der öffentlichen Finanzierung von Kultur, die insgesamt im Jahr 2017 bei 11,4 Milliarden Euro lag. Dies entspricht 1,77 Prozent des Gesamtetats der öffentlichen Haushalte. Die Finanzierungsanteile bewegen sich etwa bei 17 Prozent durch den Bund (im Vorjahresvergleich tendenziell steigend), die Länder tragen nahezu

39 Prozent (leicht fallend), die Kommunen gut 44 Prozent (ebenfalls leicht fallend) des Gesamtvolumens der öffentlichen Kulturfinanzierung. (vgl. Statistische Ämter des Bundes und der Länder 2020: 19) Im Vergleich zum Jahr 1992 hat sich das Verhältnis zulasten der Kommunen und zugunsten von Bund und Ländern verändert – damals ging man von rund 60 Prozent der Ausgaben bei den Gemeinden, etwa 35 Prozent bei den Ländern und zwischen zwei und fünf Prozent durch den Bund aus (vgl. von Köckritz 1992: 76). Jedoch sind 2017 noch immer im Durchschnitt 2,3 Prozent des jeweiligen kommunalen Gesamthaushalts für Kulturausgaben verausgabt worden, die Länder liegen genau im Durchschnitt der öffentlichen Haushalte bei 1,77 Prozent und der Bund wendet 1,1 Prozent der Gesamtausgaben für Kultur auf (vgl. Statistische Ämter des Bundes und der Länder 2020: 21).

Die Länder haben verfassungsrechtlich zwar den überwiegenden Teil der Kompetenzen im Kulturbereich – weitestgehend enthalten sie sich dabei aber, wie gezeigt, gesetzlicher Festlegungen und überlassen die Gestaltung konkreter Kulturarbeit vor allem den Kommunen. Während bei strategischen kulturpolitischen Fragen die Länder dominieren, kann anhand der schieren Zahl der kulturellen Einrichtungen ein deutliches Verantwortungsübergewicht bei den Städten und Gemeinden festgestellt werden (vgl. Singer 2003: 8). Über Finanzierungsfragen und andere Kompetenzen kommt es hier immer wieder zu Streit (vgl. Burkhard 2015: 191). Die Kommunen könnten allerdings die Gestaltungsmöglichkeiten, die sie gerade in der Kulturpolitik auch vor dem Hintergrund des demografischen Wandels und gesamtgesellschaftlicher Veränderungen, etwa durch Migration, hätten, noch ausbauen.

Zwischen Bund und Ländern wiederum kann man spätestens seit Ende der 1990er Jahre von einem ‚kulturföderalen Kooperationssystem' sprechen, da – insbesondere in der Kulturförderung – viel von Bund und einzelnen Ländern kofinanziert und entsprechend gemeinsam agiert wird. Vom sogenannten ‚Kooperationsverbot' wurde der Kulturbereich inklusive der Kulturellen Bildung im Rahmen der Föderalismusreform I (2006) ausgenommen (vgl. Burkhard 2015: 183). Hinzu kommt über die finanzielle Förderung hinaus ein impliziter und zum Teil auch expliziter Zwang zur engen Zusammenarbeit in der Auswärtigen Kulturpolitik, da sich hier die Kompetenzen – Außenkompetenz des Bundes und ‚Kulturhoheit' der Länder – überschneiden bzw. bedingen. Die Form der Zusammenarbeit reicht dabei von grundgesetzlich festgelegten Kooperationsmodi bis hin zu formlosen Absprachen. (vgl. Müller/Singer 2004: 37 f.) Ein Beispiel für einen regelmäßigen Konsultationsmodus ist der Kulturausschuss der KMK, zu dem auch jeweils Vertreter des Bundes (BKM) und der Kommunen (Deutscher Städtetag) als Gäste eingeladen sind.

Ein weiteres Beispiel ist die ‚Lindauer Absprache', nach der die Länder ihre Zustimmung zu völkerrechtlichen Verträgen, die ihre Kernkompetenzen berühren, erklären müssen. Bei der nationalen Umsetzung der UNESCO-Konvention zur Erhaltung des immateriellen Kulturerbes waren entsprechend der erläuterten Kompetenzverteilungen verschiedene staatliche Akteure in Ländern und Bund herausgefordert, sich auf eine gemeinsame Politik zu verständigen. Bereits 1957 kam es im Mehrebenensystem zur so genannten „Lindauer Absprache" zwischen den Länderstaatskanzleien und der Bundesregierung. Darin

> „einigten sich Bund und Länder, dass der Bund Kulturabkommen mit auswärtigen Staaten als Rahmenabkommen abschließt und die Verhandlungen unter Beteiligung und in enger Absprache mit den Ländern und ihren Organen erfolgen. Dies erforderte in der Folgezeit eine enge Kooperation und Koordination mit der Kultusministerkonferenz der Länder und ihrer Vertragskommission. Das Spannungsverhältnis zwischen Bund (insbesondere Auswärtiges Amt) und den Länderorganen machte die Außenkulturpolitik von Anfang an zu einem komplexen und komplizierten Verfahren, das immer wieder durch Kompetenzkonflikte geprägt war." (Singer 2003: 17)

In der „Lindauer Absprache", deren genauer rechtlicher Charakter umstritten ist, ist dem Kulturbereich als bedeutendem Feld der Landeskompetenzen ein eigener Abschnitt gewidmet. Danach ist das Einvernehmen der Länder hier notwendig, bevor der Bund einen völkerrechtlichen Vertrag abschließt. (vgl. Germelmann 2013: 259)

Abschließend zum Thema der Kooperation im Mehrebenensystem einschließlich der Betrachtung der Ebene der internationalen Kulturpolitik noch ein Blick auf die deutsche Mitwirkung in der UNESCO: Vergleichsweise früh, nämlich im Jahr 1951, ist Deutschland der UN-Sonderorganisation für Bildung, Wissenschaft und Kultur beigetreten. Um UNESCO-Übereinkommen national geltend zu machen und in den entsprechenden Gremien auf internationaler Ebene mitzuwirken, sind jeweils separate Ratifizierungs- bzw. Beitrittsprozesse notwendig, wofür im Zusammenspiel von Bund und Ländern die „Lindauer Absprache" zum Einsatz kommt. Außer beim Übereinkommen zum Schutz des Kulturerbes unter Wasser (2001) ist Deutschland Mitgliedsstaat in allen Konventionen, die die UNESCO im Kulturbereich verabschiedet hat. Diese sechs Übereinkommen sind das Allgemeine Copyright-Übereinkommen (1952, 1971), das Übereinkommen zum Schutz von Kulturgut bei bewaffneten Konflikten („Haager Konvention", 1954), das Übereinkommen über Maßnahmen zum Verbot und zur Verhütung der unzulässigen Einfuhr, Ausfuhr und Übereignung von Kulturgut (1970), das Übereinkommen zum Schutz des Kultur- und Naturerbes der Welt (Welterbekonvention, 1972), das Übereinkommen zur Erhaltung des immateriellen Kulturerbes

(2003) und das Übereinkommen über den Schutz und die Förderung der Vielfalt kultureller Ausdrucksformen (2005). (vgl. Hanke 2016: 85)

3.5 Aktuelle Herausforderungen (nicht nur) in der Kulturpolitik

Auch die Kulturpolitik muss sich im 21. Jahrhundert mit jenen Herausforderungen, die von den globalen Megatrends (Globalisierung, Klimawandel, Alterung der Gesellschaften, Migrationsbewegungen usw.) beeinflusst sind, beschäftigen. Von moderner Kulturpolitik wird also erwartet, dass sie sich mit Inklusion, Diversität und insgesamt den globalen Nachhaltigkeitszielen befasst, um den Kunst- und Kulturschaffenden und dem Kulturpublikum wiederum eine Beschäftigung mit den entsprechenden Themen zu ermöglichen.

3.5.1 Kulturelle Teilhabe

Das Ziel von kultureller Teilhabe ist, dass in unserer in vielen Dimensionen vielfältigen Gesellschaft „möglichst viele Menschen die Möglichkeit haben, sich einzeln und in Gruppen auf unterschiedliche Weise mit Kultur auseinanderzusetzen und sich nach eigenen Vorstellungen kulturell auszudrücken" (Nationaler Kulturdialog 2019: 14). Kulturelle Teilhabe ist heute ein wichtiges, wenn nicht das wichtigste, Ziel und Motiv von Kulturpolitik in Deutschland. Sie wird als entscheidender Faktor für das Wohlbefinden und ‚Beheimaten' der Mitglieder der Gesellschaft interpretiert (vgl. Bilgram/Kamm/Schilling 2020: 20) und baut zum einen auf den in anderen Politikfeldern bereits etablierten Konzepten politischer, wirtschaftlicher und sozialer Teilhabe auf. Diese ergänzen sich insofern gegenseitig, dass sich die verschiedenen Formen von Teilhabe gegenseitig verstärken und neben mehr Inklusion ins gesellschaftliche Leben auch ein breiteres Spektrum von kulturellen Ausdrucksformen fördern. (vgl. Nationaler Kulturdialog 2019: 16). Zum anderen baut ‚kulturelle Teilhabe' auch auf dem Konzept ‚Kultur für alle' auf und ist eng mit den, allerdings staatszentrierten, Begriffen ‚kulturelle Grundversorgung' oder ‚kulturelle Daseinsvorsorge' verbunden (siehe auch Abschnitt 3.2.4.). Gebräuchlich ist der Begriff ‚kulturelle Teilhabe' erst seit etwa dem Beginn des 21. Jahrhunderts. Das Verständnis weicht von Kontext zu Kontext, u. a. von Nationalstaat zu Nationalstaat, voneinander ab: Beispielsweise dominiert in Belgien ein enges Verständnis, das sich vor allem auf den Zugang

von Publikum zu Kulturinstitutionen bezieht, während es in Deutschland dominant um Bildungs- bzw. Vermittlungszugänge geht. Ein breiteres Verständnis, das
den Fokus auf die gesamte kulturelle Betätigung von Menschen legt, pflegt die
UNESCO. (vgl. Nationaler Kulturdialog 2015: 356)

Man kann als rechtlichen Ausgangspunkt das „Menschenrecht auf Teilnahme
am kulturellen Leben" aus Art. 27 der „Allgemeinen Erklärung der Menschenrechte" von 1948 sehen. Im UN-Sozialpakt von 1966 – in Kraft getreten 1976 – in
Art. 15 Abs. 1 wurde das „Menschenrecht auf Teilnahme am kulturellen Leben"
wieder aufgegriffen. In ostdeutschen Landesverfassungen, die in den 1990er Jahren entstanden sind, wird dieser Bezug sogar explizit hergestellt (vgl. Sommer
2008: 54). Das „Grundrecht auf kulturelle Teilhabe" wurde vom Bundesverfassungsgericht auch in mehreren Urteilen zu den Hartz-IV-Sätzen betont (vgl.
Wimmer 2011: 190). Der im Rahmen der ‚Neuen Kulturpolitik' entstandene
Anspruch ‚Kultur für alle' und ihre Ergänzung um die Förderung und Forderung einer ‚Kultur von allen', etwa im Bereich Breitenkultur, sind Vorläufer der
heutigen Programmatik kultureller Teilhabe – quasi einer „Kultur mit allen" (vgl.
Wimmer 2011: 82). Dem Ziel der Partizipation lag in allen Phasen eine emanzi-
patorische Absicht zugrunde. (vgl. Lüddemann 2019: 107) Patrice Meyer-Bisch
sieht einen engen Bezug kultureller Teilhabe zum Status als Bürgerin bzw. Bürger eines Landes (vgl. Meyer-Bisch 2019: 51 f.). Im Völkerrecht wird ‚Kultur'
heute i. d. R. in seiner anthropologischen Konzeption verstanden. (vgl. Groni
2008: 62 f., 117). Zur Zeit der Verabschiedung der o. g. völkerrechtlichen Texte
zur Kodifizierung der Menschenrechte war allerdings davon auszugehen, dass
man unter dem Begriff ‚Kultur' vornehmlich die ‚hohen Künste' im Blick hatte
und kaum die Traditionen und Lebensweisen der Menschen als ihr Identitäts-,
Werte- und Sinnträger – kurzum: Kultur wurde damals ausschließlich als Produkt und noch nicht als Prozess verstanden. (vgl. Meyer-Bisch 2019: 51 f.)
Es handelt sich mithin im Völkerrecht um eine dynamische Entwicklung des
Begriffsverständnisses. In seiner Umsetzung in Deutschland ist diese Erweiterung des Begriffsverständnisses noch nicht komplett nachvollzogen worden (siehe
Abschnitt 3.3.1.). Klar ist jedoch: Wenn man Kulturelle Teilhabe als Menschen-
recht versteht, muss die Staatengemeinschaft und damit auch Deutschland dieses
Ziel ernst nehmen. Der Deutsche Städtetag wies darauf in einem Positionspapier
2009 explizit hin (vgl. Deutscher Städtetag 2009: 6).

Eine echte Teilhabe am kulturellen Leben ist nach mehreren in ihren Ergebnissen übereinstimmenden Untersuchungen aber heute noch immer abhängig
von Bildung, Einkommen und Herkunft. Birgit Mandel bestätigt in ihren Forschungen, dass durch das, was man als Kulturangebote versteht, auch nach der
‚Neuen Kulturpolitik' – hier finden Formen immaterieller Kultur überwiegend

noch keine Berücksichtigung – vor allem die Gruppe der Hochgebildeten und gut Situierten erreicht wird, während zugleich die Heterogenität der Gesellschaft immer mehr zunimmt (vgl. Mandel 2019: 69 f.). Faktoren, die einen faktischen Ausschluss von kultureller Teilhabe zur Folge haben, konnten bisher kaum beseitigt werden: materielle Benachteiligungen, sprachliche Schwierigkeiten bei Menschen mit Migrationsgeschichte oder Migrationshintergrund oder ganz konkrete Zugangshindernisse für Menschen mit Behinderungen (vgl. Lüddemann 2019: 107 f.)

„‚Kulturelle Teilhabe' meint ein von Vielen mitgestaltetes Kulturleben. Es gilt, das geförderte kulturelle Leben sozial durchlässiger zu machen und gezielt diverse Bevölkerungsgruppen zu ermächtigen, ihre ureigenen Interessen und Vorlieben zu erkennen und diese vor- und einzubringen, sichtbar zu machen. Wenn sich Menschen nicht für bestehende Kulturangebote interessieren, bedeutet dies ja keineswegs, dass sie keine kulturellen Interessen haben, sondern eben nur andere." (Nationaler Kulturdialog 2019: 15)

Dies kann man sowohl auf neuere Kulturangebote, beispielsweise das Gaming oder die Popmusik, beziehen, die unter Teilhabeaspekten durchaus zu betrachten sind, wie auch auf überlieferte Kulturformen, die man unter der Definition des Immateriellen Kulturerbes fassen kann. Sie haben gemeinsam, dass sie bisher kaum oder keine staatliche Kulturförderung erhalten und daher bei den staatlichen Akteuren auch kaum auf dem Radar sind. Wenn die Perspektive jedoch die kulturelle Teilhabe ist, muss diese Logik überwunden werden. In der Kulturpolitik gibt es eine wachsende Zahl von Verfechtern neuer demokratischer Ansprüche. Zu ihnen gehören etwa Pius Knüsel, vormaliger Direktor der Schweizer Kulturstiftung Pro Helvetia, oder Oliver Scheytt, vormaliger Präsident der Kulturpolitischen Gesellschaft, der fordert vom „Bildungsbürgertum" zum „Kulturbürgertum" zu kommen.

„Nach Knüsel wird eine stärker darauf gerichtete Kulturpolitik sich nicht mehr damit begnügen können, einzelne privilegierte kulturelle Ausdrucksformen an ein Publikum heranzutragen, sondern die kulturelle Produktion möglichst aller Schichten in den Blick zu nehmen und zu würdigen. Nicht mehr das Werk stünde im Zentrum kulturpolitischer Interventionsformen, sondern das Publikum in seiner zunehmenden Vielfalt mit seinen Bedürfnissen und Kulturen. Eine solche Kulturpolitik würde darauf abstellen, die verschiedenen Publika in den Stand zu versetzen, sich um ihre jeweils eigene Kultur zu kümmern. […] Im Zuge der wachsenden gesellschaftlichen Differenzierung erschöpften sich kulturpolitische Ziele nicht mehr in der Förderung künstlerischer Produktion per se. Sie setzten stattdessen auf die konsequente Entwicklung und Aufladung von solchen Kulturformen, die von unterschiedlichen sozialen Gruppen als ihnen entsprechend angesehen werden (*empowerment*)." (Wimmer 2011: 327)

Man kann im Spannungsfeld zwischen Demokratie und etablierter Kulturpolitik, die ja häufig wenig parteipolitisch umstritten ist, davon ausgehen, dass die Bürger gelegentlich andere Prioritäten setzen würden als die Kulturverwaltung und Kulturpolitik. Elisabeth Wolf-Csanády (1996: 223 ff.) hat in einer deutsch-österreichischen Befragung vor der Jahrtausendwende feststellen können, dass Volkslieder und Fastnachtstraditionen sowie mit ziemlichem Abstand, aber immerhin von relevanten Anteilen der Befragten, auch Graffiti und sogar Tätowierung, für die Befragten zur Kultur zählen. Für unterstützenswert wurden von großen Teilen der Befragten u. a. die Erhaltung eines alten Fachwerkhauses und die Förderung von Heimatvereinen gehalten. Klaus von Beyme meint dazu, dass die Kluft in der Zwischenzeit sogar noch gewachsen sein müsse. Er vermutete im Jahr 2010, dass staatliche Kulturpolitik und -verwaltung auch weiterhin populären Tendenzen wie Volkslieder und Fastnacht nicht folgen würden „und der Privatinitiative überlassen, was nicht gefährdet erscheint" (von Beyme 2010: 273). In diesem Zusammenhang sei darauf hingewiesen, dass 70 Prozent der deutschen Bevölkerung außerhalb der großen Städte wohnt, aber weniger als 10 Prozent der öffentlichen Kulturförderung in den kleinen Gemeinden fließt, wo die ehrenamtliche Kulturarbeit dominiert (vgl. Schneider 2014b: 19). Wo es, wie insbesondere in ländlichen Räumen, kaum oder keine kulturelle Infrastruktur gibt, sind die laien- und breitenkulturellen Aktivitäten für kulturelle Teilhabe umso wichtiger.

Kulturelle Teilhabe umzusetzen „erfordert keine komplette Neuausrichtung kulturellen Schaffens und seiner Förderung. Sie ermuntert jedoch dazu, einerseits die eigene kulturelle (Förder-)Praxis zu überprüfen und, wo notwendig, anzupassen oder zu ergänzen." (Nationaler Kulturdialog 2019: 15) In diesem Prozess befindet sich Kulturpolitik in Deutschland nach wie vor. Kulturelle Teilhabe und die möglichen Maßnahmen zu ihrer Stärkung reichen auf einem Kontinuum von reiner Rezeption über ein steigendes Maß von Beteiligung bis hin zu aktiver kultureller Betätigung (vgl. Nationaler Kulturdialog 2015: 356). Birgit Mandel benennt in Anlehnung an das Positionspapier des Nationalen Kulturdialogs der Schweiz drei Dimensionen von Partizipation an Kultur mit aufsteigender Involvierung in das kulturelle Schaffen:

1. „Teilnahme als Publikum/Besuchende kultureller Angebote
2. Aktive Mitwirkung als Amateurin oder Amateur in künstlerischen/kulturellen Projekten
3. Mitbestimmung über kulturelle Programme, Inhalte, Strukturen" (Mandel 2019: 71)

Sie verweist auf neuere kulturpolitische Programme, wie TRAFO der Kulturstiftung des Bundes, die neue Aufmerksamkeit auf die Erhöhung der kulturellen Teilhabe gerade in ländlichen Räumen lenken. (vgl. Mandel 2019: 75) Auch die Umsetzung der UNESCO-Konvention zur Erhaltung des immateriellen Kulturerbes passt in dieses Bild. Wenn man es zwar nicht eins zu eins gleichsetzen kann, geht es doch auch bei den meisten Formen des Immateriellen Kulturerbes um laien- und breitenkulturelle Aktivitäten, vornehmlich in ländlichen Räumen. Wolfgang Schneider erklärte 2014, dass die Erhaltung Immateriellen Kulturerbes als gesellschaftlicher Auftrag verstanden und einen Paradigmenwechsel in der Kultur einleiten würde. „Das UNESCO-Übereinkommen [...] bietet die große Chance, im weltweiten Kontext überfällige Reformen in der Landeskulturpolitik anzugehen." (Schneider 2014b: 196). Die drei o. g. Dimensionen von Partizipation an Kultur (reine Teilnahme, aktive Mitwirkung, Mitbestimmung) sind denn auch bei den Formen Immateriellen Kulturerbes in verschiedenen Abstufungen wiederzufinden. Nehmen wir als Beispiel einen Fastnachtsbrauch: Es gibt diejenigen, die als reiner Teilnehmer an Umzügen und Sitzungen, dabei sind. Es gibt die aktiv Mitwirkenden bei diesen öffentlich sichtbaren Teilen der Tradition, die zuvor i. d. R. in weniger sichtbarem Rahmen dafür geübt und trainiert haben. Und es gibt diejenigen, die durch Übernahme von Verantwortung in den jeweiligen Strukturen über Ablauf, Form und Ausprägung mitbestimmen. Beim Immateriellen Kulturerbe steht wie bei allen teilhabeorientierten Projektvorhaben

„häufig nicht ein Produkt, dessen Einmaligkeit oder dessen ästhetische Qualität im Vordergrund, sondern ein Prozess, sein Ermächtigungspotenzial, seine gesellschaftliche Vernetzung, seine Wiederholbarkeit oder Übertragbarkeit". Beim Immateriellen Kulturerbe wie auch bei der Förderung kultureller Teilhabe im Allgemeinen „geht [es] um die Wertschätzung der kulturellen Beiträge von Einzelnen und Gruppen, um deren Mitgestaltung des kulturellen Lebens und um deren Mitverantwortung dafür" (Nationaler Kulturdialog 2019: 15).

Eine Einschränkung gilt es aber zu beachten: Immaterielles Kulturerbe mag gesamtgesellschaftlich betrachtet zu größerer kultureller Teilhabe beitragen, aber die einzelnen Formen sorgen zum Teil auch für Ausschlüsse. Allein die Abgrenzung von Trägergruppen, die stets Ausschlüsse produziert, ist ein limitierender Faktor, was Teilhabe an den jeweiligen Kulturformen angeht. (vgl. Rieder 2019: 143)

3.5.2   Nachhaltige Entwicklung

Eine weitere Herausforderung, die mit der Zukunftsfähigkeit von Kulturpolitik verbunden ist und durchaus den Aspekt der kulturellen Teilhabe berührt (vgl. Föhl 2011: 58), ist die Umsetzung einer nachhaltigen Entwicklung. ‚Kultur‘ wird in der entsprechenden, von der UNESCO maßgeblich geprägten, Debatte als Motor („driver“) und Wegbereiter („enabler“) von (nachhaltiger) Entwicklung gesehen. ‚Kultur‘ spielt hier in ihrer engen wie auch in der weiten Begriffsdimension eine Rolle (vgl. Abbildung 3.3). Kultur in einer normativen und damit engen Definition (vgl. Klein 2009: 33 ff.) als Gesellschaftsbereich steht gleichberechtigt als vierte Säule von Nachhaltigkeit neben den Gesellschaftsbereichen Ökologie, Ökonomie und Soziales. Man kann Kultur aber auch als Intermediär und Bindeglied im Dreieck zwischen den drei etablierten Dimensionen auffassen (vgl. Föhl/Glogner-Pilz/Lutz/Pröbstle 2011: 15). Kultur in erweiterter, anthropologischer und soziologischer, Definition kann als Grundlage unseres Gemeinwesens und damit auch als transversale Basis für eine nachhaltige Entwicklung begriffen werden. (vgl. Brocchi 2017: 3 f.)

Zu dem erweiterten Begriffsverständnis gehören auch alle Formen des Immateriellen Kulturerbes, während unter das enge Verständnis nur wenige fallen. Protagonisten der stärkeren und engeren Verbindung der Themen Kultur(-politik) und Nachhaltigkeit plädieren für ein weites Kulturverständnis in der Kulturpolitik, weil

> „[v]or allem diese Kultur, die überall stattfindet, [...] für die Frage der Nachhaltigkeit besonders relevant [ist]. Die Kulturpolitik sollte sich deshalb als gesamtgesellschaftliche Aufgabe verstehen und den erweiterten Kulturbegriff entsprechend aufwerten, denn erst er macht die eigentliche Relevanz von Kultur bewusst." (Brocchi 2017: 5)

Dafür müsste Kulturpolitik den noch immer tendenziell vorherrschenden Blick von oben herab – von der Hochkultur auf die Breiten- oder Laienkultur bzw. auf die kulturelle Vielfalt – ablegen. Formen Immateriellen Kulturerbes können im besten Fall für Vielfalt, menschliche Kreativität und auch das Potenzial von Andersartigkeit sensibilisieren. Und „[f]ür die Nachhaltigkeit brauchen wir eine Wertschätzung der Andersartigkeit, die sich nicht nur auf der Sachebene, sondern auch auf der Beziehungsebene der Kommunikation ausdrückt" (Brocchi 2017: 6). Im Zuge der Debatte über erweiterte Kultur- und auch Kunstbegriffe im Kontext Nachhaltigkeit wird auch überliefertem Wissens- und Anwendungsformen, etwa im traditionellen Handwerk oder beim überlieferten Naturwissen, und der Wertschätzung in der Gemeinschaft zunehmend mit größerer Achtung (vgl. Brocchi

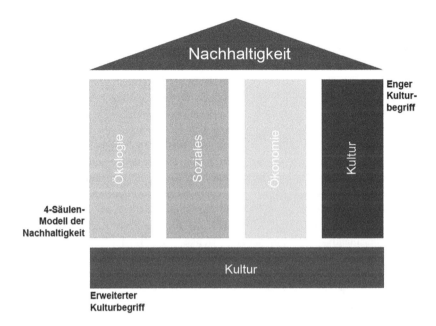

Abbildung 3.3 Vier-Säulen-Modell der Nachhaltigkeit. (Eigene Darstellung nach Brocchi 2017: 3)

2017: 12) begegnet. Dabei ist u. a. an den Weinbau oder die Bewirtschaftung von Streuobstwiesen zu denken – beide seit 2021 als Elemente im Bundesweiten Verzeichnis des Immateriellen Kulturerbes anerkannt. Nachhaltige Entwicklung heißt also nicht Verzicht auf wirtschaftliches Wachstum, sondern im Sinne der Verschränkung der Dimensionen und Perspektiven Ökologie, Soziales, Ökonomie und Kultur eine wirtschaftliche Entwicklung, die zum Beispiel auf nachhaltige Kulturindustrien und nachhaltigen Kulturtourismus setzt. Hierbei kann Immaterielles Kulturerbe und seine Inwertsetzung als ‚kulturelles Kapital', beispielsweise im Tourismus oder der Stadt- und Regionalentwicklung, eine wichtige Rolle spielen. (vgl. Meißner 2020: 4 f.) „Es scheint, dass es ein gewachsenes, allgemeines Interesse an diesem Bereich gibt. Ein Bewusstsein, wie wichtig dieser ist. Und das bedeutet natürlich auch, dass es Interesse gibt von Naturschutzbünden, die ganze Frage der Nachhaltigkeit ist eine wichtige Frage, die heute eine Rolle spielt. Wie können diese Dinge, also IKE-Praktiken, nachhaltig werden, welchen Beitrag können sie leisten zur Nachhaltigkeit?" (E1, Interview am 15.10.2018)

Schon bei der UNESCO-Weltkonferenz in Mexiko-Stadt MONDIACULT 1982 wurde die enge Beziehung zwischen Kultur und Entwicklung betont. Seit dem UN-Gipfel von Rio de Janeiro zur Nachhaltigen Entwicklung von 1992 kam eine Debatte in Gang, die die kulturellen Aspekte einer nachhaltigen Entwicklung der Gesellschaften betonte. 1998 richtete die UNESCO eine eigenständige zwischenstaatliche Konferenz zu Kulturpolitik für Entwicklung in Stockholm aus. „Die Umsetzung von UNESCO-Kulturkonventionen schafft in Deutschland auch ein Bewusstsein für den Zusammenhang von Kultur und Entwicklung; insbesondere zeigen die Konventionen durch ihre konkreten Programme, wie etwa jene, die aus den Fonds der 2003er- und 2005er- Konventionen gefördert werden, plastisch den möglichen positiven Beitrag von Kultur zu nachhaltiger Entwicklung. Damit lässt sich die Umsetzung von UNESCO-Kulturkonventionen auch in die Zielerreichung der Agenda 2030 mit ihren Nachhaltigen Entwicklungszielen (‚Sustainable Development Goals‘), die für alle Staaten der Welt – also auch Deutschland – gelten, einbetten." (Hanke 2016: 87) In diesen Instrumenten, zu nennen wäre neben den beiden bereits erwähnten Übereinkommen in diesem Kontext auch noch die UNESCO-Erklärung zur Kulturellen Vielfalt von 2001, wurde das Grundverständnis der engen Verbindung zwischen Kultur und Entwicklung völkerrechtlich verankert (vgl. Bilgram/Kamm/Schilling 2020: 16). Daran anknüpfend hat die deutsche Bundesregierung schon in ihre erste nationale Nachhaltigkeitsstrategie 2002 einen Abschnitt „Kultur der Nachhaltigkeit entwickeln" aufgenommen (vgl. Singer 2003: 41 f.) und dies konzeptionell vor allem durch die BKM auch kontinuierlich fortentwickelt. Inspiration und Innovation werden dabei als wesentliche Dimensionen des Beitrags aufgefasst, den Kunst, Kultur und Kreative zu einer nachhaltigen Entwicklung leisten können. Auch die Kulturpolitische Gesellschaft nahm sich des Themas in diesem Zeitraum bereits an (vgl. Föhl/Glogner-Pilz/Lutz/Pröbstle 2011: 9).

Als Konkretisierung der Erwähnung des Ziels einer nachhaltigen Entwicklung im Konventionstext von 2003 enthalten die Richtlinien zur Durchführung des Übereinkommens zur Erhaltung des immateriellen Kulturerbes seit 2016 ein Kapitel zur Erhaltung Immateriellen Kulturerbes und nachhaltiger Entwicklung auf nationaler Ebene. Dem ist eine Evaluation der Konvention im Jahr 2013 vorausgegangen, die die Unschärfe kritisiert hatte, wie genau Immaterielles Kulturerbe als Motor und Wegbereiter zu nachhaltiger Entwicklung beitragen könne bzw. wie das Verhältnis der beiden Konzepte sei (vgl. Meißner 2020: 3). In diesem Kapitel VI der Richtlinien wird Nachhaltige Entwicklung in vier Dimensionen betrachtet: soziale Entwicklung (Abschnitt VI.1), wirtschaftliche Entwicklung (Abschnitt VI.2), Umweltverträglichkeit (Abschnitt VI.3) sowie Immaterielles Kulturerbe und Frieden (Abschnitt VI.4). Durch Empfehlungen,

Hinweise und Handlungsanregungen soll den Vertragsstaaten geholfen werden, die Potenziale des Immateriellen Kulturerbes für die eigenen Projekte, Programme und Strategien der nationalen Umsetzung der Konvention zu beachten und zu operationalisieren. Dies beinhaltet nicht nur den Beitrag, den die Formen des Immateriellen Kulturerbes zu einer nachhaltigen Entwicklung leisten können, sondern lenkt den Blick auch auf die Frage der Resilienz von Kulturformen bzw. ihres Beitrags oder als Ressource zur Resilienz der Gesellschaften im Umgang mit Krisen und Herausforderungen und ist daher interdisziplinär, mithin politikfeldübergreifend in Angriff zu nehmen.

Kultur und Kulturpolitik in den Kontext der nachhaltigen Entwicklung einzubetten, stellt für die Akteure nicht nur eine Herausforderung dar, sondern ist auch eine gute Gelegenheit die Relevanz der Kulturpolitik als Gesellschaftspolitik noch einmal zu unterstreichen: Das Leitbild umfasst die nicht nur, aber auch, für das Immaterielle Kulturerbe wichtigen Handlungsbereiche Zugänglichkeit/Teilhabe, kulturelle Vielfalt, Bildung und Vermittlung sowie ökonomisches und ökologisches Handeln (vgl. Föhl 2011: 60).

Immaterielles Kulturerbe. Vom Konzept zur Konvention

4

4.1 Begriffsdefinition und Dimensionen des Immateriellen Kulturerbes

Immaterielles Kulturerbe ist von Mensch zu Mensch, von Generation zu Generation, von „Könnenden" zu „Lernenden", weitergegebenes Wissen und Können. In eben diesem Sinne handelt es sich um eine kulturelle Ausdrucksform im Geiste der Definition der Abschlusserklärung der MONDIACULT-Konferenz von Mexiko-Stadt im Jahre 1982 (siehe Abschnitt 4.3.1.). Charakteristisch ist, dass Immaterielles Kulturerbe an den Menschen, häufig an Gruppen bzw. Gemeinschaften von Menschen, gebunden und damit deutlich weniger „fassbar" als materielles Kulturgut ist. Man kann davon ausgehen, dass das Wissen und Können, das das Immaterielle Kulturerbe ausmacht, dem daraus entstehenden Produkt – sei es eine Aufführung, ein Fest oder ein Handwerksprodukt usw. – zeitlich vorausgeht, also die Bedingung für dessen Entstehen ist (vgl. u. a. Merkel 2011: 66). Daher dürfte Immaterielles Kulturerbe keineswegs weniger bedeutend als materielles Kulturerbe sein – im Verständnis der meisten kulturpolitischen Akteure in Deutschland und auch der allgemeinen Öffentlichkeit wird es hierzulande dennoch (bisher noch) so wahrgenommen.

Die Definitionen in Art. 2 der UNESCO-Konvention zur Erhaltung des immateriellen Kulturerbes (zu ihrer Entstehung im Detail Abschnitt 4.3.) müssen sehr intensiv betrachtet werden, da leicht durch Überlesen oder Weglassen eines Aspekts Missverständnisse entstehen können. Unter Immateriellem Kulturerbe sind laut Art. 2 Nummer 1 der UNESCO-Konvention zur Erhaltung des immateriellen Kulturerbes

© Der/die Autor(en) 2024
B. Hanke, *Kulturelle Teilhabe durch Immaterielles Kulturerbe*, Auswärtige
Kulturpolitik, https://doi.org/10.1007/978-3-658-44086-2_4

„Bräuche, Darstellungen, Ausdrucksformen, Wissen und Fertigkeiten – sowie die dazu gehörigen Instrumente, Objekte, Artefakte und kulturellen Räume – zu verstehen, die Gemeinschaften, Gruppen und gegebenenfalls Einzelpersonen als Bestandteil ihres Kulturerbes ansehen".

Neben dem Können und Wissen gehören also per Definition auch damit verbundene materielle Instrumente, Objekte, Artefakte und kulturelle Räume zu diesem Erbe – dies mag im ersten Moment überraschen. Die Interpretation, was Immaterielles Kulturerbe ist, wird mit der zitierten Definition weitgehend den Trägern dieses Erbes überlassen. Gelegentlich wird deshalb von einer Nicht-Definition gesprochen, zumindest wird angemerkt, dass die Begriffe ‚Gemeinschaft', ‚Gruppe' und ‚Einzelperson' ebenfalls interpretierungsbedürftig bleiben (vgl. Hafstein 2007: 94). Weiterhin heißt es in der Konvention:

„Dieses immaterielle Kulturerbe, das von einer Generation an die nächste weitergegeben wird, wird von den Gemeinschaften und Gruppen in Auseinandersetzung mit ihrer Umwelt, in ihrer Interaktion mit der Natur und mit ihrer Geschichte fortwährend neu gestaltet und vermittelt ihnen ein Gefühl von Identität und Kontinuität, wodurch die Achtung vor der kulturellen Vielfalt und der menschlichen Kreativität gefördert wird. Im Sinne dieses Übereinkommens findet nur das immaterielle Kulturerbe Berücksichtigung, das mit den bestehenden internationalen Menschenrechtsübereinkünften sowie mit dem Anspruch gegenseitiger Achtung von Gemeinschaften, Gruppen und Einzelpersonen sowie der nachhaltigen Entwicklung in Einklang steht."

Hauptaussage dieser beiden Sätze ist, dass es sich um ein lebendiges Erbe handelt, das von den Menschen innerhalb von Gemeinschaften, Gruppen oder von Einzelperson zu Einzelperson in einer, nicht genauer bestimmten, zeitlichen Kaskade (s. u.) weitergegeben und auch weiterentwickelt wird sowie welches für jene Gemeinschaft, Gruppe oder Einzelperson identitätsprägend wirkt. Das Kriterium, im Einklang mit nachhaltiger Entwicklung zu stehen, ist Teil der Definition von Immateriellem Kulturerbe (vgl. Meißner 2020: 2) und damit wird die starke Stellung, die dem Begriff der ‚Nachhaltigkeit' in der Konvention zuteilwird, deutlich. Während die lebendigen Traditionen Menschenrechten und nachhaltiger Entwicklung nicht widersprechen dürfen, müssen sie mitnichten einzigartig sein oder den Maßstäben von Originalität bzw. Schönheit entsprechen. Wichtig ist dagegen der dynamische Aspekt, der den lebendigen Traditionen inhärent ist. „Im Unterschied zu den kulturellen Monumenten und Objekten sind die Praktiken immateriellen kulturellen Erbes nicht fixiert, sondern unterliegen Transformationsprozessen." (Wulf 2007: 41) Überspitzt formuliert, kann man von totem Welterbe und lebendigem Immateriellen Kulturerbe sprechen. Die Formen letzterer hängen von gesellschaftlichem Wandel und Austausch sowie den Menschen selbst bzw. ihren menschlichen Körpern – in Interaktion mit ihrer Umwelt, das heißt ihrem jeweiligen Kontext – ab, was sie in ihrem Bestand besonders verwundbar macht. Der Körper wird damit zum entscheidenden Medium der Kultur beim Immateriellen Kulturerbe, während es beim Welterbe Steine oder andere feste Materialien sind bzw. auch die Natur. „Man erfährt das nicht nur kognitiv, sondern körperlich, es wird inkorporiert." (E1, Interview am 15.10.2018) Die Weitergabe des Wissens und Könnens und das Lernen geschieht zu einem erheblichen Teil in mimetischen Prozessen, also sich auf Modelle und Vorbilder beziehende Prozesse kreativer Nachahmung (vgl. Wulf 2007: 41). Das bedeutet: Die kulturellen Ausdrucksformen werden auch immer wieder verändert. „Es geht nicht um eine Kopiermaschine, die das Gleiche macht. [...] Jeder Einzelne gestaltet das in seiner Weise, weil er eine eigene Biografie hat, einen eigenen Körper mit bestimmten Voraussetzungen." (E1, Interview am 15.10.2018) Kennzeichen des Immateriellen Kulturerbes sind also das Prozesshafte und das Veränderliche oder gar Improvisierte. Doch zugleich müssen die Formen eine gewisse Kontinuität nachweisen, um das generationenübergreifende Tradieren als Kulturerbe überhaupt zu ermöglichen (vgl. Albert/Disko 2011: 6).

Es gibt über die Körperlichkeit und die mimetischen Lernprozesse hinaus noch weitere, durchaus interdependente, entscheidende Merkmale der Formen des Immateriellen Kulturerbes:

„Drittes wichtiges Element ist das, was ich Performativität nennen würde. Es sind sehr oft Aufführungen, das gibt es sogar bei den Handwerkern. Das ist eine Praxis, der inszeniert etwas, der macht etwas mit dem Ding. Noch deutlicher ist es natürlich bei den Darstellungen, bei den Bräuchen, wo es eben nicht um ein kognitives Wissen geht. Nein, es geht um eine Performativität, ein Verhalten, ein Aufführen, ein Inszenieren von sozialen Praktiken." (E1, Interview am 15.10.2018)

Ein weiterer Gesichtspunkt ist die identitäts- und gemeinschaftsstiftende Funktion: „Es sind ja alles gemeinschaftliche Praktiken, also wo es immer um Bezüge geht zu anderen." (E1, Interview am 15.10.2018)

Immaterielles Kulturerbe macht in der Regel die Wiederholung aus, während Welterbe sich durch seine Einzigartigkeit auszeichnet:

„Es geht immer um eine Wiederkehr. Man freut sich darauf, dass es im nächsten Jahr wiederkommt und man es macht zusammen. Man weiß dann schon so ungefähr, wie es geht, bestimmte Pattern, die immer wieder auftauchen. Aber es wird ja jedes Mal neu gemacht. [...] Und dadurch hat es eben die gemeinschaftsgestaltende Kraft." (E1, Interview am 15.10.2018)

Wie auch für kulturell-künstlerische Tätigkeiten im Allgemeinen gilt für Formen des Immateriellen Kulturerbes, dass sie sich im Grunde nur „in bewusster
Abgrenzung vom unmittelbaren Alltagshandeln und von zweckorientierten Aktivitäten wie Arbeit als Erwerbszweck oder zur häuslichen Reproduktion" (Wagner
2009: 42) definieren. Zur weiteren Konkretisierung benennt die Konvention
verschiedene Dimensionen des Immateriellen Kulturerbes in Art. 2 Nummer 2:

> „Das ‚immaterielle Kulturerbe' im Sinne der Nummer 1 wird unter anderem in fol-
> genden Bereichen zum Ausdruck gebracht: a) mündlich überlieferte Traditionen und
> Ausdrucksformen, einschließlich der Sprache als Träger des immateriellen Kulturer-
> bes; b) darstellende Künste; c) gesellschaftliche Bräuche, Rituale und Feste; d) Wis-
> sen und Bräuche in Bezug auf die Natur und das Universum; e) traditionelle Hand-
> werkstechniken."

Wichtig ist hier der Hinweis auf das „unter anderem", das zum Ausdruck bringt,
dass diese Aufzählung nicht erschöpfend ist. Es sind also auch weitere Bereiche, in denen Immaterielles Kulturerbe auftritt, denkbar. Die weite Definition des
Begriffs hängt zum einen damit zusammen, dass man dem lebendigen Kulturerbe
in seiner globalen Vielfalt Rechnung tragen wollte (vgl. Albert/Disko 2011: 6).
Die sehr offene, konstruktivistische Definition enthält vom Ansatz her zum anderen gerade das Potenzial der Entwicklung einer modernen Pflege von lebendigen
Formen des Kulturerbes (vgl. Merkel 2011: 61).

Art. 2 Nummer 3 des Übereinkommens definiert dann den Begriff „Erhaltung" als die „Sicherstellung des Fortbestands des immateriellen Kulturerbes". Es
geht um die Erhaltung der Dynamik, mithin um die fortgesetzte Ausübung und
Weitergabe des Immateriellen Kulturerbes unter Wahrung des jeweiligen Werts
und der Funktion für die Kulturträgergemeinschaft. Dagegen geht es demnach
nicht um Konservierung oder Schutz eines bestimmten Zustands – ein häufiges
Missverständnis, das meist auch auf der Verwechslung bzw. auf der undifferen-
zierten Vermengung mit dem (materiellen) Welterbe beruht. Zwar ist den beiden
UNESCO-Konventionen von 1972 zum Welterbe und von 2003 zum Immateriellen Kulturerbe das Ziel Substanzerhalt gemein. Es geht aber beim Immateriellen
Kulturerbe nicht um die Bewahrung eines Originals, sondern der Praxis kultureller Ausdrucksformen. (vgl. Germelmann 2013: 589) „[T]he term safeguarding
is, relative to the resolute and stable idea of ‚saving', slippery and irreducible
to flow charts and ‚best practice' consensus." (Akagawa/Smith 2019: 11) Seitens
der Trägergruppen des Immateriellen Kulturerbes sollte der Wille und die Bereitschaft zur Weiterentwicklung ihrer lebendigen Traditionen stets erhalten bleiben
(vgl. u. a. Eberhard/Letzner 2009: 7). Das generationenübergreifende Tradieren
wird als entscheidendes Merkmal gesehen, wobei die Meinungen, wie lang eine

Kulturform bestehen muss, um als Immaterielles Kulturerbe anerkannt werden zu können, auseinandergehen: I. d. R. wird von mindestens 30 Jahren gesprochen, andere setzen zwei (z. B. in der Schweiz, vgl. Bundesamt für Kultur 2010: 10) oder drei Generationen (z. B. in der Praxis des österreichischen Fachbeirats und des bayerischen Expertengremiums) als Bestandsminimum an. In jedem Fall ist es möglich oder sogar wünschenswert, dass die Praxis auch zeitgenössische Elemente beinhaltet. (vgl. Albert/Disko 2011: 30 f.) Versteht man die Erhaltung Immateriellen Kulturerbes als einen lebendigen, in seine soziale Umwelt eingebetteten, Prozess mit bewussten Veränderungsimpulsen der Trägerschaften, dann sind Assoziationen wie „Folklore" und „traditionelle Kulturen" mit ihren Bewahrungsimplikationen weit weg (vgl. Merkel 2011: 61). Vielmehr geht es um das, was Menschen „von Älteren übernehmen, für relevant erachten, an ihre jeweiligen Lebensumstände anpassen und an Jüngere weitergeben" (Meyer-Rath 2007: 151).

Wichtig zu betonen ist schließlich im Rahmen der Definitionsbetrachtungen die aktive Rolle, die die Träger des Immateriellen Kulturerbes bei der Identifizierung und Erhaltung einnehmen sollen. Bei allen damit verbundenen Aktivitäten ist gemäß Art. 15 des Übereinkommens „eine möglichst weit reichende Beteiligung der Gemeinschaften, Gruppen und gegebenenfalls Einzelpersonen, die dieses Erbe schaffen, pflegen und weitergeben" gefordert. Ohne die Trägergruppen gäbe es kein Immaterielles Kulturerbe, daher wird ihre Rolle für ein Völkerrechtsinstrument ausgesprochen partizipativ ausgelegt. „[I]t is the first time that such a degree of community involvement has been acknowledged in international cultural heritage law." (Blake 2019: 17) Die zentrale Rolle von Gemeinschaften, Gruppen und gegebenenfalls Einzelpersonen ist im Grunde die große neue Errungenschaft der Konvention. Es sind eben keine externen Experten oder politische Entscheidungsträger, die bestimmen, was Immaterielles Kulturerbe für die jeweilige Trägergemeinschaft ist oder sein sollte, sondern die Praktizierenden selbst. Und es ist nicht die Menschheit und auch nicht die Nation, die die Referenz für die Bedeutung der Kulturform bilden, sondern konkrete Gruppen mit geteilten Erfahrungen und Erinnerungen. Damit zusammenhängend sind auch nicht Exklusivität oder Authentizität die Maßstäbe, sondern Relevanz innerhalb der jeweiligen Gruppe und stete Weiterentwicklung und Veränderung. (vgl. Meyer-Rath 2007: 148, 159) Ein bedeutendes Charakteristikum und gravierender Unterschied zur UNESCO-Konvention zum Schutz des Kultur- und Naturerbes der Welt von 1972, die Baudenkmäler, Stadtensembles sowie Kultur- und Naturlandschaften schützen soll, ist, dass beim UNESCO-Übereinkommen von 2003 nicht nur das, was auf den UNESCO-Listen oder in nationalen Verzeichnissen zu finden ist, als Immaterielles Kulturerbe gilt, sondern alle kulturellen

Ausdrucksformen, die Gemeinschaften, Gruppen und Einzelpersonen als solche identifizieren. Die Aufmerksamkeit soll allen Formen menschlichen Wissens und Könnens in ihrer ganzen weltweiten Vielfalt zugutekommen. Es geht beim Immateriellen Kulturerbe also nicht wie beim Welterbe um einen „außergewöhnlichen universellen Wert" (*outstanding universal value*) als gemeinsames Erbe der Menschheit – die zentrale Aussage und unschätzbare Leistung dieser älteren UNESCO-Konvention –, sondern es zählt die Bedeutung der Kulturformen für die jeweiligen Trägergruppen. Sie bestimmen durch Anwendung, Weiterentwicklung und Weitergabe von traditionellen kulturellen Ausdrucksformen, was ihr Immaterielles Kulturerbe ist. Während die Listen des Welterbes Exklusivität verkörpern, gilt beim Immateriellen Kulturerbe Inklusivität, sowohl hinsichtlich der Listenlogik (z. B. zahlenmäßig unbegrenzte nationale Verzeichnisse und der Titel „Repräsentative Liste") als auch der umfassenden Einbindung der Mitglieder der Trägergemeinschaften der Kulturformen als Maßstab. Zusammengefasst bedeutet das: Die Welterbe-Konvention operiert mit einem mit Hilfe von Expertenwissen bestimmbaren (scheinbar) objektiven, universalen Wahrheitsbegriff, während die Konvention zum Immateriellen Kulturerbe mit einem subjektiven Wahrheitsverständnis, das *bottom-up* definiert wird, arbeitet (vgl. Letzner 2013: 60). Der ‚Kulturerbe'-Begriff ist im ersten Fall exklusiv und im zweiten Fall inklusiv.

4.2   Drei Fallbeispiele

Zur Veranschaulichung, was in Deutschland als Ergebnis der ersten Inventarisierungsbemühungen u. a. als Immaterielles Kulturerbe anerkannt wurde, werden im Folgenden drei Beispiele von Einträgen im Bundesweiten Verzeichnis des Immateriellen Kulturerbes präsentiert. Diese zeigen paradigmatisch einige der wichtigsten Charakteristika und Wirkungen der Anerkennung. Dazu folgt die Darstellung jeweils dem gleichen Schema: (1) Zunächst wird die Kulturform mit ihrer jeweiligen Trägergruppe vorgestellt. (2) Hernach wird der Prozess der Anerkennung als Immaterielles Kulturerbe nachgezeichnet. Durch Hintergrundgespräche mit den jeweils für die Bewerbungen der Kulturformen Verantwortlichen wird dabei auch die Perspektive der Trägergruppen berücksichtigt. (3) Anschließend wird rekonstruiert, welche Auswirkungen und Folgen die Anerkennungen im jeweiligen Kontext der Kulturform (Stand Ende 2020/Anfang 2021) hatten. (4) Abschließend wird aufgezeigt, inwiefern die Fallbeispiele exemplarisch bzw. symptomatisch für als Immaterielles Kulturerbe anerkannte Kulturformen stehen.

4.2.1 Limmersdorfer Lindenkirchweih

(1) Die Tradition der Kirchweih ist insbesondere im Süden und Südwesten Deutschlands weit verbreitet. Mit einem Fest wird jährlich der Weihung der örtlichen Kirche gedacht. Dieses Fest kann sehr unterschiedlichen Charakter haben: Meist werden dabei kirchliche und profane Elemente wie Kirchenkonzerte, Gottesdienste, Volksfeste, Viehmärkte usw. kombiniert. Der Termin kann, je nach Datum der Kirchweihung, übers ganze Jahr verteilt liegen – der Versuch einer Vereinheitlichung auf den dritten Oktobersonntag im 19. Jahrhundert durch die bayerischen Kirch- und Staatsobrigkeiten schlug, zumindest in Franken, weitgehend fehl. Im oberfränkischen Limmersdorf, Teil des Marktes Thurnau im Landkreis Kulmbach, findet die Kirchweih stets rund um den Bartholomäustag (24. August) an einem langen Wochenende statt. In Limmersdorf und ein paar anderen Orten hat sich die Besonderheit erhalten, dass ein Tanzboden in eine Linde eingezogen wurde und damit nicht unter der Linde getanzt wird – dies ist als Brauch weithin verbreitet, Dorflinden mit Tanzveranstaltungen finden sich allerorten, und daher wäre dies in einem spezifischen Ort wohl kaum für das Bundesweite Verzeichnis des Immateriellen Kulturerbes anerkannt worden – sondern, dass auf einem Podest in der Linde getanzt wird.[1] Dazu wird die Linde während ihres Wachstums so gezogen, dass sie einen Tanzboden in ihren unteren Ästen der weit gespannten Krone tragen bzw. dass dieser dort mit Stelzen gestützt werden kann. Im Volksmund heißt es: „Eine Linde kommt 300 Jahre, steht 300 Jahre und geht 300 Jahre". Es ist daher wichtig, in sehr langen Zyklen zu denken, um diese Tradition zu erhalten. Gepflanzt werden kann der Baum von einem als würdig empfundenen Mitglied der Dorfgemeinschaft – traditionell in der Mitte des Ortes auf einem Festplatz. In den folgenden Jahren wird der Wuchs des Baumes genau beobachtet und stets korrigiert, das heißt, die Äste des unteren Astkranzes werden waagerecht gezogen und andere Äste gezielt weggenommen, bis eine Art „Baumsaal" entsteht, der wie ein großes Nest im Baum hängt. Die Linden sind also ein Produkt menschlichen Schaffens – bei der Gestaltung wird nichts dem Zufall überlassen. In Limmersdorf wird die aktuelle Linde seit mindestens 1729 betanzt; sie wurde 1686 gepflanzt. Der Baum

---

[1] Die weiteren Orte mit solchen ‚echten' Tanzlinden sind Peesten, der Nachbarort Limmersdorfs, und Langenstedt, ebenfalls im fränkischen Landkreis Kulmbach gelegen, sowie einige Orte in Südthüringen – hier finden zum Teil ebenfalls Lindenkirchweihen, allerdings nicht in ungebrochener Tradition (zum Teil 50 oder sogar mehr Jahre Unterbrechung) statt. In Wald im Landkreis Sigmaringen in Baden-Württemberg gibt es ein Tanzlindenfest unabhängig von der Kirchweih mit noch relativ kurzer Tradition.

ist ungefähr 16 Meter hoch, der Stammumfang beträgt 5 Meter, die Tanzflä-
che befindet sich in rund 4 Metern Höhe. Zwei weitere Linden stehen auf dem
Festplatz, in Limmersdorf „der Plootz" genannt, um die Tanzlinde vor Wind
zu schützen. Das Areal in der Dorfmitte, abseits der Durchgangsstraße, unmittelbar neben der Kirche, ist von Sandsteinmauern eingesäumt. Beim Pflanzen
einer Tanzlinde wird im Wurzelwerk eine Art „Flaschenpost" vergraben, um
kommende Generationen zur Sorge um das Fortbestehen des Lindentanzes auf-
zufordern. (vgl. https://www.unesco.de/kultur-und-natur/immaterielles-kulturerbe/
immaterielles-kulturerbe-deutschland/lindenkirchweih; Zugriff am 21.06.2022)
    Die Lindenkirchweih ist bis heute maßgeblich identitätsstiftend und prägend
für den kleinen Ort Limmersdorf – sicherlich nicht nur, aber zum Teil schon auch
wegen der Besonderheit der Tanzlinde. Eine weitere Besonderheit ist, dass vier
unverheiratete ortsansässige sogenannte Platzburschen (oder „Plootzborschen"),
die sich jährlich neu finden müssen, sich vier Platzmädel („Plootzmadla") suchen
und offiziell die Kerwa, wie man im lokalen Idiom sagt, veranstalten. Dies wird
unterstützt vom Verein zur Erhaltung und Förderung der Limmersdorfer Kirchweihtradition – die Verantwortung liegt aber letztlich jedes Jahr bei acht anderen
jungen Leuten. Das sorgt für eine große Lebendigkeit der Tradition, weil die
jeweilige Jahreskohorte der Platzpaare unterschiedliche Vorstellungen hat und
einbringt. Das führt mit dem Verein gelegentlich zu Meinungsverschiedenhei-
ten, welche Aspekte der Tradition bewahrt werden und welche verändert werden
könnten. (vgl. Hintergrundgespräch am 23.01.2021) Das Festwochenende ist der
gesellschaftliche Höhepunkt des Dorflebens: Nach der Wirtshauskerwa am Don-
nerstag und Freitag findet am Samstag ein Kirchenkonzert und der Festbieranstich
statt. Die vier Platzpaare holen sich dann am Sonntag und Montag gegenseitig von
zu Hause ab und ziehen begleitet von vielen anderen und mit Musik durch das
Dorf. Die festlich gekleideten „Kerwasburschen" tanzen mit ihren „Kerwasmad-
la" zunächst unter der Linde Dreher und Walzer zur Musik einer Tanzkapelle und
suchen sich dann andere Tanzpartner aus dem Publikum. Anschließend geht es
über die Treppe, die sogenannte Lizza, auf den Tanzboden, „Bruck" genannt, in
die Krone der Linde – die beide nur zur Lindenkirchweih an und in das ganz-
jährig vorhandene Gerüst aus acht Sandsteinsäulen gebaut werden. Ein weiterer
Tanz der Platzpaare eröffnet dann den Tanz auf der Linde und drum herum
findet auf dem Festplatz ein buntes Treiben mit vielen weiteren Traditions-
elementen statt. Am Dienstagabend endet die Limmersdorfer Lindenkirchweih
mit einer humorvollen „Predigt" eines „Kerwa-Pfarrers" über den Ablauf und
die Vorkommnisse der Kirchweihtage und mit dem Einholen der Lizza. (vgl.
https://lindenkirchweih.de; Zugriff am 12.08.2020) Vorbereitungen für das Fest
werden im Grunde das ganze Jahr über getroffen und nahezu jedes Mitglied

der Dorfgemeinschaft ist dabei eingebunden. Wie bei dieser Art von Festen üblich, wissen die älteren Dorfbewohner viele Geschichten von den früheren Auflagen der Lindenkirchweih zu berichten und haben durchaus nicht selten ihren Lebensgefährten bzw. ihre Lebensgefährtin bei dem Tanz auf der Linde gefunden. (vgl. https://www.unesco.de/kultur-und-natur/immaterielles-kulturerbe/ immaterielles-kulturerbe-deutschland/lindenkirchweih; Zugriff am 21.06.2022)

(2) Hinter der Bewerbung für das Bundesweite Verzeichnis des Immateriellen Kulturerbes stand der Verein zur Erhaltung und Förderung der Limmersdorfer Kirchweihtradition. Der damalige Vorsitzende Veit Pöhlmann wurde um den 10. Juli 2013 herum in der Zeitung auf den deutschen Beitritt zur UNESCO-Konvention aufmerksam. Bei der Kirchweih desselben Jahres war der damals bereits langjährige und bis heute amtierende Landrat von Kulmbach, Klaus Peter Söllner, am montäglichen Frühschoppen zugegen. In diesem Rahmen wurde von Veit Pöhlmann das Thema einer möglichen Bewerbung des Gesamtbrauchkomplexes „Fränkische Kirchweih" mit ihrer Vielfalt und Kleinteiligkeit angesprochen. Der Landrat erwiderte, er habe auch schon daran gedacht, aber spezifischer die „Tanzlindenkirchweihen" im Blick. Daraufhin kam es etwa zwei Wochen später zu einer Arbeitsgruppensitzung auf Einladung des Landrats. Hieran nahm auch Vertreter des UNESCO-Club[2] Kulmbach teil. Da es in der Kürze der Zeit bis zum Bewerbungsende im November 2013 ein zu großer Aufwand gewesen wäre, alle Träger des Gesamtbrauchkomplexes „Fränkische Kirchweih" einzubinden und alle mit den einzelnen Ausprägungen verbundenen vielfältigen Informationen zusammenzutragen, wurde die Entscheidung getroffenen, nicht das breitere Thema zu verfolgen. Beim Thema „Tanzlindenkirchweihen", das die weiteren Feste im Landkreis mit umfasst hätte, wurde als Problem gesehen, dass es sich nicht bei allen um unterbrechungsfreie Traditionen handelte. Daher wurde entschieden, die Limmersdorfer Lindenkirchweih explizit herauszugreifen, im Text aber darzustellen, dass sie *pars pro toto* für mehrere Traditionsfeste ähnlicher Art steht. Der Verein zur Erhaltung und Förderung der Limmersdorfer Kirchweihtradition wurde im weiteren Prozess vom UNESCO-Club Kulmbach beraten und maßgeblich unterstützt. Dieser hatte sich bereits frühzeitig für die Umsetzung der UNESCO-Konvention zur Erhaltung des

---

[2] In Deutschland gibt es derzeit sechs UNESCO-Clubs mit ca. 1.000 Mitgliedern. Es handelt sind dabei um Basisorganisationen, deren Ziel es ist, die Ideale der UNESCO in der Bevölkerung zu verbreiten und so die Arbeit der UNESCO und ihrer Nationalkommissionen zu unterstützen. Die ersten UNESCO-Clubs wurden 1947 in Japan gegründet. Heute gibt es weltweit etwa 3.800 UNESCO-Clubs, -Vereinigungen und -Zentren in 80 Ländern. (vgl. https://www.unesco.de/ueber-uns/ueber-die-duk/unser-netzwerk/unesco-clubs; Zugriff am 06.02.2021).

immateriellen Kulturerbes interessiert und war für Informationen und Beratung in den Jahren 2012/2013 direkt an die Geschäftsstelle bei der DUK herangetreten. Der Text des Bewerbungsformulars wurde auf Basis von zusammengetragenem Material von einem Mitglied des UNESCO-Clubs, die zugleich Mitarbeiterin der Marktgemeinde Thurnau war, verfasst – allerdings in ihrer Funktion im erwähnten UNESCO-Club. Die Motivation von Veit Pöhlmann und seinem Verein bereits an der ersten Runde des Bewerbungsverfahrens teilzunehmen, war der Gedanke, dass die Chancen zu einem frühen Zeitpunkt größer seien, weil noch nicht alle potenziellen Bewerbergruppen den Mehrwert der neuen UNESCO-Konvention realisiert hätten. Er habe auch klar kalkuliert, dass bei einer Auswahl von zwei Bewerbungen pro Bundesland, die damals als Quote vorgesehen war, vermutlich eine nord- und eine südbayerische Tradition zum Zuge kommen würden, und damit die Chancen durchaus nicht schlecht stünden. Der Wettbewerbsgedanke war hier also ein Antrieb für die Bewerbung – eine Lehre, die man aus dem Streit im Jahr 2008 um ein Tanzlindenmuseum gezogen hatte, das in einem anderen oberfränkischen Ort mit Mitteln Bayerns und der EU errichtet wurde, weil man in Limmersdorf mit der eigenen Konzeption nicht rechtzeitig fertig wurde. Im Nachhinein betrachtet vermutlich nicht ganz zu Unrecht, vermutete Pöhlmann, dass man nun beim Immateriellen Kulturerbe mit dem Vorschlag schnell sein müsse, da sonst eine andere Kirchweih das Thema im Verzeichnis bereits abdecken würde. (vgl. Hintergrundgespräch am 23.01.2021)

Die Süddeutsche Zeitung berichtete am 22.01.2014, also noch vor der Entscheidung, welche Kulturformen im Land vorausgewählt werden, unter dem zwar missverständlichen Titel „Was die Welt den Bayern zu verdanken hat. Immaterielles Weltkulturerbe" über alle 18 Bewerbungen der ersten Runde aus Bayern für das Bundesweite Verzeichnis und „adelte" dabei bereits die Lindenkirchweih in Limmersdorf als aufnahmewürdig. Dies habe in Limmersdorf damals schon für große Freude gesorgt Der Bewerbungsprozess wird von Veit Pöhlmann rückblickend zum einen als spannend wahrgenommen, insbesondere, weil er die Gelegenheit geboten habe, sich mit dem eigenen Tun und der Tradition noch einmal auseinanderzusetzen. Zum anderen hat er diesen Prozess zwar als formal, v. a. wegen des mehrstufigen Auswahlverfahrens, aber zugleich auch als gut strukturiert und mit wiederholten Unterstützungsangeboten von Seiten der bayerischen Kulturverwaltung und der DUK-Geschäftsstelle begleitet, erlebt. (vgl. Hintergrundgespräch am 23.01.2021)

Die Limmersdorfer Lindenkirchweih war in der ersten Bewerbungsrunde für das Bundesweite Verzeichnis des Immateriellen Kulturerbes tatsächlich unter den beiden Nominierungen, die das Land Bayern im Frühjahr 2014 über die KMK an die DUK weiterleitete. Dies war insofern eine Überraschung, als – nach Aussage einzelner Mitglieder beider Gremien gegenüber dem Autor dieser Arbeit – den meisten Experten der bayerischen Jury und des DUK-Expertenkomitees der Brauch bis dato nicht bekannt war. Im Vergleich zu der anderen bayerischen Weiterleitung dieser Runde – den Passionsspielen Oberammergau – hatte die Lindenkirchweih Limmersdorf ein deutlich geringeres Renommee. Beide Formen wurden Ende 2014 aber gleichberechtigt unter den ersten 27 Einträgen in das Bundesweite Verzeichnis aufgenommen.

(3) Schöne Erinnerungen hat man in Limmersdorf an die Auszeichnungsveranstaltung im März 2015 in Berlin, bei der Veit Pöhlmann an einer Diskussionsrunde einiger der anerkannten Kulturträgergruppen teilnahm und die Aufnahmeurkunde persönlich aus den Händen von Kulturstaatsministerin Monika Grütters in Empfang nahm. Nach der Anerkennung als Immaterielles Kulturerbe im bundesweiten Rahmen erfolgte noch die feierliche Aufnahme ins Bayerische Landesverzeichnis in der Münchener Residenz im Jahr 2015. 2016 erhielt die Lindenkirchweih Limmersdorf zudem den Kulturpreis des Landkreises Kulmbach und 2018 im Weiteren noch den Heimatpreis des Freistaats Bayern. Im Fernsehen und Radio des Bayerischen Rundfunks gab es in Folge dieser Würdigungen zahlreiche Berichte über die Lindenkirchweih – Zahl und Qualität der Berichte sind nach eigener Einschätzung im Vergleich zu vor der Anerkennung nicht wesentlich gestiegen. Hinzu kamen allerdings seitdem Berichte in der Süddeutschen Zeitung (z. B. eine große Reportage in der Ausgabe vom 30.08.2017).

Eine bemerkenswerte Entwicklung in Folge der Anerkennung als Immaterielles Kulturerbe war die Möglichkeit der Weiterentwicklung des Tanzlindenmuseums in Limmersdorf: Man profitierte ab 2015 von der sog. „Nordbayern-Offensive" des Freistaats und konnte folgende in der Schublade liegende Pläne umsetzen: die Renovierung des Gemeindehauses zu Kirchweih- und Museumszwecken mit Einrichtung einer Spezialbibliothek zu Tanzlinden mit einem wissenschaftlichem Arbeitsplatz, die Neuerrichtung eines Lagergebäudes für Festutensilien, die Herrichtung des Festplatzes, die Errichtung einer neuen Zufahrt für schwere Fahrzeuge sowie ein Gerüst für die neue Tanzlinde. Insgesamt erlangten die Limmersdorfer für diese umfangreichen Infrastrukturbaumaßnahmen im Umfang von 1,5 Millionen Euro 90 Prozent öffentliche Förderung. EU-LEADER-Mittel wurden als Kofinanzierung der Landesmittel eingeworben und die Gemeinde, der Landkreis und die Oberfranken-Stiftung beteiligten sich ebenfalls. Pöhlmann ist der Meinung, dass die Anerkennung als Immaterielles Kulturerbe entscheidende Türen für dieses Projekt geöffnet habe – hilfreich sei sicher gewesen, dass man in jedem Antrag auf die Anerkennung im Bundesweiten Verzeichnis und im Bayerischen Landesverzeichnis des Immateriellen Kulturerbes habe hinweisen können. Limmersdorf hat sich mit der Anerkennung und dem

Projekt des ausgebauten Tanzlindenmuseums gewissermaßen zum Zentrum der Tanzlindentradition gemausert. Eine Gruppe um Veit Pöhlmann hat alle echten Tanzlinden Deutschlands bereits besucht und will sie nach einheitlichen Kriterien klassifizieren. In diesem Rahmen soll auch eine Deutsche Tanzlindenroute entstehen. Geplant ist ferner mit dem Institut für Fränkische Landesgeschichte in Thurnau verstärkt Kontakte zu knüpfen, um hier die Limmersdorfer und die Fränkische Kirchweih allgemein als Themen zu verankern. Durch die Anerkennung als Immaterielles Kulturerbe sind zudem neue Kontakte entstanden – z. B. wurde 2017 unter Beteiligung der Limmersdorfer Spezialisten auf dem Tempelhofer Feld in Berlin eine Tanzlinde gepflanzt. Ein Traum Veit Pöhlmanns ist es darüber hinaus, eine Tanzlinde im Rahmen der Neugestaltung des Berliner Boulevards „Unter den Linden" zu pflanzen. (vgl. Hintergrundgespräch am 23.01.2021)

Das Ansehen der Limmersdorfer Kirchweih ist zweifelsohne durch die Anerkennung als bundesweit gewürdigtes Immaterielles Kulturerbe gestiegen. Gerade im Landkreis Kulmbach hat das Dorf Limmersdorf, das keine eigene Gemeinde ist, seine Position verbessert. Der Stellenwert bei den jungen Menschen, die die Kirchweih organisieren, sei durch die Würdigung gestiegen, was einer Weitergabe und damit Erhaltung definitiv zugutekomme. Die Lokalpolitik und die lokale Bevölkerung sprechen in Limmersdorf häufig von „unserem Weltkulturerbe" oder einer anderen Wortverknüpfung mit ‚UNESCO', woraus ein großer Stolz spricht, dazuzugehören. Den Verantwortlichen der Trägerschaft ist bewusst, dass diese Bezeichnung nicht korrekt ist und sie korrigieren sie auch immer wieder, wenn es ihnen möglich sei, aber im Hinblick auf die Motivation der Bewerbung und das Anerkennungssystem des nationalen Verzeichnisses sei damit doch das Ziel erreicht, dass es ein Verantwortungsgefühl für das „Besondere" im eigenen Umfeld gebe, meint Veit Pöhlmann. Daraus erwachse eine gewisse Verpflichtung, die Tradition fortzuführen. Es sei den Menschen vor Ort klar, dass man die eigene Tradition nicht überbewerten dürfe, da sie für Menschen anderer Regionen oder gar Kontinente nicht entscheidend sei. Aber man betrachtet die Lindenkirchweih Limmersdorf als ein Teil der menschlichen Vielfalt, quasi als Puzzleteil eines Ganzen, das die UNESCO mit dem Immateriellen Kulturerbe würdigt. (vgl. Hintergrundgespräch am 23.01.2021)

Zu einem ausgeprägten Touristenansturm ist es allerdings nicht gekommen, i. d. R. mischen sich nach wie vor nur wenige Gäste unter die Einheimischen (vgl. Süddeutsche Zeitung, 30.08.2017). Trotzdem ist das überregionale Interesse gestiegen ebenso wie das Renommee einer vorher eher als durchschnittlich wahrgenommenen Dorfkirchweih. Es gibt inzwischen einen beschilderten Fahrradweg, der sich „Tanzlindenrundweg" nennt, und der die drei nahe beieinanderliegenden Tanzlinden im Landkreis Kulmbach verbindet. Dieser locke insbesondere im Sommer täglich Touristen an, so Pöhlmann. Da sich dies nicht auf die Veranstaltung der Kirchweih an sich auswirke, wird derzeit durch die größere Aufmerksamkeit keinerlei Gefahr einer Entfremdung der lokalen Bevölkerung gesehen. Der Landkreis Kulmbach nutzt die Anerkennung bzw. die gewachsene Bekanntheit und die mehrfache Auszeichnung der Lindenkirchweih in Limmersdorf auch darüber hinaus in der Eigenwerbung, insbesondere für touristische Zwecke. Seit der Anerkennung als Immaterielles Kulturerbe werden die Limmersdorfer auch regelmäßig zu Treffen der, sonst eher auf Oberbayern fokussierten, Bayern Tourismus Marketing GmbH eingeladen (vgl. Hintergrundgespräch am 23.01.2021), auf der entsprechenden Webseite präsentiert sowie als „Bayern-Botschafter" tituliert (vgl. https://www.bayern.by/erlebnisse/stadt-land-kultur/bay erisches-brauchtum/limmersdorfer-lindenkirchweih/; Zugriff am 21.06.2022).

(4) Der Vorsitzende des Expertenkomitees Immaterielles Kulturerbe, Christoph Wulf, erinnerte sich noch vier Jahre nach der Bewertung der Limmersdorfer Lindenkirchweih, also viele Dutzend Bewerbungsdossiers, die die Experten des DUK-Gremiums seitdem studiert und diskutiert haben, lebhaft an

> „[…] auf dem Lindenbaum so ein Fest, wo seit Jahrzehnten, seit Jahrhunderten ein Sommerfest gefeiert wird, zu dem Tausende aus der ganzen Umgebung, und zum Teil auch von weiter her, kommen und wo man […] auf einer Plattform, die da angebracht ist, tanzt. Und die haben dann dazu Publikationen gemacht, Filme gemacht. Und die genießen das auch, dass es akzeptiert wird als etwas, was für diese Stadt so wichtig ist. Und so kann man eine ganze Reihe von Aktivitäten nennen, die auch dadurch intensiviert worden sind, dass sie ausgezeichnet wurden." (E1, Interview am 15.10.2018)

Die Limmersdorfer Lindenkirchweih ist ein prägnantes Beispiel für viele Kulturformen im Bundesweiten Verzeichnis, die die Anerkennung für eine Vielfalt von zukunftsgerichteten Erhaltungsmaßnahmen genutzt haben. Das große Infrastrukturprojekt, das nach 2014 umgesetzt werden konnte, zeigt sehr deutlich, dass die Anerkennung als Immaterielles Kulturerbe aktiv für die eigenen Maßnahmen, die man allein nicht hätte finanzieren und umsetzen können, genutzt werden kann.

Mit der Anerkennung für die Limmersdorfer Tradition war in anderen Teilen Bayerns offenbar aber auch eine Portion Neid verbunden: Aus Landshut, wo man mit der Bewerbung der Landshuter Hochzeit in der ersten Bewerbungsrunde für das Bundesweite Verzeichnis nicht erfolgreich war; inzwischen ist die Aufnahme geglückt, hieß es beispielsweise, es sei doch unangemessen, dass so eine bäuerliche Tradition wie die Limmersdorfer der eigenen vorgezogen worden sei – so habe es Veit Pöhlmann der lokalen Presse entnommen (vgl. Hintergrundgespräch am 23.01.2021). Ein typischer Aspekt für im ländlichen Raum verortetes

Immaterielles Kulturerbe ist allerdings gerade die Anknüpfung an Traditionen bäuerlicher Wurzeln. Zwar gibt es in Limmersdorf mittlerweile keinen einzigen Bauern mehr (vgl. Süddeutsche Zeitung, 30.08.2017), aber die Traditionspflege ist eben auch eine Suche nach kultureller Identität (vgl. Institut für Kulturpolitik der Kulturpolitischen Gesellschaft 2015: 17 f.) inmitten eines Trends der kulturellen Vereinheitlichung – auch eine Form der Bindung junger Menschen an den jeweiligen Ort oder die Region ist somit ein legitimes Ziel von Bemühungen um Anerkennung als Immaterielles Kulturerbe. Dieser Trend bzw. diese Gegenreaktionen auf kulturelle Homogenisierungen gehören zu den maßgeblichen Impulsen zur Erarbeitung und Verabschiedung der UNESCO-Konvention zum Immateriellen Kulturerbe (siehe Abschnitt 4.3.). Der damals amtierende bayerische Kulturminister Ludwig Spaenle meinte bei der Anerkennung: „Der Tanz in der Krone der Dorflinde ist ein herausragendes und einmaliges Beispiel für eine dörfliche Kirchweihtradition mit einem besonderen Stellenwert, das besonders geschützt werden soll." (https://www.unesco.de/kultur-und-natur/immaterielles-kulturerbe/immaterielles-kulturerbe-deutschland/lindenkirchweih; Zugriff am 21.06.2022)

Pöhlmann hat nach der Anerkennung der Lindenkirchweih eine weitere Bewerbung als Immaterielles Kulturerbe zusammen mit dem UNESCO-Club Kulmbach angestoßen, und zwar das Gregoriusfest in Thurnau sowie in fünf weiteren Orten in Oberfranken. Diese Tradition eines Schul- und Kinderfestes ist 2020 ins Bayerische Landesverzeichnis des Immateriellen Kulturerbes aufgenommen worden. Er sieht seine Heimatkommune, deren zweiter Bürgermeister er inzwischen ist, als im Sinne Immateriellen Kulturerbes besonders aktive Region – erwähnt sei auch die hier sehr verbreitete Tradition des Feldgeschworenenwesens, eine Tradition, die seit 2016 ebenfalls im Bundesweiten Verzeichnis des Immateriellen Kulturerbes anerkannt ist. Diese Häufung möchte er künftig bewusst als Imagewerbung für den Ort nutzen. (vgl. Hintergrundgespräch am 23.01.2021) Dies zeigt die enge Verknüpfung der Bewerbung und Anerkennung mit der Kulturarbeit der Gemeinde, die in diesem Fallbeispiel wie auch in zahlreichen anderen Fällen von Einträgen im Bundesweiten Verzeichnis ein Erfolgsfaktor war. Das gilt ebenso für die Zusammenarbeit mit einem „cultural broker" wie dem UNESCO-Club Kulmbach, der kulturelle und prozedurales Wissen einbrachte, um die Trägergruppen zu unterstützen. In anderen Fällen hat diese Rolle die DUK-Geschäftsstelle gespielt. In einigen Bundesländern, wie z. B. Bayern, wurden nach der ersten Bewerbungsrunde sogar eigene, darauf spezialisierte Beratungsstellen eingerichtet (siehe Abschnitt 6.2.4. und 6.3.1.1.2.). Selbst wenn die Tanzlinde mit Tanzboden in der Krone zweifelsohne ebenso wie die Selbstorganisation der Veranstaltung durch die jeweiligen Festpaare des Jahres

im Vergleich mit vielen anderen Kirchweihen Besonderheiten darstellt, steht die
Lindenkirchweih Limmersdorf auch exemplarisch dafür, dass es beim Immateriellen Kulturerbe keineswegs um das Einzigartige und international herausragend
Ausstrahlungswürdige geht, sondern mindestens ebenso um die lokal begrenzten,
aber eben durchaus nicht minder identitätsstiftenden und in ihren Botschaften und
Wirkungen die lokale Bevölkerung bindenden und nach wie vor überzeugenden
lebendigen Traditionen.

Man macht sich im Sinne der Erhaltung der lebendigen Tradition in Limmersdorf auch Gedanken, wie man pragmatisch mit Veränderungen umgehen solle,
wenn sich etwa im Dorf angesichts geänderter Sozialstruktur und sich wandeln-
dem Mobilitätsverhalten nicht mehr genügend Platzburschen und -mädel finden
sollten, wie die jungen Leuten als Organisatoren der Kirchweih von Haftungs-
auflagen für Veranstaltungen im öffentlichen Raum oder im Lebensmittelrecht
befreit werden könnten usw. (vgl. Hintergrundgespräch am 23.01.2021). Diese
Erwägungen stehen exemplarisch für ein Anpassen von lebendigen Traditionen
an aktuelle Gegebenheiten und künftige Herausforderungen.

4.2.2   Finkenmanöver im Harz

(1) Ein Finkenwettstreit war früher in ganz Mitteleuropa eine deutlich weiter
als heute verbreitete Tradition, die vermutlich mindestens bis in 15. Jahrhundert
zurückreicht. In acht Orten im Harz, d. h. in Sachsen-Anhalt, in Niedersachsen
und Thüringen, in ähnlichen Ausprägungen aber auch in Nordfrankreich, Belgien
und den Niederlanden, hat sich der Brauch bis heute erhalten. Bis 2008 gab es
noch einen weiteren Wettbewerb ähnlicher Art im deutschsprachigen Raum in
Rheinland-Pfalz, der aber inzwischen nicht mehr stattfindet. Im Kern geht es bei
dem Brauch um die Haltung sowie Aufzucht und Pflege von Buchfinken, ihre
Gesangsschulung und den Wettstreit um den am schönsten oder am häufigsten
singenden Finken. Nur männliche Buchfinken erlernen und tragen Gesänge vor.
Entwickelt hat sich der Brauch aus dem Vogelfang und der damit verbundenen
Haltung von Lockvögeln. Heute werden die Finken nicht mehr gefangen, sondern
gezüchtet.

Es handelt sich um einen typischen Frühlingsbrauchkomplex: Die Finkenwett-
bewerbe finden zwischen April und Juni statt. Zu den einzelnen Veranstaltungen,
die wichtigste findet in Benneckenstein statt, kommen bis zu 1.000 Besucher.
Die Wettbewerbe enthalten zwei Wettkampfdisziplinen: die Schönheitsklasse und
die Kampfklasse. Die Kampfklasse besteht wiederum aus zwei Varianten: die
Starkklasse, bei der es um möglichst langanhaltendes Singen geht, und das

Distanzsingen. Kulturträger des Finkenbrauchs sind die etwa 50 Finkenbesitzer, auch Finker genannt – i. d. R. sind es tatsächlich fast ausschließlich Männer –, die in den einzelnen Harzorten jeweils in Vereinen zusammengeschlossen sind. Die Schulung der Finken für die Kampfklasse erfolgt über mehrere Wochen bevor die Wettbewerbe beginnen. Für das Schönheitssingen ist die Schulung noch schwieriger und zeitaufwendiger: Jungfinken werden durch Lehrfinken oder Tonträger bestimmte Schönheitsgesänge beigebracht. Ein Buchfink kann in seiner Jugend i. d. R. zwei bis drei Gesänge erlernen, die er dann sein Leben lang behält. Durch den engen Kontakt mit dem Vogel verfügen die Finker über ein spezielles Wissen, dass zum Teil selbst Ornithologen nicht bekannt ist. Das Wissen und die Geheimnisse rund um den Finkenbrauch werden in vielen Harzdörfern in einzelnen Familien seit mindestens fünf Generationen, in sogenannten Finkerdynastien, weitergegeben. Der Finkenwettstreit ist u. a. auch durch Volkslieder im Bewusstsein der ganzen Harzer Bevölkerung verankert. (vgl. https://www.unesco.de/kultur-und-natur/immaterielles-kulturerbe/imm aterielles-kulturerbe-deutschland/finkenmanoever-harz; Zugriff am 21.06.2022)

Der Gesang des Finken, auch Finkenschlag genannt, wird im Schönheitswettbewerb im Hinblick auf die Vollständigkeit seiner Gesangsteile (Eingangssilben, Übergang, Mittelteil, Ausklang), die Sauberkeit des Vortrags und die richtige Tonlage der Gesangsteile über einen Zeitraum von fünf Minuten bewertet. Sieger wird der Buchfink, der die höchste Gesamtpunktzahl für die vorgetragenen Gesänge erreicht. In der Starkklasse, bei der der Wettbewerb auch als Kreissingen bezeichnet wird, werden die Finken am frühen Morgen in einem abgesteckten Kreis im Abstand von mindestens einem Meter auf den Erdboden gestellt. Nach etwa fünf Minuten werden die noch schlagenden Finken in den nächst engeren Kreis gesetzt. Finken, die nicht mehr singen, scheiden aus. In fünf Kreisen rücken die Finken immer dichter aneinander. Im sechsten und letzten Kreis betragen die Abstände zwischen den Käfigen nur noch wenige Zentimeter. Jeder volle Gesang des Finken wird auf einer vorgefertigten Karte durch einen Strich vermerkt. Sieger dieses Wettbewerbes ist der Fink, der die meisten Schläge in den fünf Minuten des letzten Kreises gesungen hat. Beim Distanzsingen werden die verhüllten Käfige der Buchfinken auf einer ca. 1,60 m hohen Bretterstellage in einer langen Reihe aufgestellt. Der Abstand zwischen den Käfigen beträgt jeweils einen Meter. Auf ein Kommando werden alle ausgesungenen Finkenschläge notiert. Gewinner des dreißigminütigen Wettkampfs ist der Buchfink mit den meisten Gesängen. Ein gesanglich starker und gut trainierter Fink kann in dieser halben Stunde 300 Finkenschläge und mehr singen. Nach den Wettbewerben findet häufig ein kleiner festlicher Ausklang mit einem Lagerfeuer, einem zünftigen Imbiss und Harzer Folkloregruppen statt. (vgl. https://www.unesco.de/kultur-und-natur/immaterielles-kulturerbe/imm aterielles-kulturerbe-deutschland/finkenmanoever-harz; Zugriff am 21.06.2022)

(2) Die Finkenmanöver im Harz, wie der Brauchkomplex genannt wird, wurden 2013 gemeinsam für das Bundesweite Verzeichnis des Immateriellen Kulturerbes vorgeschlagen von der Buchfinkengilde in Benneckenstein, vertreten durch Dieter Spormann, und der Buchfinkengilde Harz, vertreten durch Horst Rieche. Ideengeber war Prof. Dr. Lutz Wille, ein aus dem Harz stammender Mediziner, der sich Zeit seines Lebens mit Harzer Kulturtraditionen befasst hat. Im Sommer 2013 wies er Dieter Spormann, mit dem zusammen er zuvor bereits eine Publikation („Buchfink und Mensch – Geschichte der Finkenliebhaberei im Harz") herausgebracht hatte, auf die Möglichkeit der Bewerbung hin. Beide waren der Auffassung, dass es zum Bewerbungsaufruf von Ländern und der DUK passen würde, den Brauch vorzuschlagen. Es ging dabei vornehmlich darum, öffentliche Anerkennung zu erfahren und Sichtbarkeit für die Tradition zu schaffen. Nach Zustimmung des Verbandes gingen Spormann und Wille als Verfasser der Bewerbung federführend an die Arbeit. Die Vorsitzenden der einzelnen Mitgliedsvereine und damit mittelbar die gesamte Trägerschaft wurden über eine Ad hoc-AG über den Prozess auf dem Laufenden gehalten. (vgl. Hintergrundgespräch 03.01.2021) Das Land Sachsen-Anhalt, wo die Bewerbung am 15. November 2013 eingereicht wurde, hat das Finkenmanöver nach Begutachtung durch die Landesjury im April 2014 als eine von zwei landesspezifischen Kulturformen an die KMK weitergegeben und von dort wurde sie an das DUK-Expertenkomitee weitergeleitet. Auch diese Kulturform gehörte im Dezember 2014 zu den ersten 27 Einträgen im Bundesweiten Verzeichnis. Im engeren Trägerkreis spricht man seitdem vom „Kulturellen Erbe Finkenmanöver" und ist sich der Unterschiede zu einer weltweiten Anerkennung einerseits und zum Welterbe andererseits bewusst. Es wird aber registriert, dass Außenstehende und gelegentlich selbst Mitglieder des Verbands und die Bevölkerung durchaus auch im Zusammenhang des Finkenbrauchs vom „Weltkulturerbe der UNESCO" sprechen. (vgl. Hintergrundgespräch am 03.01.2021)

(3) Die Trägerschaften der lebendigen Tradition der Finkenmanöver im Harz haben die Anerkennung u. a. für die Nutzung des Logos auf Informationstafeln und Ankündigungsplakaten für die Veranstaltungen sowie für eine Neuauflage o. g. Publikation der Autoren Wille und Spormann genutzt. Rund um das Finkenmanöver gab es zwischenzeitlich eine medial ausgetragene Kontroverse im Zusammenhang mit dem Vorwurf des Erwerbs von Buchfinken aus illegaler Zucht und damit der Wilderei. Der Fang von wildlebenden Vögeln ist in Deutschland seit den 1980er Jahren verboten, worunter der Brauch des Finkenmanövers insbesondere hinsichtlich seines Ansehens litt. Die Erlangung einer öffentlich

gewürdigten Legalität, d. h. der Konformität mit Gesetzen, war nach Aussage von Dieter Spormann einer der Hauptantriebe für das Projekt der Anerkennung der gesellschaftlichen Aktivität Finkenmanöver als Immaterielles Kulturerbe (vgl. Hintergrundgespräch am 03.01.2021). Die Vögel müssen seit dem gesetzlichen Verbot des Vogelfangs käuflich von lizenzierten Händlern erworben werden. Die ARD hatte nur ein Jahr nach der Anerkennung als Immaterielles Kulturerbe 2015 eine in der Szene Aufsehen erregende Investigativrecherche des Recherchezentrums CORRECTIV („Die Tierdiebe") gesendet (sowie Artikel auf correctiv.org am 03.08.2015), nach deren Erkenntnissen Träger des Brauches mit einem Wilderer aus dem Ruhrgebiet in Verbindung gebracht wurden. Dies rief die lokalen Behörden auf den Plan – in mehreren online verfügbaren Zeitungsartikeln aus dem Jahr 2015 ist dies noch nachvollziehbar – und es folgten Briefwechsel zwischen der Trägerschaft, dem für die Ausstrahlung verantwortlichen öffentlich-rechtlichen Sender MDR und der DUK-Geschäftsstelle. Letztere machte in ihren Briefen unmissverständlich klar, dass sie davon ausgeht, dass die Praktiker sich konform zu geltenden Gesetzen verhalten und dass sie dies mit ihrer Unterschrift unter dem Bewerbungsformular für das Bundesweite Verzeichnis des Immateriellen Kulturerbes auch versichert hätten. Der Fernsehbeitrag wurde nach Aussage von Dieter Spormann im Nachgang an entscheidenden Stellen revidiert (vgl. Hintergrundgespräch am 03.01.2021). In weiteren Beiträgen des MDR wurde zuvor und wird seitdem auch wieder die Attraktivität und Faszination des Brauchs in den Vordergrund gerückt.

Die Kulturform fand als Folge der Anerkennung auch Interesse an Universitäten, insbesondere im Bereich der Musikwissenschaften, und Schulen. Prof. Dr. Tiago de Oliveira Pinto, Inhaber des Lehrstuhls für Transkulturelle Musikwissenschaft an der Hochschule für Musik Franz Liszt in Weimar, untersuchte den Brauch über mehrere Jahre durch teilnehmende Beobachtungen des Trainings der Finken und der Wettbewerbe (vgl. Pinto 2020: 216). Er hat dazu im internationalen Rahmen wiederholt Veröffentlichungen mit interessanten Erkenntnissen publiziert, u. a., dass die Vielfalt der Buchfinkengesänge durch äußere Einflüsse, wie die Abholzung und das Absterben von Wäldern, industrielle Landwirtschaft, Umweltverschmutzung und die Zunahme von Lärm in der Umwelt, rapide abnimmt (vgl. Pinto 2020: 218, 235). Die Begleitung des Brauchs durch einen angesehenen Wissenschaftler auf dem Gebiet des musikalischen Immateriellen Kulturerbes mit einem wertschätzendem und zugleich wissenschaftlich-distanziertem Blick hat den Finkern in Punkto Selbstwertgefühl gutgetan. Einen „Eintrag" hat das Finkenmanöver auch im „Musikkoffer Sachsen-Anhalt" erhalten, der mittels einer digitalen Aufbereitung mit pädagogischen Materialien für den Schulunterricht verschiedenen Themen rund um die

Musiklandschaft in Sachsen-Anhalt thematisiert (https://musikkoffer-sachsen-anh
alt.de/brauch/finkenmanoever-im-harz/; Zugriff am 21.06.2022).

Die Finker hatten bereits vor der Bewerbung als Immaterielles Kulturerbe bei
ihren Veranstaltungen Kontakt mit den Wahlkreisabgeordneten in den Landtagen
und im Bundestag. Eine Motivation der Bewerbung war, wie bereits erwähnt,
politisch und gesellschaftlich mehr Aufmerksamkeit und Anerkennung zu erhalten. Zwar war man in der Harzer Bevölkerung traditionell weitgehend anerkannt,
aber darüber hinaus wünschte man sich etwas mehr in den Fokus des öffentlichen
Interesses zu kommen. Diese Wirkung der Anerkennung über den Harz hinaus sei
aber rückblickend nicht eingetreten, meint Spormann. Zwar wurde die Aufnahme
ins Verzeichnis im Harz stolz zur Kenntnis genommen, wodurch sicherlich die
„ownership" (vgl. Hafstein 2007: 84) gesteigert wurde, aber eine positive Ausstrahlung darüber hinaus habe man nicht registriert. Eine gewisse Aufwertung der
eigenen Position könne man in der Zusammenarbeit mit dem Landesheimatbund
Sachsen-Anhalt konstatieren. Allgemein ist man in der Trägerschaft aber der Meinung, dass die Anerkennung und die Beschäftigung überhaupt in Deutschland mit
dem Thema Immaterielles Kulturerbe der öffentlichen Wahrnehmung von überliefertem Wissen und Können geholfen hätten. Dieter Spormann hat allerdings
wenig Hoffnung, dass der eigene Brauch eine mittelfristige Zukunft hat; er pro-
phezeit ein Auslaufen der Traditionspflege nach der aktuellen Finkergeneration.
Es komme weder aus den Finkerfamilien noch, trotz einiger Ansätze der Zusammenarbeit mit Schulen, genügend interessierter Nachwuchs in die Vereine, so
dass die Substanz und Resonanz zu gering sei (vgl. Pinto 2020: 217 f.). Die Trägerschaft scheint sich dem Schicksal zu fügen, dass der Finkenbrauch als reines
Hobby in einer modernen Gesellschaft keinen Anklang mehr findet. Eine Erwartung, diese Tendenz umzukehren, habe man nach Aussage Dieter Spormanns
mit der Bewerbung auch nicht gehabt. (vgl. Hintergrundgespräch am 03.01.2021)
Auch Tiago de Oliveira Pinto hat in seinen wissenschaftlichen Untersuchungen
feststellen müssen, dass das Interesse am Brauch sinkt, während der Altersschnitt
der Praktizierenden steigt (vgl. Pinto 2020: 233 f.).

Die Trägerschaft hat lockere internationale Kontakte nach Belgien, wo die
Finkertradition sehr lebendig ist (vgl. Pinto 2020: 234), in die Niederlande sowie
nach Österreich. Eine intensivere Zusammenarbeit sei nicht möglich, weil die
Dialekte der Finken regional sehr unterschiedlich seien (vgl. auch Pinto 2020:
219). Auch neue Kontakte und Formen der Zusammenarbeit sind durch die
Anerkennung nicht entstanden. Lose Kontakte gibt es mit der Trägerschaft der
Falknerei; allerdings bestanden diese ebenfalls bereits vor der Anerkennung bei-
der Formen im Bundesweiten Verzeichnis des Immateriellen Kulturerbes. (vgl.
Hintergrundgespräch am 03.01.2021)

(4) Das Harzer Finkenmanöver steht als Wissen und Brauch in Bezug auf die Natur und das Universum, wie es als Bereich in Art. 2 der Konvention genannt wird, zum einen für den weiten Kulturbegriff, der auch die Kultur-Natur-Beziehungen und eine Entwicklungsdimension umfasst (siehe Abschnitt 4.3.1.) und zum anderen für die Relevanz von Kultur im Kontext einer nachhaltigen Entwicklung (siehe Abschnitt 3.5.). Die Bedrohungen von lebendigen Traditionen durch Umwelteinflüsse zum einen und die Möglichkeit der Sensibilisierung für Mensch-Tier-Umwelt-Beziehungen durch die Beschäftigung mit diesen zum anderen werden an diesem Fallbeispiel deutlich. Diese Traditionen faszinieren Außenstehende, weil sie das Zusammenspiel zwischen Mensch und Tier bzw. Kultur und Natur mit beeindruckenden Ergebnissen, in diesem Fall die bei den Zuhörern i. d. R. als Wohlklang wahrgenommenen Gesänge, zeigen. Dies entsteht auf Basis impliziten Wissens mit langer Tradition der mündlichen Weitergabe und einer Art Symbiose zwischen Finker und Vogel. (vgl. Pinto 2020: 216, 221) Sie zeigen aber auch die Bedrohung, die solche Kulturformen durch Umweltzerstörungen ausgesetzt sind. Das Finkenmanöver steht aber auch exemplarisch für lebendige Traditionen, die durch den Umgang mit Tieren oder Waffen in Teilen der Gesellschaft kritisch gesehen werden. In diese Reihe gehören etwa auch die Falknerei, das Schützenwesen, die (in Deutschland bisher nicht als Immaterielles Kulturerbe anerkannte) Jagd oder der Stierkampf („Corrida") in Spanien.

Die Kulturform Finkenmanöver im Harz steht aber auch – ähnlich wie die Lindenkirchweih Limmersdorf – für Immaterielles Kulturerbe, das überregional vor der Anerkennung im Bundesweiten Verzeichnis kaum Anerkennung im Bereich der Kulturpolitik fand und mit dem die Akteure des Politikfelds nun aber umzugehen lernen mussten. Anders als in Bayern, wo Medien und Politik den Brauch der Limmersdorfer Lindenkirchweih geradezu begeistert förderten, zog das Finkenmanöver allerdings durch die gewonnene Aufmerksamkeit zum Teil eher eine genauere und kritische Beobachtung durch die Medien sowie Politik und Verwaltung auf sich. Dieses Fallbeispiel zeigt ebenfalls, dass die (offen bekundete) Absicht durch eine Anerkennung als Immaterielles Kulturerbe die Legalität der lebendigen Tradition zu unterstreichen, mit kulturpolitischen Mitteln wie diesem schwer zu erreichen ist.

4.2.3   Peter-und-Paul-Fest Bretten

(1) Beim Peter-und-Paul-Fest in Bretten handelt es sich um ein Historienschauspiel, das jedes Jahr am ersten Juli-Wochenende, also jenem Wochenende

nach dem kirchlichen Peter-und-Paul-Tag, im kurpfälzischen Bretten (Baden-Württemberg) stattfindet: Bis zu 4.000 in historische Gewänder gekleidete Frauen, Männer und Kinder aus Bretten sowie Gastgruppen, die auch aus anderen europäischen Ländern kommen, führen für die bis zu 140.000 Besucher von Freitag bis Montag Episoden aus der Stadtgeschichte auf. Dazu gehört zentral die Belagerung von Bretten durch Herzog Ulrich von Württemberg im Jahre 1504 – freitags kann man miterleben, wie sich die Brettener zur Verteidigung rüsten; am Samstag, wie der erfolgreiche Ausfall vorbereitet und durchgeführt wird und am Sonntag, wie die Brettener diesen Erfolg mit einem Festumzug feiern. Weiterhin gehören das seit dem 16. Jahrhundert überlieferte „Peter-und-Paul-Freischießen", die Darstellung der Bürgerwehrtradition, die Auftritte der beiden Brettener Fanfarenzüge mit ihren Gastgruppen, die Zurschaustellung von traditionellen Handwerkskünsten und der seit dem 17. Jahrhundert belegbare sogenannte „Schäfersprung", ein Schäferlauf, samt Ehrung der Sieger, zu den konstanten Elementen des Festwochenendes. Daneben sorgen Sänger, Musiker, Gaukler, Feuerakrobaten sowie spontane Szenen in der gesamten Altstadt für Unterhaltung. An jedem der vier Festtage wird abends auf dem Kirchplatz auf historischen Instrumenten zum Tanz gespielt. Am Samstagabend findet über den Dächern der Stadt ein Feuerwerk statt, Sonntagnacht ein Pestzug, der in schauriger Form an die Geißelungen des Mittelalters erinnert. Am Montag können die Festakteure noch mit spontanen Elementen das Fest ausklingen lassen und es findet der Schwartenmagenumzug statt. (vgl. https://www.unesco.de/kultur-und-natur/immaterielles-kulturerbe/imm aterielles-kulturerbe-deutschland/peter-und-paul-fest; Zugriff am 21.06.2022)

Das Peter-und-Paul-Fest ist das herausragende und identitätsstiftende kulturelle Ereignis von Bretten und damit in dieser Hinsicht der Lindenkirchweih im oberfränkischen Limmersdorf sehr ähnlich. Die Trägerschaft wird von der Vereinigung Alt-Brettheim vertreten, eine Dachorganisation von etwa 50 selbstständig arbeitenden Gruppen, die am Fest mitwirken – darin sind ca. 500 Personen aktiv; Vorsitzender ist der sogenannte Stadtvogt Peter Dick. Selbstbewusst spricht man von der eigenen Rolle als „Marketingfaktor Nummer eins" (Hintergrundgespräch am 30.11.2020) der Stadt. Das Fest in seiner heutigen Form entwickelte sich mit einem Vorläufer vor dem Zweiten Weltkrieg ab 1950 aus einem Schützenfest mit schrittweiser Anreichung um einige Mittelalterakteure zu einem großen historischen Heimatfest. Es zeichnet sich bis heute durch große Lebendigkeit aus. Es habe keine Bedrohungssituation gegeben, die Anstoß zur Bewerbung gegeben habe. Ein wichtiges Thema seien allerdings, verstärkt seit 2015, Sicherheitsfragen. (vgl. Hintergrundgespräch am 30.11.2020)

(2) Die Bewerbung entstand aus der Mitgliedschaft des Festes in der Arbeits-
gemeinschaft „Historische Kinder- und Heimatfeste Süddeutschland", eine Vereinigung von ca. 40 Festen. Auf deren jährlicher Arbeitstagung im Oktober 2013
berichtete Prof. Dr. Volker Letzner, der sich an der Hochschule für angewandte
Wissenschaften München aus tourismuswissenschaftlicher Perspektive bereits seit
geraumer Zeit mit dem Immateriellen Kulturerbe befasst hatte, vom UNESCO-
Übereinkommen und insbesondere von der durch Deutschlands Beitritt neuen
Möglichkeit der Bewerbung für das Bundesweite Verzeichnis. Im Nachgang
der Sitzung sprach Peter Dick den Oberbürgermeister Brettens an, um dessen
Einverständnis zu einer umgehenden Bewerbung einzuholen. Dieser zeigte sich
begeistert und versprach Unterstützung durch eine Anweisung, dass der Kulturamtsleiter die Bemühungen der Vereinigung Alt-Brettheim unterstützen solle. In
einem Trio aus Kulturamtsleiter, dem Vereinsvorsitzenden Peter Dick und einem
weiteren Mitglied des Trägervereins wurde die Bewerbung innerhalb eines guten
Monats formuliert; die Einreichung erfolgte einen Tag vor Fristende der ersten
Bewerbungsrunde am 29. November 2013 im Ministerium für Wissenschaft und
Kunst Baden-Württemberg. (vgl. Hintergrundgespräch am 30.11.2020)

Auch das Peter-und-Paul-Fest Bretten wurde 2014 mit den ersten 27 Einträgen ins Bundesweite Verzeichnis des Immateriellen Kulturerbes aufgenommen,
nachdem die Tradition von der Vorauswahljury Baden-Württemberg für einen
der beiden für länderspezifische Vorschläge reservierten Plätze zur Weiterleitung
an die KMK und das DUK-Expertenkomitee gegeben wurde.

Betont wurde in der Begründung der Anerkennung das außerordentlich hohe ehrenamtliche Engagement der Bürgerinnen und Bürger Brettens, das das Fest überhaupt nur ermögliche, u. a. vom Oberbürgermeister
Martin Wolff. Das Motto ist „Eine Stadt lebt ihre Geschichte". Als weitere Qualität ist hervorzuheben, dass dem Nachwuchs mit mehreren speziellen Veranstaltungselementen für Kinder ein besonderes Augenmerk gilt.
(vgl. https://www.unesco.de/kultur-und-natur/immaterielles-kulturerbe/immaterie
lles-kulturerbe-deutschland/peter-und-paul-fest; Zugriff am 21.06.2022) Bei der
Weitergabe des Wissens orientiere man sich gern am Motto des Immateriellen
Kulturerbe, so Peter Dick. (vgl. Hintergrundgespräch am 30.11.2020)

(3) Die Anerkennung führte zu beachtlicher regionaler Medienaufmerksam-
keit. Das Logo „Immaterielles Kulturerbe – Wissen. Können. Weitergeben."
nutzte die Trägergemeinschaft u. a. bei der Neugestaltung der Website des Fests
und des Trägervereins „Vereinigung Alt-Brettheim e. V.". Zudem wird es auf
Informationsflyern und beim Fest selbst eingesetzt. Die Verantwortlichen weisen
aber darauf hin, dass sie die Anerkennung nicht zur Werbung und zusätzlichen
touristischen Inwertsetzung geplant und genutzt hätten – im Gegenteil bestand die

Angst und Gefahr, dass das Fest bei mehr Besuchern seinen Charakter verlöre. Dies wurde bereits in der Bewerbung als Risiko benannt. Wie bereits vor der Anerkennung als Immaterielles Kulturerbe informiere man breit darüber, wann der Festtermin ist und pflege auch Medienpartnerschaften, etwa mit dem SWR und den regionalen Printmedien. Die Entwicklung einer App und die Nutzung verschiedener sozialer Medien und Internetportale zur Bekanntmachung bringen die Verantwortlichen nicht mit der Anerkennung als Immaterielles Kulturerbe in Verbindung. Auffallend und nicht unbedingt typisch ist, dass die Trägerschaft sehr streng darauf achtet, dass es nicht zu Verwechslungen mit einer UNESCO- oder gar einer Welterbe-Anerkennung kommt. (vgl. Hintergrundgespräch am 30.11.2020)

Die Verantwortlichen berichten rückblickend von großem Stolz und großer Freude, die mit der Anerkennung – insbesondere zu solch frühem Zeitpunkt in der ersten Aufnahmerunde – verbunden waren. Es sei ihnen um eine Selbst- vergewisserung der „Hochrangigkeit" der eigenen kulturellen Arbeit gegangen: Für die zuvor von den Akteuren selbst bereits als wertvoll eingeschätzte Arbeit erfuhr man nun auch stärkere externe Wertschätzung – wobei diese lokal und regional durchaus bereits bestand – und betrachtete die Anerkennung zugleich als Verpflichtung, dem Titel gerecht zu werden. Auch in diesem Fall ist die „ow- nership" durch die Aufnahme ins Verzeichnis, wenn auch nicht direkt messbar, so doch in der retrospektiven Wahrnehmung der Verantwortlichen, also gestiegen. Bei Detailfragen der Weiterentwicklung, die nach Eigenangaben der Verantwort- lichen der Trägerschaft durchaus gewollt und möglich ist, werde seitdem immer die Frage gestellt, ob man sich weiterhin im Rahmen des Anspruchs an den Titel bewege. Prof. Dr. Reinhard Johler, Mitglied der baden-württembergischen Exper- tenjury für das Immaterielle Kulturerbe von der Universität Tübingen, besuchte das Fest im Jahr nach der Anerkennung (2015) mit Studierenden und zeigte sich den Verantwortlichen gegenüber begeistert. Am Europäischen Kulturerbe- Jahr (2018) hat sich Bretten mit einer öffentlichkeitswirksamen Aktion beteiligt. Der Kontakt zur Landeskulturpolitik habe sich erst mit der Bewerbung und der Anerkennung ergeben. Peter Dick wurde u. a. zu einer Informationsveranstaltung im Stuttgarter Ministerium im Juni 2017 eingeladen. In diesem Zuge hat sich auch eine direkte Beratung einer Trägergruppe eines anderen Festes, dem Schäfer- lauf in Bad Urach, beim Bewerbungsverfahren ergeben. Zudem hat Bretten seine Erfahrungen wiederum in der oben genannten AG der Kinder- und Heimatfeste Süddeutschland weitergetragen, was indirekt zur erfolgreichen Aufnahme weite- rer Mitgliedsfeste, v. a. aus Bayern, beigetragen haben dürfte. Dies wird vonseiten der Trägerschaft ausdrücklich in den Kontext „Wissen. Können. Weitergeben." – das Motto der Umsetzung der Konvention in Deutschland gestellt. Weitere

Kontakte gibt es zu Festen im internationalen Raum – auch dies allerdings bereits vor der Anerkennung. (vgl. Hintergrundgespräch am 30.11.2020)

(4) Das Peter-und-Paul-Fest steht stärker noch als die Lindenkirchweih Limmersdorf exemplarisch für einen Trend der Kultur im ländlichen Raum, gerade in suburbanen Räumen, zu denen man Bretten rechnen kann: Um der „Sehnsucht nach Identifikationsräumen Rechnung [zu] tragen" (Institut für Kulturpolitik der Kulturpolitischen Gesellschaft 2015: 18), werden seit dem Zusammenbruch des unmittelbaren ökonomischen Bezugszusammenhangs der ländlichen Gemeinschaften und dem Zuzug von Ortsfremden steinbruchartige Historienspektakel mit Episoden aus der Dorf- bzw. Kleinstadtgeschichte inszeniert. Das Peter-und-Paul-Fest Bretten steht aber auch exemplarisch, wie bereits die beiden anderen vorgestellten Kulturformen, für die hohe Bedeutung von ehrenamtlichem Engagement für das Immaterielle Kulturerbe. „Der Gestaltungswille, das Mitmachen, das Teilhaben sind Kernelemente solcher sorgsam gepflegten Traditionen, die in der lokalen Bevölkerung eine hohe Identifikation und Beteiligung bewirken können. Aber auch das alljährliche Zusammenkommen – als Zuschauerin oder als aktiv Partizipierende – […] ist Ausdruck von Zugehörigkeit und ‚heimatlicher' Verortung. Kulturelle Teilhabe – niederschwellig, offen, allen zugänglich – ist dabei Voraussetzung und Resultat zugleich." (Rieder 2019: 144) Das Peter-und-Paul-Fest zeigt zudem, wie die Lindenkirchweih Limmersdorf, dass es Festtraditionen in klar abgegrenzten Räumen vergleichsweise leicht fällt in kurzer Zeit eine adäquate Bewerbung einzureichen. Die Unterstützung der lokalen Kulturverwaltung und der Lokalpolitik ist einer der wesentlichen Erfolgsfaktoren. Eine bereits vorher bestehende gute politische Vernetzung durch regelmäßige Kontakte – zwar nicht unbedingt im kulturpolitischen Feld, allerdings mit den Lokalpolitikern sowie MdBs und Landtagsabgeordneten – hat darüber hinaus vermutlich geholfen, in der Bewerbung und Darstellung der Erfüllung der Kriterien „den richtigen Ton zu treffen". Deutlich wird in diesem Fallbeispiel auch, dass die Anerkennung seitens der Verantwortlichen innerhalb der Trägerschaft für eine gewisse Disziplinierung und damit interne Machtausübung genutzt werden kann: Das einmal für die Bewerbung in einer Kleingruppe von drei Personen Aufgeschriebene wird seitdem in internen Diskussionen als Richtschnur für die Weiterentwicklung interpretiert – mit dem Argument, man müsse sich im Rahmen der Anerkennung als Immaterielles Kulturerbe und diesem Anspruch bewegen, um den Titel nicht einzubüßen. Wobei darauf hinzuweisen ist, dass dieser Anspruch konkret für das Peter-und-Paul-Fest letztlich von der genannten Kleingruppe und nicht von der Deutschen UNESCO-Kommission oder gar der UNESCO definiert wurde, wie es möglicherweise implizit gegenüber Mitgliedern, die andere Auffassungen vertreten, insinuiert wird. „Nicht die UNESCO selbst ist es […], die die

lokale Performanz festschreibt, sondern die lokalen Akteure mit Rückgriff auf die
Vorstellungen, die sie sich selbst von der Rettungspraxis der UNESCO gemacht
haben", formuliert Markus Tauschek (2010: 307) treffend auf das von ihm untersuchte Beispiel des Karnevals von Binche gemünzt, was aber auch im Fall des
Peter-und-Paul-Fests Bretten sehr gut zu passen scheint. Auch wenn man zugu-
tehalten kann, dies geschehe in bester Absicht, nämlich im Willen die Tradition
aufrecht und lebendig zu halten und dafür ein Wertesystem zu etablieren ohne
einen allzu strengen Rahmen zu setzen, scheint damit doch eine autoritative
Einschränkung des Entwicklungskorridors der lebendigen Kulturform und eine
Verengung des Spektrums der möglicherweise innerhalb der Trägerschaft vorhandenen Vielfalt von Meinungen verbunden zu sein. (vgl. Hintergrundgespräch
30.11.2020 sowie Tauschek 2010: 301 f.)

4.3   Die Entstehung der UNESCO-Konvention zur Erhaltung des immateriellen Kulturerbes (2003)

4.3.1   Der ‚weite Kulturbegriff' der UNESCO und Vorläuferkonzepte in Ostasien

Man kann der 1945 als UN-Sonderorganisation gegründeten zwischenstaatli-
chen Organisation der Vereinten Nationen für Bildung, Wissenschaft und Kultur
(UNESCO) fünf Schlüsselfunktionen zuordnen: Sie ist ein Ideenlabor, sie setzt
Standards, sie ist eine Clearingstelle für Daten und Informationen, sie betreibt
Capacity-Building und sie fördert internationale Kooperationen in den Berei-
chen Bildung, Wissenschaft, Kultur und Kommunikation. Eine Aktivität im
Bereich globales Ideenlabor war die Weltkonferenz zur Kulturpolitik von 1982
(MONDIACULT). Sie führte zu einer Standardsetzung – der Neudefinition
des Kulturbegriffs – und ist damit gewissermaßen der Ausgangspunkt, dass
die UNESCO im Bereich von immaterieller Kultur durch ein normgebendes
Instrument weitere globale Standards setzt, die internationale Kulturkooperation
fördert und in diesem Rahmen auch Daten und Informationen sammelt – wie
etwa im Rahmen der periodischen Berichterstattung der Vertragsstaaten von
Übereinkommen – sowie Capacity-Building betreibt.

Auf ihrer Weltkonferenz zur Kulturpolitik in Mexiko-Stadt 1982 hat die
UNESCO ‚Kultur' als

„in ihrem weitesten Sinne (…) die Gesamtheit der einzigartigen geistigen, materiellen, intellektuellen und emotionalen Aspekte angesehen werden, die eine Gesellschaft

oder eine soziale Gruppe kennzeichnen. Dies schließt nicht nur Kunst und Literatur ein, sondern auch Lebensformen, die Grundrechte des Menschen, Wertsysteme, Traditionen und Glaubensrichtungen" (Erklärung von Mexiko-City über Kulturpolitik. Weltkonferenz über Kulturpolitik, Mexiko, 26. Juli bis 6. August 1982).

Unter ‚Kultur' wurden seitdem also nicht mehr nur die Künste, das heißt ästhetisch wertvolle Ausdrucksformen, verstanden, sondern ein deutliches breiteres Feld kultureller Ausdrucksformen. Der weite Kulturbegriff orientiert sich maßgeblich an anthropologischen und ethnologischen Begrifflichkeiten (vgl. Deutscher Bundestag 2007: 47). Im Rahmen der Konferenz von Mexiko-Stadt und ihrer Dokumente wurde der Begriff der „immateriellen Schöpfungen" bzw. „immaterielles Erbe" erstmals offiziell genutzt.

Kultur steht nach dem weiten Kulturbegriff der UNESCO also für die Künste und in absolut gleicher d. h. ebenbürtiger Weise für die Lebensweisen. (vgl. Fuchs 2005: 33) Vorgeschaltet waren diesem Paradigmenwechsel der internationalen Kulturpolitik in der UNESCO längere Debatten über die Fragen kultureller Identität im Zusammenhang mit Sprachen, Sitten und Bräuchen. Die ehemaligen Kolonien hatten dieses Thema seit den 1960er Jahren forciert. Dieses Verständnis eines weiten Kulturbegriffs – dazu gehört auch der Grundsatz, dass es keine Hierarchien zwischen verschiedenen Kulturen und Kulturformen geben soll – prägt die Arbeit der UNESCO in der Folge bis heute.

Der Kulturbegriff kann in doppelter Weise als „weit" bezeichnet werden: Zum ersten, weil neben Kunst und Literatur eben „auch Lebensformen, die Grundrechte des Menschen, Wertsysteme, Traditionen und Glaubensrichtungen explizit als ‚Kultur' bezeichnet werden. Damit bezieht sich der Begriff auf materielle und immaterielle Kulturformen gleichermaßen. Zum zweiten, und dies findet meist weniger Beachtung, weil im Kulturbegriff eine kulturelle Dimension von (globaler) Entwicklung einbezogen ist: der „Erhalt der Natur, die generelle Weiterentwicklung der Menschheit durch Bildung und das Ziel einer möglichst umfassenden Beteiligung aller an der Herstellung und Nutzung kultureller Güter" (Burkhard 2015: 78). Die Schnittmengen und sich ergänzenden Dimensionen bzw. die gegenseitige Durchdringung von Natur und Kultur waren bereits konstituierend bei der Welterbe-Konvention von 1972 (vgl. Bouchenaki 2007: 106). Die wegweisenden Bildungskonzepte der UNESCO, wie Bildung für Nachhaltige Entwicklung (BNE) oder Global Citizenship Education (GCED), weisen ebenfalls enge Bezüge zum Immateriellen Kulturerbe bzw. zur Konvention von 2003 auf. Während es bei der BNE um die Bewältigung der Herausforderungen einer Transformation der Gesellschaften in Richtung einer nachhaltigen Entwicklung geht (siehe Abschnitt 3.5.2.), ist GCED eine Form von politischer Bildung im globalen Maßstab mit dem Ziel, die lokale und die globale Identität nicht als Widerspruch zu verstehen und ein natürliches Zugehörigkeitsgefühl zur Weltgemeinschaft zu entwickeln (vgl. https://www.unesco.de/bildung/hochwertige-bildung/global-citizenship-education, Zugriff am 05.06.2023).

In vielen Ländern außerhalb (West-)Europas spielt gebautes Erbe von jeher eine weniger bedeutende Rolle als das zwischen Menschen und Generationen überlieferte Wissen und Können. Ostasiatische Länder, v. a. Japan und die Republik Korea, hatten basierend auf ihrer Überzeugung, dass die Überlieferung des Wissens und Könnens von Handwerkskünsten oder z. B. der Errichtung und Weihung von heiligen Stätten wie Tempeln, eigentlich wichtiger ist als die Ergebnisse dieses Prozesses, schon seit den 1950er Jahren Gesetze zur Förderung und Erhaltung ihres Immateriellen Kulturerbes erlassen. Im Zuge der Globalisierung der Moderne erkannten sie, dass traditionelles Wissen und Können verloren zu gehen droht, wenn keine politischen Programme zur Erhaltung aufgelegt würden. Sie entwickelten dabei über die Jahre eine Reihe von Maßnahmen, um die Träger im nationalen Rahmen bei der Weitergabe ihres Wissens und Könnens zu fördern und Kulturformen sowie ihren Meistern konkrete finanzielle, legislative und ideelle Unterstützung zu gewähren. Zentraleuropäische Staaten maßen der Folklore mit u. a. nationalen Inventaren ebenfalls hohe Bedeutung bei (vgl. Merkel 2011: 62). Auf Initiative der ostasiatischen Staaten hin war Immaterielles Kulturerbe spätestens seit der Etablierung des weiten Kulturbegriffs 1982 immer wieder ein Thema in der UNESCO. Sie wiesen zurecht darauf hin, dass der von der UNESCO über die Jahre erarbeitete Kulturvölkerrechtsrahmen in der Dimension eines Kulturerbes, das den Alltag in verschiedenen Teilen der Welt unterschiedlich prägt und diesen gerade so besonders macht und damit Zugehörigkeit vermittelt, eine Leerstelle aufwies. Die lateinamerikanischen Staaten waren seit den 1970er Jahren Verfechter einer Berücksichtigung traditioneller Kultur in den UNESCO-Übereinkommen und auch die afrikanischen Staaten versprachen sich von einem stärkeren Augenmerk auf mündlich und in Gruppen weitergegebenen Kulturformen mehr als von der Welterbe-Konvention. Nur die Staatengruppe Westeuropa und Nordamerika blieb skeptisch. Die ostasiatischen Staaten übernahmen dann die entscheidende Initiative: Sie waren Vorbilder für das UNESCO-Programm der ‚Lebendigen Schätze' (*living human treasures*) in den 1990er Jahren und forderten und förderten später auch das ‚Meisterwerke'-Programm maßgeblich. Unter dem Einfluss und der persönlichen Führung des japanischen UNESCO-Generaldirektors Kōichirō Matsuura wurde die UNESCO-Konvention schließlich um die Jahrtausendwende erarbeitet und 2003 verabschiedet.

4.3.2 Die UNESCO-Empfehlung von 1989 und das ‚Meisterwerke'-Programm

Schon als die Welterbe-Konvention 1972 verabschiedet wurde, wurde ausgehend von Staaten des globalen Südens, in der UNESCO leidenschaftlich über Folklore und traditionelle Kultur debattiert, mit dem Ziel, dass diese ebenfalls einen Platz im Programm der UNESCO bekommen sollten. Es war allerdings nicht leicht dies mit dem Schutz von Baudenkmälern, und später auch Natur- und Kultur-landschaften, unter einen Hut zu bringen. Das Immaterielle mit dem Materiellen zu vereinen und es in die Welterbe-Konvention zu integrieren, hätte einerseits großen Charme gehabt. Viele sprechen zurecht davon, dass sie sich ergänzen oder gar zwei Seiten einer Medaille darstellen. (vgl. u. a. Bernecker 2007: 16) „[B]oth carry meaning and the embedded memory of humanity, and both rely on each other when it comes to understanding the meaning and importance of each." (Bouchenaki 2007: 109) Doch andererseits bedürfen die Erhaltungsgegen-stände – materiell oder immateriell – sehr unterschiedlicher Unterstützung für ihr Fortbestehen. Hinzu kam, dass Fragen der Rechte am geistigen Eigentum im Zusammenhang mit kollektiven immateriellen Ausdrucksformen nicht geklärt werden konnten. (vgl. Meyer-Rath 2007: 151 f.) So kam es, dass in den 1970er Jahren eine Zusammenfassung beider Aspekte unter dem Dach einer Konven-tion nicht gelang. Auch die von Bolivien vorgeschlagene Verabschiedung eines Zusatzprotokolls zum Welturheberrechtsabkommen (*Universal Copyright Conven-tion*) zum Schutz von Folklore gelang nicht, aber der Versuch sorgte immerhin für eine gestiegene Aufmerksamkeit für das Thema (vgl. Bouchenaki 2007: 107). Die Folge war:

> „Ab 1973 wurde auf jeder UNESCO-Generalkonferenz endlos über den Schutz tradi-tioneller Kultur debattiert, bis 1989 ein ‚Papiertiger' zur Welt kam. Der sehnlichste Wunsch der westlichen Volkskundler ging mit der ‚Empfehlung zur Wahrung des kulturellen Erbes in Volkskunst und Brauchtum' (*Recommendation concerning the Safeguarding of Traditional Culture and Folklore, 1989*) in Erfüllung: die Schaf-fung eines dem Volkskulturkanon gewidmetem Ensembles von Archiven, Museen, Nationalzentren und Ausbildungseinrichtungen." (Jacobs 2007: 9)

Empfehlungen der UNESCO haben zwar keinen verbindlichen Charakter für die Mitgliedstaaten oder auch zivilgesellschaftliche Akteure, aber sie können trotz-dem wichtig für die internationale kultur-, bildungs- oder wissenschaftspolitische Agenda sein. (vgl. Bernecker 2007: 16) Gegenstand der Empfehlung waren alle traditionsbehafteten Schöpfungen kultureller Gemeinschaften, sofern sie ihre kul-turelle oder soziale Identität zum Ausdruck bringen, wie etwa Sprache, Literatur,

Musik, Tanz, Spiele, Mythologie, Rituale, Bräuche, Handwerk, Architektur und andere Künste – so heißt es in der Empfehlung von 1989 (vgl. Rudolff 2006: 24). „Die Verabschiedung des Textes blieb jedoch großenteils ohne Effekt: Die Empfehlung von 1989 war ein Flop." (Jacobs 2007: 9) Ihr war es nicht gelungen, Staaten und Zivilgesellschaft für die Erhaltung Immateriellen Kulturerbes zu mobilisieren, vermutlich, weil weder die UNESCO ein spezifisches Mandat oder finanzielle Fördermöglichkeiten übertragen bekommen hatte noch die Empfehlung wirklich konkret spezifiziert, was zur Erhaltung der ‚traditionsbehafteten Schöpfungen' getan werden könne (vgl. Rudolff 2006: 25). Es war zudem mehr ein Instrument, das die Bedürfnisse der Forschenden ansprach als diejenigen der Träger der Traditionen (vgl. Blake 2019: 18), denn konkret wurde sie nur bei der Beschreibung der Rolle von Archiven und Museen sowie anderen Gedächtnisinstitutionen; die Trägerschaften der kulturellen Praktiken sind nur am Rande erwähnt (vgl. Tauschek 2010: 68 ff.). Trotzdem war die Empfehlung ein weiterer Schritt vorwärts, weil sie das Thema ins Bewusstsein einer größeren Zahl von Staaten rückte (vgl. Kono 2007: 238 f.), also auch die Thematik Folklore und Traditionen auf das internationale Parkett holte (vgl. Tauschek 2010: 71), und neben der Präzedenzwirkung für ein verbindliches Rechtsinstrument zudem konkret internationale Zusammenarbeit förderte (vgl. Bouchenaki 2007: 107). In der 1989er-Empfehlung trat außerdem erstmals neben die bisher gebräuchliche Terminologie vom ‚Schutz' (*protection*) tradierter kultureller Praktiken der in der Folge gebräuchlichere Begriff ‚Erhaltung' (*safeguarding*) – und dies prominent sogar im Titel (vgl. Meyer-Rath 2007: 152).

Mit den Bemühungen lebendige Kulturformen mithilfe von Rechtsinstrumenten im Bereich geistiges Eigentum (v. a. in den 1970er Jahren) zu schützen, war die UNESCO genauso gescheitert wie mit den ersten als Erhaltungsmaßnahmen deklarierten Projekten von Museen und Archiven in den 1980er bis in die beginnenden 1990er Jahre. Als Weg aus dieser konzeptionellen Sackgasse erwies sich 1993 ein Programm zum Immateriellen Kulturerbe, das mit japanischen Funds-in-Trust-Mitteln finanziert wurde. (vgl. Meyer-Rath 2007: 153 ff.) Erstmals tauchte dabei der Begriff, der in der 1989er Empfehlung noch nicht zu finden war, auf und hielt fortan Einzug in den UNESCO-Diskurs. Chérif Khaznadar weist zurecht darauf hin, dass es sich bei ‚Immateriellem Kulturerbe' (*intangible cultural heritage* bzw. *patrimoine culturel immatériel*) um eine neu erfundene, als Negation des materiellen Kulturerbes offenbar der Abgrenzung dienende, Bezeichnung handelt (vgl. Khaznadar 2004: 51). Die Neukreation produziert gewisse Probleme in der Übersetzung, denn *patrimoine* (frz.) hat nicht die gleiche Bedeutung und dieselben Konnotationen im Umgang wie *heritage* (engl.); *intangible* (engl.) ist nicht gleich *intangible* (frz.), aber trifft es *immatériel* (frz.)

wirklich besser? (vgl. Khaznadar 2011: 11 f.) Jedenfalls handelt es sich aber bei
der Abkehr vom Gebrauch des Begriffs ‚Folklore' um einen „Paradigmenwechsel
im Verständnis von Konservierung und Authentizität" sowie „eine konzeptionelle
Änderung [...], die mehr Erfolg versprach als vorherige Konzepte und Begriffe" (Tauschek 2010: 72). Zunächst erfolgte in der UNESCO unter dem neuen
Schlagwort die Einrichtung eines Systems von ‚Lebendigen Schätzen' (*living
human treasures*) nach dem Vorbild Japans und Südkoreas. (vgl. Rudolff 2006:
24 f.) Hier spielten erstmals die Kenntnisse und Fertigkeiten der einzelnen Träger des Erbes eine entscheidende Rolle, allerdings wurden unter dem Blickwinkel
der Heraushebung einzelner Praktizierender stark die Gesichtspunkte Exzellenz
und Exklusivität gewichtet. Nicht zu vernachlässigen ist jedoch, dass damit das
(west-)europäische Konzept von Konservierung und Denkmal um das asiatische
Verständnis von Kultur als dynamische Praxis erweitert wurde (vgl. Tauschek
2013: 120 f.).

> „1999 wurde auf einer Konferenz in Washington Bilanz des Scheiterns der UNESCO-
> Empfehlung von 1989 gezogen. Politik und Medien bewerteten Modelle und Kon-
> zepte wie ‚Folklore' als veraltet und untauglich, um mit den neuen kulturellen Her-
> ausforderungen der Globalisierung überzeugend umzugehen. (...) Die Empfehlung
> von 1989 sollte durch ein völkerrechtlich verbindliches Instrument, ein UNESCO-
> Übereinkommen zum immateriellen Kulturerbe, ersetzt werden." (Jacobs 2007: 10)

Ein wichtiger Faktor für die weltweite Verbreitung des ostasiatischen Verständnisses von immaterieller Kultur war die Wahl des Japaners Kōichirō Matsuura
zum UNESCO-Generaldirektor. Ab seinem Amtsantritt 1999 nahm er sich zügig
des Themas an, Japan investierte zeitgleich viel Geld und Überzeugungsmacht,
um das Immaterielle Kulturerbe als Konzept weltweit bekannt zu machen, u. a.
durch die Finanzierung des 1998 startenden „Meisterwerke"-Programms. (vgl.
Bernecker 2007: 17) Dieses Sonderprogramm der UNESCO („Meisterwerke
des mündlichen und immateriellen Kulturerbes der Menschheit") wird weithin,
auch in UNESCO-Publikationen, als eine Art Versuchsfeld für die Auszeichnung
und Initiierung von Erhaltungsaktivitäten für Immaterielles Kulturerbe interpretiert. (vgl. Meyer-Rath 2007: 156 sowie Tauschek 2010: 78 f.) Es wirkte
als Brücke zwischen der Empfehlung und dem Übereinkommen: In drei Runden wurden 2001, 2003 und 2005 90 „Meisterwerke" ausgerufen. Die lokalen
Gemeinschaften und Trägerschaften sowie die Weitergabe der Kenntnisse und
Fertigkeiten an künftige Generationen waren nun in den Fokus des Interesses
bei der Betrachtung traditioneller Kulturformen gerückt. Die Kriterien dieses
Programms waren etwas widersprüchlich: Die ausgezeichneten Objekte entspra-
chen einem ethnologischen (weiten) Kulturbegriff, die Auswahl aber entsprach

einer Selektion und Hierarchisierung (vgl. Tauschek 2013: 121 ff.). „Meisterwerke" sollten von außergewöhnlicher Bedeutung, gleichzeitig lebendige Traditionen
mit einem vorzulegenden Aktionsplan zu Schutz und Revitalisierung und damit
zugleich auch im Bestand gefährdet sein. Die mit dem Programm verbundenen Mechanismen von Expertise, Auswahl durch eine 18-köpfige Jury aus
internationale Experten und Auszeichnung zeigen zweifellos Anleihen bei der
UNESCO-Welterbe-Konvention (1972). Die Wirkung der Proklamationen war
mindestens zweideutig, doch die Aufnahme in der Öffentlichkeit durchaus positiv (vgl. Jacobs 2007: 11) und die UNESCO-Mitgliedsstaaten zeigten wachsendes
Interesse. (vgl. Tauschek 2010: 80 ff.) In der Wissenschaft, insbesondere im Feld
der Volkskunde/Europäischen Ethnologie bzw. Kulturanthropologie wurde das
mit einer „Konstituierung kulturellen Erbes" und „Kanonisierung immaterieller
Kultur" (Tauschek 2010: 20) verbundene Vorgehen, äußerst kritisch gesehen und
war für die spätere UNESCO-Konvention, die in vielerlei Hinsicht ein deutlich
offeneres und moderneres Verständnis offenbaren sollte, eine Hypothek.

4.3.3   Erarbeitung und Verabschiedung der Konvention

Die Erarbeitung der Konvention zur Erhaltung des immateriellen Kulturerbes
begann 1999, nachdem eine Resolution, von der Tschechischen Republik, Litauen
und Bolivien auf der UNESCO-Generalkonferenz gemeinsam eingebracht, mehrheitlich angenommen wurde (vgl. Aikawa-Faure 2009: 18). Dies fiel in die Zeit
einer Modernisierung der UNESCO-Kulturarbeit im Lichte neuerer Erkenntnisse
der Kulturwissenschaft und einer starken Rechtssetzungstätigkeit der UNESCO
im Kulturvölkerrecht (vgl. Mißling 2010: 92). Grundlagen dieser aktiven Rechtssetzungstätigkeit waren auch der globalisierungskritische Diskurs der 1990er
Jahre und der damit verbundenen Wertschätzung von Vielfalt – kulturell wie
auch biologisch – im internationalen Rahmen sowie eine gewisse Prominenz
von Identitäts- und Anerkennungspolitiken (vgl. Meyer-Rath 2007: 173), nicht
zuletzt begründet durch den Erfolg der UNESCO-Welterbe-Konvention. Auf
der UNESCO-Generalkonferenz 2001 wurden die Konvention zum Schutz des
Unterwasser-Kulturerbes und die „Allgemeine Erklärung der UNESCO zur
kulturellen Vielfalt" verabschiedet, die konzeptionell die Basis für die UNESCO-
Konvention von 2003 und auch jener von 2005 zur kulturellen Vielfalt war. Doch
die Gruppe der Staaten Westeuropas und Nordamerikas blieb weiterhin skeptisch:
13 der damals 15 EU-Staaten sowie sechs weitere UNESCO-Mitgliedsstaaten
standen dem Projekt einer Konvention zum Immateriellen Kulturerbe noch sehr
kritisch gegenüber und äußersten dies auch schriftlich in einer Abfrage des

UNESCO-Sekretariats. Sie meinten, eine rechtlich unverbindliche Empfehlung oder Erklärung wäre für den in Rede stehenden Regelungsbereich ausreichend. Generaldirektor Matsuura hat sich dann in persönlichen Gesprächen mit den am UNESCO-Hauptsitz in Paris vertretenen Botschaftern der EU-Länder dafür eingesetzt, diese Vorbehalte zu zerstreuen – mit dem Erfolg, dass diese zusagten, das Projekt nicht verhindern zu wollen, sondern sogar eine Unterstützung wohlwollend zu prüfen (vgl. Dok. 1: DUK-Sachstand vom 22.08.2002: 3).

In den Jahren 2002 und 2003 kamen in mehreren Sitzungen zunächst Experten zu fachlichen Konsultationen und später Staatenvertreter zusammen, um über den Text des neuen UNESCO-Übereinkommens zu verhandeln (vgl. Aikawa-Faure 2009). Dies ist ein typischer Prozess zur Erarbeitung einer Konvention, der durch eine „komplexe Verschränkung von top-down und bottom-up-Prozessen zu begreifen" (Tauschek 2010: 52) ist. Dabei stießen – bei der Vielzahl der Beteiligten, die aus Kulturen rund um die Welt stammen, kaum verwunderlich – verschiedene Positionen aufeinander. Dies führte zu einer Reihe von Kompromissen und verschob einige Entscheidungen auf die spätere Umsetzung. Definitionen, Programme und Instrumente blieben ziemlich vage und insbesondere auch die Definition ‚Immateriellen Kulturerbes' wurde recht offen gehalten. Begriffe wie ‚Folklore', ‚Volkskultur', ‚Nationalidentität', ‚Popularkultur', ‚Volk' und sogar ‚Tradition' fehlen, anders als noch in der Empfehlung von 1989, aber im Text (vgl. Jacobs 2007: 12), was einen gewaltigen Sprung und eine Offenheit im Verständnis des Immateriellen Kulturerbes deutlich macht.

> „Die Konvention stellt im Vergleich zum Masterpiece-Programm eine wesentliche Weiterentwicklung dar, bezieht sie sich doch vermehrt auf die Dynamik der Praxen, auf die Relevanz für die entsprechende Gemeinschaft und stellt dagegen kulturelle Meisterschaft – wie noch im Masterpiece-Programm – durch die Exponierung des besonderen kulturellen Wertes zurück." (Tauschek 2010: 108)

Das Übereinkommen weist viele moderne Aspekte auf: die Betonung einer starken Rolle der zivilgesellschaftlichen Trägergruppe, nachhaltiger Entwicklung und des Ausbaus internationaler Zusammenarbeit. Die grundsätzlichen Paradigmen der Konvention entsprechen dem zeitgenössischen Stand der Kulturerbeforschung; es gibt eine Reihe von Anknüpfungspunkten für eine moderne Form der Pflege Immateriellen Kulturerbes. „Tradierte Praktiken werden nicht mehr als antiquarische Zeitkapseln verstanden, sondern als dynamisches Vermächtnis" (Meyer-Rath 2007: 165). Und trotzdem gibt es weitverbreitete Kritik aus der Wissenschaft, dass sich auch das Übereinkommen von 2003 noch „teilweise aus überholten kulturwissenschaftlichen Wissensbeständen [speist] und

[…] in mancherlei Hinsicht im Widerspruch zu einem heute von vielen favorisierten kulturwissenschaftlich-dekonstruierenden Verständnis von Kultur" (Koslowski 2015b: 36) stehe.

Die Präambel der Konvention ist sehr optimistisch und enthält Aussagen, welche positiven Folgen die Erhaltung der Vielfalt Immateriellen Kulturerbes für die Menschheit haben könne. Rechte geisteigen Eigentums bleiben außen vor – hier sieht die UNESCO die Weltorganisation für geistiges Eigentum (WIPO, World Intellectual Property Organization) in der Verantwortung und kooperiert mit ihr dazu weiterhin. Ausgehend von drei Menschenrechtsdokumenten (Allgemeine Erklärung von 1948, Zivilpakt und Sozialpakt, jeweils von 1966) und insbesondere der Allgemeinen Erklärung zur kulturellen Vielfalt (2001) der UNESCO geht das Übereinkommen von der grundlegenden Gleichheit der Kulturen und der kulturellen Ausdrucksformen und Praktiken aus. In der Allgemeinen Erklärung zur kulturellen Vielfalt wird diese als gemeinsames Erbe der Menschheit bezeichnet. In Art. 1 heißt es:

„Im Laufe von Zeit und Raum nimmt die Kultur verschiedene Formen an. Diese Vielfalt spiegelt sich wieder in der Einzigartigkeit und Vielfalt der Identitäten, die die Gruppen und Gesellschaften kennzeichnen, aus denen die Menschheit besteht. Als Quelle des Austauschs, der Erneuerung und der Kreativität ist kulturelle Vielfalt für die Menschheit ebenso wichtig wie die biologische Vielfalt für die Natur. Aus dieser Sicht stellt sie das gemeinsame Erbe der Menschheit dar und sollte zum Nutzen gegenwärtiger und künftiger Generationen anerkannt und bekräftigt werden." (https://www.unesco.de/sites/default/files/2018-03/2001_Allgemeine_ Erkl%C3%A4rung_zur_kulturellen_Vielfalt.pdf; Zugriff am 11.04.2021).

Der Bezug auf Identitäten, pluralistische Gruppen als Träger von Kultur, ihr Beitrag zu nachhaltiger Entwicklung, ihre Rolle als Quelle von Austausch und Kreativität, auf die jeweils auch im weiteren Verlauf des Textes noch näher eingegangen wird, macht die Anleihen deutlich, die der Konventionstext von 2003 u. a. bei der Definition von Immateriellem Kulturerbe bei der Erklärung von 2001 genommen hat. Viele Formulierungen und Bezüge entsprechen dem recht fortschrittlichen Zeitgeist der damaligen UNESCO-Kulturarbeit und prägen diese dadurch bis heute.

Zeitlich und auch inhaltlich eng verknüpft (vgl. Germelmann 2013: 654, 657) ist die 2003er-Konvention auch mit dem fast parallel erarbeiteten Text der 2005er-UNESCO-Konvention über den Schutz und die Förderung der Vielfalt kultureller Ausdrucksformen. Beide Übereinkommen befassen sich im Grundsatz mit kultureller Diversität und der Bedeutung des „Anderen" in der Globalisierung. Christoph Wulf, der an den damaligen Schreibprozessen beteiligt war, erinnert sich wie folgt: „Es war für mich selber eine enge Verbindung mit der 2005er-Konvention. Auch für die, mit denen ich damals sprach. Also kulturelle Diversität als Bedingung eben auch für die Wahrnehmung immateriellen, kulturellen Erbes." (E1, Interview am 15.10.2018) Der produktive und wertschätzende Umgang mit Andersartigkeit ist wiederum Grundlage für eine nachhaltige Entwicklung und den Beitrag, den Kultur dazu leisten muss, wie in Abschnitt 3.5. gezeigt wurde.

Ein spannendes Verhältnis bestand von Anfang an – allein textlich – zwischen der UNESCO-Konvention zur Erhaltung des immateriellen Kulturerbes und der UNESCO-Konvention zum Schutz des Kultur- und Naturerbes der Welt („Welterbe-Konvention") von 1972. Der Text der älteren Konvention bot Orientierung und zugleich wollte man sich deutlich abgrenzen (vgl. Meyer-Rath 2007: 157). Man wusste, dass die Methoden zur Erhaltung Immateriellen Kulturerbes, bei dem Prozesse und Praktiken im Vordergrund stehen, nicht dieselben sein konnten wie zum Schutz des materiellen Kultur- und Naturerbes und passte die Wortwahl hier entsprechend an. Das neuere Übereinkommen sollte grundsätzlich flexibler und offener sein, u. a. was die Beteiligung einer Vielzahl von Nichtregierungsorganisationen an der Umsetzung angeht (gegenüber zwei großen und einer kleinen bei der Welterbe-Konvention). Auch sollte nicht ein „außergewöhnlicher universeller Wert" bei der Auswahl für die Listen entscheidend sein. Dies war bei den „Meisterwerken" (siehe Abschnitt 4.2.2.) die größte Kritik gewesen. Um dies zum Ausdruck zu bringen, entschied man sich für den Titel „Repräsentative Liste" (siehe Abschnitt 4.4.1.). Die Ausdrücke ‚außergewöhnlich', ‚wertvoll', ‚universeller Wert', ‚Meisterwerk' oder ‚Welt' wurden deshalb bewusst aus dem Text der Konvention herausgehalten (vgl. Albert/Disko 2011: 31) und sind auch in der Umsetzung, wie etwa bei Nominierungen für die UNESCO-Listen, eher Reizworte. In der Yamato-Erklärung verständigten sich Experten 2004 auf die wichtige Feststellung, dass auch das für das materielle Erbe sehr wichtige Konzept der ‚Authentizität' für die neue Konvention, zur Identifizierung und Erhaltung des Immateriellen Kulturerbes, nicht relevant sei. Zweck sei nicht, die Ausübung und Weitergabe kultureller Ausdrucksformen auf eine bestimmte Art zu validieren, sondern die Voraussetzungen für ihre permanente Neuerschaffung und kreative Veränderung zu schaffen. Indem man beim Immateriellen Kulturerbe die grundsätzliche Gleichrangigkeit der kulturellen Ausdrucksformen betont, sollte die kulturelle Vielfalt und menschliche Kreativität in Gänze gewürdigt werden. Und auch die negative Konnotation der sogenannten „Roten Liste" des Welterbes wollte man nicht kopieren. Die Absicht vieler Gründerväter und -mütter war eigentlich die „Liste des dringend erhaltungsbedürftigen Immateriellen Kulturerbes" zum zentralen Instrument der Konvention zu machen. Dass dies letztlich nicht geglückt ist, ruft in den internationalen Sitzungen und Debatten immer wieder Bedauern hervor.

Zugleich orientierte sich das Übereinkommen zum Immateriellen Kulturerbe ziemlich deutlich an der Listenlogik der Welterbe-Konvention – und auch dies sorgt(e) damals wie noch heute für Kritik. Allerdings hatten sich dies die Staaten der südlichen Erdhalbkugel als Instrument zum Ausgleich der in den 1990er-Jahren zunehmend konstatierten Eurozentriertheit der Welterbe-Liste (vgl. u. a. Merkel 2011: 62) eben explizit gewünscht. Vor allem ihre Kulturphänomene sollten über die neuen Listen sichtbar werden. Darum wurde auch der Wortlaut der Konvention an vielen Stellen ähnlich zur 1972er Konvention gestaltet. Daher ähneln sich die materiellen Verpflichtungen der Vertragsstaaten (vgl. Germelmann 2013: 652). Und sogar die Finanzierung – einer der heikelsten Streitpunkte in der Phase der Ausarbeitung – wurde mit der Regelung, dass ein Prozent des Beitrags zum regulären Haushalt der UNESCO in den Fonds der Konvention gehen soll – analog zur Welterbe-Konvention gestaltet. Auch die Organe der Konvention und ihre Geschäftsordnungen sind denen des Welterbe-Komitees bzw. der Generalversammlung der Vertragsstaaten der 1972er Konvention sehr ähnlich (vgl. Jacobs 2007: 12 ff.). Die UNESCO-Konvention zur Erhaltung des immateriellen Kulturerbes (2003) nur als Ergänzung zur älteren Konvention zum Schutz des Kultur- und Naturerbes der Welt (1972) zu betrachten, greift allerdings zu kurz: Es geht nicht nur um einen Ausgleich der Europa-Zentriertheit der Welterbe-Liste – ein häufiges Missverständnis in Europa. Es geht vielmehr um einen Wechsel der Perspektive, der grundsätzlich dem Kulturverständnis anderer Weltregionen außerhalb Europas entspricht und letzterem weitere Facetten und Dimensionen hinzufügt (vgl. Hanke 2016: 86); damit also um eine substanzielle Ergänzung des UNESCO-Kulturerbe-Verständnisses um weitere Formen.

„Am Anfang, wenn man sich die Entstehungsgeschichte anguckt, war das ja auch ein Stück eine Initiative der Länder, die keine großen Bauten hatten. Also afrikanische und asiatische Länder, auch lateinamerikanische. Die dachten, na ja, ihr macht da Kultur, aber wir haben auch eine Kultur. Ihr könnt da nicht irgendwie [nur] eure Kathedralen zum Kulturerbe erklären. Und dieser Impetus, der ist ja fruchtbar geworden und den haben auch viele übernommen. [...] Und das war damals natürlich auch eine politische Frage. Ich kann mich an diese Diskussion noch erinnern. Also in Tokio [bei einem Expertentreffen an der UN-Universität, Anm. d. Verf.] war das ein ganz heißer Punkt, dass man dachte, also, dass es um die Gleichwertigkeit der immateriellen Kultur geht, im Vergleich zu den großen Bauten. Das war keineswegs so ganz selbstverständlich. Also gleichwertig, nicht das Gleiche, aber einen gleichen Wert für eine bestimmte Bevölkerung." (E1, Interview am 15.10.2018)

Schon am 17. Oktober 2003 wurde das Übereinkommen von der UNESCO-Generalkonferenz im Konsens per Akklamation angenommen. Die Entstehungs-zeit ist rekordverdächtig kurz. In den vorausgegangenen Verhandlungen waren zentrale Punkte aus deutscher Sicht die Verankerung der Menschenrechte als Grundlage aller weiteren Bestimmungen mit dem Ziel eines grundlegenden Aus-schlusses von rechtswidrigen Praktiken (vgl. Albert/Disko 2011: 6), ein möglichst schlanker Gremienapparat sowie die „Beachtung der bei der innerstaatlichen Umsetzung entstehenden Kosten und möglicher neuer Leistungsansprüche von Gruppen und Einzelnen gegenüber staatlichen Einrichtungen" (Bernecker 2007: 18). All das erfüllt der endgültige Text; im letztgenannten Punkt, indem die Inventarisierung Immateriellen Kulturerbes in die komplette Verantwortung der einzelnen Vertragsstaaten der Konvention gelegt wird (siehe Abschnitt 4.4.). Aber wohl vor allem die Bedenken, dass sich durch das Übereinkommen (finanzielle) Verpflichtungen ergeben könnten und Befürchtungen vor der Anwendung des Immateriellen Kulturerbes auf Religionsgemeinschaften und Sekten, führten dazu, dass Deutschland an der Abstimmung über die Verabschiedung der Konvention in der UNESCO-Generalkonferenz nicht teilnahm – auf persönliche Intervention des damaligen Bundesinnenministers Otto Schily (mehrere unabhängige Quellen gaben dies in Hintergrundgesprächen an, hinzu kommt, dass es sich in internen Vermerken des AA findet). Dieser „Kompromiss" ist auf diplomatischem Parket üblich, um nicht ausdrücklich gegen eine Resolution zu stimmen, was gemeinhin als massive Desavouierung der einbringenden Staaten gewertet würde und die Zusammenarbeit auf anderen Feldern und in anderen Fällen erschweren würde.

Nach dem Beschluss erreichte die Konvention die notwendige Zahl von 30 ratifizierenden Staaten beispiellos schnell. Am 20. Januar 2006 ratifizierte Rumä-nien als 30. Staat, so dass sie am 20. April 2006 schon offiziell in Kraft trat. Wenn auch die asiatischen und afrikanischen Staaten insgesamt sehr viel schneller ihren Beitritt erklärten, wirkten doch auch gerade die osteuropäischen Staaten ebenfalls schnell aktiv mit. Unter den ersten 30 Staaten finden sich neben Rumänien auch Lettland, Litauen, Kroatien, Island und Belarus.

4.4   Umsetzung der Konvention seit 2006

4.4.1   Internationale Umsetzung

Das souveräne Organ der Konvention ist die Generalversammlung der Ver-tragsstaaten, die seit Juni 2006 im zweijährigen Turnus zusammentritt. Dort wird jeweils die Hälfte der 24 Mitglieder des Zwischenstaatlichen Ausschusses gewählt, die mit einer vierjährigen Mandatszeit die wichtigsten Entscheidungen zwischen den Generalversammlungen treffen. Der Ausschuss („das Komitee") ist u. a. für die Eintragungen in die drei Listen des Immateriellen Kulturerbes verantwortlich. Unterstützt werden die beiden Gremien von einem Sekretariat in der Verwaltung der UNESCO in Paris, das eine Untereinheit der Abteilung „Creativity" im Kultursektor des UNESCO-Sekretariats ist.

Das Komitee erarbeitet auch „Richtlinien zur Durchführung des Übereinkommens". Dabei handelt es sich um konkretere Interpretationen der eher vagen Formulierungen der Konventionsartikel (vgl. Jacobs/Neyrinck/van der Zeijden 2014: 249). Anders als der Konventionstext kann der häufig nur als Operative Richtlinien bezeichnete Text mit einfacher Mehrheit der Generalversammlung der Vertragsstaaten geändert werden. Erstmals wurden die Richtlinien 2008 beschlossen und seitdem immer wieder erweitert und verändert. Sie enthalten unter anderem die Kriterien für Listenaufnahmen und Einträge ins Register Guter Praxis-Beispiele (Kapitel I; ausführlicher dazu unten). Außerdem werden in den Operativen Richtlinien konkrete Anregungen zur Beteiligung der Trägerschaften (Kapitel III) und zur nationalen Umsetzung des Übereinkommens (Kapitel IV und VI) gegeben: Zu den Maßnahmen zählen etwa Bildungs- und Informationsprogramme, spezielle Ausbildungs- und Trainingsprogramme, die Einrichtung von Fachstellen und Dokumentationszentren.

Die Erhaltung des Immateriellen Kulturerbes wird als Aufgabe der gesamten Menschheit definiert und daher fordert die UNESCO mit ihren Instrumenten die Staaten zur Kooperation auf. Dies kann Austausch von Daten, gemeinsame Nominierungen von Kulturformen, gegenseitige finanzielle Unterstützung oder die Bereitstellung beratender Expertise bedeuten. Unter „internationaler Zusammenarbeit" erwähnt das Übereinkommen den Austausch zwischen den UNESCO-Vertragsstaaten, die gegenseitige Unterstützung, Beratung und Information sowie die Verbreitung guter Praxis. Darüber hinaus können Staaten aus dem gemeinsam von den Vertragsstaaten gespeisten Fonds der Konvention finanzielle Unterstützung für bestimmte Erhaltungsmaßnahmen oder die Erstellung von Verzeichnissen beantragen. Die Vertragsstaaten zahlen proportional zu ihrem Beitrag an die UNESCO in den Fonds ein – i. d. R. 1 Prozent des Beitrags an die Gesamtorganisation. Genaueres regeln die Richtlinien zur Durchführung des Übereinkommens (Kapitel II). Ein Staat kann nach Art. 26 Abs. 2 bei seinem Beitritt einen Vorbehalt zu diesem Pflichtbeitrag geltend machen. Deutschland hat dies 2013 getan und zahlt seitdem einen freiwilligen Beitrag (vgl. Dok. 21: Kabinettsache Datenblatt 17/05067: 3).

Um die Ziele des Übereinkommens zu erreichen, u. a. die gegenseitige Information und den Austausch über interessante Beispiele Immateriellen Kulturerbes und von modellhaften Erhaltungsaktivitäten, sieht die Konvention die Erstellung zweier internationaler Listen vor (Art. 16 und 17). Im Rahmen der Abfassung der Richtlinien zur Durchführung des Übereinkommens und mit Bezug auf Art. 18 wurde zudem zusätzlich ein Register Guter Praxis-Beispiele für Programme der Erhaltung Immateriellen Kulturerbes etabliert.

Die Liste des dringend erhaltungsbedürftigen Immateriellen Kulturerbes soll jene Kulturformen, deren Lebendigkeit bzw. Überleben in Gefahr ist, darstellen. Die Repräsentative Liste des Immateriellen Kulturerbes der Menschheit soll die lebendige Vielfalt weltweit abbilden. Der Druck geht immer wieder dahin, das Übereinkommen so auszulegen, dass es „vor allem eine ‚Welthitparade‘, trotz möglicher Nachteile für die betreffenden Gruppen und Kulturphänomene" (Jacobs 2007: 14) ist. Mit der Aufnahme in die Listen ist aber eigentlich nicht die Auffassung verbunden, dass die Kulturform wertvoller oder wichtiger als andere ist. Dieser Lesart einer Abkehr vom Kriterium der Exzellenz steht allerdings entgegen, dass die 90 „Meisterwerke", die noch dieser Logik folgend anerkannt wurden, in Gänze im Jahr 2008 in die Repräsentative Liste übernommen wurden, obwohl der Auswahlprozess und die Kriterien sich deutlich unterscheiden. Eine Kulturform soll nach den Operativen Richtlinien (Kapitel I) lediglich repräsentativ, also exemplarisch, für viele Formen des Immateriellen Kulturerbes – im Falle der Repräsentativen Liste – stehen oder – im Fall der Liste des dringend erhaltungsbedürftigen Immateriellen Kulturerbes – in ihrem Bestand besonders gefährdet sein und daher spezieller Aufmerksamkeit bedürfen. Nimmt man die Absichten der meisten Experten, die an der Erstellung und Formulierung der Konvention beteiligt waren, zum Maßstab, ging es darum, wegen der durch die Weiterentwicklung der Informations- und Kommunikationstechnologie beschleunigten Globalisierung und der damit verbundenen drohenden Einschränkung kultureller Vielfalt, für Situationen der existenziellen Bedrohung kultureller Ausdrucksformen Vorkehrungen zu treffen (vgl. Merkel 2011: 55): Dies war und ist im Wesentlichen, durch eine Aufnahme in die Liste des dringend erhaltungsbedürftigen Immateriellen Kulturerbes Aufmerksamkeit zu schaffen und in diesem Rahmen zugleich Erhaltungspläne zu erarbeiten und in den Folgejahren umzusetzen.

Es gibt im Portfolio der Listenmechanismen der UNESCO-Konvention zum Immateriellen Kulturerbe ferner noch das oben bereits erwähnte Register Guter Praxis-Beispiele. In ihm sollen modellhafte Programme, Projekte und Aktivitäten gelistet werden, die zur Erhaltung Immateriellen Kulturerbes dienen. Dies ist ein innovativer Ansatz der Konvention, die eben nicht nur die Kulturformen würdigen will, sondern auch die konkreten Erhaltungsaktivitäten der Trägergruppen sowie unterstützender Akteure, wie Museen, Archive, staatliche Stellen usw., darstellen möchte. Hierzu ist das Register ein Instrument, das bisher noch vergleichsweise wenig genutzt wird. Wie auch die Liste des dringend erholungsbedürftigen Immateriellen Kulturerbes verzeichnet das Register deutlich weniger Nominierungen und Einträge als die Repräsentative Liste.

Nichtregierungsorganisationen spielen für die Umsetzung der UNESCO-Konvention zum Immateriellen Kulturerbe eine wichtige Rolle; international insbesondere als Beratungsorgane des Zwischenstaatlichen Ausschusses und durch Teilnahme an dessen Tagungen und eine regelmäßige Vernetzung mit eigenen Koordinierungsgremien und u. a. Publikationsmedien, wie in einigen Fällen auch national.

4.4.2 Nationale Umsetzung

Die Konvention verpflichtet die Vertragsstaaten zu einer Implementierung der Erhaltung des Immateriellen Kulturerbes auf nationaler Ebene. Das global ausgehandelte Programm wird „in diesem Prozess an eine nationale Politik rückgebunden, wodurch [...] Handlungsoptionen für nationale Akteure entstehen" (Tauschek 2010: 21). Es wäre naiv zu glauben, dass die Intervention durch einen global vorgegebenen Kulturpolitikrahmen nicht zu, je nach historischen Erfahrungen und gewachsenen Politiksystem, unterschiedlichen Ausprägungen der konkreten Kulturpolitik für Formen Immateriellen Kulturerbes führen würde (vgl. Fournier 2012: 339).

Zur nationalen Umsetzung der UNESCO-Konvention von 2003 gehört es, dass die Vertragsstaaten – rechtlich unverbindlich – ihrer eigenen Einschätzung gemäß generelle Maßnahmen für die Erhaltung des Immateriellen Kulturerbes und die Unterstützung der Trägergemeinschaften bei der Erhaltung ihres Immateriellen Kulturerbes ergreifen. Zwar werden Ziele vorgegeben, nicht aber konkrete Wege dorthin. Als Methoden der Erhaltung werden in Art. 2 immerhin, wenn auch nicht abschließend, benannt: Ermittlung, Dokumentation, Forschung, Sicherung (in Form der Erhaltung der Kontinuität der Ausübung), Schutz (z. B. durch legislative Maßnahmen), Aufwertung (durch Aufmerksamkeit und Inwertsetzung), Weitergabe (ganz zentral ist die Unterstützung der Trägergruppen in diesem Punkt), insbesondere durch Bildung, sowie Neubelebung (nicht Neuerfindung oder Wiederbelebung, sondern Stärkung einer – aus verschiedenen denkbaren Gründen – geschwächten Kulturform) des Immateriellen Kulturerbes.

Rechtlich verbindlich ist zur Ermittlung und Dokumentation des Immateriellen Kulturerbes mit Beitritt zur UNESCO-Konvention die Inventarisierung der vorhandenen Kulturformen im jeweiligen Hoheitsgebiet (Art. 11 bis 15 der

Konvention). „Wie beim Denkmalschutz bedarf es auch beim immateriellen Kulturerbe der Identifizierung des Erhaltenswerten." (Schneider 2014b: 196) Aber auch hier wird den Staaten viel Spielraum bei der genauen Umsetzung gewährt. Die Inventarisierung soll unter Einbeziehung relevanter Nichtregierungsorganisationen sowie von Experten und Forschungsinstituten sowie insbesondere unter möglichst weit reichender Beteiligung der Träger des Immateriellen Kulturerbes durchgeführt werden – dieser für ein Kulturvölkerrechtsinstrument außergewöhnlich partizipative Ansatz hat für die nationale wie internationale Umsetzung nicht zu unterschätzende Auswirkungen (vgl. Blake 2019: 17), selbst wenn der Staat seine starke Stellung im Kulturvölkerrecht dadurch keineswegs einbüßt (vgl. Mißling 2010: 96); die Verfasstheit der UNESCO als zwischenstaatliche Organisation darf in dieser Betrachtung natürlich nicht vernachlässigt werden. Genaueres hinsichtlich der Inventarisierung regelt Kapitel III der Richtlinien zur Durchführung des Übereinkommens. Mit der Formulierung in Art. 12 („in einer seiner Situation angemessenen Form eine oder mehrere Inventarlisten des in seinem Hoheitsgebiet befindlichen immateriellen Kulturerbes") lässt die Konvention den Vertragsstaaten eine große Flexibilität. Diese nutzen die Staaten auch aus, zum Beispiel hinsichtlich der Frage, ob es ein einheitliches auf nationaler Ebene oder mehrere thematische oder regionale Verzeichnisse gibt oder ob diese von öffentlichen oder privaten Stellen erstellt und verantwortet werden. Eine konkrete methodische Vorgabe für eine Inventarisierung macht die Konvention ebenfalls nicht. Die Inventarisierung ist eine dokumentierende Bestandsaufnahme der vorhandenen lebendigen Traditionen und kann damit nicht mit der Erhaltung des Immateriellen Kulturerbes gleichgesetzt werden. Sie kann aber, wenn sie adäquat als *Bottom-up*-Verfahren gestaltet ist, bereits eine Maßnahme zur Erhaltung von Kulturformen sein. Den Trägergruppen wird nämlich i. d. R. durch den Prozess der Inventarisierung bewusst, welche Bedeutung die Kulturtradition für sie selbst und möglicherweise auch darüber hinaus hat, erfährt zudem breitere öffentliche Anerkennung und kann so mittelbar die Weitergabe an jüngere Generationen unterstützen.

Deutschland setzt die UNESCO-Konvention zur Erhaltung des immateriellen Kulturerbes seit dem Beitritt im Jahr 2013 um. Andere Staaten in Europa hatten zu diesem Zeitpunkt bereits Erfahrungen mit der nationalen Umsetzung gemacht, die in Deutschland vorab als Fallbeispiele beobachtet und analysiert wurden. Im Folgenden wird entsprechend skizziert, wie Österreich, die Schweiz, Belgien und Frankreich die Umsetzung angegangen sind. Die Darstellung folgt jeweils einem gleichen Schema: (1) Zunächst wird in knapper Form die *Cultural governance* des jeweiligen Staates vorgestellt. (2) Hernach wird die Vorbereitung und die eigentliche Ratifizierung der UNESCO-Konvention zum Immateriellen

Kulturerbe nachgezeichnet und die grundlegende Form der nationalen Umsetzung des Übereinkommens vorgestellt. (3) Dann wird im Einzelnen die Inventarisierung von Formen Immateriellen Kulturerbes präsentiert. (4) Anschließend werden weitere Schritte und Methoden der Erhaltung im nationalen Rahmen beschrieben. (5) Abschließend werden Maßnahmen internationaler Zusammenarbeit des jeweiligen Staates dargestellt. Hauptsächliche Grundlage der Ausführungen über die politischen Maßnahmen (Projekte, Programme und Strategien) zur Umsetzung der Konvention auf nationaler Ebene bilden die regelmäßigen Berichte der Vertragsstaaten über ihre jeweilige nationale Umsetzung (im Literaturverzeichnis extra aufgelistet). Deren Vorlage stellt eine weitere Verpflichtung der Vertragsstaaten entsprechend Art. 29 der Konvention dar – Genaues regelt Kapitel V der Richtlinien zur Durchführung.

4.4.2.1 Österreich

(1) Österreich weist in der Staatsorganisation viele Parallelen mit Deutschland auf: ein föderaler Bundestaat mit starken Kompetenzen des Bundes in Angelegenheiten der Bundesgesetzgebung, Außen- und Verteidigungspolitik, darüber hinaus aber eine vergleichsweise starke Stellung der Gliedstaaten in Exekutiv- und Legislativangelegenheiten. Die Parallelen gelten grundsätzlich auch in der Kompetenzverteilung in der Kulturpolitik. Diese liegen nach Art. 15 der österreichischen Bundesverfassung ebenfalls ganz überwiegend bei den Bundesländern (vgl. Staatenbericht 2015: 2). In der von Beyme (1998) folgenden Modellbildung der Formen der Institutionalisierung von Kulturpolitik kategorisiert Wimmer (2011: 104 ff.) in der Praxis Österreich allerdings als einen Hybrid bzw. eine Mischung zwischen dem zentralistischen und dem föderalistischen Modell: Es gibt Elemente beider eigentlich unvereinbar klingenden Modelle, was „zu einem wenig koordinierten Nebeneinander kulturpolitischer Aktivitäten aller Gebietskörperschaften" (Wimmer 2011: 105) führe. In Österreich beschäftigt sich Kulturpolitik ebenfalls vor allem mit der etablierten (Hoch-)Kultur. Andererseits gilt auch hier, ähnlich wie für Deutschland, dass „die Mitwirkung in lokalen Kulturvereinen, Blaskapellen oder Volkstanzgruppen [...] für viele Menschen außerhalb der Ballungszentren die einzige Möglichkeit darstellt, sich kulturell zu artikulieren" (Wimmer 2011: 269). Dies blieb aber in kulturpolitischen Debatten, die sich häufig um die großen Kultureinrichtungen in den Städten drehen, vor der Umsetzung der UNESCO-Konvention zum Immateriellen Kulturerbe oft ausgeblendet. In diesem zivilgesellschaftlichen Bereich war der Staat bis dahin ein wenig relevanter Akteur, da er kaum Angebote schaffte und dies würdigte. (vgl. Wimmer 2011: 269) Zugleich konstatierte Wimmer, dass „große Teile der Bevölkerung heute [...] sich auf die Suche nach den ihnen entsprechenden kulturellen

Bezugspunkten machen, die freilich in der Regel keinerlei kulturpolitische Würdigung erfahren" (Wimmer 2011: 328) – diese 2011 geäußerte Einschätzung lässt
die Umsetzung des UNESCO-Übereinkommens zur Erhaltung des immateriellen
Kulturerbes allerdings noch weitgehend unberücksichtigt.

(2) Der Ratifizierungsprozess der UNESCO-Konvention zur Erhaltung des
immateriellen Kulturerbes nahm in Österreich grob drei Jahre in Anspruch. Der
Beitritt erfolgte nach Zustimmung des österreichischen Parlaments, des National-
rats, und der Länderkammer, dem Bundesrat, am 9. April 2009 als 112. Staat.
Staatlicherseits hatte die Kunst- und Kulturabteilung im Bundeskanzleramt eine
koordinierende Funktion bei der Ratifizierung inne. Da zwar der Bund der Konvention beigetreten ist, die Länder aber in Kulturfragen u. a. für den Großteil der
Gesetzgebung und die exekutive Politikgestaltung (Policy) zuständig sind, müssen
in einem solchen System effektive Koordinierungs- und Abstimmungsverfahren
eingerichtet werden (vgl. Staatenbericht 2015: 2–8).

Zur Umsetzung im nationalen Rahmen wurde am 1. Januar 2006 – also
bereits zu Beginn des Ratifizierungsprozesses – im gemeinsamen Auftrag des
damaligen Bundesministeriums für Bildung, Wissenschaft und Kultur, des Bundesministeriums für Land- und Forstwirtschaft, Umwelt und Wasserwirtschaft
sowie das Bundesministerium für Gesundheit und Frauen in der Österreichischen
UNESCO-Kommission (ÖUK) eine finanziell eigenständige Nationalagentur für
das Immaterielle Kulturerbe eingerichtet. Grundlage war eine Studie, die die erste
Leiterin der Nationalagentur, Maria Walcher, zuvor im Auftrag des Ministeriums
für Bildung, Wissenschaft und Kultur verfasst hatte. Die Funktion der Nationalagentur war zunächst die einer Informations- und Kommunikationsplattform.
(vgl. Walcher 2007: 69). Sie wurde Stand 2011 mit 100.000 Euro jährlich finanziert (vgl. Dok. 7: Protokoll der Expertenbesprechung vom 08.02.2011: 2). Im
Zuge einer bis in internationale Kreise reichenden kontroversen Debatte um das
Element „Wiener Balltradition" im nationalen österreichischen Verzeichnis des
Immateriellen Kulturerbes – bei einem der Bälle, dem sog. „Akademikerball",
waren rechtsextreme Umtriebe bekannt geworden, woraufhin die gesamte Tradition aus dem Verzeichnis gestrichen wurde – wurde der Begriff „Nationalagentur"
aufgegeben und diese als Arbeitseinheit vollständig in die ÖUK integriert. Die
Umsetzung des Übereinkommens auf nationaler Ebene mit den beiden zentralen
Aufgaben der Bewusstseinsbildung für die Erhaltung und der Vermittlung und
Förderung des Immateriellen Kulturerbes im Land zum einen und der Erstellung
eines nationalen Verzeichnisses des Immateriellen Kulturerbes in Österreich zum
anderen (vgl. ÖUK, 2015) lautete der gleichbleibende Auftrag.

Von anfänglichen Hürden in der Arbeit der Nationalagentur berichtete Maria
Walcher 2009 bei einem Fachgespräch im Deutschen Bundestag: Immaterielles

Kulturerbe habe man in Österreich zunächst als Synonym für Volkskultur wahrgenommen. Durch den kommunikativen Einsatz der Nationalagentur in enger
Zusammenarbeit mit der ÖUK und den Aufbau von Partnerschaften mit anderen
Institutionen (s. u.) habe man deutlich gemacht, dass darunter etwa auch traditionelle Heilmethoden und Heilmittel fallen. (vgl. Dok. 4: heute im Bundestag
vom 26.03.2009) Die Überzeugung von Maria Walcher war, dass man den neuen
Prozess gleichermaßen als Anregung und Chance verstehen sollte,

> „aus teilweise festgefahrenen Denkmustern über ‚Kultur' auszubrechen". Neue Wege
> gehen und viele „Begegnungen und Diskussionen auf den verschiedensten gesell-
> schaftlichen Ebenen – Wissenschaft, Gedächtnisinstitute, Praxis, Politik, regional,
> national und international – um gemeinsam Strategien und Schwerpunkte festzule-
> gen" (Walcher 2007: 70),

waren Leitmotive der Umsetzung.

Um die Öffentlichkeit für das Immaterielle Kulturerbe in seiner ganzen
Breite – über die Bräuche und Feste hinaus, die in Österreich schnell als satis-
faktionsfähig galten (vgl. Staatenbericht 2015: 2) – und um für die Bedeutung
des überlieferten Wissens und Könnens in verschiedenen Lebensbereichen zu
sensibilisieren, arbeitete die österreichische Nationalagentur zunächst schwerpunktmäßig in Bereichen, in denen sich gesellschaftlich relevante Problemthemen
und traditionelles kulturelles Wissen überschnitten: Man kooperierte mit dem
Bundesministerium für Gesundheit und dem Institut für Medizingeschichte an
der Universität Wien, um Wissen über traditionelle Heilmethoden und Gesund-
heitsfürsorge zu thematisieren. Später wurde infolgedessen als Public-Private-
Partnership ein Dokumentationszentrum für traditionelle und komplementäre
Heilmethoden eingerichtet (vgl. Staatenbericht 2015: 5, 8). Man arbeitete auch
mit dem Bundesministerium für Land- und Forstwirtschaft, Umwelt und Wasserwirtschaft zusammen, z. B. zur Bewahrung von lokal überliefertem Wissen
zur Vorsorge vor und Bewältigung von Naturgefahren wie Überflutungen, den
Umgang mit Lawinengefahr usw. oder im Bereich der Forstwirtschaft. „Durch
diese Aktivitäten kann auch ein Beitrag zur Bewahrung der biologischen Vielfalt geleistet und ein nachhaltiger Umgang mit der Natur gefördert werden.
Kulturelles Erbe erhält in diesen Zusammenhängen eine völlig neue Perspektive und Aktualität." (Albert/Disko 2011: 14) So konstatierte im Jahr 2011
die Machbarkeitsstudie für die deutsche Umsetzung anerkennend. Die beiden
genannten österreichischen Bundesministerien beteiligten sich auch finanziell an
Projekten der ÖUK. Insbesondere in den Bereichen Wissen zum Umgang bzw.
zur Verhinderung von Naturkatastrophen sowie Forstwirtschaft wurden zudem

interministerielle Arbeitskreise eingerichtet. Ein weiterer Tätigkeitsschwerpunkt wurde von der ÖUK später im Bereich Traditionelles Handwerk gesetzt, nicht zuletzt da Österreich auch eine Stärkung der lokalen und regionalen Wirtschaft als Ziel der Umsetzung der 2003er-UNESCO-Konvention definierte. (vgl. Staatenbericht 2015: 8)

Als weitere Spezifik hat sich Österreich bei der Umsetzung der Konvention zum Immateriellen Kulturerbe eingehender mit Kulturformen, die von Minderheiten praktiziert werden, beschäftigt: Zu den Einträgen im nationalen Verzeichnis – unter (3) mehr zu den generellen Grundzügen der Verzeichniserstellung – zählen etwa die Anerkennungen Roman – Die Sprache der Roma im Burgenland, die Lieder der Lovara, Slowenische Feld- und Hausnamen in Kärnten und die Gebärdensprache. Dies habe, so die Feststellung im periodischen Bericht zu gewachsener Aufmerksamkeit und Anerkennung dieser Minderheiten über die Anerkennung der Kulturform hinaus beigetragen. (vgl. Staatenbericht 2015: 9) Der Umgang mit Dialekten und Minderheitensprachen weicht ein wenig von der UNESCO-Praxis beim Immateriellen Kulturerbe und auch von den Bestimmungen der nationalen Verzeichniserstellung in Deutschland und der Schweiz ab. Die Konvention behandelt Sprachen an sich nicht als Immaterielles Kulturerbe, erkennt aber die wichtige Rolle, die diese für viele Traditionen und ihre Vermittlung spielen, an. In Österreich wurde dagegen z. B. die Ötztaler Mundart im nationalen Verzeichnis anerkannt, während die Schweiz und auch die Bestimmungen im deutschen Bewerbungsformular bzw. in den entsprechenden Hinweisen die selbständige Anerkennung einer Sprache oder eines Dialekts als Immaterielles Kulturerbe ausschließen. (vgl. Albert/Disko 2011: 33 Fn 65)

(3) Eine der Aufgaben der Nationalagentur war ab dem Zeitpunkt der Ratifizierung, ein „Nationales Verzeichnis des Immateriellen Kulturerbes in Österreich" zu erstellen.

> „In Österreich kommen Vorschläge zur Aufnahme von Elementen […] ausschließlich von den Trägern des Kulturerbes selbst. Gemeinschaften, Gruppen und Einzelpersonen, die immaterielles Kulturerbe tradieren, sind eingeladen, sich für die Aufnahme von Praktiken, Darstellungen, Ausdrucksformen, Wissen und Fertigkeiten in das Verzeichnis zu bewerben" (Albert/Disko 2011: 26).

Trägerschaften des Immateriellen Kulturerbes sind also aufgerufen, sich selbständig für die Aufnahme zu bewerben. Das Prinzip ist, dass Trägergruppen gegenüber der ÖUK Vorschläge einreichen können – Stichtage für Abgabe waren im Untersuchungszeitraum jeweils der 30. Juni und der 31. Dezember. Hintergrund dieses strikten *Bottom-up*-Verfahrens mit eigeninitiativer Bewerbung

ist die Idee, dass nur so im österreichischen Kontext die im Konventionstext
geforderte umfassende Beteiligung der Trägerschaften am Inventarisierungsprozess sichergestellt werden könne und diese zugleich durch ihr aktives Handeln
für die Bedeutung der Erhaltung und Dokumentation Immateriellen Kulturerbes
sensibilisiert werden können (vgl. Staatenbericht 2015: 7). Alle Bewerbungen
für das österreichische Verzeichnis sind zusammen mit einer expliziten Einver-
ständniserklärung der eingebundenen Gemeinschaften und ggf. Einzelpersonen
sowie mit zwei Schreiben, zunächst hieß es „sachverständige Gutachten", inzwischen – begrifflich übernommen aus Deutschland – „fachliche Begleitschreiben"
(siehe Abschnitt 6.4.3.), einzureichen. Im Bewerbungsverfahren leistet die ÖUK
beratende Hilfestellung. Die eingehenden Vorschläge werden von einem extra
dafür berufenen, interdisziplinär besetzten Fachbeirat bezüglich ihrer Aufnahme
in das Verzeichnis zunächst individuell bewertet und dann in einer gemeinsamen Sitzung final beschieden, ohne dass es, wie in Deutschland, einer weiteren
Bestätigung durch staatliche Stellen bedarf. Im Fachbeirat sind benannte Experten der fünf Felder des Immateriellen Kulturerbes, die neun Bundesländer mit
je einem Vertreter aus den dortigen Kulturabteilungen repräsentiert genauso wie
die fünf inhaltlich relevanten Bundesministerien – insgesamt hat das Gremium
23 Mitglieder (vgl. Staatenbericht 2015: 3). Beschlüsse des Fachbeirats, der sich
im Untersuchungszeitraum jedes Jahr zwei Mal traf, müssen nach dem Kon-
sensprinzip einstimmig sein (vgl. Dok. 7: Protokoll der Expertenbesprechung
vom 08.02.2011: 2). Neben der Option Aufnahme ins Verzeichnis bestehen die
Optionen Rückstellung für die Einholung ergänzender Informationen von den
Bewerbergruppen oder externen Experten und die Ablehnung des Vorschlags.
Für die Entscheidungsfindung sind zum einen die in der Konvention vorgegebenen Kriterien leitend und zum anderen hat der Fachbeirat im Laufe der Zeit aus
der Entscheidungspraxis eigene Klarstellungen und Präzisierungen für den spezifisch österreichischen Kontext vorgenommen, die in einem internen Arbeitspapier
festgehalten wurden.[3]

Die ersten Einträge erfolgten 2010. Bei einem Eintrag in das Verzeichnis werden die durch die Bewerbung übermittelten Informationen der Öffentlichkeit zum
einen durch eine Online-Datenbank in Deutsch und Englisch sowie zum anderen
durch Publikationen zugänglich gemacht. Das Verzeichnis wird nach den fünf in
Art. 2 der UNESCO-Konvention genannten Bereichen gegliedert. Suchmöglich-
keiten im Online-Verzeichnis sind auch die Verbreitung nach Bundesland sowie

---

[3] Dieses Papier wurde der DUK-Geschäftsstelle für das Immaterielle Kulturerbe zur Verfügung gestellt und war von Beginn an auch handlungsleitend für die Empfehlungspraxis im
DUK-Expertenkomitee. (siehe auch Abschnitt 6.4.1.)

das Jahr der Aufnahme ins Verzeichnis. (vgl. Staatenbericht 2015: 6). Konzeptionell geht man von einem prinzipiell unbegrenzten bzw. offenen Verzeichnis aus (vgl. Albert/Disko 2011: 13). Stand Juni 2022 sind 147 Elemente in das Nationale Verzeichnis Österreichs eingetragen – Ende 2016 also zum Ende des im Rahmen dieser Arbeit vor allem untersuchten Zeitraums waren bereits 96 Kulturformen auf nationaler Ebene anerkannt. Die anfangs recht große Dynamik von Neueintragungen hat sich in den letzten Jahren also etwas abgeschwächt. Seit 2019 werden zusätzlich zu Kulturformen – wie in Deutschland – auch Projekte und Maßnahmen zur Erhaltung des Immateriellen Kulturerbes in einem extra Register gewürdigt. Neueinträge werden immer wieder – je nach Zahl der neu aufgenommenen Kulturformen ein- bis zweimal jährlich – durch öffentliche Zeremonien gewürdigt (vgl. Staatenbericht 2015: 7). Die Trägergruppen können für nicht-kommerzielle Zwecke dann das Logo der ÖUK (UNESCO-Tempel) mit dem Zusatz „Immaterielles Kulturerbe/Nationales Verzeichnis" und dem Titel der anerkannten Kulturform nutzen. Bewerbungen sind laufend möglich – die Dokumentation und Inventarisierung des Immateriellen Kulturerbes ist also ein fortlaufender Prozess. In Österreich wurde, wie auch nach den ersten Jahren der Umsetzung in Deutschland (siehe Kapitel 6), konstatiert, dass das Verfassen von Bewerbungen zum Teil professionelle Unterstützung, d. h. Expertise und das Know-How sowie die Zeitressourcen, z. B. von Verbänden, benötige (vgl. Staatenbericht 2015: 7 f.).

Beim Monitoring der Einträge im Nationalen Verzeichnis hat man sich für den Staatenbericht des Instruments einer Umfrage bei allen Traditionsträgerschaften bedient: Diese ergab *summa summarum*, dass die Anerkennung für die Elemente hauptsächlich positive Effekte hinsichtlich der Stärkung der Erhaltungsfähigkeit und Sichtbarkeit hatte. Mit der Umfrage versuchte die ÖUK auch herauszufinden, ob die einmal aufgenommenen Kulturformen noch praktiziert werden und welche Erhaltungsmaßnahmen ergriffen worden sind. Die Trägerschaften gaben zudem an, dass, ihrer Einschätzung nach, die Anerkennung Immateriellen Kulturerbes im Allgemeinen in Österreich gestiegen sei. Bedrohungen der Praxis, die mit der Anerkennung im Zusammenhang stehen, waren bis dato nicht festzustellen. Die erhöhte Aufmerksamkeit für die lebendigen Traditionen habe aber das Selbstwertgefühl und die Identität der Träger als Vertreter ihrer Kulturform gesteigert. Die Anerkennung als Immaterielles Kulturerbe im nationalen Rahmen habe bei Trägergruppen auch zu neuen Ideen und Kontakten hinsichtlich multinationaler UNESCO-Nominierungen geführt oder die Gründung von grenzüberschreitenden und transnationalen Verbänden befördert. (vgl. Staatenbericht 2015: 7, 14)

(4) Erhaltungsmaßnahmen für das Immaterielle Kulturerbe haben entsprechend der oben beschriebenen Kompetenzen sowohl die Länder als auch der

Bund ergriffen. Auf regionaler Ebene haben sich in Österreich zum einen spezifische Beratungsangebote zum Immateriellen Kulturerbe etabliert, wie IKES (Immaterielles KulturErbe Salzkammergut), das durch Information der Öffentlichkeit, darunter auch Touristen, über lokale Traditionen sowie durch Beratung von Traditionsträgern bei der Bewerbung für das Nationale Verzeichnis zur Erhaltung Immateriellen Kulturerbes beiträgt. Die Steiermark unterstützt Bewerbungen aus dem Land direkt aus der Landesverwaltung. Zum anderen gab es von Länderseite aus eine Reihe von Initiativen, die das Bewusstsein der Bevölkerung fördern sollte: Die Landesregierung von Oberösterreich hat eine Ausstellung zum regionalen Immateriellen Kulturerbe erstellen und touren lassen und das Burgenland hat eine 44-teilige Fernsehserie mit lokalen Traditionen und Hintergrundinformationen zum Immateriellen Kulturerbe produzieren lassen. Bei der internationalen Nominierung der Handwerkszentren für das UNESCO-Register Guter Praxis-Beispiele haben sich insbesondere die Länder Vorarlberg und Oberösterreich (finanziell) engagiert. (vgl. Staatenbericht 2015: 4, 9) Länderverzeichnisse des Immateriellen Kulturerbes sind aus Österreich nicht bekannt.

Die Veröffentlichung von Publikationen – allgemeiner Art wie auch zu spezifischen Themen, wie etwa zu traditionellem Handwerk als Wirtschaftsfaktor – hat dazu beigetragen, dass die Aufmerksamkeit für Immaterielles Kulturerbe in Österreich signifikant gestiegen ist. Auch im universitären Kontext haben sich Kurse zum Immateriellen Kulturerbe etabliert und Studierendenarbeiten zum Thema häufen sich. Forschungsprojekte wurden von verschiedenen Bundesministerien mit entsprechend verschiedenen Perspektiven gefördert. Im Schul- und im Erwachsenenbildungsbereich ist im Vergleich weniger passiert. (vgl. Staatenbericht 2015: 4, 9, 11). Im Bereich nachhaltiger Tourismus und Immaterielles Kulturerbe hat sich dagegen einiges getan, gerade im Hinblick auf die Stärkung der lokalen Wirtschaft. Partner waren hier die Österreichische Tourismuszentrale und ein neu eingerichteter UNESCO-Lehrstuhl für Kulturerbe und Tourismus an der Universität Salzburg (Lehrstuhlinhaber Kurt Luger) (vgl. Staatenbericht 2015: 4 f.). Der Umsetzungsprozess insgesamt hat nach Einschätzung der österreichischen Bundesregierung einen wichtigen Beitrag zum Bewusstsein für die Bedeutung überlieferten Wissens und Könnens geleistet. Man war bei der Erstellung des periodischen Berichts (2015) regelrecht überrascht über das hohe Medienecho, das die Umsetzung bis dahin erfahren hatte. (vgl. Staatenbericht 2015: 2) Ein Beispiel medialer Begleitung der Umsetzung der Konvention war eine Serie im landesweiten öffentlich-rechtlichen Radioprogramm Ö1, die sich mittels Interviews mit Kulturträgern, Experten sowie Wissenschaftlern mit der identitätsstiftenden Rolle des Immateriellen Kulturerbes befasst hat (vgl. Staatenbericht 2015: 10). Als Partner von Dokumentationsaktivitäten wurden neben den zum Teil bereits genannten im Medizin- und Katastrophenvorsorgebereich im UNESCO-Staatenbericht Österreichs auch das Österreichische Volksliedwerk, das Volkskundemuseum, das Phonogrammarchiv und zahlreiche Freilichtmuseen genannt. (vgl. Staatenbericht 2015: 5)

(5) Österreich war in den Untersuchungsjahren 2013–2016, und auch darüber hinaus, stets stark auf den internationalen Austausch orientiert. Die Verantwortlichen der ÖUK haben Deutschland z. B. maßgeblich im Beitrittsprozess unterstützt, u. a. durch gegenseitige Teilnahme an Treffen in Berlin und Wien. Bei Sitzungen des Zwischenstaatlichen Ausschusses, der Vertragsstaatenkonferenzen und anderen Anlässen wurden regelmäßig Informationen zur nationalen Umsetzung der Konvention geteilt. Zu diesem Zweck wurden durch Österreich auch mehrere Treffen mit thematischen Schwerpunkten in Wien organisiert, u. a. 2009 gemeinsam mit dem UNESCO-Sekretariat, bzw. Treffen an anderen Orten von Verantwortlichen der ÖUK und der Kulturabteilung im Bundeskanzleramt besucht (vgl. Staatenbericht 2015: 13 f.). Ein auf den Austausch über die Ansätze der nationalen Umsetzung ausgerichtetes Treffen mit Vertretern seiner Nachbarstaaten organisierte die ÖUK 2013 anlässlich des zehnten Geburtstags der Verabschiedung der Konvention in Wien – ein Ergebnis dieses Treffens war die Folgeaktivität der Erarbeitung einer multinationalen Nominierung zum Thema Blaudruck gemeinsam mit Ungarn, Tschechien, der Slowakei und Deutschland. In diesem Prozess (2015–2017) übernahm Österreich die Koordination. 2016 wurde Österreich zudem für vier Jahre in den Zwischenstaatlichen Ausschuss gewählt.

Der Fachbeirat der ÖUK entscheidet auch über die Nominierung von Elementen für die internationalen Listen. Im Jahr 2012 erfolgten daraufhin die ersten beiden UNESCO-Eintragungen, das „Schemenlaufen in Imst" als alleinige Nominierung und eine Beteiligung an der Falknerei als multinationale Nominierung von damals 13 Staaten. Im Jahr 2015 kam die Klassische Reitkunst und die Hohe Schule der Spanischen Hofreitschule Wien hinzu; alle drei befinden sich auf der Repräsentativen Liste des Immateriellen Kulturerbes der Menschheit. 2016 fanden die Regionalen Handwerkszentren als Strategie der Erhaltung des Kulturerbes traditionellen Handwerks im Register Guter Praxis-Beispiele Anerkennung. (vgl. Staatenbericht 2015: 4).

4.4.2.2 Schweiz

(1) Die Schweiz ist wahrscheinlich das Paradebeispiel einer föderal organisierten Nation. Kulturpolitik ist nach der Bundesverfassung nahezu exklusiv in Verantwortung der 26 Kantone und stellt damit einen Modellfall des föderalen Subsidiaritätsprinzips dar. Nach von Beyme (1998) folgt die Institutionalisierung

von Kulturpolitik entsprechend klar dem föderalistischen Modell. Bundesstaatliche Kulturpolitik war daher in der Schweiz im 20. Jahrhundert sehr defensiv. Mit der im Jahr 2000 beschlossenen neuen Bundesverfassung durfte der Bund überhaupt erst Kultur fördern. (vgl. Wenzler 2009: 23 ff.) Die Hoheit der Kantone in Kulturfragen blieb dabei aber grundsätzlich unangetastet: Der Bund hat – ganz ähnlich wie in Deutschland – nur ergänzende Zuständigkeit für kulturelle Angelegenheiten von gesamtschweizerischem Interesse. (vgl. Wimmer 2011: 105) Er trägt entsprechend auch nur zirka 10 Prozent der staatlichen Kulturausgaben, während die Kantone etwa 40 Prozent und die Kommunen, insbesondere die größeren Städte, zirka 50 Prozent schultern (vgl. Vitali/Dao 2013: 37). Zudem gilt auch in der Schweiz, ebenfalls sehr ähnlich wie in Deutschland und Österreich: „Kulturpolitik findet in der Öffentlichkeit nur sporadisch statt, und die öffentliche Diskussion dreht sich zumeist um den politischen Ausnahmezustand und nicht um den politischen Alltag." (Wenzler 2009: 9) Des Weiteren: „Kulturpolitik zählt offensichtlich nicht zu den Politikfeldern, denen die Öffentlichkeit eine grosse gesamtgesellschaftliche Relevanz unterstellt." (Wenzler 2009: 23) Ein wichtiges Merkmal der (Kultur-)Politik der Schweiz ist aber das starke zivilgesellschaftliche Engagement, man vermutet zwischen 80.000 und 100.000 Vereine in der Schweiz, wovon eine beträchtliche Zahl kulturelle Zwecke verfolgt (vgl. Vitali/Dao 2013: 37).

(2) Entsprechend galt es im Zuge des Ratifizierungsprozesses durchaus vorhandene, relevante Akteure für das Thema Immaterielles Kulturerbe zu aktivieren. In diesem Geiste hat die Schweizerische UNESCO-Kommission 2006 ein Forum des Immateriellen Kulturerbes organisiert und hierfür verschiedene NGOs eingeladen (vgl. Staatenbericht 2014: 8). Ziel war es, mittels dieser Plattform die Zivilgesellschaft für die Erhaltung des Immateriellen Kulturerbes zu mobilisieren (vgl. Viviani 2007: 65). Dabei wurde eine ganze Reihe von Fragen aufgeworfen, die in großer Offenheit und für den neutralen Beobachter fast verblüffender (Selbst-)Kritikfähigkeit, zum Teil sogar Provokation, daherkommen, etwa zur Rolle des Immateriellen Kulturerbes in der Schweizer Gesellschaft:

„Hat das IKE noch eine Bedeutung? Wozu dient es? Bringt es unserer Gesellschaft etwas? Ist es eine Bereicherung für unser multikulturelles Land? [...] Schafft es soziale Verbundenheit? Unterstützt es die Integration und den Austausch? Oder schafft es eher Distanz und sorgt für Absonderung und Ausgrenzung?". Mit dem zuletzt genannten Aspekt befasst sich auch eine der Forschungsfragen der vorliegenden Arbeit im Hinblick auf Deutschland. Im Rahmen des Schweizer Forums des Immateriellen Kulturerbes wurde 2006 zudem gefragt: „Kann das IKE in seinem traditionellen Kontext überleben? Oder muss es sich, um zu überleben, an die moderne Welt anpassen und zu neuen Formen der Pflege und Überlieferung finden?". Zur Verbindung von Immateriellem Kulturerbe und interkulturellem Austausch wurden weitere eher kritische Gedanken und Fragen formuliert: „Die Gegenwartskunst der Schweiz inspiriert sich stark am IKE anderer Kulturen. Haben wir unser eigenes Kulturgut so stark festzementiert, dass man sich nicht mehr daran inspirieren kann? Inspiriert man sich im Ausland an unserem IKE? Sind fremde Einflüsse (vom Ausland oder von Ausländern in der Schweiz) eine Bedrohung für das Schweizer IKE? Oder eine Bereicherung? Oder ein Überlebenselement? Ein erstarrtes Kulturerbe kann nicht überleben. Aber wie viel Fremdes darf und kann es integrieren, damit es noch als eigenes Kulturerbe gelten kann?" oder schließlich „Könnte die Eintragung gar ein Todesurteil sein (Kommerzialisierung von Kultur und Brauchtum)?" (DUK 2007: 66 f.)

Es wird eingestanden, dass es verwegen wäre, auf alle diese Fragen bereits fertige Antworten zu erwarten, sie wurden aber „als Wegweiser und Impulse für einen regen Gedankenaustausch im Schweizer Forum" (DUK 2007: 67) verstanden.

Im Jahr 2008 hat die Schweiz die UNESCO-Konvention – in der Schweiz heißt es in der offiziellen Übersetzung „UNESCO-Konvention zur Bewahrung des immateriellen Kulturerbes" – als 90. Staat ratifiziert. Im Grundsatz hat jeder Kanton seine eigene Kulturpolitik zur Umsetzung der Konvention, allerdings gibt es auf nationaler Ebene Koordinierungsstrukturen. Man hat sich in der nationalen Umsetzung der Konvention bewusst statt für den als technisch wahrgenommenen Begriff ‚Immaterielles Kulturerbe' oder seine französische Entsprechung ‚Patrimoine Culturel Immatériel' für die Bezeichnungen ‚Lebendige Traditionen' sowie ‚traditions vivants' entschieden –, ein Begriff, der im Konventionstext ebenfalls vorkommt –, da man dies für allgemein verständlicher und vor allem kommunikativ in der Breite zugänglicher hielt (vgl. Graezer Bideau 2012: 303). Zudem betone er stärker den dynamischen und veränderlichen Charakter der gemeinten Kulturformen (vgl. Vitali/Dao 2013: 39). „Der Begriff ‚lebendige Traditionen' akzentuiert das gewünschte Spannungsfeld von Vergangenheit, Gegenwart und Zukunft, das Prozesshafte von andauernder Veränderung und möglicher Veränderbarkeit des Kulturellen." (Koslowski 2017: 8)

(3) Ab 2010 wurde mit der Erstellung einer „Liste der lebendigen Traditionen in der Schweiz" begonnen. (vgl. Staatenbericht 2014: 2) Rückblickend konstatierten die Verantwortlichen, dass sie sich auf eine Reise mit ungewissem Ziel gemacht hätten: Zum ersten, weil das Konzept des Immateriellen Kulturerbes ganz neu für die schweizerische Gesellschaft war, zum zweiten, weil die Bewertbarkeit der Vorschläge als schwierig eingeschätzt wurden und zum dritten, weil die Zusammenarbeit zwischen dem Bund und den Kantonen noch genau zu definieren war (vgl. Vitali/Dao 2013: 36). Die Erstellung des nationalen Verzeichnisses der Schweiz liegt verfassungsrechtlich zunächst in der Hand der Kantone,

die jeweils in Eigenregie durch die für Kultur verantwortliche Verwaltung die Vorschläge sammeln – auf diese Weise wollte man sicherstellen, dass das Verfahren möglichst dezentral und damit nah an den Trägergruppen und deren Beteiligung begünstigend, abläuft, – wird dann koordiniert vom Bundesamt für Kultur (BAK), das dabei wiederum eine enge Zusammenarbeit mit den Kantonen und mit der Schweizerischen UNESCO-Kommission, die für die Einbindung der Zivilgesellschaft verantwortlich zeichnet, sucht. (vgl. Staatenbericht 2014: 7). Das BAK hatte begleitend eine Webseite eingerichtet, auf der Vorschläge und Hinweise der Zivilgesellschaft gesammelt wurden (vgl. Koslowski 2015a: 41). Den Kantonen empfahl das BAK im Geiste der UNESCO-Konvention ein möglichst partizipatives Vorgehen bei der Inventarisierung. Dafür gab man ihnen zur Orientierung 2010 einen „Leitfaden zur Erstellung der Liste der lebendigen Traditionen in der Schweiz" an die Hand. Als Trägerschaften einer Nominierung kamen danach neben den eigentlichen Trägergruppen der lebendigen Traditionen auch die Kantone selbst sowie Verbände und Institutionen als Vertreter einer relevanten Zahl von Trägern in Betracht (vgl. Bundesamt für Kultur 2010: 9) Die Kantone entwickelten daraufhin verschiedene Lösungen: Einige suchten mit Hilfe von Experten, die in Archiven alte Quellen studierten oder die Menschen bestimmter Regionen zu ihren Traditionen befragten, andere mit Hilfe von Museen nach den lebendigen Traditionen auf dem eigenen Territorium. Die acht Ostschweizer und die sechs Zentralschweizer Kantone gingen die Inventarisierung jeweils unter einer Projektleitung gemeinsam an, mit dem Ziel in Zusammenarbeit mit lokalen Fachleuten ähnliche Traditionen „miteinander zu vergleichen und gemeinsam zu positionieren" (Albert/Disko 2011: 26). Der Kanton Bern veröffentlichte einen Aufruf an die allgemeine Bevölkerung, sich mit Vorschlägen zu beteiligen. Durch die verschiedenen gewählten Wege dieser ersten Stufe der Inventarisierung ergab sich für die Trägergruppen eine ziemlich große Uneinheitlichkeit, was sich zum einen in sehr verschiedenen Rücklaufquoten in den einzelnen Kantonen und zum anderen auch in der verschiedenen Form der Vorschläge widerspiegelte. Das Verzeichnis soll eher repräsentativ als umfassend sein, weswegen auf der Koordinationsebene in Verantwortung des BAK eine Steuerungsgruppe, die sich aus kantonalen Kulturbeauftragten, Vertretern des Bundes sowie Experten zusammensetzte, die 387 Vorschläge aus den Kantonen bzw. den einzelnen Landesteilen im nächsten Schritt zum Teil zu Elementen zusammengefasst und vereinheitlicht hat. Eine Zusammenführung von kleineren Vorschlägen zu gemeinsamen großen Elementen gelang nicht in allen Fällen bzw. wurde von der Steuerungsgruppe auch nicht immer für zielführend gehalten, wie etwa bei den verschiedenen Karnevalstraditionen. In dieser Prozessstufe wurden zugleich durch die Mitglieder der Gruppe selbst noch, quasi *top-down*, zusätzliche Vorschläge eingebracht, die diese aus dem *Bottom-up*-Verfahren vermissten, wie z. B. Grafikdesign und Typographie. Herausgefallen sind in diesem Schritt etwa die Solothurner Filmtage oder die Solothurner Literaturtage, weil sie als der Hochkultur zugehörig gewertet wurden. Das Montreux Jazz Festival fand keine Berücksichtigung, weil es kuratiert wird. Wegen der fehlenden Identifizierung einer konkreten Trägerschaft fiel z. B. das Thema „Kariesprophylaxe" durch das Raster. Das Verzeichnis wurde, nach erneuter Rückkopplung mit den Kantonen, 2012 mit zunächst 167 Einträgen erstmals publiziert. (vgl. Koslowski 2015a: 42 f. und Graezer Bideau 2012: 304, 313) Im Jahr 2017 wurde das Verzeichnis aktualisiert und hat seitdem 199 Einträge – zu den Neueinträgen mehr im weiteren Verlauf dieses Kapitels. Vorgenommen hat man sich in der Schweiz, etwa alle sechs Jahre eine Überprüfung vorzunehmen – eine Zeitperiode mit der man „eine unangemessene Kurzatmigkeit des Streichens und Hinzufügens" (Koslowski 2015b: 41) vermeiden will.

Alle Einträge werden im Internet unter www.lebendige-traditionen.ch in fünf Sprachen mit detaillierten Beschreibungen sowie Ton- und Bildmaterial dargestellt. Das Online-Verzeichnis kann nach Verbreitung in den Kantonen wie auch nach den fünf Bereichen, die in Art. 2 der UNESCO-Konvention aufgezählt sind, sortiert werden. Ferner liegt das Verzeichnis in gedruckter Form als sechs Faltblätter in drei Sprachen, sehr ansprechend für ein breites, auch jugendliches, Zielpublikum gestaltet, mit thematischen Karten sowie nach Jahreszeiten der Aufführungen sortiert, in hoher Auflage (140.000 Exemplare) vor. (vgl. Staatenbericht 2014: 12) Für das Verzeichnis und die einzelnen anerkannten Elemente wurde auch ein eigenes Logo kreiert; eine rechtliche Folge ist für die Trägerschaften damit allerdings nicht verbunden. Das BAK interpretiert das Verzeichnis als kein endgültiges oder wissenschaftlich präzises Ergebnis, sondern als Zwischenstand einer kollektiven (Selbst-)Reflexion der Gesellschaft (vgl. Koslowski 2017: 8).

Die Schweiz, insbesondere das BAK, legte großen Wert darauf, bei der Inventarisierung und Thematisierung des Immateriellen Kulturerbes nicht in Klischees zu verfallen. Darum setzte man nach einer Evaluation der erstveröffentlichten Liste der Lebendigen Traditionen im Jahre 2013, bei der man einen Überhang ländlicher Traditionen und einen Mangel an jugendkulturellen, zeitgenössischen sowie migrationsspezifischen Erscheinungsformen feststellte, geschickt Impulse in Richtung städtisch geprägter Traditionen. Das Programm „urban traditions" wurde ab 2016 von der Stiftung Science et Cité konzipiert und realisiert: In diesem Rahmen fanden in elf Städten der deutsch- und französischsprachigen Schweiz sogenannte „Wissenschaftscafés" zu spezifischen Themen statt: 32 Experten diskutierten vor und mit einem ca. 350-köpfigen Publikum. Eine „Tradiphone" genannte Multimediastation reiste durch diese Städte und stand dort in öffentlich zugänglichen Orten wie Bibliotheken, Krankenhäusern, Einkaufszentren oder auf zentralen Plätzen. Dort wurden Kurzvideos von möglichen urbanen lebendigen Traditionen wie Parkours, Tango-Szene oder 1.-Mai-Demonstrationen, Comic-Festivals oder Lesebänken präsentiert. Es bestand die Möglichkeit, per Tonaufnahme weitere Vorschläge anzugeben. (vgl. Koslowski 2016: 65 f.) In einer begleitenden Postkartenaktion kamen ca. 100 weitere Vorschläge für urbanes Immaterielles Kulturerbe hinzu. Das Tradiphone erreichte nach Auskunft der Verantwortlichen im BAK ca. 2.000 Personen. Weitere 34.000 Personen erreichte die Aktion über Facebook, dazu einige Medienbeiträge. Im Ergebnis enthielt die Erweiterung der Liste im Jahr 2017 tatsächlich in 14 von 29 Fällen Elemente mit urbanen Bezügen, wie etwa das Aareschwimmen in Bern, das Seifenkisten-Rennen Grosse Berner Renntage, die Selbstverwaltung Autonomes Jugendzentrum AJZ Biel, die St. Galler Buchgestaltung, die Openair-Festivalkultur sowie allein aus Zürich darüber hinaus das Stadtgärtnern, die örtlichen Wohnbaugenossenschaften und die Zürcher Club- und Technokultur/ Streetparade und Technokultur.

Der Staatenbericht von 2014 nennt ein weiteres Verzeichnis des Immateriellen Kulturerbes auf nationaler Ebene, und zwar das Inventar „Kulinarisches Erbe der Schweiz". Dieses wurde vom Bund bereits im Zeitraum 2004 bis 2009 initiiert und von einem Verein von Fachleuten aus Landwirtschaft und dem Ernährungsbereich erstellt (vgl. https://www.patrimoineculinaire.ch; Zugriff am 23.06.2022). Um Dopplungen zu vermeiden, können Herstellungsprozesse von Nahrungsmitteln nicht eigenständig, d. h. ohne Einbettung in einen größeren Brauchzusammenhang, auf der Liste der lebendigen Traditionen anerkannt werden (vgl. Bundesamt für Kultur 2010: 10). Zudem gibt es Kantonsverzeichnisse der Lebendigen Traditionen, etwa in den Kantonen Waadt – hier erfolgt die Untergliederung der Einträge rein nach Verbreitungsregionen –, Wallis, Bern und Freiburg – hier wird wie auf nationaler Ebene ebenfalls nach den bekannten fünf Bereichen der UNESCO-Konvention gegliedert – sowie ein gemeinsames Verzeichnis der Kantone Aargau und Solothurn (vgl. Staatenbericht 2014: 6). Zu den einzelnen Aktivitäten der Kantone finden sich auf der Seite www.lebendige-traditionen.ch (Zugriff am 23.06.2022) – dem zentralen Portal zum Immateriellen Kulturerbe der Schweiz – jeweils eine Reihe von Informationen.

Im Rahmen des Konsultationsforums, das die Schweizerische UNESCO-Kommission 2014 aus Anlass der Erstellung des ersten periodischen Berichts an die UNESCO durchgeführt hat, gab es rückblickend einige Kritikpunkte am Verfahren der Erstellung der Liste der Lebendigen Traditionen: Der Informationsfluss bezüglich der Zusammenlegung von Vorschlägen zu einem Element im

Verzeichnis und der zum Teil fehlenden vorherigen Konsultation mit allen Trägergruppen gab genauso Anlass für Kritik wie der Anspruch Repräsentativität
abzubilden, den die Liste kaum erfüllen könne. Es kam außerdem zu kritischen
Nachfragen und Debatten hinsichtlich Risiken einer drohenden Fossilisation,
Folklorisierung oder Dekontextualisierung der Traditionen sowie zusätzlicher
Arbeitslast für ehrenamtlich organisierte Trägerschaften. Angesprochen wurden
auch die zum Teil enormen Unterschiede von Kanton zu Kanton hinsichtlich
einer Unterstützung oder überhaupt Wahrnehmung der Anerkennung. Angemahnt
wurde weiterhin, dass die lokale Ebene, d. h. Kantone, Städte und Kommunen,
(Mit-)Verantwortung dafür übernehmen müsste, dass die lebendigen Traditionen
weiterbestehen können. In dieser Hinsicht sei mit der Anerkennung nicht das
Ziel, sondern höchstens eine Etappe erreicht und die eigentlichen Anstrengungen
würden damit eher erst beginnen. (vgl. Staatenbericht 2014: 19 f.)

Stefan Koslowski, der seit 2012 im Bundesamt für Kultur für die nationale
Umsetzung der UNESCO-Konvention zum Immateriellen Kulturerbe zuständig
ist, resümiert die Schweizer Herangehensweise wie folgt:

> „Der kulturpolitisch bedingte und pragmatische Verzicht auf ein zentralisiertes Vorge-
> hen ermöglichte eine Vielfalt der Ansätze. Das dezentrale und partizipative Vorgehen
> führte dazu, dass die Liste keine stringente Vorstellung darüber offenbart, was eine
> lebendige Tradition ist. Und dekonstruierte damit die Vorstellung von ‚immateriellem
> Kulturerbe' als scheinbar fassbares, auf stimmige Schlüssigkeit zielendes kulturpoli-
> tisches Konzept." (Koslowski 2015a: 42)

(4) Die Umsetzung der UNESCO-Konvention habe, so konstatierte die Schweiz
2014 in ihrem Staatenbericht an die UNESCO, die eminent wichtige Rolle
des Immateriellen Kulturerbes in unserer heutigen Zeit deutlich gemacht. Für
besonders bedeutend in der Erhaltung und Weiterentwicklung des Immateriellen
Kulturerbes hält man die Amateurkulturverbände und -vereine, denn diese seien
die Brücke zwischen der Bevölkerung und der professionellen kulturellen Praxis.
Auf regionaler Ebene habe es zudem eine große Vielfalt von Maßnahmen gegeben, u. a. im Bereich der Kooperation mit Medien. (vgl. Staatenbericht 2014: 3,
10)

Begleitend zur Erstellung der Liste der lebendigen Traditionen unterstützte
und organisierte der Bund verschiedene Vorhaben zur Vermittlung von Immateriellem Kulturerbe – durch Museen, Kompetenzzentren und Schulen – sowie
zur Vertiefung des Wissens, etwa im Bereich Traditionelles Handwerk, mit dem
Ziel der Sensibilisierung der Bevölkerung für die Bedeutung des Immateriellen Kulturerbes und seines Werts für die Gesellschaft. (vgl. Schweizerische

Eidgenossenschaft 2020: 3229) Im Zeitraum 2012 bis 2015 waren die Lebendigen Traditionen erstmals eines der Schwerpunktthemen der Bundeskulturpolitik:
Hieran wirkten neben dem Bundesamt für Kultur, das eine neue Stelle für diese
Aufgaben und einen speziellen Budgetposten in Höhe von insgesamt 1,6 Millionen Schweizer Franken (ca. 1,4 Millionen Euro) für diese vier Jahre geschaffen
hat und zudem seine Kulturförderung für Amateurkulturvereine und -verbände in
dieser Zeit verdreifacht hat, auch die Schweizerische Kulturstiftung „Pro Helvetia", die Nationalbibliothek und das Nationalmuseum mit. Pro Helvetia förderte
mit einem innerschweizerischen wie auch internationalen Austauschgedanken
zum einen beispielhaft innovative Aneignungen von lebendigen Traditionen mit
neuen Methoden und neuen Werken, etwa im Musik-, Chor-, Theater- und Tanz-
bereich, und zum anderen mittels eines Volkskulturfonds junge Talente dieser
Kulturformen. Das Nationalmuseum und die Nationalbibliothek organisierten
Ausstellungen zur Erhaltung Immateriellen Kulturerbes, z. B. zu den Themen
Scherenschnitte und Masken in ersterem, und zu Mundarten und Dialekten in
letzterem. Auch die Schweizerische UNESCO-Kommission hat das Immaterielle Kulturerbe zu einer ihrer Prioritäten gemacht und in diversen Steuerungs-
und Arbeitsgruppen mitgewirkt. Zunächst hat die UNESCO-Kommission in der
Anfangsphase der Inventarisierung Regionalforen zur Bewusstseinsförderung für
die gesellschaftliche Bedeutung des Immateriellen Kulturerbes und den Prozess
der Inventarisierung organisiert, dann auch einen Workshop zur Erstellung von
UNESCO-Nominierungen. Weitere Aktivitäten betrafen den Schul- und Bildungsbereich. Anlässlich der ersten Erstellung eines Staatenberichts an die UNESCO
hat die Kommission zudem im September 2014 das bereits erwähnte Forum zur
Konsultation der Zivilgesellschaft und insbesondere der Trägergemeinschaften
des Immateriellen Kulturerbes veranstaltet.

Auf kantonaler Ebene gab es legislative Maßnahmen, die das Immaterielle
Kulturerbe direkt aufgegriffen haben, etwa im Kanton Waadt, im Kanton Genf
und im Kanton Aargau. Andere Kantone haben Expertenkomitees gegründet,
Projektverantwortliche für die Umsetzung der Kommission benannt (Kanton Wallis) oder Kompetenzzentren wie etwa Museen (Kantone Freiburg und Appenzell
Innerrhoden) mit einem Umsetzungsmandat versehen. Insgesamt ist festzustellen,
dass eher bestehende Institutionen mit Aufgaben der Umsetzung betraut wurden,
als dass dafür neue Strukturen geschaffen wurden. In dieser ersten Phase der
nationalen Umsetzung hat die Schweiz insbesondere Wert auf die Dokumentation,
Erforschung und Bewusstseinsförderung für das Immaterielle Kulturerbe und eine
Reflexion seiner Bedeutung sowie die mögliche Inwertsetzung der Traditionen
gelegt – und dabei hat man sowohl versucht, die breite Palette des Immateriellen Kulturerbes herauszustellen sowie die Berührungspunkte des neuen Konzepts

mit bestehenden Kulturförderansätzen auszuloten – also nicht das Rad komplett neu zu erfinden, sondern eine neue Perspektive auf bestehende Förderinstrumente der verschiedenen Ebenen schweizerischer Kulturpolitik von direkter und indirekter Förderung von Kulturvereinen, -präsentationen bis hin zu Archiven und Forschung zu wagen. Dabei kam man, ein wenig stolz, zu dem Ergebnis, dass die Schweiz bereits vor Beitritt zur Konvention über eine der größten weltweit vorhandenen Dichten von Kompetenzzentren in dieser Hinsicht verfügte. (vgl. Staatenbericht 2014: 2 ff., 9, 14, 16)

Neben den schon erwähnten Akteuren Kulturstiftung Pro Helvetia, Nationalbibliothek und Nationalmuseum hat auch das Freilichtmuseum Ballenberg mit seinem Ausbildungszentrum von verstärkter Förderung im Zuge der Konventions-Umsetzung, insbesondere im Bereich Traditionelle Handwerkstechniken, profitiert. Zum Traditionellen Handwerk in der Schweiz wurde 2011 auch eine gemeinsame Studie des Bundesamts für Kultur und des Bundesamts für Berufsbildung und Technologie herausgegeben. Weitere Publikationen und wissenschaftliche Tagungen u. a. im Rahmen größerer Forschungsvorhaben, die sich mit dem Immateriellen Kulturerbe befassten, wurden zum Teil unterstützt vom nationalen Forschungsförderfonds. (vgl. Staatenbericht 2014: 10) In ihrem periodischen Staatenbericht an die UNESCO geht die Schweiz an einigen Punkten auch auf Umsetzungsmaßnahmen im Kontext Dialekte, Mundart, Sprache als Ausdruck des Immateriellen Kulturerbes ein (vgl. z. B. Staatenbericht 2014: 11). Von der kantonalen Ebene wurden darüber hinaus seit dem Beitritt zur UNESCO-Konvention insbesondere verschiedene Musikinitiativen, die sich mit der kontemporären Entwicklung traditioneller Musikformen befassen, stärker als zuvor unterstützt. Überhaupt haben sich die Akteure in der Schweiz viel mit der heutigen Aneignung traditioneller Kulturforen und ihrer Anwendung für heutiges Kunstschaffen auseinandergesetzt. Die i. d. R. innovativ ausgerichteten Erhaltungsprojekte waren meist auch von ansprechenden Methoden der Sensibilisierung eines größeren Kreises der Öffentlichkeit für die spezifische Kulturform und das Immaterielle Kulturerbe im Allgemeinen begleitet. Zahlreiche weitere regional wirkende Museen, Bibliotheken wie auch Archive, Universitäten und Hochschulen sowie Verlage beteiligten sich an der Bewusstseinsförderung und Dokumentation von Formen Immateriellen Kulturerbes. Zusammen mit Museen und regionalen Kompetenzzentren entstanden, wie etwa im Kanton Freiburg, auch Programme im Bereich Kulturelle Bildung. Im Bildungsbereich hat der Kanton Waadt zwei Broschüren für Lehrkräfte mit pädagogischen Ansätzen und Aktivitäten im Zusammenhang mit lebendigen Traditionen für 5- bis 18-Jährige herausgegeben; auch im Kanton Uri gab es einige speziell auf Schülerinnen und Schüler ausgerichtete Programme. (vgl. Staatenbericht 2014: 4 f., 11 f.)

Eine weitere mehrjährige Umsetzungsmaßnahme der Konvention basierte auf einer Kooperation des Bundesamts für Kultur mit der Schweizer Tourismuszentrale „Schweiz Tourismus" und der Hochschule Luzern: Hier wurde zuerst ein Praxisführer für die Kooperation zwischen Trägergruppen und Tourismusakteuren im Hinblick auf eine nachhaltige Entwicklung entworfen, gefolgt von einer Tagung im Jahr 2011 und einer Publikation im Jahr 2014 (vgl. Staatenbericht 2014: 9).

Als eine Art Komplementärmaßnahme oder Kontrapunkt zur vertieften Untersuchung der lebendigen Traditionen in urbanen Räumen (s. o.) wurde im Untersuchungszeitraum auch eine Kooperation mit den Schweizer Naturparken und UNESCO-Weltnaturerbestätten angebahnt. Im Vorfeld der Umsetzung in einem Projekt mit BAK-Förderung von 2017 bis 2019 wurden im Jahr 2016 die Parke und Naturerbestätten sowie Kantone zunächst befragt, welche Bedeutung die lebendigen Traditionen – der Schwerpunkt lag naturgemäß bei Kenntnissen und Praktiken in Bezug auf die Natur und das Universum – in deren Arbeit hatte. Auf dieser Basis waren Ziele des späteren Projektes: 1.) Die Mitarbeitenden der Schweizer Parke, der UNESCO-Weltnaturerbestätten und der zuständigen kantonalen Park- und Kulturstellen für das lebendige Wissen und die lebendigen Praktiken im Umgang mit der Natur, Landschaft und dem Kulturerbe zu sensibilisieren. 2.) Zusammen mit den lokalen Akteuren ein gemeinsames Verständnis für das Thema zu entwickeln. 3.) Die Zielgruppen durch konkrete und effiziente Maßnahmen dabei zu unterstützen, das Thema systematisch in die Aktivitäten zu integrieren. Um diese Ziele zu erreichen, wurden Erfahrungsaustauschtreffen zwischen den verschiedenen Zielgruppen organisiert, Beispiele herausgearbeitet und mittlerweile ist das Thema auf den verschiedenen Kommunikationsplattformen besser integriert. (vgl. Stauffer/Wiedmer 2019: 2)

Das Thema Immaterielles Kulturerbe hat unter dem Label „Lebendige Traditionen" in der Schweizer Öffentlichkeit und in den Medien ein positives Echo und großes Interesse gefunden, nicht zuletzt wohl, weil sich viele nationale und regionale Identitäten und Besonderheiten über Bestandteile des Immateriellen Kulturerbes definieren, wie u. a. in der Kulturbotschaft des Bundes für die Jahre 2021–2024 befriedigt festgestellt wurde (vgl. auch bereits Vitali/Dao 2013: 44). Es fehlt – Stand 2020 – allerdings eine spezifische gesetzliche Grundlage auf Bundesebene. Angesichts der konstatierten kulturpolitischen Relevanz, gerade auch als Vektor der kulturellen Teilhabe, und des großen öffentlichen Interesses, plant man diese für die kommenden Jahre. (vgl. Schweizerische Eidgenossenschaft 2020: 3229 f.) Im Zusammenhang mit dem Kulturförderungsgesetz des Bundes von 2009 konnten allerdings eine Reihe von Unterstützungsmaßnahmen für Trägergruppen von als Lebendige Traditionen anerkannten Kulturformen (u. a.

Jodeln, Amateurtheater, Gesangsformen) erfolgen (vgl. Staatenbericht 2014: 8 f.). In der Schweizer Kulturpolitik hat man eine enge Verbindung zwischen dem Ziel die kulturelle Teilhabe zu stärken und der Umsetzung der UNESCO-Konvention zum Immateriellen Kulturerbe gezogen (vgl. Nationaler Kulturdialog 2015: 355). (5) Seit 2012 arbeitet die Schweiz auch in den internationalen Gremien der UNESCO-Konvention aktiv mit. (vgl. Schweizerische Eidgenossenschaft 2020: 3230) NGOs wie CIOFF Schweiz oder „Traditions pour demain" waren bereits zuvor national wie auch auf internationaler Ebene wichtige Akteure der Umsetzung der Konvention. Gemeinsam u. a. mit „Traditions pour demain" nutzt die Schweiz das Immaterielle Kulturerbe auch als Thema im Rahmen ihrer Entwicklungszusammenarbeit (vgl. Staatenbericht 2014: 14). Aus der 2012 erstmals veröffentlichten „Liste der lebendigen Traditionen" hat die Steuerungsgruppe in einem zweiten Schritt im Oktober 2014 Empfehlungen für Schweizer Kandidaturen für die Repräsentative Liste des Immateriellen Kulturerbes der Menschheit herausgefiltert, die als Tentativliste – nach dem Vorbild der UNESCO-Welterbe-Konvention (vgl. Vitali/Dao 2013: 44) – zunächst acht Vorschläge enthielt und die Schritt für Schritt gemeinsam mit den jeweiligen Trägergruppen erarbeitet werden. Ab 2015 wurden auf dieser Basis jährlich Vorschläge beim UNESCO-Sekretariat eingereicht. Die erste Eintragung war Ende 2016, zeitgleich mit der ersten deutschen Eintragung der Genossenschaftsidee und -praxis, das Winzerfest von Vevey. Somit ist quasi eine dreischrittige Abstufung im schweizerischen Inventarisierungssystem entstanden: die sehr elitäre Tentativliste mit Elementen, die gute Aussichten auf UNESCO-Weihen haben, die als national repräsentativ und damit durchaus auch exklusiv verstandene Liste der lebendigen Traditionen der Schweiz und die Vielzahl der kantonalen Vorschläge für die genannte Liste (vgl. Graezer Bideau 2012: 311) sowie die kantonalen Verzeichnisse.

Die Schweiz hat sich zudem durch Beteiligung am internationalen Austausch sowie die Organisation von eigenen Tagungen bei der Umsetzung der Konvention engagiert. Insbesondere zu den Themen ‚Lebendige Traditionen ausstellen', d. h. Immaterielles Kulturerbe in Museen, ‚Immaterielles Kulturerbe im urbanen Raum' und ‚Lebendige Traditionen in den Freilichtmuseen' hat die Schweiz im Untersuchungszeitraum mehrere Tagungen mit internationalen Gästen organisiert und im Anschluss beachtenswerte wissenschaftliche Publikationen sowie Praxishandbücher herausgebracht. Der Internationale Museumstag im Mai wurde 2015 in der Schweiz unter dem Motto „Lebendige Traditionen" begangen. Ab 2017 stieg man in ein von der EU (Creative Europe) gefördertes Projekt namens „ICH & Museums", gemeinsam mit Partnern aus den Niederlanden, Belgien, Frankreich und Italien ein. Das Kolloquium „Les traditions vivantes dans l'espace urbain" in Fribourg im Oktober 2014 war eine gemeinsame Initiative des Bundesamts für Kultur mit der Schweizerischen Akademie der Sozial- und Geisteswissenschaften, dem Schweizerischen Städteverband, der Schweizerischen UNESCO-Kommission und der Deutschen UNESCO-Kommission. Im Staatenbericht (2014) explizit erwähnt wird außerdem die Teilnahme von Stefan Koslowski vom Bundesamt für Kultur an einem Vertiefungsworkshop der DUK im September 2013 (vgl. Staatenbericht 2014: 14). Im deutschen Beitrittsprozess hatte die Schweiz bereits beratend und ermutigend gewirkt, gerade auch im Hinblick auf die Bedenken der Länder: „David Vitali, Leiter des Internationalen Bundesamts für Kultur in der Schweiz, berichtete, insbesondere die Kantone hätten die Ratifikation des Übereinkommens begrüßt. Die Bedeutung immateriellen Kulturerbes sei in der Schweiz schon lange bekannt und werde gefördert." (Dok. 4: heute im Bundestag vom 26.03.2009), hieß es in einer öffentlichen Verlautbarung nach einer Anhörung im Deutschen Bundestag. Mit den Nachbarländern Österreich, Frankreich und Deutschland hat die Schweiz im Hinblick auf Kooperationen im regionalen Rahmen einen besonders intensiven Kontakt gepflegt. Zusammen mit den Gebietskörperschaften auf italienischer Seite haben von 2007 bis 2013 zudem die Kantone der italienischsprachigen Schweiz zur Dokumentation des Immateriellen Kulturerbes der Grenzregion ein mit EU-Geld (EFRE) gefördertes Regionalentwicklungsprojekt umgesetzt. (vgl. Staatenbericht 2014: 14)

4.4.2.3 Belgien

(1) Belgien ist ebenfalls ein Föderalstaat, der in der kulturpolitischen Institutionalisierung nach von Beyme (1998) dem föderalistischen Modell entspricht. Es gibt drei Regierungsebenen: die föderale Regierung, drei Sprachgemeinschaften – die Flämische, die Französische und die Deutschsprachige Gemeinschaft – und schließlich drei Regionen: Flandern, Brüssel und die Wallonie. Kulturpolitik wird, wie etwa auch Bildungs- und Gesundheitspolitik, grundsätzlich auf Ebene der Sprachgemeinschaften behandelt; die Region Brüssel hat seit einer Staatsreform 2013/14 davon abweichend allerdings die Kompetenz für u. a. das Immaterielle Kulturerbe erhalten. Die Politik zum Immateriellen Kulturerbe ist in der nationalen Umsetzung exklusiv und selbst in der internationalen Repräsentanz Belgiens jeweils recht autonom auf diesen föderalen Ebenen angesiedelt. Dies führt gezwungenermaßen dazu, dass die Sprachgemeinschaften in Fragen größerer Tragweite, wie dem Beitritt zur UNESCO-Konvention zur Erhaltung des immateriellen Kulturerbes, und auch bei Detailfragen, etwa, wie man sich in internationalen Gremien positioniert, einen Konsens finden müssen (vgl. Neyrinck 2013: 94) Hierfür sind Strukturen zum Informationsaustausch vorhanden (vgl. Staatenbericht 2013: 2).

In allen drei Sprachgemeinschaften gibt es ein für Kultur zuständiges Ministerium – in der Deutschsprachigen Gemeinschaft nur eines für alle Ressorts
–, welches die Politik zum Immateriellen Kulturerbe in Abstimmung mit der
jeweiligen UNESCO-Kommission – Belgien verfügt über zwei Kommissionen:
die flämische UNESCO-Kommission und die französisch- und deutschsprachige
UNESCO-Kommission – koordiniert. Die Entwicklungen bei der Inventarisierung des Immateriellen Kulturerbes und der darüberhinausgehenden Umsetzung
der Konvention verliefen in den Gemeinschaften mit zum Teil deutlichen prozeduralen und inhaltlichen Unterschieden, die sich u. a. auch in den jeweiligen
Organisationsformen niederschlagen (vgl. Tauschek 2010: 99).

(2) Belgien wurde im Jahr 2006 als 44. Staat Konventionsmitglied. Während
sich damals die Deutschsprachige Gemeinschaft zunächst „aufgrund historischer
Argumente [...] gegen einen justiziablen Schutz des immateriellen Kulturerbes ausgesprochen" (Tauschek 2010: 102) hatte, hatte die Französischsprachige
Gemeinschaft bereits 2002 mit legislativen Maßnahmen eine entsprechende Politik auf den Weg gebracht. Hier verfolgte man sehr intensiv die Umsetzung
des UNESCO-Meisterwerke-Programms und bereicherte dieses mit Vorschlägen.
Zudem wurde ein eigenes Verzeichnis auf Ebene der Sprachgemeinschaft und ein
Programm „Lebendiger Schätze" eingerichtet, welches allerdings kaum mit Mitteln ausgestattet ist und von keinen Strukturen und Organisationen getragen wird.
Die Flämische Gemeinschaft folgte mit einem Gesetzentwurf im Jahr 2007.

In der Französischen Gemeinschaft dominiert ein politik- und experten-
gesteuerter *Top-down*-Ansatz (vgl. Tauschek 2012: 206 f.) und der Begriff
‚Meisterwerk' hat seine Abschaffung im UNESCO-Rahmen bis heute überdauert,
was auch zu einer gewissen „Betonung des Außergewöhnlichen und Besonderen"
(Tauschek 2010: 98 f.) sowie einer impliziten wie auch expliziten Bewertungspraxis in diesem Sinne (vgl. Tauschek 2010: 125) führt. Im periodischen Bericht an
die UNESCO betonte man, dass Immaterielles Kulturerbe in der Französischen
Gemeinschaft generell nicht bedroht sei, sondern sich im Gegenteil steigender
Teilhabe erfreue (vgl. Staatenbericht 2013: 3). In der Flämischen Gemeinschaft
war zwar der Begriff ‚Immaterielles Kulturerbe' zum Zeitpunkt des Beitritts zur
UNESCO-Konvention neu, keineswegs aber der Umgang mit Volkskultur. Auch
hier gab es bereits Maßnahmen zur Erhaltung von generationsübergreifend weitergegebenen Traditionen, Bräuchen, Wissen und Fertigkeiten. (vgl. Neyrinck 2013:
96) Man setzte auf eine in der dortigen Kulturpolitik bewährte Kombination aus
zentralem und dezentralem Ansatz mit einer Betonung des Subsidiaritätsprinzips
und damit verbunden auf das neue, der Faro-Konvention des Europarats über den
Wert des Kulturerbes für die Gesellschaft (2005) entlehnte, Konzept von ‚Kultur-
erbegemeinschaften' (*heritage communities*) (vgl. Neyrinck 2013: 94 ff.) sowie

eine stärkere Verankerung des Konzepts Immaterielles Kulturerbe in der Alltagskultur. Eine hierarchische Stufung kultureller Ausdrucksformen wird in Flandern
explizit abgelehnt (vgl. Tauschek 2010: 99).

Bereits seit 1937 gab es eine Belgische Nationalkommission für Folklore, die
Vorläufer aus dem 19. Jahrhundert hatte und die seit dem Zweiten Weltkrieg
eine flämische und eine wallonische Subkommission hatte. In der Französischen
Gemeinschaft firmierte diese ab 1990 als Ethnologie-Rat um. Insbesondere in
der Wallonie taten sich in wissenschaftlichen Verbänden und lokalen Kontexten
verschiedene Persönlichkeiten hervor, die sich früh mit dem Schutz und der Anerkennung von traditionellen Kulturformen (Folklore) und der Unterstützung ihrer
Trägergruppen befassten. Wissenschaftliche Gremien beschäftigten sich auf ähnliche Weise wie in Frankreich (siehe folgendes Kapitel) mit ethnologischen Fragen.
Ab 1984 wurde zudem bereits eine Liste traditioneller Folklore in der Französischen Gemeinschaft erstellt. Hierbei dominierte ein kulturkritischer Unterton.
(vgl. Ducastelle 2013: 81 und Tauschek 2010: 92 f., 110–118) Markus Tauschek
attestiert dem Kulturminister der Französischen Gemeinschaft von 2000 bis 2003,
Rudy Demotte, dass er sich mit Nachdruck für die Übernahme des UNESCO-
Konzepts der Meisterwerke Immateriellen Kulturerbes in die Gesetzgebung der
Sprachgemeinschaft eingesetzt habe, was u. a. an einer unter seiner Ägide extra
dafür geschaffenen Stelle deutlich wurde. Er nahm auch persönlich an einem
Ministerarbeitsgespräch zum Konventionsprojekt 2002 in Istanbul teil. Das alles
lief parallel zur Vorbereitung der Nominierung des Karnevals von Binche für
das Meisterwerke-Programm. (vgl. Tauschek 2010: 89 f.). Eine politische motivierte Initiative auf Basis etablierter wissenschaftlicher Expertise liefert damit
die Erklärung für die sehr frühe Beteiligung der Französischen Gemeinschaft
am Konventionsprojekt (vgl. Tauschek 2010: 313 f.). Die Gesetzesregelung von
2002 und die darauf basierende Verordnung zur Umsetzung werden von Tauschek durch eine genaue Textanalyse deutlich in den Kontext der Bedeutung von
Erbe für die kollektive Identität der Französischen Gemeinschaft gestellt. 2004
wurden die ersten „Meisterwerke des mündlichen und immateriellen Erbes der
Französischen Gemeinschaft" anerkannt – man hat den Term ,Meisterwerk' aus
dem Vokabular des früheren UNESCO-Programms entlehnt und bis heute beibehalten, aber durchaus auch bereits inhaltliche Anleihen aus dem inzwischen
verabschiedeten Konventionstext genommen, so dass in der Praxis ein Mix aus
beiden Ansätzen entstanden ist. (vgl. Tauschek 2010: 95 f.)

In der Flämischen Gemeinschaft wurde die Sektion der Belgischen Nationalkommission für Volkskunde 1998 abgeschafft und eine neue Organisation,
das Vlaams Centrum voor Volkscultuur (VCV) kreiert. Sie übernahm viele

der Aufgaben und Bestände, aber nahm den kritischen Ansatz der Ethnologie, wie er in den Niederlanden, den USA und in Frankreich verbreitet war, an. Aus dem VCV entstand als Ergebnis einer Fusion 2008 die Organisation FARO. Beide Organisationen waren in der ersten Dekade der Umsetzung der 2003er-UNESCO-Konvention in Flandern die maßgeblichen Triebkräfte.

(3) Es gibt heute vier regionale Verzeichnisse des Immateriellen Kulturerbes in Belgien: für die Wallonie (ab 2004), für Flandern (ab 2008), für die Deutschsprachige Gemeinschaft (ab 2014) und für die Brüsseler Region (seit 2017).

Das Verzeichnis der Deutschsprachigen Gemeinschaft enthält – Stand Januar 2022 – fünf Elemente. Vorschläge können mittels eines Online-Vorschlagsformulars eingereicht werden. (vgl. https://www.ostbelgienkulturerbe. be/desktopdefault.aspx/tabid-3906/7007_read-40598/; Zugriff am 08.01.2022)

In der Wallonie wurde 2007 eine zwölfköpfige Expertenkommission für das Immaterielle Kulturerbe eingerichtet, deren Mitglieder für vier Jahre berufen werden und die seitdem für die jährliche Anerkennung von Meisterwerken, Lebendigen Schätzen und mit dem Immateriellen Kulturerbe verbundenen Orten in der Region genauso verantwortlich sind wie für die Bearbeitung von Anfragen auf staatliche Unterstützung und die Vorbereitung von UNESCO-Kandidaturen. Der bereits zuvor bestehende Rat für Ethnologie, der die belgische Folklorekommission ersetzte, ist in Abgrenzung davon mit der Erstellung bzw. Beauftragung ergänzender Studien, Untersuchungen und Publikationen betraut. (vgl. Ducastelle 2013: 83, 86) Vorschläge für die Anerkennung von Meisterwerken und damit Aufnahme in das offizielle Verzeichnis kommen von den Trägergruppen, aber auch der Bürgermeister bzw. Stadtrat einer Kommune, auf deren Gebiet die Kulturform ausgeübt wird, ist vorschlagsberechtigt. Die Vorschläge werden dann von der erstgenannten Expertenkommission geprüft. Sie berät den Minister, ob eine entsprechende Anerkennung gerechtfertigt ist. Die Kriterien dafür orientieren sich am Wortlaut der UNESCO-Konvention. (vgl. Staatenbericht 2013: 10 f. und Tauschek 2010: 97) Im Januar 2022 befinden sich 52 Einträge in diesem Verzeichnis (http://www.patrimoineculturel.cfwb.be/index.php?id=14493; Zugriff am 23.06.2022); in jenem der Region Brüssel 16 (http://patrimoine.brussels/ decouvrir/inventaires-du-patrimoine-bruxellois/inventaire-du-patrimoine-culturel-immateriel/inventaire-du-patrimoine-culturel-immateriel; Zugriff am 23.06.2022).

Nachdem in Flandern ab 2007 der gesetzliche Rahmen an die neue Konvention angepasst wurde (vgl. Jacobs 2007: 15), wurde ab 2008 vom flämischen Kulturministerium jährlich zur Inventarisierung Immateriellen Kulturerbes aufgerufen. Dies hatte zunächst vor allem eine bewusstseinsfördernde Funktion. (vgl. van den Broucke/Thys 2012: 147) Bei der Erstellung des Verzeichnisses hat man ein pragmatisches Vorgehen gewählt, eine schrittweise Inventarisierung „im Rhythmus der Trägergruppen und -gemeinschaften" (Neyrinck 2013: 101). Die Vorschläge kommen direkt von den jeweiligen Kulturträgergemeinschaften und werden dann von einer Expertenkommission bewertet. Kriterien sind eine Übereinstimmung mit der 2010 veröffentlichten Strategie bzw. Vision der Flämischen Gemeinschaft (s. u.), die Zustimmung der Kulturträgergemeinschaft, die Entwicklung von Erhaltungsmaßnahmen und – dies ist eine beachtenswerte Besonderheit – die Zusammenarbeit bei der Entwicklung von Erhaltungsmaßnahmen mit einer von der Flämischen Gemeinschaft anerkannten und geförderten Kulturerborganisation aus dem im weiteren Verlauf dieses Kapitels näher beschriebenen Netzwerk. Hinter dem letztgenannten Kriterium steht der Gedanke, dass die Kooperation mit einem mit Erhaltungsmaßnahmen vertrauten Akteur durch u. a. eine eingehende Analyse von Stärken und Schwächen einen qualitativen Sprung in der Lebendigkeit und Überlebensfähigkeit der einzelnen Traditionen ermöglichen kann. (vgl. Staatenbericht 2013: 9 f., 13) Die mit Wissenschaftlern, Kulturerbexperten der jeweiligen Bereiche des Immateriellen Kulturerbes sowie Vertretern der Kulturerbepraxis besetzte Expertenkommission gibt auf Basis der Bewertung des genannten Kriterienkatalogs dem Kulturminister der Sprachgemeinschaft Empfehlungen zur Aufnahme ins flämische Verzeichnis und für internationale Nominierungen. Die entsprechenden Empfehlungen werden regelmäßig vom Minister offiziell bestätigt. Jährlich, seit 2019 alle zwei Jahre, muss von den Trägergruppen ein Bericht über die getroffenen Erhaltungsmaßnahmen der einzelnen Elemente abgeliefert werden, der im Hinblick auf die Lebendigkeit und die Chancen der Lebensfähigkeit der Traditionen erneut von der Expertenkommission begutachtet wird. Im September 2012 bestand das Verzeichnis aus 33 Elementen (vgl. Neyrinck 2013: 99 ff.), im Juni 2022 waren 66 Elemente aufgenommen (vgl. https://www.vlaanderen. be/cjm/nl/cultuur/cultureel-erfgoed/erkenningen/inventaris-vlaanderen-en-het-reg ister-van-het-immaterieel/inventaris-vlaanderen; Zugriff am 12.06.2022). Zwar wird der Aspekt der öffentlichen Anerkennung und eines damit verbundenen wirtschaftlichen und touristischen Potenzials nicht unterschlagen, aber der Fokus der Inventarisierung liegt auf den Erhaltungsmaßnahmen der einzelnen Elemente sowie auf der Partner- und Netzwerkbildung mit- sowie untereinander. Übergeordnetes Ziel ist, dass die Wahrscheinlichkeit, dass die Weitergabe der Traditionen gelingt, erhöht wird. (vgl. van den Broucke/Thys 2012: 147) Die zur obligaten Bedingung gemachten Kollaborationen zwischen den Kulturträgergruppen und professionellen Kulturerborganisationen sorgen für eine vergleichsweise reflexive und vorwärts gewandte Kulturerbepflege.

(4) Die Subventionierung ist eine der weiteren Erhaltungsmaßnahmen in der Französischen Gemeinschaft. Sie hat in den Jahren 2009 bis 2012 je 6.000 Euro für die anerkannten Meisterwerke zur Verfügung gestellt, die zum Beispiel in die Erhaltung von Musikinstrumenten oder anderen Objekten, die zur Traditionspflege unerlässlich sind, investiert, aber auch zur Bekanntmachung der Traditionen, z. B. über die Produktion von DVDs, genutzt werden können. (vgl. Ducastelle 2013: 88) Darüber hinaus gibt es spezifische Bildungsmaßnahmen und Kampagnen zur Förderung des Bewusstseins für Immaterielles Kulturerbe in der Wallonie, die sich i. d. R. auf anerkannte Elemente Immateriellen Kulturerbes stützen (vgl. Staatenbericht 2013: 3). Außerdem werden wissenschaftliche Studien zu anerkannten Kulturformen finanziert und verbreitet (vgl. Staatenbericht 2013: 12). Die grundsätzliche Position der Experten in der Wallonie war lange, dass Stabilität und Wahrung von Sinn und Bedeutung der Kulturformen Vorrang vor deren Weiterentwicklung haben müsse. Tauschek (2010) verbindet diese Entwicklung eng mit der Position eines gut vernetzten Wissenschaftlers und Beraters des Kulturministeriums der Französischen Gemeinschaft: Jean-Pierre Ducastelle. Seine Nachfolgerin ist seit seiner Verrentung 2006 Véronique Vandevoorde. Als Pendant auf Seiten der Flämischen Gemeinschaft kann man Prof. Dr. Marc Jacobs, langjähriger Direktor der NGO und international angesehener Experte, identifizieren, auf dessen Expertise hin sich zu der Prioritätensetzung der Konventionsumsetzung in Flandern eine andere Auffassung entwickelte, die auch in den UNESCO-Gremien zunehmend dominierte. „Zugespitzt lässt sich für die innerhalb der Kommissionen der französischen Gemeinschaft organisierten Expert/innen ein konservatives Verständnis von Volkskultur konstatieren, das einem erweiterten, offenen und die Dynamik kultureller Alltagspraxen unterstreichendem Verständnis des „Vlaams Centrum voor Volkscultuur" [ab 2008 mit einer anderen Institution vereinigt zu FARO, d. Verf.] gegenüber steht, das für die flämische Gemeinschaft die zentrale wissenschaftliche Einrichtung für das immaterielle Erbe darstellt" (Tauschek 2010: 104). Ein weiterer Aspekt, auf den Tauschek (2010) wiederholt hinweist, ist, dass die Französische Gemeinschaft Belgiens das Instrument des Immateriellen Kulturerbes für eine Markierung der ethnischen Zusammengehörigkeit der Bevölkerung nutzte (vgl. z. B. Tauschek 2010: 125, 315 f.).

Die Deutschsprachige Gemeinschaft vergibt ebenfalls finanzielle Unterstützung für Erhaltungsmaßnahmen anerkannter Kulturformen (vgl. https://www.ostbelgienkulturerbe.be/desktopdefault.aspx/tabid-3906/7007_read-40598/; Zugriff am 29.12.2020). Zudem wird Immaterielles Kulturerbe hier als Teil der Regionalentwicklungsstrategie begriffen (vgl. Staatenbericht 2013: 3).

Die flämische Regierung veröffentlichte 2010 eine an der UNESCO-
Konvention und ihren Grundlinien sowie Zielen orientierte Strategie für die
Politik zum Immateriellen Kulturerbe in Flandern. Für die Erstellung des Papiers
„A Policy for Intangible Cultural Heritage in Flanders" wurde zunächst eine
Analyse der bisherigen Politik und des entsprechenden Politikrahmens für For-
men Immateriellen Kulturerbes vorgenommen und dann wurden die notwendigen
Anpassungen zur Harmonisierung mit den Konventionsintentionen identifiziert
(vgl. van den Broucke/Thys 2012: 147). Der schließlich gewählte und im Visi-
onspapier skizzierte Politikansatz wurde im belgischen Staatenbericht an die
UNESCO als in jeder Hinsicht „faszilitierend" beschrieben:

„It develops and/or facilitates a network of cultural heritage organisations and sup-
ports the local authorities in implementing a policy geared towards safeguarding
intangible cultural heritage. All of the local organisations and administrative bodies
operate as heritage agents developing and providing services aimed at boosting the
capacity of heritage communities in terms of content with a view to safeguarding their
intangible cultural heritage." (Staatenbericht 2013: 2)

Im ersten Teil des Visionsdokuments werden u. a. die Begriffsverhältnisse zwischen Immateriellem Kulturerbe, Tradition und Authentizität geklärt, im zweiten
Teil u. a. Verbindungen zu anderen Politikbereichen wie Wirtschaft, Tourismus,
Bildung und Gesellschaftspolitik im Allgemeinen, aufgezeigt und im dritten Teil
geht es dann konkret um die Art des politischen Umgangs mit dem Immateriellen
Kulturerbe. In allen Texten wird stets von „Immateriellem Kulturerbe in Flandern" gesprochen. (vgl. Neyrinck 2013: 97 f.) Durch diese Bezeichnung findet
keine Ausgrenzung ethnischer Gruppen statt. Das Visionsdokument diente nicht
nur als Leitlinie für die Politik der Flämischen Gemeinschaft zum Immateriellen
Kulturerbe, sondern war auch ein Rahmen, an dem man konkrete Maßnahmen
messen konnte (vgl. van den Broucke/Thys 2012: 148). Die deutliche Betonung
und strukturelle Förderung eines Netzwerks von beratend und unterstützend wirkenden NGOs sowie der Kooperation der relevanten Akteure untereinander und
das Ernstnehmen von Beteiligungsprozessen kann man, wie dies auch involvierte
Experten tun, als ein spannendes Policy-Experiment bezeichnen (vgl. Jacobs/
Neyrinck/van der Zeijden 2014: 252 ff.).

Im flämischen Teil Belgiens sind – anders als in vielen anderen Ländern,
wo man in Umsetzung der UNESCO-Konvention zur Erhaltung des immateriellen Kulturerbes den bewährten Ansatz gewählt hat, maßgeblich eine staatliche
Kulturbehörde mit der Entwicklung von Projekten, Programmen und Strategien zu beauftragen (vgl. Blake 2019: 28) – zwei NGOs hauptverantwortlich

für diese Aufgabe: Zum einen FARO, die wissenschaftlich fundiert als Ver-
mittler zwischen Politik und Verwaltung einerseits und den Kulturerbeakteuren
und -managern andererseits wirkt, und zum anderen „tapis plein", inzwischen in
„Werkplaats immaterieel erfgoed" umbenannt, die sich der Vermittlung des Themas in der Bevölkerung und ihrer Beteiligung an der Umsetzung der Konvention
sowie der horizontalen Zusammenarbeit eines engen und gut funktionierenden
Netzwerks von Dutzenden gemeinnützigen Vereinen und NGOs verschrieben
hat. Zu den Netzwerkmitgliedern gehören Museen, Archive, Bibliotheken, aber
auch Kulturvereine, die den Kulturerbesektor in Flandern strukturieren. (vgl.
van den Broucke/Thys 2012: 147) Für diese „cultural brokerage"-Arbeit (vgl.
Jacobs 2014) werden beide Organisationen von der Regierung finanziert. Weitere finanzielle Unterstützung erhalten von der Flämischen Gemeinschaft lokal
und regional wirkende Kulturerbeakteure, die im Sinne der oben bereits näher
beschriebenen Strategie bzw. Visionsnote der Flämischen Gemeinschaft die Aktivitäten der gesamtflämisch wirkenden NGOs vor Ort ergänzen. (vgl. Neyrinck
2013: 95, 102 ff.) Auf diese Weise ist damit ab etwa Mitte der 2010er-Jahre ein
noch sehr viel breiteres und zweidimensionales Netzwerk entstanden – einmal
ist es auf der Ebene Gesamtflanderns nach thematischen Schwerpunkten strukturiert und umfasst derzeit neun Expertenzentren und zum anderen gibt es eine
lokale, d. h. geographische Strukturierung (vgl. van den Broucke/Thys 2012:
203). Auch Gemeinden und die fünf Provinzen erhalten finanzielle Unterstützung für lokale Maßnahmen der Erhaltung Immateriellen Kulturerbes – insgesamt
flossen auf diese Weise im Jahr 2012 an die NGOs und lokale Administrationen
beispielsweise 12,5 Millionen Euro (vgl. Staatenbericht 2013: 6).

Eine zentrale Maßnahme der Umsetzung der UNESCO-Konvention in Flandern und bereits Inhalt des Visionspapiers war ferner die Errichtung einer
umfassenden Datenbank, insbesondere von Erhaltungsplänen der inventarisier-
ten Elemente, und einer damit verbundenen interaktiven Website www.immaterie
elerfgoed.be, die das ursprünglich nur als einfache Liste bestehende Verzeichnis
ablöste. Über dieses Webportal, das zunächst vor allem der attraktiven Sichtbarmachung des Immateriellen Kulturerbes in Flandern diente, werden seit 2013
auch Vorschläge und die konkrete Bewerbung für das flämische Verzeichnis des
Immateriellen Kulturerbes sowie das jährliche Monitoring der Verzeichniseinträge abgewickelt (vgl. Casteleyn/Janssens/Neyrinck 2014: 402 f.). Zudem dient
die Website als Netzwerkplattform zum Austausch der relevanten Akteure untereinander. (vgl. Neyrinck 2013: 105) Diese Maßnahme ließ sich die Flämische
Gemeinschaft allein im Jahr 2012 100.000 Euro kosten – der Gedanke dahinter ist, dass einer Kategorisierung und Verfügbarmachung sowie dem Teilen von
Erfahrungen über Erhaltungsmaßnahmen mindestens die gleiche Aufmerksamkeit

gewidmet werden soll wie der Inventarisierung an sich (vgl. Staatenbericht 2013: 9). Wissenschaftliche Forschung wird dabei ebenfalls als wichtiges Element der Erhaltungsstrategien erkannt: Experten können sich auf dem Portal registrieren und von ihren Projekten berichten sowie sich darüber austauschen. Trägergruppen können Daten über ihre lebendigen Traditionen verfügbar machen. Der Fokus der interaktiven Plattform ist die Stärkung von Wissen und Expertise der Trägergemeinschaften und die Erhöhung der Chancen, dass die Weitergabe in möglichst vielen Fällen gelingt. (vgl. van den Broucke/Thys 2012: 204 f.)

Neben der Verzeichniserstellung und der damit verbundenen finanziellen Förderung von Kulturerborganisationen, die die Trägergruppen maßgeblich bei der Dokumentation, Inventarisierung, der Weitergabe und Bekanntmachung der Tradition unterstützen und z. B. auch in Streitfällen innerhalb der Trägergruppe vermitteln sollen (vgl. Neyrinck 2013: 101 f.) – also insgesamt ein starker Capacity-Building-Ansatz –, wurde in Flandern zudem auf eine Sensibilisierung der Bevölkerung und der Verantwortlichen anderer Politikbereiche gesetzt: 2011 wurde etwa eine Informationsveranstaltung für Multiplikatoren z. B. der Bereiche Landwirtschaft und Fischerei, Tourismus und Veranstaltungen sowie Bildung organisiert. (vgl. Neyrinck 2013: 94 f.) Um junge Menschen zu erreichen, wurden unter Beteiligung der beiden großen NGOs FARO und tapis plein auf spielerische, sehr jugendaffine und anschauliche Weise verschiedene Aktivitäten unternommen – und auch die weiteren Netzwerkpartner sind in diesem Bereich tätig (vgl. Staatenbericht 2013: 13).

(5) Im Hinblick auf die UNESCO-Anerkennungen war Belgien von Anfang an sehr erfolgreich. Dabei funktionierte auch die Koordinierung zwischen den drei Sprachgemeinschaften i. d. R. sehr gut. Zwei Einträge auf der Repräsentativen Liste stammen noch aus der Zeit des Meisterwerke-Programms: die Prozession der Riesen und Drachen in Belgien und Frankreich, die 2005, und der Karneval von Binche, der 2003 als Meisterwerk anerkannt wurde. Beide wurden 2008 ohne weitere Prüfung in die Repräsentative Liste des Immateriellen Kulturerbes der Menschheit übernommen. 2009 kam die Heilig-Blut-Prozession in Brügge hinzu, 2010 der Houtem-Jahrmarkt und das Winterabschlussfest Krakelingen und Tonnekensbrand in Geraarsbergen. Belgien war auch an der 2010 von zunächst 11 Staaten gemeinsam vorgenommenen Falknerei-Einschreibung beteiligt. Im selben Jahr erfolgte zudem die Anerkennung des Karnevals von Aalst – die Kulturform, die als erste und bisher einzige überhaupt Ende 2019 aufgrund wiederholter antisemitischer und rassistischer Vorfälle wieder von der Repräsentativen Liste gestrichen wurde. Im Jahr 2011 gehörte Belgien zu den ersten Staaten, die ein Programm Guter Praxis der Erhaltung von Immateriellem Kulturerbe im entsprechenden UNESCO-Register platzieren konnten: Dabei geht

es um die Bewahrung traditioneller Vielfalt von Sport und Spielen in Flandern. Ebenfalls 2011 kam ein Übergangs-Ritual in Löwen (*Leuven Age-set ritual*) zu den Elementen der Repräsentativen Liste hinzu. 2012 waren die Folkloremärsche der Region Entre-Sambre-et-Meuse und 2013 das Krabbenfischen zu Pferde in Oostduinkerke belgische Neueinträge auf der Repräsentativen Liste. 2014 war man erneut mit einem Gute Praxis-Beispiel, der Erhaltung der Carillon-Kultur, erfolgreich. 2015 ging Belgien aufgrund der zahlenmäßigen Beschränkungen von Nominierungen bei den UNESCO-Neuaufnahmen erstmals leer aus; 2016 schlug die Stunde der belgischen Bierkultur, der ersten Nominierung, die die Deutschsprachige Gemeinschaft vorangetrieben hatte. Ende 2016 verzeichnete Belgien damit alles in allem 13 Eintragungen auf den UNESCO-Listen.

Insbesondere die Flämische Gemeinschaft engagierte sich auch finanziell für internationale Projekte: Im Rahmen eines speziellen „Flanders Funds-in-Trust"-Programms wurden zwischen 2009 und 2019 in mehreren Tranchen mit insgesamt ca. 1,3 Millionen US-Dollar Capacity-Building-Projekte in sieben afrikanischen Staaten südlich der Sahara gefördert (vgl. https://ich.unesco.org/en/pro ject; Zugriff am 01.01.2021). Zudem wurde aus o. g. Programmgeld eine Evaluation der standardsetzenden Arbeit der UNESCO im Kulturbereich finanziell gefördert (vgl. Staatenbericht 2013: 15).

Belgien hat von Beginn an sehr intensiv und aktiv in den Konventionsgremien mitgearbeitet – im ersten Zwischenstaatlichen Ausschuss 2006 bis 2008 und dann erneut von 2012 bis 2016 – und sich regelmäßig an multilateralen Austauschtreffen und Projekten beteiligt. Besonders intensiv ist die Zusammenarbeit zwischen der Flämischen Gemeinschaft und den Niederlanden – auch durch regelmäßigen Austausch auf Expertenebene – aber auch mit anderen europäischen Partnern. FARO und tapis plein waren Mitbegründer und, insbesondere Jorijn Neyrinck von tapis plein, aktive Motoren der Weiterentwicklung des internationalen NGO-Forums (www.ichngoforum.org; Zugriff am 23.06.2022), das eine Kommunikations-, Netzwerk-, Austausch- und Kooperationsplattform für alle zur Beratung des Zwischenstaatlichen Ausschusses anerkannte Nichtregierungsorganisationen geworden ist. Die beiden flämischen NGOs luden auch, häufig gemeinsam, zu einer Reihe von nationalen und internationalen Austauschtreffen mit hohem wissenschaftlichen Anspruch und Erkenntniswert ein: Sie machten sich u. a. für den Terminus der „cultural broker" als entscheidende Rollenbeschreibung für eine effektive Umsetzung der 2003er-UNESCO-Konvention stark (vgl. Jacobs/Neyrinck/van der Zeijden 2014: 250 f.). Marc Jacobs, der inzwischen einen UNESCO-Lehrstuhl in Brüssel innehat, war auch für deutsche Experten ein gefragter Ansprechpartner und stand für Beratung und Kooperation im Untersuchungszeitraum wiederholt zur Verfügung.

4.4.2.4 Frankreich

(1) Frankreich unterscheidet sich von den drei bisher untersuchten Fallbeispielen deutlich dadurch, dass es sich um einen zentralistisch organisierten Staat handelt. Nach der Typologie von von Beyme (1998) handelt es sich entsprechend um den Typus ‚zentralistisches Modell'. Zwar wurden den Regionen und Gemeinden seit den 1980er Jahren mehr Kompetenzen übertragen, aber diese sind, gerade im kulturellen Bereich, nicht vergleichbar mit jenen der bisher untersuchten Föderalstaaten. Im symbolisch aufgeladenen Bereich der Kultur bleibt der Nationalstaat in Frankreich dominierend und Kultur wird folglich in der Wahrnehmung i. d. R. mit den Ideen der Nation, dem Zentralstaat und dem Universalismus einer eher globalen als lokalen Perspektive verbunden. (vgl. Fournier 2012: 327, 333) Dem französischen Zentralismus wohnt zum einen die Tendenz inne, *Top-down*-Ansätze zu verfolgen. Es gab zum anderen ein grundsätzliches Problem der staatlichen Stellen mit dem Konzept der (Träger-)Gemeinschaft, wie sie die Konvention zum Immateriellen Kulturerbe vorsieht. Dieses widerspricht dem Ideal der französischen Republik: die Unteilbarkeit der Nation und eben der Republik. Man musste im Kontext der nationalen Umsetzung der UNESCO-Konvention von 2003 also einen Weg finden, die französischen Traditionen der Kultur und der Erbepflege mit den neuen Paradigmen des internationalen Übereinkommens übereinzubringen.

(2) In der nationalen Förderung von Formen Immateriellen Kulturerbes, insbesondere in Verbindung mit Folklore und (kunst-)handwerklichen Fertigkeiten, konnte man in Frankreich auf ein Maßnahmen- und Instrumentenset, das sich seit den 1930er Jahren etabliert hat (vgl. Fournier 2012: 329), aufbauen. Eine Sektion zur ethnologischen Forschung existierte im nationalen Kulturministerium seit den 1980er Jahren. (vgl. Adell 2012: 177 f.) Hier wurde fast 30 Jahre lang ganz überwiegend Forschung zum „*patrimoine ethnologique*" betrieben und gefördert. (vgl. Fournier 2012: 331 sowie Hottin 2013: 17 f.) Seit 1994 hat man nach japanischem Vorbild auch „*Maître d'Arts*" ausgezeichnet. Obwohl man in Frankreich schon seit den achtziger Jahren ‚Volkskultur' in neuem Licht betrachtete (vgl. Jacobs 2007: 10), darf man die Bedeutung des Themas in der nationalen Kulturpolitik zum Zeitpunkt der Ratifizierung aber nicht überschätzen. Bis zum Beitritt zur UNESCO-Konvention von 2003 gab es praktisch keine Politik im Hinblick auf jene Ausdrucksformen, die man nun als Immaterielles Kulturerbe bezeichnete. Die übergeordneten Verwaltungsebenen zeigten wenig bis gar kein Interesse an einer nationalen Umsetzung der Konvention. (vgl. Hottin 2013: 17, 20) Das berichtet auch Chérif Khaznadar, der als Vorsitzender des Kulturausschusses der Französischen UNESCO-Kommission bereits mit der Vorbereitung von Kandidaturen für das Meisterwerke-Programm betraut war und auf

wenig Unterstützung in den zuständigen Ministerien stieß. Der relativ rasche Beitritt zur 2003er-Konvention war mehr der schnellen Verabschiedung der 2005er
UNESCO-Konvention zur Vielfalt kultureller Ausdrucksformen, die Frankreich
unbedingt zügig ratifizieren wollte, zu verdanken als der festen Überzeugung,
dass man bei der Erhaltung Immateriellen Kulturerbes aktiv werden müsse. Zwar
sprach grundsätzlich nichts gegen einen Beitritt zur Konvention zum Immateriellen Kulturerbe, aber es gab auch keine relevante Bewegung in dieser Richtung in
der Regierung und Administration. Größeres Interesse zeigten und artikulierten
die Praktizierenden und in Verbänden organisierten Traditionsträger, insbesondere aus dem Bereich traditioneller Musik und traditionellen Tanzes (vgl. Cachat
2015: 47). Da die Administration dann von den Befürwortern eines Beitritts überzeugt werde konnte, dass man die später verabschiedete Konvention nicht vor der
früher verabschiedeten ratifizieren sollte, war Frankreich im Juli 2006 54. Bei-
trittsstaat zur UNESCO-Konvention zur Erhaltung des immateriellen Kulturerbes.
(vgl. Khaznadar 2011: 15 f., 19 f.) Das war gerade noch rechtzeitig, um Mitglied
des ersten Zwischenstaatlichen Ausschusses der Konvention von 2006 bis 2008
zu werden.

Die Leiterin des CFPCI (s. u.) definierte 2015 vier Achsen, auf denen die
nationale Umsetzung der UNESCO-Konvention zur Erhaltung des immateriellen Kulturerbes ruht: die nationalen Verzeichnisse, die UNESCO-Nominierungen,
Information und Sensibilisierung der Öffentlichkeit sowie Forschung. Insbesondere letzteren Aspekt sieht sie im internationalen Vergleich als besonderes
Charakteristikum der französischen Umsetzung. (vgl. Cachat 2015: 51)

Frankreich hat bei der Umsetzung der 2003er-UNESCO-Konvention auf
langjährigen Erfahrungen aufbauen können und trotzdem im Zuge der Implementierung im nationalen Rahmen einen radikalen Wandel des Kulturerbe-
Verständnisses und des Umgangs mit dieser Form seines Erbes durchgemacht
(vgl. Staatenbericht 2013: 2). Es gibt in Frankreich zwar nach wie vor eine
gewisse Skepsis aus dem „klassischen" Kulturerbe-Bereich gegenüber dem neuen
Völkerrechtsinstrument, aber dass man das Potenzial der Konvention anfangs
unterschätzt hatte, ist inzwischen Konsens (vgl. Cachat 2015: 57).

(3) Frankreich weist eine im Vergleich zu den bisherigen Fallbeispielen beeindruckende Forschungslandschaft zum Thema Kulturpolitik auf (vgl. Wimmer
2011: 127 f.). Dies gilt auch für das Feld des Immateriellen Kulturerbes (s. u.)
und entsprechend ist man die Inventarisierung zunächst sehr akademisch angegangen: Von der Ethnologie-Sektion des französischen Kulturministeriums, die
personell zunächst nicht verstärkt wurde und anfangs auch keine neue Rechtsgrundlage erhielt, wurde erstens ein Verzeichnis bereits existierender Inventare
und Archive zu spezifischen Themen Immateriellen Kulturerbes und bestimmter

Regionen erstellt, das u. a. ein Inventar traditioneller Musik und Tänze in der Bretagne, ein Inventar des kulinarischen Erbes in Frankreich usw. umfasste. 2012 umfasste dieses Verzeichnis 38 Einträge. (vgl. Staatenbericht 2013: 16 f.) Mit Stand Januar 2021 sind es 42 Einträge; es gab also in den letzten Jahren hier kaum noch Ergänzungen. Ein zweites Verzeichnis wurde ab 2008 in Zusammenarbeit mit Forschungsinstituten und Experten auf Grundlage wissenschaftlicher Untersuchungen zu bestimmten Themen oder Regionen erstellt. Hierbei hat man vergleichsweise eng mit Trägergruppen Immateriellen Kulturerbes zusammengearbeitet (vgl. Albert/Disko 2011: 27), aber der Prozess war langezeit doch sehr davon geprägt, dass Experten sowie Verwaltungsbeamte die Inhalte vorgaben. Zu den ersten Dossiers, die für das nationale Verzeichnis wie auch die internationalen Listen vorbereitet wurden, wurden i. d. R. begleitende Forschungsaufträge vergeben (vgl. Adell 2012: 185, 188 f.). Kontakte gab es im Rahmen der nationalen Umsetzung der UNESCO-Konvention folglich nur zwischen den intermediär wirkenden Forschenden und den Trägergruppen sowie NGOs. Die nationalen Institutionen etablierten keine Beziehungen zu lokalen Akteuren und Trägergruppen. (vgl. Fournier 2012: 332) Eingedenk der Anforderungen der Konvention setzte man aber auf einen vergleichsweise partizipativen Ansatz bei der Forschung und achtete insbesondere darauf, dass die Ergebnisse stets auch den Trägergruppen zugutekamen. Eine wissenschaftliche Fundierung erscheint rückblickend ministeriumsintern wichtig gewesen zu sein, um die eigene Stellung und die des Themas im Vergleich zu etablierteren Bereichen wie materielles Erbe, Museen oder Archiven zu rechtfertigen. (vgl. Bortolotto 2012: 269 ff., 275)

Das Verzeichnis des Immateriellen Kulturerbes in Frankreich – man beachte auch hier die Bezeichnung, die anders als häufig sonst in der *Grande Nation* nichts Nationalistisches an sich hat, sondern einen rein geografischen Bezug herstellt; man hat in den Inventarisierungsanstrengungen sogar bewusst von Anfang an auch das Thema Migration ins Spiel gebracht (vgl. Cachat 2015: 52) – war von Anfang an als offener, permanenter und entwicklungsfähiger Prozess ohne Zeit- und Zahlbegrenzung angelegt (vgl. Hottin 2013: 25 und Staatenbericht 2013: 18). Die Einteilung der Einträge erfolgt in Sektionen, die nicht deckungsgleich mit jenen der UNESCO-Konvention sind: neben dem Handwerk, rituellen Praktiken, Musik und Tanz sowie festlichen Ereignissen gehören dazu u. a. auch sportliche Praktiken, Spiele und Erzählkünste. Durch zentral angestoßene regionale und thematische Studien, z. B. zu seltenem Handwerk in Frankreich, bzw. Kombinationen aus beidem, z. B. maritimes Erbe im Baskenland, traditionelle Sportarten in der Bretagne oder Immaterielles Kulturerbe von Migranten in der Region Ile de France, wurden bis 2013 nahezu 300 Einträge generiert. In einer ersten Phase (ca. 2008–2012) waren es vor allem Forscher, die mit den Studien beauftragt waren. Ab 2012 gingen Aufträge auch an Vereine, Verbände und NGOs. (vgl. Cachat 2015: 52) Kriterien für die Aufnahme ins Verzeichnis sind die Erfüllung der Anforderungen aus Art. 2 der UNESCO-Konvention und die Zustimmung der Trägergemeinschaft. Diese werden von einem etwa 20-köpfigen Expertenkomitee („Comité du patrimoine ethnologique et immatériel") geprüft, das sich mehrmals pro Jahr trifft, auch Vertreter der Verwaltung hat, seit 2017 gar verschiedener Ministerien, und das auch die internationalen Kandidaturen beschließt. Bei einer Aufnahme eines Elements handelt es sich explizit nicht um eine rechtliche oder sonstige den Status formal schützende Anerkennung, wie Frankreich in seinem Staatenbericht an die UNESCO 2013 deutlich machte. Das Verzeichnis selbst hat aber klar und deutlich einen staatlichen Charakter. Man fühlte sich im Staatenbericht offenbar auch verpflichtet, darauf hinzuweisen, dass die Einträge nichts mit Erhaltungsprojekten im Sinne der Konvention, wie sie für UNESCO-Nominierungen gefordert sind, gemein haben, da keine aktive Involvierung der Trägergemeinschaften gegeben sei. Zugleich wird aber darauf hingewiesen, dass die Zustimmung der Trägergruppe zur Eintragung eingeholt wird und dass neben dieser auch die Kompetenzen von Forschern herangezogen werden. (vgl. Staatenbericht 2013: 17 ff.) Das Verzeichnis war lange in technischer Hinsicht nur eine Zusammenstellung von Word-Dokumenten der Formulare zu den Einträgen, die übrigens sehr verschiedene Länge und Formate aufweisen, da es keine Zeichenzahlbegrenzungen in den einzelnen abgefragten Rubriken gibt. Sie reichen von drei bis zu rund 30 Seiten. Alle Verzeichnisformulare konnten einzeln auf der Website des französischen Kulturministeriums heruntergeladen werden. Eine direkte Kontaktierung der Trägergruppen war für die Öffentlichkeit zunächst nicht vorgesehen – alle Kontakte sollten über die jeweiligen Projektpartner, d. h. Verbände, Vereine oder Forschungszentren, die ganz spezifisch thematisch oder im Hinblick auf geographische Regionen mit dem nationalen Kulturministerium zusammenarbeiteten, laufen. Die Beteiligung der Trägerschaft im Inventarisierungsprozess erfolgte i. d. R. über Interviews mit den Forschenden. Letztere sind diejenigen, die das Formular erstellten und (re-)präsentierten. Es handelt sich folglich um die klassische Konstellation zwischen ethnologisch Forschenden und Informanten. Das führte u. a. dazu, dass die beauftragten Wissenschaftler im Inventarisierungsprozess vor allem ein wissenschaftliches Unterfangen mit dem Ziel, Forschungsobjekte zu identifizieren, sahen. Das Inventar ist damit sowohl Ergebnis eines Forschungsprozesses als auch ein Mittel für weitere Forschung. (vgl. Bortolotto 2012: 271 f., 274 ff.) Dies stand dem Geist der Konvention, die eigentlich die Träger zu selbstbewussten Subjekten machen wollte, doch ziemlich deutlich entgegen. Etwas versteckt auf der

Website des Kulturministeriums war es zwar auch bereits zu Beginn der Inventarisierung jedermann möglich Vorschläge beim Ministerium einzureichen – dieser
Weg galt jedoch als außergewöhnlich und wurde kaum genutzt (vgl. Hottin 2013:
25). Bei den UNESCO-Nominierungen passte man dieses Vorgehen interessanterweise in Richtung einer deutlich partizipartiven Art der Erstellung der Dossiers
an. Man war sich auf Ebene der Verantwortlichen der Umsetzung also offenbar bewusst, dass die nationale Vorgehensweise nicht konform zu den Absichten
der Konvention war. (vgl. Bortolotto 2012: 278) Im periodischen Bericht an die
UNESCO gestand Frankreich sogar ein, dass man diesen wichtigen Aspekt in
den ersten Jahren weitgehend ignoriert habe (vgl. Staatenbericht 2013: 20). In der
Darstellung eines verantwortlichen Mitarbeiters der Ministeriumssektion wird die
wenig beteiligungsorientierte Vorgehensweise zu Beginn damit verteidigt, dass
es damals nicht genug Aufmerksamkeit und Interesse für ein solches Vorgehen
gegeben hätte (vgl. Hottin 2013: 23). Zunächst schien es nach der Ratifizierung
im Jahr 2006 im Grunde eigentlich nur um die Identifizierung von möglichen
Nominierungen für die UNESCO-Listen zu gehen – und selbst diese erfolgten
noch in einem Klima von Gleichgültigkeit und relativem Desinteresse der im
Ministerium Verantwortlichen und der Öffentlichkeit (vgl. Hottin 2013: 22 ff.).

Nach und nach schwenkte man ab 2013 bei der Inventarisierung in Frankreich auf den partizipativeren Weg der europäischen Partner- und Nachbarländer
ein und ermöglichte offensiver auch eine Bewerbung durch zivilgesellschaftliche
Trägergruppen von Kulturformen. Dazu hat man u. a. das Formular grundlegend überarbeitet und Trägergemeinschaft erhalten seitdem beim Ausfüllen
methodische Unterstützung vom Kulturministerium. Man stellte sich nun auch
in Frankreich die Frage, wie man jene Trägergruppen, die mit einer solchen Aufgabe nicht vertraut sind, so fit machen könnte, dass sie vom Wesen her geeignete
Kulturformen auch entsprechend der Anforderungen in einem Formular darstellen können. (vgl. Cachat 2015: 53 f. und Staatenbericht 2013: 20 f.) Seit 2017
nutzt man, neben den anderen weiterhin möglichen Vorschlagswegen über Studien und direkte Vorschläge ans Kulturministerium unter www.pci-lab.fr (Zugriff
am 23.06.2022), wo das Verzeichnis und die einzelnen Einträge nun auch in leser-
freundlichem Format und mit Hilfe von Karten geographisch lokalisiert zu finden
ist sowie per Schlagwort gesucht werden können, auch die Möglichkeiten von
Wikipedia für die Generierung neuer Vorschläge.

Im Jahr 2018 wurde in Frankreich auch ein Logo für die Trägerschaften der Einträge im nationalen Verzeichnis etabliert. Dies lehnt sich in seiner
Bezeichnung interessanterweise sehr am deutschen Beispiel an. Es trägt den

Titel „Patrimoine culturel immatériel en France. Connaître, pratiquer, transmett-re". Seit demselben Jahr werden die Einschreibungen auch offiziell von den Datenerhebungen der nationalen Kulturstatistik (Patrimostat) erfasst.

Bemerkenswert ist rückblickend, dass es durch den Inventarisierungsprozess zu einer kleinen Revolution im Denken über und der Methodologie im französischen Umgang mit dem (Immateriellen) Kulturerbe gekommen ist. (vgl. Cachat 2015: 54) Das nationale Verzeichnis hatte nicht zuletzt durch die strittige Aufnahme des Stierkampfs im Jahr 2011 Bekanntheit erlangt. 2013 verfügte das Verzeichnis bereits über fast 300 Einträge – Stand Juni 2022 sind es 501 – und man stellte, fast überrascht, fest, dass es den Trägergruppen bei der Aufnahme nicht mehr unbedingt um eine UNESCO-Listung ging, sondern dass ein Platz im nationalen Verzeichnis zu einem Wert an sich geworden war. Während das Verzeichnis für die Praktikergemeinschaften also zu einem attraktiven Instrument geworden war, kam aus der Wissenschaft, sowohl von ethnologischer als auch von anthropologischer Seite, und auch aus der eigenen Administration, trotz der starken wissenschaftlichen Komponente, anfangs durchaus viel Kritik am gewählten Inventarisierungsansatz, u. a. an der bereits angesprochenen wenig partizipativen Herangehensweise. (vgl. Hottin 2013: 26 ff.) Andere dagegen kritisieren eine zu starke Rolle der Trägergemeinschaften und sehen beim Immateriellen Kulturerbe die Ethnologen zunehmend ins Hintertreffen geraten (vgl. Cachat 2015: 57). Das Verzeichnis war und ist vermutlich bis heute noch auf der Suche nach seiner besten Formatierung. Es schwankt in seiner doppelten Legitimationsfunktion gegenüber den internationalen Ansprüchen einerseits und seiner Rolle in der französischen Kulturerbe-Szene andererseits zum einen zwischen den Polen wissenschaftlich und partizipativ und zum anderen zwischen den Extrema selektiv und inklusiv (vgl. Cachat 2015: 54). Im Jahr 2012 hat der neue Direktor der zuständigen Abteilung im Kulturministerium das Thema Immaterielles Kulturerbe immerhin als eines der wichtigsten Themen benannt, eine nach Auskunft des jahrelang verantwortlichen Mitarbeiters einige Jahre zuvor schier undenkbare Aussage (vgl. Hottin 2013: 32).

(4) Eine interessante Frage zur Entwicklung der ersten Phase der Umsetzung in Frankreich stellt Christian Hottin in einem Beitrag 2013:

„comment un pays qui a manifesté au départ peu d'entrain pour la mise en œuvre de cette convention, ne lui donnant quasiment aucun moyen financier ou humain spécifiques et ne proposant, du moins au départ, qu'un cadre administratif fragile et sans commune mesure avec les enjeux du texte, est-il parvenu en huit ans à construire une politique qui a donné des résultats concrets assez largement conformes aux objectifs assignés par l'unesco ?" (Hottin 2013: 28)

Ein wichtiger Faktor waren starke NGOs bzw. Verbände, die sich des neuen Konventionsvokabulars schnell bedienten und u. a. Kongresse zum Thema Immaterielles Kulturerbe veranstalteten. 2013 waren schon 25 NGOs mit Sitz in Frankreich bei der UNESCO als beratend zum Thema Immaterielles Kulturerbe akkreditiert. Durch dieses dynamische Netzwerk, das auch in der Lage war, praktische Anwendung Immateriellen Kulturerbes mit angewandter Forschung, Wissensverbreitung und kulturellen Aktivitäten zu kombinieren, entwickelte sich rasch eine beeindruckende Dynamik (vgl. Staatenbericht 2013: 2). Außerdem wurde 2011 in Vitré, unter dem Dach des „Maison des Cultures du Monde", das sich schon seit den 1970er Jahren in Form von Ausstellungen und Festivals mit dem weltweiten Immateriellen Kulturerbe auseinandersetzte und seit 2004 durch Aktionstage auch öffentlich zur Beschäftigung damit einlud sowie mehrere Publikationen in seiner Reihe „International de l'Imaginaire" zum Thema veröffentlichte, ein offizielles Kompetenzzentrum für Immaterielles Kulturerbe gegründet – diese Ernennung wurde der UNESCO sogar in einem offiziellen Brief des damaligen Kulturministers mitgeteilt (vgl. Staatenbericht 2013: 3, 26): Das Centre Français du Patrimoine Culturel Immatériel (CFPCI) ist inzwischen ein wichtiger und über die Grenzen Frankreichs hinaus anerkannter Akteur, der übergreifend praxisorientierte Fortbildung, Austausch, Informationsverbreitung und Wissensgenerierung organisiert. (vgl. Hottin 2013: 29 f.)

Zudem erwies es sich für die gelingende Umsetzung in Frankreich als begünstigend, dass einige Regionen, wie etwa die Bretagne, das Limousin oder Guadeloupe, mutig vorangingen und – häufig in enger Kooperation mit regionalen NGOs – das Thema Immaterielles Kulturerbe aktiv betrieben. (vgl. Hottin 2013: 30) Stolz berichtete Frankreich 2013 an die UNESCO, dass es teilweise bereits gelungen sei, die Prinzipien der Konvention in lokale Kulturpolitik zu übersetzen (vgl. Staatenbericht 2013: 2). Auch thematisch gab es gewisse günstige Bedingungen für eine schnell gelingende Umsetzung der 2003er-UNESCO-Konvention in Frankreich: Handwerk ist in der nationalen Umsetzung ein wichtiges Handlungsfeld („Maître d'Arts"), das viel selbstverständlicher als etwa in Deutschland oder Österreich (auch) in die Zuständigkeit des Kulturministeriums fällt. Außerdem waren Akteure aus den Bereichen traditionelle Musik und traditioneller Tanz wichtige Protagonisten.

2010 und 2011 erhob das Kulturministerium – ebenfalls mit wissenschaftlicher Unterstützung –, wer zum Netzwerk des Immateriellen Kulturerbes in Frankreich gehört bzw. gehören könnte. Dabei identifizierte man 500 Personen bzw. Multiplikatoren. Durch die Organisation regelmäßiger Treffen versuchte das CFPCI zudem das Netzwerk der anerkannten Trägerschaften des Immateriellen Kulturerbes zu stärken. (vgl. Staatenbericht 2013: 22) Im November 2013 wurde diesbezüglich sogar ein Verein der Trägerschaften der Elemente im französischen Verzeichnis des Immateriellen Kulturerbes (L'association France PCI) gegründet.

Ein Schwerpunkt der französischen Umsetzung der Konvention zur Erhaltung des immateriellen Kulturerbes lag, wie bereits mehrfach erwähnt, auf der wissenschaftlichen Befassung mit ihren Inhalten (vgl. Staatenbericht 2013: 22 ff.). Studiengänge und verschiedene Hochschullehrschwerpunkte zum neuen Thema erblickten in Frankreich recht schnell das Licht der Welt (vgl. Hottin 2013: 31). Im Jahr 2013 hatten sich etwa bereits in Tours und Straßburg spezifisch mit dem Immateriellen Kulturerbe beschäftigende Master-Studiengänge etabliert (vgl. Staatenbericht 2013: 7 f.). Die enge Zusammenarbeit mit der Wissenschaft erstreckte sich u. a. auch auf den Bereich Aus- und Fortbildung. Als erste Maßnahme der Umsetzung wurde in Kooperation zwischen dem Forschungslabor LAHIC (Laboratoire d'anthropologie et d'histoire de l'institution de la culture) und der zuständigen Sektion im Kulturministerium ein gemeinsames Seminar zum Immateriellen Kulturerbe angeboten, welches sich über drei Jahre erstreckte und zur Reflexion über die Konvention und ihre Inhalte maßgeblich beitrug (vgl. Cachat 2015: 51). Auch wurden aktiv individuelle Forschungsaktivitäten zum Immateriellen Kulturerbe angeregt und unterstützt. Im Bereich Rechtswissenschaft wurde ein weiterer Forschungsschwerpunkt unterstützt. (vgl. Hottin 2013: 27 f.) Daraus entstand u. a. das OSMOSE-Projekt, eine lettisch-französische Gemeinschaftsforschung, die vergleichend den Rechtsrahmen des Immateriellen Kulturerbes in 24 Vertragsstaaten aller Weltregionen und zwei Nicht-Vertragsstaaten der Konvention (USA und Kanada) untersuchte.

Frankreich hat im Juli 2016 ein Gesetz mit direkter Referenz auf die 2003er-Konvention verabschiedet und damit das materielle Kulturerbe und das Immaterielle Kulturerbe formal gleichgestellt. Zuvor hatte man weltweit alle bis dahin getroffenen legislativen und administrativen Maßnahmen abgefragt und präsentiert diese auf der auf der Software von Wikipedia basierenden Seite www.wik ipci.fr (vgl. Staatenbericht 2013: 22). Sollte das Gesetz, welches das internationale Völkerrechtsinstrument in französisches Recht überträgt, zunächst ein reines Kulturerbe-Gesetz werden, was 2013/14 scheiterte, wurden dann interessanterweise die Themen Kunstfreiheit und Immaterielles Kulturerbe in einem Gesetz zusammengefasst (vgl. Cachat 2015: 48 f.).

Fortbildungen und Kurztrainings mit Inhalten des Immateriellen Kulturerbes und der UNESCO-Konvention im Speziellen wurden in einer ganzen Reihe von staatlichen Aus- und Fortbildungsprogrammen eingeführt (vgl. Staatenbericht 2013: 8 f.). Ein wichtiger Partner der nationalen Umsetzung ist auch das 2006, also fast zeitgleich zum Konventionsbeitritt, eröffnete Museum am Quai Branly in

Paris – ein künstlerisch hochwertiges, modernes Ethnologiemuseum. Das nationale Kulturministerium unterstützte zudem zahlreiche Konferenzen, insbesondere
des „Maison des Cultures du Monde", die es zum Teil in offizieller Partnerschaft
mit der UNESCO durchführte, und publizierte auch verschiedene Bücher und
Zeitschriften, um das Thema Immaterielles Kulturerbe bekannter und populärer
zu machen. Das Thema der filmischen Darstellung des Immateriellen Kulturerbe war dem Ministerium ebenfalls eine finanzielle und ideelle Förderung wert.
(vgl. Staatenbericht 2013: 26, 29) Die zahlreichen vom Ministerium seit 2012
direkt begleiteten oder zumindest unterstützten und bekanntgemachten vielfältigen Aktivitäten zum Immateriellen Kulturerbe können auf dessen Internetseiten
nachvollzogen werden.

(5) Vorschläge für UNESCO-Nominierungen kamen in Frankreich anfangs
von den regional zuständigen Kulturbeamten – den Directions Régionales des
Affaires Culturelles (DRAC) – und wurden von einem zentralen Komitee im
Kulturministerium – zusammengesetzt aus Vertretern verschiedener Referate des
Ministeriums sowie der Französischen UNESCO-Kommission und der Ständigen
Vertretung Frankreichs bei der UNESCO sowie unabhängigen Experten – evaluiert. (vgl. Fournier 2012: 331 sowie Hottin 2013: 15) Zwischen 2006 und
2012 war dieses Komitee nur informell, ab 2012 in neuer Zusammensetzung
dann auch offiziell für diese Aufgabe zuständig (vgl. Staatenbericht 2013: 6).
Es gab ein staatstheoretisch historisch bedingtes Spannungsverhältnis zwischen
der lokalen, der nationalen und der internationalen Ebene, da die Gemeinden
und Departements im nationalen Umfeld daran gewöhnt sind, Kultur als natio-
nalstaatlich relevant und universalistisch darstellen zu müssen, um Beachtung
zu finden. Die UNESCO wiederum erwartet möglichst Spezifisches, lokal oder
regional Verankertes in der Darstellung der Kulturformen. Das Dilemma ist also,
dass, wenn ein Vorschlag zu spezifisch oder lokal ist, er möglicherweise keine
Anerkennung auf nationaler Ebene findet – ist er aber zu generalistisch, findet
er ggf. bei der UNESCO keine Zustimmung. Folglich kann die Identifizierung
der ersten UNESCO-Nominierungen Frankreichs als eine Kompromissfindung im
Verständnis des Wesens von Immateriellem Kulturerbe zwischen den verschiedenen Ebenen interpretiert werden. (vgl. Fournier 2012: 333 f.) Ein Vertreter
des Kulturministeriums wies selbst darauf hin, dass, möglicherweise als Effekt
des Jakobinismus, doch eine recht hohe Zahl der Anerkennungen von nationaler
Reichweite seien (vgl. Hottin 2013: 22).

Im Einzelnen die UNESCO-Listungen von 2008 bis 2016: Aus der Zeit
des Meisterwerke-Programms, die Anerkennung erfolgte 2005, waren 2008 die
Prozessionen der Riesen und Drachen in Belgien und Frankreich auf die Repräsentative Liste des Immateriellen Kulturerbes der Menschheit übertragen worden.

An diesem Element waren Prozessionen aus vier Orten in drei sehr unterschiedlichen französischen Regionen beteiligt (vgl. Fournier 2012: 337). Im Jahr 2009
wurde der Paghjella-Gesang auf Korsika auf der Liste des dringend erhaltungsbedürftigen Immateriellen Kulturerbes eingeschrieben. Außerdem waren für die
Repräsentative Liste die Kandidaturen der Teppichherstellung von Aubesson, die
Maloya-Tradition auf La Réunion und die französische Zimmermannskunst der
Holzschnitzerei erfolgreich. 2010 kamen neben der Eintragung des Gastrono-
mischen Mahls der Franzosen – eine dezidiert nationale Eintragung, die vom
damaligen Präsidenten Nicolas Sarkozy maßgeblich unterstützt wurde (vgl. Tornatore 2012: 349) und international vor allem wegen ihres starken Nationalbezugs
und der Exzellenzbehauptung (vgl. Tornatore 2012: 353) sehr kritisch gesehen
wurde – auch die *Compagnonnage* (vergleichbar mit der Walz) und die Spitzen-
stickkunst von Alençon auf die Repräsentative Liste. Außerdem war Frankreich
an der multinationalen Falknerei-Einschreibung beteiligt. 2011 gesellte sich zu
den bereits bestehenden Einträgen die klassische französische Reitkunst hinzu.
Ab 2012, als strengere Quoten für die Zahl der Vorschläge aus den Vertragsstaaten festgelegt wurden, verlangsamte sich das Tempo des quantitativen Anstiegs
der Eintragungen. In diesem Jahr erfolgte die UNESCO-Einschreibung von Fest-
Noz, eine Festveranstaltung mit traditionellen Volkstänzen der Bretagne. 2013
kam es zur Anerkennung der Reliquien-Feiern in der Region Limousin. 2014
erlangte Gwoka – Musik, Gesang, Tanz und kulturelle Praktik auf Guadeloupe
die Eintragung auf der Repräsentativen Liste. Im Jahr 2015 gelang gemeinsam mit
Spanien und Andorra die Anerkennung der Feuerfeste zur Sommersonnenwende
in den Pyrenäen und 2016 schaffte es der Karneval von Granville auf die Repräsentative Liste. Insgesamt kam Frankreich somit Ende 2016 auf 15 Elemente auf
den internationalen Listen.

Der Fachaustausch durch Vermittlung des CFPCI funktioniert insbesondere
innerhalb Europas, wofür auch bereits aus anderen Bereichen etablierte Netzwerke im kulturellen Feld genutzt wurden. Anerkennend weist Frankreich im
periodischen Bericht an die UNESCO 2013 aber darauf hin, dass die 2003er-
Konvention darüber hinaus zu einem exzellenten Hebel für neue Kontakte und
Netzwerke geworden ist (vgl. Staatenbericht 2013: 2). Jährlich findet seit 2012 ein
konzentrierter thematischer Austausch in Seminarform mit Partnern aus anderen
europäischen Ländern in Vitré statt.

Konzepte und Methoden einer empirischen Untersuchung von kulturpolitischen Instrumenten zur Umsetzung der UNESCO-Konvention von 2003

5

5.1 Klärung von Konzepten der Untersuchung

Die Arbeit bewegt sich an der Schnittstelle zwischen den Disziplinen der Politikwissenschaft und den Kulturwissenschaften. Methodisch werden v. a. sozial-, verwaltungs- und politikwissenschaftliche Ansätze verfolgt, da es um die Untersuchung des Politikfelds Kulturpolitik geht und über die Thematik des Immateriellen Kulturerbes hinaus allgemeingültige Aussagen getroffen werden sollen. Während vier von fünf Forschungsfragen dieser Arbeit (vgl. Abschnitt 1.2.) vorrangig politikwissenschaftlicher Natur sind, lässt sich auch jene, die den Untersuchungsgegenstand kulturwissenschaftlich in den Blick nimmt, mit den entsprechenden gewählten sozialwissenschaftlichen Methoden (siehe Abschnitt 5.2.2) gut untersuchen.

Die ex-post-Analyse der nationalen Umsetzung der UNESCO-Konvention zur Erhaltung des immateriellen Kulturerbes bis einschließlich 2016 erfolgt grundsätzlich ausgehend von einer analytischen Trennung der drei gängigen Politikdimensionen: ‚polity' – Strukturen, Ordnung und institutionelle Verfassungen des politischen Systems –, ‚policy'– Ziele und inhaltliche Programme, d. h. der konkrete Inhalt von Politik – sowie ‚politics', d. h. Prozesse und Verfahren der Willensbildung sowie der Interessendurchsetzung. Die erste der fünf Forschungsfrage ist eine klassische Policy-Frage: *Mit welchen politischen Maßnahmen (Projekten, Programmen und Strategien) setzt Deutschland das völkerrechtliche Instrument UNESCO-Konvention zur Erhaltung des immateriellen*

Ergänzende Information Die elektronische Version dieses Kapitels enthält Zusatzmaterial, auf das über folgenden Link zugegriffen werden kann https://doi.org/10.1007/978-3-658-44086-2_5.

Kulturerbes um? Ebenfalls auf der Policy-Ebene bewegt sich die dritte Forschungsfrage: *Inwiefern ist die Teilhabe an Kunst und Kultur zu ermöglichen, Ziel, Aufgabe und Gegenstand der Umsetzung der UNESCO-Konvention zur Erhaltung des immateriellen Kulturerbes in Deutschland?*

Politikinhalt ist stets „das Ergebnis eines politischen Prozesses, der je nach Art der Verfahrensregeln oder Institutionen eines Landes einen unterschiedlichen Verlauf nimmt" (van Waarden 2003: 257). Politikprozesse (*politics*) adressiert die fünfte Forschungsfrage: *Wie gestaltet sich die Wechselwirkung zwischen der internationalen und der nationalen Umsetzung der Konvention?* Auf die Akteure und Institutionen (*polity*) zielt die zweite der fünf Forschungsfragen: *Wie wirkt sich die Beschäftigung mit dem Thema Immaterielles Kulturerbe auf die Kulturpolitik und ihre Akteure im deutschen Mehrebenensystem mit ihren Absichten und Zielen aus?* Die Frage „*Öffnet das Immaterielle Kulturerbe die Perspektive der Trägergruppen für (internationale) Zusammenhänge und Gemeinsamkeiten von Kulturformen oder führt es eher zu einer Verengung des Blicks auf Partikularitäten des eigenen Kulturschaffens bzw. Kulturerbes?*" ist, wie oben erwähnt, eine vorrangig kulturwissenschaftliche.

Eine Politikfeldanalyse wie in dieser Arbeit muss also alle drei Ebenen des Politikbegriffs betrachten und in ihre Erklärungsansätze integrieren, weil die Strukturen und institutionellen Verfassungen des politischen Systems den Rahmen für die Prozesse und Verfahren der Willensbildung sowie der Interessendurchsetzung liefern, welche zu konkreten inhaltlichen Programmen führt (vgl. Blum/Schubert 2009: 14). „Hauptanspruch der Politikfeldanalyse [ist], die abhängige Variable Policy unter Zuhilfenahme der unabhängigen Variablen Politics und Polity zu erklären." (Blum/Schubert 2009: 81) Die ‚polity'- und die ‚politics'-Dimensionen sollen daher auch im vorliegenden Fall der Umsetzung der UNESCO-Konvention zur Erhaltung des immateriellen Kulturerbes als unabhängige Variablen behandelt und zur Erklärung herangezogen werden. ‚Polity' wird als mehr oder weniger konstant, ‚politics' als prinzipiell veränderbar aufgefasst. (vgl. Schubert 1991: 27) Im Kern will die Politikfeldanalyse „konkrete politische Ergebnisse erklären" (Schubert/Bandelow 2003: 6): in diesem Fall, wie es im Zusammenspiel zwischen Politik, Verwaltung und Zivilgesellschaft zur konkreten Form der Umsetzung der UNESCO-Konvention zur Erhaltung des immateriellen Kulturerbes in Deutschland und den dabei angewandten Projekten, Programmen und Strategien kam.

Die *Governance* im Feld der Kulturpolitik in Deutschland bedarf damit einer näheren Untersuchung hinsichtlich des Einflusses der politischen Strukturen und Interaktionsprozesse zwischen den Akteuren auf die Entwicklung und das konkrete Politik-Ergebnis, d. h. die Policy. Eine zentrale Frage von Policy-Forschung ist die nach dem ‚Soll‘ und ‚Ist‘, also: „Was ist – differenziert nach den verschiedenen Akteuren – die Intention des politischen Prozesses?" und „Was ist das Ergebnis des politischen Prozesses?" (vgl. Schubert 1991: 78) Es geht darum, die inhaltliche Dimension von Politik, die „Ursachen, Voraussetzungen und Einflußfaktoren staatlicher Politik und die Folgen und Wirkungen staatlicher Politik zu erforschen" (Schubert 1991: 13).

Zunächst sollen die für eine Politikfeldanalyse grundlegenden Konzepte der Untersuchung, die leitend für die Auswahl der Theorien und Methoden sowie die empirische Analyse sind, deskriptiv-systematisierend geklärt werden. Dies sind die Konzepte ‚Akteure‘ (Abschnitt 5.1.1.) und ‚Netzwerke‘ (5.1.2.), ‚Politikfelder‘ (5.1.3.) sowie ‚Institutionen‘ und ‚Strukturen‘ (5.1.4.) als auch ‚Politik-/ Steuerungsinstrumente‘ (Projekte, Programme und Strategien) (5.1.5.). Schließlich werden auch die Begriffe ‚Steuerung‘ und ‚Governance‘ (5.1.6.) sowie die Trias aus ‚Policy-Output, -Outcome und -Impact‘ (5.1.7.) geklärt.

5.1.1 Politische Akteure

Als ‚politischer Akteur‘ wird in dieser Arbeit definiert, wer als Person oder Organisation an dem Prozess der Willensbildung, Formulierung, Entscheidung und Umsetzung von (kultur-)politischen Maßnahmen beteiligt und/oder betroffen ist. Das sind also neben i. e. S. politischen Akteuren wie Regierungen und Politikern auch Verbandsvertreter, Journalisten, Wissenschaftler und andere zivilgesellschaftliche Akteure sowie Organisationen (vgl. u. a. Schubert/Bandelow 2003: 4). Politische Akteure sind demnach sowohl Individuen als auch komplexe Akteure (vgl. Scharpf 2000: 95–107).

Für das Politikfeld Kulturpolitik soll Bernd Wagners Akteursdefinition gefolgt werden:

> „Die handelnden Akteure sind zum einen Kulturverwaltungen, Ministerien, haupt- und ehrenamtliche KulturpolitikerInnen und zum anderen kulturelle, künstlerische und gesellschaftliche Vereine und Verbände sowie Einzelpersonen, Kirchen und Unternehmen. In Form direkter Trägerschaft von Kultureinrichtungen und ihrer Förderung sowie der Schaffung von Rahmenbedingungen ermöglichen sie künstlerisch-kreatives Produzieren und kulturelle Teilhabe." (Wagner 2009: 26)

Relevante individuelle Akteure sind im Rahmen dieser Arbeit etwa Experten des Immateriellen Kulturerbes oder einzelne Vertreter der Trägerschaft von immateriellen Kulturformen, die Ansprechpersonen und Beratungsstellen der Länder sowie für Kultur zuständige Minister. Komplexe Akteure sind aus Individuen zusammengesetzte Handelnde, wie gesamte Trägergruppen der Formen Immateriellen Kulturerbes oder die Kultusministerkonferenz der Länder, aber auch Expertenkomitees und -jurys. (vgl. Blum/Schubert 2009: 35, 52) Komplexe Akteure müssen in der Analyse später zur Vereinfachung als Akteure mit relativ einheitlichen Handlungsorientierungen behandelt werden (vgl. Scharpf 2000: 35). Darüber hinaus ist eine Differenzierung von komplexen Akteuren in zum einen kollektive Akteure und zum anderen korporative Akteure möglich. Zu kollektiven Akteuren schließen sich Individuen kooperativ zusammen, um strategische Allianzen, Bewegungen oder Verbände, aber auch Interessengemeinschaften zu bilden. Ein Beispiel aus dem Kontext dieser Arbeit sind einige Trägergruppen von Formen Immateriellen Kulturerbes, nämlich jene, die in einem Verband oder ähnlichen Formen von Zusammenschlüssen organisiert sind. Das wichtigste Charakteristikum ist: Die Mitglieder arbeiten mit einem gemeinsamen Ziel zusammen, aber sie verschmelzen nicht zu einer Einheit. Kollektive Akteure werden von ihren Mitgliedern bestimmt und kontrolliert. Demgegenüber legen korporative Akteure zur Verfolgung ihrer Ziele ihre Ressourcen zusammen, was zur Folge hat, das eine eigene Rechtspersönlichkeit entsteht. Hierzu gehören etwa Regierungen und einzelne Ministerien oder auch der Staat in seiner Gesamtheit oder ein Verein als Vertretung einer Trägerschaft. (vgl. Blum/Schubert 2009: 52 f.)

Die Übergänge zwischen individuellen und komplexen sowie auch zwischen kollektiven und korporativen Akteuren sind dabei nicht immer exakt zu differenzieren. Die Definition, in welcher Rolle zum Beispiel ein Mitglied des Expertenkomitees Immaterielles Kulturerbe mit den Medien spricht – als individuell berufener Experte oder als Sprachrohr des komplexen politischen Akteurs Expertengremium – oder wenn mehrere korporative Akteure eine dauerhafte Kooperation als kollektiver Akteur eingehen, fällt im Einzelfall nicht immer leicht. Wenn man allerdings die Rollen als Prototypen klar voneinander abgrenzt, fällt es leichter festzustellen, wie effektiv welche Rollen in welchen Situationen, wie zum Beispiel bei der Umsetzung von Projekten, Programmen und Strategien zur Umsetzung der Konvention zur Erhaltung des immateriellen Kulturerbes im nationalen Rahmen, sind (vgl. Blum/Schubert 2009: 54). Es geht für die Zwecke dieser Arbeit um eine weit gefasste Definition des Begriffs ‚politischer Akteur'. Hierzu gehören etwa auch Medienvertreter und wissenschaftliche Experten (vgl. Blum/Schubert 2009: 54). Entscheidend ist, dass alle in dieser Arbeit als politische Akteure begriffenen Individuen und Institutionen (zur Klärung des Konzepts von ‚Institutionen' siehe Abschnitt 5.1.3.) an politischen Prozessen mitwirken, um dadurch bestimmte Interessen durchzusetzen. „Für die Politikfeldanalyse ist

es wichtig danach zu fragen, welche Akteure aktiv sind, wie sie ihre Interessen durchzusetzen versuchen und ob sie in politische Willensbildungs- und
Entscheidungsprozesse eingebunden sind." (Blum/Schubert 2009: 58 f.)
‚Akteure' haben nach Scharpf drei Merkmale: Das sind erstens bestimmte
Fähigkeiten, d. h. Handlungsressourcen, wozu insbesondere institutionelle Regeln
gehören, nach denen „Kompetenzen zugewiesen und Partizipationsrechte, Veto-
rechte oder das Recht zur autonomen Entscheidung für bestimmte Fragen
verliehen oder beschränkt werden" (Scharpf 2000: 86). Zweitens haben sie
bestimmte Wahrnehmungen und drittens bestimmte Präferenzen, d. h. Handlungsorientierungen, die vom institutionellen Kontext mitbestimmt (vgl. Scharpf 2000:
86 f.) einerseits relativ stabil sein oder aber andererseits auch durch politisches
Lernen (siehe Abschnitt 5.2.4.) bzw. Argumente verändert werden können.

5.1.2 Netzwerke

Entscheidend bei der Betrachtung der Akteurslandschaft in einem Politikfeld
(siehe Abschnitt 5.1.3.) sind auch die Beziehungen der Akteure unter- und
zueinander sowie die bestehenden Verflechtungen, denn i. d. R. sind die an
einer Politikformulierung und -umsetzung beteiligten Akteure in komplexe Beziehungsstrukturen eingebettet. Unter Beziehungsstrukturen versteht man z. B.
Interaktion, Kommunikation, Tausch usw. (vgl. Schneider/Janning 2006: 117)
Nur sehr selten kann ein einzelner Akteur seine Wahrnehmungen und Präferenzen allein durch den Einsatz seiner eigenen Handlungsressourcen in politische
Entscheidungen umsetzen (vgl. Scharpf 2000: 87). Die Art der Beziehungen zwischen politischen Akteuren hat Einfluss auf die Ergebnisse politischer Aktivitäten.
Aus unterschiedlichen Akteurskonstellationen resultieren daher unterschiedliche Problemlösungen bzw. Problemlösungsstrategien (vgl. Schubert 1991: 89).
„Ein gründliches Verständnis der zugrunde liegenden Konstellation erscheint
als unabdingbare Voraussetzung für die Erklärung und die Prognose von Inter-
aktionsergebnissen." (Scharpf 2000: 42) Ob die relevanten Akteure konsens-
oder konfliktorientiert zusammenarbeiten, ist von entscheidender Bedeutung für
die Politikergebnisse und öffentliche Wirkung einer Politik (vgl. Blum/Schubert
2009: 59). Die zweite Forschungsfrage dieser Arbeit (*Wie wirkt sich die Beschäftigung mit dem Thema Immaterielles Kulturerbe auf die Kulturpolitik und ihre Akteure
im deutschen Mehrebenensystem mit ihren Absichten und Zielen aus?*) beschäftigt
sich daher explizit mit der Struktur des Netzwerks der Akteure und ihrer Inter-
essenpositionen, Kooperations- bzw. Konfliktbeziehungen (Beziehungsstrukturen)
im Bereich Kulturpolitik.

Folglich ist es wichtig, das Konzept ‚Netzwerk' für diese Arbeit zu bestimmen. Es wird hier als professionelles Setting der Zusammenarbeit der beteiligten Akteure bzw. als „durch Beziehungen eines bestimmten Typs verbundene Akteure" (Pappi 1993: 84) verstanden. Die Arbeit folgt damit prinzipiell Heclos Definition eines Policy-Netzwerks von 1978 als „Zusammenwirken der unterschiedlichen exekutiven, legislativen und gesellschaftlichen Institutionen und Gruppen bei der Entstehung und Durchführung einer Policy" (zitiert nach Windhoff-Héritier 1987: 45). Das Netzwerk befindet sich als Governance-Form (siehe Abschnitt 5.1.6.) strukturell zwischen den Extremen Markt und Hierarchie. Während in der Marktlogik als Handlungsorientierung zwischen den Akteuren der Wettbewerb dominiert und für Hierarchien Autorität und Gehorsam charakteristisch sind, dominieren in einem Netzwerk die Formen Tausch und Aushandlung (‚*bargaining*'). (vgl. Mayntz 1997: 245 ff.) „Politischer Einfluss resultiert hierbei vor allem aus fachlich-inhaltlicher Autorität und rationaler Überzeugung." (Blum/ Schubert 2009: 60) In diesem Ansatz stellt der Staat oder staatliche Institutionen nur einen unter mehreren wichtigen Akteuren dar; es sind mehrere politische Ebenen inbegriffen und auch Journalisten und Forscher, die ebenfalls eine wichtige Rolle in Policy-Prozessen spielen können, werden konzeptionell erfasst. Politische Steuerung in Netzwerken ist somit keine hierarchisch von oben nach unten verlaufende Einbahnstraße, sondern ein komplexes Gebilde von Kooperationen und Verhandlungslösungen (vgl. Schneider/Janning 2006: 160 f. und Blum/ Schubert 2009: 66). Der Begriff wird eher auf die Koordination und Zusammenarbeit von Fachverwaltungen als von Regierungen angewandt, da diese Formen des themenorientierten Zusammenwirkens zwischen ersteren stärker ausgeprägt sind als zwischen letzteren (vgl. Benz 2009: 86). Konstituierend für Politik-Netzwerke ist, dass die Grenzen zwischen den beteiligten staatlichen Stellen, Politikern und Interessengruppen verschwimmen. Das stereotype Bild eines Staates als höchstes gesellschaftliches Kontrollgremium und einer klaren Trennung zwischen Staat und Gesellschaft wird hier gebrochen. Dies ist Ergebnis eines Wandels der politischen Entscheidungsstrukturen, die in vielen Politikfeldern, auch der Kulturpolitik, zu beobachten ist. (vgl. Mayntz 1997: 241; siehe auch Kapitel 3 dieser Arbeit)

Prinzipiell können Netzwerke sich ad-hoc bilden. In Deutschland allerdings sind die meisten Politiknetzwerke eher dauerhaft. (vgl. Schneider/Janning 2006: 161) Meist sind die Beziehungen nicht nur auf ein spezifisches Programm, sondern auf mehrere Programme bezogen, so dass Konflikte bisweilen übertragen oder andersherum angesammeltes Vertrauenskapital eingesetzt wird. Renate Mayntz weist darauf hin, dass „[p]rogrammspezifische Netzwerke [...] gleichsam nur einen Schnitt durch das Beziehungsgeflecht der Wirklichkeit [legen]".

Sie schlägt deshalb vor, zwischen den „*formal vorgesehen*, den *faktischen* und den in *funktioneller* Hinsicht *optimalen* Beziehungen" (Mayntz 1980: 9, Hervorhebungen im Original) zwischen den Akteuren differenziert zu unterscheiden und so bereits Hinweise auf Implementationsprobleme zu erhalten.

Ein Politiknetzwerk ist jedoch mitnichten die Gesamtheit der Beziehungsstrukturen in einem gesamten Politikfeld (siehe Abschnitt 5.1.3.), sondern bezieht sich nur „auf Interaktionszusammenhänge, in denen die Zahl der beteiligten Akteure noch überschaubar bleibt, die Akteure über ihre jeweiligen Interessen informiert sind, ihr gemeinsames Handeln abstimmen bzw. aushandeln und Kooperationen unter Umständen auf Dauer stellen können" (Schneider/Janning 2006: 159). Wichtig, denn Basis der Zusammenarbeit, ist eine geteilte Kernüberzeugung der am Netzwerk beteiligten Akteure (vgl. Blum/Schubert 2009: 63). Ein solches, kohärentes Problemverständnis kann auch durch die institutionenübergreifende Zusammenarbeit im Netzwerk überhaupt erst entstehen (vgl. Schubert 1991: 36). Bei Politiknetzwerken spielt Informalität bis zu einem gewissen Grad eine Rolle. Neben offiziellen gesetzlich o. ä. geregelten Prozessen gibt es in den Phasen von Formulierung und Implementierung von Politiken auch informelle Handlungs- und Interaktionsverflechtungen. (vgl. Schneider/Janning 2006: 159)

Interessant für die vorliegende Arbeit ist die Definition von Schubert/Klein mit den drei Merkmalen Dauerhaftigkeit, Freiwilligkeit und Gegenseitigkeit, die ein politisches Netzwerk auszeichnen (vgl. Schubert/Klein 2006: 206). Das Netzwerk der Akteure im Bereich der Umsetzung der Konvention zur Erhaltung des immateriellen Kulturerbes ist seit dem Beitritt Deutschlands im Jahr 2013 entstanden bzw. – wie man besser formulieren sollte – hat sich aus dem Politikfeld der Kulturpolitik heraus geformt und besteht seitdem dauerhaft. Zu ihm zählen die beteiligten politischen Akteure in Bund, Ländern und Kommunen auf der (im engeren Sinne) politischen Ebene, die Deutsche UNESCO-Kommission und die von ihr versammelten Experten, außerdem Kompetenzzentren wie Museen, Universitäten, NGOs usw. und die Medien auf einer intermediären Ebene sowie Kulturorganisationen und -verbände, die Trägergruppen der Kulturformen und weitere Akteure des öffentlichen Lebens auf der zivilgesellschaftlichen Ebene (vgl. Abschnitt 6.3.). Die dauerhafte Zusammenarbeit wird über verschiedene Gremien, formelle und informelle Treffen und ein regelmäßiges öffentliches Kommunizieren über das Immaterielle Kulturerbe sichergestellt. Klaus Schubert weist darauf hin, dass sich aus einer Dauerhaftigkeit von Netzwerken die Gefahr von Abschottungseffekten des Netzwerks zur Umwelt ergeben (vgl. Schubert 1991: 90). Das Merkmal Freiwilligkeit gilt grundsätzlich als gegeben – außer im klassischen Korporatismus muss sich niemand an der Zusammenarbeit in einem

Politik-Netzwerk beteiligen. Durch das Prinzip der Gegenseitigkeit wird die Freiwilligkeit allerdings etwas relativiert. „Alle am Netzwerk beteiligten Akteure
erhoffen sich einen Vorteil aus der Kooperation und müssen diesen (früher oder
später) auch in irgendeiner Form erhalten." (Blum/Schubert 2009: 62) Dies ist für
diese Arbeit insofern relevant, da allen Forschungsfragen (siehe Abschnitt 1.2.)
implizit und der zweiten explizit die Erkenntnisabsicht zugrunde liegt, mit welchen Absichten die beteiligten Akteure die Umsetzung der Konvention betreiben.
Nicht unbedingt sind die Beziehungen in einem Netzwerk gleichberechtigt bzw.
die Vorteile ausgewogen (vgl. Blum/Schubert 2009: 63). Eine Netzwerkanalyse
kann wichtige Anhaltspunkte für Machtstrukturen, das heißt vor allem Ressourcen
und Stellung im Geflecht, liefern. Steht ein Akteur im Zentrum eines Netzwerks,
geht man von einem hohen Machtpotenzial aus. (vgl. Blum/Schubert 2009: 63 ff.)

5.1.3   Politikfelder

In der Gesellschaft haben sich nach der soziologischen Theorie sozialer Differenzierung institutionell verfestigte und spezialisierte Teilsysteme herausgebil-
det, etwa das Wirtschaftssystem, das Bildungssystem, das politische System,
das Rechtssystem, das Wissenschaftssystem oder das Verwaltungssystem (vgl.
Mayntz 1997: 38–69, Wagner 2009: 41). Auch diese gesellschaftlichen Teilsysteme haben sich intern funktional ausdifferenziert, so auch das politische
System, das im Übrigen mehr als Staatstätigkeit ist, nämlich auch die nichtstaatlichen Akteure beinhaltet. Die Komplexität des Regierens moderner Gesellschaften
befördert die sektorale Differenzierung zusätzlich. Benz (2009) weist darauf hin,
dass Mehrebenensysteme (siehe Abschnitt 5.1.4.) die Sektoralisierung noch verstärken, weil die Fachpolitiker und -verwaltungen der verschiedenen Ebenen
miteinander kooperieren müssen. Dabei werden sie oft noch durch unabhängige
Experten oder Expertengremien unterstützt. (vgl. Benz 2009: 217) Ein Politikfeld
wird also letztlich über seine politischen Akteure definiert, die sich, häufig in
einem Netzwerk und innerhalb von Institutionen, mit einem bestimmten Thema
befassen und die ihre gegenseitigen Interessen und Aktivitäten berücksichtigen
müssen. So entsteht ein spezifischer Handlungsrahmen für die Akteure von Politik, Verwaltung, Medien und Interessenvertretern (vgl. Wenzler 2009: 11) – im
Falle dieser Arbeit geht es um das Politikfeld Kulturpolitik, das heißt die „auf
Kultur gerichtete Politik innerhalb eines politischen Systems" (Wimmer 2011:
84). Die Konstituierung eines Interaktionszusammenhangs wie im Feld der Kulturpolitik definiert sich über inhaltliche, symbolische und institutionelle Bezüge
(vgl. Schneider/Janning 2006: 158).

Pappi (1993: 90 ff.) bezeichnet ein symbolisches Bezugssystem als konsti-tuierend für ein Politikfeld. Dabei kann es sich um ein Gesetzeswerk handeln, wie etwa das Sozialgesetzbuch für die Sozialpolitik in Deutschland, aber auch ein Grundgesetz-Artikel, wie im Falle der Kulturpolitik Art. 5 zur Kunstfrei-heit. „Solche Symbolsysteme garantieren Gemeinsamkeiten der Problemsicht, die die Interaktion der Beteiligten erleichtern, ohne dass sie Interessenskonflikte hin-sichtlich der konkreten Policies verhinderten." (Pappi 1993: 92) Auf der Ebene der Policy können sich Akteure des Politikfelds Kulturpolitik beispielsweise dar-über streiten, welche Vorstellungen sie von ihrer Umsetzung haben, das heißt, ob diese zum Beispiel eine reine Kulturpflege oder eine aktivierende Kulturpoli-tik, wie etwa unter dem Motto „Kultur für alle", sein soll (vgl. Klein 2009: 30). Das Politikfeld der Kulturpolitik in Deutschland wurde im Rahmen dieser Arbeit bereits in Kapitel 3 genauer vorgestellt.

Spezifische Politikfelder in spezifischen politischen Systemen können nie los-gelöst von den historisch entstandenen und von den politischen Akteuren der Vergangenheit und auch der Gegenwart geprägten institutionellen Strukturen und den dadurch gegebenen Akteurskonstellationen gesehen werden. Nach Pappi (1993) ist der Begriff des ‚Politikfelds' dem Begriff des ‚Policy-Netzwerks' (siehe Abschnitt 5.1.2.) ziemlich nah, „weil ein Teilbereich aus dem größeren politischen Zusammenhang herausgegriffen wird mit der Behauptung, die Entscheidungsbe-dingungen hätten eine gewisse Unabhängigkeit von den Bedingungen in anderen Teilbereichen" (Pappi 1993: 91).

Die verschiedenen Politikfelder in ein und dem gleichen politischen System unterscheiden sich, zumindest zu einem gewissen Grad, in den Entscheidungs-strukturen und -prozessen voneinander (vgl. Pappi/König/Knoke 1995: 32), zum Beispiel sind die Beziehungen und die Formen der Zusammenarbeit zwischen staatlichen Akteuren und Interessengruppen je nach Politikfeld recht unterschied-lich. Daher werden i. d. R. auch die Steuerungsziele, -instrumente und -techniken (siehe Abschnitt 5.1.5 und 5.1.6.) zu einem gewissen Grad als politikfeldabhängig wahrgenommen. (vgl. Wenzler 2009: 15)

Im Rahmen dieser Arbeit interessieren diejenigen Teilsysteme des politischen und des Verwaltungssystems, die das Politikfeld Kulturpolitik bilden. Sie sind das Ausgangsfeld für die Analyse institutioneller Zuständigkeiten und Hand-lungsgeflechte (vgl. Windhoff-Héritier 1987: 22). Ein Politikfeld weist häufig typische Problemstrukturen auf. Diese sind für die vorliegende Analyse von den systemisch-strukturellen Besonderheiten des Mehrebenensystems der Politik insgesamt in Deutschland zu trennen (siehe Abschnitt 5.1.4.).

5.1.4   Institutionen und Strukturen

Auch der Begriff ‚Institution' muss in diesem Rahmen für die Verwendung in dieser Arbeit genau definiert werden: Institutionen im Allgemeinen haben in einem Akteursfeld strukturierende und regulierende Funktion. In dieser Arbeit interessieren vor allem ‚politische Institutionen', worunter „Regelsysteme der Herstellung und Durchführung verbindlicher, gesamtgesellschaftlich relevanter Entscheidungen" (Göhler 1994: 22) oder zumindest Entscheidungsgrundlagen zu verstehen sind. Sie stehen im Zentrum der Betrachtung der Polity-Dimension von Politik und verteilen politische Macht, Befugnisse, Pflichten und Aufgaben zwischen den politischen Akteuren (vgl. van Waarden 2003: 265 f.). Institutionen sorgen in modernen politischen Systemen dafür, dass Interessenkonflikte regelhaft und gut strukturiert, kollektiv verbindlich geklärt werden können (vgl. Schneider/ Janning 2006: 140). Politische Institutionen können zum einen unterschieden werden nach einerseits unmittelbar mit den in ihnen handelnden Akteuren verbundene Institutionen, die also zugleich Organisationen sind, und andererseits Normsystemen, wie Verfassungen, die einen systematisch nachgeordneten Akteursbezug haben (vgl. Göhler 1994: 23). Zum anderen gibt es neben formellen Regeln (Verfassungen, Gesetze usw.) auch informelle Arrangements, soziale Normen, die von den beteiligten Akteuren im Allgemeinen beachtet werden und die daher die Prozesse in einem Politikfeld mitstrukturieren. Wichtige politische Institutionen im Kontext dieser Arbeit sind etwa das Auswärtige Amt oder die Kultusministerkonferenz der Länder. Es gibt darüber hinaus immaterielle politische Institutionen, wie das Grundgesetz, die zu beachten sind (vgl. Blum/Schubert 2009: 68). Eine Institution in diesem Sinne ist aber auch das vereinbarte Verfahren zur Umsetzung der Konvention in Deutschland, koordiniert von der Deutschen UNESCO-Kommission.

Analytisch wichtig ist die Frage nach der Funktion von Institutionen. Erstens regulieren politische Institutionen politische Prozesse – von der Willensbildung, über die Entscheidung bis zur Implementierung. Zweitens regeln sie den Zugang im jeweiligen Politikfeld: Wer ist an den politischen Prozessen wie beteiligt? Aber auch: Welche Themen, Probleme und Lösungen finden Eingang in die Willensbildungs- und Entscheidungsprozesse? (vgl. Blum/Schubert 2009: 69) Eine dritte Funktion ist eher immateriell, da weniger formell und nicht so ganz greifbar: Institutionen wirken identitäts- und sinnstiftend. Als markanteste Beispiele für diese Funktion werden i. d. R. Verfassungen, wie das deutsche Grundgesetz, genannt. Im Rahmen dieser Arbeit trifft diese Funktion aber auch auf die Organisation UNESCO in ihrer institutionellen Funktion zu, denn Umfragen belegen, dass sie als sinnstiftend wahrgenommen wird. Die vierte, und

vielleicht wichtigste, Funktion von politischen Institutionen, ist die Ermöglichung kollektiver Entscheidungsfindung. (vgl. Blum/Schubert 2009: 70 und van
Waarden 2003: 266) Schubert/Bandelow betonen die Funktionalität von Institutionen als auf Dauer gestellte Problemlösungen (vgl. Schubert/Bandelow 2009:
17). Schneider/Janning sprechen von folgenden grundsätzlichen Aufgaben von
institutionellen Regelsystemen:

> „Sie konstituieren korporative Akteure mit entsprechenden Mitgliedschaftsregeln und
> Kompetenzzuteilungen für die Organisationsmitglieder. Darüber hinaus definieren sie
> Anlässe und Arenen für die Interaktion zwischen Akteuren und geben bestimmte
> Entscheidungsregeln für die Steuerung und Koordination dieser Interaktion vor."
> (Schneider/Janning 2006: 93)

Politische Akteure betrachten Institutionen als relevant, weil sie sich in diesem
Rahmen als unterschiedlich und zugleich füreinander bedeutsam wahrnehmen.
Es wäre aber gefährlich Institutionen als allzu deterministisch aufzufassen, da
Handlungen und politische Prozesse durchaus auch außerhalb ihres Rahmens
stattfinden können bzw. ihrem Einfluss entzogen sind. Außerdem bleibt den
Akteuren auch innerhalb des institutionellen Rahmens stets ein gewisser Entschei-
dungsspielraum. (vgl. Schneider/Janning 2006: 93). Denn immer zu bedenken
bleibt: Innerhalb von Institutionen handeln Akteure (siehe Abschnitt 5.1.1.).
Institutionen definieren ein „Repertoire mehr oder weniger akzeptabler Hand-
lungsverläufe, was den strategischen und taktischen Entscheidungen der Akteure
erheblichen Raum läßt" (Scharpf 2000: 83).
    Mit dem Begriff ‚Institution' bezeichnet man i. d. R. etwas Absichtsvolles.
Hinter dem Begriff ‚Struktur' steckt dagegen keine konkrete Absicht, er umfasst
aber auch Institutionen. (vgl. Blum/Schubert 2009: 68) Policy-Making findet in
Deutschland in einer Struktur bzw. einem institutionellen Rahmen eines Mehrebenensystems statt (*multilevel governance*). Darunter versteht man, dass „mehrere
staatliche Ebenen an den Entscheidungs- und Umsetzungsprozessen beteiligt
sind" (Schubert/Klein 2006: 194) und zusammenwirken. Während nahezu alle
demokratischen politischen Systeme als Mehrebenensysteme betrachtet werden
müssen – weil praktisch keine staatliche Aufgabe ohne externe Effekte auf
anderen Ebenen zu erledigen ist (vgl. Benz 2004: 127 f.) –, ist der Mehre-
benencharakter in föderativen Staaten besonders ausgeprägt. Typisch ist, dass
die Hierarchien in vielen Politikfeldern nicht ganz eindeutig abgrenzbar sind
und somit undurchschaubar wird, welche Ebene die politische Verantwortung

für eine Entscheidung trägt. Auch eine relativ starke Rolle von Nichtregierungsorganisationen wird konstatiert (vgl. Benz 2009: 14, 17 f.). Aus der
Governance-Perspektive gilt:

> „Politische Mehrebenensysteme werden […] weder von einem Zentrum aus regiert,
> noch werden öffentliche Aufgaben nach Ebenen getrennt innerhalb von staatlichen
> Gebietseinheiten erfüllt. Regieren beruht auf dem Zusammenwirken von inter- und
> intragouvernementalen Strukturen und Prozessen." (Benz 2009: 15)

Deutschland gilt als Musterbeispiel eines Mehrebenensystems, dem durch eine
enge Verschränkung der Ebenen die Gefahr von Blockaden droht (vgl. Benz
2009: 103). „Bund, Länder und Gemeinden agieren nicht sektoral, nach Politikbereichen voneinander getrennt, sondern sie nehmen Gesetzgebung, Planung,
Verwaltung und Finanzierung gemeinsam wahr." (Kropp 2010: 15) Dem System
der Bundesrepublik Deutschland wird daher nachgesagt, politische Prozesse zu
verlangsamen sowie tendenziell ineffizient und intransparent zu sein (vgl. Eppler
2011: 707). Wenn die gliedstaatlichen Ebenen zur Zusammenarbeit gezwungen
sind, weil sich alle Beteiligten bei wichtigen Entscheidungen einigen müssen,
wird die Struktur – zunächst speziell in Deutschland, später aber auch in der
Europäischen Union und inzwischen als typische Eigenschaft föderativer Systeme
erkannt – seit Scharpfs Forschungen (1976) maßgeblich als „Politikverflechtung"
bezeichnet – mit Benz (2009) positiver, allerdings in Ermangelung eines passenden deutschen Begriffs als „joint decision-making". Politikverflechtung ist also
ein wesentliches Merkmal von Mehrebenensystemen. Von den damit verbundenen institutionalisierten Zwangsverhandlungssystemen abgrenzen kann man die
grundsätzlich „freiwillige" Form der Zusammenarbeit von Gliedstaaten im Bundesstaat, bezeichnet als „kooperativer Föderalismus" (vgl. Kropp 2010: 237), der
in Mehrebenensystemen mindestens genauso weit verbreitet ist.

Zunächst aber noch einmal eingehender zur Politikverflechtung: Die Theorie
ist eine der wesentlichen Referenzen der Forschung zum deutschen Regierungssystem und Föderalismus und ermöglicht einen genauen Einblick in die
Eigenarten der föderalen Problembearbeitung in der Bundesrepublik (vgl. Benz
2016: 37, Kropp 2010: 9, Scheller 2008: 31). Eine Reduzierung der Theorie
auf die Aussage, dass durch diese Struktur Entscheidungen blockiert werden
und Outputs sowie Outcomes (siehe Abschnitt 5.1.7.) prinzipiell unzureichend
sind, ist allerdings nicht adäquat (vgl. Scheller 2008: 25). Die Theorie besagt
nämlich vielmehr, dass sich die Bundesrepublik Deutschland durch eine sehr ausgeprägte vertikale und horizontale Differenzierung der Entscheidungsstrukturen

auszeichnet, zugleich aber eine Tendenz zu einer diese institutionelle Differenzierung wieder überbrückenden prozessualen und inhaltlichen Politikverflechtung hat (vgl. Scharpf 1976: 13, 18 f.). Es gibt in Deutschland tatsächlich eine ganze Reihe von freiwilligen und verbindlich vorgeschriebenen Kooperationsformen (vgl. Kropp 2010: 11). Zwar stimmt es, dass Vetomöglichkeiten der miteinander verflochtenen Akteure prinzipiell existieren, aber ob diese die Verflechtung nicht eher für die komplexen Problemlagen angemessene Verhandlungs- und Entscheidungsrahmen nutzen statt sich gegenseitig zu blockieren, ist empirisch jeweils zu untersuchen (vgl. Kropp 2010: 9 f.), wie es auch im Rahmen dieser Arbeit erfolgen wird. Vetos und entsprechend folgende Blockaden sind meist nur ein Drohpotenzial in Verhandlungen – faktisch wird sich i. d. R. geeinigt (vgl. Benz 2004: 134). In der Forschungsliteratur, anders als in der Politikpraxis bzw. der medialen Berichterstattung über diese, dominiert die Auffassung, dass „Politikverflechtung ein konstitutives Merkmal von Bundesstaatlichkeit darstellt und zugleich eine essenzielle Voraussetzung für die föderale Problemlösungsfähigkeit von Bund und Ländern bildet" (Scheller/Schmid 2008: 8). Als positiven bzw. ermöglichenden Aspekt der Politikverflechtung stellt Scheller (2008: 27 f.) insbesondere das Vorhandensein von Diskurs- und Kommunikationsforen zum Austausch sowie zur Informationsverbreitung und -verarbeitung heraus. Zusätzlich weist er zurecht darauf hin, dass die Politikverflechtung gerade in Deutschland auch „einer auf Ausgleich und Einheitlichkeit gerichteten politischen Kultur" (Scheller 2008: 29) gut entspreche. (vgl. auch Kropp 2010: 16 f.) Und letztlich fragt Scheller (2008: 30), ob aus funktionalistischen Erwägungen, nämlich der Möglichkeit der Mitwirkung und Interessenvertretung es für Ländern und Kommunen, nicht gerade wünschenswert sei, sich in Verflechtungsstrukturen einbetten zu lassen.

Die Verflechtungsstrukturen sind – u. a. je nach Politikfeld – durchaus vielfältig und haben variable Muster (vgl. Scheller/Schmid 2008: 8, Benz 2016: 38). In dieser Arbeit interessieren die vertikale Politikverflechtung, d. h. wie Bund und Länder sowie auch zum Teil Gemeinden im Bereich der Exekutive gemeinsam die Politik zum Immateriellen Kulturerbe betreiben, aber auch Formen der horizontalen Politikverflechtung bei der Länderkooperation, die auf lange geübter Praxis basiert. Die Zusammenarbeit zwischen Bund und Ländern und ihre Kompetenzabgrenzung ist i. d. R. im Grundgesetz geregelt (vgl. Benz 2016: 60 f.), im vorliegenden Fall der Umsetzung der UNESCO-Konvention zum Immateriellen Kulturerbe in Deutschland basiert sie allerdings auf einer mehr oder weniger informellen Absprache (s. u.). Die Kulturpolitik ist ein Bereich, in dem die Länder nach Artikel 70 des Grundgesetzes die ausschließliche Gesetzgebungskompetenz haben. Daraus wird die ‚Kulturhoheit' der Länder gefolgt. Trotzdem ist im kooperativen Bundesstaat, der Deutschland weitgehend ist, eben die Zusammenarbeit und Koordination der Länder gefragt. Solidarität und bundesfreundliches Verhalten sind in der politischen Kultur weitgehend verinnerlichter Konsens der Akteure (vgl. Kropp 2010: 15). Der faktische Kooperationszwang entsteht, weil implizit und zum Teil auch explizit vorausgesetzt wird, dass möglichst die Gleichwertigkeit der Lebensverhältnisse und eine einheitliche Rechtsordnung herzustellen seien (vgl. Benz 2009: 103). Dies geschieht in der Kulturpolitik weitgehend über die mit einem eigenen Sekretariat ausgestattete Ständige Konferenz der Kultusminister in der Bundesrepublik Deutschland (kurz: Kultusministerkonferenz) – inzwischen mit einem eigenen ministerialen Gremium der für Kultur zuständigen Minister, der Kulturministerkonferenz (Kultur-MK).

Die Untersuchung politikfeldspezifischer Problemlösungsprozesse in der Policy-Forschung vernachlässigt häufig tendenziell den föderalen Staatsaufbau als „zentrale machtpolitische Dimension" (Scheller/Schmid 2008: 7) – dies soll in dieser Arbeit vermieden werden. Da es sich bei der Umsetzung der UNESCO-Konvention aber zweifellos um internationale Kulturpolitik handelt – und damit, wie in vielen Fällen, um eine Aufgabe, die nicht eindeutig einer politischen Ebene zuordenbar ist –, ist in jedem Fall die Kooperation der Länder mit dem Bund erforderlich, der nach Art. 32 des Grundgesetzes für auswärtige Angelegenheiten zuständig ist. Hierzu haben sich Bund und Länder 2012 auf ein Umsetzungsmodell geeinigt, welches im Verlauf dieser Arbeit vorgestellt wird (siehe Abschnitt 6.2.2.).

Eine dabei noch zu untersuchende Frage ist, ob die Umsetzung der UNESCO-Konvention in Deutschland eher Gefahr läuft in die „Politikverflechtungsfalle" zu tappen, also durch Probleme der Konfliktregelung bzw. Konsenserfordernisse zu unbefriedigenden, ineffizienten oder gar keinen Ergebnissen kommt und daraus auch keinen Ausweg findet, oder ob der – erfolgreich kooperierende und sich dynamisch an veränderte Bedingungen anpassende – kooperative Bundesstaat als Modell dominiert. Als Ausweg aus der „Politikverflechtungsfalle", wenn man sie denn konstatiert, wird die Verlagerung von Entscheidungen auf Beratungs- oder Expertengremien gesehen. Ziel dieses Vorgehens ist, die Debatten zu versachlichen und ‚neutrale' Empfehlungen einzuholen (vgl. Benz 2016: 52, 63 f.) und damit das potenzielle Konfliktniveau verflochtener Strukturen zu senken (vgl. Kropp 2010: 25). „Solche Gremien sollen Lösungen vorbereiten und diese aufgrund ihres Sachverstands mit Legitimation ausstatten." (Kropp 2010: 26) Dadurch, dass diese Lösungen aber regelmäßig noch parlamentarische Verfahren durchlaufen bzw. Bestätigung durch die Exekutive erfahren müssen, sind der Externalisierung von Entscheidungen natürlich Grenzen gesetzt. (vgl. Kropp 2010: 26) Experten haben nichtsdestotrotz in dieser Struktur eine einflussreiche

Stellung, weil sie anders als die staatlichen Akteure und Verbandsvertreter autonom agieren können (vgl. Benz 2004: 133). Auch die Frage, ob die Umsetzung der UNESCO-Konvention Elemente von Wettbewerbs- oder Konkurrenzföderalismus, die dem kompetitiven Marktmodell folgen (vgl. Müller/Singer 2004: 38) – nämlich der Wettstreit um adäquate (vgl. Hildebrandt/Wolf 2008: 369) bzw. ‚beste' Problemlösungen und gute sowie innovative Politik (vgl. u. a. Benz 2009: 75 ff., 219) – beinhaltet, ist der Untersuchung wert. Benz (2009) spricht im Mehrebenensystem in diesem Zusammenhang von Leistungswettbewerb. Dabei sind keine (gemeinsamen) Entscheidungen zu treffen – es handelt sich um eine ‚weiche Form' der Koordinierung, die „wechselseitiges Lernen über beste Praktiken zwischen den Gebietskörperschaften" (Benz 2009: 219) hinsichtlich Strukturen und Politikinhalten sowie Innovationen u. a. auch dahingehend fördert, dass zum Teil neue Akteure beteiligt werden (vgl. Benz 2009: 226; siehe auch die Ausführungen zur Theorie des politischen Lernens in Abschnitt 5.2.4.).

Zwar kann man Mehrebenenpolitik eigentlich nur im Zusammenspiel zweier Ebenen eingehend untersuchen – in der vorliegenden Arbeit der Bund und die Länder –, ergänzend betrachtet werden soll als „Juniorpartner" und „Kontextesteuerer" (vgl. Benz 2009: 92) noch die Rolle der Kommunen. Die sonst häufig noch betrachtete europäische Ebene kann in diesem Fall außen vor bleiben, weil die Internationalisierung sich in diesem Feld anders ausdrückt. Die UNESCO-bedingte Internationalisierung verändert allerdings auch in diesem Fall den Referenzrahmen der Kooperation im deutschen Bundesstaat sowie die Verhältnisse zwischen Bund und Ländern. Sie erweitert zudem potenziell strategische Optionen für alle Akteure, indem etwa die im internationalen Rahmen getroffenen Entscheidungen übernommen oder sich an ihnen orientiert werden kann oder aber auch Probleme externalisiert werden können (vgl. Benz 2016: 45, 64).

Eine zu prüfende These für die vorliegende Arbeit ist, dass das Handeln der Akteure bei der nationalen Umsetzung der UNESCO-Konvention zur Erhaltung des Immateriellen Kulturerbes vor allem von kooperativen Motiven geprägt ist – unter anderem, weil der Parteienwettbewerb in diesem Politikfeld allgemein schwach ausgeprägt ist und es beim Immateriellen Kulturerbe im Speziellen weitgehend keine Verteilungsprobleme gibt, allerdings durchaus einige durch Werte und Ideologien aufgeladene Konflikte (vgl. Benz 2016: 35 ff., 39 f.).

5.1.5 Instrumente, Programme und Strategien

Ein Instrument bzw. Steuerungsinstrument ist ein zentrales Element politischer Gestaltung, welches die Akteure und/oder Institutionen (vgl. Abschnitt 5.1.1. und

5.1.4.) zur Verfolgung ihrer Ziele bzw. der politischen Entscheidungen einsetzen. Gemeint sind i. d. R. vor allem externe Steuerungsinstrumente, die also nicht verwaltungsintern wirken, sondern auf das Verhalten der Programmadressaten, das heißt Bürger, Institutionen, Organisationen usw. zielen. (vgl. Schubert 1991: 172) „Als Instrumente staatlichen Handelns sollen sie soziale Prozesse allgemein und individuelles oder Organisationsverhalten im Besonderen beeinflussen." (Braun/ Giraud 2003: 149)

Zunächst sind Steuerungsinstrumente von Programmen abzugrenzen: „Politische Programme dienen dazu, politische Strategien in instrumenteller Form zur Beseitigung erkannter Defizite einzusetzen." (Schubert 1991: 162 ff.) Programme sind also in der Politikfeldanalyse, anders als in der politisch-administrativen Praxis, wo Instrumente und Programme weitgehend synonym verwendet werden, umfassender zu verstehen. Sie umfassen Ziele, Mittel und Wege und haben immer einen konkreten Problembezug. (vgl. Blum/Schubert 2009: 82 sowie Schubert 1991: 165) „Ein Programm bestimmt [...] nicht nur Handlungsziele, es legt auch Adressaten und für die Durchführung Verantwortliche fest und strukturiert die Beziehung zwischen ihnen und weiteren Interessengruppen vor." (Mayntz 1980: 4) Nach Mayntz (1980: 4) muss man sich allerdings bewusstmachen, dass Programme häufig vom Forscher ex-post konstruiert sind. Sie können auch nur implizit einen Zusammenhang haben und liegen entsprechend nicht unbedingt in ausformulierter Form vor (vgl. Jann/Wegrich 2003: 79). Zwar fungiert der gemeinsame Zielbezug als verbindende Klammer, aber so strategisch, wie es im Nachhinein erscheint, sind Programme in vielen Fällen nicht. In den meisten Fällen ist ein politisches Programm aber mehr als nur ein Gesetz, eine Verordnung oder ein Erlass. Ein Programm kann auch Formate wie die eines Rahmenplans, eines (häufig explizit als Programm bezeichneten) Maßnahmenpakets oder eines Modellversuchs annehmen. (vgl. Schubert 1991: 163, 171)

Nach Jann (1981) enthält ein Programm auf der Inputseite idealtypisch vier Elemente, die Schubert (1991: 163) verkürzt als Ausgangslage, Lösungsteil, Wirkungsteil und Durchführungsteil (gewisse Parallelen zum Policy-Cycle sind erkennbar, vgl. Abschnitt 5.2.3.) bezeichnet:

- „bestimmte, zur Bearbeitung anstehenden Probleme,
- mit dem Programm angestrebte Ziele;
- Annahmen über beabsichtigte Wirkungen und deren Zustandekommen, einen sogen. „Wirkungsteil" und
- Angaben über die mit der Durchführung des Programms betrauten Institutionen und deren Aufgaben, einen sogen. ‚Durchführungsteil'." (Jann 1981: 49)

Diese Elemente lohnt es im Detail zu betrachten: Probleme können verschiedener Natur sein. Möglich ist etwa ein Verteilungsproblem, dass also die Verteilung von bestimmten Ressourcen als nicht gerecht oder günstig beurteilt wird. Möglich ist aber auch ein Verhaltensproblem, d. h., dass eine Gruppe von gesellschaftlichen Akteuren sich in einer Weise verhält, die von politischen Akteuren als nicht günstig bzw. förderlich angesehen wird. (vgl. Mayntz 1997: 154 f.) Es sei darauf hingewiesen, dass die Problemwahrnehmung und -definition nicht objektiv gegeben, sondern ein sozial konstruierter und selektiver Prozess ist. Ein Problem besteht objektiv meist schon länger, bevor es auf die politische Agenda kommt (vgl. Howlett/Ramesh/Perl 2009: 93 ff.). Schubert (1991: 163) spricht, wie oben gezeigt, abstrahiert von der Charakterisierung der Elemente nach Jann (1981) von Ausgangslage, was es häufig vielleicht besser trifft – jedoch wird in der Politikfeldanalyse i. d. R. von Problemen gesprochen. Sie sind die Initialzündung für die Entwicklung von Programmen. Die Politikfeldanalyse bleibt aber nicht bei problemorientierter Forschung stehen, sondern, sobald das Problem identifiziert, analysiert und effektive Lösungen gefunden sind, kommt die von Scharpf „interaktionsorientierte Policy-Forschung" genannte Ausprägung zum Tragen, die die Interaktion zwischen mehreren zweckgerichtet handelnden politischen Akteuren erforscht (vgl. Scharpf 2000: 33 f.).

Mit politischen Programmen sind, wie im zweiten der vier Elemente von Jann (1981: 49) erwähnt, Ziele verbunden. Neben sehr grundsätzlichen Oberzielen, die in Deutschland häufig aus dem Grundgesetz abgeleitet sind, gibt es konkrete Programmziele. Diese sollten konkret angeben, was die Policy-Maker mit dem Programm erreichen wollen. Im Idealfall sind Effektivitäts- und Effizienzindikatoren zumindest grob benannt. Dieser Idealfall liegt selten vor. I. d. R. sind die Ziele zum Teil von Anfang an bewusst, zum Teil auch erst als Ergebnis des Politikprozesses, eher vage, mehrdimensional und ambivalent formuliert.

In Bezug auf die Wirkungen, dem dritten Element nach Jann (1981: 49), kommen die konkreten Instrumente ins Spiel. (vgl. Schubert 1991: 167 ff.) „Ein Instrument ist das konkrete operative Mittel, das innerhalb eines Programms verwendet wird. Steuerungsinstrumente sind (…) sämtliche Möglichkeiten, das Verhalten der beteiligten Akteure so zu beeinflussen, dass die gewünschten politischen Ziele erreicht werden." (Blum/Schubert 2009: 83) Bei der Instrumentenwahl zur Beeinflussung gesellschaftlichen Handelns sind der Fantasie im Grunde keine Grenzen gesetzt, aber man kann zwei Hauptgruppen unterscheiden. Bei der ersten geht es um die direkte Sicherstellung wichtiger öffentlicher Güter und Ressourcen. Dazu zählen zum einen staatliche Hoheitsrechte, etwa in der Außen-, Verteidigungs- und Sicherheitspolitik, sowie zum anderen das Anbieten von Gütern und Dienstleistungen. In letztere Kategorie fallen etwa die

Felder Kultur, Bildung, Forschung, Wohlfahrt, Umweltschutz und Bereitstellung von Infrastruktur. Zum zweiten geht es um die externe Steuerung gesellschaftlichen Handelns. Man unterscheidet hier grob die Hauptkategorien Zwang bzw. direkte Steuerung einerseits und Anreiz bzw. indirekte Steuerung andererseits. Das Steuerungsinstrument „Regulierung" (Gebot/Verbot) fällt unter direkte Steuerung; „Finanzierung" (Angebot), „Strukturierung" (Anreiz) bzw. „prozedurale Steuerung" und „Überzeugung" gehören zu den Instrumenten indirekter Steuerung. (vgl. Braun/Giraud 2003: 149 f.) In der Kulturpolitik wird i. d. R. als Mittel der Verhaltenssteuerung Geld verteilt. Kulturförderung im klassischen Sinne ist also dem Instrument „Finanzierung" zuzuordnen. Der Erhalt kulturellen Erbes ist jedoch ein Fall, in dem vom modernen Staat erkannt wurde, dass private Akteure nicht oder nicht genügend tätig werden, und dass der Staat daher selbst als Anbieter von Gütern und Dienstleistungen – im Sinne des oben genannten ersten Typus von Steuerungsinstrumenten – auftreten sollte (vgl. Braun/Giraud 2003: 151). Das zeigt bereits: Die genaue Zuordnung eines Instruments zu einer Kategorie kann gelegentlich schwerfallen und alle Kategorisierungen sind Idealvorstellungen. Häufig werden in der Realität verschiedene Instrumente miteinander kombiniert, ein sogenannter Instrumentenmix. (vgl. Blum/Schubert 2009: 83 f.) Im Rahmen der Umsetzung der UNESCO-Konvention zum Immateriellen Kulturerbe scheint in Deutschland interessanterweise insbesondere das Steuerungsinstrument Überzeugung, das man auch alternativ als Information oder Aufklärung bezeichnen kann, Anwendung zu finden. Doch auch die Instrumente prozedurale Steuerung und Strukturierung müssen im Rahmen dieser Arbeit als Steuerungsprinzipien genauer untersucht werden, da der Staat zum einen den prozeduralen Rahmen für die Umsetzung der Konvention recht deutlich vorgibt (siehe Abschnitt 6.2.) und zum anderen „[di]e Strukturierung [...] gezielt dafür eingesetzt werden [kann], die Selbstorganisation von gesellschaftlichen Akteuren zu fördern, dabei aber Zugangs- und Beteiligungsrechte sowie Entscheidungsverfahren zu beeinflussen" (Braun/Giraud 2003: 155).

Jann (1981: 62 f.) differenziert, etwas abgewandelt zur eben dargestellten Kategorisierung, nur regulative, finanzielle und informationelle Instrumente. Regulative Instrumente sind Gebots- und Verbotsnormen, aber auch Erlaubnisse. Hierzu zählen in der Praxis etwa Gesetze und Verwaltungsakte. Finanzielle Instrumente sind zum Beispiel finanzielle Transfers, Anreize, Abgaben oder auch die Schaffung künstlicher Märkte (z. B. durch Bildungsgutscheine). Informationelle Instrumente sind Informations- und Öffentlichkeitsarbeit zu einem Thema, zum Teil auch als „Informations- und Überzeugungsprogramme" (Mayntz 1980: 6) bezeichnet. Dazu gehören etwa die Verkündung von Plänen und Programmen (z. B. durch eine Regierungserklärung), symbolische Belohnungen

(z. B. Auszeichnungen, Titel usw.) und – in dieser Kategorisierung – auch prozedurale Regelungen bzw. nach Mayntz (1997: 273 ff.) „Interdependenzmanagement", wie etwa Verfahrensregeln für die Beteiligung an Entscheidungen und Verfahren. Durch die Einwirkung auf Verfahrensmodi versucht der Staat Entscheidungsprozesse zu strukturieren. Er hat in dieser Konstellation keine oder kaum hierarchische Macht, ist manchmal nicht einmal in den Verhandlungssystemen vertreten. (vgl. Braun/Giraud 2003: 150 f., 156, 169) Die prozedurale Steuerung setzt konzeptionell nicht am Ergebnis, sondern am Modus der Entscheidung an (vgl. Offe 1975: 93). „Was entschieden wird in solchen Verhandlungssystemen, kann nicht vom Staat bestimmt werden, aber die Richtung kann durch solche prozedurale Regelungen doch in nicht unbeträchtlichem Maße vorgegeben werden." (Braun/Giraud 2003: 169) Es handelt sich mithin um eine Steuerung mit unsichtbarer Hand, ein metaphorisches Bild aus den Markttheorien von Adam Smith. Die vorgegebenen Strukturen „präjudizieren nämlich die Art der getroffenen Entscheidung insofern, als sie das Spektrum der Interessen festlegen, die an ihrem Zustandekommen mitwirken" (Offe 1975: 93).

In modernen (neo-liberalen und kooperationsorientierten) Staatsmodellen sind die Instrumente Überzeugung, Strukturierung, Privatisierung, Dezentralisierung und Delegation, die auf Empowerment zielen, zunehmend wichtiger gegenüber den im klassischen Interventionsstaat geläufigen Instrumenten direkte rechtliche Regulierung, finanzielle Anreize und bürokratisch-hierarchische Organisation (vgl. Braun/Giraud 2003: 149, 161). Die prozedurale Steuerung wird damit zunehmend zentrales Vorgehen des heutigen staatlichen Handelns, Leistungsprogramme verlieren an Bedeutung. Interessanterweise wird damit Information als Steuerungsinstrument auch zunehmend wichtiger, was erneut auf die Bedeutung eines Instrumentenmixes für die Umsetzung eines Programms verweist. (vgl. Braun/Giraud 2003: 169).

Zurück zu den Elementen eines Programms nach Jann (1981: 49): Im Durchführungsteil der Programme geht es schließlich darum, die konkreten Prozesse und Strategien der Umsetzung festzulegen. Für die Untersuchung in dieser Arbeit wird zwischen Programmen und Strategien nicht bewusst differenziert, da eine genaue Typisierung der Instrumente bzw. Maßnahmen nicht Ziel dieser Untersuchung ist, und der Zusammenhang zudem, wie gezeigt, i. d. R. sehr eng ist. Festgelegt werden muss im Durchführungsteil auch, welche Akteure überhaupt mit der Implementation des Programms beauftragt sein sollen und welche Aufgaben sie haben sollen. Das Programm ist zwar durch die oben genannten Dimensionen vorstrukturiert, aber die konkret handelnden Akteure beeinflussen es durch ihre eigenen Motivationen und Wertvorstellungen mit. Dies wird sich in der Theorieauswahl für die Untersuchung dieser Arbeit niederschlagen (siehe

Abschnitt 5.2.1.). Auch die grundsätzlich für die Umsetzung des Programms vorhandenen (personellen und technischen) Ressourcen bestimmen die konkrete Ausgestaltung mit. Schließlich ist wichtig zu betrachten, welche Handlungsspielräume – Kooperationsmöglichkeiten und -zwänge sowie Abhängigkeiten von anderen Instanzen – den Akteuren gelassen werden. (vgl. Schubert 1991: 170 f.)

In der vorliegenden Untersuchung muss hinsichtlich der Instrumente unterschieden werden zwischen dem Haupt-Instrument der Umsetzung der Konvention im nationalen Rahmen, also dem Instrument im engeren Sinne – dem Bundesweiten Verzeichnis des Immateriellen Kulturerbes mit Bewerbungsverfahren, Auszeichnung von Einträgen, Logovergabe usw. – und den darüber hinaus und flankierend wirkenden Strategien der Akteure und die entsprechenden Instrumente, wie etwa Forschungsprogramme, Tagungen von Nichtregierungsorganisationen, Verbänden usw. und auch der Bereitstellung kultureller Infrastruktur, die einen Anreiz bietet, sich mit kulturellem Erbe zu beschäftigen (vgl. Braun/ Giraud 2003: 152). Untypisch bei der Umsetzung der Konvention zur Erhaltung des immateriellen Kulturerbes ist im Übrigen: Das wohl wichtigste Instrument, nämlich die Erstellung von nationalen Verzeichnissen, ist den Staaten durch die gemeinsame Grundlage UNESCO-Konvention bereits vorgegeben. Allerdings beinhaltet die genaue Form des Einsatzes – z. B. als sehr sichtbare Auszeichnung, als relativ unscheinbare Listung, als nationales Verzeichnis oder als mehrere regionale und/oder thematische Verzeichnisse usw. – dann doch wieder eine konkrete Instrumentenwahl (siehe Kapitel 4).

5.1.6 Steuerung und Governance

Unter Steuerung versteht die Politikwissenschaft die „(Fähigkeit zur) konzeptionell orientierten Gestaltung der gesellschaftlichen Umwelt durch politische Instanzen" (Mayntz 1997: 189). Bei der Verwendung des Begriffes muss man sich stets zum einen bewusstmachen, wer das Steuerungssubjekt, d. h. „Wer steuert?", und wer bzw. was das Steuerungsobjekt, d. h. „Wer oder was soll gesteuert werden?", ist. Zum anderen muss man unterscheiden, ob man Steuerung als Art des Handelns, als Prozess oder als Systemfunktion begreift. Zum Steuerungsbegriff gehört auch eine Intention, d. h. ein Steuerungsziel. Darunter können wir im Allgemeinen eine gewisse Zustandsänderung des als Steuerungsobjekt definierten Systems verstehen. Und schließlich braucht es Maßnahmen, also Steuerungsinstrumente (siehe Abschnitt 5.1.5.), die unter Beachtung von intendierten Wirkungsbeziehungen das Steuerungsziel erreichen sollen. (vgl. Mayntz 1997: 190 ff.)

Steuerung und Koordinierung sind die zentralen Funktionen von Regieren und Verwalten (vgl. Benz 2004: 18). Steuerung im Sinne von Governance ist die Art und Weise, wie eine Gesellschaft regiert wird. Die konkreten Steuerungsinstrumente finden sich demgegenüber auf der Ebene von Government – sie sind zentraler Bestandteil der Steuerungstätigkeit des Staates. (vgl. Braun/Giraud 2003: 147 ff.) Unter Government versteht man die autonome Tätigkeit von Regierungen, unter Governance „netzwerkartige Strukturen des Zusammenwirkens staatlicher und privater Akteure" (Benz 2004: 18; vgl. auch Abbildung 5.1). Das heißt: Governance meint nicht-hierarchische und nicht lediglich durch staatliche Akteure betriebene Steuerung, jedenfalls aber immer absichtsvolles Handeln im öffentlichen Interesse (vgl. Mayntz 2004: 66 f.). Während eine Steuerung im Government-Sinne, zumindest wenn man von der Perspektive des Steuerungssubjekts ausgeht, keine freiwillige Handlungskoordination und horizontale Abstimmung gleichberechtigter Akteure beinhaltet (vgl. Mayntz 1997: 192), geht der Governance-Begriff weiter: „In der Policy-Forschung beschreibt [er] treffend die Besonderheiten des kooperativen Staats, in dem zivilgesellschaftliche Akteure an der politischen Steuerung mitwirken und somit die Grenzen zwischen Steuerungssubjekten und Steuerungsobjekten verschwimmen." (Schneider/Janning 2006: 163)

	Government *Staat vs. Markt bzw. Gesellschaft*	Governance *Staat, Markt und Netzwerke als* *komplementäre Steuerungsformen*

polity	• Fokussierung auf Staat
	• Mehrheitsdemokratie und
	  Hierarchie als wichtigste
	  Institutionen
		• Institutionelle Struktur, die Elemente von
		  Hierarchie, Verhandlungssystemen und
		  Wettbewerbsmechanismen verbindet
		• Netzwerke

politics	• Wettbewerb zwischen Parteien
	  um Machterwerb und zwischen
	  Interessengruppen um Einfluss
	• Konfliktregelung durch Entscheidung der
	  zuständigen staatlichen Organe und
	  Durchsetzung staatlicher Entscheidungen
		• Konflikte zwischen regierenden/leitenden
		  und regierten/betroffenen Akteuren
		• Steuerung und Koordination im
		  Kontext institutioneller Regelsysteme
		• Verhandlungen staatlicher und/oder
		  gesellschaftlicher Akteure
		• Anpassung institutioneller Regelsysteme

policy	• Gesetzgebung (Ge- und Verbote)
	• Verteilung öffentlicher Leistungen
		• Verständigung (in Netzwerken)
		  und Gemeinschaften), Kompromisse,
		  Tauschgeschäfte
		• Koproduktion kollektiver Güter
		• Netzwerkmanagement
		• Institutionenpolitik (Management des
		  institutionellen Wandels)

Abbildung 5.1 Government und Governance als Perspektiven der Politikwissenschaft. (Eigene Darstellung nach Benz 2004: 21)

Hinzu kommt auch die ebenenübergreifende Zusammenarbeit staatlicher Akteure in Mehrebenensystemen (vgl. Benz 2004: 24). Der Staat muss sich also innerhalb bzw. zwischen den verschiedenen Ebenen, auf denen er wirkt – von der Kommunen bis zur zwischenstaatlichen internationalen Zusammenarbeit –, koordinieren und zugleich, weil die Komplexität menschlicher Interaktion in verschiedenen gesellschaftlichen Subsystemen nicht mehr rein durch staatliche Aktivitäten zu bewältigen ist, muss er „seine hierarchische und patriarchalische Struktur transformieren und politische Verantwortung mit privaten und zivilgesellschaftlichen Akteuren teilen" (Leibfried/Zürn 2006: 36).

In der politischen Praxis wurde der Begriff Governance seit den 1980er Jahren normativ aufgeladen. Good Governance wurde zum einen zu einem Ziel und oft auch Bedingung von Entwicklungshilfe. Zum anderen verwenden ihn neoliberale Regierungen mit dem Ziel staatliche Steuerung zurückzudrängen und öffentliche Leistungen zu privatisieren. (vgl. Benz 2004: 18) Governance bezeichnet im neutralen, engeren Sinne aber nur einen Vorgang, nämlich die Steuerung eines Systems. Es geht in einem politischen System um alle Steuerungs-, Koordinations- und Regelungsaktivitäten in Interaktion und Kooperation zwischen Regierungen, Verwaltungen und privaten Akteuren. Der Begriff beschreibt aber auch die Realität des komplexen Regierens in Gesellschaften, in denen Staat und Gesellschaft sowie Nationalstaat und internationale Umwelt sich steuerungslogisch kaum noch abgrenzen lassen. (vgl. Benz 2004: 5, 16) Steuerung erfolgt dabei nur äußerst selten mit autoritären Mitteln, i. d. R. geschieht sie durch Interaktionen der Akteure; selbst dezentrale Steuerung, durch sehr viele Akteure und unterschiedliche Mechanismen, ist möglich. Stets basiert die Steuerung auf individuellen Handlungen von Akteuren und vor allem institutionellen Arrangements. Auch ein Netzwerk kann Steuerungsfunktion haben. (vgl. Schneider/Janning 2006: 163 f.) Dieses kann von den staatlichen Akteuren sogar explizit aufgesetzt werden, um bessere Steuerungsleistungen zu erzielen als dies mit hierarchischer Steuerung denkbar wäre. In diesem Fall kann man das Policy-Netzwerk auch als Steuerungsstrategie verstehen. (vgl. Mayntz 1997: 202)

Der kooperative Staat (vgl. Mayntz 2004: 69 und siehe Abschnitt 5.1.2.) mit seinen netzwerkartigen Strukturen aus staatlichen und nichtstaatlichen Akteuren spielt in dieser Arbeit eine wichtige Rolle: Bei der Umsetzung der UNESCO-Konvention zur Erhaltung des immateriellen Kulturerbes setzt der Staat stark auf einvernehmliche Zusammenarbeit der verschiedenen staatlichen Ebenen sowie auch mit gesellschaftlichen Gruppen und Organisationen (vgl. Jann/Wegrich 2003: 74).

Im Zusammenhang mit dem analytisch-erklärenden Ziel der Arbeit, die *Black Box* der Entscheidungsfindung im Politikfeld zu erschließen, lohnt sich ein Blick

auf die Unterscheidung von Theodore J. Lowi (2009), der verschiedene politische Arenen, in denen Politik gemacht wird, identifiziert hat: die distributive,
die redistributive, die regulative und die konstitutive Politik. In letzteren beiden
Formen versucht der Staat mit verschiedenen Instrumenten menschliches Verhalten zu steuern, ohne eine Leistung im engeren Sinne bereitzustellen. Dies
geschieht auf der Ebene normativer Beeinflussung zwischenmenschlichen Verhaltens. Beispiele sind etwa Diskriminierungsverbote gegenüber Frauen oder
gegenüber religiösen und ethnischen Minderheiten. Wir interessieren uns besonders für eine Subform der konstitutiven Politik, die selbst-regulative Politik, die
viele Merkmale aufweist, die auf die Umsetzung der UNESCO-Konvention zur
Erhaltung des immateriellen Kulturerbes in Deutschland zuzutreffen scheinen.
Im Rahmen einer selbst-regulativen Politik gewährt der Staat gesellschaftlichen
Organisationen relative Selbstständigkeit, es ist also den gesellschaftlichen Akteuren vom Staat erlaubt, ihre Angelegenheiten selbst zu regeln und diese Regeln zu
implementieren. Bei der Entwicklung und Umsetzung der Politik wird auf direkte
staatliche Eingriffe verzichtet und auch die staatliche Kontrolle ist marginal. Dies
geschieht natürlich innerhalb des verfassungsrechtlichen Rahmens. Gelegentlich
werden die so erzielten Politikergebnisse dann auch noch von den staatlichen
Stellen offiziell legitimiert. (vgl. Schubert 1991: 61 ff., Windhoff-Héritier 1987:
41)

5.1.7 Policy-Output, -Impact und -Outcome

Soll die gestaltende Wirkung von Politik untersucht werden, was diese Arbeit
anstrebt, „müssen auch der Policy-Outcome sowie die langfristige Policy-
Wirkung betrachtet werden, da beide wesentlich von dem Policy-Output abwei-
chen können" (Schneider/Janning 2009: 63, vgl. Sabatier 1993: 117). Unterschieden werden muss, unter Rückgriff auf das vergangene Unterkapitel, zwischen
Steuerungshandeln und Steuerungswirkung (vgl. Mayntz 1997: 192).
    Die Outputs der Politikformulierung sind die Programme (siehe
Abschnitt 5.1.5.), das heißt „die staatlichen Interventionen oder Leistungen,
mit denen versucht wird, das Verhalten von Akteuren zu verändern" (Jann/
Wegrich 2003: 80). Unter Policy-Outputs versteht man im Allgemeinen vor
allem die Ergebnisse der Politikformulierungsphase, also die direkt auf die
durchführenden Akteure zurückzuführenden Aktivitäten, d. h. das Steuerungshandeln. (vgl. Jann 1981: 26) Outputs vermögen meist noch nicht direkt die
Lösung der durch die Maßnahmen behandelten Probleme herbeizuführen.

Policy-Impact sind die Veränderungen, die bei den Adressaten der Politik zu beobachten bzw. zu messen sind, also die mittel- und langfristigen Wirkungen des Programms, wie etwa Veränderungen des Verhaltens von Menschen oder eine veränderte gesellschaftliche Wahrnehmung von Themen (vgl. Windhoff-Héritier 1987: 18). Policy-Outcomes sind die breiter aufzufassenden Auswirkungen der staatlichen Aktivitäten im Gesamtsystem. (vgl. Jann/Wegrich 2003: 80) Grundsätzlich ist davon auszugehen, dass politische Akteure stets mindestens auf den Impact, also die Wirkungen abzielen. Direkt beeinflussen können sie allerdings nur die Policy-Outputs.

Es gibt einige formale Aspekte, die die Wirkungen von Maßnahmen beeinflussen können, dazu zählt etwa die Langfristigkeit oder die Sichtbarkeit eines Instruments (vgl. Windhoff-Héritier 1987: 185). Eine UNESCO-Konvention ist auf Langfristigkeit angelegt. Die Maßnahmen zur nationalen Umsetzung sind zwar prinzipiell immer wieder anpassbar, haben jedoch ebenfalls eine langfristige Perspektive, die sich an den Zielen des Übereinkommens orientiert. Sichtbarkeit ist in Bezug auf die Umsetzung der UNESCO-Konvention zum Immateriellen Kulturerbe in Deutschland von Interesse, denn Sichtbarkeit schaffen für lebendige Traditionen und ihre Bedeutung ist eine der realistisch anzustrebenden Wirkungen der verschiedenen Umsetzungsmaßnahmen. Insbesondere ist die Schaffung von Sichtbarkeit für die konkreten Elemente, die in das Bundesweite Verzeichnis des Immateriellen Kulturerbes aufgenommen werden, ein Ziel dieses Instruments sowie auch der Umsetzung insgesamt, die das Immaterielle Kulturerbe im Allgemeinen ins Rampenlicht stellen will.

Die Betrachtung der drei Ebenen Output, Impact und Outcome einer Policy entsprechen im Übrigen auch grundsätzlich einem zeitlichen Ablauf bei der Betrachtung eines politischen Programms, so dass sie sich mit Hilfe des Policy-Cycles durchaus gut darstellen lassen (vgl. Abschnitt 5.2.3.).

5.2   Politikfeldanalyse: Theorien und Methoden

Nach der Klärung der Konzepte dieser Untersuchung, stellt sich nun die Frage, auf welche Art die angestrebte Politikfeldanalyse den Forschungsfragen (siehe Abschnitt 1.2.) nachgehen soll: „Die Politikfeldanalyse fragt danach, was politische Akteure tun, warum sie es tun und was sie letztlich bewirken." (Schneider/Janning 2006: 5) Sie soll die Konstellation von Akteuren und deren Handeln rekonstruieren. Daher ist sie stets

„interaktionsorientiert, da sie konkrete politische Entscheidungsfindungsprozesse analysiert und das Zustandekommen der in der Praxis verwirklichten Lösung erklärt. Sie ist aber auch problemorientiert, indem sie zu sachadäquaten Lösung politisch-inhaltlicher Fragen beitragen will bzw. nach ‚besten Lösungen' sucht." (Schubert/Bandelow 2003: 6 f.)

Allgemein interessiert bei der Politikfeldanalyse die Funktionsweise staatlicher Entscheidungssysteme unter dem Einfluss politischer und gesellschaftlicher, d. h. auch privater, Akteure (vgl. Pappi/König/Knoke 1995: 31). Etwas spezifischer geht es als Erkenntnisziel um ein „möglichst differenziertes Verständnis der internen Dynamik, der Eigenart und Ursachen des spezifischen und komplexen Prozesses des Policy-Making" (Jann/Wegrich 2003: 98).

Diese Fragen können auf verschiedene Weise mit unterschiedlichen Grundannahmen, Theorierahmen, Theorien, Modellen und Methoden angegangen werden. In diesem Abschnitt werden die für die vorliegende Arbeit ausgewählten, zugrundeliegenden Ansätze dargestellt, die der Reflexion und Weiterentwicklung der Praxis dienen sollen (vgl. Schubert/Bandelow 2003: 9), und die Wahl des Modells und der Methoden für diese Untersuchung erläutert.

5.2.1 Theorien in der Politikfeldforschung

Theoretische Modelle beschreiben Kausalmechanismen, die unter weitgehend gleichen Bedingungen bestimmte Wirkungen erzeugen (vgl. Benz 2016: 54). Da gleiche Bedingungen in der Politik nur sehr selten gegeben sind, sind Theorien in der Policy-Forschung weniger verbreitet als in anderen Disziplinen.

„Die Schwierigkeit resultiert aus der extremen Komplexität der Faktoren, die politische Interaktionen beeinflussen. Das macht das Auffinden ‚empirischer Regelmäßigkeiten' schwierig und führt auch dazu, daß man selten genügend Fälle hat, um multivariate Hypothesen statistisch zu überprüfen." (Scharpf 2000: 41)

Üblich sind daher in der Politikwissenschaft Ex-post-facto-Anordnungen, da Entwicklungen nur im Rückblick ohne Änderung von Bedingungen untersucht werden können, und im besten Fall, wie im vorliegenden, „Quasi-Experimente", bei denen durch Änderungen von unabhängigen Variablen Änderungen bei der abhängigen Variablen und möglicherweise sogar im gesamten System beobachtet werden können (vgl. Schnell/Hill/Esser 1999: 218 f.). Die Änderung der unabhängigen Variablen ist in diesem Fall ein auf der *politics*-Ebene angesiedelter neuer

Umsetzungsauftrag für die Kulturpolitik in Form der nationalen Umsetzung der für Deutschland neuen UNESCO-Konvention zum Immateriellen Kulturerbe. Man spricht daher in der Politikwissenschaft i. d. R. eher von Ansätzen. Im Vergleich zu einer vollständig ausformulierten Theorie hat ein Ansatz weniger Informationsgehalt, er liefert nur Hinweise für die Suche nach Erklärungen (vgl. Scharpf 2000: 64, 75). Daher gelte, es, weiter nach Scharpf, die theoretische Qualität der Arbeitshypothesen, die nicht von umfassenden Theorien abgeleitet sind, sicherzustellen. Im Falle dieser Arbeit lautet die Arbeitshypothese, dass die Würdigung bzw. Auszeichnung einer Kulturform als Immaterielles Kulturerbe ein kulturpolitisches Instrument darstellt, welches von den am Prozess beteiligten Akteuren mit zum Teil unterschiedlichen Zielen und in unterschiedlicher Intensität sowie verschiedenem Bewusstsein für die damit verbundenen Potenziale genutzt wird.

Eine reine Betrachtung aus der Akteursperspektive würde jedoch nicht genügen, um zu verstehen, wie die übergreifenden Strukturen des Politikfelds Kulturpolitik die Problembearbeitungsprozesse strukturieren (vgl. Blum/Schubert 2009: 38 sowie Schneider/Janning 2006: 76, 117, 157). Schließlich entwickelt sich Kulturpolitik in Deutschland, wenn man die großen Linien betrachtet, recht stringent unabhängig von der politischen Ausrichtung der gestaltenden Akteure. Strukturelle Bedingungen haben also bei der Gestaltung von Politik eine nicht zu unterschätzende, grundlegende Bedeutung. (vgl. Schubert 1991: 138) Generell wird Policy i. d. R. sowohl durch Strukturen als auch durch Akteure geprägt, so dass eine Kombination funktionalistischer Ansätze, bei der die Strukturperspektive im Vordergrund steht, und handlungs- und steuerungstheoretischer Ansätze, bei der die Akteursperspektive dominiert, sinnvoll ist (vgl. Blum/Schubert 2009: 34). Im Kontrast zur quantitativ-vergleichenden Analyse von Staatstätigkeit begreift ein akteur- und strukturzentrierter Ansatz öffentliche Politiken wiederum nicht als bloße Strukturwirkungen, sondern als Interaktionsergebnisse beteiligter Akteure (vgl. Schneider/Janning 2006: 116). Ein akteur- und strukturzentrierter Ansatz hinterfragt also stärker die Interaktionen und Prozessmuster, versucht die *Black Box* der Entscheidungsfindung aufzuhellen und betrachtet Politik als Prozess von Entscheidungen. Mit der Akteursorientierung wird zugleich betont, dass nicht nur ein singulärer Akteur (wie etwa Staat oder Regierung) für das Politikfeld bedeutend ist, sondern die Interaktion mehrerer Akteure mit ihren Interessen und entsprechend interessensgeleiteten Handlungen in einem Netzwerk für das Politikergebnis verantwortlich ist.

„In einer akteur- und strukturzentrierten Rekonstruktion eines Politikprozesses ist letztlich immer eine vielschichtige Analyse zu leisten, in der begründet wird, warum welche Akteure in spezifischen Konfigurationen mit spezifischen Resultaten in die Produktion einer öffentlichen Politik involviert waren." (Schneider/Janning 2006: 85).

Im Ergebnis der vorausgegangenen Erwägungen orientiert sich diese Arbeit am theoretischen Ansatz bzw. analytischen Rahmen des ‚akteurzentrierten Institutionalismus'. Dieser erhebt nicht den Anspruch, ein systematisches Erklärungsmodell für Policy-Entscheidungen zu sein, aber er will bestimmte vergangene politische Entscheidungen erklären, „um so systematisches Wissen zu gewinnen, dass der Praxis helfen könnte, realisierbare Problemlösungen zu entwickeln" (Scharpf 2000: 85). Er verbindet effektiv die Betrachtung von Institutionen und individuellen, kollektiven und korporativen Akteuren mit der Konzentration auf Regelungsaspekte für soziale Interaktionen – hierbei werden u. a. die vorherrschenden Interaktionsformen, i. d. R. hierarchische Steuerung oder Verhandlungen, aber auch einseitiges Handeln oder Mehrheitsentscheidungen, und die Beziehungsstrukturen der Akteure untersucht (vgl. Blum/Schubert 2009: 42 ff.). Leitend ist der Gedanke, dass der institutionelle Kontext die Handlungen der Akteure strukturiert und dadurch die Ergebnisse beeinflusst (vgl. Scharpf 2000: 17). Zugleich können aber natürlich Institutionen von Akteuren gestaltet und verändert werden. Trotzdem sind institutionelle Regeln die Hauptquelle der beobachtbaren Regelmäßigkeiten, die für die Erklärungen des Ablaufs der Entscheidungsverfahren und der Politikergebnisse verwendet werden können. (vgl. Scharpf 2000: 41 f., 78; vgl. auch Abbildung 5.2)

Der ‚akteurzentrierte Institutionalismus' ist mittelbar aus der Theorie der Politikverflechtung in der deutschen Föderalismusforschung entstanden und eignet sich, weil er „neben den institutionellen Bedingungen von Politikergebnissen auch Dynamiken der Politikverflechtung erfasst und erklärt" (Benz 2016: 22) für diese Arbeit. In Bezug auf das Politikfeld Kulturpolitik in Deutschland sollen anhand dieses Ansatzes gegebenenfalls auch Erkenntnisse darüber zu Tage gefördert werden, ob die neu entstandene Akteurskonstellation mit den spezifischen Interaktionsformen im Bereich der nationalen Umsetzung der UNESCO-Konvention zur Erhaltung des immateriellen Kulturerbes effektive Lösungen für andere Policy-Probleme bringen kann (vgl. Scharpf 2000: 84).

Die Annahmen über das Akteursverhalten sind im akteurzentrierten Institutionalismus etwas anders als in den rationalen Ansätzen: Es wird zum einen die Bedeutung sozial konstruierter und institutionell geformter Wahrnehmung der politischen Akteure betont. Und zum anderen weist er auf drei Dimensionen von Präferenzen der Handelnden hin: (institutionelles) Eigeninteresse, normative Orientierung und identitätsbezogene Präferenzen. (vgl. Scharpf 2000:

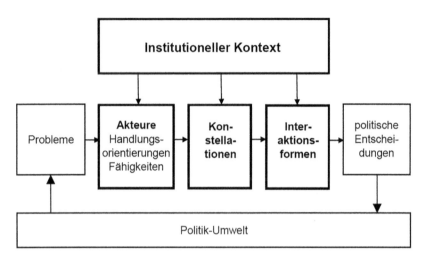

Abbildung 5.2 Gegenstandsbereich   der   interaktionsorientierten   Policy-Forschung.
(Eigene Darstellung nach Scharpf 2000: 85)

42) Im Vergleich zu den ebenfalls denkbaren beziehungsstrukturellen Ansätzen mit der Tauschtheorie oder dem Rational-Choice-Institutionalismus mit den
fokussierten Entscheidungssituationsbetrachtungen überzeugt der akteurzentrierte
Institutionalismus durch seine Mehrebenenperspektive (vgl. Schneider/Janning
2006: 85) sowie weil er ‚politisches Lernen' (siehe Abschnitt 5.2.4.) als Faktor
berücksichtigt (vgl. Bandelow 2003: 311). Gerade für die Analyse von Interna-
tionalisierungsprozessen ist die Betrachtung von *Lesson-drawing,* Policy-Lernen
und Policy-Transfers fruchtbar, denn so kann untersucht werden, welche Faktoren und Mechanismen bei der Einführung neuer Programme einen Anteil haben.
Dies ist eine Output-orientierte Betrachtung. Stärker Outcome-orientiert wären
strukturorientierte Untersuchungen der Policy-Diffusion und Policy-Konvergenz.
(vgl. Blum/Schubert 2009: 173)

　　　Entsprechend der praktisch-beratenden Politik-Komponente, die im Resümee
dieser Arbeit vorgenommen werden soll, versteht diese Arbeit die Politikfeldanalyse sowohl als analytisch-erklärendes als auch als präskriptives Instrument
(vgl. Windhoff-Héritier 1987: 20). Der beraterische Teil kann grob in vier
analytische Schritte gegliedert werden: Problemdefinition und Zielauswahl, Darstellung alternativer Methoden zur Erreichung dieser Ziele, Einschätzung der
Durchführungschancen der vorgeschlagenen Lösungswege und simultane oder

nachträgliche (ex-post-)Erfolgskontrolle der durchgeführten Programme (vgl. Windhoff-Héritier 1987: 115 f.).

5.2.2 Methodologie

Methoden sollen den Forscher von einem definierten Ausgangspunkt – den Forschungsfragen – zu einem angepeilten Ziel – der Beantwortung dieser Fragen – bringen. Den Weg dahin können etwa statistische Operationen leiten. Es gibt für eine Politikfeldanalyse keine vordefinierte Methode und im Grunde werden alle für die empirische Sozialwissenschaft relevanten Erhebungstechniken angewandt. Der Methodenpluralismus der qualitativen und quantitativen Sozialforschung steht prinzipiell auch für diese Arbeit zur Verfügung. Die Auswahl hängt zum einen vom Forschungsobjekt und zum anderen vom Erkenntnisziel der Arbeit ab. (vgl. Behrens 2003: 203 f., 208)

Für räumlich und zeitlich begrenzte Einzelfallstudien, die eine „möglichst [dichte] Beschreibung eines Politikfelds" (Behrens 2003: 213) ermöglichen, sowie Prozessanalysen, die beide für die vorliegende Arbeit relevant sind, eignen sich insbesondere qualitative Analysen (vgl. Mayring 2007: 21 f.). Die Untersuchung wird auf den Analyseeinheiten einzelner Expertengespräche und -interviews sowie der zusätzlichen Auswertung von Policy-Dokumenten- und Medienberichtsanalysen beruhen. Dies soll helfen mosaikähnlich, politische Entscheidungsprozesse und ihre Wirkungen (siehe Abschnitt 5.1.7.) umfassend zu rekonstruieren. (vgl. Schubert 1991: 122) Im Rahmen dieser Arbeit werden also die beiden *Erhebungstechniken* Experten-Interviews/Befragungen und Inhaltsanalysen von Texten und Dokumenten genutzt, um die Realität quantitativ und vor allem qualitativ „messbar" zu machen. Bei qualitativen Methoden ist das Ziel ein möglichst tief die Materie erfassendes Verständnis zu entwickeln, während ein quantitatives Vorgehen eher breit Evidenzen für eine These finden will (vgl. Schubert 1991: 122). Zwar distanzieren sich qualitative Methoden von der strengen Theoriegeleitetheit der quantitativen Forschung, aber das bedeutet nicht, dass sie gänzlich ohne vorherige theoretische Wissensbestände auskommen. Während mittels quantitativer Methoden ein Modell überprüft wird und erst am Ende des Prozesses abgewandelt wird, ist es bei qualitativer Forschung Teil des Prozesses, das Modell ständig zu überprüfen und anzupassen, das heißt geänderte Versionen zu entwickeln oder die Perspektive anzupassen. (vgl. Mayer 2004: 27 f.) Qualitative Methoden wollen verstehen, während quantitative erklären (vgl. u. a. Mayring 2007: 17 f.).

Die Befragung von Experten – statt Laien – gründet auf der Tatsache, dass diese als sachverständig im entsprechenden speziellen Themengebiet, durch Ausbildung und/oder Erfahrung legitimiert sowie kompetent in den zu untersuchenden Fragen anerkannt sind (vgl. Hitzler 1994: 27). Experteninterviews dienen vor allem der Felderkundung und der Beschaffung von Hintergrundwissen. Sie können zwar auch Instrument der Theoriebildung sein (vgl. Meuser/ Nagel 1994: 181, 191), allerdings nicht in der vorliegenden Arbeit. Es geht nicht darum, die individuellen Biografien der Experten als Einzelfälle zu untersuchen, sondern Experten sind relevant als Repräsentanten einer Organisation oder Institution, die an der Problemlösung oder den Entscheidungsverfahren beteiligt sind (vgl. Meuser/Nagel 1991: 444). Wenn Dokumente und Medienberichte untersucht werden sowieso, aber auch wenn Interviews die Datenbasis der Analyse sind, werden dafür i. d. R. Verschriftungen des Gesagten, also Texte, genutzt. Generell sind daher Texte Ergebnis der Datenerhebung und man muss sich ihre Bedeutung entsprechend sehr deutlich bewusstmachen. Man darf nicht verwechseln, dass die Texte nicht die Wirklichkeit sind, aber die beste Näherung als Abbild der sozialen Realität. (vgl. Flick 2007: 107) Nicht unerwähnt bleiben soll des Weiteren, dass in dieser Arbeit auch die dritte wichtige Erhebungstechnik der Sozialwissenschaften, nämlich die Beobachtung (vgl. Mayer 2004: 34), hier konkret eine teilnehmende Beobachtung, eine Rolle spielt, denn der Autor der Arbeit hat selbst an vielen Prozessen, die untersucht werden, als Beobachter und Akteur teilgenommen. Diese politikethnografische Perspektive wird die systematisch auszuwertenden Dokumente und Experteninterviews in den Ausführungen ergänzen.

Eine vergleichende Politikfeldanalyse der Umsetzung der Konvention in anderen Vertragsstaaten Europas (Auswahl nach dem Konkordanzprinzip) ergänzt das überwiegend Einzelfall-orientierte Vorgehen dieser Arbeit (siehe Abschnitt 4.4.). Ähnlich wie bei Verfahren, die von der Europäischen Union vorstrukturiert sind, gilt für die Umsetzung der UNESCO-Konvention, dass „die unabhängigen Variablen für alle Vertragsstaaten gleich [sind], so dass in Form von Fallstudien die abhängigen oder auch intervenierenden Variablen auf nationaler Ebene vergleichend untersucht werden können" (Behrens 2003: 215). Weitere Fallstudien werden hinsichtlich einzelner in Deutschland erkannter Ausdrucksformen des Immateriellen Kulturerbes durchgeführt (siehe Abschnitt 4.2.).

Als *Analysetechnik* für die angegebenen Dokumente kommt die qualitative Inhaltsanalyse mit ihrem mehrschrittigen und auf Gütekriterien, wie etwa Intersubjektivität, Validität und Reliabilität, achtenden Ansatz zum Einsatz (vgl. Mayring 2007: 42–46). Ihre Merkmale sind, dass sie fixierte Kommunikation zum Gegenstand hat, systematisch vorgeht, die Analyse regelgeleitet erfolgt und theoriegeleitet vorgeht sowie das Ziel hat, Rückschlüsse auf bestimmte Aspekte der Kommunikation zu ziehen (vgl. Mayring 2007: 12 f.). Charakteristisch ist, dass nicht nur der manifeste Inhalt der Texte zum Gegenstand der Analyse gemacht wird, sondern auch ihre darüber hinausweisende Bedeutung (vgl. Kuckartz 2012: 34). Die Auswertung erfolgt also nicht-standardisiert, sondern interpretativ-rekonstruktiv (vgl. Meuser/Nagel 1994: 184, Fn 5). Der wesentliche Unterschied zur quantitativen Inhaltsanalyse, die den Text versucht möglichst präzise in Zahlen umzuwandeln und dann statistisch auszuwerten, ist folgender: „Auch nach der Kategorienbildung bleibt der Text selbst, d. h. der Wortlaut der inhaltlichen Aussagen, relevant und spielt auch in der Aufbereitung und Präsentation der Ergebnisse eine wichtige Rolle." (Kuckartz 2012: 73) Der Text wird innerhalb seines Kontextes interpretiert, das heißt es werden auch Entstehung und Wirkungen des Materials untersucht (vgl. Mayring 2007: 42). Hierzu werden, dies ist zentral für die qualitative Inhaltsanalyse, Kategorien gebildet (siehe Abschnitt 5.3.4.). Dies kann induktiv, das heißt vom zu analysierenden Material ausgehend, sowie deduktiv, von vorhandenen Hypothesen bzw. Forschungsfragen oder Bezugstheorien bestimmt, geschehen. Häufig hat man es mit Mischformen zu tun. (vgl. Kuckartz 2012: 59–69) Dabei gilt die Bedingung, dass das gesamte Datenmaterial der Studie nach diesen Kategorien ausgewertet wird. Dies bewahrt den Forschenden vor voreiligen Schlussfolgerungen, die gegebenenfalls nur für den Einzelfall stimmen. (vgl. Kuckartz 2012: 77) Für die Auswertung der Experteninterviews wird ergänzend zu den Gütekriterien der qualitativen Inhaltsanalyse die von Meuser/Nagel (1991: 451–463) vorgeschlagene Auswertungsstrategie berücksichtigt, die durch ebenfalls mehrschrittiges Vorgehen und den Nachweis von Intersubjektivität einen Zirkelschluss bei der Interpretation zu vermeiden sucht (vgl. Meuser/Nagel 1991: 453) – stellenweise wurde das Vorgehen dabei allerdings etwas pragmatischer gehandhabt, ganz in dem Sinne, wie es Mayer (2004: 47 ff.) orientiert an Mühlfeld et al. (1981) darstellt (siehe detaillierter Abschnitt 5.3.3.).

Als konkrete *Methode* findet in dieser Arbeit eine Prozessanalyse – das genaue Verfolgen der Problemverarbeitung des politisch-administrativen Systems durch Betrachtung des Policy-Cycles (zum Modell vgl. Abschnitt 5.2.3.) mit seinen verschiedenen Phasen Anwendung (vgl. Blum/Schubert 2009: 48 f., 59 ff.). In der Prozessanalyse sind die Interaktionen zwischen den Akteuren als Untersuchungseinheiten zu begreifen (vgl. Scharpf 2000: 86). Sie werden anhand der Untersuchungsobjekte dieser Arbeit (Dokumente, Interviews, Medientexte, Fallbeispiele) rekonstruiert und analysiert. Der Einsatz einer Netzwerkanalyse, die nicht nur untersucht, welche Akteure beteiligt sind, sondern auch wie diese zusammenarbeiten, kooperieren und sich koordinieren, hätte ihre Vorzüge gehabt.

Sie eignet sich besonders, wenn eine vergleichsweise große Zahl von Akteuren an relativ komplexen politischen Prozessen beteiligt bzw. davon betroffen ist. (vgl. Blum/Schubert 2009: 59 f.) Obwohl in der Kulturpolitikforschung bisher selten genutzt, hat sie ihre Eignung bereits bewiesen (vgl. u. a. Lembke 2017). Aufgrund der Komplexität des Untersuchungsfelds und kapazitiver Grenzen musste sie als Methode für die vorliegende Arbeit aber verworfen werden.

5.2.3 Modell: Der Policy-Cycle

Ein Modell ist eine bewusst die komplexe Realität reduzierende Vorstellung, die sich Forscher für ihre Untersuchungen machen. Das bedeutet zugleich, dass die Ergebnisse der Forschung immer modellabhängig sind. (vgl. Schubert 1991: 44) Als Modell für die Erfassung der meisten Prozesse, die die vorliegende Arbeit untersucht, wird der für die Politikfeldanalyse fast als Standardmodell geltende Policy-Cycle zu Rate gezogen. Er bietet die „Möglichkeit, zielgerichtet Erkenntnisse über politische Prozesse zu gewinnen" (Blum/Schubert 2009: 101) und kann helfen zu „ordnen, [zu] strukturieren und Komplexität [zu] reduzieren" (Blum/Schubert 2009: 131). Die Betrachtung des Politikprozesses in Form eines Kreises betont, dass es dabei selten eindeutige Anfänge oder Enden gibt (vgl. Jann/Wegrich 2003: 81).

Die typischen drei Phasen, die sich in der Realität allerdings selten so klar trennen lassen, sondern sich überlappen und wechselseitig bedingen sowie durchdringen (vgl. Schneider/Janning 2006: 49) sind: 1. Problem(re)definition und Agenda Setting, 2. Politikformulierung und Entscheidung(sfindung) sowie 3. Politikimplementierung und -evaluierung. Anschließend geht der Zyklus entweder von vorn los, weil das Problem noch nicht gelöst bzw. das Defizit noch nicht (ganz) beseitigt ist oder – in jenen Fällen, in denen ein politisches Problem final gelöst werden konnte oder aber bei Ressourcenengpässen bzw. aus Effektivitäts-/Effizienzüberlegungen ein Aufgeben empfehlenswert erscheint – kommt es zur Politikterminierung (vgl. Schneider/Janning 2006: 62).

Natürlich muss der Policy-Zyklus als Modell auch eine kritische Betrachtung erfahren. So sehr er der vorliegenden Untersuchung und allgemein dem Verständnis politischer Prozesse dienlich ist, hat das Modell auch einige Schwächen. Dazu gehört etwa, dass sich die Phasen in der Realität überschneiden und nicht klar voneinander abgegrenzt sind sowie linear ablaufen, wie der Policy-Zyklus suggeriert. Außerdem entwickeln sich Politikinhalte oft in mehreren zeitlich parallelen Zyklen, erfassen dabei verschiedene politische Ebenen und diese Abläufe beeinflussen sich gegenseitig. Policies entstehen nicht im luftleeren Raum, sondern

treffen auf schon bestehende, ergänzen diese, modifizieren sie oder konkurrie-
ren sogar (vgl. Jann/Wegrich 2003: 82). Eine wechselseitige Beeinflussung mit
anderen Politikinhalten im selben Politikfeld oder anderen Politikfeldern lässt
die Betrachtung des Policy-Zyklus aber i. d. R. außer Acht. (vgl. Schneider/
Janning 2006: 63 f.) Die nationale Umsetzung der UNESCO-Konvention zur
Erhaltung des immateriellen Kulturerbes steht etwa in enger Beziehung zu den
Bereichen UNESCO-Welterbe, -Dokumentenerbe oder auch Heimatpflege im Allgemeinen in der Kulturpolitik sowie zum Beispiel zu den Bereichen Heilwissen
(Gesundheitspolitik), Naturwissen (Umwelt-/Naturschutz bzw. Landwirtschafts-
politik) usw. Nicht nur die inhaltliche Verflechtung mit politischen Maßnahmen
aus dem selben oder anderen Politikfeldern, sondern auch die internationale Verflechtung eines Politikfelds und der damit zusammenhängende Einfluss bleiben
beim Policy-Cycle i. d. R. außen vor. Dieser unterschätzt zudem chronisch, dass
Politik nicht immer rein ziel- und umsetzungsorientiert ist, sondern manchmal
auch „eher symbolischen und rituellen Charakter aufweist" (Jann/Wegrich 2003:
96). Trotz dieser Unzulänglichkeiten ist das Modell für die Betrachtung des vorliegenden Themas des Entscheidungs- und Produktionsprozesses von Politik zum
Immateriellen Kulturerbe insgesamt geeignet, um heuristisch und systematisch
die Strukturen, Eigenschaften und Ergebnisse herauszuarbeiten. Wo immer möglich, wird versucht die Perspektive der Interaktion der spezifischen Policy mit
anderen, parallel implementierten Programmen, Gesetzen und Normen auf den
verschiedenen Stufen des Mehrebenensystems Kulturpolitik in Deutschland bei
der Analyse in dieser Arbeit im Blick zu behalten (vgl. Jann/Wegrich 2003: 96 f.).

5.2.3.1 Problem(re)definition und Agenda Setting

Zentral für die erste Phase des Policy-Cycle ist das Problem bzw. die Ausgangslage (siehe Abschnitt 5.1.5.), die von relevanten Akteuren erkannt werden
und durch die Mobilisierung von Ressourcen auf die politische Agenda gesetzt
werden. Jann/Wegrich (2003) definieren Problemwahrnehmung und des Agenda
Setting als „genuin [politische Prozesse], in denen zentrale Vorentscheidungen
im Hinblick auf Selektion, Prioritätensetzung sowie Strukturierung […] hinsichtlich möglicher Handlungsstrategien (bewusst oder unbewusst) getroffen werden"
(Jann/Wegrich 2003: 83). Im Fall der Umsetzung der UNESCO-Konvention zur
Erhaltung des immateriellen Kulturerbes kann man als Problem identifizieren,
dass bestimmte gesellschaftliche Akteure – die Träger von Alltagskulturen, überlieferten darstellenden Künsten, von Naturwissen oder Handwerkstechniken – in
ihrem kulturellen Wirken bisher kaum wertgeschätzt wurden. Durch den Impuls
aus dem internationalen Raum kam das Thema auch in Deutschland auf die
kulturpolitische Agenda. Das UNESCO-Label, das das Thema hat, hat hier

vermutlich geholfen, es auf der Agenda relativ prominent zu platzieren. Nach Schneider/Janning (2006: 54) handelt es sich um das Muster einer „internationalen Politikdiffusion". Interessant für die vorliegende Untersuchung wird sein, zu beleuchten, ob es sich beim Beitritt Deutschlands zur UNESCO-Konvention zur Erhaltung des immateriellen Kulturerbes und der Etablierung einer nationalen Umsetzung um ein besonderes „Window of opportunity"/Möglichkeits- bzw. Policy-Fenster gehandelt hat (vgl. Jann/Wegrich 2003: 85) und welche Faktoren dafür entscheidend waren. Schließlich hatte Deutschland seit der Verabschiedung im Jahr 2003 zehn Jahre gezögert, der UNESCO-Konvention beizutreten. Neben den eher strukturellen Faktoren gibt es auch Eigenschaften des Themas selbst, die mitentscheiden, ob ein Thema zu einem bestimmten Zeitpunkt auf die Agenda kommt. Nach Schneider/Janning (2006: 56) sind das:

• „Konkretheit und Klarheit (Eindeutigkeit vs. Mehrdeutigkeit)
• gesellschaftliche Relevanz (starke vs. marginale soziale Betroffenheit)
• temporale Relevanz (absolut dringend vs. verschiebbar)
• Komplexität (einfach vs. komplex)
• Novität (Routineangelegenheit vs. Novum)
• Wertgeladenheit (große vs. geringe symbolische Bedeutung)"

Für das Immaterielle Kulturerbe sind auf den ersten Blick zumindest der zweite, fünfte und sechste Punkt eindeutig gegeben. Konstatiert werden kann daher zusammenfassend als Arbeitshypothese, dass die strukturellen Gegebenheiten einer Ausbreitung von Ideen bzw. Innovationen über nationale Grenzen hinweg und ihre Übernahme von einer zunehmend größeren Zahl von Staaten (vgl. Kern/Jörgens/Jänicke 2000) zusammen mit der Passung mindestens der Hälfte der inhaltlichen Eigenschaften des Themas nach Schneider/Janning (2006: 56) im Ergebnis wohl dazu geführt haben, dass das Thema in Deutschland auf die Agenda kam. Eine nähere Untersuchung dieser These erfolgt in Abschnitt 6.1.2.

5.2.3.2 Politikformulierung und Entscheidung(-sfindung)

Nachdem das Thema einmal auf der politischen und öffentlichen Agenda ist, wird das Programm zur Lösung des Problems in der zweiten Phase des Kreislaufs inhaltlich ausgestaltet. Zentral für das Verständnis dieser Phase sind die politischen Konzepte ‚Akteur', ‚Netzwerk' und ‚Institution', wie bereits in den Abschnitten 5.1.1., 5.1.2. und 5.1.4. ausführlich dargelegt. Abhängig von den beteiligten Akteuren und deren Interessen sowie der Akteurskonstellation und Zusammenarbeit im Policy-Netzwerk kommt es zur Konkretisierung

einer Strategie mit der Festlegung der Beziehungen zwischen verschiedenen
Programmelementen.

Die politischen Akteure in Deutschland haben sich – Kosten und Nutzen abwä-
gend – auf einen Weg verständigt, wie der Impuls aus dem internationalen Raum
aufgegriffen und das Thema Immaterielles Kulturerbe im kulturpolitischen Feld
durch konkrete Handlungsziele, Mittel und Wege, d. h. Programme und Steuerungsinstrumente (siehe Abschnitt 5.1.5.) Umsetzung erfahren soll. Es sei darauf
hingewiesen, dass es in diesem wie auch in allen anderen Fällen stets nicht die
eine richtige Lösung für das wahrgenommene Defizit, sondere eine Reihe von
Handlungsalternativen gibt. In der jeweiligen Situation identifizieren die Akteure
gemeinsam das optimale Vorgehen im vorgegebenen Bedingungsrahmen (vgl.
Schneider/Janning 2006: 57). Es gibt in diesem Fall keine Gesetze oder Ver-
ordnungen, denn die Umsetzung der Konvention basiert auf einer im Ergebnis
einer Ressortabstimmung schriftlich vereinbarten Arbeitsteilung zwischen Bund,
Ländern und der Deutschen UNESCO-Kommission. Was dies für die Umsetzung
bedeutet, wird im Abschnitt 6.2. näher untersucht.

So entstand ein Rahmen, in dem sich die Verwaltung und private Akteure, insbesondere der eingetragene Verein Deutsche UNESCO-Kommission, im Rahmen
der Implementierungsphase des Policy-Cycle mit der Problemlösung befassen
(vgl. Schneider/Janning 2006: 57). Die erste der in Abschnitt 1.2. formulierten
Forschungsfragen dieser Arbeit bezieht sich auf diese Phase: *Mit welchen politischen Maßnahmen (Projekten, Programmen und Strategien) setzt Deutschland
das völkerrechtliche Instrument UNESCO-Konvention zur Erhaltung des immateriellen Kulturerbes um?* Dass hierbei im vorliegenden Fall, wie auch in vielen
anderen, Imitationen von erfolgreichen Lösungen in anderen Ländern erfolgen,
wird im Abschnitt zum Thema Politisches Lernen (5.2.4.) noch einmal explizit
aufgegriffen. Interessant ist schließlich noch der Stil der Politikformulierung, den
Howlett/Ramesh/Perl (2009: 137) wohl in Bezug die hier vorliegende Politikfeldanalyse definieren würden: Die These des Verfassers dieser Arbeit, die empirisch
zu belegen sein wird, ist, dass es sich um den eher seltenen Fall einer Policy-
Erneuerung handelt, das bedeutet, dass neue Akteure und auch neue Ideen in das
System eintreten (siehe Abschnitt 6.3.2.1.).

5.2.3.3 Politikimplementierung und -evaluierung

Neben den Steuerungsinstrumenten und Programmen (siehe Abschnitt 5.1.5.)
spielt in der Phase der Implementierung das Policy-Subsystem bzw. das Politikfeld der Kulturpolitik (siehe Abschnitt 5.1.3.) mit seiner spezifischen Steuerungs-
kultur (siehe Abschnitt 5.1.6.) eine wichtige Rolle für die Untersuchung (vgl.
Jann/Wegrich 2003: 91 f.). Zu beachten ist, dass Programme nur anhand „einer

politischen Zielsetzung und eines absichtsvoll an ihrer Verwirklichung orientierten Handelns" (Mayntz 1980: 5) wissenschaftlich untersucht werden können. Dafür müssen diese Zielsetzungen, die vage oder auch sehr konkret formuliert sein und zwischen Primär- und Sekundärzielen differenziert werden können, herausgearbeitet und das Handeln der maßgeblichen Akteure entsprechend analysiert werden. Dies erfolgt in Abschnitt 6.3.

In der Evaluierungsphase (Policy-Impact-Analyse) kommt es zur Betrachtung der drei Dimensionen Policy-Output, Policy-Impact und Policy-Outcome (siehe Abschnitt 5.1.7.). Bezogen auf den Gegenstand dieser Arbeit ist zu erfragen, ob die Betroffenen durch die getroffenen Maßnahmen bessergestellt sind als zuvor, ob also die zuvor im Kulturbereich überwiegend wenig Beachtung findenden Trägergruppen des Immateriellen Kulturerbes in dem Politikfeld mehr Aufmerksamkeit erhalten und ob es Gruppen gibt, die durch die Maßnahmen möglicherweise schlechter gestellt wurden (vgl. Blum/Schubert 2009: 128). Dies ist – siehe die Formulierung der dritten Forschungsfrage im Abschnitt 1.2. (*Inwiefern ist die Teilhabe an Kunst und Kultur zu ermöglichen, Ziel, Aufgabe und Gegenstand der Umsetzung der UNESCO-Konvention zur Erhaltung des immateriellen Kulturerbes in Deutschland?*) – ein Erkenntnisinteresse im Rahmen dieser Arbeit. Es wird also überprüft werden, inwiefern die Instrumente (Projekte, Programme und Strategien) der Akteure effektiv, d. h. wirksam, und effizient, d. h. in einer sinnvollen Kosten-Nutzen-Relation stehend, waren (vgl. Schneider/Janning 2006: 62).

Als Resultat der Evaluierung der Policy kommt es zu ‚politischem Lernen' in unterschiedlichen Formen (siehe näher Abschnitt 5.2.4.). Dazu können etwa eine Intensivierung bzw. Verstärkung des Programms oder eine Neuausrichtung gehören. (vgl. Jann/Wegrich 2003: 93) Die symbolische Wirkung durch Wertschätzung scheint im Untersuchungsgebiet dieser Arbeit auf den ersten Blick die wichtigere Funktion im Vergleich zum Beitrag zur inhaltlichen Substanz des Themas zu sein, schließlich ist die Erstellung eines Verzeichnisses des Immateriellen Kulturerbes keine konzeptionell allzu elaborierte Maßnahme (vgl. Blum/Schubert 2009: 115). Es sollen allerdings auch die Instrumente im weiteren Sinne (siehe Abschnitt 5.1.5.) Eingang in die Betrachtung der vorliegenden Arbeit finden.

5.2.4   Politisches Lernen

Eine Politikfeldanalyse ist immer auch auf der Suche nach Ursachen und Erklärungen für politische Veränderungen. Beim Konzept des Politischen Lernens wird davon ausgegangen, dass politische Akteure aus eigenen Erfahrungen (vgl. u. a.

Sabatier/Jenkins-Smith 1993: 42), neuen Erkenntnissen – beides kommt in der Evaluierungsphase des Policy-Cycles zum Ausdruck – oder guten Beispielen in anderen politischen Einheiten, z. B. Ländern und Staaten, lernen. Seit die Welt immer enger vernetzt ist und Informationen schneller fließen, ist vor allem das Lernen von den Problemlösungsansätzen anderer Staaten stärker verbreitet. (vgl. Dolowitz/Marsh 1996: 343) Insbesondere im Rahmen multilateraler Organisationen wie der UNESCO ist dies eine etablierte Praxis – schließlich ist die Förderung von Kooperationen eine ihrer fünf Hauptfunktionen (neben ihrer Rolle als Ideen- bzw. Denkfabrik, Clearingstelle für global vergleichbare Daten, Standardsetzer und Capacity-Builder). Im Rahmen der vorliegenden Untersuchung spielt das politische Lernen eine bedeutende Rolle, denn Deutschland hat schon in der Phase der Prüfung des Beitritts zur UNESCO-Konvention und der Verständigung auf die genaue Implementierung des Systems 2012/13 von anderen Ländern gelernt, da zahlreiche Staaten das Übereinkommen früher ratifiziert hatten und im UNESCO-Rahmen ein Austausch Guter Praxis quasi institutionalisiert ist. Auch in der Implementierung der Konvention gab es zwischen den Verantwortlichen der europäischen Staaten und zum Teil auch darüber hinaus einen regelmäßigen Austausch über Lerneffekte und positive wie auch negative Erfahrungen. Die Forschungsfrage *Wie gestaltet sich die Wechselwirkung zwischen der internationalen und der nationalen Umsetzung der Konvention?* befasst sich mit diesem Thema.

Man kann die Implementierung der UNESCO-Konvention in Deutschland als *Social Learning* auffassen. Hall (1993: 278 f.) hat diesbezüglich drei Qualitäten unterschieden: Lernen erster Ordnung meint in der Politik das inkrementelle Lernen aus Erfahrungen unter Beibehaltung des Instruments, wie etwa die Anpassung der Haushaltszahlen auf Basis der Vorjahre. Lernen zweiter Ordnung bezieht sich auf die Instrumentenwahl, die durch (meist negative) Erfahrungen geändert wird. Die grundsätzlichen Ziele der Politik bleiben in diesem Fall aber konstant. Die Zurkenntnisnahme, dass Trägergruppen Immateriellen Kulturerbes zu Akteuren in der Kulturpolitik zählen und Immaterielles Kulturerbe ein Feld ist, in dem sich Kulturpolitik in Deutschland betätigen sollte, kann sogar weithin – mit wenigen Ausnahmen, bei denen bereits zuvor eine Befassung mit dem Gegenstand erfolgte – als ein Paradigmenwechsel gelten, der von außen, nämlich der UNESCO, initiiert wurde und kann als eine selten vorkommende Veränderung dritter Ordnung nach Hall (1993) interpretiert werden: ein Hinzulernen bezüglich genereller Ziele, die Policies zugrunde liegen – ein Wandel des Policy-Paradigmas. (vgl. Blum/Schubert 2009: 162 f. sowie Howlett/Ramesh/Perl 2009: 135)

Die praktische Politik der Umsetzung der Konvention zum Immateriellen Kulturerbe in Deutschland ist gekennzeichnet durch einen *Policy-Transfer.* Dieses Konzept, eine Form reflexiven Lernens, basiert auf dem Ansatz des *Lesson drawing* nach Richard Rose (1991), aber schließt, anders als dieser, auch erzwungene Transfers ein. (vgl. Bandelow 2003: 322) Dazu zählen etwa internationale Regime, die Regierungen zwingen oder zumindest dazu drängen, Policies zu übernehmen. Es geht beim Policy-Transfer um Prozesse, bei denen bereits bestehende Programme zur Entwicklung von Programmen zu anderen Zeiten und anderen Orten genutzt werden. (vgl. Dolowitz/Marsh 1996: 344) Im vorliegenden Fall dieser Arbeit kam es in Deutschland, vermittelt über die UNESCO, zur freiwilligen angepassten Übernahme der Politiken anderer Länder – ursprünglich vor allem ostasiatische Länder wie Japan und die Republik Korea, die das Immaterielle Kulturerbe bereits seit langem fördern, später aber auch der europäischen Partner- und Nachbarstaaten, die überwiegend früher als Deutschland dieser UNESCO-Konvention beitraten und praktische Erfahrungen in der Umsetzung sammelten. Gleichzeitig ist die grundsätzliche Aufnahme einer nationalen Umsetzungspolitik zum Immateriellen Kulturerbe nicht ganz freiwillig, sondern in Verbindung mit dem Beitritt gewissermaßen ein Pflichttransfer, weil es sich um eine Maßnahme handelt, die aus der supranationalen Völkerrechtsbindung entspringt. (vgl. Blum/Schubert 2009: 166 ff.)

Nach Dolowitz/Marsh (1996) will die Analyse von Transferprozessen des transnationalen Austauschs erfolgreicher bzw. innovativer Policy-Programme folgende Fragen beantworten:

- „Warum betreiben Akteure überhaupt Policy Transfer?
- Welche Akteure übernehmen dabei eine Schlüsselrolle?
- Welche Art von Programmen wird übernommen?
- Welche spezifischen Länder dienen als Vorbild?
- Bis zu welchem Anteil oder Grad werden die als Vorbild dienenden Programme wirklich umgesetzt?
- Welche Faktoren begünstigen oder erschweren den Umsetzungsprozess?
- In welchem Zusammenhang steht der vollständige Policy Transfer mit dem Erfolg oder Misserfolg des transferierten Programms?" (Schneider/Janning 2006: 221)

Vor allem die zweite Frage nach den relevanten Akteuren und die dritte Frage nach den Arten der Programme verdienen an dieser Stelle noch einmal eine genauere Betrachtung im Hinblick auf die Forschungsfragen dieser Arbeit: Zur

zweiten Frage ist interessant, dass Dolowitz/Marsh (1996: 345 f.) sechs Akteursgruppen identifizieren, die in Policy-Transfer-Prozesse involviert sind: gewählte
staatliche Repräsentanten, politische Parteien, Verwaltungsmitarbeiter, Interessengruppen, Experten und supranationale Organisationen. Bei der Umsetzung
der UNESCO-Konvention zur Erhaltung des immateriellen Kulturerbes sind alle
Genannten relevante Akteure – insbesondere die supranationale Organisation
UNESCO, aus der der Impuls zum Policy-Lernen kam, wird in dieser Arbeit
über das etablierte Feld der Akteure des Politikfelds Kulturpolitik in Deutschland
hinaus Berücksichtigung finden.

Bezüglich der dritten Frage unterscheiden Dolowitz/Marsh (1996: 349 f.)
sieben Transferobjekte: Politikziele/-strukturen/-inhalte, Politikinstrumente, Insti-
tutionen, Ideologien, Ideen/Haltungen/Konzepte sowie negative Erfahrungen.
Bezüge zu all diesen Objekten werden sich in der späteren Untersuchung im
Abschnitt 6.4. finden. Nach Howlett/Ramesh/Perl (2009: 136) findet politisches
Lernen insbesondere im Kontext der Instrumentenwahl statt. Aber auch auf der
Ebene politischer Strategien (siehe Abschnitt 5.1.5.) kann politisches Lernen
stattfinden (vgl. Blum/Schubert 2009: 154).

Nach Rose (1991) gibt es fünf Lektionen bzw. Ergebnisse des Policy-
Lernens: eine (hundertprozentige) Kopie, eine Adaption, eine Hybridbildung,
eine Synthese und eine reine Inspiration (vgl. Rose 1991: 21 f.). Der idealtypisch vierstufige Prozess des Lernens nach Rose – erstens: Suche nach
Erfahrungen in der Vergangenheit oder in anderen Regionen für die Lösung
eigener Aufgaben, zweitens: Entwicklung eines Modells, drittens: Anwendung
des Gelernten und viertens: vorausschauende Bewertung (vgl. Rose 1991: 19–
24 und Bandelow 2003: 308) – kann zumindest in den ersten drei Etappen
gut für den Untersuchungsgegenstand dieser Arbeit nachgezeichnet werden. Dies
erfolgt schwerpunktmäßig im Abschnitt 6.2., mit weiteren Betrachtungen in den
Abschnitten 6.3. und 6.4. sowie im Fazit.

5.3 Darstellung des Untersuchungsverlaufs

Im Folgenden wird das Vorgehen der empirischen Untersuchung entsprechend
des gewählten Forschungsansatzes und der Methoden dargestellt.

5.3.1 Kriterien der Auswahl der Untersuchungsobjekte

In diesem Abschnitt wird erörtert, auf Basis welcher Kriterien, die jeweiligen konkreten Analyseeinheiten der einzelnen Untersuchungskategorien, die die vorliegende Arbeit zur Basis der Untersuchung nimmt, ausgewählt worden sind. Anders als bei einer Stichprobenbildung in der quantitativen Forschung, geht es in der qualitativen Forschung nicht um statistische Repräsentativität, sondern um die Relevanz der untersuchten Objekte für die Themen- und Forschungsfragen. Hierfür müssen vorab Merkmale d. h. Kriterien, die sich aus der Fragestellung der Untersuchung und theoretischen Vorüberlegungen ergeben, festgelegt werden, nach denen die Stichprobe absichtsvoll und begründet gebildet wird. (vgl. Mayer 2004: 38) „Dabei wird von einer Vorstellung von Eigenschaften der Grundgesamtheit ausgegangen, die in der Stichprobe Berücksichtigung findet." (Mayer 2004: 38) Die Verallgemeinerbarkeit muss entsprechend genau analysiert und dargelegt werden (vgl. Mayer 2004: 40).

Wie bereits in Abschnitt 1.2. kurz angerissen, sollen Dokumente, Interviews, Medienberichte und zweierlei Arten von vergleichbaren Fallbeispiele das Datenmaterial der Analyse in dieser Arbeit bilden. Bei den Inhaltsanalysen, denen die auszuwählenden Dokumente, Interview(-transkriptionen) und Medientexte unterzogen werden, kann jeweils auf die interessierenden Inhalte bezogen auf Klassifizierungen und Auszählungen von Textelementen (Frequenzanalyse), Trends von Bewertungen (Valenzanalyse) oder die Intensität von Bewertungen (Intensitätsanalyse) zurückgegriffen werden (vgl. Mayring 2007). Konzeptionell darüber hinaus geht noch die Kontingenzanalyse, die auftretende Begriffe und Bewertungen ins Verhältnis zu anderen Aussagen setzt (vgl. Schnell/Hill/ Esser 1999: 375). Diese letzte, umfassendste Variante wird in der vorliegenden Arbeit weitgehend genutzt. Die Auswertung der Daten erfolgt entsprechend ausschließlich in qualitativer Form.

5.3.1.1 Dokumentenanalyse

In die Untersuchungsperiode 2013–2016 fallen der deutsche Beitritt zur UNESCO-Konvention und die kompletten ersten beiden deutschlandweiten Bewerbungsrunden für das Bundesweite Verzeichnis des Immateriellen Kulturerbes sowie drei Nominierungen für eine UNESCO-Liste und die ersten beiden erfolgreichen Listungen. Hinzu kommt eine Betrachtung der dem Beitritt vorausgehenden Debatten im Zeitraum 2009–2012. In diesem Zeitraum ist eine große Zahl von relevanten Dokumenten entstanden: Zu diesen zählen etwa Positionspapiere und Beschlüsse verschiedener staatlicher und nicht-staatlicher Akteure, Konzeptpapiere, Einladungen, Protokolle und Ergebnisdokumentationen wichtiger Veranstaltungen, Reden und Grußworte wichtiger Akteure, Expertenstellungnahmen, interne Sachstände und Vermerke, Bundestagsdrucksachen, Webartikel und Pressemitteilungen. Dokumente (und Medienberichte) werden zur Analyse herangezogen, da sie zum ersten in großer Vielzahl vorhanden sind, zum zweiten im Vergleich zu Interviews und Beobachtungen, im Wesentlichen nichtreaktiv sind, also weder Urheber/Verfasser noch Rezipient von der Analyse direkt betroffen sind, und sie drittens vergleichsweise sehr objektiv sind, da sie die Position der Urheber/Verfasser zum Zeitpunkt der Erstellung manifestiert haben und sehr lange verfügbar sind, während andere Erhebungstechniken i. d. R. retrospektiv wirken und weniger gut konserviert werden können (vgl. Schnell/Hill/Esser 1999: 374 f.).

Folgende Kriterien gelten als Relevanzraster für die Auswahl aus der großen Zahl der theoretisch denkbaren Dokumente, die im genannten Zeitraum entstanden sind:

1. Bedeutung bzw. Aussagekraft des Dokuments für die nationale Umsetzung der Konvention
2. Bedeutung des Urhebers des Dokuments als Akteur bzw. Vertreter einer wichtigen Institution, d. h. eines komplexen Akteurs, im deutschen Mehrebenensystem der Kulturpolitik bzw. im Rahmen der nationalen Umsetzung der UNESCO-Konvention zur Erhaltung des Immateriellen Kulturerbes
3. Bedeutung des Zeitpunkts bzw. des Anlasses der Veröffentlichung bzw. Erstellung des Dokuments

Im Rahmen dieser drei Kriterien können gezielt politisch wichtige Dokumente für die Untersuchungsperiode ausgewählt werden (vgl. Flick 2007: 165 f.). Durch das Sample sollten möglichst die in Abschnitt 3.3. und 3.4. definierten Akteure der Kulturpolitik in Deutschland repräsentativ abgebildet werden. Die Auswahl eines Dokuments bedeutet, dass dieses die drei o. g. Kriterien zweifelsfrei erfüllt. Die Nichtberücksichtigung eines Dokuments sagt allerdings nichts über eine mangelnde Bedeutung bzw. die mangelnde Erfüllung der drei Kriterien aus. Im Rahmen der bis zu 30 im Rahmen dieser Arbeit nach rationalen Erwägungen handhab- und auswertbarer Dokumente musste unweigerlich eine Abwägungsentscheidung getroffen werden.

5.3.1.2 Experteninterviews

Hitzler (1994: 16) bezeichnet unsere moderne Gesellschaft als „Expertengesell-
schaft": In weiten Bereichen entscheiden Personengruppen, die sich durch Aus-
bildungsabschlüsse und relevante professionelle (Berufs-)Erfahrung sowie spe-
zialisiertes Wissen definieren, verbindlich über die Probleme, wobei der Experte
nicht nur vom Laien, sondern i. d. R. auch vom (Letzt-)Entscheidungsträger
abgegrenzt werden muss (vgl. Hitzler 1994: 16 f., 19, 25). Auf dieser grundsätzlichen Erwägung fußt die Befragung von ausgewählten Experten im Rahmen
dieser Arbeit – anstelle etwa einer ebenfalls denkbaren Methode einer breiten
Befragung von Laien. Expertenwissen können wir nach Meuser/Nagel (1994:
180) als Insiderwissen klassifizieren. Die beiden Autoren binden den Experten-
begriff nicht an formale Qualifikation oder offizielle Position, sondern an die
„Funktion, die eine Person innerhalb eines Sozialsystems erfüllt" (Meuser/Nagel
1994: 180). Experte kann also prinzipiell jeder sein, der „in irgendeiner Weise
Verantwortung trägt für den Entwurf, die Implementierung oder die Kontrolle
einer Problemlösung oder wer über einen privilegierten Zugang zu Informationen über Personengruppen oder Entscheidungsprozesse verfügt" (Meuser/Nagel
1991: 443). Für diese Arbeit kommen als Experten entsprechend nur Personen
in Frage, die als politische Akteure im Sinne der Definition aus Abschnitt 5.1.1.
bereits bestimmte Funktionen, die mit dem Thema des Immateriellen Kulturerbes
bzw. der Kulturpolitik in Deutschland zu tun haben, praktisch wahrgenommen
haben (vgl. Meuser/Nagel 1994: 180). Die befragten Experten sind also Teil des
Handlungsfelds, welches erforscht wird. Nicht die Person selbst als Privatperson
ist allerdings Gegenstand der Analyse, sondern der organisatorische und institutionelle Zusammenhang, in der sie tätig ist und der damit einen Faktor darstellt
(vgl. Meuser/Nagel 1991: 442 f.). Der Befragte wird also nicht als Einzelfall,
sondern als Repräsentant einer Gruppe gewertet (vgl. Mayer 2004: 37).

> „Von Interesse sind ExpertInnen innerhalb eines organisatorischen oder institutionel-
> len Kontextes. Die damit verknüpften Zuständigkeiten, Aufgaben, Tätigkeiten und
> die aus diesen gewonnenen exklusiven Erfahrungen und Wissensbestände sind die
> Gegenstände des ExpertInneninterviews." (Meuser/Nagel 1991: 444)

Für die Expertenbefragungen in der vorliegenden Arbeit wurde auf den for-
schungsleitenden Fragen (siehe Abschnitt 1.2.) aufbauend ein Interviewleitfaden
mit offen formulierten Fragen (siehe Anhang im elektronischen Zusatzmaterial)
erstellt, der nach Themenclustern – den Etappen des Policy-Cycle – gegliedert
ist, allerdings im persönlichen Gespräch flexibel und undogmatisch gehandhabt
wurde. Das bedeutet, dass – je nach Gesprächsverlauf – in der Reihenfolge

der Fragen oder durch zusätzliche Nachfragen auch vom Leitfaden stellenweise abgewichen wurde. Im Rahmen von Rückfragen an den Interviewten konnte der Interviewende Zusammenfassungen oder Interpretationen vornehmen, um das Verständnis der Aussagen zu vertiefen oder Widersprüche aufzudecken. Die notierten Fragen sichern aber eine gewisse Strukturierung und einen in etwa gleichen Ablauf der Interviews zu, dienen als Gedankenstütze für den Interviewenden und sparen insgesamt Zeit. Bei aller gewollten narrativen Freiheit dieses Interviewtyps führt jedoch grundsätzlich der Interviewende das Gespräch und gibt die Themen vor, an denen er ein Untersuchungsinteresse hat. Durch die Offenheit der Fragen ohne vorgegebene Antwortmöglichkeiten ergibt sich die Struktur des Interviews rein aus der Interaktion zwischen Forschendem und Experten. (vgl. Burkhard 2015: 46 ff.) Gegenüber einer standardisierten Form der Befragung hat die offene Interviewform vor allem auch den Vorteil, dass sich auch implizites handlungsorientiertes Wissen der Experten (*tacit knowledge*) rekonstruieren lässt statt nur das den Experten diskursiv bewusste Wissen abzubilden (vgl. Meuser/Nagel 1994: 183). Meuser/Nagel (1991: 449) weisen darauf hin, dass es paradoxerweise gerade der Leitfaden sei, der die Offenheit des Interviewverlaufs gewährleiste, weil sich der Fragende, also der Forschende, dadurch mit den Themen vertraut mache und das Gespräch lockerer führen könne. Zugleich sichere der Leitfaden eine gewisse Vergleichbarkeit der Texte der Interviews im Hinblick auf die Absicht, Repräsentativität herzustellen und Kontrollierbarkeit zu gewährleisten und die Daten erhalten eine Struktur (vgl. Meuser/Nagel 1991: 451, Mayer 2004: 36). Zudem „schneidet [der Leitfaden] die interessierenden Themen aus dem Horizont möglicher Gesprächsthemen der ExpertInnen heraus und dient dazu, das Interview auf diese Themen zu focussieren" (Meuser/Nagel 1991: 453). Er sichert also, dass die forschungsrelevanten Themen tatsächlich angesprochen werden und besteht aus Schlüsselfragen, die in jedem Interview angesprochen werden sollen, sowie Eventualfragen, die nur optional relevant werden (vgl. Schnell/Hill/Esser 1999: 355). Trotzdem bleiben in dieser Form des Interviews aber auch neue Erkenntnisse, die sich möglicherweise im Gespräch ergeben, nicht unberücksichtigt (vgl. Burkhard 2015: 61).

Für die Auswahl der Interviewpartner werden entsprechend der obigen Erläuterungen folgende drei Kriterien angelegt:

1. Bedeutung des Gesprächspartners als Akteur bzw. Vertreter einer wichtigen Institution, also eines komplexen Akteurs, im deutschen Mehrebenensystem der Kulturpolitik bzw. für die Umsetzung der Konvention
2. Die relevanten Akteursgruppen (Experten zum Thema Immaterielles Kulturerbe, Vertreter der Ebenen Bund, Länder und Kommunen sowie Vertreter der

Zivilgesellschaft) sollen zudem als Fallgruppen jeweils mindestens einmal im Sample vertreten sein (vgl. Flick 2007: 154).
3. Bereitschaft für ein persönliches Interview zur Verfügung zu stehen

Die Nichtberücksichtigung eines Interviewpartners sagt allerdings nichts über dessen mangelnde Bedeutung aus, oder dass dieser nicht für ein Interview zur Verfügung gestanden hätte. Im Rahmen der für diese Arbeit nach rationalen Erwägungen zu führenden, anschließend zu transkribierenden und schließlich auszuwertenden Interviews musste unweigerlich eine Abwägungsentscheidung getroffen werden. Hierfür wurde auf ein statistisches Sampling zurückgegriffen, d. h. dass die nach dem o. g. Kriterium 2 entstehenden Zellen der Samplingstruktur jeweils ausreichend mit mindestens einem Vertreter besetzt sein sollten (vgl. Flick 2007: 156). Je Akteursgruppe sollten ein bis zwei Experteninterviews geführt und ausgewertet werden – insgesamt kam es auf Basis des Sampling zu sechs Interviews. Auf eine Mehrfachbesetzung wurde nur im Fall der Experten zurückgegriffen, um hier nicht eine singuläre Perspektive des durchaus vielfältigen Spektrums innerhalb der Fallgruppe zu repräsentieren. (vgl. Mayer 2004: 38 ff.)

Des Weiteren wurden für diese Arbeit Hintergrundgespräche mit weiteren Experten und Vertretern staatlicher Akteure, u. a. mit einem verantwortlichen Mitarbeiter in der Behörde der Staatsministerin für Kultur und Medien sowie mit Verantwortlichen der Trägergruppen von Kulturformen, geführt. Da es hierbei um die Analyse von Kontextwissen geht, denn die Interviews sollen zur Bestimmung des Sachverhalts beitragen, reicht es aus, eine partielle Auswertung entsprechend des Erkenntnisinteresses vorzunehmen und im Stadium der empirischen Generalisierung abzubrechen (vgl. Meuser/Nagel 1991: 446 ff.). Die Inhalte dieser Gespräche wurden jeweils mit Gedächtnisprotokollen schriftlich festgehalten und stellenweise zur Stützung der Analysen herangezogen; eine vollständige Transkription wäre in diesem Fall von geringem Nutzen.

5.3.1.3 Medienanalyse

Politische Prozesse sind untrennbar mit Kommunikation (darüber) verbunden (vgl. u. a. Wenzler 2009: 17). Daher erscheint es sinnvoll, die veröffentlichte Meinung über die Politikprozesse der nationalen Umsetzung der UNESCO-Konvention zum Immateriellen Kulturerbe mit in den Blick der Untersuchung zu nehmen. Bei der Auswertung von Medienberichten findet ebenfalls die qualitative Inhaltsanalyse Anwendung. Die Publizistik war der Ausgangspunkt für die Anwendung dieser Methode; zunächst in den USA, in Deutschland seit Ende der 1950er Jahre (vgl. Mayring 2007: 24 f.).

Zur Medienanalyse für diese Arbeit wird ebenfalls ein Relevanzraster erstellt: Aus dem Zeitraum 2013 bis 2016 sowie unter Berücksichtigung der Vorphase des deutschen Beitritts ab 2005 und eines Berichts aus dem Jahr 2017, sollen insgesamt etwa 40 Medienberichte in die Analyse eingehen.

Folgende Kriterien gelten als Relevanzraster für die Auswahl aus der großen Zahl der Medienberichte, die im untersuchten Zeitraum begleitend zur nationalen Umsetzung der Konvention zur Erhaltung des immateriellen Kulturerbes in Deutschland erschienen sind:

1. erschienen in einem relevanten Medium, d. h. einer deutschlandweit erscheinenden Zeitung/Zeitschrift (z. B. Die ZEIT, Die WELT, Süddeutsche Zeitung, Frankfurter Allgemeine Zeitung, Frankfurter Rundschau, Bild, Der Spiegel) oder einem öffentlich-rechtlichen/privaten Radio-/TV-Sender bzw. jeweils deren Internetangebot oder in einer Fachzeitschrift (z. B. Kulturpolitische Mitteilungen, Politik & Kultur) oder über eine große Nachrichtenagentur
2. explizite und qualifizierte Thematisierung des Gegenstands „Immaterielles Kulturerbe in Deutschland", d. h. keine Kurzmeldungen oder reiner Themenbezug auf einzelne national oder international anerkannte Formen

Die Auswahl eines Medienberichts bedeutet, dass beide genannten Kriterien zweifelsfrei erfüllt sind. Prägend für die Auswahl sollte zudem eine Abbildung möglichst typischer Fälle der Darstellung von Immateriellem Kulturerbe in den Medien sein (vgl. Flick 2007: 165 und Schnell/Hill/Esser 1999: 279). Die Nichtberücksichtigung eines Medienberichts sagt dagegen nichts über eine mangelnde Erfüllung der o. g. Kriterien aus. Im Rahmen der etwa 40 im Rahmen dieser Arbeit nach rationalen Erwägungen handhab- und auswertbarer Medienberichte musste unweigerlich eine Abwägungsentscheidung getroffen werden. Zudem wird in der Gesamtschau der Auswahl darauf geachtet, dass es zu einer annähernden Gleichverteilung über die Jahre des Untersuchungszeitraums und von Berichten aus Print- und audiovisuellen Medien kommt.

5.3.1.4 Fallbeispiele

Bei Fallbeispielen, also Einzelfallanalysen, geht es darum, den individuell-besonderen Ausdruck einer allgemeinen Struktur festzustellen (vgl. Meuser/Nagel 1991: 452). Dafür sollten möglichst für die Forschungsfragen repräsentative Fälle gewählt werden. Zudem ist eine klare Strukturierung der Untersuchung im Hinblick auf diese Forschungsfragen wichtig, um eine Vergleichbarkeit mit anderen Fällen zu ermöglichen und diejenigen Aspekte herauszuarbeiten, die im jeweiligen Kontext interessieren. Fallbeispiele stehen zwar exemplarisch für ihre jeweilige Kategorie, eine Repräsentativität i. e. S., die meist Ziel wissenschaftlicher Untersuchungen ist, können sie aber nicht darstellen. Als Fallbeispiele gelten im Rahmen dieser Arbeit zum einen ausgewählte Kulturformen, die im Zeitraum 2013–2016 Aufnahme ins Bundesweite Verzeichnis des Immateriellen Kulturerbes gefunden haben und in Abschnitt 4.2. bereits vorgestellt wurden. Zum anderen geht es um weitere Vertragsstaaten der UNESCO-Konvention, die vergleichend zur Umsetzung im nationalen Rahmen in Deutschland im Abschnitt 4.4. untersucht wurden.

Die Auswahl erfolgt in beiden Fällen nach dem Konkordanzprinzip, das heißt, dass möglichst ähnliche Fälle untersucht werden (vgl. Blum/Schubert 2009: 51). In Bezug auf die Kulturformen bedeutet das, dass es sich um typische Einträge im Verzeichnis handeln soll, das heißt u. a. solche, die bisher keine im Anschluss an die nationale Anerkennung folgende UNESCO-Nominierung durchlaufen haben, um die Effekte der Aufnahme ins Bundesweite Verzeichnis nicht zu überlagern. Diese sollen also besonders charakteristisch für die Grundgesamtheit sein. (vgl. Schnell/Hill/Esser 1999: 279) Die Aufnahme ins Verzeichnis soll zudem bereits in den Jahren 2014/2015 erfolgt sein, so dass im Untersuchungszeitraum bis einschließlich 2016 bereits relevante Effekte zu verzeichnen sind. Für die Auswahl im Rahmen dieser Arbeit zu untersuchenden Fälle von Kulturformen im Bundesweiten Verzeichnis des Immateriellen Kulturerbes werden daher folgende Kriterien angelegt, wobei möglichst alle Kriterien erfüllt sein sollen:

1. Kulturform mit klar fassbarer Trägergruppe, die mit der Anerkennung als Immaterielles Kulturerbe im Jahr 2014 neuer Akteur in der Kulturpolitik in Deutschland geworden ist (vgl. den Fall einer Policy-Erneuerung, bei dem neue Akteure in das System eintreten, erläutert in Abschnitt 5.2.3.2.)
2. Die Trägergruppe ist überwiegend von bürgerschaftlichem Engagement getragen, das heißt die Wirkungen der Anerkennung sind nicht zu stark von touristischen bzw. wirtschaftlichen oder Verbandsinteressen geprägt.
3. durch Experten und den Autor dieser Arbeit subjektiv wahrgenommene Veränderung der gesellschaftlichen Akzeptanz der Kulturform und ihrer Träger in Folge der Anerkennung als Immaterielles Kulturerbe in Deutschland
4. mit angemessenem Aufwand möglicher Zugriff auf weitere Informationen, z. B. Publikationen, Dokumente und Gesprächspartner der Trägergruppe (vgl. das Kriterium der „Annehmlichkeit" bei Flick 2007: 166)

Bei der Auswahl interessiert in diesem Fall die Intensität der interessierenden Eigenschaften, Prozesse und Erfahrungen (vgl. Flick 2007: 165), das heißt die Wirkung der Anerkennung als Immaterielles Kulturerbe. In der Gesamtschau der

Fallbeispiele wird zudem darauf geachtet, dass verschiedene der fünf in der Konvention genannten Bereiche des Immateriellen Kulturerbes abgedeckt sind und eine gewisse regionale Ausgewogenheit innerhalb Deutschlands gegeben ist. Die Kulturformen werden durch eine Analyse der Präsentation im Bundesweiten Verzeichnis des Immateriellen Kulturerbes, von Medienberichten, durch Hintergrundinterviews mit Mitgliedern der jeweiligen Trägergruppe und weitere verfügbare Dokumente, wie z. B. Publikationen und Internetdarstellungen, untersucht.

In Bezug auf die UNESCO-Vertragsstaaten gilt durch das Konkordanzprinzip, dass nur europäische Vertragsstaaten in Frage kommen. Für die konkrete Auswahl der im Rahmen dieser Arbeit untersuchten Fälle der Vertragsstaaten wurden folgende zwei Kriterien angelegt, die beide erfüllt sein müssen:

1. Einreichung eines periodischen Berichts an die UNESCO, in dem Aussagen über die Charakteristika der nationalen Umsetzung der Konvention bzw. der dabei angewandten Projekte, Programme und Strategien zu finden sind, im Untersuchungszeitraum
2. Verfügbarkeit weiterer Dokumente über die jeweilige nationale Umsetzung der Konvention im Untersuchungszeitraum und zur Kulturpolitik im Allgemeinen

Die Nichtberücksichtigung eines Vertragsstaats heißt nicht, dass die Kriterien nicht als erfüllt betrachtet werden können, allerdings gilt, dass entsprechend des Konkordanzprinzips möglichst ähnliche und daher auch räumlich nah an Deutschland liegende Staaten ausgewählt werden. Im Rahmen der beiden Kriterien wurde angestrebt, trotz des Konkordanzprinzips auch eine gewisse Variationsbreite der Fälle zu erhalten, um die Unterschiedlichkeit im Feld abzubilden (vgl. Flick 2007: 165). Die Vertragsstaaten werden durch eine Analyse ihres periodischen Berichts, durch Hintergrundinterviews mit Verantwortlichen für die jeweilige nationale Umsetzung und weitere verfügbare Dokumente, wie z. B. Publikationen und Internetdarstellungen, untersucht.

5.3.2 Bestimmung der Untersuchungsobjekte

Die Auswahl der konkreten Fälle einer Stichprobe bzw. Untersuchungsobjekte orientiert sich an einer möglichst gleichmäßigen und zumindest ausreichenden Besetzung der vordefinierten Kriterien (vgl. Abschnitt 5.3.1.). Bei der konkreten Fallzahl muss zwischen den Anforderungen Vollständigkeit und Ökonomie abgewogen werden. (vgl. Mayer 2004: 39)

5.3.2.1 Dokumentenanalyse

Die Auswahl der Dokumente bedurfte einer retrospektiven Betrachtung der verfügbaren Akten samt einer Bewertung der Relevanz für das vorliegende Untersuchungsvorhaben. Folgende Dokumente sollen entsprechend der in Abschnitt 5.3.1.1. genannten Kriterien Eingang in die Untersuchung finden:

- Dok. 1: DUK-Sachstand „Die UNESCO und das immaterielle Kulturerbe" vom 22.08.2002
- Dok. 2: Dokumentation Workshop „Handwerk und Immaterielles Kulturerbe" 9./10. April 2008 in Berlin-Köpenick
- Dok. 3: BKM-Sachstand vom 21.11.2008 zum UNESCO-Übereinkommen zur Bewahrung des immateriellen Kulturerbes vom 17. Oktober 2003 (angefordert durch die SPD-Fraktion im Deutschen Bundestag)
- Dok. 4: heute im Bundestag vom 26.03.2009: „Experten: Unesco-Übereinkommen kann kulturelles Erbe fördern. Ausschuss für Kultur und Medien (Anhörung)"
- Dok. 5: BT-Drs. 16/13343 vom 11.06.2009 – Antwort der Bundesregierung auf eine Kleine Anfrage der FDP-Fraktion zum Thema „UNESCO-Übereinkommen zur Bewahrung des immateriellen Kulturerbes vom 17. Oktober 2003"
- Dok. 6: Einschätzung der DUK zum BKM-Sachstand (vom 21.11.2008) vom Juli 2010
- Dok. 7: Protokoll des Auswärtigen Amts vom 28.02.2011 der Expertenbesprechung am 08.02.2011 zum UNESCO-Übereinkommen zur Bewahrung des immateriellen Kulturerbes
- Dok. 8: Informelles Arbeitspapier KMK, BKM, AA mit den Ergebnissen des informellen Arbeitsgesprächs zum UNESCO-Übereinkommen zur Bewahrung des immateriellen Kulturerbes am 14.04.2011
- Dok. 9: BT-Drs. 17/6301 vom 28.06.2011 – Antrag „Ratifizierung des UNESCO-Übereinkommens zur Bewahrung des immateriellen Kulturerbes vorbereiten und unverzüglich umsetzen" der Fraktionen SPD und Bündnis 90/ Die Grünen
- Dok. 10: BT-Drs. 17/6314 vom 29.06.2011 – Antrag „Ratifizierung der UNESCO-Konvention zum immateriellen Kulturerbe vorantreiben" der Fraktionen CDU/CSU und FDP
- Dok. 11: Resolution des Bund Heimat und Umwelt in Deutschland zum UNESCO-Übereinkommen zur Bewahrung des Immateriellen Kulturerbes: Immaterielles Kulturerbe anerkennen und bewahren, 03.07.2011

- Dok. 12: Einladung zum Fachgespräch „Nationale Umsetzung der UNESCO-Konvention zum Immateriellen Kulturerbe" (05.09.2011) der CDU/CSU-Fraktion im Deutschen Bundestag
- Dok. 13: Beschluss der Kultusministerkonferenz vom 08.12.2011 zum UNESCO-Übereinkommen zur Erhaltung des immateriellen Kulturerbes der Menschheit (IKE) –Position der Kultusministerkonferenz zur Ratifizierung
- Dok. 14: BT-Drs. 17/8121 vom 13.12.2011 – Beschlussempfehlung und Bericht des Ausschusses für Kultur und Medien
- Dok. 15: Konzeption Interner Beratungsworkshop der Deutschen UNESCO-Kommission zur Umsetzung der UNESCO-Konvention zur Erhaltung des Immateriellen Kulturerbes in und durch Deutschland am 14.03.2012
- Dok. 16: Vermerk des BKM zum Antrag auf Gewährung einer Bundeszuwendung aus Kap. 0405 Titel 685 21 Erl.Ziff. 2.4 der Deutschen UNESCO-Kommission zur Finanzierung der Errichtung einer Geschäftsstelle zur Umsetzung der UNESCO-Konvention zur Bewahrung des immateriellen Kulturerbes (IKE) vom 02.04.2012
- Dok. 17: Pressemitteilung der CDU/CSU-Bundestagsfraktion vom 06.08.2012: „Welterbe der Kulturtraditionen. Ratifizierung zügig zum Abschluss bringen"[1]
- Dok. 18: Arbeitspapier der Deutschen UNESCO-Kommission „Das lebendige Kulturerbe kennenlernen und wertschätzen!" (August 2012)[2]
- Dok. 19: Ergebnisvermerk zu den Bund-Länder-Absprachen betreffend Vorbereitung des Beitritts und Umsetzung UNESCO-Übereinkommen Immaterielles Kulturerbe vom 29.10.2012 (basierend auf Protokoll der Ressortbesprechung am 05.06.2012)
- Dok. 20: Beschluss der Kultusministerkonferenz vom 06.12.2012 – Position der Kultusministerkonferenz zur Gestaltung des Verfahrens für die Vorschlagsliste Immaterielles Kulturerbe der Kultusministerkonferenz an die Deutsche UNESCO-Kommission sowie zur Aktualisierung des ländereinheitlichen Nominierungsverfahrens in Deutschland
- Dok. 21: Kabinettsache Datenblatt 17/05067: „Beschluss über den Beitritt der Bundesrepublik Deutschland zum UNESCO-Übereinkommen vom 17. Oktober 2003 zur Erhaltung des immateriellen Kulturerbes" zum Beschluss am 12. Dezember 2012

---

[1] https://www.cducsu.de/presse/pressemitteilungen/welterbe-der-kulturtraditionen; Zugriff am 17.07.2019.

[2] http://www.unesco.de/fileadmin/medien/Dokumente/Kultur/IKE/120831-Arbeitspapier_L ebendiges_Kultuerbe.pdf; Zugriff am 18.02.2018.

- Dok. 22: Bund Heimat und Umwelt e. V. Immaterielles Kulturerbe: Chance und Herausforderung für die Vereine, Dezember 2012[3]
- Dok. 23: Deutschland tritt UNESCO-Übereinkommen zum immateriellen Kulturerbe bei; Pressemitteilung des Auswärtigen Amts vom 11.04.2013[4]
- Dok. 24: Deutscher Kulturrat benennt Anforderungen für Listen zum nationalen immateriellen Kulturerbe, 06.12.2013
- Dok. 25: Beschluss der Kultusministerkonferenz vom 11.12.2014 – KMK-Verfahren in Umsetzung des UNESCO-Übereinkommens zur Erhaltung des immateriellen Kulturerbes
- Dok. 26: Rede von Kulturstaatsministerin Grütters zur Auszeichnung von 27 Kulturformen als immaterielles Kulturerbe am 16.03.2015[5]
- Dok. 27: Rede von Brunhild Kurth, KMK-Präsidentin am 16.03.2015 (Auszeichnungsveranstaltung)[6]
- Dok. 28: DUK-Argumentationspapier: „Immaterielle Kultur in Deutschland gesucht – Botschaften an potentielle Zielgruppen (nicht nur) im urbanen Kontext", Oktober 2015[7]
- Dok. 29: DUK-Argumentationspapier: Positive Effekte eines Bewerbungsprozesses als Immaterielles Kulturerbe in Deutschland, Oktober 2015[8]

5.3.2.2 Experteninterviews

Die Auswahl der Gesprächspartner für die Experteninterviews bedurfte einer genauen Kenntnis des Handlungs- und Forschungsfeldes inklusive seiner Organisationsstrukturen und Kompetenzverteilungen (vgl. Mayer 2004: 41). Demnach

---

[3] https://igbauernhaus.de/uploads/media/2012-12-03_PM_Immaterielles_Kulturerbe_BHU.pdf; Zugriff am 12.06.2022.

[4] https://www.auswaertiges-amt.de/de/newsroom/130411-unesco/254350; Zugriff am 04.09.2021.

[5] https://www.bundesregierung.de/Content/DE/Rede/2015/03/2015-03-16-gruetters-imma-kulturerbe.html; Zugriff am 04.09.2021.

[6] http://www.unesco.de/fileadmin/medien/Dokumente/Reden/ike_ausz_2015_rede_kurth.pdf; Zugriff am 18.02.2018.

[7] https://kw.uni-paderborn.de/fileadmin/fakultaet/Institute/historisches-institut/Materielles_und_Immaterielles_Kulturerbe/Landesstelle_Immaterielles_Kulturerbe_NRW/5._Botsch aften_an_potentielle_Zielgruppen.pdf; Zugriff am 04.09.2021.

[8] https://kw.uni-paderborn.de/fileadmin/fakultaet/Institute/historisches-institut/Materielles_und_Immaterielles_Kulturerbe/Landesstelle_Immaterielles_Kulturerbe_NRW/6._Effekte_des_Bewerbungsprozesses.pdf; Zugriff am 04.09.2021.

wurden entsprechend der in Abschnitt 5.3.1.2. genannten Kriterien folgende Personen jeweils in einem leitfadengestützten Tiefeninterview von etwa 45 bis 60 Minuten im Zeitraum zwischen dem 15. Oktober und dem 15. November 2018 befragt (vgl. Tabelle 5.1):

Tabelle 5.1 Samplingstruktur der Interviewpartner

Institutionelle Ebene	Konkrete Funktion des Interviewpartners	Kürzel
Experte für Immaterielles Kulturerbe	Vorsitzender des Expertenkomitees Immaterielles Kulturerbe der Deutschen UNESCO-Kommission (15.10.2018)	E1
Experte für Immaterielles Kulturerbe	Stv. Vorsitzende des Expertenkomitees Immaterielles Kulturerbe der Deutschen UNESCO-Kommission (25.10.2018)	E2
Bundesebene	Mitarbeiterin im Auswärtigem Amt und Vertreterin im Expertenkomitee Immaterielles Kulturerbe der Deutschen UNESCO-Kommission (05.11.2018)	B
Landesebene	Leiterin der Kulturabteilung des Landes Schleswig-Holstein und Vertreterin der KMK im Expertenkomitee Immaterielles Kulturerbe der Deutschen UNESCO-Kommission (15.11.2018)	L
Kommunale Ebene	Mitarbeiter eines Kommunalen Spitzenverbands und Vertreter im Expertenkomitee Immaterielles Kulturerbe der Deutschen UNESCO-Kommission (01.11.2018)	K
Verband der Zivilgesellschaft	Präsident des Deutschen Kulturrats (06.11.2018)	V

Da die Funktionen im Grunde in allen diesen Fällen das Expertentum begründen, sind die Zitate nur mit den angegebenen Kürzeln versehen. Durch die Funktionen und zum Teil auch aus den Aussagen kann jedoch relativ leicht auf die individuellen Personen geschlossen werden, so dass keine komplette Anonymisierung vorgenommen wurde, sondern im Gegenteil, wo dies sinnvoll und der Erkenntnis zuträglich erschien, zum Teil im Text auch namentlich auf die Urheber der Aussagen im jeweiligen Kontext eingegangen wird.

5.3.2.3 Medienanalyse

Die Auswahl der Medienberichte bedurfte einer retrospektiven Betrachtung der verfügbaren Veröffentlichungen samt einer Bewertung der Relevanz für das vorliegende Untersuchungsvorhaben. Folgende Medienberichte wurden entsprechend der in Abschnitt 5.3.1.3. genannten Kriterien ausgewählt:

- Die ZEIT: „Nicht zu fassen", 20.06.2005
- Die WELT: „Artenschutz für den Tango", 01.10.2009
- dpa/Bonner General-Anzeiger: „Flamenco und die gute Küche", 18.11.2010
- FAZ: „Vom Flamenco bis zur Springprozession", 18.11.2010
- Die ZEIT: „Die Welt als Museum", 25.11.2010
- Frankfurter Rundschau: „Die Klöße als Weltkulturerbe", 10.11.2011
- Die WELT: „Wiener Kaffeehäuser sind Weltkulturerbe", 11.11.2011
- dpa/NWZ: „SPD will Grünkohl schützen", 16.03.2012
- dapd/Märkische Oderzeitung: „Neumann zum Theatertreffen: Keine Bühne ist verzichtbar", 04.05.2012
- Stuttgarter Nachrichten: „Bewerber um das Unesco-Gütesiegel stehen Schlange", 26.05.2012
- DeutschlandRadio: „Schon bald: Weltweiter Schutz für den Kölner Karneval", 29.11.2012
- dpa/Focus.de: „Deutschland tritt Unesco-Abkommen für immaterielles Kulturerbe bei", 12.12.2012
- Spiegel online: „Unesco-Abkommen zu Kulturerbe", 12.12.2012
- Die WELT: „Deutschland schützt Kulturerbe", 12.12.2012
- FAZ: „Kultur, immateriell", 14.12.2012
- WDR 5: „Tagesgespräch: Zwischen Biikebrennen und Almabtrieb", 02.01.2013
- SWR 2: „Rettet die Brezel – Wieviel Kulturerbe braucht die Welt?", 18.01.2013
- Die WELT: „Bälle, Brot und Kegel", 13.03.2013

- 3sat Kulturzeit: „66 Sekunden News – Deutschland für Immaterielles Kulturerbe", 12.04.2013
- FAZ: „Chöre, Sagen, Schafe", 17.08.2013
- DeutschlandRadio Kultur: „Gesucht wird der deutsche Tango", 30.10.2013
- dpa: „Unesco: Großes Interesse an Welterbeliste für Brauchtum", 30.10.2013
- Bayern 2: „Sendung Notizbuch: Immaterielles Kulturerbe", 06.12.2013
- taz.de: „Rattenfänger, Nikolaus und Karneval", 12.12.2013
- rbb Kulturradio: „Hörerstreit: Immaterielles Kulturerbe", 13.12.2013
- dpa/Focus.de: „128 Traditionen im Rennen um den Unesco-Kulturerbe-Titel",
  16.12.2013
- Süddeutsche Zeitung: „Was die Welt den Bayern zu verdanken hat. Immaterielles Weltkulturerbe", 22.01.2014
- Spiegel Online: „Immaterielles Kulturerbe der Unesco. Mokka, Kimchi – und
  Fritten?", 08.08.2014
- Deutschlandradio Kultur: „Erste Liste mit Deutschlands immateriellen Kulturerbe vorgestellt", 12.12.2014
- Deutschlandfunk Kultur heute (17:35 Uhr): Karneval und Brotbacken sind
  immaterielles Kulturerbe der Unesco, 12.12.2014
- Spiegel online: „Schützen-Bewerbung für Unesco-Liste: Schuss in den Ofen",
  17.02.2015
- FAZ: „Unesco lässt Schützen vorerst abblitzen.Posse um muslimischen
  König", 17.02.2015
- WDR Aktuelle Stunde: „Schützenwesen kein Kulturerbe", 17.02.2015
- dpa: „Zweiter Versuch: Schützen zielen weiter auf Kulturerbe-Status ab",
  21.02.2015
- dpa/derwesten.de: „Streit um Kulturerbe – Schützen fühlen sich diskriminiert",
  25.02.2015
- WDR online: „Neue Chance für Traditionen: UNESCO ruft zu Bewerbungen
  für Kulturerbe auf", 01.03.2015
- Deutschlandradio Kultur: „Deutschlands immaterielles Kulturerbe ausgezeichnet – Insgesamt stehen 27 Traditionen und Wissensformen auf der Liste",
  16.03.2015
- Deutsche Welle online: „Auszeichnung für immaterielle Kulturgüter",
  16.03.2015
- ARD Nachtmagazin: „Unesco stellt Liste mit immateriellem Kulturerbe
  Deutschlands vor", 17.03.2015
- Correctiv.org: „Das Finkenmanöver", 03.08.2015
- rbb kulturradio: „UNESCO-Kommission wirbt um Bewerber für immaterielles
  Kulturerbe", 01.09.2015

- Rhein-Neckar-Zeitung: „Was macht eigentlich unser kulturelles Erbe aus?", 08.03.2016
- Süddeutsche Zeitung: „Wie die Kerwa unter der Linde erhalten blieb", 30.08.2017

5.3.2.4   Fallbeispiele

Die Auswahl der Fallbeispiele der Kulturformen bedurfte einer Abwägung der Passung und Bewertung der Intensität der Wirkung der Anerkennung als Immaterielles Kulturerbe für das vorliegende Untersuchungsvorhaben. Folgende Einträge im Bundesweiten Verzeichnis sind entsprechend der in Abschnitt 5.3.1.4. genannten Kriterien als Fallbeispiele ausgewählt worden:

- Lindenkirchweih Limmersdorf
- Finkenmanöver im Harz
- Peter-und-Paul-Fest Bretten

Erläuterungen, Erfahrungen und Überlegungen zu weiteren Fallbeispielen fließen zum Teil darüber hinaus in die Arbeit ein.

Die Auswahl der Fallbeispiele der Vertragsstaaten, die vergleichend mit Deutschland im Rahmen dieser Arbeit betrachtet werden, erfolgte entsprechend der in Abschnitt 5.3.1.4. genannten Kriterien:

- Österreich
- Schweiz
- Belgien
- Frankreich

Erfahrungen und Charakteristika weiterer Konventions-Vertragsstaaten finden an geeigneten Stellen ebenfalls Berücksichtigung.

5.3.3   Vorgehen der empirischen Untersuchung

Der Autor dieser Arbeit hat durch seine Funktion als Referent der Geschäftsstelle Immaterielles Kulturerbe der Deutschen UNESCO-Kommission (2012–2019) selbst am Prozess der Umsetzung der Konvention zur Erhaltung des immateriellen Kulturerbes in Deutschland mitgewirkt. Die eigene Teilnahme an der Ausgestaltung des Umsetzungsverfahren im Mehrebenensystem, die Mitwirkung an Veranstaltungen und bei der Abstimmung staatlicher Akteure untereinander, Einblicke in den Verlauf von Expertensitzungen und Teilnahmen an Fachgesprächen und vielem mehr fließen als Erfahrungen teilnehmender Beobachtung in die empirische Untersuchung ein.

Die eigentliche, wissenschaftlich-empirische Untersuchung ab 2016 begann zunächst mit einer strukturierten Analyse der ausgewählten Dokumente. Deren Grundaussagen wurden dafür durch Paraphrasieren der wichtigsten Stellen und eine Verdichtung auf eine zentrale Aussage zusammengefasst und Kapiteln dieser Arbeit zugeordnet, für die sie eine mögliche erkenntniserhellende Funktion haben könnten. An geeigneten Stellen der Arbeit wurden die Dokumente dann für die Analyse direkt zu Rate gezogen. In den Jahren 2018 und 2019 erhielt der Autor der Arbeit ergänzend zu den ihm direkt zugänglichen Dokumenten auch Einblick in die Archive und Aktenbestände des Auswärtigen Amts, der Deutschen UNESCO-Kommission und des Zentralverbands des Deutschen Handwerks. In den Jahren 2020 und 2021 hielt er zudem Kontakt zu den für die nationale Umsetzung in den vier untersuchten Vergleichsstaaten (Österreich, Schweiz, Belgien und Frankreich) Verantwortlichen, um die entsprechenden in Dokumenten vorliegenden Informationen abzusichern und zu ergänzen.

Im zweiten Schritt wurde der Leitfaden für die Interviews auf Basis der Forschungsfragen und in Anlehnung an die theoretische Auseinandersetzung mit dem Thema dieser Arbeit entwickelt. Als strukturierende Form diente das Modell des Policy-Cycles (siehe Anhang im elektronischen Zusatzmaterial). Zugleich wurden die Experten für die Interviews angefragt. Der Kontakt erfolgte direkt durch den Autor und ergab – bis auf eine Anfrage, bei der der Angefragte an seiner Statt um Berücksichtigung seiner Vorgesetzten für ein Interview bat – durchweg positive Rückmeldungen. Hier konnte der Autor dieser Arbeit vermutlich von seinen bestehenden Kontakten aus dem beruflichen Kontext profitieren.

Anfang Oktober 2018 wurde vom Autor dieser Arbeit, der zugleich alle Interviews mit den Experten selbst durchgeführt hat, anhand des Leitfadens ein Pretest in Form eines Probeinterviews (vgl. Mayer 2004: 44 f.) durchgeführt. Hierfür stellte sich ein damaliger Mitarbeiter der Geschäftsstelle Immaterielles Kulturerbe der Deutschen UNESCO-Kommission zur Verfügung. Der Pretest ermöglichte zum einen einen Test der Relevanz und Funktionalität der Fragen und zum anderen auch eine Probe der echten Interviewsituation. Auf Basis der Erfahrung in der Interviewsituation und durch das Feedback des Interviewten konnten noch Präzisierungen in den Formulierungen, bezüglich einleitender Bemerkungen zur Struktur des Gesamtfragebogens und zur Erläuterung wichtiger Begrifflichkeiten, sowie Überarbeitungen in der Reihenfolge der Fragestellung und eine Priori-sierung im Hinblick auf das jeweilige Erkenntnisinteresse bei den individuellen Gesprächspartnern erfolgen.

Die sechs leitfadengestützten Interviews wurden im Zeitraum 15. Oktober bis 15. November 2018 geführt, unter Zustimmung der Interviewpartner als Audio-spuren aufgezeichnet und in Form von Audiodaten abgespeichert. Dies hatte den großen Vorteil, dass die Daten im Nachgang transkribiert und strukturiert ausgewertet werden konnten. Zudem hatte der Interviewte Raum zur Entfal-tung seiner Gedanken und der Interviewer konnte sich voll auf die inhaltlichen Anforderungen der Befragung konzentrieren (vgl. Schnell/Hill/Esser 1999: 355). Dies ermöglichte eine flexible Handhabung der Ausführlichkeit und Reihenfolge der Beantwortung späterer Fragen sowie den Einschub möglicher Sondierungs-, Kontroll- und Verständnisfragen. (vgl. Mayer 2004: 46 sowie Flick 2007: 223)

Im Nachgang wurden die Tonbandaufnahmen verschriftlicht. Die Transkrip-tionen geben die Experteninterviews vollständig wieder, enthalten jedoch keine im Sprechfluss auftretenden Wortwiederholungen, die keinen Mehrwert darstel-len. Als die sechs Transkriptionen vorlagen, wurden zunächst jene Stellen, die direkt ersichtlich Antworten auf Fragen des Leitfadens ergaben, markiert und in knapper Form grob inhaltlich paraphrasiert zusammengefasst. Diese Paraphra-sen wurden im zweiten Schritt zu kurzen thematischen Überschriften verdichtet, also thematisch kodiert (vgl. Meuser/Nagel 1991: 454), und anschließend mittels einer qualitativen Inhaltsanalyse (vgl. Mayring 2007 sowie Kuckartz 2012) in Kombination mit der von Meuser/Nagel (1991: 451–463) vorgeschlagenen inter-pretativen Strategie – stellenweise in dem Sinne, wie es Mayer (2004: 47 ff.) orientiert an dem 1981 erschienenen Artikel „Auswertungsprobleme offener Interviews" von Mühlfeld et al. darstellt, etwas pragmatischer gehandhabt, – aus-gewertet. Im nächsten Schritt wurden Passagen aus verschiedenen Interviews, die gleiche oder sehr ähnliche Themen behandeln, in einem separaten Doku-ment zusammengestellt und auf diese Weise neu geordnet sowie unter eigenen thematischen Überschriften, die auch unter Berücksichtigung der theoretischen Erkenntnisse entstanden, in ein Kategorienschema geclustert (vgl. Mayer 2004: 47–54 und folgendes Abschnitt 5.3.4.). Diese Zusammenstellung von relevan-ten Interviewpassagen wurde nun zur weiteren Auswertung von Widersprüchen zwischen den Aussagen und natürlich auch übereinstimmenden Einschätzungen genutzt – schließlich ist bei der Auswertung das Ziel, das Überindividuell-Gemeinsame im Vergleich der Texte zu extrahieren (vgl. Meuser/Nagel 1991: 452) – und insbesondere für die in Kapitel 6 erfolgende Analyse zur Präsentation im Rahmen dieser Arbeit verwendet. Die Interviews als ganze bleiben unveröffentlicht, weshalb in der Zitation in dieser Arbeit auch keine Zeilennummern angegeben werden.

Parallel und teilweise im Nachgang zur Auswertung der Interviews wurden auch die ausgewählten Medienberichte nach oben beschriebenem Schema einer Paraphrasierung der interessantesten Aussagen und Kondensierung auf die zentrale Aussage ausgewertet und an geeigneten Stellen als Belege der getroffenen Aussagen hinzugezogen.

Die Fallbeispiele wurden zuletzt analysiert: Hierfür wurden neben den veröffentlichten Quellen die offiziellen Darstellungen – im Fall der Formen des Immateriellen Kulturerbes im Bundesweiten Verzeichnis die Online-Präsentationen der Einträge, im Fall der anderen Vertragsstaaten die jeweiligen Online-Darstellungen und die Staatenberichte an die UNESCO – ausgewertet. Durch Hintergrundgespräche mit Vertretern der Kulturformen (zum Peter-und-Paul-Fest Bretten mit Peter Dick am 30.11.2020; zum Finkenmanöver im Harz mit Dieter Spormann am 03.01.2021; zur Lindenkirchweih Limmersdorf mit Veit Pöhlmann am 23.01.2021) und Verifizierungen der Informationen durch Experten der nationalen Umsetzung in den anderen Vertragsstaaten wurden die jeweiligen Darstellungen angereichert.

5.3.4 Bildung der Kategorien

Die Bildung der Kategorien, nach der das Quellenmaterial der vorliegenden Arbeit untersucht wurde, ging zum einen von der Arbeitshypothese und den gewählten methodischen Ansätzen aus und basierte zum anderen auf dem vorliegenden Material der transkribierten Experteninterviews sowie der Dokumente und Medienberichte. Für dieses Vorgehen mit induktiven und deduktiven Elementen bei der Kategorienbildung (vgl. Abschnitt 5.2.2.) sprach, dass eine vergleichsweise offene, an den Forschungsfragen orientierte Herangehensweise die empirische Arbeit strukturierte.

Als Kategorien der Untersuchung in den Kapiteln 6 und 7 wurden folgende herausgearbeitet:

Phase Agenda Setting

– Begriffsverständnis und Relevanz des Themas Immaterielles Kulturerbe in Deutschland
– Faktoren für den deutschen Beitritt zur Konvention

– Rolle der verschiedenen Akteure für den Beitritt

Phase Politikformulierung

– Verfahrensfragen
– Interessen der beteiligten Akteure
– Anleihen/Adaptionen anderer Modelle
– Ziel kulturelle Teilhabe und/oder Würdigung zivilgesellschaftlichen Engagements

Phase Politikimplementierung

– Projekte, Programme und Strategien (*outputs*) der Umsetzung in Deutschland (=Forschungsfrage 1)
– Akteursverhältnisse (=Forschungsfrage 2)
– Wirkung (*impact* und ggf. *outcome*) hinsichtlich der Entwicklung des Begriffsverständnisses, der Bekanntheit und gesellschaftlicher Debatten, des Nutzens für Akteure und ihre Interessen sowie der übergreifenden Ziele (=Forschungsfrage 3)
– Kulturwissenschaftliche Erkenntnisse aus dem Umsetzungsprozess (=Forschungsfrage 4)
– Internationale Zusammenarbeit und Mitwirkung an der Konventionsumsetzung (=Forschungsfrage 5)

Phase Politikreformulierung/Evaluierung

– Anpassungen von Umsetzungsparametern im innerstaatlichen Verfahren
– Aspekte des Lernens von anderen Umsetzungsmodellen

5.4   Bewertung der Datengrundlage und Fehleranalyse

Zunächst muss man sich bei empirischen Untersuchungen immer fragen, ob die Ergebnisse valide, d. h. gültig im Hinblick auf das Untersuchungsziel (Wird tatsächlich das gemessen, was gemessen werden soll?), und reliabel, also zuverlässig im Hinblick auf die Ergebnisse (Würde bei einer erneuten Messung unter gleichen Bedingungen das gleiche Ergebnis erzielt werden?) sind. Selbstverständlich können diese Gütekriterien in qualitativen Forschungsarbeiten nicht in gleicher Weise erfüllt werden wie in quantitativen. Es werden daher „methodenangemessene

Gütekriterien" (Flick 2007: 489) gefordert und entwickelt bzw. die Kriterien Gültigkeit und Zuverlässigkeit werden entsprechend reformuliert (vgl. Mayer 2004: 54 f.), was im Folgenden für diese Arbeit kurz dargelegt werden soll:

Die Auswahl der Art der Erhebung der relevanten Daten für diese Arbeit ist die erste mögliche Fehlerquelle im Hinblick auf die Validität. Ob die in Abschnitt 5.3. vorgestellte Vorgehensweise tatsächlich der beste Weg zur Messung der entsprechenden Realität ist, muss offenbleiben. Der theoretische Ansatz und die Erhebungsmethoden haben sich jedoch in früheren Forschungsvorhaben mit ähnlichen Zielen, wie etwa im Forschungsstand (Kapitel 2) oder im Abschnitt 5.2. der vorliegenden Arbeit dargelegt, als vorteilhaft erwiesen. Bei der Auswahl der Fälle, der zu untersuchenden Dokumente und der zu befragenden Experten wurde kriteriengeleitet vorgegangen (siehe Abschnitt 5.3.1.), nichtsdestotrotz bleibt als mögliche Fehlerquelle, die die Reliabilität beeinträchtigen kann, eine unzulässige Interpretation dieser Kriterien bzw. ihrer Anwendung bei der Auswahl durch den Autor dieser Arbeit bestehen.

In der Durchführung der Interviews war zwischen der gewählten Form persönlicher Interviews (vgl. u. a. Schnell/Hill/Esser 1999: 299 ff., 330 ff.) und einer schriftlichen Befragung (vgl. u. a. Schnell/Hill/Esser 1999: 335 ff., 339 f.) abzuwägen: Nachteil der ersten Variante ist die nicht zu vermeidende Beeinflussung des Befragten durch den Interviewer auf Grund der Art der Gesprächsführung, der Art der Fragestellung, aufgrund persönlicher Sympathie oder Antipathie usw. Gleichzeitig bietet die persönliche Interviewsituation die Möglichkeit bei Missverständnissen erläuternd einzuschreiten oder auf Unverständnis direkt zu reagieren. Schriftliche Befragungen erhöhen das Gefühl der Anonymität beim Befragten, was sowohl positive Effekte – z. B. potenziell größere Offenheit und Ehrlichkeit bei der Beantwortung – wie auch negative Effekte – z. B. nachlässige oder unehrliche Antworten im Vergleich zu einer persönlichen Befragung – haben kann. Generelle Fehlerquelle bei Befragungen ist der mögliche Einfluss des tagesaktuellen Geschehens am Tag der Beantwortung. Dies kann kaum zuverlässig kontrolliert werden. Ferner muss in dieser Hinsicht als Fehlerquelle speziell der persönlichen Interviews in dieser Arbeit der zeitliche Abstand zwischen den Interviews gewertet werden. Ein weiterer Störfaktor bei der Durchführung und späteren Auswertung von Interviews ist, dass Mimik, Gestik und Verhalten der Probanden nicht mit aufgenommen und folglich auch nicht ausgewertet werden können.

Nicht nur bei den Experteninterviews steht zudem die Frage im Raum, ob Befragte, in diesem Fall die Experten, tatsächlich die ganze Wahrheit sagen. Sicherlich ist das nicht immer der Fall. Zumindest geben sie zum Teil subjektive

Einschätzungen ab. Objektivität wird erst durch den Vergleich, die Identifizierung von Gemeinsamkeiten, hergestellt. Laut Meuser/Nagel (1991: 466 f.) gibt es außerdem zumindest zwei Faktoren, die gewährleisten, dass Experten nicht lügen und dass mögliche Widersprüche erkannt werden können, nämlich zum einen, dass sie annehmen müssen, dass auch andere Experten aus dem Feld im Rahmen der jeweiligen Arbeit befragt werden, und zum anderen, dass durch Vergleiche der Plausibilität innerhalb des Interviews als auch mit anderen geführten Interviews des selben Expertenkreises nicht verallgemeinerbare Aussagen durchaus identifiziert werden können.

Bei der Auswertung von Experteninterviews, Dokumenten und Medienberichten stellt sich stets das Problem, dass es keine objektive und auch keine eindeutige Interpretation von Texten geben kann. Durch die Festlegung von einheitlichen Kategorien und die Maßnahmen eines einheitlichen Interviewleitfadens, das Führen der Interviews in einem engen Zeitraum (zwischen dem 15. Oktober und dem 15. November 2018) sowie die Auswahl von Experten, die aus einem geteilten institutionell-organisatorischen Kontext eines Policy-Netzwerks stammen, wurde versucht eine Verallgemeinerbarkeit, d. h. Gültigkeit über das einzelne Interview hinaus herzustellen. (vgl. Meuser/Nagel 1991: 451 f.) Damit lässt sich aber auch nicht das grundsätzliche Problem lösen, dass Ausschnitte aus Interviews, die zur Illustration von Aussagen gewählt werden, immer selektiv sein werden und insofern die Anforderung an Gütekriterien aus der quantitativen Forschung nie ganz erfüllen werden. Durch eine verkürzte Wiedergabe von Aussagen kann es stets zu fehlerhaften Schlüssen kommen oder zumindest als verkürzte Form der Darstellung beim Leser andere Schlüsse nahelegen als vom Befragten intendiert. Flick (2007: 488) spricht von „selektiver Plausibilisierung". Im Hinblick auf die Zuverlässigkeit erweist sich also als Problem, dass im Nachhinein schwer deutlich zu machen ist, was tatsächlich genuin Aussage des Befragten ist und was durch die Interpretation des Forschers und seine Verwendung in einem bestimmten Kontext schon Interpretation ist (vgl. Mayer 2004: 55). Hier hilft nur die Herstellung von Transparenz bezogen auf die Umstände der Entstehung und den Wortlaut der Interviews sowie das reflexiv dokumentierte Vorgehen bei der Auswertung (siehe Abschnitt 5.3.3.).

Als Fehlerquelle bleibt in jedem Fall auch, dass tendenziell die eigenen Untersuchungsergebnisse überbewertet werden. Bei den untersuchten Dokumenten, Medienberichten, Fallbeispielen und befragten Experten muss man sich stets vor Augen führen, dass es sich um nur einen Ausschnitt der Realität handelt. Dieser Ausschnitt wurde zwar bewusst und mit guten Gründen, wie in der vorliegenden Arbeit ausführlich dargelegt, gewählt, er kann aber eben nicht als einhundertprozentig verallgemeinerbar angenommen werden.

Bezogen auf die Gültigkeit der Ergebnisse der Untersuchung strebt diese Arbeit durch die Vorkehrungen bei der Methodologie zumindest eine sogenannte ökologische Validierung an, das heißt, dass die Gültigkeit im natürlichen Lebensraum – dem Politikfeld Kulturpolitik in Deutschland – gegeben ist. Auch eine kommunikative Validierung, das heißt die Zustimmung der Befragten zu den Ergebnissen der Interpretation, wurde als Möglichkeit der Validierung bei Aussagen, die uneindeutig waren bzw. nicht plausibel erschienen, eingebaut. Schließlich wird die Zukunft durch eine Validierung an der Praxis zeigen, ob die Interpretationen dieser Untersuchung korrekte Vorhersagen sind bzw. waren. (vgl. Mayer 2004: 56)

Weitere Fehler, rein faktischer Art, z. B. bei Daten und Zahlen, sind natürlich nicht auszuschließen, obwohl durch, wenn möglich, stets Rückgriff auf mindestens zwei voneinander unabhängige Quellen und mehrfaches Kontroll- und Korrekturlesen größte Anstrengungen unternommen wurden, um valide Angaben zu präsentieren.

Wissen. Können. Weitergeben. – Zur Umsetzung der UNESCO-Konvention in Deutschland

6

Dieses Kapitel analysiert durch die Auswertung der identifizierten Dokumente und der Experteninterviews die konkrete Umsetzung der UNESCO-Konvention zur Erhaltung des immateriellen Kulturerbes in Deutschland. Die Unterkapitel folgen den Phasen des Policy-Cycle, der dieser Arbeit als Modell zugrunde liegt (siehe Abschnitt 5.2.3.): von der Identifikation des politisch zu behandelnden Problems und seiner Platzierung auf der kulturpolitischen Agenda über die Politikformulierung zu seiner Lösung bis hin zur Überführung in eine Politik der Erhaltung des Immateriellen Kulturerbes und ihre Evaluierung.

Wie in Abschnitt 3.1. erläutert, entsteht kulturpolitisches Handeln anders als in vielen anderen Politikfeldern, die durch Rechtssetzungen geprägt sind, viel stärker im Diskurs und der Aushandlung der maßgeblichen Akteure. Basierend auf der Wahrnehmung von Kulturpolitik als Gesellschaftspolitik und der aktiven Rolle des Staates in der Gestaltung von Rahmenbedingungen der Kultur in Deutschland, gilt es in dieser Untersuchung in erster Linie die staatlichen Akteure, aber in zweiter Linie auch zivilgesellschaftliche Akteure, wie Verbände und Vereine, in den Blick zu nehmen.

6.1 Problemdefinition und Agenda Setting: Wo bzw. was ist das Problem?

Die Phase der Problemdefinition und des Agenda Setting kann man gliedern in den Prozess der Annäherung an das Thema Immaterielles Kulturerbe in Deutschland (Abschnitt 6.1.1.), die Platzierung auf der kulturpolitischen Agenda (Abschnitt 6.1.2.) und die Ingangsetzung des Beitrittsprozesses zur UNESCO-Konvention (Abschnitt 6.1.3.). Die drei für diese Phase als relevant

© Der/die Autor(en) 2024
B. Hanke, *Kulturelle Teilhabe durch Immaterielles Kulturerbe*, Auswärtige
Kulturpolitik, https://doi.org/10.1007/978-3-658-44086-2_6

identifizierten Kategorien (siehe Abschnitt 5.3.4.), erstens das Begriffsverständnis und die Relevanz des Themas Immaterielles Kulturerbe in Deutschland (v. a. in Abschnitt 6.1.1., zum Teil auch in 6.1.2.), zweitens die Faktoren für den deutschen Beitritt zur Konvention (v. a. in Abschnitt 6.1.2.) und drittens – ganz im Sinne des in dieser Arbeit verfolgten Theorieansatzes des akteurzentrierten Institutionalismus – die Rolle der verschiedenen beteiligten Akteure für den Beitritt (v. a. in Abschnitt 6.1.3., zum Teil auch in 6.1.2.) werden hierbei untersucht.

6.1.1 Annäherung ans Thema

Bis etwa zum Jahr 2008 war das Thema Immaterielles Kulturerbe in der deutschen Kulturpolitik kaum präsent. Vor, während und auch noch einige Zeit nach der Verabschiedung der UNESCO-Konvention zur Erhaltung des immateriellen Kulturerbes im Jahr 2003 auf der UNESCO-Generalkonferenz in Paris fand das Konzept, lebendige Tradition, menschliches Wissen und Können als relevantes Kulturerbe einzustufen, in Deutschland kaum Resonanz. (vgl. Hanke 2016: 86) Dies führte dazu, dass ein Beitritt zur Konvention lange gar nicht öffentlich zur Debatte stand. „Da haben die Deutschen ein bisschen gemauert, die sagten, [...] für uns ist das erst mal nicht so relevant." (E1, Interview am 15.10.2018), erinnert sich der Vizepräsident der Deutschen UNESCO-Kommission und später auch erster Vorsitzende des Expertenkomitees Immaterielles Kulturerbe bei der DUK, Christoph Wulf. Ein echtes Problem im Sinne des Policy-Cycle wurde in Deutschland auf diesem Gebiet der Kulturpflege bzw. Kulturpolitik zunächst nicht identifiziert. Wulf meint, gegen eine Beschäftigung mit dem Immateriellen Kulturerbe bzw. einen deutschen Beitritt zur UNESCO-Konvention seien

> „sehr merkwürdige Vorbehalte [...] formuliert [worden]. Die einen sollen [...] vom Geld gesprochen haben, dass das kostet. Andere hatten Sorge, dass dadurch Migrantengruppen [in ihrer kulturellen Identität, Anm. d. Verf.] so gestärkt werden, dass sie sich nicht mehr integrieren. Also das waren sehr diffuse Ängste, die da eine Rolle spielten." (E1, Interview am 15.10.2018)

Bei den Bedenken können grob acht verschiedene Stränge identifiziert werden:
(1) Das Kostenargument ist auf Seiten der Länder und der Bundesressorts tatsächlich besonders häufig ins Feld geführt worden. Vor dem Hintergrund der Weltfinanzkrise ab 2007, die sich auf die Wirtschaftsentwicklung und Steuereinnahmen niederschlug, sowie der Einführung der Schuldenbremse der öffentlichen

Haushalte in Deutschland, die 2009 beschlossen wurde, entsprach es dem Zeitgeist, dass zusätzliche öffentliche Ausgaben streng geprüft wurden. Man fürchtete
zudem, dass finanzielle bzw. rechtliche Ansprüche durch eine Anerkennung von
Kulturformen als Immaterielles Kulturerbes entstehen könnten.

(2) Die Bundesregierung hat darüber hinaus im Hinblick auf eine Inventarisierung des Immateriellen Kulturerbes im Jahr 2009 die Befürchtung geäußert, dass
„bestimmte gesellschaftliche oder berufsständische Gruppen eine Eintragung in
die Liste bzw. Listen des deutschen immateriellen Kulturerbes mit dem Ziel der
Erlangung wirtschaftlicher Vorteile [...] betreiben könnten" (Dok. 5: BT-Drs. 16/
13343 vom 11.06.2009: 5). Die Verknüpfung von Kultur und Wirtschaftsinteres-
sen wird – bei allen berechtigten Bedenken, die auch die UNESCO-Konvention
formuliert – im Kulturpolitikfeld in Deutschland häufig stark kritisiert, ohne die
Chancen, die darin auch liegen können, wahrzunehmen.

(3) In der Vorphase der Umsetzung in Deutschland war bei vielen Verantwortlichen zudem die Befürchtung vorherrschend, dass Traditionen, die aus der
Zeit des Nationalsozialismus stammen oder maßgeblich für nationalsozialistische
Zwecke instrumentalisiert worden sind, mittels der neuen UNESCO-Konvention
wieder propagiert werden könnten (vgl. Albert/Disko 2011: 6 und Dok. 5: BT-
Drs. 16/13343 vom 11.06.2009: 4). Dabei hatte sich gerade Deutschland in
den Verhandlungen der Konvention besonders dafür eingesetzt, dass nur solche Elemente als Immaterielles Kulturerbe anerkannt werden können, die mit
den Menschenrechten und dem Anspruch gegenseitiger Achtung von Gemeinschaften, Gruppen und Einzelpersonen sowie mit einer nachhaltigen Entwicklung
im Einklang stehen (vgl. Bernecker 2007: 19 und Dok. 5: BT-Drs. 16/13343
vom 11.06.2009: 4). Trotzdem fürchtete die Bundesregierung 2009 noch einen
Missbrauch:

„Da eine Verweigerung der Aufnahme in die nationale Liste bzw. die nationalen Listen der gerichtlichen Prüfung unterläge, erscheint zweifelhaft, ob die Eintragung uner-
wünschter, jedoch nicht eindeutig rechtswidriger Bräuche (z. B. Rituale mit natio-
nalsozialistischer Konnotation) zu verhindern wäre. Daraus könnte in Medien und
Öffentlichkeit des In- und Auslandes der unzutreffende Eindruck einer Sanktionie-
rung derartiger Praktiken durch die Bundesrepublik Deutschland entstehen." (Dok. 5:
BT-Drs. 16/13343 vom 11.06.2009: 4 f.)

Auch seitens der von der DUK konsultierten Experten wurde wiederholt auf die
Spezifik der deutschen Geschichte, insbesondere die Kolonialzeit, die Verbrechen
in der Zeit des Nationalsozialismus und die deutsche Teilung mit den jeweils einhergehenden Instrumentalisierung kultureller Traditionen, hingewiesen (vgl. u. a.

Koch/Hanke 2013: 52). Allerdings sah man durch eine Expertenauswahl hier keine grundsätzlichen Hürden, sich an der Konventionsumsetzung zu beteiligen. (4) Die Behörde der BKM fürchtete aufgrund des unbestimmten Rechtsbegriffs „Konflikt- und Missbrauchspotenzial" bei der Erstellung des nationalen Verzeichnisses, insbesondere vor dem Hintergrund, dass „die Einstufung als besonders schützens- oder erhaltenswert" (Dok. 3: BKM-Sachstand vom 21.11.2008: 2) nicht durch den Vertragsstaat erfolge, sondern es auf dem Hoheitsgebiet eines Vertragsstaats den Gruppen und Individuen obliegt, etwas als Bestandteil ihres Kulturerbes anzusehen. „Zu befürchten ist daher, dass auch dubiose Einzelinteressen möglicherweise zum Nachteil einer größeren Gemeinschaft unter dem [sic!] Schutz einer UNESCO-Konvention geraten." (Dok. 2: Dokumentation ZDH-Workshop 9./10. April 2008: 4). Der für ein Kulturvölkerrechtsinstrument sehr partizipative Ansatz bot BKM hier also vornehmlich Anlass zur Sorge. In jedem Fall wollte man nach Aussagen von 2008 (vgl. Dok. 3: BKM-Sachstand vom 21.11.2008: 3 f.) und 2009 „die weitere Konkretisierung des Übereinkommens vor der Entscheidung über einen Beitritt" (Dok. 5: BT-Drs. 16/13343 vom 11.06.2009: 5) abwarten.

Eberhard/Letzner (2009: 7 ff.) listen noch eine ganze Reihe anderer inhaltlicher wie auch politisch-rechtlicher Bedenken der Frühphase in Deutschland auf, etwa (5) die Frage der Urheber- und Verwertungsrechte – also die Frage, wer von einer möglichen Anerkennung profitiert bzw. wie mit dem Problem einer „kulturellen Aneignung" umzugehen wäre – sowie (6) die durch eine Stärkung von Gruppenidentitäten infolge der Anerkennung von markanten Kulturformen möglicherweise bedingten Abgrenzungstendenzen gegenüber Nicht-Mitgliedern der entsprechenden Gruppe und daraus folgend eine zunehmende Spaltung der Gesellschaft, auch, aber nicht nur in Punkto Integration. Gefürchtet wurden auch (7) eine drohende Bürokratisierung lebendiger Kulturpflege und (8) eine Musealisierung kultureller Ausdrucksformen (vgl. Albert/Disko 2011: 2) – diese beiden Punkte machte vor allem die damalige Oppositionspartei FDP in der Enquete-Kommission „Kultur in Deutschland" als Argumente stark und positionierte sich dahingehend mit einem Sondervotum (s. u.).

Der Begriff ‚Immaterielles Kulturerbe' selbst hatte bis dato in Deutschland kaum Bekanntheit erlangt, so dass bis etwa zum Jahr 2010 wenig gesellschaftlicher Druck für einen Beitritt bestand. Weder in der Öffentlichkeit oder der Politik – eine Ausnahme bildete der Deutsche Städtetag, dessen Kulturausschuss sich im Oktober 2007 für eine Ratifizierung des UNESCO-Konvention aussprach – noch im Deutschen Kulturrat, dem Spitzenverband der Kulturverbände in Deutschland, hat man das Thema bis 2012/13 ernsthaft diskutiert. Der damalige Präsident des Deutschen Kulturrats, Prof. Christian Höppner, meint: „Da war ich erstaunt, dass die Echowellen relativ lange gebraucht haben, wo man manchmal mit Themen auch sehr früh dran war, aber da waren wir nicht früh dran." (V, Interview am 06.11.2018)

Der Schlussbericht der Enquete-Kommission „Kultur in Deutschland" (Deutscher Bundestag 2007), immerhin weithin als wegweisendes Dokument der Entwicklung der Kulturpolitik in Deutschland wahrgenommen, betonte im Abschnitt 7.3.1 ausdrücklich die Bedeutung der Laienkultur, die dazu führe, dass die „Nutzer als handelnde Subjekte (und nicht nur als Konsumenten) auftreten" (Deutscher Bundestag 2007: 428). Dies erinnerte immerhin stark an eine Definition Immateriellen Kulturerbes und seiner Trägergruppen. Im selben Schlussbericht heißt es mit Blick auf das Immaterielle Kulturerbe zwar eher skeptisch:

> „Moderne, hochkomplexe Gesellschaften europäisch-atlantischer Tradition mit vorwiegend schriftlicher und institutionalisierter Tradierung von Wissen, Werten und Standards haben ein anderes Verhältnis zum immateriellen Kulturerbe als das in vielen anderen Teilen der Welt der Fall ist." Im Weiteren klingt es jedoch etwas positiver: „Ein lebendiges kulturelles Milieu ist der Nährboden für das Leben und die Überlieferung des immateriellen Kulturerbes. Es sollte deshalb zentraler Bezugspunkt für die Pflege und den Schutz dieses Erbes sein. Solche Milieus, in denen sich Tradition und Aktualität verbinden, sind auch im europäischen Alltagsleben in zahlreichen Facetten, zum Beispiel der Laienkultur, und vielen Regionen mit besonders intensiv ausgeübten Gemeinschaftsriten existent. [...] Wenn immaterielle Kultur geschützt werden soll, dann müssen jene Milieus gepflegt werden, in denen aktuelle und tätige Auseinandersetzung mit den Herausforderungen in den regionalen und lokalen Lebenswelten des Alltags stattfindet." (Deutscher Bundestag 2007: 428)

In einer der 465 Handlungsempfehlungen des Schlussberichts legte die Enquete-Kommission der Bundesregierung dann konsequenterweise eine Initiative zur Ratifizierung der UNESCO-Konvention zur Erhaltung des immateriellen Kulturerbes und die Vorbereitung entsprechender Maßnahmen nah. Die FDP-Fraktion verfasste zu dieser Empfehlung allerdings ein Sondervotum mit dem Inhalt, dass man zwar im Grundsatz die Ziele des Übereinkommens und die Bedeutung des Immateriellen Kulturerbes und dessen Bewahrung ausdrücklich anerkenne, aber die vorgeschlagenen Institutionen und Maßnahmen, wie die Einrichtung eines UNESCO-Komitees, von Listen und finanziellen Unterstützungsmechanismen für eine „unnötige Bürokratisierung und Konservierung des kulturellen Lebens" (Deutscher Bundestag 2007: 429) halte. In einer weiteren Empfehlung regte die Enquete-Kommission dann wieder einstimmig an, dass im Rahmen der deutschen

Entwicklungszusammenarbeit ein Schwerpunkt auf Schutz und Erhaltung materiellen wie auch immateriellen Kulturerbes gelegt werden könnte (vgl. Deutscher Bundestag 2007: 429).

Es gab bei den Anstrengungen in Richtung einer Ratifizierung bzw. eines Beitritts zum UNESCO-Übereinkommen über die Bedenken hinaus einige grundlegende Probleme, die letztlich typisch für das deutsche Mehrebenensystem – nicht nur im Bereich Kultur – sind: Erstens war ungeklärt, welcher politische Akteur die nationale Umsetzung, die bei dieser Konvention mitentscheidend ist, gestalten und vor allem finanzieren würde. Damit hing zweitens auch eine gewisse Angst bei mehreren Akteuren zusammen, das sorgsam austarierte Verhältnis zwischen den Ländern und dem Bund im Bereich der Kulturpolitik aus dem Gleichgewicht zu bringen. Man befürchtete drittens in diesem Kontext einen erheblichen Koordinierungsbedarf zwischen den staatlichen Akteuren. Dies verzögerte – neben dem in weiten kulturpolitischen Kreisen bestehenden Desinteresse und den damals verbreiteten Missverständnissen, was die Konvention eigentlich anstrebt – eine rasche Ratifizierung. Das wird beispielhaft in einem von Eberhard/Letzner (2009: 10) zitierten Schreiben vom Mai 2007 deutlich, welches die beiden damaligen Sprecher der Arbeitsgruppe für Kultur und Medien der Regierungsfraktionen CDU/CSU, Wolfgang Börnsen, und SPD, Monika Griefahn, an den Staatsminister für Kultur und Medien, Bernd Neumann, sandten. Auf dieses Schreiben Börnsen/ Griefahn habe es, wie Monika Griefahn den Autoren Eberhard und Letzner am 4. August 2008 mitteilte, vom BKM die Antwort gegeben, dass noch einige

> „sehr grundlegende Fragen insbesondere hinsichtlich von Abgrenzungsschwierigkeiten zur UNESCO-Konvention zum Schutz der kulturellen Vielfalt und seitens der Länder hinsichtlich der innerstaatlichen Umsetzung im Falle eines Beitritts zu klären [seien]. Im Moment findet eine ausführliche Überprüfung dieser und weiterer Fragen in Abstimmung mit den Ländern durch die Bundesregierung statt. Noch in diesem Jahr erwarten wir eine Einschätzung, auf deren Grundlage weitere Schritte zu überlegen sind."

Die SPD-Fraktion im Bundestag fragte dann im November 2008 bei BKM einen neuen Sachstand ab (Dok. 3: BKM-Sachstand vom 21.11.2008). Hierin wurden mögliche Pro- und Contra-Argumente einer Ratifizierung durch Deutschland aufgelistet und gegeneinander abgewogen. BKM macht sich die Argumente nicht allesamt zu eigen, spricht sich am Ende des Sachstands aber doch deutlich gegen einen raschen Beitritt aus: Neben der (innen-)kulturpolitisch gewürdigten grundsätzlich unterstützten Zielsetzung der Konvention und dem konstatierten zunehmenden Interesse auf politischer und zivilgesellschaftlicher Ebene in Deutschland standen einige außenkulturpolitisch relevante Argumente auf der

Pro-Seite: der Wunsch nach Mitwirkungs/-gestaltungsmöglichkeiten der Konvention, Solidaritätsbekundungen gegenüber Entwicklungsländern, die ihre Kultur
durch die Welterbe-Konvention nicht ausreichend gewürdigt sahen, der generelle Wunsch, nicht wie bei der UNESCO-Konvention zum Kulturgüterschutz
(1970) 30 Jahre mit der Ratifizierung zu warten, und eine erhebliche Anzahl von
EU-Mitgliedstaaten und weiteren europäischen Partnern, die der Konvention zu
diesem Zeitpunkt bereits beigetreten waren. Dem standen auf der Contra-Seite vor
allem die oben bereits zitierten Ängste, was die Umsetzung an gesellschaftspolitischen Folgen mit sich bringen könnte, gegenüber. (vgl. Dok. 3: BKM-Sachstand
vom 21.11.2008: 1–4) Ausdrücklich zitiert BKM die Sondervoten der FDP aus
dem Enquete-Bericht „Kultur in Deutschland", wie etwa die Wahrnehmung, dass
mit der Umsetzung der Konvention und ihren Mechanismen „unnötige Bürokratisierung" verbunden sein und die „Zielsetzung der Konvention […] als Ausdruck
eines rückwärtsgewandten, statischen Kulturverständnisses aufgefasst werden"
(Dok. 3: BKM-Sachstand vom 21.11.2008: 2) könnte. Insgesamt bewertet BKM
die für einen Beitritt sprechenden Gründe seien „überwiegend nicht kulturpolitischer, sondern allgemein- bzw. außenpolitischer Art" (Dok. 3: BKM-Sachstand
vom 21.11.2008: 3). Abschließend wird empfohlen

„in Zusammenarbeit mit den Ländern, anderen Bundesressorts (Auswärtiges Amt,
Bundesministerium der Justiz, Bundesministerium des Innern) und (Völkerrechts-)
Wissenschaftlern die möglichen Konsequenzen eines deutschen Beitritts und einer
Ratifizierung umfassend zu erörtern" (Dok. 3: BKM-Sachstand vom 21.11.2008: 4).

Die Einschätzung aus diesem Sachstand ist zwiespältig: Man liest deutlich heraus, dass es gesellschaftliche Interessengruppen gab, die den Beitritt wünschten,
aber besonders intensiv war der Druck zu diesem Zeitpunkt noch nicht. Zugleich
musste auch vielen Bedenken(-trägern) Rechnung getragen werden. Undeutlich
bleibt zudem, warum man die für eine Ratifizierung sprechenden Gründe nicht
als „kulturpolitisch" einstuft, mithin also bleibt für den Lesenden unklar, welche
Definition von Kulturpolitik BKM hier zugrunde legt. Je nach der angewandten
Definition, *Kultur als Kunst* bzw. *Kultur als Lebensart*, die die meisten Formen
Immateriellen Kulturerbes ausschließen, oder *Kulturen im Plural* bzw. *Kultur als
Gegensatz zur (unberührten) Natur* (vgl. Abschnitt 3.3.1.), die inklusiver wären,
ist diese Schlussfolgerung kritisch zu hinterfragen.
    Im Juni 2009 befand die Bundesregierung – federführend das Auswärtige
Amt – in Antwort auf eine Kleine Anfrage der FDP-Fraktion aus der außenpoliti-
schen Perspektive argumentierend, dass „keine außenpolitischen Gründe für einen
raschen Beitritt zur Konvention" (Dok. 5: BT-Drs. 16/13343 vom 11.06.2009: 2)

sprächen, kulturpolitische Gründe aber noch geprüft würden. Man könnte aus diesen widersprüchlichen Antworten von BKM und AA schließen, dass die beiden Institutionen ein unterschiedliches Kulturverständnis zugrunde legen. Allerdings könnte es auch ein für die Politik ebenfalls nicht untypisches ‚Schwarzer-Peter'-Spiel gewesen sein, bei dem die Verantwortung für Verzögerungen und Stillstand jeweils einem anderen Akteur zugeschoben wird. In einem internen Vermerk desselben Jahres wurde vom AA u. a. angeführt, dass die Vielfalt immaterieller kultureller Ausdrucksformen in Deutschland es verdiene, auch auf internationaler Ebene widergespiegelt zu werden. Zudem sei ein internationaler Vergleich der Best Practices von Erhaltungsmaßnahmen sinnvoll. Die Bundesregierung betonte öffentlich allerdings erneut, „dass vor einer Entscheidung über eine mögliche Ratifizierung [...] weiterer Abstimmungsbedarf auf Bundes- und Länderebene" (Dok. 5: BT-Drs. 16/13343 vom 11.06.2009: 2) bestehe und dass Vor- und Nachteile einer Ratifizierung sorgfältig geprüft werden müssten. Die Länder, vertreten in Persona durch die Beauftragte für das UNESCO-Welterbe, Dr. Birgitta Ringbeck, gaben 2010 aber immerhin eine Machbarkeitsstudie zur Umsetzung der Konvention in Deutschland in Auftrag (vgl. Albert/Disko 2011: 2 ff.). Im Bayerischen Landtag hatten die Freien Wähler im Sommer 2010 auch einen Dringlichkeitsantrag eingebracht, der die Staatsregierung zur „Stärkung der bayerischen Kultur und ihrer charakteristischen überlieferten Eigenschaften, insbesondere im musikalischen und darstellerischen Bereich sowie im Bereich des Brauchtums" (Dringlichkeitsantrag „Bayerische Kultur als UNESCO immaterielles Weltkulturerbe" vom 13.07.2010, Drs. 16/5477) zum Engagement für eine Unterzeichnung der UNESCO-Konvention auffordert.

In der Zeit vor dem Beitritt, insbesondere während der anlaufenden internationalen Umsetzung der Konvention mit den ersten UNESCO-Listen-Eintragungen, die in die Jahre 2008 und 2009 fielen, wurden in den Medien, zum Teil vielleicht bewusst, zum Teil unbewusst, Fehl- und Falschinformationen über das Übereinkommen und seine Gegenstände sowie das Verhältnis zur Welterbe-Konvention verbreitet – mit Schlagzeilen wie zum Beispiel „Artenschutz für den Tango" (Die WELT, 01.10.2009) oder Behauptungen wie, es gehe um „Sitten von Urvölkern und ethnischen Minderheiten" (dpa, 18.11.2010). „In der allgemeinen Öffentlichkeit war das Thema ja teils auch so ein bisschen mit Vorbehalten belegt, [...] dass man aus einem Unwissen, ‚Was ist das überhaupt?' dann auch so ein bisschen ironisiert hat. Und es gab [...] einige [...] hämische Zeitungsbeiträge." (E2, Interview am 25.10.2018) So erinnert sich Prof. Dr. Gertraud Koch, Professorin für Volkskunde/Kulturanthropologie an der Universität Hamburg und ab 2013 stellvertretende Vorsitzende des DUK-Expertenkomitees Immaterielles Kulturerbe. Nachdem es im Jahr 2005 einen gut recherchierten und fundiert berichtenden

Beitrag in der ZEIT unter dem Titel „Nicht zu fassen" (20.06.2005) gab, schenkte das deutsche Feuilleton der Konvention lange keine Beachtung mehr. Erst 2009 mit den ersten neuen UNESCO-Einträgen nach den ‚Meisterwerken' entdeckten die deutschen Medien das Thema wieder. Die kritisierende bis hämische Lesart dominierte. Sie bezog sich etwa auch auf eine Initiative des Thüringer Kloßmuseums, den Kartoffelkloß als Immaterielles Kulturerbe anerkennen zu lassen, was z. B. in der Frankfurter Rundschau vom 10.11.2011 verhöhnt wurde, nachdem die Mediterrane Küchen- und Esskultur sowie das Französische Gastmahl 2010 den UNESCO-Status auf der Repräsentativen Liste erlangt hatten. Hierzu hieß es beispielsweise „Tartenschutz. Warum ehrt die UNESCO das Essen der Franzosen?" (FAZ vom 18.11.2010) oder „Die Welt als Museum. Die UNESCO schützt jetzt auch noch die französische Küche. Vielleicht sollte unser Leben insgesamt Weltkulturerbe werden?" (Die ZEIT vom 25.11.2010). „Wenn belgische Fritten, die spanische Paella oder gar thüringische Kartoffelklöße mit dem Prädikat Kulturerbe versehen werden sollen, dann erregt dies hierzulande neben Sympathie wohl in erster Linie kritisch-zögerliches Staunen." (Tauschek 2013: 116) Die Medienberichterstattung ist in ihrer Wirkung tatsächlich nicht zu unterschätzen, denn die Ländervertreterin Susanne Bieler-Seelhoff etwa meint hierzu rückblickend:

„Das war ja durchaus auch ein Bedenkens- und Hinderungsgrund für einen sofortigen Beitritt, als das französische Baguette [eigentlich das Französische Gastmahl, Anm. d. Verf.] auf die Liste des Immateriellen Kulturerbes, und ähnliche, ich nenne es einmal, aus meiner Sicht doch schräge Vorschläge, kamen. Weil dieses dann auch in der öffentlichen Berichterstattung verballhornt wurde im Zusammenhang mit UNESCO; worum kümmert sich die UNESCO noch und brauchen wir noch eine Konvention?" (L, Interview am 15.11.2018)

Eine längere Passage eines Kommentars unter dem Titel „Gyros als Weltkulturerbe" exemplifiziert die seinerzeitige Tendenz des deutschen Feuilletons, dem Grundgedanken der Konvention und des Immateriellen Kulturerbes „sehr oberflächlich und herabsetzend gegenüber" (Letzner 2013: 62) stehend, eindrücklich:

„Mit der Unesco verhält es sich wie mit der Fastfoodkette McDonald's: Wo man auch hingeht, ist sie schon da. [...] Es wäre [...] konsequent, gleich die ganze Erde zum Weltkulturerbe zu erklären [...]. Die Türkei möchte [...] das türkische Öl-Wrestling berücksichtigt wissen, bei dem sich halbnackte Männer mit Öl übergießen, um sich dann mit gekonnten Griffen an und auch in die knappe Lederhose zu Boden zu reißen – unbedingt schützenswert, wie wir meinen. Noch öliger als die türkischen Öl-Wrestler ist nur noch die griechische Küche, die ebenfalls auf die Liste drängt. [Überall], wo es ein Weltkulturerbe gibt, gleich neben der McDonald's-Filiale gewissermaßen, ist der nächste Gyros-Pita-Stand nicht weit. [... Die Stadt Dresden] hat ihre

Chance verspielt und wird es sich irgendwann als Alleinstellungsmerkmal anrechnen lassen können, nicht Weltkulturerbe zu sein." (Die WELT, 20.11.2010)

Nicht nur die polemische Lesart, sondern auch die bewusste Vermischung mit dem materiellen Kulturerbe ist für die Zeit durchaus typisch. Albert/Disko (2011: 5) zitieren in ihrer Machbarkeitsstudie zur möglichen Umsetzung der Konvention in Deutschland ebenfalls eine Reihe von Artikeln aus dem Jahr 2010, die gut zum Ausdruck bringen, welche Stimmung in den Medien herrschte. Die Folge war auch in der politischen Öffentlichkeit eine Reihe von Missverständnissen in Bezug auf die Konvention zur Erhaltung des immateriellen Kulturerbes, die – so wurde in der Studie eindringlich angemahnt – es vor und parallel zu einem deutschen Beitritt durch gezielte Informationen und Bewusstseinsbildung zu beseitigen gelten würde. (vgl. Albert/Disko 2011: 2, 5) Diese Kommunikationsarbeit wurde später tatsächlich eine der vier Kernaufgaben der Geschäftsstelle bei der Deutschen UNESCO-Kommission.

6.1.2 Platzierung auf der kulturpolitischen Agenda

Im Rahmen einer Politikfeldanalyse anhand des Policy-Cycles stellt sich dann natürlich die Frage, wie das Thema trotz der beschriebenen Bedenken und Hürden auf die kulturpolitische Agenda kam. Die Berichterstatterin der Länder im KMK-Kulturausschuss für das Thema Immaterielles Kulturerbe, Susanne Bieler-Seelhoff, Abteilungsleiterin Kultur in Schleswig-Holstein, meint, es war

„ein lange schlummerndes Thema (…) zwischen dem Bund und den Ländern: Will man dieser UNESCO-Konvention beitreten, ja oder nein? Und unter welchen Bedingungen würde man das machen? Und so weiter. Ich glaube, der Druck auf Deutschland ist dann einfach größer geworden, nachdem fast alle europäischen Nachbarn drin waren und wir so die letzten waren, als europäischer Musterschüler dieses aber natürlich eigentlich nicht stehen lassen wollten." (L, Interview am 15.11.2018)

Dass das Thema ab etwa 2008 und verstärkt 2011/12 auf die politische Agenda kam, kann man wie Christoph Wulf dem „berühmte[n] Zeitgeist, der schwer zu greifen ist, der aber dennoch eine wichtige Kategorie ist für die Beurteilung kultureller Phänomene" (E1, Interview am 15.10.2018) zuschreiben. Dass sich das „Window of opportunity", also das Möglichkeits- bzw. Policy-Fenster (vgl. Jann/Wegrich 2003: 85) öffnete, war sicherlich auf die weitgehend positiv ausgefallene Machbarkeitsstudie der BTU Cottbus (Albert/Disko 2011) mit „praktikable[n] Vorschläge[n]" für eine nationale Umsetzung der Konvention"

(Dok. 4: BT-Drs. 17/6314 vom 29.06.2011: 2) wie auch auf die kontinuierliche Informationsarbeit der Deutschen UNESCO-Kommission zurückzuführen.
Der Fachausschuss Kultur der DUK und das Nominierungskomitee „Memory of
the World" hatten seit 2004 Optionen der deutschen Mitarbeit am Immateriellen Kulturerbe beraten (vgl. Albert/Disko 2011: 18). Mit einer Fachtagung im
Februar 2006 in Bonn und der Zusammenstellung eines auf den Ergebnissen
dieser Tagung basierenden Memorandums sowie der Veröffentlichung eines The-
menhefts der Zeitschrift „UNESCO Heute" im Jahr 2007 hat die DUK das Thema
des Immateriellen Kulturerbes bereits zur Zeit des Inkrafttretens der UNESCO-
Konvention und deutlich vor dem deutschen Beitritt fachlich begleitet. In dem
Memorandum hat sich die DUK im Namen der synthetisierten Experteneinschätzungen dafür ausgesprochen, dass sich Deutschland „mit einem Beitritt zu
dem Übereinkommen aktiv an der europäischen und internationalen Kooperation"
(DUK 2007: 20) beteiligen sollte. 2009 und 2011 fanden Anhörungen im Deutschen Bundestag statt, die die DUK jeweils direkt oder indirekt durch inhaltliche
Zuarbeit im Vorfeld und durch die Benennung von Experten aus dem In- und
Ausland unterstützt hat. Hierbei kam es insbesondere zu einer engen Zusammenarbeit mit den für Kultur zuständigen Mitarbeitern der Fraktionen von SPD
und CDU/CSU, deren Rolle in der Vorstrukturierung von Themen und Debatten
sowie in der Kontaktpflege zu Fachpartnern außerhalb des Bundestags für die
parlamentarische Demokratie nicht zu unterschätzen ist. Ferner gab es persönliche Gespräche von Präsidiumsmitgliedern der DUK mit Entscheidungsträgern in
Bund und Ländern. Dadurch sowie durch die Mitwirkung an öffentlichen Posi-
tionierungen von Politik und Zivilgesellschaft hat die DUK dafür gesorgt, dass
das Wissen und die Kenntnisse über die UNESCO-Konvention von 2003 in den
relevanten Fach- und Politikkreisen zugenommen haben, was womöglich eine
wesentliche Rolle für den in den Jahren 2012/13 gelungenen Beitritt gespielt hat
(vgl. Eberhard/Letzner 2009: 12). Die vorgebrachten Argumente gegen eine Ratifizierung im in Abschnitt 6.1.1. bereits gewürdigten BKM-Sachstand von 2008
(vgl. Dok. 3: BKM-Sachstand vom 21.11.2008) versuchte die DUK z. B. im
Juli 2010 argumentativ zu entkräften (vgl. Dok. 6: Einschätzung der DUK zum
BKM-Sachstand vom Juli 2010). Es ist

„ein Stückchen auch Verdienst sicherlich unserer Arbeit als Deutsche UNESCO-
Kommission, die dafür geworben hat. Und die das auch deutlich gemacht hat, den
Politikern, dass das etwas ist, was da ist. Und eine Realität und man mit dem produktiv umgehen muss und nicht das einfach an die Seite schieben oder verschweigen
darf" (E1, Interview am 15.10.2018),

meint der DUK-Vizepräsident Christoph Wulf.

Auch in den Medien wandelte sich die Wahrnehmung der potenziellen Sinnhaftigkeit der neuen UNESCO-Kulturerbe-Konvention mit der Zeit. Ende 2011 hieß es anlässlich der UNESCO-Neuaufnahmen in einer Überschrift der Stuttgarter Zeitung zu einer dpa-Meldung nun anders als in den Vorjahren eher positiv bzw. wertneutral gestimmt „Bräuche jetzt auch Kulturerbe" (26.11.2011) und bei der WELT in einem gut informierten Artikel „Unesco zeichnet Musik aus Mexiko und Portugal aus" (28.11.2011). Ende 2012 ging es mit der positiven Erwähnung beachtenswerter UNESCO-Listungen weiter: In den DeutschlandRadio-Kulturnachrichten hieß es etwa „Unesco erklärt italienische Geigenbaukunst und ‚Schemenlauf' in Österreich zum immateriellen Kulturerbe" (06.12.2012) sowie „UNESCO kürt ‚Fiesta de los Patios' zum Immateriellen Weltkulturerbe" (07.12.2012). Während bis 2010 die als abwegig bis absurd wahrgenommenen Einträge auf den UNESCO-Listen in den Medienberichten dominant thematisiert wurden (siehe Abschnitt 6.1.1.), war 2011/2012 überwiegend eine Würdigung interessanter, auch in der Perspektive des deutschen Feuilletons lohnender, Anerkennungen zu konstatieren. In beiden Jahren wurde anlässlich der UNESCO-Listungen auch in vielen Berichten, u. a. der Nachrichtenagentur dpa, die von vielen Medien übernommen werden, darauf hingewiesen, dass Deutschland noch kein Vertragsstaat sei und daher nichts nominieren könne.

Die sechs Eigenschaften eines Themas (siehe auch Abschnitt 5.2.3.1. dieser Arbeit), welche nach Schneider/Janning (2006: 56) entscheiden, ob ein solches auf die Agenda der Politik kommt, wurden in den für dieses Forschungsvorhaben geführten Interviews bei den Experten abgefragt und werden im Folgenden im Einzelnen erörtert:

(1) In Bezug auf den Punkt Konkretheit und Klarheit bzw. Eindeutigkeit vs. Mehrdeutigkeit des Themas galt es selbst noch in der späteren Phase der beginnenden Umsetzung der UNESCO-Konvention – und teilweise noch bis heute – durch die handelnden Akteure immer wieder deutlich zu machen, dass es beim Immateriellen Kulturerbe nicht um das materielle UNESCO-Welterbe geht. Nicht nur in den Medien war dies auffällig (siehe oben), selbst in einer Pressemitteilung der CDU/CSU-Bundestagsfraktion vom August 2012, die sich explizit auf den anstehenden deutschen Beitritt zur 2003er-UNESCO-Konvention bezieht, heißt es im Titel „Welterbe der Kulturtraditionen" und im Text „Damit kann Deutschland 2012 das 144. Welterbe-Beitrittsland werden." (Dok. 17: Pressemitteilung der CDU/CSU-Bundestagsfraktion vom 06.08.2012) Neben den Abgrenzungsschwierigkeiten gab es anfangs häufig Verwechslungen (vgl. u. a. Dok. 3: BKM-Sachstand vom 21.11.2008: 3), u. a. auch mit der 2005er-Konvention über den Schutz und die Förderung der Vielfalt kultureller

Ausdrucksformen (siehe Abschnitt 6.1.1., Brief BKM an Börnsen/Griefahn). Eine feste Definition des Begriffs ‚Immaterielles Kulturerbe' ist ebenfalls schwierig – daraus folgend fürchtete man u. a. eine Banalisierung bzw. Anwendung auf alles und jedes (vgl. Eberhard/Letzner 2009: 7). Auch Rechtswissenschaftler (wie u. a. Germelmann 2013: 652 f.) wiesen kritisch darauf hin, dass Grenzziehungen fehlen. Zudem fürchtete man in der Bundesregierung, wie oben bereits erwähnt, dass „Forderungen zur Unterstützung und Bewahrung von Bräuchen etc., die im Widerspruch zur deutschen Werteordnung stehen; Risiken im Bereich Migration / Minderheitenschutz und inländischer Gruppierungen (z. B. Rechtextremisten, Sekten etc.)" (Dok. 3: BKM-Sachstand vom 21.11.2008: 3) entstünden. All dies spricht für eine Mehrdeutigkeit; das heißt es spricht gegen eine Platzierung auf der politischen Agenda. Hinzu kommt ferner, dass das Ziel der Konvention häufig missverstanden wird: Es geht nicht um Konservierung und Schutz im Sinne von Abwehrrechten, aber auch nicht um Bewahrung durch Inventarisierung, wie BKM 2008 als Interpretation wagte (vgl. Dok. 3: BKM-Sachstand vom 21.11.2008: 3). Das Ziel, Erhaltung der Lebendigkeit von traditionellen kulturellen Ausdrucksformen durch jeweils geeignete Maßnahmen, wurde weithin nicht unmittelbar verstanden. Die FDP-Fraktion hatte in ihrem Sondervotum zum Abschlussbericht der Enquete-Kommission „Kultur in Deutschland" (vgl. Deutscher Bundestag 2007: 429) in fälschlicher Interpretation des Konventionstextes und insbesondere des englischen Terminus ‚safeguarding' gemeint, dieser könne als Ausdruck eines rückwärtsgewandten und statischen Kulturverständnisses aufgefasst werden (vgl. Dok. 3: BKM-Sachstand vom 21.11.2008: 2). Was genau Immaterielles Kulturerbe ist und wie Erhaltung verstanden wird, war also insbesondere zu Beginn der Umsetzung der Konvention in Deutschland, ohne konkrete Ausdrucksformen inventarisiert zu haben, alles andere als klar (vgl. u. a. Albert/Disko 2011: 31). „Immaterielles Kulturerbe ist [selbst] in der Fach-Community erst mal nicht der Begriff gewesen." (E2, Interview am 25.10.2018), bestätigt auch Gertraud Koch rückblickend. Die Begriffe der Konvention an sich waren definitorisch unklar und schwer zu fassen. Durch das weit verbreitet vage Verständnis, was sich dahinter verbirgt, kann man von einer Mehrdeutigkeit des Themas ausgehen, was einer Platzierung auf der politischen Agenda entgegensteht.

(2) Für die gesellschaftliche Relevanz des Themas – also den Punkt starke vs. marginale soziale Betroffenheit nach Schneider/Janning (2006: 56) – spricht, dass Gruppen, die kulturelle Ausdrucksformen im Sinne des Immateriellen Kulturerbes praktizieren, sich in der Kulturpolitik bis dato zum Teil unterrepräsentiert fühlten, wie in den Fallbeispielen der erfolgreichen Einträge ins Bundesweite Verzeichnis (siehe Abschnitt 4.2.) deutlich wurde. Dies ist auch belegt zum Beispiel für Akteure im Handwerk, die sich als Kunsthandwerker gegenüber anderen

Kulturschaffenden häufig ungerecht behandelt fühlten, etwa: „Wir jubeln über die
Leistungen der Orchester und bedenken nicht die Kunst des Instrumentenbaus"
(Ax/Horchler 2007: 50). Das Ziel kulturelle Teilhabe möglichst vieler Menschen
zu ermöglichen, wird aber eindeutig als gesellschaftlich relevant erachtet. Die
Einschätzung eines tatsächlich politisch geäußerten Bedürfnisses aus jenem Aus-
schnitt der Gesellschaft, der sich kulturpolitisch unterrepräsentiert fühlte, ist im
Nachhinein allerdings unter den Zeitzeugen umstritten:

> „Also ich habe nicht den Eindruck gewonnen damals, dass sehr viele nachhaltig dem
> Staat sozusagen unterstellt haben, er sei spät dran oder er müsste jetzt einmal tätig
> werden. Ich glaube in der Tat, dass sich das in der deutschen Öffentlichkeit, und dazu
> gehören ja auch die Verbände und die Zivilgesellschaft, noch nicht so richtig herum-
> gesprochen hatte. Das ist ja auch gar kein Wunder, weil die Konvention ja eigentlich
> grundsätzlich erst einmal für andere Erdteile gedacht war und tatsächlich das gefähr-
> dete Immaterielle Kulturerbe ja in den Mittelpunkt gerückt hat. Und das war auch
> doch eine inhaltliche Diskussion: Brauchen wir so etwas eigentlich?" (L, Interview
> am 15.11.2018),

rekapituliert Ländervertreterin Susanne Bieler-Seelhoff. Auch Eberhard/Letzner
(2009: 10) konstatierten dies zumindest mit Stand des Jahres 2009. Birgitta Ringbeck, Welterbe-Beauftragte der Länder und ab 2012 im Auswärtigen Amt tätig,
meint dagegen: „Die Schausteller wollten das. Die Bäcker wollten das mit der
Brotkultur. Die haben richtig Wind gemacht. Und ich weiß auch, ich glaube,
die Falkner. […] 2010, 2011 haben die Druck gemacht, damit wir auch da rein-
kommen." (B, Interview am 05.11.2018) Ein Blick in die Akten der Deutschen
UNESCO-Kommission und des Auswärtigen Amts ergibt ebenfalls, dass interessierte Kulturträgergruppen, wie die Schausteller, die Handwerksbäcker oder
die Narren der Schwäbisch-Alemannischen Fastnacht sowie Genossenschaftsver-
bände, und übergreifende Interessengruppe und Verbände, wie der Bund Heimat
und Umwelt (BHU), die Sektion Deutschland des CIOFF und der Zentralverband des Deutschen Handwerks (ZDH), entscheidende Treiber des Beitritts und
damit der Einführung einer Politik zugunsten des Immateriellen Kulturerbes
in Deutschland gewesen sind. Die genannten Gruppen hatten den Beitritt mit
Stellungnahmen und Initiativen gegenüber der Politik – zum Teil auch öffentlich – relativ hartnäckig gefordert (vgl. u. a. Albert/Disko 2011: 2 sowie Dok.
11: BHU-Resolution vom 03.07.2011) und waren dann auch zu den Fachgesprächen im Deutschen Bundestag eingeladen worden. Im letztlich erfolgreichen
Antrag der Fraktionen der CDU/CSU und FDP im Deutschen Bundestag wird
der BHU explizit genannt und zudem festgehalten „auch andere große Verbände
und gesellschaftliche Gruppen [hätten sich] für einen Beitritt Deutschlands zur

Konvention eingesetzt" (Dok. 4: BT-Drs. 17/6314 vom 29.06.2011: 2). Die Deutsche UNESCO-Kommission war bei der Erstellung der Verbandsstellungnahmen und der Konzeption der Bundestags-Fachgespräche ein wichtiger Fachpartner. Ausgehend von den Ankündigungen der Aktivitäten des Zentralverbands des Deutschen Bäckerhandwerks hinsichtlich einer Bewerbung für die Brotkultur in Deutschland gab es zwischen Februar und Mai 2011 zudem eine Reihe von Medienberichten, u. a. in der FAZ und auf Deutschlandfunk Wissen, die insgesamt positiver gestimmt waren als die dominante mediale Lesart zuvor. Bundesverbraucherschutz- und Landwirtschaftsministerin Ilse Aigner erklärte zudem öffentlich, dass sie sich dafür einsetzen wolle, das traditionelle Brot als Kulturerbe anerkennen zu lassen (vgl. Tauschek 2013: 136). Im April 2013 anlässlich der Hinterlegung der deutschen Beitrittsurkunde bei der UNESCO rekapitulierte die Redaktion der 3sat-Kulturzeit, dass bereits „im Vorfeld […] Verbände für die Anerkennung von deutschen Traditionen wie dem Oktoberfest und Thüringer Klößen, Kneipps Naturheilkunde, Grimms Märchen sowie dem deutschen Chorgesang geworben" (3sat-Kulturzeit-News vom 12.04.2013) hatten. Im Juni 2011 beantwortete die Bundesregierung zudem eine Kleine Anfrage der SPD-Fraktion im Deutschen Bundestag zur Lage des Schaustellergewerbes (BT-Drs. 17/6148 vom 09.06.2011), bei der die Option einer Anerkennung als Immaterielles Kulturerbe und der dafür notwendige Beitritt Deutschlands zur UNESCO-Konvention ebenfalls thematisiert wurden. Eine Episode aus München verweist allerdings auch auf Vorbehalte: Der Münchener Stadtrat hat sich eindeutig und mehrfach ausdrücklich gegen eine Anerkennung des Oktoberfests als Immaterielles Kulturerbe ausgesprochen. Ein weiteres Argument für die gesellschaftliche Relevanz des Themas, das allerdings zunächst nur in bestimmten Fachkreisen, wie etwa dem ZDH, erkannt wurde, war, dass „dieses neue Instrument die Chance [bietet], die Bedeutung der auch in Deutschland vorhandenen Fülle volkstümlicher Traditionen und ihre Anbindung an zeitgenössische Formen von Kreativität neu zu entdecken" (Bernecker 2007: 19). Der Punkt gesellschaftliche Relevanz kann als Kriterium für die Platzierung auf der Agenda der deutschen Kulturpolitik folglich nach Einschätzung des Autors dieser Arbeit alles in allem als erfüllt angenommen werden.

(3) Eine absolute Dringlichkeit der Umsetzung – dritter Punkt der Listung nach Schneider/Janning (2006: 56) lautet temporale Relevanz (absolut dringend vs. verschiebbar) – war zwar bei einem Binnenblick auf das deutsche Kulturpolitikfeld nicht unbedingt zu erkennen. BKM konstatierte 2008 zurecht, dass es eines staatlichen bzw. öffentlichen und völkerrechtlich normierten Engagements zur Erhaltung des Immateriellen Kulturerbes nicht zwingend bedürfe,

da die zivilgesellschaftlichen Akteure mit entsprechenden Absichten zweifelsohne auch eigenständig tätig werden könnten (vgl. Dok. 3: BKM-Sachstand
vom 21.11.2008: 2). Die geäußerte Wahrnehmung, dass „der Bedarf an einem
Schutz- und Bewahrungssystem für immaterielles Kulturerbe in Deutschland [...]
geringer als z. B. in Afrika" (Dok. 3: BKM-Sachstand vom 21.11.2008: 3) sei,
da Kulturerbe in Deutschland überwiegend materialisiert sei, ist schon weniger
stichhaltig, da man ignoriert, dass es für diese Dimension bis dato einfach an Aufmerksamkeit gefehlt haben und vieles quasi unter dem Radar der Kulturpolitik
verloren gehen könnte. Der folgende Hinweis, dass es in Europa für bestimmte
Teilbereiche der Konvention zudem andere Schutzmechanismen, wie etwa Euro-
paratskonventionen zum Schutz von Minderheitenrechten, gebe, ist noch weniger
überzeugend, da dies genauso für das Welterbe zutrifft, mit der Landschafts-
konvention des Europarats beispielsweise. Um auf die Dringlichkeit im engeren
Sinne zurückzukommen: Im Jahr 2008 konnte man beim BKM eine „drohende
‚kulturpolitische Isolation' Deutschlands aufgrund Nichtratifizierung" (Dok. 3:
BKM-Sachstand vom 21.11.2008: 3) noch nicht erkennen. 2010/11 unter dem
Eindruck weiterer Beitritte, gerade auch von europäischen Nachbar- und Partnerländern, war das sicherlich schon anders. „Man wartet auf Deutschland" hatte
DUK-Generalsekretär Dr. Roland Bernecker anlässlich einer Anhörung im Ausschuss für Kultur und Medien des Deutschen Bundestags bereits im Frühjahr
2009 gesagt (vgl. Dok. 4: heute im Bundestag vom 26.03.2009). „[I]m Sinne einer
auf langfristige Vertrauensbildung angelegten Außenpolitik [ist es] wichtig, auch
die Sorgen und Prioritäten einer großen Zahl anderer Staaten ernst zu nehmen,
die dem drohenden Verlust wichtiger Elemente ihres überlieferten Kulturerbes
entgegenarbeiten wollen" (Bernecker 2007: 19), hatte der für das Auswärtige
Amt an den Verhandlungen der Konvention Beteiligte und spätere langjährige
DUK-Generalsekretär bereits zwei Jahre zuvor ausgeführt. Auch wenn man die
Umsetzung des Übereinkommens international mitbestimmen bzw. -gestalten
wollte, musste Deutschland seine Passivität aufgeben (vgl. Albert/Disko 2011:
2). Die Ständige Vertretung Deutschlands bei der UNESCO hat laut Protokoll
einer Bund-Länder-Besprechung, aus dem Albert/Disko (2011: 4) zitieren,

„für Deutschland die Gefahr [gesehen], den Anschluss und wichtige Einflussmöglich-
keiten sowohl im UNESCO-Kreis als auch im Rahmen der Konvention selber zu verlieren. Die Konvention [sei] eine der wichtigen Kulturkonventionen der UNESCO, die
zusammenwachsen und deren Zusammenspiel nur dann mitbestimmt werden [könne],
wenn Deutschland auch diese Kulturkonvention ratifiziert."

Birgitta Ringbeck, die im Auswärtigen Amt den deutschen Beitritt maßgeblich orchestriert hat, erinnert sich:

„Ich hatte Kontakt gehabt mit den Kollegen im Welterbe-Zentrum von der UNESCO, aber vor allen Dingen mit den verschiedenen Staatenvertretern. Und die haben gesagt, also das ist unverständlich, dass wir dieser Konvention nicht beitreten. Und dann bin ich irgendwann in die KMK zurückgegangen und habe gesagt: [...] Wir müssen sie zeichnen. Wir können nicht zu den letzten Ländern gehören, die diese Konvention unterzeichnen. Ob das so bei uns umgesetzt wird, ist dann eine ganz andere Frage, aber zeichnen sollten wir sie. Wir sollten dabei sein.' Das gebietet einfach, ich sage mal, die Achtung vor der kulturellen Vielfalt in anderen Ländern. Und wir haben ja gerade gesehen, wie das angenommen wurde, dieses Instrument." (B, Interview am 05.11.2018)

Da eine kritische Masse an Ratifizierungen erreicht war und nahezu alle Nachbarstaaten Deutschlands bereits beigetreten waren, konnte man sich der 2003er-UNESCO-Konvention also offenbar nicht mehr verweigern (vgl. E2, Interview am 25.10.2018). Auch der BHU wies in einer Resolution vom Juli 2011 auf eine drohende internationale Isolierung Deutschlands hin, die es neben den Vorteilen für die Bewusstseinsförderung und die Erhaltung von immateriellen Kulturformen in Deutschland auch außenpolitisch erforderlich mache, den Beitritt schnell zu vollziehen (vgl. Dok. 11: BHU-Resolution vom 03.07.2011). Die CDU/CSU-Bundestagsfraktion ließ im August 2012 per Pressemitteilung MdB Wolfgang Börnsen (vgl. Dok. 17: Pressemitteilung der CDU/CSU-Bundestagsfraktion vom 06.08.2012) verlauten, dass die Ratifizierung nun endlich zügig zum Abschluss gebracht werden solle. Die Erhaltung des Immateriellen Kulturerbes wird in dieser Mitteilung auch deshalb als bedeutend dargestellt, weil 143 Staaten bereits Mitglied der Konvention seien und Deutschland hier hinterherhinke. Daher könne es noch immer seine Handwerkstraditionen und Bräuche nicht auf die UNESCO-Listen setzen lassen. Andere Staaten hätten „das UNESCO-Siegel bereits weidlich zur Verbreitung ihres kulturellen Erbes genutzt" (Dok. 17: Pressemitteilung der CDU/CSU-Bundestagsfraktion vom 06.08.2012). Dieser Wettbewerbsgedanke wurde selten so offen geäußert, spielt aber bei vielen Akteuren mit Blick auf das Selbstverständnis Deutschlands als Kulturnation und der prominenten Stellung im Rahmen der 1972er-Welterbe-Konvention auch eine Rolle. Angesichts der dann schon mehr als 150 Staaten, die der UNESCO-Konvention 2013 beigetreten waren, herrschte in internationaler Perspektive also Handlungsdruck auf Deutschland. Andererseits: Durch die verbreitete weitgehende Unkenntnis, was Immaterielles Kulturerbe überhaupt ist – siehe der erste Punkt Konkretheit und Klarheit bzw. Eindeutigkeit vs. Mehrdeutigkeit –, entstand aus der Breite der

Gesellschaft heraus im Grunde wenig Handlungsdruck. Viele Akteure waren der Meinung, es genüge, der UNESCO-Welterbe-Konvention (1972) bzw. auch der UNESCO-Konvention zur kulturellen Vielfalt (2005) beigetreten zu sein (vgl. Eberhard/Letzner 2009: 11). Aufschlussreich ist in diesem Zusammenhang eine weitere Diagnose aus der Arbeit von Eberhard/Letzner (2009: 11) mit Stand des Jahres 2009:

„Bei denjenigen, die über das immaterielle Kulturerbe genau informiert sind, überwiegen die Bedenken zur praktikablen Umsetzung und da, siehe oben, kein politischer Handlungsdruck besteht, wird das Thema als ‚interessant, aber eindeutig nicht prioritär' eingestuft. Allerdings wurde auch deutlich, dass das Interesse an einer Ratifizierung zunimmt, je informierter die Gesprächspartner und je näher sie an den lokalen Gegebenheiten interessiert sind." (Eberhard/Letzner 2009: 11)

Birgitta Ringbeck erwähnt noch eine interessante zeitliche Parallelität mit der deutschen Kandidatur für das UNESCO-Welterbekomitee (Mitgliedschaft 2012–2015), die ebenfalls eine nicht zu unterschätzende Rolle gespielt haben könnte:

„Es war die Frage, wie sind die ‚committed' zur UNESCO? Wenn man ein Staat ist, der sich für eine der großen Konventionen als Komitee-Mitglied bewirbt, und stellt dann fest, wir haben zwei Konventionen noch gar nicht gezeichnet – das sind eben die 2003er und die 2001er[1]. Da war das klar schon im Vorfeld, also da müssen wir was tun. Da müssen wir sagen, wir wollen dabei sein." (B, Interview am 05.11.2018)

In der Gesamtschau kann die zeitliche Dringlichkeit demnach als erfüllter Punkt für die Platzierung auf der kulturpolitischen Agenda gewertet werden.

(4) Das Thema des Immateriellen Kulturerbes und eine Wertschätzung herzustellen für die einzelnen darunter gefassten Kulturformen und ihre Trägergruppen, mag in der Dimension Komplexität (einfach vs. komplex) nicht zu den am kompliziertesten zu lösenden Problemen der Zeit in Deutschland gehören – einfach ist der Umgang damit aber, allein angesichts der speziellen deutschen Geschichte und weil es zudem bis dato kaum explizit im Rahmen von Kulturpolitik zum Ausdruck gebrachte Wertschätzung für überliefertes Wissen und Können gab, dennoch nicht. Der Umgang mit dem Thema ist also in vielerlei Hinsicht – siehe die erwähnten vielfältigen Bedenken gegen eine Ratifizierung – komplex (vgl. u. a. Eberhard/Letzner 2009: 8). Weiterhin gilt die Konvention an sich als komplex (vgl. Dok. 3: BKM-Sachstand vom 21.11.2008: 3). Allein von

---

[1] UNESCO-Konvention zum Schutz des Kulturerbes unter Wasser (2001; in Kraft seit 2009, durch Deutschland – Stand 2021 – nach wie vor nicht ratifiziert)

der Spannbreite der Formen, die als Immaterielles Kulturerbe anerkannt werden können, ist das Thema auch eher als vielschichtig denn als einfach zu sehen. Hinzu kommt schließlich das Mehrebenensystem von Kulturpolitik in Deutschland, welches eine Herausforderung in der Einigung auf eine gangbare nationale Umsetzung der Konvention darstellte (siehe Abschnitt 6.1.1.). Dieser Punkt spricht also, wie schon die Klarheit des Problems bzw. des Themas, auch deutlich gegen eine Platzierung auf der kulturpolitischen Agenda.

(5) Handelte es sich bei der Einführung des Themas des Immateriellen Kulturerbes in die deutsche Kulturpolitik um eine Neuerung? Dies interessiert in Punkt fünf der Eigenschaften des Themas nach Schneider/Janning (2006: 56): Novität (Routineangelegenheit vs. Novum). Mit Immateriellem Kulturerbe oder auch, was sich unter Vorläuferbegriffen wie Folklore, zeitgenössische Alltagskultur usw. verbirgt, hatte sich die Kulturpolitik in Deutschland (siehe Kapitel 3) in strukturierter und differenzierter Art und Weise zuvor nicht beschäftigt (vgl. Dok. 6: Einschätzung der DUK zum BKM-Sachstand vom Juli 2010: 3). Die Heimatschutzbewegung um die Jahrhundertwende vom 19. zum 20. Jahrhundert kann zwar als ein früher historischer Vorläufer des zivilgesellschaftlichen Engagements für Sitten, Gebräuche und Feste interpretiert werden. Aufgrund der missbräuchlichen Verwendung von Volkskultur in der NS-Zeit hat es allerdings keine Kontinuität in der Befassung von Kulturpolitik mit diesem Bereich nach dem Zweiten Weltkrieg gegeben, denn die Kulturpolitik hatte sich in der unmittelbaren Nachkriegszeit vor allem mit der Restauration der unstrittigen kulturellen Leistungen Deutschlands vor der Nazi-Zeit befassen wollen. (vgl. Tauschek 2013: 47 ff. und Abschnitt 3.2.2.) Folgende Ausgangssituation ist daher bei einer Betrachtung der Akteursebene im Jahr 2013, als Deutschland der UNESCO-Konvention beitrat, gegeben: Durch die Umsetzung der Konvention können zusätzliche Akteure in die Arena der Kulturpolitik treten. (siehe auch Abschnitt 6.3.2.1.) Trotz der vielfachen Betonung des weiten Kulturbegriffs der UNESCO stehen bisher nämlich, wie in Kapitel 3 erläutert, die Künste nach wie vor im Mittelpunkt von kulturpolitischem Denken und Handeln (vgl. Fuchs 2003: 17). Das Immaterielle Kulturerbe aber umfasst laut Definition der UNESCO-Konvention Bereiche, die zum Teil nicht zu den traditionellen Beschäftigungsbereichen von Kulturpolitik gehören: 1. rein mündlich überlieferte Traditionen und Ausdrucksformen; 2. darstellende Künste, auch der Volks- bzw. Popularkultur; 3. Bräuche, Rituale und Feste; 4. Wissen und Bräuche in Bezug auf die Natur und das Universum sowie 5. traditionelle Handwerkstechniken. Viele der damit ins Visier rückenden Trägergruppen von kulturellen Ausdrucksformen waren bisher nicht auf dem Radar der Kulturpolitik. Konkrete Beispiele sind etwa die Kulturträgergruppen des

Reetdachdeckens, der Flößerei, der Morsetelegrafen, aber auch jene des Spitzen-
klöppelns oder des Poetry Slam. Auf einen weiteren Novitätsaspekt weist Birgitta
Ringbeck, die von der Berufsbiografie her aus dem Bereich Denkmalschutz
kommend das Thema Immaterielles Kulturerbe betrachtet, hin:

> „Denkmalschutz, Denkmalpflege, greift ja schon ins 19. Jahrhundert zurück, in die
> erste Hälfte […]. Da hat man ja damals schon angefangen, […] ein Denkmal-
> Verzeichnis [zu erstellen]. Das resultiert aus der Zeit, dass man also überhaupt mal
> aufschreibt: Was hat man an Kulturgütern? Das hat man im immateriellen Bereich ja
> nie gemacht. Und deshalb finde ich ganz wichtig, dass das jetzt überhaupt erst mal
> aufgeschrieben wird im Bundesweiten Verzeichnis, das ich viel wichtiger finde als
> die internationale Liste; […] praktisch, dass für den immateriellen Bereich das nach-
> geholt wird, was für den materiellen Bereich schon seit mehr als 150 Jahren Usus ist,
> dass man Inventare […] anlegt. […] Denn nur, wenn ich weiß, was ich habe, kann ich
> auch einschätzen, was mir verlorengeht." (B, Interview am 05.11.2018)

Der Novitätsaspekt spricht demnach für eine Platzierung auf der kulturpolitischen
Agenda.

(6) Kaum bestreiten kann man schließlich auch die hohe Wertgeladenheit und große symbolische Bedeutung – der sechste Punkt der Eigenschaften
eines Themas, die man nach Schneider/Janning (2006: 56) betrachten kann,
um zu analysieren, ob sie gute Chancen haben auf die Agenda des politischen
Geschäfts zu kommen. Das Immaterielle Kulturerbe als Anerkennung von kultureller Traditionspflege und bürgerschaftlichem Engagement, aber auch als Marker
von Identitäten, erfüllt dieses Kriterium. Nach übereinstimmenden Aussagen
der befragten Experten spielte zudem die Reputation der UNESCO „sicherlich eine Rolle, weil in Deutschland die UNESCO doch ein ziemlich hohes
Ansehen hat" (E1, Interview am 15.10.2018). „Von da kommen gute Sachen,
das weiß die Politik auch." (E2, Interview am 25.10.2018) Jedoch führt, wie
die Enquete-Kommission „Kultur in Deutschland" in ihrem Abschlussbericht
festhielt,

> „[d]as Selbstverständnis der UNESCO als Denkfabrik für bildungs- und kulturpoliti-
> sche Fragen […] dazu, dass ihre Diskussionen und Positionen in Fachkreisen wahr-
> genommen und intensiv reflektiert werden, die politische Umsetzung aber hinterher-
> hinkt. Das liegt zum Teil daran, dass die Arbeit der UNESCO sich im Spannungsfeld
> von internationalen Diskursen – und hier speziell dem Nord-Süd-Dialog – sowie den
> konkreten kulturpolitischen Entscheidungen vor Ort befindet." (Deutscher Bundestag
> 2007: 428 f.)

Die Umsetzung von UNESCO-Konventionen sorgt allerdings für eine erhöhte Sichtbarkeit von Kulturpolitik im Allgemeinen, sie lädt ihren Wert gewissermaßen auf, und bietet damit für nahezu alle Kulturakteure Anreize. I. d. R. gehört Kulturpolitik bekanntermaßen nicht zu den Politikfeldern, die in der deutschen Öffentlichkeit stark diskutiert werden. Ist jedoch von der UNESCO die Rede, gibt es häufig eine größere Aufmerksamkeit für kulturpolitische Themen. Insofern kann die Arbeit und Umsetzung von Kulturpolitik im Rahmen von UNESCO-Instrumenten perspektivisch – so zumindest die Hoffnung jener, die ein Interesse daran haben – zu einer größeren öffentlichen Wirkung der entsprechenden Maßnahmen führen. (vgl. Hanke 2016: 86)

Die internationale Politikdiffusion nach Schneider/Janning (2006: 54) brauchte allerdings seine Zeit. „Dass wir dem jetzt Aufmerksamkeit zuwenden, hat natürlich etwas mit dieser Konvention zu tun. Und das ist, wenn man so will, eine Anregung von außerhalb. Die kommt nicht von uns. Und plötzlich sehen wir, das ist ja ein ganz wichtiger Bereich. Das ist der Vorteil von [...] Multilateralismus." (E1, Interview am 15.10.2018) – so die Einschätzung von Christoph Wulf. Insofern spielt hier Politisches Lernen (siehe Abschnitt 5.2.4.) eine Rolle. Es „hat sicherlich auch zu tun mit den Modellen in anderen Ländern, dass das in Österreich und in der Schweiz wirklich sehr gut funktioniert hat" (E1, Interview am 15.10.2018), führt Wulf seine Einschätzung weiter aus. Im Deutschen Bundestag beim Fachgespräch im Ausschuss für Kultur und Medien sowie im Auswärtigen Amt hat man insbesondere auf die Erfahrungen der deutschsprachigen Nachbarländer zurückgegriffen: „Wir haben damals mehrere Workshops gemacht. [...] Haben wir hier im Auswärtigen Amt gemacht und haben uns einfach Erfahrungsberichte geben lassen, wie die anderen das gemacht haben" (B, Interview am 05.11.2018), erinnert sich Birgitta Ringbeck. Die erwähnte Expertenbesprechung mit Teilnehmern der KMK, aus dem AA, von BKM, aber auch des BMJ und des BMELV fand am 08.02.2011 statt. Als Gäste waren Vertreter aus Österreich und der Schweiz sowie von der DUK zugegen. (vgl. Dok. 4: Protokoll des Auswärtigen Amts vom 28.02.2011 der Expertenbesprechung am 08.02.2011: 1)

Die deutschen Medien nahmen den Beginn der Inventarisierung des Immateriellen Kulturerbes insbesondere in Österreich recht interessiert auf: Ende 2011 kam es in verschiedenen öffentlich-rechtlichen Medien (BR2, WDR3) und in der Zeitung Die WELT zu Berichten. Dies hatte den Vorteil und kommunikativen Charme, dass die deutsche Öffentlichkeit durch die Beispiele aus dem Deutsch sprechenden Nachbarland erstmals erahnen konnte, welche Kulturformen für ein Verzeichnis des Immateriellen Kulturerbes in Deutschland in Frage kommen könnten. Im Laufe des Jahres 2012 werden daraufhin bereits eine Reihe von

Ideen in den Medien ventiliert – von Grünkohl(-fahrten) (NWZ, 16.03.2012) über
den Kölner Karneval (DeutschlandRadio, 29.11.2012) bis zur Deutschen Theater-
und Orchesterlandschaft – letzteres immerhin vom damaligen Kulturstaatsminis-
ter Bernd Neumann (dapd-Meldung, 04.05.2012). Es gab nun erstmals durchaus
sehr reflektierte Berichte z. B. in den Stuttgarter Nachrichten vom 26.05.2012
unter dem Titel „Bewerber um das Unesco-Gütesiegel stehen Schlange. Über die
Schwierigkeit, eine Liste wichtiger Bräuche aufzustellen". Die Länderparlamente
von Niedersachsen (am 15. Oktober 2012, u. a. mit einem Vortrag von Wolfgang Schneider) und Nordrhein-Westfalen (am 19. September 2013, u. a. mit
einem Vortrag von DUK-Generalsekretär Roland Bernecker) hatten das Thema
des Immateriellen Kulturerbes in der Frühphase der deutschen Umsetzung mit
Ausschussanhörungen, bei denen die Exploration, was in der Region zu den
lebendigen Traditionen zählen könnte, im Vordergrund stand, gewürdigt.

   Zusammengefasst sind also vier von sechs Punkten aus der Checkliste von
Schneider/Janning (2006: 56) als erfüllt anzusehen. Hinzu kamen als gute Bedin-
gungen für eine Platzierung auf der kulturpolitischen Agenda positive strukturelle
Gegebenheiten der Ausbreitung von Ideen bzw. Innovationen über nationale
Grenzen hinweg (vgl. Kern/Jörgens/Jänicke 2000), begleitet von einer zuneh-
mend konstruktiveren Medienberichterstattung, die insgesamt dazu führten, dass
das Immaterielle Kulturerbe in Deutschland zwischen 2011 und 2013 in den
Aufmerksamkeitsfokus der entsprechenden Akteure kam.

6.1.3   Ingangsetzung des Beitrittsprozesses zur Konvention

Der Fahrplan zur Umsetzung des deutschen Beitritts zur UNESCO-Konvention
zur Erhaltung des immateriellen Kulturerbes war recht klar: Es „bedarf entsprechender Bund-Länder-Gespräche und muss letztlich als politische Willen-
säußerung seitens des Bundestags in einer Regierungsaktivität enden" (Eberhard/
Letzner 2009: 10). Entsprechend Artikel 59 des Grundgesetzes bedürfen völkerrechtliche Verträge, die Gegenstände der Bundesgesetzgebung berühren, der
Zustimmung und Mitwirkung von Bundestag und Bundesrat. I. d. R. wird
dazu ein sog. Vertragsgesetz verabschiedet. Daher musste die Bundesregierung
zunächst prüfen, ob durch den Beitritt zur UNESCO-Konvention Bundesge-
setze im Sinne des Art. 59 Abs. 2 Satz 1 des Grundgesetzes tangiert sind.
Dazu zählt auch die Bindung des Haushaltsgesetzgebers über einen regelmäßigen Pflichtbeitrag zu internationalen Institutionen. Im nächsten Schritt wäre ein
Umsetzungs- bzw. Ausführungsgesetz zu prüfen. (vgl. Dok. 5: BT-Drs. 16/13343
vom 11.06.2009: 3)

Ernsthafte Bund-Länder-Gespräche zum Thema des deutschen Beitritts zur 2003er-UNESCO-Konvention gab es ab 2010 (siehe Tabelle 6.1). Albert/Disko (2011: 4, 15) zitieren aus einem Protokoll der entsprechenden Runde am 29.09.2010 im Auswärtigen Amt in Berlin: Die Bundesregierung (BMI und BMJ) hatte zu diesem Zeitpunkt bereits im oben genannten Sinne geprüft, dass ein Vertragsgesetz, abhängig von der konkreten Ausgestaltung des innerstaatlichen Verfahrens, nicht zwingend erforderlich sei, da

> „die im Konventionstext enthaltenen Pflichten der Vertragsstaaten zur Erhaltung und zum Schutz des immateriellen Kulturerbes keine konkreten Umsetzungspflichten beinhalten sondern lediglich als Bemühenspflichten ausgestalten seien [...] Deutschland würde sich daher im Falle einer Ratifizierung in keiner Weise verpflichten, ganz bestimmte Mechanismen oder Maßnahmen zum Schutz und Erhalt des immateriellen Kulturerbes zu ergreifen" (zitiert nach Albert/Disko 2011: 15).

Letztere Aussage ist zwar korrekt, jedoch lässt sie die verbindliche Pflicht der Vertragsstaaten eines oder mehrere Verzeichnisse des Immateriellen Kulturerbes zu erstellen außer Acht. Diese Verpflichtung sah man offenbar seitens der Bundesregierung aufgrund der ‚Kulturhoheit‘ bei den Ländern. Diese hatten damals jedoch

> „ihre Meinungsbildung zur Frage einer Ratifizierung des UNESCO-Übereinkommens... noch nicht abgeschlossen. Sie sehen weiterhin keine Dringlichkeit einer Ratifizierung und nehmen eine kritische und beobachtende Haltung ein. Diese begründet sich u.a. in der schwierigen Definition des Schutzgegenstandes... und in dem zu klärenden Verfahren zur Umsetzung des Übereinkommens" (Albert/Disko 2011: 4).

Die Länder sahen auch noch Klärungsbedarf „hinsichtlich der Zuständigkeiten und der Kosten, die sich aus der innerstaatlichen Wahrnehmung der durch die Konvention entstehenden Aufgaben [...] ergeben werden", sowie der „noch nicht beantworteten Frage eines Mehrwerts der Konvention für Deutschland" (Albert/ Disko 2011: 4). Birgitta Ringbeck, seit 2012 im Auswärtigen Amt für den deutschen Beitritt zur UNESCO-Konvention von 2003 zuständig, resümiert die Stimmung rückblickend wie folgt: „Die Länder haben gesagt: ‚Was bringt uns das? Die Welterbe-Konvention ist so ein tolles Instrument. Und das Ganze wird nur verwässert, wenn wir jetzt noch eine Konvention zeichnen.‘" (B, Interview am 05.11.2018)

Folgende Wegmarken des Beitrittsverfahrens von 2009 bis 2014 können festgehalten werden:

Tabelle 6.1 wichtige Wegmarken des Beitrittsverfahrens 2009 bis 2014

25.03.2009	Fachgespräch im Deutschen Bundestag
11.06.2009	Antwort der Bundesregierung auf eine Kleine Anfrage der FDP-Fraktion im Deutschen Bundestag
29.09.2010	Ressortbesprechung im Auswärtigen Amt
2010/2011	Machbarkeitsstudie an der BTU Cottbus erstellt
08.02.2011	Ressort-/Expertenbesprechung im Auswärtigen Amt
14.04.2011	Informelles Arbeitsgespräch im KMK-Sekretariat
25./ 26.06.2011	KMK-Kulturausschuss u. a. zum Thema Immaterielles Kulturerbe
28./ 29.06.2011	Einreichung der Anträge der Fraktionen der SPD und von Bündnis 90/ Die Grünen sowie der CDU/CSU- und FDP-Fraktionen im Deutschen Bundestag
05.09.2011	Fachgespräch der CDU/-CSU-Fraktion im Deutschen Bundestag
08.12.2011	KMK-Beschluss über die grundsätzliche Bereitschaft zum Beitritt
13.12.2011	Beschlussempfehlung des Ausschusses für Kultur und Medien des Deutschen Bundestags
15.12.2011	Beschluss des gemeinsamen Antrags der CDU/CSU- und FDP-Fraktionen im Deutschen Bundestag
07.03.2012	Arbeitsbesprechung im Auswärtigen Amt
05.06.2012	Ressortbesprechung im Auswärtigen Amt
06.12.2012	KMK-Beschluss über den Beitritt
29.11.2012 bis 19.02.2013	Zustimmung der Länder (einzeln) zum Beitritt gemäß „Lindauer Absprache"
12.12.2012	Beschluss des Bundeskabinetts über den Beitritt
30.01.2013	Expertenanhörung im Ausschuss für Kultur und Medien des Deutschen Bundestags
12.02.2013	1. Informationsveranstaltung/Arbeitssitzung der Länder im KMK-Sekretariat
10.04.2013	Beitrittsurkunde bei der UNESCO in Paris hinterlegt
18.04.2013	2. Informationsveranstaltung der Länder im KMK-Sekretariat
05.07.2013	Konstituierung des DUK-Expertenkomitees
10.07.2013	Beitritt drei Monate nach Hinterlegung der Urkunde formal vollzogen
18.09.2013	Länderoffene Arbeitssitzung im KMK-Sekretariat

(Fortsetzung)

Tabelle 6.1 (Fortsetzung)

29.10.2013	Zweite Sitzung des DUK-Expertenkomitees
30.10.2013	Fachsymposium „Immaterielles Kulturerbe erhalten und wertschätzen" in Berlin
24.04.2014	Informeller Erfahrungsaustausch der Länderjurys mit dem DUK-Expertenkomitee
01.07.2014	Evaluierungssitzung der Länder zum ersten Auswahlverfahren 2013/14
01./ 02.10.2014	Erste Auswahlsitzung des DUK-Expertenkomitees
12.12.2014	Erste Aufnahmen ins Bundesweite Verzeichnis des Immateriellen Kulturerbes

Wichtiger Inhalt der Bund-Länder-Gespräche bzw. Ressortbesprechungen unter Beteiligung der Länder und, zum Teil direkt, zum Teil indirekt, auch der DUK war zunächst die Entkräftung der Argumente, die bis dato gegen einen deutschen Beitritt vorgebracht worden waren (siehe Abschnitt 6.1.1.). Im nächsten Schritt bzw. parallel dazu, um einige der Bedenken zu entkräften, wurde ein nationales Umsetzungsverfahren erarbeitet und vereinbart. Im Jahr 2008 hatte BKM festgestellt, dass kein Bundesressort die Ratifizierung aktiv unterstütze (vgl. Dok. 3: BKM-Sachstand vom 21.11.2008: 3). Dies suggeriert Einigkeit unter den handelnden staatlichen Akteuren, allerdings zog man zwischen den Bundesressorts sowie im Zusammenspiel mit den Ländern in verschiedenen Phasen nicht immer an einem Strang – MdB Wolfgang Börnsen jedenfalls begrüßte im August 2012 ausdrücklich, dass nunmehr alle Verantwortlichen gemeinsam agieren würden (vgl. Dok. 17: Pressemitteilung der CDU/CSU-Bundestagsfraktion vom 06.08.2012). Die verschiedenen Auffassungen von BKM und AA zu den für den Beitritt sprechenden Argumenten sind in Abschnitt 6.1.1. bereits dargelegt worden. Die Länder sahen angesichts der im Kulturbereich weit verbreitet knappen und sogar vor Kürzungen stehenden Haushalte in der Zeit der weltweiten Wirtschafts- und Finanzkrisen sowie der diskutierten Einführung von Schuldenbremsen keine Spielräume für die Übernahme weiterer finanzieller Verpflichtungen. Eine kulturpolitische Argumentation oder Strategie der Länder war vor diesem Hintergrund kaum erkennbar. Der Deutsche Bundestag war es, der das Thema mit verschiedenen Initiativen – Fachgesprächen, parlamentarischen Anfragen und schließlich Anträgen sowie einem Beschluss (im Detail dazu im Weiteren unten) – auf der politischen Agenda platzierte und damit die Exekutive auf Trab hielt.

Die verschiedenen Interessen innerhalb der Exekutive waren nach dem Protokoll der Expertenbesprechung Anfang 2011 (vgl. Dok. 4: Protokoll der Expertenbesprechung am 08.02.2011: 3 f.) wie folgt gelagert: Das Auswärtige Amt betonte
den außenpolitischen Nutzen einer Ratifizierung. Durch die konstant steigende
Anzahl der Vertragsstaaten, darunter bereits 20 EU-Staaten, berge eine abwar-
tende Haltung die Gefahr der Isolation. Insbesondere die Ständige Vertretung
Deutschlands bei der UNESCO in Paris hatte dies bereits seit 2006 immer wieder
gegenüber der Zentrale gemeldet, auch unter Hinweis auf den sich abzeichnen-
den globalen Konsens, der sich in der hohen Zahl von Ratifizierung zeigte, sowie
auf das sich abzeichnende Zusammenwachsen der UNESCO-Kulturkonventionen.
Begleitet wurde diese Positionierung allerdings meist von dem etwas irreführen-
den Argument, die Konvention sei ein Instrument für Entwicklungsländer als
reine Ergänzung zur bzw. Kompensation der europäischen Dominanz in der
Welterbe-Konvention von 1972. Auch BKM folgte in den Jahren 2007–2009
immer wieder der Argumentationsfigur, dass Europa anders als Entwicklungs-
und Schwellenländer kein großes Interesse an der Erhaltung von Fähigkeiten und
Kenntnissen, die in den Wirkungsbereich der UNESCO-Konvention zum Immateriellen Kulturerbe fallen, habe (vgl. Dok. 2: Dokumentation ZDH-Workshop
9./10. April 2008: 4). Dieses Argument erweist sich allein beim Blick auf die
90 zwischen 2001 und 2005 als ‚Meisterwerke' ausgezeichneten Kulturformen,
die als erste Elemente in die Repräsentative Liste der UNESCO-Konvention
aufgenommen wurden, als falsch, denn alle hierbei gewürdigten Staaten hatten
schon damals auch mindestens eine Welterbe-Stätte. Von Seiten der Deutschen
UNESCO-Kommission hieß es bereits Mitte 2010:

> „Viele Partner äußern auf Arbeitsebene informell zunehmend ein gewisses Unver-
> ständnis, dass Deutschland mit seiner reichen und vielfältigen Kulturtradition sich
> mit diesem UNESCO-Übereinkommen so schwer tut. Ein erhöhter kulturpolitischer
> Erklärungsbedarf ist aus diesen Gründen bereits heute zu konstatieren." (Dok. 6:
> Einschätzung der DUK zum BKM-Sachstand vom Juli 2010: 6).

Auch BKM sprach sich laut dem Protokoll der Sitzung vom 8. Februar 2011
inzwischen für eine schnelle Ratifizierung der Konvention aus – Staatsminister Bernd Neumann sagte seine Unterstützung gegenüber seiner AA-Kollegin
Cornelia Pieper in einem gemeinsamen Termin Anfang April 2011 dann auch
persönlich zu (vgl. Dok. 8: Informelles Arbeitspapier KMK, BKM, AA 2011:
3) – und bat das AA, in einer Synopse für die Ressorts und Länder – auch auf
Basis der Machbarkeitsstudie der Länder und der Expertenanhörung – die Umset-
zungsszenarien und weiteren Verfahrensschritte aufzuzeigen. Dabei wollte BKM

aber ein Umsetzungsgesetz für die Konvention oder ein Organisationsgesetz für ein einzusetzendes Nominierungskomitee in jedem Fall verhindern, vor allem, weil man fürchtete so Rechtsansprüche „durch die Hintertür" einzuführen, aber auch um sich bei der Förderung einer Geschäftsstelle (bei der DUK) haushaltsrechtlich nicht dauerhaft zu binden. Da nicht alle Ressorts bei der Anhörung vom 8. Februar 2011 vertreten waren und zuvor mehrfach kritische Stimmen bezüglich einer Ratifizierung geäußert worden waren, wollte das AA zusammen mit einem konkreten Umsetzungsszenario in der Folge eine formale Abfrage zur Position der Ressorts und der Länder zur Ratifizierung durchführen. (vgl. Dok. 4: Protokoll der Expertenbesprechung am 08.02.2011: 4) Erfolgt ist diese Abfrage per E-Mail Ende Juni 2011. Während das AA und BKM nach den früheren Vorbehalten nun eine Ratifizierung klar befürworteten, aber die Finanzierung des Mitgliedsbeitrags und einer Koordinierungsstelle zur Bedingung einer sinnvollen Mitwirkung machten, waren BMI und BMJ im Ergebnis der Ressortabfrage zwar grundsätzlich positiv gegenüber einem deutschen Beitritt eingestellt, aber aufgrund des aus ihrer Sicht noch immer unklaren Verfahrens der innerdeutschen Umsetzung nach wie vor zögerlich in der Bewertung der Frage, ob in diesem konkreten Fall Vertrags-/Umsetzungsgesetze notwendig werden und forderten daher eine weitere Konkretisierung als Vorbehalt ihrer Zustimmung. Die Haltung der Länder hatte sich ebenfalls bereits Anfang 2011 in „vorsichtig-positiv bezüglich einer Ratifizierung" (Dok. 4: Protokoll der Expertenbesprechung am 08.02.2011: 3) gewandelt. Der KMK-Kulturausschuss im Oktober 2010 hatte eine grundsätzliche Offenheit für die Ratifizierung gezeigt, allerdings unter dem Vorbehalt, dass dadurch keine finanziellen Verpflichtungen bzw. Folgekosten für die Länder entstehen dürften. Außerdem sei das innerstaatliche Verfahren einer Umsetzung, insbesondere organisatorische und finanzielle Aspekte sowie Zuständigkeiten, vorab mit dem Bund zu klären. Auf dem folgenden KMK-Kulturausschuss am 24./25.02.2011 sollte das Immaterielle Kulturerbe erneut Thema sein, und auch die Machbarkeitsstudie zur Umsetzung in Deutschland vorgestellt werden. Es wurde bereits angekündigt, dass abschließend „länderseitig in jedem Fall die politische Ebene [...] der Kultusministerkonferenz zur Frage der Ratifizierung entscheiden" (Dok. 4: Protokoll der Expertenbesprechung am 08.02.2011: 4) müsse. Dies geschah im ersten Schritt im Dezember 2011, als die Länder sich offiziell für eine Ratifizierung der Konvention durch Deutschland aussprachen – erneut unter dem Vorbehalt, „dass vor einer Ratifizierung das innerstaatliche Umsetzungsverfahren und damit alle rechtlichen Fragen (z. B. eines Vertrags- und/oder Ausführungsgesetzes) und die noch offenen Finanzierungsfragen zu einem deutschen Beitritt mit dem Bund geklärt sind" (Dok. 13: KMK-Beschluss vom 08.12.2011: 2).

Der Deutsche Bundestag war, wie bereits erwähnt, bei der Ingangsetzung des Beitrittsverfahrens ein wichtiger Akteur, nicht nur, weil er die Finanzierung für die innerstaatliche Umsetzung sowie den Beitrag zur Konvention bewilligen musste: Nach einem Fachgespräch mit internationalen Gästen im Ausschuss für Kultur und Medien am 25. März 2009, bei dem die eingeladenen Sachverständigen zum großen Teil die positiven Potenziale der Konventionsumsetzung betonten und damals vor allem die Länder noch ihre zurückhaltende Haltung bekräftigten (vgl. Dok. 4: heute im Bundestag vom 26.03.2009), kam es Mitte 2011 zu zwei fast zeitgleichen Anträgen der Fraktionen des Deutschen Bundestags: der Antrag der Fraktionen der SPD und von Bündnis 90/Die Grünen (Dok. 9: BT-Drs. 17/6301 vom 28.06.2011) und der Antrag der Regierungsfraktionen CDU/CSU und FDP (Dok. 10: BT-Drs. 17/6314 vom 29.06.2011).

Der Oppositionsantrag beruft sich wie schon die Kleine Anfrage der FDP von 2009 (vgl. Dok. 5: BT-Drs. 16/13343 vom 11.06.2009: 1) auf die Ratifizierungs-Empfehlung der Enquete-Kommission „Kultur in Deutschland". Als kultur- und gesellschaftspolitische Chance sahen die beiden Fraktionen der SPD und von Bündnis 90/Die Grünen, dass das Immaterielle Kulturerbe und

> „vor allem die innergesellschaftliche Diskussion und Verständigung darüber, was auf Basis der Begriffsbestimmungen des UNESCO-Übereinkommens dazu gehört, […] wesentlich dazu beitragen [können], ein umfassendes und zugleich dynamisches Kulturverständnis, aufgeschlossen für Werthaltungen und Kreativität, zu ermöglichen". Mit der Ratifizierung „wäre für Deutschland u. a. die Möglichkeit verbunden, den immateriellen Hintergrund und Kontext der vielfältigen materiellen Kultur in Deutschland zu einem Teil des international anerkannten Kulturerbes zu machen und damit zur interkulturellen Vielfalt der Staatengemeinschaft beizutragen. Zudem kann besonderes Engagement für die Bewahrung und Verbreitung eines immateriellen Kulturguts öffentlich anerkannt werden." (Dok. 9: BT-Drs. 17/6301 vom 28.06.2011: 2).

Die Argumentation bewegt sich damit zwischen international und interkulturell orientierter Kulturpolitik und der Würdigung bürgerschaftlichen Engagements sowie der Wertgeladenheit des Themas. Der Antrag forderte die Regierung auf, den Ratifizierungsprozess bereits bis Ende 2012 abzuschließen und sich dabei sowohl mit Ländern als auch Kommunen hinsichtlich der Qualitätssicherung abzustimmen. Er enthielt auch die Forderung nach einem Konzept für einen angemessenen Schutz der für Deutschland ausgewählten immateriellen Kulturgüter. (vgl. Dok. 9: BT-Drs. 17/6301 vom 28.06.2011: 2 f.)

Der Antrag der Regierungsfraktionen CDU/CSU und FDP meint, das Immaterielle Kulturerbe sei „die logische Ergänzung zu den Welterbestätten" (Dok.

4: BT-Drs. 17/6314 vom 29.06.2011: 1). Man gibt noch einmal die Gründe an, warum Deutschland trotzdem bisher mit der Ratifizierung gezögert habe: Zum einen sei „die Unklarheit darüber, nach welchen Kriterien immaterielle Kulturgüter ausgewählt werden sollten" (Dok. 4: BT-Drs. 17/6314 vom 29.06.2011: 2) dafür verantwortlich. Damit im Zusammenhang sei von Experten die Problematik angeführt worden, dass es aufgrund der fehlenden Kriterien zu Missbrauch durch ökonomische, politische oder ideologische Interessen kommen könnte. Schließlich sei zum anderen vor neuen Rechtsansprüchen gewarnt worden, die durch Ratifizierung der Konvention entstehen könnten. (vgl. Dok. 4: BT-Drs. 17/6314 vom 29.06.2011: 2) Durch die Umsetzungspraxis anderer Länder hätten diese Bedenken aber weitgehend ausgeräumt werden können.

> „Besonders die Erfahrungen unserer Nachbarländer Österreich und der Schweiz haben gezeigt, wie den Bedenken Rechnung getragen werden kann und wie man eine nationale Vorschlagsliste immaterieller Kulturgüter erstellt. Auch bei der Umsetzung in Deutschland sollten sie berücksichtigt werden." (Dok. 4: BT-Drs. 17/6314 vom 29.06.2011: 2)

Letztlich berief sich der Antrag auch auf die Machbarkeitsstudie (Albert/Disko 2011), die die Länder in Auftrag gegeben hatten.

Die beiden Anträge wurden in einer Plenarsitzung am 30. Juni 2011 erstmals debattiert. Alle Fraktionen ergriffen mit jeweils einem Sprecher das Wort und plädierten entsprechend der Antragsinhalte für den Beitritt. Dabei wurde seitens der CDU/CSU u. a. auf die Bereitschaft zum Engagement bei den Verbänden BHU, ZDH, Zentralverband des Deutschen Bäckerhandwerks, Deutscher Schaustellerbund und dem Deutschen Brauerbund hingewiesen. Die Sprecherinnen der SPD-Fraktion und der Fraktion von Bündnis 90/Die Grünen hoben die Chancen eines partizipativen und politikfernen Verfahrens der Inventarisierung gemeinsam mit Bürgerinnen und Bürgern, Organisationen und Interessensverbänden hervor. (vgl. BT-Plenarprotokoll 17/117: 13534 ff.) Die CDU/CSU-Fraktion veranstaltete im Vorfeld der Ausschussberatungen am 5. September 2011 auf Initiative von MdB Wolfgang Börnsen noch einmal ein eigenes Fachgespräch zum Thema „Nationale Umsetzung der UNESCO-Konvention zum Immateriellen Kulturerbe" mit Gästen aus Politik (u. a. Staatsminister BKM Bernd Neumann, Staatsministerin im AA Cornelia Pieper, Dr. Enoch Lemcke, Berichterstatter der KMK für das Thema Immaterielles Kulturerbe aus Mecklenburg-Vorpommern) und zivilgesellschaftlichen Verbänden (DUK, ZDH, Zentralverband des Deutschen Bäckerhandwerks, Deutscher Schaustellerbund, Heimatbund Thüringen).

Laut Einladung waren wichtige Fragen, wie man das Bewusstsein in der Bevölkerung für das Immaterielle Kulturerbe schärfen könne und wie man bei der Inventarisierung vorgehen solle. (vgl. Dok. 12: Einladung zum Fachgespräch der CDU/CSU-Fraktion im Deutschen Bundestag 05.09.2011) Aus den folgenden Antragsberatungen in den mitberatenden Ausschüssen Auswärtiger Ausschuss, Rechtsausschuss, Haushaltsausschuss, Ausschuss für Wirtschaft und Technologie, Ausschuss für Ernährung, Landwirtschaft und Verbraucherschutz sowie Ausschuss für Tourismus im Oktober und November 2011 sowie im federführenden Ausschuss für Kultur und Medien am 30. November 2011 ergab sich eine Empfehlung, den Regierungsantrag anzunehmen und den Oppositionsantrag abzulehnen (vgl. Dok. 14: BT-Drs. 17/8121 vom 13.12.2011: 3 ff.). Man war sich fraktionsübergreifend einig, dass das Immaterielle Kulturerbe von Bedeutung sei und der Beitritt zur UNESCO-Konvention schnellstmöglich erfolgen sollte – umstritten war technisch lediglich, ob man dafür von Seiten des Parlaments konkrete Fristen und Umsetzungsschritte festsetzen sollte (vgl. Dok. 14: BT-Drs. 17/8121 vom 13.12.2011: 5). Nuancen in der Begründung des deutschen Engagements auf dem kulturpolitischen Feld sind aber daneben, wie oben erläutert, auch inhaltlich zu unterscheiden. Als am 15. Dezember 2011 der Deutsche Bundestag, gegen das Votum von SPD und Grünen bei Enthaltung der Linksfraktion, den Regierungsantrag, mit dem die Bundesregierung aufgefordert wird, die Ratifizierung der Konvention zum immateriellen Kulturerbe voranzutreiben, merkte Wolfgang Börnsen von der CDU-Fraktion u. a. an, dass sich Deutschland schwertue, sich für einen umfassenden Kulturbegriff zu öffnen, der mehr als Musik und Literatur umfasse. Auch auf die Vorbehalte gegen eine Ratifizierung ging er ein – von den befürchteten Kosten über Bedenken, wie man mit kuriosen Anträgen umgehen soll, über die noch unklaren Kompetenzen zwischen Bund und Ländern in diesem Bereich bis hin zur Diktaturvergangenheit in Deutschland. Er deutet das Immaterielle Kulturerbe aber als potenziell positiven Faktor des interkulturellen Austauschs und der Möglichkeit der Integration von Migranten. (vgl. BT-Plenarprotokoll 17/149: 17897 f.) Die Vertreterin der Grünen, Agnes Krumwiede, wünschte sich ein mit der Schweiz (vgl. Abschnitt 4.4.2.2.) vergleichbares Verfahren der Integration der Zivilgesellschaft in die Erstellung des Verzeichnisses, warnte vor einer Auswahlkategorie „typisch deutsch" (BT-Plenarprotokoll 17/149: 17901) und fordert von der Bundesregierung die Entwicklung von konkreten Schutzmaßnahmen für ausgewählte Kulturformen. Das Parlament unterstützte mit dem Beschluss formal die Anstrengungen der Bundesregierung, obwohl es, wie oben erörtert, wohl eher umgekehrt vor allem die Legislative zusammen mit gesellschaftlichen Verbänden waren, die durch beharrliches Drängen die Exekutive zu diesem Punkt geführt hatte, dass eine Ratifizierung in greifbare Nähe rückte. Die Regierung sollte die diesbezüglichen Gespräche mit den Ländern fortführen und bei diesen um Zustimmung zu dem Übereinkommen werben. Ferner sollte zeitnah ein Forum „Immaterielles Kulturerbe" veranstaltet werden, das Verbände und Organisationen einbezieht. Zudem sollten Maßnahmen ergriffen werden, die zum Verständnis und zur Zustimmung für die Konvention in der breiten Öffentlichkeit beitragen können. Das formelle Ratifizierungsverfahren sollte zügig in Gang gesetzt werden. (vgl. Dok. 4: BT-Drs. 17/6314 vom 29.06.2011: 3)

Auf Basis des beschlossenen Parlamentsantrags wurden im AA die weiteren notwendigen Schritte eingeleitet und in den Folgemonaten erneut mehrere Ressortbesprechungen und Bund-Länder-Gespräche im Format einer informellen Arbeitsgruppe aus AA, BKM und KMK geführt. „Im Jahr 2012 sind die Pflöcke eingehauen worden. Alles davor war mehr oder weniger nur Geplänkel" (B, Interview am 05.11.2018), meint Birgitta Ringbeck. Vor allem das BKM wollte nach dem Bundestagsbeschluss und der bewilligten Summe für die Einrichtung einer Geschäftsstelle bei der DUK nun zügig zu einem Ergebnis kommen, da man zunehmend Anfragen aus der Zivilgesellschaft und dem parlamentarischen Bereich erhielt. Das entscheidende Einvernehmen wurde im Nachgang einer Besprechung im Auswärtigen Amt am 5. Juni 2012 erzielt (siehe hierzu ausführlicher Abschnitt 6.2.1.). Im Ergebnis der im Laufe des Jahres 2012 erfolgten Abstimmungen zwischen Bund und Ländern stand im Dezember des Jahres die Kabinettsvorlage durch den damaligen Bundesminister des Auswärtigen Guido Westerwelle: Vor dem simplen Beschlussvorschlag „Die Bundesregierung stimmt dem Beitritt der Bundesrepublik Deutschland zum UNESCO-Übereinkommen zur Erhaltung des immateriellen Kulturerbes zu." (Dok. 21: Kabinettsache Datenblatt 17/05067; Anlage 1) wurde in der Begründung der Vorlage auf die fraktionsübergreifende Einigkeit für eine Einleitung des Beitrittsverfahrens vom Dezember 2011 verwiesen. Auch wenn die Mitwirkung von BKM, BMI, BMJ und der KMK an der Vorbereitung erwähnt und ihre Zustimmung zum Vorhaben belegt wird, dominiert doch die Lesart des Auswärtigen Amts in der Begründung des Schrittes: „Mit dem Beitritt zum UNESCO-Übereinkommen zur Erhaltung des immateriellen Kulturerbes ist eine aktive Wertschätzung der immateriellen Kulturformen und -schätze auch in anderen Ländern und Weltregionen verbunden." (Dok. 21: Kabinettsache Datenblatt 17/05067: 2) Die vordringlichste Begründung war also nicht eine kulturpolitisch nach innen motivierte Zielrichtung, sondern die äußere und außenpolitische Wirkung des deutschen Beitritts. Es wird unmittelbar auf die Bezüge zur 1972er-Konvention der UNESCO verwiesen, wenn es im Weiteren heißt: „Neben der UNESCO-Welterbekonvention, die das materielle

Kultur- und Naturerbe schützt, ist das Übereinkommen zur Erhaltung des immateriellen Kulturerbes eine wichtige Säule zur Bewahrung und Vermittlung der kulturellen Vielfalt." (Dok. 21: Kabinettsache Datenblatt 17/05067: 2) Auch im Grußwort von Bundesminister Westerwelle für eine DUK-Publikation heißt es im Verständnis der Bedeutung des Immateriellen Kulturerbes tendenziell limitierend, da funktionalistisch aufeinander bezogen:

> „Zwischen dem immateriellen Erbe und den Welterbestätten […] gibt es oft wechselseitige Beziehungen. In die Welterbeliste eingeschriebene Stätten dokumentieren weit mehr als architektonische Kunst oder bauhistorische Entwicklungen. Sie lenken über sich hinaus den Blick auf Kulturräume und Kulturlandschaften mit materiellen und immateriellen Aspekten. Die Verknüpfung der beiden Konventionen, ihre Gemeinsamkeiten und die ihnen eigenen Besonderheiten können für die eigene Standortbestimmung und den internationalen Dialog ausgesprochen fruchtbar sein. Damit wird eine weitere Grundlage für die internationale Zusammenarbeit und die gegenseitige Wertschätzung von Kulturen und Gesellschaften geschaffen." (Deutsche UNESCO-Kommission 2013: 7)

Der Beschluss des Bundeskabinetts erfolgte am 12. Dezember 2012 ohne Aussprache (vgl. Dok. 21: Kabinettsache Datenblatt 17/05067; Anschreiben). Bereits zuvor eingeleitet (vgl. Dok. 21: Kabinettsache Datenblatt 17/05067: 3), kam es gemäß Art. 3 der Lindauer Absprache in äußerst kurzer Zeit – binnen drei Monaten – zur Zustimmung der 16 Länder zum Beitritt. Die Ständige Vertragskommission hatte bereits vor dem Kabinettsbeschluss empfohlen, dass die Länder den Beitritt mittragen und einzeln unterzeichnen. (vgl. B, Interview am 05.11.2018)

Die Urkunde des deutschen Beitritts wurde in Paris am Hauptsitz der UNESCO am 10. April 2013 hinterlegt. Drei Monate darauf, also am 10. Juli 2013, war die Mitgliedschaft Deutschlands rechtskräftig. Am 23. Juli 2013 wurde das Übereinkommen im Bundesgesetzblatt veröffentlicht und damit das Inkrafttreten offiziell verkündet.

Die politischen und administrativen Schritte dieser Phase der Ingangsetzung des Beitrittsprozesses fanden bis Dezember 2012 medial und damit auch in der allgemeinen Öffentlichkeit kaum Aufmerksamkeit – weder den Fachgesprächen im Bundestag noch dem Bundestagsbeschluss oder den folgenden intensivierten Bund-Länder-Gespräche wurde größeres öffentliches Interesse zuteil. Erst der vom Bundeskabinett beschlossene Beitritt zur Konvention im Dezember 2012 fand von dpa über Spiegel Online und der WELT bis zu zahlreichen öffentlich-rechtlichen Medien und der FAZ (alle 12./13./14.12.2012) beachtliche Publizität.

Der Deutsche Bundestag widmete sich im Untersuchungszeitraum (bis einschließlich 2016) nur im Januar 2013, kurz nach dem vom Bundeskabinett beschlossenen Beitritt, noch einmal dem Thema des Immateriellen Kulturerbes. Am 30. Januar gab es eine nichtöffentliche Anhörung, bei der drei der an der Verfassung des DUK-Arbeitspapiers „Das lebendige Kulturerbe kennenlernen und wertschätzen!" (Dok. 18) beteiligte Experten (Prof. Dr. Christoph Wulf, Prof. Dr. Viola König, Prof. Dr. Wolfgang Kaschuba) in den Bundestags-Ausschuss für Kultur und Medien eingeladen wurden, um über die anstehende Umsetzung in Deutschland, insbesondere Chancen und Herausforderungen der Arbeit mit dem UNESCO-Übereinkommen zur Erhaltung des immateriellen Kulturerbes, zu beraten. In den Debatten unter Leitung der damaligen Vorsitzenden des Ausschusses Monika Grütters (CDU/CSU), die sich neugierig zeigte, was die Experten und auch die Politik mit dem Instrument vorhätten, zwischen den Berichterstattern der Fraktionen (Wolfgang Börnsen für die CDU/CSU-Fraktion, Wolfgang Thierse für die SPD, Rainer Deutschmann für die FDP, Luc Jochimsen für Die LINKE und Claudia Roth für Bündnis 90/Grüne) und den Experten der DUK ging es insbesondere um die Natur des nationalen Verzeichnisses des Immateriellen Kulturerbes. Eine wichtige Erkenntnis war, dass das Verzeichnis „keine Bibel, sondern Börse" (Aussage von Wolfgang Börnsen, aufgegriffen von Wolfgang Thierse; dies und im Folgenden alles nach eigenen Notizen des Autors dieser Arbeit vom 30.01.2013) sein werde. MdB Börnsen hielt die Umsetzung der Konvention zudem für eine Chance für eine „Demokratisierung der Kultur" und für die Beschäftigung mit der Frage, was Kultur sei und wie wir Kultur für die Zukunft definieren. MdB Deutschmann mahnte eine gute Öffentlichkeitsarbeit an, damit aus den Ländern „bessere Vorschläge als Volkstümelei" kommen und verwies darauf, dass die Bäcker und Schausteller bereits mit den Hufen scharren, sich zu bewerben. MdB Thierse empfand die Begeisterung der vortragenden Experten als ansteckend und freute sich, dass der Begriff ‚Volkskultur' mit Umsetzung der Konvention die Chance habe, nicht für alle Zeiten verbrannt zu sein. Die MdBs Jochimsen und Roth freuten sich über die sichtbare Aufhebung des Unterschieds zwischen Hoch- und Breitenkultur sowie das kreative Potenzial, das sichtbar gemacht werde. Die Bewertung der Bundespolitiker fiel also durchweg positiv aus, was insgesamt nicht verwundert, weil die Fraktionen in der laufenden Legislaturperiode (2009–2013) schließlich mit ihren Anträgen (Doks. 9 und 10) bzw. dem Ende 2011 mehrheitlich gefassten Beschluss des Antrags der Regierungsfraktionen (Dok. 14) die Ratifizierung vehement gefordert hatten.

6.2 Gestaltung einer Politik zum Immateriellen Kulturerbe: Kulturförderung ohne bewusste Absicht?

Welche Maßnahmen zur Umsetzung der UNESCO-Konvention zur Erhaltung des immateriellen Kulturerbes in Deutschland konzipiert wurden und auf welcher Basis die entsprechenden Beschlüsse gefasst wurden, gehört zu den zentralen Fragen dieser Arbeit, die mit dem verfolgten Forschungsansatz untersucht werden können. Zunächst interessieren die genauen Modalitäten des deutschen Beitritts zur Konvention (Abschnitt 6.2.1.). Blickt man auf die Architektur der Konventionsumsetzung, erachtet man den Prozess der Inventarisierung mit dem greifbaren Ergebnis eines Verzeichnisses des Immateriellen Kulturerbes in Deutschland (Abschnitt 6.2.2.) als vorrangige und sichtbarste Maßnahme, auf deren Ausgestaltung sich das Hauptaugenmerk im Prozess der Formulierung einer Politik zum Immateriellen Kulturerbe gerichtet hat. Dieses wird sowohl von den befragten Experten wie auch von den Trägergruppen der Formen Immateriellen Kulturerbes und der Öffentlichkeit in ihrer Bedeutung als herausgehoben wahrgenommen. Zu den weiteren Maßnahmen, die zum Teil eine Bedingung für das Gelingen dieses Inventarisierungsprozesses sind und auch in dem Stufen-Verfahren (Abschnitt 6.2.2.2.), auf das man sich zwischen Bund, Ländern und DUK verständigte, erwähnt sind, die aber auch darüber hinaus Wirksamkeit entfalten und mit weiteren Projekten, Programmen und Strategien der Umsetzung verbunden sind (siehe Abschnitt 6.3.1.), gehören die Einrichtung einer Fachstelle (Abschnitt 6.2.3.) und eines Fachgremiums (Abschnitt 6.2.4.). Auch die Einrichtung von Strukturen auf Länderebene (Abschnitt 6.2.5.) – von der Benennung von Ansprechpersonen über konkrete Unterstützung der Trägergruppen aus den für Kultur zuständigen Länderministerien oder speziellen Beratungsstellen bis hin zur Einrichtung von Länderverzeichnissen – gehören zu der Inventarisierungsarchitektur. Die relevanten konzeptionellen Grundlagen der Projekte, Programme und Strategien der weiteren, i. d. R. nichtstaatlichen, Akteure für eine Politik zum Immateriellen Kulturerbe in Deutschland werden in Abschnitt 6.2.6. vorgestellt.

Als zu untersuchende Kategorien für die Phase der Politikformulierung wurden vier Punkte definiert (siehe Abschnitt 5.3.4.): erstens Verfahrensfragen, wie es zur Politikformulierung in der beschriebenen Weise kam – hierzu gibt Tabelle 6.1 im vorangegangenen Abschnitt einen chronologischen Überblick über wichtige Wegmarken im Zeitraum 2009 bis 2014 –, zweitens ein Blick auf die Interessen der beteiligten Akteure, die nach dem Ansatz des akteurzentrierten Institutionalismus maßgebend auch für diese Phase des Policy-Cycle sind, drittens eine Betrachtung, welche Anleihen bzw. Adaptionen anderer Modelle, die sich als

Faktor des politischen Lernens ausgewirkt haben, vorgenommen wurden, und viertens eine Betrachtung, ob die Akteure, nach allem was man rückblickend beurteilen kann, eher das Ziel kulturelle Teilhabe zu erhöhen und/oder das Ziel der Würdigung zivilgesellschaftlichen Engagements geleitet hat.

Zur letzten Kategorie noch einige Gedanken hinsichtlich der Differenzierung, da hier durchaus weitere Abstufungen im Vergleich zu dieser binären Darstellung möglich sind: Als mögliche Ziele der Politikformulierung im Kontext der nationalen Umsetzung der UNESCO-Konvention zum Immateriellen Kulturerbe, insbesondere mit Blick auf die Inventarisierung, sollen hier fünf Punkte bzw. Qualitäten unterschieden werden. Diese können in aufsteigender Komplexität sowie kulturpolitischer Aktivität und Bereitschaft zur aktiven politischen Intervention der Akteure kategorisiert werden: Erstens kann die Inventarisierung eine neutrale Bestandsaufnahme im Sinne von reiner Wissensorganisation, welche immateriellen Kulturformen es in Deutschland gibt, sein. Etwas wertender kann es zweitens um eine allgemeine Sensibilisierung für die Bedeutung der Formen des Immateriellen Kulturerbes gehen. Noch qualifizierender und mit mehr kulturpolitischer Intervention verbunden wäre drittens die aktive Würdigung und positive Wertschätzung bürgerschaftlichen Engagements im kulturellen Bereich durch die dezidierte Anerkennung von Kulturformen und ihrer Trägergruppen als Immaterielles Kulturerbe bzw. als dessen Trägerschaften. Alternativ oder ergänzend dazu kann es viertens um eine explizite Auszeichnung von Kulturformen und Kulturträgergruppen aufgrund ihrer besonders qualifizierten Kulturleistungen gehen. Dies kann argumentativ und in der Außendarstellung bis hin zur Aufstellung einer wettbewerbsähnlichen „Hitliste" des Immateriellen Kulturerbes in Deutschland auf Basis eines kompetitiven Auswahlprozesses reichen. Und fünftens, konzeptionell am umfassendsten, wäre die politische Absicht, durch die Umsetzung der Konvention die kulturelle Teilhabe in Deutschland zu steigern. Welcher dieser konzeptionellen Ansätze von welchen Akteuren verfolgt wurde, soll in diesem und dem folgenden Abschnitt deutlich werden. Dies dient der expliziten Sichtbarmachung der mit der Umsetzung der UNESCO-Konvention zur Erhaltung des immateriellen Kulturerbes verbundenen kulturpolitischen Strategien, die selten offensiv formuliert wurden. Als Schwierigkeit zeigt sich dabei, dass sich diese Strategien nicht unbedingt widersprechen bzw. ausschließen und die Abstufungen graduell sein können. Es muss also individuell bewertet werden, welche Perspektive jeweils dominant erscheint.

In diesem Kontext sei darauf hingewiesen, dass, wenn in der vorliegenden Arbeit von einer Anerkennung als Immaterielles Kulturerbe oder als Trägergruppe einer Kulturform gesprochen wird, dies in weitgehend wissenschaftlich-neutraler

Form gemeint ist und damit nicht einer der o. g. Interpretationen vorgegriffen werden soll. Nichtsdestotrotz verweist der häufige und gewohnheitsmäßige Gebrauch dieses Terminus durch die Beteiligten im Kontext der nationalen Umsetzung darauf, dass dies eine der dominanten Interpretationen im o. g. Sinne ist.

6.2.1 Modalitäten des Beitritts

Das Auswärtige Amt hatte 2011/2012 das Ziel vor Augen, in keinem Fall der letzte europäische Staat zu sein, der die Konvention zum Immateriellen Kulturerbe ratifiziert. Darüber hinaus ging man aber seitens AA und auch seitens BKM weitgehend ohne große Leidenschaft oder ein kulturpolitisches Konzept in die nationalen Beratungen über einen Beitritt zur UNESCO-Konvention. „Wir wollten das Rad nicht neu erfinden, sondern relativ schnell zum Zuge kommen." (B, Interview am 05.11.2018), erinnert sich die verantwortliche Mitarbeiterin im AA. Eher pflichtschuldig wies BKM später in der Begründung des Bundesinteresses im Rahmen der Abstimmung des Förderbescheids der DUK-Geschäftsstelle darauf hin, dass man „Steuerungs- und kulturpolitische Gestaltungskompetenz wahrnehmen" (Dok. 16: BKM-Vermerk zum Antrag auf Gewährung einer Bundeszuwendung vom 02.04.2012: 2) müsse. Der damalige Bundesminister des Auswärtigen, Dr. Guido Westerwelle, äußerte in einem Grußwort zur Publikation der Vertragstexte der Konvention ebenfalls sehr defensiv, er wünsche sich, „dass der Beitritt Deutschlands zu dieser Konvention eine lebhafte Debatte über die Bedeutung des immateriellen Kulturerbes für unsere eigene Identität und die anderer Kulturen auslöst" (Deutsche UNESCO-Kommission 2013: 7). Denkbar wäre an beiden Stellen gewesen, kulturinnen- oder -außenpolitisch offensiver aufzutreten und zum Beispiel eine Schwerpunktsetzung mittels finanzieller Unterstützung an nationale Trägergruppen bzw. zum Fonds der Konvention, etwa für Capacity Building in Entwicklungsländern, wie es die fast zeitgleich beitretenden Niederlande oder Norwegen getan haben oder wie es die Enquete-Kommission „Kultur in Deutschland" vorgeschlagen hatte, zu signalisieren. Diese Option wurde Anfang 2011 offenbar kurz erwogen: „AA prüft die Möglichkeit eines AA-Beitrags für den internationalen Fonds." (Dok. 8: Informelles Arbeitspapier KMK, BKM, AA 2011: 4) heißt es zumindest in einem informellen Arbeitspapier. Innen(-kultur-)politisch wäre eine finanzielle Förderung für ausgewählte als Immaterielles Kulturerbe anerkannte Kulturpraktiken, argumentativ beispielsweise gut begründet mit der Anerkennung, dass sie die kulturelle Teilhabe erweitern würden, denkbar gewesen. Allerdings standen, wie bereits erwähnt, finanzielle Bedenken solchen konzeptionellen Überlegungen wohl frühzeitig entgegen. Deutschland legte „aus haushaltsrechtlichen Gründen" (Dok. 19: Ergebnisvermerk zu den Bund-Länder-Absprachen vom 29.10.2012: 1) mit dem Beitritt gar einen Vorbehalt gegen Art. 26 Abs. 1 der UNESCO-Konvention, die Zahlung eines regelmäßigen Pflichtbeitrags, ein. Dies ist nach Art. 26 Abs. 2 möglich. So werden von Deutschland statt des regulären an den UNESCO-Beitrag gekoppelten Pflichtbeitrags freiwillige Beiträge gezahlt, die im Einzelplan 05 des Bundeshaushalts etatisiert sind. (vgl. Dok. 21: Kabinettsache Datenblatt 17/ 05067: 3) Tatsächlich zog sich durch die Beratungen der Beitrittsmodalitäten, dass kein staatlicher Akteur den Mehraufwand, der mit dem Beitritt verbunden war, bezahlen wollte: Das Auswärtige Amt wollte über den regelmäßigen Beitrag zum Fonds – man rechnete mit bis zu 250.000 Euro im Biennium – hinaus keine Struktur für die nationale Umsetzung finanzieren; zumal man auf den „beachtlichen administrativen Beitrag zur erfolgreichen Umsetzung" (Dok. 8: Informelles Arbeitspapier KMK, BKM, AA 2011: 3) der Ständigen Vertretung Deutschlands bei der UNESCO in Paris verwies. Auch BKM war wichtig, „[d]ie Kosten und de[n] organisatorische[n] Aufwand […] zu minimieren" (Dok. 8: Informelles Arbeitspapier KMK, BKM, AA 2011: 3). Die Länder zeigten ebenfalls wenig Begeisterung über eine zusätzliche Aufgabe, die zudem noch der Koordination zwischen ihnen bedurfte. Anfang 2011, als die in Auftrag gegebene Machbarkeitsstudie (Albert/Disko 2011) erschienen war, betonte man ebenfalls wiederholt, dass der organisatorische Aufwand für die Umsetzung des Übereinkommens unbedingt zu minimieren sei und keine Folgekosten für die Länder entstehen dürften (vgl. u. a. Dok. 8: Informelles Arbeitspapier KMK, BKM, AA 2011: 1). Im KMK-Beschluss von Dezember 2011 hieß es dann deutlich: „Eine Beteiligung der Länder an den Kosten der nationalen Koordinierungsstelle und am deutschen Mitgliedsbeitrag zum Übereinkommen wird aufgrund des eigenen administrativen Beitrags ausgeschlossen." (Dok. 13: KMK-Beschluss vom 08.12.2011: 2) Gleichzeitig war die KMK der Auffassung, dass nur durch eine aktive Rolle und finanzielle Unterstützung der Bundesregierung bei der Einrichtung einer Geschäftsstelle bei der DUK die Option eines bundesweit einheitlichen Verzeichnisses realisierbar wäre (vgl. Dok. 8: Informelles Arbeitspapier KMK, BKM, AA 2011: 3). Man befürchtete öffentliche Kontroversen angesichts der weitgehend negativen und abwertenden Medienberichterstattung der Zeit (siehe Abschnitt 6.1.1.) und sah hier eine wichtige Aufgabe der Geschäftsstelle. In den Ressortbesprechungen unter Beteiligung der Länder fand man schließlich die Einigung, dass BKM zunächst für eine Pilotphase in den Haushaltsjahren 2012 und 2013 (vgl. Dok. 19: Ergebnisvermerk zu den Bund-Länder-Absprachen vom

29.10.2012: 4) 100.000 Euro aus dem Bundeshaushalt, Einzelplan 04, bekommen und als Zuwendung an die DUK geben sollte. Zudem einigte man sich auf ein gemeinsam getragenes Verfahren der innerstaatlichen Umsetzung zur Erstellung eines Verzeichnisses des Immateriellen Kulturerbes und darauf basierender UNESCO-Nominierungen (siehe Abschnitt 6.2.2.). Noch bevor dies offiziell in allen Details vereinbart war und der Beitritt verkündet werden konnte, veröffentlichte die CDU/CSU-Bundestagsfraktion mit ihrem kultur- und medienpolitischen Sprecher MdB Wolfgang Börnsen bereits die gefundene Lösung:

> „Die Kultusministerkonferenz hat ein Szenario zur Umsetzung des Übereinkommens erarbeitet. Dies enthält die Erstellung einer Liste des immateriellen Kulturerbes auf nationaler Ebene sowie die Berufung eines Expertenkomitees, das Nominierungsvorschläge für die UNESCO-Liste machen soll. Das Auswärtige Amt hat den bei Beitritt fälligen Betrag für den Haushalt 2013 beantragt. Der Kulturstaatsminister hat 100.000 Euro für die einzurichtende Geschäftsstelle bei der Deutschen UNESCO-Kommission bewilligt." (Dok. 17: Pressemitteilung der CDU/CSU-Bundestagsfraktion vom 06.08.2012)

Wie oben gezeigt, hätte entsprechend des Zeitgeistes, der Haushaltsdisziplin und Sparen als oberste Ziele auferlegte, mit an Sicherheit grenzender Wahrscheinlichkeit auch die Bundesregierung lieber vermieden, für Kosten zur nationalen Umsetzung der Konvention aufzukommen. Da die Länder im Inventarisierungsverfahren eine gewichtige Rolle beanspruchten, hätte man sich seitens des Bundes durchaus auf das Konnexitätsprinzip zurückziehen können, welches im Staatsrecht besagt, dass Aufgaben- und Finanzverantwortung zusammengehören. Dies ist in Art. 104a Abs. 1 des Grundgesetzes verankert und bestimmt insbesondere das Verhältnis zwischen Ländern und dem Bund, sowie außerdem mittelbar auch jenes zwischen Kommunen und Ländern. Das hätte allerdings, wie durch den deutlichen KMK-Beschluss von Ende 2011 deutlich wurde, zu einem weiteren Patt geführt, dem der Bundestagsbeschluss von Ende 2011, zügig zu einer Ratifizierung des Übereinkommens zu kommen, entgegenstand. Inhaltlich begründen könnte man die Aufgabenteilung zwischen Bund und Ländern im Rahmen der nationalen Umsetzung der UNESCO-Konvention zur Erhaltung des immateriellen Kulturerbes durchaus aus dem von Müller/Singer (2004) mehrfach erwähnten informellen Eckpunktepapier zur Systematisierung der Kulturförderung von Bund und Ländern, in dem das Thema Weltkulturerbe als übergreifende internationale Verpflichtung benannt wurde, weshalb der Bund unstrittig Kompetenzen in diesem Bereich habe (vgl. Müller/Singer 2004: 34 f.). Nun ist Immaterielles Kulturerbe zwar nicht mit dem UNESCO-Welterbe gleichzusetzen, aber da das Papier bereits 2003 besprochen (und niemals formal verabschiedet) wurde, konnte man die Entwicklung mit einer Verbreiterung des Erbe-Verständnisses im UNESCO-Kontext und insbesondere die Bedeutung, die Immaterielles Kulturerbe erlangen würde, noch nicht absehen. Hier Parallelen zu ziehen, liegt aus innerstaatlicher Perspektive und dem Horizont der meisten an den Verhandlungen beteiligten Akteure also nah. Zu guten Teilen ist eine solche Parallelisierung mit der nationalen Umsetzung der Welterbe-Konvention aber nicht berechtigt, weil der nationale Umsetzungsauftrag beim Immateriellen Kulturerbe ein gänzlich anderer ist als bei der 1972er-UNESCO-Konvention. Ein großer Unterschied ist etwa, dass beim Immateriellen Kulturerbe anders als beim Welterbe keine vorherigen Bestandsaufnahmen existieren: Während auf Ebene der 16 Länder Denkmallisten bestehen, die für die Identifizierung von Kultur- und Naturerbe herangezogen werden können, war beim Immateriellen Kulturerbe zunächst Basisarbeit in den Ländern bei der Identifikation des Grundbestands an Kulturformen zu leisten. Mit dem Beitritt zur 2003er-UNESCO-Konvention handelt es sich zwar auch um eine internationale Verpflichtung der Bundesrepublik Deutschland, es gibt aber keinen internationalen Schutzauftrag, weil der außergewöhnliche universelle Wert (der sogenannte OUV = *outstanding universal value*) im Gegensatz zum Welterbe beim Immateriellen Kulturerbe keine Rolle spielt. Der Unterschied zur Umsetzung der Welterbe-Konvention drückt sich auch in dem gemeinsamen Bestätigungsrecht von KMK und BKM bezüglich der Empfehlungen des DUK-Expertenkomitees beim Immateriellen Kulturerbe aus (siehe Abschnitt 6.2.2.). Während bei der 1972er-UNESCO-Konvention die Länder über die KMK einseitig die Tentativliste künftig anstehender Nominierungen – eine Verpflichtung aus der Konvention – erstellen, ist die Verantwortung zwischen Bund (BKM) und Ländern (KMK bzw. Kultur-MK) bei der 2003er-Konvention und der Anerkennung von Einträgen ins Bundesweite Verzeichnis also geteilt. Dies ist, zumindest implizit, ein Zugeständnis der Länder, dass der Bund beim Immateriellen Kulturerbe auch kulturpolitisch ein Gewicht hat – und zwar über die Rolle des Auswärtigen Amts im Rahmen der Auswärtigen Kulturpolitik hinaus, die das AA bei den beiden Kulturerbe-Konventionen gleichermaßen hat. 1976, als Deutschland der Welterbe-Konvention beitrat, existierte das BKM noch gar nicht, weshalb die Länder hier historisch eine Zuständigkeit beanspruchen können. Bis heute haben sie bei diesem Übereinkommen in der nationalen Umsetzung im Grunde keine Kompetenzen an den Bund abgegeben, auch wenn das zitierte Papier dem Bund hier Mitwirkungsrechte zugesteht und das BKM inzwischen auch ein entsprechendes Referat unterhält. Bei der Konvention zum Immateriellen Kulturerbe hat sich der Bund durch die Finanzierung der DUK-Geschäftsstelle von Anfang an Einfluss auf die Ausgestaltung gesichert. Die jährliche Zahlung von Beiträgen zum Fonds der 2003er-Konvention wurde ebenso wie jener zum Fonds der 1972er-Konvention im Haushalt des AA festgesetzt.

Die politischen Entscheidungsträger in Deutschland suchten zur Zeit des Beitritts zur Konvention nach geeigneten Modellen der nationalen Umsetzung und fanden sie in den europäischen Partnerländern, insbesondere in Österreich und der Schweiz (vgl. E1, Interview am 15.10.2018), die beide der Konvention schon einige Jahre früher (2009 bzw. 2008) beigetreten waren. Beide Nachbarstaaten standen mit ihren Modellen der nationalen Umsetzung der Konvention Pate für eine Adaption bzw. alles in allem für eine Hybridbildung oder Synthese zweier Modelle. Aus den Erkenntnissen, die man aus der nationalen Umsetzung in diesen beiden Ländern (siehe Abschnitt 4.4.) zog, entwickelten die verantwortlichen politischen Akteure dann ein an die konkreten Erfordernisse in Deutschland angepasstes eigenes Modell (siehe Abschnitt 6.4.1.), welches seitdem selbst weiterentwickelt wurde (siehe Abschnitt 6.4.2.) und wiederum – ganz im Sinne des politischen Lernens – seinerseits wieder die Umsetzung in anderen Ländern, zum Beispiel in Österreich oder in Frankreich und Finnland, beeinflusst (siehe Abschnitt 6.4.3.). (vgl. Blum/Schubert 2009: 157 ff.)

Die Inventarisierung des Immateriellen Kulturerbes, also die Erstellung eines Verzeichnisses der hierzulande vorhandenen lebendigen Traditionen, wie auch der Beitritt Deutschlands zur Konvention basieren beide auf keinem Gesetz. Dass Deutschland auf die Formulierung eines Vertragsgesetzes verzichten konnte, war unter anderem dem beim deutschen Beitritt geäußerten Vorbehalt nach Art. 26 Abs. 2 der Konvention, keine Verpflichtung zur Zahlung von Beiträgen zur Konvention zu übernehmen, zu verdanken. Damit ergab sich nämlich durch den Beitritt keine Bindung des Haushaltsgesetzgebers, also des Deutschen Bundestags. Auf diese Lösung hatte man sich in den Ressortabsprachen und mit den Ländern im Zuge der Vorbereitungen des Beitritts verständigt (vgl. Dok. 19: Ergebnisvermerk zu den Bund-Länder-Absprachen vom 29.10.2012: 1 f.). Während des Beitrittsprozesses musste, wie im Abschnitt 6.1.3. bereits erwähnt, dann ferner geklärt werden, ob es ein sogenanntes Ausführungsgesetz braucht, also ein Gesetz, dass die UNESCO-Konvention als völkerrechtliches Dokument auf den deutschen Rechtsrahmen herunterbricht und Einzelheiten zu ihrer Anwendung in Deutschland enthält. Dies wurde von den beteiligten Stellen – AA, BKM, BMI, BMJ und den Ländern – nach mehreren Konsultationsrunden und einer definitiven Einigung auf den Prozess der innerstaatlichen Umsetzung bei der Erstellung eines Verzeichnisses des Immateriellen Kulturerbes, der einzigen konkreten Verpflichtung, die ein Staat nach Art. 11 und 12 der Konvention mit seinem Beitritt eingeht, gemeinsam verneint. Wichtig war in diesem Kontext die aus dem Konventionstext und aus der Praxis der Umsetzung in anderen Staaten abgeleitete Erkenntnis, dass ein Verzeichnis des Immateriellen Kulturerbes

> „rein deklaratorischer Natur [sein] und [...] keine Rechtswirkung entfalten [würde]. Bestehende Rechte und Pflichten, insbesondere im Bereich des geistigen Eigentums, blieben unberührt und müssten beachtet werden. Aus einer Aufnahme eines Elements [...] könnten keine Ansprüche abgeleitet werden (beispielsweise auf finanzielle Förderung von Bewahrungsmaßnahmen)." (Albert/Disko 2011: 29)

Weil man im Laufe des Jahres 2012 also in den Bund-Länder-Gesprächen gemeinsam zu dem Schluss kam, dass es weder eines Vertrags- noch eines Ausführungsgesetzes zum Beitritt und zur nationalen Umsetzung der Konvention bedurfte, einigte man sich zur Feststellung dieses Ergebnisses unter Beteiligung der Deutschen UNESCO-Kommission auf ein gemeinsames Kommuniqué (Dok. 19: Ergebnisvermerk zu den Bund-Länder-Absprachen vom 29.10.2012), in dem die Grundlinien der Umsetzung der Konvention in Deutschland festgelegt sind. Dieses vierseitige Papier ist seitdem wesentliche Grundlage des gemeinsamen Vorgehens. Die Grundzüge des Ergebnisvermerks sind auch in der Kabinettsvorlage zum Beitritt vom 12. Dezember 2012 (vgl. Dok. 21: Kabinettsache Datenblatt 17/05067: 2) erläutert.

Die beteiligten staatlichen Vertreter betonten als zentrale Aspekte dieser Einigung folgende:

> „Es war für uns einfach ein relativ großes Anliegen, das so schlank wie möglich zu halten. Das heißt, kein Gesetz [...]. Dafür wollten wir aber unabhängige Expertisen. Dieses Konstrukt, dass bei der DUK ein Expertenbeirat angesiedelt wird, dessen Urteil dann bestätigt wird – das mussten wir haben, das wollte das Innenministerium – das ist dann erdacht worden" (B, Interview am 05.11.2018),

so Birgitta Ringbeck. Susanne Bieler-Seelhoff hatte schon 2011 stellvertretend für den KMK-Kulturausschuss betont, dass es eines bundesweit einheitlichen Auswahlverfahrens mit qualitativen Leitlinien und eines klaren Kriterienkatalogs für die Erstellung des Verzeichnisses bedürfe (vgl. L, Interview am 15.11.2018), dass die Verantwortung für das Verfahren aber grundsätzlich bei den Ländern verbleiben müsse (vgl. Dok. 8: Informelles Arbeitspapier KMK, BKM, AA 2011: 1). Sophie Lenski vertritt demgegenüber die Position, dass der Rückgriff auf die sogenannte „Kulturhoheit der Länder" nicht schlüssig sei, da es sich bei der innerstaatlichen Umsetzung der UNESCO-Konvention weder um Gesetzgebung noch um Gesetzesvollzug handele. Da die verwaltende Tätigkeit der konkreten

Umsetzung zentrale Bezüge zur Auswärtigen Kulturpolitik habe, sei eine ausschließliche Zuständigkeit der Länder keineswegs offensichtlich. (vgl.
Lenski 2014: 102 Fn 271) Letztlich ist dies eine Frage der Perspektive: Sieht man eine
UNESCO-Listung als Ziel der Inventarisierung, wie dies Lenski als Kulturvöl-
kerrechtsforscherin als gegeben annimmt, ist ihre Position nachvollziehbar. Sieht
man aber die Inventarisierung vordergründig als von der UNESCO inspirierte
nationale Umsetzungsmaßnahme mit vorwiegend innerstaatlicher Wirkung, kann
die KMK-Position geteilt werden. Politisch – da sind sich die befragten Experten
weitgehend einig – war eine andere Form der Umsetzung als die nachfolgend
skizzierte, jedenfalls im gegebenen Zeitraum kaum realistisch durchzusetzen.

6.2.2 Erstellung eines Verzeichnisses des Immateriellen Kulturerbes in Deutschland

6.2.2.1 Konzeptionelle Vorüberlegungen

In Bezug auf das Verzeichnis bzw. den Prozess der Inventarisierung Immateriellen Kulturerbes in Deutschland gab es zunächst vielfältige Bedenken der
maßgeblichen Akteure (vgl. u. a. Dok. 3: BKM-Sachstand vom 21.11.2008:
2 f.). Der Befürchtung eines Konflikt- und Missbrauchspotenzials der Inventarisierung begegnete die DUK bereits 2010 mit der Argumentation, dass das
Übereinkommen „jedem Vertragsstaat einen großen Ermessens- und Gestaltungsspielraum für die Erarbeitung dieser Bestandsaufnahme" einräume. Sie stellte
zudem die Vorzüge in den Vordergrund: „Eine einheitliche Bestandsaufnahme
wesentlicher Formen des immateriellen Kulturerbes hat den Vorteil, dass sie
einen systematisch-kritischen Überblick erlaubt und die notwendige demokratische Entscheidungsfindung auf eine fachlich gesicherte Basis stellt." (Dok. 6:
Einschätzung der DUK zum BKM-Sachstand vom Juli 2010: 2) Auch wurde das
Missverständnis aufgeklärt, dass die Einstufung einer Kulturform als Immaterielles Kulturerbe allein den Gruppen, Gemeinschaften und Einzelpersonen, die
es praktizieren, gebühre und damit der Staat außen vor sei: Die Anerkennung
als Immaterielles Kulturerbe und Aufnahme in ein Verzeichnis obliegt, wenn
gewünscht, durchaus dem Staat. Die Formulierung in Art. 2.1 des Übereinkommens („Bräuche, Darstellungen, Ausdrucksformen, Wissen und Fertigkeiten [...],
die Gemeinschaften, Gruppen und gegebenenfalls Einzelpersonen als Bestandteil
ihres Kulturerbes ansehen") bezieht sich ausschließlich auf die Definition, was
als Immaterielles Kulturerbe in Frage kommt. Gemeint ist damit vor allem, dass
die Formen Immateriellen Kulturerbes nicht für eine gesamte Nation, sondern

für die jeweilige Gemeinschaft identitätsstiftend sein müssen (vgl. Dok. 6: Einschätzung der DUK zum BKM-Sachstand vom Juli 2010: 2). Die Modalitäten
der Inventarisierung inklusive des Grades der staatlichen Mitwirkung und Verantwortung dabei ist dagegen den Vertragsstaaten der Konvention weitgehend selbst
überlassen (siehe näher dazu Abschnitt 4.4.2.).

Bezüglich der richtungsweisenden Entscheidung, ob in Deutschland mehrere
Verzeichnisse, wie etwa in den föderalistischen Staaten Spanien oder Belgien
(siehe Abschnitt 4.4.2.3.), oder ein gesamtstaatliches Verzeichnis wie in der
Schweiz (siehe Abschnitt 4.4.2.2.), der man mindestens einen ähnlichen Föde-
ralisierungsgrad wie den beiden genannten bescheinigen kann, erstellt werden
sollte, wog die von den Ländern in Auftrag gegebene Machbarkeitsstudie die
Vorzüge und Nachteile umfassend ab:

> „Für die Einrichtung einer nationalen Liste [in der später eingeführten Terminologie:
> eines bundeseinheitlichen Verzeichnisses, Anm. d. Verf.] spräche u.a. die Wahrneh-
> mung in der Öffentlichkeit, durch die das allgemeine Bewusstsein für die Bedeutung
> immateriellen Kulturerbes gesteigert werden könnte. Eine nationale Liste wäre zudem
> ein Mechanismus, um den Dialog und die Vernetzung zwischen Regierungen, Verwal-
> tungen, Fachebene und Trägern immateriellen Kulturerbes zu fördern und so Voraus-
> setzungen für gemeinsames Handeln zur Bewahrung des immateriellen Kulturerbes
> zu schaffen. Für die Träger des in die nationale Liste aufgenommenen Kulturerbes
> könnte die gesteigerte Wahrnehmung und Wertschätzung verschiedene positive Aus-
> wirkungen haben. In praktischer Hinsicht böte eine nationale Liste eine Grundlage für
> die Auswahl von Elementen für die internationalen Listen." (Albert/Disko 2011: 27,
> Fußnote 55)

Dies spricht in Summe alles für die Lösung, keine einzelnen Verzeichnisse des
Immateriellen Kulturerbes in den Bundesländern ohne einen nationalen Über-
bau zu erstellen. Die in der Machbarkeitsstudie auch aufgeführten Gründe gegen
ein nationales, also bundesweites, Verzeichnis des Immateriellen Kulturerbes
sprechen bei näherer Betrachtung umgekehrt nicht unbedingt für Verzeichnisse
der einzelnen deutschen Länder, da damit ähnliche Sorgen verbunden werden
müssten:

> „Gegen die Einrichtung einer nationalen Liste könnten u. a. die zusätzliche Bürokra-
> tisierung und die damit verbundenen Kosten sprechen. Im schlimmsten Fall könnte
> die Einschreibung und damit verbundene gesteigerte Wahrnehmung auch negative
> Auswirkungen auf das betreffende Kulturerbe selbst haben (z. B. Gefahr der Kom-
> merzialisierung oder ‚Eventisierung', Gefahr der Musealisierung und des Verlusts der

Eigendynamik). Auch könnte eine nationale Liste zu einer ‚Hierarchisierung' immateriellen Kulturerbes führen bzw. als wertende Auszeichnung missverstanden werden, insbesondere im Falle der Einrichtung einer repräsentativen nationalen Liste."
(Albert/Disko 2011: 27, Fußnote 55)

In der Machbarkeitsstudie war also explizit von einer Hierarchisierung und
Hitliste bzw. einer wertenden Auszeichnung durch die Verzeichniserstellung
abgeraten worden. Entsprechend ist davon auszugehen, dass das Verständnis einer
neutralen Bestandsaufnahme mit Aspekten der Sensibilisierung für die Bedeutung des Immateriellen Kulturerbes in der Lesart dominierte bzw. zumindest den
Auftraggebern, also den Ländern, nahegelegt wurde.

Frühzeitig hatte man jedenfalls die Option, gar kein Bundesverzeichnis zu
erstellen, sondern dass sich anstelle dessen das nationale Verzeichnis als Summe
von Länderverzeichnissen darstellen könnte, verworfen. Als Gründe wurden
benannt, dass es keinerlei Abstimmungsmechanismen gegeben hätte, um Dopplungen oder gar Widersprüche bei Ländergrenzen überschreitenden Formen
Immateriellen Kulturerbes zu vermeiden; zudem sah man die Gefahr einer zu
starken lokalen Ausrichtung ohne echte kulturpolitische Relevanz – die man
also anzustreben schien – der Einträge und damit auch mangelhafter Qualität.
(vgl. Dok. 8: Informelles Arbeitspapier KMK, BKM, AA 2011: 2). Nordrhein-
Westfalen und Bayern entschieden sich übrigens recht bald nach dem Beginn
der deutschlandweiten Inventarisierung, eigene Verzeichnisse des Immateriellen
Kulturerbes ergänzend zum Bundesweiten Verzeichnis zu erstellen (hierzu mehr
in den Abschnitten 6.2.5. und 6.4.2.). Dies war von allen beteiligten politischen
Akteuren ausdrücklich nicht ausgeschlossen worden.

6.2.2.2 Das Vier-Stufen-Verfahren

Das Verfahren, auf das sich die Länder, die beteiligten Bundesministerien und
die Deutsche UNESCO-Kommission schließlich für die bundesweite Bestandsaufnahme verständigt haben, ist vierstufig: Zunächst kann jede Gemeinschaft und
Gruppe, die der Auffassung ist, eine Form Immateriellen Kulturerbes zu praktizieren, nach dem *bottom-up*-Prinzip eine Bewerbung für das Verzeichnis einreichen.
Hierfür sind regelmäßige feste Bewerbungszeiträume von – mittlerweile etablierten – jeweils sieben bis acht Monaten alle zwei Jahre mit bundesweit einheitlichen
Bewerbungsunterlagen vereinbart. Vorschläge kann laut dem Merkblatt mit Hinweisen zur Bewerbung jede Gruppe einreichen, die mit der Pflege und Erhaltung
Immateriellen Kulturerbes nicht vorwiegend kommerzielle Interessen verfolgt. Es
ist egal, ob es sich um eine örtlich definierte Gemeinschaft, also zum Beispiel im

Falle eines städtischen oder dörflichen Brauchs, oder um ein örtlich unzusammen-
hängendes Interessennetzwerk, wie zum Beispiel beim Blaudruck, handelt. Die
Bewerbungen werden im jeweiligen Bundesland, wo die Gruppe ihr Immaterielles
Kulturerbe pflegt bzw. wo sie ihren Sitz hat, wenn es sich um weiter verbreitete Kulturformen handelt, eingereicht. Mit Unterschrift und Einreichung der
Bewerbung wird bestätigt, dass eine möglichst breite Beteiligung der gesamten
Trägerschaft erfolgt ist und diese das Vorhaben der Anerkennung als Immaterielles Kulturerbe ebenso mitträgt und unterstützt. Zusätzlich sind jeder Bewerbung
zehn Fotos und zwei Empfehlungsschreiben (später „fachliche Begleitschreiben"
genannt, siehe Abschnitt 6.4.2.) beizulegen.

In der zweiten Stufe sortieren die Länder die bei ihnen eingegangenen Bewerbungen vor – es geht hierbei neben der Wahrnehmung der Länderhoheit im
Kulturbereich (vgl. Dok. 8: Informelles Arbeitspapier KMK, BKM, AA 2011:
3) auch um eine Filterfunktion, damit keine Vorschläge, die im Widerspruch zur
deutschen Rechtsordnung stehen, weitere Berücksichtigung finden. Sie wählen
jeweils bis zu vier (im ersten Verfahren zwei) Bewerbungen zur Weiterleitung an
das Sekretariat der KMK aus. Von dort geht die gesamte Vorschlagsliste der bis
zu 64 Bewerbungen an die Deutsche UNESCO-Kommission.

In Stufe drei des Verfahrens begutachten die, zunächst 16 (Pilotphase 2013/
14), dann 21 (2015–2018), *ad personam* benannten Mitglieder des Expertenkomitees Immaterielles Kulturerbe der DUK (siehe näher dazu Abschnitt 6.2.4.)
die bis zu 64 Dossiers pro Bewerbungsrunde. Im ersten Schritt übernimmt dies
jedes Mitglied individuell und im zweiten Schritt formulieren die Experten auf
einer gemeinsamen Sitzung jeweils Empfehlungen zur Aufnahme oder Nicht-
Aufnahme der Kulturformen ins Bundesweite Verzeichnis. Leitend sind hierbei
die Kriterien der UNESCO-Konvention sowie zusätzlich spezifisch daraus abgeleitete Grundsätze, die, von der Praxis im österreichischen Fachbeirat inspiriert,
auf den deutschen Kontext der Umsetzung der Konvention heruntergebrochen und
in einem internen Papier des Expertenkomitees festgehalten sind.

Die Auswahlempfehlungen erfahren von der Kultusministerkonferenz der Länder in der vierten Stufe des Verfahrens im Benehmen mit der Beauftragten
der Bundesregierung für Kultur und Medien eine offizielle staatliche Bestätigung. Dadurch erfolgt die offizielle Aufnahme von Kulturformen und Gute
Praxis-Beispielen ins Bundesweite Verzeichnis des Immateriellen Kulturerbes.
Sie werden dann auf der Webseite der Deutschen UNESCO-Kommission als
Verzeichniseinträge mit Text und Bildern sowie ggf. Audio-/Videoaufnahmen
gleichberechtigt nebeneinander dargestellt.

Nach den Expertenvoten, die zum Teil auf der zweiten, vor allem aber auf
der dritten Verfahrensstufe Wirkung entfalten, kommt im letzten Schritt die

Steuerungs- und Entscheidungsbefugnis von Bund und Ländern wie bereits auf der zweiten Stufe wieder zum Tragen (siehe Abschnitt 6.3.2.5.). Trotzdem ist das Verfahren im Feld der Kulturpolitik insgesamt ein vergleichsweise stark beteiligungsorientiertes *Bottom-up*-Verfahren. Die Inventarisierung erfolge nicht als „Auswahl solcher Dinge von oben runter aus dem Ministerium […], sondern das ist ein Teil, sagen wir mal, der Demokratisierung in Deutschland, auch in der Weise, wie das gehandhabt wird. Und damit der Ermächtigung der Zivilgesellschaft" (E1, Interview am 15.10.2018), so Christoph Wulf in Abgrenzung vom damaligen französischen Verfahren (siehe Abschnitt 4.4.2.4.). Vorschläge für Immaterielles Kulturerbe kommen weder von den staatlichen Stellen noch von den beteiligten Experten. Nur die Trägergruppen selbst können Vorschläge einreichen. Aus staatlicher Sicht dient das mehrstufige Verfahren zum einen der ihren verfassungsgemäßen Rollen angemessenen Beteiligung der Stellen in Bund und Ländern und zum anderen war das Interesse an genau dessen Einführung, das lange als bedrohlich wahrgenommene Missbrauchspotenzial des Immateriellen Kulturerbes zu reduzieren und die Qualität der Arbeit zu sichern. Dies sollte zum einen über eine bundesweite Einheitlichkeit erreicht werden und zum anderen über die Filter- bzw. Selektionsstufen mit Experteneinschätzungen. Insbesondere BKM war bereits frühzeitig wichtig, dass es ein klares Selektionsverfahren zur Qualitätssicherung gibt. (vgl. Dok. 8: Informelles Arbeitspapier KMK, BKM, AA 2011: 1) Susanne Bieler-Seelhoff, die als Vertreterin der Länder an der Politikformulierung zur Verzeichniserstellung beteiligt war, würdigt die gefundene Lösung folgendermaßen:

> „Ich bin der Meinung, dass das Verfahren, was wir gemeinschaftlich erarbeitet haben in der KMK, also unter den Ländern, […] ein einmaliges ist. Weil es ja tatsächlich erstmals gelungen ist, die Formalia über alle Länder zu legen und dieses gestufte Bewerbungsverfahren, die Interpretation der Konvention, die reinen Dokumente, die man braucht und so weiter, zu einigen und tatsächlich auf einen Nenner zu bringen. Und das hat, glaube ich, geholfen, dieses Thema zu betrachten und auch zu bearbeiten und zwar bei allen Beteiligten: bei der Zivilgesellschaft vielleicht am Anfang noch etwas schwieriger als bei uns [den staatlichen Akteuren, d. Verf.], aber auch dort haben wir Übersetzungsmöglichkeiten geschaffen, Hilfemöglichkeiten, Brückenbauer, um das vielleicht immer noch für Außenstehende sperrige Anmeldeverfahren doch mehr und mehr den zivilgesellschaftlichen Gruppen nicht nur schmackhaft zu machen, sondern ihnen auch Hilfestellung zu geben, sich daran zu beteiligen." (L, Interview am 15.11.2018)

Die Modelle der Umsetzung der Konvention in europäischen Nachbarländern standen, wie bereits erwähnt, in mehreren Aspekten Pate für das deutsche Stufenverfahren (siehe ausführlicher Abschnitt 6.4.1.). Man kann das Verfahren insgesamt mit gewissem Recht als sehr bürokratisch und schwer zu durchdringen bewerten, wie es insbesondere einige Wissenschaftler nicht nur hinter vorgehaltener Hand tun, und die dadurch implizit aufgestellten Hürden für potenzielle Trägergruppen von anerkennungswürdigen Kulturformen kritisieren – oder gar postulieren, dass die nationale Umsetzung bei der Inventarisierung die Ziele der Konvention aus dem Blick verloren habe (vgl. Schönberger 2017: 1 ff.). Die Kritik, dass die Form der Inventarisierung stark an den „Autonomieinteressen der Bundesländer orientiert [ist], indem sie Restriktionen der Anzahl an Listungen an der politischen Größe der Ländergrenzen orientiert, ohne einen Bezug zur von der Konvention eigentlich in den Blick genommenen soziokulturellen Größe der Gemeinschaften innerhalb eines Hoheitsgebietes herzustellen" (Lenski 2014: 102) hat ihre Berechtigung, doch muss in Rechnung gestellt werden, dass hier eine Lösung für eine typische politische Mehrebenenproblematik (siehe Abschnitt 5.1.4.) gefunden werden und dies zudem mit dem Anspruch eines partizipativen Verfahrens, das zugleich vor Missbrauch geschützt werden sollte, in Einklang gebracht werden musste.

6.2.2.3 Interessen und kulturpolitische Strategien der Akteure

Das Bundesweite Verzeichnis des Immateriellen Kulturerbes ist als Bestandsaufnahme der in Deutschland verbreiteten Formen Immateriellen Kulturerbes konzipiert. Ausgehend von den Vorarbeiten der DUK und der Machbarkeitsstudie (Albert/Disko 2011) wurde in der Politikformulierungsphase entsprechend der Lesarten Bestandsaufnahme und Sensibilisierung für die Breite des Immateriellen Kulturerbes, um dem Wettbewerbsgedanken jede Spitze zu nehmen, bewusst keine Höchstzahl von Einträgen festgelegt, die insgesamt in das Verzeichnis aufgenommen werden kann – dies sei in Replik auf die Kritik von Sophie Lenski (2014) noch angemerkt (s. o.). Eine faktische Begrenzung pro Bewerbungsrunde ergibt sich jedoch aus den Quoten, auf die sich die Länder verständigt bzw. auf die sie sich auch mit dem Expertenkomitee der DUK, das diese in ehrenamtlicher Arbeit evaluiert, geeinigt haben.

In einem Arbeitspapier der DUK von 2012 wird von dem Ziel einer Dokumentation der Tradierungs- und Organisationsformen hierzulande sowie des Spektrums der Vielfalt gesprochen (vgl. Dok. 18: DUK-Arbeitspapier 2012: 2). Eine solche eher neutrale Auffassung der Inventarisierung mit Anklängen an den Wunsch, eine gewisse Begeisterung für die Bedeutung Immateriellen Kulturerbes zu entfachen, ergibt sich nicht nur logisch aus der genauen Textexegese der Konvention, sondern war für die Experten, die die DUK mit dem Thema befasste, offenbar aus voller Überzeugung handlungsleitende Maxime der Arbeit mit dem Immateriellen Kulturerbe. Das bedeutet, dass eine Auszeichnung oder

Würdigung des Engagements konkreter Trägergruppen von dieser Seite zumindest zunächst nicht vorrangig als Ziel der Konventionsumsetzung benannt wurde. Mit zunehmender Kenntnis, welche Vorschläge ihnen zur Bewertung vorgelegt wurden, und den entsprechenden reflektierenden Debatten im Expertengremium, rückte bei den von der DUK berufenen Experten aber die Würdigung ehrenamtlichen zivilgesellschaftlichen Engagements für die Kulturerbepflege als Motiv der Inventarisierung nahezu gleichberechtigt neben die reine Bestandsaufnahme. Ein wichtiges Interesse der staatlichen Stellen war es durch das vereinbarte Vorschlags- und Entscheidungsverfahren über Einträge ins Bundesweite Verzeichnis des Immateriellen Kulturerbes, neben den fein austarierten Governance- und Glaubwürdigkeits- bzw. Qualitätsfragen, weitgehend auszuschließen, dass die Entscheidung über Eintragungen und Nominierungen von wirtschaftlichen und/ oder politischen Interessen dominiert werden. Da die inhaltlichen Entscheidungen bei den Experten liegen, war die Hoffnung, dass sich die Regierungen und Verwaltungen dem Druck von Lobbyisten weitgehend entziehen können. (vgl. Albert/Disko 2011: 33) Den von der DUK involvierten Experten lag die Anerkennung ehrenamtlichen Tuns tatsächlich viel mehr am Herzen. Christoph Wulf formuliert stellvertretend:

„Ich glaube, […] dass die Anerkennung ein ganz wichtiger Punkt ist. Denn wir haben ja heute oft die Klage, dass Menschen nicht genügend anerkannt werden aufgrund ihrer Arbeit, aufgrund ihres Engagements […]. Und dieser ganze Bereich ist ja ehrenamtlich. Da kommen natürlich auch manchmal gewisse ökonomische Interessen mit hinein, das ist klar, aber die sind nicht im Vordergrund. Sondern es geht hier wirklich um ehrenamtliche Aktivitäten in sehr vielen Bereichen." (E1, Interview am 15.10.2018)

Eine Argumentation, die diese Würdigung von ehrenamtlichen Kulturakteuren in den Kontext der Erhöhung kultureller Teilhabe stellt, war allerdings von der DUK nicht zu vernehmen.

Den engagierten zivilgesellschaftlichen Verbänden, wie etwa dem Bund Heimat und Umwelt, ging es darum, „das Bewusstsein für die Bedeutung dieses besonderen Kulturerbes in der Bevölkerung zu stärken" (Dok. 11: BHU-Resolution vom 03.07.2011), da es leichter vergessen und verloren gehen könne. Der ZDH argumentierte mit Fokus auf das Handwerk ähnlich. Hier dominiert also die Sichtweise, dass eine Inventarisierung für die Rolle des Immateriellen Kulturerbes in unserer Gesellschaft sensibilisieren kann. Selbstverständlich hatten beide Verbände aber auch eine Auszeichnung von Trägergruppen aus ihrem Dunstkreis im Sinn. Ähnlich war es bei der deutschen Sektion der CIOFF, die sich zwar zum einen im Allgemeinen für die Popularisierung der UNESCO-Konvention stark machte, aber zum anderen auch die Würdigung von als besonders wertvoll angesehenen Kulturformen aus ihrem Umfeld fördern wollte. Bei den staatlichen Stellen war die Neigung von einer Auszeichnung oder Anerkennung zu sprechen – wahrscheinlich aus Gewohnheit im Umgang mit dem materiellen UNESCO-Welterbe, und weniger als tatsächliche politische Strategie angelegt (vgl. B, Interview am 05.11.2018) –, von Anfang an deutlich stärker als bei der DUK und in der Zivilgesellschaft. Die Verantwortlichen der DUK wiederholten dieser Auffassung gegenüber mehrfach, dass es sich bei der Inventarisierung nicht um einen Wettbewerb handeln sollte (vgl. u. a. Dok. 18: DUK-Arbeitspapier 2012: 2), aber angesichts der festgelegten Quoten wurde dies bisweilen auch von außen immer wieder unterstellt (vgl. z. B. Letzner 2013: 62). Christoph Wulf meint besonders mit Blick auf die Länder sowie die Trägergruppen:

> „Viele haben natürlich ein Interesse an der Sichtbarkeit ihrer Lokalität, ihrer Region oder ihrer kulturellen Praxis. […] Und das ist ja auch Sinn der Konvention, dass man das anerkennt […]. Das Interesse ist eben symbolisches Kapital. Man will anerkannt werden für das, was man tut. Und man möchte möglichst sozusagen etwas geadelt werden durch den Namen UNESCO. Das ist eine moderne Form der Sakralisierung, völlig klar. Aber das ist etwas, was notwendig in allen Gesellschaften vorhanden ist und auch ohne was Gesellschaft gar nicht funktionieren würde." (E1, Interview am 15.10.2018)

Gertraud Koch mutmaßt bezüglich der Ziele der politischen Akteure:

> „Das war vielleicht so eine *Nolens-volens*-Entwicklung, die man eingegangen ist, und ja auch relativ zögerlich dann überlegt hat: ‚Wie kann man es machen?' mit der Komplexität, die wir ja über das föderale System haben. Und dann [kam] aber letztendlich, glaube ich, auch relativ schnell doch die Einsicht, wie wichtig die [Konvention] ist und was für Gestaltungsmöglichkeiten kulturpolitischer Art darüber auch erwachsen." (E2, Interview am 25.10.2018)

Dass anfangs keine kulturpolitische Gestaltung im Blick der handelnden Akteure vorhanden war, bestätigt Birgitta Ringbeck:

> „Also ich sage jetzt einmal, in der KMK, von denen, die die Länder vertreten haben, hat keiner das konzeptionell mitgedacht. Die haben gesagt: ‚Machen wir mal und dann gucken wir mal.' Also da steht auch keine kulturpolitische Strategie dahinter, sondern es war wirklich vorrangig aus der internationalen Perspektive. Und dann hat sich das hier entwickelt." (B, Interview am 05.11.2018)

Ringbeck selbst hatte als Verantwortliche im AA eine grundlegende Bestandsaufnahme im Sinn. Dies kommt auch in der Pressemitteilung von Staatsministerin Cornelia Pieper, mit der die Hinterlegung der Beitrittsurkunde in Paris im April 2013 verkündet wurde, zum Ausdruck, denn, neben der Wertschätzung, den man nun dem Immateriellen Kulturerbe weltweit entgegenbringe, hieß es dort:

> „Auch in Deutschland gibt es viele regionale Traditionen. Von der kulturellen Vielfalt zeugen nicht nur Denkmäler und archäologische Stätten. Tanz, Theater und Sprachen prägen die kulturelle Identität der Menschen noch weitaus stärker. Gruppen und Vereine sind wichtige Partner bei der Umsetzung des Übereinkommens. ,Sie sollen‘, so Staatsministerin Pieper, ,auf nationaler Ebene bei der Inventarisierung, Bestandsaufnahme und Dokumentation des immateriellen Kulturerbes und bei der Revitalisierung von in ihrem Bestand gefährdeten kulturellen Ausdrucksformen mitwirken.‘“ (Dok. 23: Pressemitteilung des Auswärtigen Amts, 11.04.2013)

Ländervertreterin Susanne Bieler-Seelhoff erinnert die Lage im Jahr 2012 wie folgt:

> „Es stand auf der Agenda und die Bundesregierung hatte sich verständigt, wie ein Beitrittsverfahren zu regeln sei. Also welche Rechtstermini man dort beachten musste und letztlich auch die Mittel, die man braucht, um dieser Konvention beizutreten. Und hat den Spielball dann in das Spielfeld der Länder gegeben, [sie] haben gesagt: ,Aber ihr müsst es ausfüllen.‘ Und dann haben wir tatsächlich in einer gemeinsamen Arbeitsgruppe des Auswärtigen Amtes mit den Ländern überlegt, wie wir ein Verfahren hinkriegen, das a) den Staat entlastet und zwar auf allen Ebenen, b) aber ein Qualitäts-Controlling sicherstellen kann. Und sind, auch das ist, glaube ich, doch ein relativ einmaliges Verfahren damals gewesen, auf die Idee gekommen, ein Expertenkomitee einzusetzen, was, zunächst war gedacht, abschließend entscheidet. Dagegen sprachen dann aber juristische Bedenken des Auswärtigen Amts und des Innenministeriums, weil tatsächlich die Entscheidung bei den staatlichen Stellen liegen muss. […] Und, ich glaube, als wir dieses Verfahren ausgearbeitet hatten inklusive aller Vorgänge, Anmeldeverfahren und letztlich auch einer zuständigen Stelle bei der Deutschen UNESCO-Kommission, die wir zusammen mit der Bundesregierung dann eingeworben und ausgehandelt hatten, war der Weg eigentlich frei tatsächlich dieser Konvention beizutreten und sie mit Leben zu füllen.“ (L, Interview am 15.11.2018)

Wohl nicht ohne Grund kommt in dieser Gesamtbetrachtung ein Hinweis auf kulturpolitische Ambitionen im Zusammenhang mit dem Beitritt nicht vor. Keiner der an den damaligen Prozessen der Politikformulierung beteiligten Befragten erinnert sich an oder hat rückblickend ein geschlossenes kulturpolitisches Konzept oder gar eine bewusste Form der Kulturförderung von unterrepräsentierten Gruppen erkannt, das bzw. die man mit dem deutschen Beitritt verband. Es war – wie bereits gezeigt (siehe Abschnitt 6.1.2./6.3.) – eher der Druck aus einigen politisch gut vernetzten Verbänden, der über den Deutschen Bundestag für Nachdruck in Richtung Beitritt sorgte und zudem der Wunsch, nicht als letzter europäischer Staat der Konvention beizutreten, als dass politische Akteure eine Strategie entwarfen, warum man der Konvention beitreten sollte. Nur Vertreter des BKM äußerten im April 2011 – allerdings im Kontext der mit der Umsetzung verbundenen befürchteten Kosten –, dass

> „die Erwartungshaltung für staatliche Förderung seitens der Bewerber minimiert bzw. sogar umgekehrt werden [sollte]: Die Aufnahme in die Inventarliste wäre damit nicht Grundlage für Forderungen an den Staat, sondern vielmehr Auszeichnung für besonderes Engagement zur Bewahrung und Verbreitung eines immateriellen Kulturguts seitens der Bewerber" (Dok. 8: Informelles Arbeitspapier KMK, BKM, AA 2011: 1).

Auch wenn davon auszugehen ist, dass es sich hierbei vordergründig um ein Abwehrargument gegen potenzielle Förderanfragen finanzieller Art handelte, werden hiermit doch zumindest gewisse Grundzüge einer kulturpolitischen Konzeption der staatlichen Akteure, die mit der Umsetzung der Konvention in Deutschland verfolgt werden könnten, erkennbar. Auch die meisten Repräsentanten der Länder sind ab ihrer Befassung mit der nationalen Umsetzung der Konvention von Auszeichnungen bzw. qualitativen Anerkennungen der Kulturformen ausgegangen, die mit der Aufnahme ins Bundesweite Verzeichnis erfolgen. Es gab dazu in den Länderrunden 2013 teils Kontroversen, da einige Ländervertreter die Rechts- und Finanzfolgen von ‚Anträgen auf Anerkennung' fürchteten, weswegen in den offiziellen Unterlagen denn auch stets von „Bewerbungen zur Aufnahme ins Verzeichnis" die Rede war. Wegen der skeptischen Stimmung gerade in den Medien habe man allerdings unbedingt ein qualitativ gutes Auswahlverfahren mit qualitativen Leitlinien und einem klaren Kriterienkatalog aufstellen wollen (vgl. L, Interview am 15.11.2018). Auch diese Absicht mag die Waagschale zunehmend von einer reinen Bestandsaufnahme ohne qualitative Wertung in Richtung einer aktiven, positiven Würdigung der Kulturformen und ihrer Trägergruppen ausschlagen lassen haben. Die Perspektive der Inventarisierung als reine Bestandsaufnahme, wie sie die DUK zunächst verfolgte, konnte sich im Kreis der Länder und bei den verantwortlichen Stellen im Bund langfristig kaum durchsetzen. Die Wahrnehmung als ein Prozess der Auszeichnung und öffentlichen Würdigung von besonders qualifizierten Kulturformen dominierte zusehends. Dem verweigerte sich die DUK im Laufe der Umsetzung dann immer weniger – die Geschäftsstelle bezeichnete die Veranstaltung anlässlich der

Erstaufnahmen ins Verzeichnis im März 2015 etwa bereits als Auszeichnungsveranstaltung, was man wiederum aus Österreich adaptiert hatte. Wie es im Bereich Kulturelles Erbe üblich ist, bezog und bezieht sich diese Auszeichnung und Anerkennung aus staatlicher Perspektive stärker auf die Kulturformen an sich als auf deren Trägergruppen. Man könnte also, etwas zugespitzt, von einer „Kulturförderung *en passant*" ohne bewusste dahinterstehende Absicht sprechen, was die Kulturakteure angeht.

Eine der leitenden Fragen der vorliegenden Untersuchung ist, ob die Zielsetzung, Teilhabe an Kunst und Kultur zu ermöglichen als prägendes Ziel von Kulturpolitik in Deutschland spätestens mit der „Neuen Kulturpolitik" seit den 1970er Jahren (siehe Abschnitt 3.2.3.), auch eine Rolle spielte bzw. mit eine Überlegung der handelnden Akteure war, die Konvention zum Immateriellen Kulturerbe in Deutschland umzusetzen: „Ich glaube, dass das erst mal eine Bedingung ist dafür, dass die Sache funktioniert. Und gleichzeitig wird natürlich diese Haltung der Partizipation der Zivilgesellschaft, die Verantwortung übernimmt, auch gestärkt durch diese Möglichkeiten" (E1, Interview am 15.10.2018) der Anerkennung im Rahmen der nationalen Umsetzung der UNESCO-Konvention, meint Christoph Wulf. Dies klingt allerdings nicht so, als wenn diese Absicht aktiv mit der Konventionsumsetzung verfolgt wurde. Gertraud Koch sieht rückblickend eine synthetische Verbindung, die das Immaterielle Kulturerbe schaffe:

> „Also ich glaube, da sind unterschiedliche Bewegungsrichtungen drin. Dieses ,Kultur für alle', Hilmar Hoffmann hat das ja sehr propagiert und wurde dann auch sehr viel aufgegriffen, und auch diese ganze Heimatmuseumsbewegung würde ich in den Zusammenhang einordnen. Das waren auch kulturpolitische Ansätze, aber die sehr viel stärker regional, lokal orientiert waren. Das Immaterielle Kulturerbe bringt jetzt die verschiedenen Ebenen tatsächlich zusammen. Immaterielles Kulturerbe ist immer noch lokal, hat da seine Bedeutung für die Menschen. Aber die Bedeutung wird jetzt eben doch noch mal stärker auf unterschiedlichen Ebenen auch thematisiert und wahrgenommen. Insofern das würde ich als einen ganz großen Unterschied auch ansehen. ,Kultur für alle' hat auch so ein bisschen mehr Förderpolitiken im Blick gehabt, wo man heute diskutiert, inwieweit die tatsächlich auch produktiv waren oder ob man nicht so einen Klientelismus und so ein Gießkannenprinzip etabliert hat." (E2, Interview am 25.10.2018)

Susanne Bieler-Seelhoff, Abteilungsleiterin Kultur in der Landesregierung Schleswig-Holstein, präzisiert die Unterschiede noch einmal:

> „Da würde man jetzt auch Äpfel mit Birnen vergleichen, weil das war nicht ,Kulturpolitik für alle', sondern ,Kultur für alle'. Und da ging es ja um einen niedrigschwelligen

und möglichst barrierefreien, in allen Punkten barrierefreien, Zugang. Ich meine das jetzt gar nicht auf die Behindertenrechtskonventionen [bezogen], sondern tatsächlich eine bezahlbare Kultur, eine, die niedrigschwellige Angebote machte. Das war die Entstehungszeit der Soziokultur, die Generationen zusammenbrachte und verschiedene Künstler hervorbrachte." (L, Interview am 15.11.2018)

Zweifelsohne belebte die Umsetzung der UNESCO-Konvention zur Erhaltung des immateriellen Kulturerbes aber die Debatte um den Kulturbegriff, der in Deutschland Verwendung findet, neu. „Kultur für alle" als Chiffre der Neuen Kulturpolitik steht für einen erweiterten Kulturbegriff, aber, wie Susanne Bieler-Seelhoff korrekt anführt, ging es in diesem Zuge vor allem um die Ausweitung von Kulturangeboten. Es handelte sich damit um eine angebotsorientierte Ausweitung von kulturpolitischen Maßnahmen – nach von Beyme (1998) also eine (re-)distributive Strategie von Kulturpolitik. Mit dem Immateriellen Kulturerbe ist ebenfalls ein erweiterter Kulturbegriff, im Sinne der Definition der UNESCO-Konferenz in Mexiko-Stadt 1982, verbunden. Hierbei geht es in der praktischen Umsetzung des Konzepts allerdings viel mehr um die Ausweitung kulturpolitischer Würdigung eines bereits vorhandenen, tradierten, jedoch bisher zumindest in Deutschland wenig beachteten Zweigs von Kulturpraxis, also letztlich die Schaffung eines öffentlichen Diskurses – nach Wimmer (2011) ein weiteres Mittel von Kulturpolitik –, und die Würdigung einer größeren Zahl von Akteuren als Kulturakteure, die dies zum Teil eingefordert hatten. Man kann diesen kulturpolitischen Ansatz daher auch als nachfrageorientierten Ausbau einer kulturpolitischen Anerkennung bezeichnen.

Jörg Freese, der Vertreter der Kommunalen Spitzenverbände im Expertenkomitee der DUK, meint ebenfalls, die Konvention trage dazu bei, die Teilhabe an Kunst und Kultur zu fördern,

„weil das ja im besten Sinne Volkskultur ist. Also jetzt nicht in so einem dumpfen Sinne, sondern [...] da geht es wirklich um breites Interesse. [...] Chorgesang war auch in vielfältigsten Formen [im Bundesweiten Verzeichnis] drin. Und ich glaube, da haben wir ja nun wirklich eine Vielfalt und Breite, das ist ja unglaublich. [...] Und das sind nun wirklich ganz normale Menschen, die normalerweise ihrem Beruf nachgehen und die abends einmal die Woche oder dreimal die Woche singen. Also, das ist für mich [...] eine wichtige Form, gar keine Frage. Eine wichtige Form auch der, ja, auch ein Stück weit Anerkennung und auch der Sicherung dieser Traditionen." (K, Interview am 01.11.2018)

Birgitta Ringbeck macht für das Auswärtige Amt deutlich, dass ihrer Einschätzung nach die Teilhabefrage keine Rolle in den Überlegungen zur Umsetzung der Konvention in Deutschland gespielt habe: „Nein, überhaupt nicht. [...] Also wir vom Auswärtigen Amt und ich hatten einfach nur die internationale Perspektive. Ich glaube, keiner hat so richtig geahnt, was dabei rauskommt." (B, Interview am 05.11.2018) Zumindest war noch im Zuge der Politikformulierung vielen Beteiligten offenbar kaum bewusst, welche Chancen und Möglichkeiten die Umsetzung der Konvention im Sinne einer Weiterentwicklung des Konzepts „Kultur für alle" durch das Immaterielle Kulturerbe böte. Christian Höppner, Generalsekretär des Deutschen Musikrats und von 2013 bis 2019 Präsident des Deutschen Kulturrats, meint etwa:

> „Aber diese Verbindungslinie, die ist eigentlich fast sehr schlüssig, finde ich. [Aber es] fehlt im Grunde genommen, diese Zusammenhänge herzustellen. Das wäre auch eine Aufgabe von Zivilgesellschaft und Politik. Das stimmt. Es ist zu sehr die Fokussierung auf den Augenblick. Manchmal wird noch ein Rückbezug gefunden, aber meist dann auch nur punktuell. […] Es ist ja nicht so, dass es vorher keine Kulturpolitik gab." (V, Interview am 06.11.2018)

Höppner sieht retrospektiv also eine konsequente Verbindung von Teilhabefragen und der Umsetzung der UNESCO-Konvention zur Erhaltung des immateriellen Kulturerbes in Deutschland, zumindest dürfte die genaue Art und Weise der Inventarisierung – die Sammlung von Vorschlägen aus der Zivilgesellschaft in einem klassischen *Bottom-up*-Verfahren – von den Entwicklungen der Neuen Kulturpolitik inspiriert gewesen sein.

6.2.3 Einrichtung einer Fachstelle: Die Geschäftsstelle Immaterielles Kulturerbe der Deutschen UNESCO-Kommission

Mit der Einrichtung der Geschäftsstelle Immaterielles Kulturerbe bei der Deutschen UNESCO-Kommission erfüllt Deutschland Art. 13 b der Konvention – die Benennung einer Fachstelle zum Immateriellen Kulturerbe. Es wäre auch möglich gewesen, mehrere solcher Fachstellen zu benennen und dies hätte nicht zwingend mit nennenswerten Kosten verbunden sein müssen, wenn man dafür bereits bestehende Institutionen benannt oder diese im staatlichen Raum verortet hätte. Dann hätte man ein nationales Verzeichnis auch direkt durch die KMK bzw. eines ihrer Gremien erstellen lassen können, ganz ähnlich wie es mit der Tentativliste der Welterbe-Konvention geschieht. Allerdings sahen die verantwortlichen staatlichen Akteure die Notwendigkeit ein „übergreifendes Verständnis von und Interesse für das Übereinkommen-IKE" (Dok. 8: Informelles Arbeitspapier KMK, BKM, AA 2011: 2) zu schaffen. Zudem hätte es bei einer Erstellung des Verzeichnisses

durch die KMK, wie eben beim Welterbe, keine nennenswerten Mitwirkungsmöglichkeiten der Bundesressorts am innerstaatlichen Verfahren gegeben – dies
war also nicht im Interesse von BKM und AA. Eine Geschäftsstelle bei der
DUK wiederum war weder beim Bund noch bei den Ländern – also gewissermaßen auf neutralem Grund – angesiedelt und konnte zudem die gewünschte
zivilgesellschaftliche Expertise strukturiert und relativ problemlos einbinden, wie
die DUK in anderen Themenfeldern, z. B. Bildung für Nachhaltige Entwicklung
(BNE) oder Memory of the World (MoW), bewiesen hatte. Als Vorteil sahen die
staatlichen Stellen zudem, dass bei der DUK zum einen auf Strukturen der Öffentlichkeitsarbeit wie der Webseite unesco.de und Fachexpertise sowohl zu MoW
wie auch zum Welterbe aufgebaut werden konnte und zum anderen der internationale Austausch gut möglich wäre. (vgl. Dok. 8: Informelles Arbeitspapier
KMK, BKM, AA 2011: 2 f.)

Die Aufgaben der ab 2012 operativ tätigen Geschäftsstelle haben Albert/Disko
bereits in ihrer 2011 erschienenen Machbarkeitsstudie weitgehend vorgezeichnet:
Neben der Koordination der gesamten Umsetzung der Konvention in Deutschland
und als

> „Bindeglied zwischen der UNESCO, anderen Vertragsstaaten und den deutschen
> Bundesländern [...] sollte sie als nationale Kontaktstelle für Träger immateriellen
> Kulturerbes, Fachinstitutionen und die Zivilgesellschaft dienen und als Plattform für
> den interdisziplinären Dialog. [... Zudem] könnte eine solche Institution [...] eine
> Hauptrolle bei der Zusammenstellung bzw. Führung der nationalen Liste spielen."
> Auch eine „zentrale Rolle bei der Auswahl von deutschen Nominierungen für die
> internationalen Listen" (Albert/Disko 2011: 17)

wurde ihr zugedacht. Für die konkrete Ausgestaltung einer zuständigen Stelle
zur institutionellen Ausgestaltung der Umsetzung der Konvention in Deutschland
wurden in der Machbarkeitsstudie von 2011 (vgl. Albert/Disko 2011: 17–23)
zwei Optionen der Kombination aus Expertengremium und Fachstelle vorgeschlagen: Zum einen war das eine Orientierung an der Geschäftsstelle des Deutschen
Nationalkomitees für Denkmalschutz als „ebenenübergreifender, multidisziplinä-
rer Interessensverband [...], dem Vertreter des Bundes und der Länder, Vertreter
gesellschaftlich relevanter Gruppen sowie Experten und Expertinnen angehören"
(Albert/Disko 2011: 20). Zum anderen war es die Orientierung am Deutschen
Nominierungskomitee für das UNESCO-Programm „Memory of the World"
(MoW) der DUK mit weniger umfassenden Aufgaben als bei Option 1, also
im Grunde sehr fokussiert auf die Behandlung von Nominierungen. Die DUK
sollte in dieser Konstellation neben der Sekretariatsfunktion für die Aufgaben
Öffentlichkeitsarbeit, Entwicklung von Kommunikationsstrategien, Koordination,

Beratung, die Funktion als nationale Kontaktstelle, Berichterstattung usw. erfüllen. Man hat sich, nachdem die Länder bereits unmittelbar nach Fertigstellung
der Machbarkeitsstudie dafür plädiert hatten (vgl. Dok. 8: Informelles Arbeitspapier KMK, BKM, AA 2011: 1), für die zweite Option entschieden und eine sehr
schlanke Geschäftsstelle mit einer Personalstelle bei der DUK eingerichtet. Die
DUK sollte zudem ein Expertenkomitee Immaterielles Kulturerbe berufen, das
wie das Nominierungskomitee MoW als beratender Ausschuss fungiert (siehe
Abschnitt 6.2.4.). Bei der Gestaltung der Aufgaben der Geschäftsstelle hat man
sich stark am Beispiel der Nationalagentur für das Immaterielle Kulturerbe bei der
Österreichischen UNESCO-Kommission und ihrer Zusammenarbeit mit dem für
die Bewertung von Bewerbungen zuständigen Fachbeirat orientiert. (vgl. Albert/
Disko 2011: 24)

Die Geschäftsstelle bei der DUK hat vier Aufgaben: Informations- und Öffentlichkeitsarbeit zum Immateriellen Kulturerbe betreiben inklusive der Beratung
von Bewerbergruppen, die Koordinierung des innerstaatlichen Auswahlverfahrens für das Bundesweite Verzeichnis und für UNESCO-Listen, die fortlaufende
Erstellung, Aktualisierung und Bekanntmachung des Bundesweiten Verzeichnisses des Immateriellen Kulturerbes sowie die Einrichtung und Koordinierung
eines Expertenkomitees. Diese Aufgaben waren, wie bereits angedeutet, als Sub-
strat aus der Machbarkeitsstudie und den nachgehenden Abstimmungen zwischen
Bund und Ländern festgelegt worden (vgl. Dok. 8: Informelles Arbeitspapier
KMK, BKM, AA 2011: 2).

Die Förderung der Geschäftsstelle wurde der DUK erstmals für das Jahr 2012,
mit der Inaussichtstellung einer Pilotphase von zwei Jahren (vgl. Dok. 19: Ergebnisvermerk zu den Bund-Länder-Absprachen vom 29.10.2012: 4), in Höhe von
100.000 Euro für Personal- und Sachkosten als Projektzuwendung gewährt. Die
Zuwendungshöhe ergab sich auf Basis einer Schätzung des AA (vgl. Dok. 8:
Informelles Arbeitspapier KMK, BKM, AA 2011: 2), die wiederum vermutlich aus der Summe, die die Nationalagentur für das Immaterielle Kulturerbe in
Österreich nach Auskunft der dortigen Verantwortlichen für ihre Arbeit erhielt,
herrührte. Die Finanzierung erfolgt also ausschließlich aus dem Bundeshaushalt.
Unstrittig war zwar, dass die innerdeutsche Umsetzung dem Bund und den Ländern gemeinsam obliegt. Die in der Machbarkeitsstudie vorgeschlagene Lösung,
dass die „Kosten [… für die Geschäftsstelle] zur Hälfte vom Bund, zur anderen
Hälfte von den Ländern getragen werden, wobei die Anteile der einzelnen Länder nach dem Königsteiner Schlüssel ermittelt werden könnten" (Albert/Disko
2011: 24) wurde frühzeitig verworfen, weil die Länder auf ihre Verpflichtungen und finanzielle Belastungen in den Stufen 1 und 2 des Verfahrens (siehe
Abschnitt 6.2.1.) verwiesen. Erinnert sei daran, dass die KMK-Ministerrunde

im Dezember 2011 beschlossen hatte: „Eine Beteiligung der Länder an den Kosten der nationalen Koordinierungsstelle und am deutschen Mitgliedsbeitrag zum Übereinkommen wird aufgrund des eigenen administrativen Beitrags ausgeschlossen." (Dok. 13: KMK-Beschluss vom 08.12.2011: 2) Die Summe für die Geschäftsstelle wurde im BKM-Haushalt eingestellt. Dass man sich auf eine Zuständigkeit von BKM verständigte, ergab sich ebenfalls im Laufe der Bund-Länder-Beratungen. Das AA hat sich nach Aussage von damals Beteiligten nicht um die Zusatzaufgabe der Finanzierung der Geschäftsstelle gerissen. Aus der Logik von Zuwendungen des Bundes heraus wäre die Übernahme der Finanzierung aus dem AA-Haushalt zwar folgerichtig gewesen, da das Auswärtige Amt die Arbeit der DUK insgesamt institutionell fördert. Birgitta Ringbeck meint dazu allerdings: „Bei uns haben sie gesagt, das wollen wir nicht. Heute fragen mich alle, warum wir das nicht gemacht haben. Wir wollten keine 100.000 Euro abzwacken. Das wird, glaube ich, heute anders gesehen." (B, Interview am 05.11.2018) So kam es zu der Aufgabenteilung, dass das Auswärtige Amt den regelmäßigen Beitrag zum Fonds in seinem Haushalt einstellte und BKM die Finanzierung der Geschäftsstelle zur Koordination der Umsetzung im nationalen Rahmen übernahm.

Man startete mit der Einrichtung der Geschäftsstelle bei der DUK, personell ab Mai 2012 mit einem Referenten besetzt, und der ersten Berufung eines Expertenkomitees durch den DUK-Vorstand im Dezember 2012 die bereits in der Machbarkeitsstudie vorgeschlagene „Pilotphase", die „dazu dienen [sollte], die Öffentlichkeit über den Zweck der Konvention und ihre Umsetzung in Deutschland mit dem Ziel zu informieren, ein positives Bild der Konvention zu schaffen sowie bestehenden Missverständnissen, Kritikpunkten und Bedenken entgegenzuwirken" (Albert/Disko 2011: 30). Die Geschäftsstelle erarbeitete im Jahr 2012 parallel zur finalen Politikformulierung von Bund und Ländern in enger Konsultation mit den Ländern neben den genauen Details des einheitlichen Bewerbungsformulars ein Merkblatt zum Ausfüllen der Formulare, das die aus der Konvention operationalisierten Kriterien für die Aufnahme enthält, sowie ein Hinweisblatt für die Verfasser von Empfehlungsschreiben – auch diese Hilfestellungen waren von der österreichischen Praxis inspiriert (siehe Abschnitt 6.4.1.). Die DUK stärkte in dieser Phase in der sie bereits eine Geschäftsstelle einrichten konnte, Deutschland der Konvention aber noch nicht beigetreten war, zudem ihre Expertenkompetenz. Sie bat im Frühjahr 2012 verschiedene Fachleute, die entweder bereits an der Fachtagung im Februar 2006 in Bonn beteiligt waren oder im weiteren Verlauf Beiträge zur Entwicklung des Verständnisses für Immaterielles Kulturerbe in Deutschland geleistet hatten, u. a. „Qualitätskriterien für ein lebendiges, modernes, kritisches, pfiffiges Umgehen mit diesem

Thema (‚auf der Höhe der Zeit und der heutigen Kommunikationskulturen')"
zu formulieren und „Zielvorstellungen der ersten fünf Jahre einer erfolgreichen
Implementierung in und durch Deutschland" (Dok. 15: Konzeption Interner Beratungsworkshop am 14.03.2012) zu entwickeln. Ergebnis einer Konsultation am
14. März 2012 in Bonn war das programmatische Arbeitspapier „Das lebendige
Kulturerbe kennenlernen und wertschätzen!" (Dok. 18), das die Arbeit der Deutschen UNESCO-Kommission und seines Expertenkomitees in den Folgejahren
leiten sollte. Wie man auch in der Auswärtigen Kulturpolitik seit geraumer Zeit
nicht mehr von „deutscher Kultur", sondern von „Kultur aus Deutschland" sprach
(vgl. von Beyme 2010: 274), so legten die an der Verfassung des Arbeitspapiers
beteiligten Experten, später fast alle auch Mitglieder des Expertenkomitees der
DUK, früh fest, dass man sich nicht auf die Suche nach „deutschem Immateriellen
Kulturerbe", sondern nach „Immateriellem Kulturerbe in und aus Deutschland"
machen solle:

> „Es handelt sich also nicht um eine Bestandsaufnahme des ‚deutschen Erbes' im
> ethnischen Sinn, sondern vielmehr der kulturellen Traditionen in Deutschland ins-
> gesamt. Gesucht sind vielfältige, bunte, innovative Formen – durchaus auch solche,
> die überraschen und vor allem jene, die zur Bewältigung von gesellschaftlichen Her-
> ausforderungen beitragen können." (Dok. 28: Botschaften an potentielle Zielgruppen:
> 1).

Ganz ähnlich wie in einer Publikation des Schweizer Bundesamts für Kultur
(2010: 10) formuliert, die darauf hinwies, dass lebendige Traditionen „aufgrund
der Mobilität ihrer Träger sowie des elektronischen Informationsaustauschs nicht
zwingend eine geographisch gebundene Kontinuität" haben, und dass eine „lebendige Tradition einer Gruppe mit Migrationshintergrund [...], sofern diese in
der Schweiz seit mehreren Generationen belegt ist, in die [Liste der lebendigen
Traditionen] aufgenommen" werden kann, betonten die DUK und die von ihr
identifizierten Experten wiederholt, dass das Verzeichnis „die gesellschaftliche
Realität der in Deutschland lebenden Menschen [...] und damit die Vielfalt und
Bandbreite der von ihnen hier praktizierten kulturellen Ausdrucksformen" (Dok.
28: Botschaften an potentielle Zielgruppen: 1) abbilden solle. Hier wurde also
sehr bewusst ein progressives Kulturpraxen- und Kulturträgerverständnis propagiert, um vorbeugend der Gefahr entgegenzuwirken, dass die Pflege Immateriellen
Kulturerbes in Deutschland zu rückwärtsgewandt gedacht wird. Die Schweiz
mit einem ähnlich progressiven Vorgehen (siehe Abschnitt 4.4.2.2.) war hier in
vielfacher Hinsicht Vorbild.
    Die Expertenrunde, die das Arbeitspapier (Dok. 18) erdacht hatte, traf sich
noch einmal am 17. Oktober 2012 in Berlin u. a. zur Vergabe von explorierenden

Rechercheaufträgen zu international interessanten und tragfähigen Nominierungs-vorschlägen aus Deutschland (siehe auch Abschnitt 6.3.1.3.). Bereits in der Mach-barkeitsstudie waren „Screening-Studien" (vgl. Albert/Disko 2011: 30) ange-dacht. In etwas fokussierterer Variante wurden von der DUK-Geschäftsstelle nun Stoffsammlungen und Systematisierungen von bereits existierenden Dokumenta-tionen, wissenschaftlichen Arbeiten unter besonderer Berücksichtigung laufender Forschungsvorhaben und medialer Aufarbeitung von Themen Immateriellen Kul-turerbes in Auftrag gegeben, um durch eine Analyse der Forschungslandschaft und der internationalen Umsetzungspraxis Erkenntnisse zu fachlichen Kriterien für das Bundesweite Verzeichnis und für den internationalen Einreichungsprozess für die UNESCO-Listen des Immateriellen Kulturerbes zu gewinnen. Die The-men der beiden Arbeiten waren zum einen „Explorierung relevanter Praxis und Dokumentation überzeugender Beispiele immaterieller kultureller Ausdrucksfor-men in und aus Deutschland" und zum anderen „Systematische Sichtung der internationalen UNESCO-IKE-Listen mit Fokus auf Mehrländernominierungen / serielle Nominierungen und mögliche Anknüpfungspunkte für Deutschland". Beide Recherche-Arbeiten hatten eine Materialsammlung zum Ergebnis, welche die aktuelle Forschung und mediale Aufarbeitung des Immateriellen Kulturerbes zum damaligen Zeitpunkt gleichermaßen berücksichtigten.

Die Richtlinien zur Durchführung der Konvention, ein wichtiger normativer Text zur Umsetzung gerade auch im nationalen Rahmen, wurden in Koopera-tion mit dem Sprachendienst des Auswärtigen Amts zwischen August 2012 und Januar 2013 in amtlicher Form übersetzt und hernach zusammen mit dem Kon-ventionstext von der DUK publiziert. In dieser Zeit erarbeitete die DUK für ihre eigene Kommunikation, aber auch für die nun immer intensivere Zusammenarbeit mit Experten ein Glossar zur Definition der wichtigsten Konventionsbegriffe bzw. der im Geiste der Konvention günstigsten deutschen Übersetzung. Dies sollte der Sicherung der sprachlichen Kohärenz und Qualität dienen und war letztlich eine Übersicht der empfohlenen deutschsprachigen Terminologie.

Die Geschäftsstelle erarbeitete zudem 2012 ein Kommunikationskonzept und veranstaltete ein Journalisten-Hintergrundgespräch mit der Vorsitzenden des Bundestags-Ausschusses für Kultur und Medien, Monika Grütters, und Chris-toph Wulf anlässlich der UNESCO-Komitee-Sitzung im November 2012 und des bevorstehenden deutschen Beitritts zur UNESCO-Konvention. Insbesondere die internationalen Einschreibungen hatten in den Vorjahren immer wieder für kri-tische bis negative Berichterstattung über das Immaterielle Kulturerbe gesorgt; dem sollte offensiv begegnet werden. Im Ergebnis standen fachlich korrekte und informative Berichte zu den Neueinschreibungen etwa im DeutschlandRadio (03., 06. und 07.12.2012) und auf 3sat (06.12.2012) sowie zum Kabinettsbeschluss des

deutschen Beitritts zur Konvention auf Spiegel Online (12.12.2012), auf SWR2
(13.12.2012), in der FAZ (14.12.2012) und der WELT (13.12.2012) sowie in
Folge einer dpa-Meldung (12.12.2012) in zahlreichen weiteren Medien.

6.2.4 Einrichtung eines Fachgremiums: Das Expertenkomitee bei der Deutschen UNESCO-Kommission

Die Einrichtung eines Fachgremiums zum Immateriellen Kulturerbe wird den
Vertragsstaaten der UNESCO-Konvention von 2003 in Nummer 80 der Richtlinien zur Durchführung des Übereinkommens empfohlen. Danach soll ein
beratendes Gremium oder ein Koordinierungsmechanismus eingerichtet werden,
um die Beteiligung von Trägern des Immateriellen Kulturerbes, sowie von Experten, Fachzentren und Forschungseinrichtungen zu unterstützen, insbesondere bei
der Ermittlung und Beschreibung von Elementen Immateriellen Kulturerbes, der
Erstellung von Verzeichnissen, der Vorbereitung von Nominierungen für die internationalen Listen und der Erarbeitung und Umsetzung von Programmen und
Projekten sicherzustellen. (vgl. Albert/Disko 2011: 17) Die Einrichtung eines
unabhängigen Expertenkomitees geht auch auf die Machbarkeitsstudie der BTU
Cottbus (Albert/Disko 2011) und die Diskussionen in den Ressortrunden mit den
Ländern zurück. Zum Beispiel hieß es im Ergebnis eines Treffens von Vertretern
von KMK, BKM und AA im April 2011, dass ein „unabhängiges Nominie-
rungskomitee [...] das notwendige Expertenwissen zur Ernennung der nationalen
Einträge liefern" und „eine Auswahl nach objektiven und sachlichen Kriterien"
(Dok. 8: Informelles Arbeitspapier KMK, BKM, AA 2011: 1) sicherstellen kann.
Aus dieser Passage liest man eine bewusste Abgrenzung gegen reine (Länder-)
Proporzerwägungen ohne ausreichende bzw. einheitliche Qualitätsprüfung bei der
Inventarisierung. Das Expertenkomitee ist in der Kabinettsvorlage zum Beitritt
dann als fester Bestandteil der Umsetzung erwähnt (vgl. Dok. 21: Kabinettsa-
che Datenblatt 17/05067: 2). Hier wurde auch bereits festgeschrieben, dass die
Geschäftsordnung dieses Komitees zwischen KMK, BKM, AA und DUK abgestimmt werden solle. Die Geschäftsstelle der DUK hat zu Arbeitsweise, Aufgaben
und Zusammensetzung des Expertenkomitees einen Vorschlag erarbeitet und am
29. Mai 2012 dem BKM, dem AA und dem KMK-Sekretariat übermittelt. Der
Entwurf der Geschäftsordnung des Gremiums wurde in der Folge in Zusammenarbeit mit den beteiligten Ressorts und dem KMK-Sekretariat weiterentwickelt.
In dieser sicherten sich die drei staatlichen Stellen relativ spät noch ein gesondertes Vorschlagsrecht für die Mitglieder, die vom satzungsgemäßen Vorstand
des Vereins DUK berufen werden. Stellenweise ist gar die Rede davon, das

Komitee sei „im Auftrag von BKM und KMK" (Dok. 19: Ergebnisvermerk zu den Bund-Länder-Absprachen vom 29.10.2012: 3) tätig. Allerdings erhielten die Behördenvertreter (AA, BKM, KMK) kein Stimmrecht – dies war zunächst 2011 noch vorgesehen (vgl. Dok. 8: Informelles Arbeitspapier KMK, BKM, AA 2011: 2), im Kommuniqué vom Oktober 2012, wurde es vor allem auf Initiative der Länder ausdrücklich so formuliert, dass die Behördenvertreter kein Stimmrecht haben sollten (vgl. Dok. 19: Ergebnisvermerk zu den Bund-Länder-Absprachen vom 29.10.2012: 3). Allerdings wurde es bei der Erstellung der Geschäftsordnung versäumt, die Nicht-Stimmberechtigung ausdrücklich festzuhalten. Dies wurde auf Bitten der staatlichen Vertreter im Oktober 2014 vom DUK-Vorstand korrigiert und auch auf den Vertreter der kommunalen Spitzenverbände ausgeweitet. Im Expertenkomitee sind die Länder mit zwei Vertretern, der Bund ebenfalls mit zwei Sitzen, und zwar je ein Repräsentant von AA und BKM, des Weiteren die kommunalen Spitzenverbände sowie der Bund Heimat und Umwelt als institutionelle Mitglieder mit je einem Sitz vertreten. Sie alle entscheiden selbst, wen sie in das Komitee schicken. Die Länder waren zunächst in der Pilotphase 2013/14 durch Schleswig-Holstein und das KMK-Sekretariat vertreten, ab 2015 durch Schleswig-Holstein und Sachsen. Das AA schickt seit Beginn der Arbeit des Expertenkomitees die Beauftragte für das Welterbe, Birgitta Ringbeck, die im für UNESCO-Fragen zuständigen Referat 603–9 angesiedelt ist. Die Vertretung der BKM hat mehrfach durch die Abteilungen und Referate gewechselt: Erst nach der Untersuchungsperiode dieser Arbeit hat das für die Finanzierung der Geschäftsstelle zuständige Referat K34 strategisch konsistent auch die Vertretung im Expertenkomitee übernommen. Die kommunalen Spitzenverbände wurden im Untersuchungszeitraum durch den für Kultur zuständigen Referenten des Deutschen Landkreistags vertreten. Nach dem Untersuchungszeitraum wechselte die Vertretung zum Deutschen Städtetag. Der Generalsekretär der DUK ist ferner seit Anbeginn geborenes Mitglied des Komitees. Darüber hinaus aber besteht das Gremium aus Fachexperten, die ehrenamtlich tätig sind; sie werden durch die Behördenvertreter nur – so die Formulierung aus dem Kommuniqué vom 29.10.2012 – flankiert (vgl. Dok. 19: Ergebnisvermerk zu den Bund-Länder-Absprachen vom 29.10.2012: 3). Der Vorsitzende und die *ad personam* benannten Mitglieder werden vom DUK-Vorstand für jeweils vier Jahre berufen – Ausnahme war bei der Erstberufung im Dezember 2012 bzw. März 2013 eine zweijährige Pilotphase 2013/14. Das Komitee soll laut Geschäftsordnung insgesamt nicht mehr als 25 Mitglieder haben.

Neben den im Rahmen des vierstufigen Auswahlverfahrens für die nationale Inventarisierung zugewiesenen Bewertungsaufgaben soll das Expertenkomitee

ferner auch Auswahlempfehlungen für deutsche UNESCO-Nominierungen treffen. Das Bundesweite Verzeichnis des Immateriellen Kulturerbes ist dafür das
Reservoir. Auch diese Auswahlempfehlungen müssen staatliche Bestätigung
durch die Länder und BKM erfahren.

Die Ansiedelung dieses Expertenkomitees bei der Deutschen UNESCO-
Kommission und nicht in direkter Anbindung an eine staatliche Institution hat
den entscheidenden Vorteil, dass die DUK ein privatrechtlich organisierter Verein
ist, sodass ein Umsetzungsgesetz zur gesetzlichen Regelung des Auswahlverfahrens bzw. der nationalen Umsetzung allgemein vermieden werden konnte und
zugleich kein Akteur der staatlichen Stellen sich hinsichtlich der getroffenen
Beschlüsse juristisch und politisch angreifbar macht. Als Vorteil benannten die
staatlichen Stellen nämlich, dass Komitee sei „Träger fachlicher Legitimität, die
auch Negativentscheidungen an die Bewerber vermitteln kann" (Dok. 8: Informelles Arbeitspapier KMK, BKM, AA 2011: 2). Dass es sich bei den Beschlüssen
des Expertenkomitees um „Empfehlungen" und nicht etwa um „Entscheidungen" handelt, ist dem Umstand geschuldet, dass die DUK prinzipiell zwar
auch als privatrechtliche Organisation staatliche Aufgaben gegenüber der Zivilgesellschaft wahrnehmen könnte, dies jedoch wiederum bei direkten rechtlichen
oder wirtschaftlichen Auswirkungen dieser Entscheidungen ein Umsetzungsgesetz erforderlich gemacht hätte, da sonst die demokratische Legitimation fehlen
würde. Dies wollten die staatlichen Stellen, wie mehrfach gezeigt, vermeiden.
Bei „stärkeren" Formulierungen fürchteten BMI und BMJ in der Phase der Politikformulierung, dass unabhängig von der Ansiedelung des Gremiums, es im
Streitfall als Quasi-Behörde aufgefasst werden könnte, die eine Rechtsgrundlage
eines „Organisationsgesetzes" zur rechtlichen Verankerung des Nominierungskomitees benötigt hätte. Dadurch, dass die eigentliche Auswahlentscheidung mit der
Zustimmung im Benehmen zwischen Ländern und BKM zu den Auswahlempfehlungen in staatlicher Verantwortung liegt, ist der demokratischen Legitimation
Genüge getan. (vgl. Dok. 19: Ergebnisvermerk zu den Bund-Länder-Absprachen
vom 29.10.2012: 2)

Warum aber entschied man sich überhaupt für ein Expertengremium, das
die Vorschläge bewerten sollte? Denkbar wäre schließlich auch eine Art Wiki-
Inventar gewesen, das jeder befüllen könnte, wenn es bei der Inventarisierung
nach zunächst vorherrschender Meinung doch vornehmlich um eine Bestandsaufnahme des Immateriellen Kulturerbes gehen sollte (siehe Abschnitt 6.2.2.3.).
War möglicherweise doch ein kulturpolitischer Gestaltungswille mit der Inventarisierung verbunden? Einen unbürokratischen Weg der Bestandsaufnahme von
Bräuchen und Ritualen via Internet schlug beispielsweise die Kulturwissenschaft-
lerin Eva-Maria Seng in einem Interview unter dem Titel „Die Bürger zum

Kulturerbe fragen" (Stuttgarter Nachrichten, 26.05.2012) vor. Finnland, das fast zeitglich mit Deutschland der Konvention beitrat, ging diesen Weg mit durchaus guten Erfahrungen. Gertraud Koch hielt es ebenfalls für einen interessanten Ansatz, „erst in der nachgelagerten Ebene mit den Expertenkomitees [zu] arbeiten und tatsächlich auch Plattformen zur Verfügung [zu] stellen, wo dann noch stärker bottom-up, Immaterielles Kulturerbe, propagiert werden kann" (E2, Interview am 25.10.2018). Wichtig war der deutschen Bundesregierung, dass das Verfahren Garantien bietet, dass „[rechtswidrige] Praktiken (z. B. Genitalverstümmelung, menschenverachtende Formen der Bestrafung oder das öffentlich Führen von NS-Symbolen)" (Dok. 5: BT-Drs. 16/13343 vom 11.06.2009: 4) im deutschen Verzeichnis des Immateriellen Kulturerbes keinen Platz finden. Ein Wiki-Inventar mit problematischen Einträgen hätte hier womöglich ein schlechtes Licht auf das Verfahren geworfen. Daher musste vor Veröffentlichung eine durch Experten vorgenommene Prüfung der Vorschläge erfolgen. Hinzu kommt, dass die UNESCO-Konvention wie viele völkerrechtliche Instrumente durchaus unbestimmte Rechtsbegriffe, wie ‚Immaterielles Kulturerbe' und ‚Erhaltung', verwendet (vgl. Dok. 5: BT-Drs. 16/13343 vom 11.06.2009: 5): Diese bedürfen einer Auslegung, im besten Fall durch kundige Personen. Der Antrag der Fraktionen von SPD und Grünen im Bundestag betonte wie auch der beschlossene Antrag der Regierungsfraktionen CDU/CSU und FDP die Notwendigkeit einer qualitätssichernden Methodik zur Erstellung der Bestandsaufnahmen des Immateriellen Kulturerbes (vgl. Dok. 9: BT-Drs. 17/6301 vom 28.06.2011: 2), so dass es parteipolitisch in dieser Frage in Deutschland einen Konsens gab. Des Weiteren sichert ein Expertenkomitee, dass alle relevanten Entscheidungsträger und Akteure ein gemeinsames Forum des Austausches haben und in den Prozess auf der Stufe der Bewertung der Bewerbungsdossiers eingebunden sind (vgl. Dok. 8: Informelles Arbeitspapier KMK, BKM, AA 2011: 2).

Um die Berufung des vorgesehenen Expertenkomitees vorzubereiten, orientierte sich die DUK einerseits an den Abläufen des Nominierungskomitees für das Memory of the World-Programm zum Dokumentenerbe in Deutschland und zum anderen am österreichischen Fachbeirat Immaterielles Kulturerbe. Wie bereits festgestellt, war Deutschlands Politikformulierung zur nationalen Umsetzung der Konvention von der bereits etablierten Praxis von Nachbarländern, insbesondere Österreich und Schweiz, inspiriert. Der Referent der DUK-Geschäftsstelle nahm im März 2013 – vor der Konstituierung des Gremiums in Deutschland – an einer Sitzung des österreichischen Gremiums in Wien teil. Die Österreichische UNESCO-Kommission teilte in diesem Rahmen, wie bereits im Beitrittsprozess,

ihre Erfahrungen und überließ der DUK auch Schriftsätze, die entscheidende Orientierung für die Arbeit des DUK-Expertenkomitees boten (siehe ausführlicher
Abschnitt 6.4.1.).
Das Expertenkomitee konstituierte sich am 5. Juli 2013 und hat seit seiner
Einsetzung die Umsetzung der Konvention in Deutschland aktiv mitgestaltet. Ein
weiteres Mal kam das Gremium Ende Oktober 2013 zusammen. In beiden Sitzungen wurde zunächst Grundsätzliches wie die Geschäftsordnung besprochen
und darüber hinaus ein Kodex der Zusammenarbeit, der detaillierter Regelungen
zu den Abläufen des Bewertungsprozesses und bei Befangenheit sowie zu öffentlichen Äußerungen über die Arbeit des Expertenkomitees enthält, verabschiedet.
Einer der ersten Beschlüsse war zudem die „Übersetzung" des Begriffs ‚Immaterielles Kulturerbe' in den Dreiklang „Wissen. Können. Weitergeben.". Susanne
Bieler-Seelhoff glaubt,

> „dass der Begriff des Immateriellen Kulturerbes immer noch einer ist, der überwie-
> gend der Fachöffentlichkeit bekannt ist. Wenn man von ‚gelebten Traditionen' redet,
> dann ist das etwas, womit die Menschen und die zivilgesellschaftlichen Gruppen mehr
> anfangen können. Und ich denke, das, was wir dann gemeinschaftlich entwickelt
> haben, ‚Wissen. Können. Weitergeben.', ist ein wunderbares Synonym dafür, worum
> es eigentlich geht." (L, Interview am 15.11.2018)

Der Vorsitzende Christoph Wulf fasst die Grundsätze, die die Arbeit des Komitees und seine aktivierende Rolle prägten und bis heute bestimmen, prägnant
zusammen:

> „Und dann haben wir hier die Idee, dass [… die Verzeichniserstellung] eine Bottom-
> up-Bewegung ist. Und das sind Bedingungen, die wir, glaube ich, schon in eigener
> Weise gestaltet haben. Auch mit dieser Idee, dass es um Wissen, Können und eine
> Weitergabe geht, was ja bedeutet, dass es hier auch um große Bereiche des impli-
> ziten Wissens, des kulturellen Wissens, des schweigenden Wissens geht, die sich
> auch schwer sprachlich vollständig fassen lassen. Und die aber wichtig sind für die
> Sinnfindung von Menschen. Dass sie in ihren Praktiken Freude haben, Sinn finden,
> Gemeinschaft erzeugen." (E1, Interview am 15.10.2018)

Die Einrichtung eines Fachgremiums bei der DUK, das Empfehlungen für
die Eintragungen im Bundesweiten Verzeichnis und für deutsche UNESCO-
Nominierungen ausspricht, war ein probates Mittel der Politik, um Fachlichkeit
und Glaubwürdigkeit der abschließenden staatlichen Entscheidungen zu garantieren und zugleich einen wichtigen Teil der anstehenden Aufgabe der Inventarisierung auf ehrenamtliche Experten und die DUK als Mittlerorganisation der
Auswärtigen Kultur- und Bildungspolitik zu delegieren. Damit war aber keine

erkennbare Entscheidung verbunden, ob ein kulturpolitisches Ziel mit der Umsetzung der Konvention verfolgt wird, wie etwa die Teilhabe an Kunst und Kultur zu stärken.

6.2.5   Einrichtung von Strukturen auf Länderebene

Die Länder benannten in Vorbereitung der ersten Bewerbungsrunde der Inventarisierung in ihren für die Kultur zuständigen Ministerien um den Jahreswechsel 2012/2013 herum jeweils eine Person als Kontaktstelle für das Thema Immaterielles Kulturerbe. Diese *Focal Points* der Länder sollten die Aufgabe übernehmen, für Bewerbergruppen Ansprechpartner zu sein und Bewerbungen entgegenzunehmen. Angesiedelt waren sie in verschiedenen Fachzusammenhängen, denn die bisherigen bzw. weitergeführten Fachzuständigkeiten der verantwortlichen Referenten reichten von Kulturelle Grundsatzangelegenheiten (Berlin) bis zu eher musealen, denkmalschutzrechtlichen und archivarischen Zusammenhängen, wie z. B. Museen, Denkmalschutz und Denkmalpflege, Erinnerungskultur (Brandenburg) und Museen, Archive, Denkmalschutz, Kulturgutschutz (Bremen) oder Denkmalschutz und -pflege, Unesco-Welterbe, Kulturgutschutz, Archive, Bibliotheken (Thüringen). Als die genauen Aufgaben deutlicher wurden, wechselten die Zuständigkeiten häufig noch einmal. Die meisten Länderkulturministerien gliederten das Thema Immaterielles Kulturerbe tatsächlich zuerst den zuständigen Referenten für den Denkmalschutz an. In Hessen war das Immaterielle Kulturerbe zwischenzeitlich gar dem Landesamt für Denkmalpflege zugeordnet. Im Laufe der Zeit übernahmen dann zunehmend für Heimatkultur und Heimatpflege oder Soziokultur zuständige Referate bzw. Referenten diese Verantwortung (siehe Abschnitt 6.4.2.). In großen Ländern wie Niedersachsen, Nordrhein-Westfalen oder Bayern übernahmen auch Ansprechpartner auf regionaler Ebene, wie die Landschaftsverbände oder Bezirksheimatpfleger, gewisse wissenschaftlich-praktische Beratungsfunktionen.

Die Runde der Länderministerialansprechpartner des Immateriellen Kulturerbes traf sich erstmals als Ad hoc-AG am 12. Februar 2013 im KMK-Sekretariat in Berlin und kam dort im für die Etablierung grundsätzlicher Strukturen auf Länderebene entscheidenden Jahr erneut am 18. April 2013 und am 18. September 2013 zusammen. Diese Treffen dienten dem Austausch der länderseitig mit dem Umsetzungsprozess beauftragten Ministerialen untereinander sowie mit der DUK-Geschäftsstelle über die großen Linien, aber auch über zahlreiche Detailfragen des neuen Bewerbungsverfahrens. In der Ad hoc-AG wurden wichtige Absprachen auf Arbeitsebene getroffen und Entscheidungen des KMK-Kulturausschusses bezüglich der Verfahren zur Erstellung des Bundesweiten Verzeichnisses vorbereitet. Am 17. Oktober 2013 nahmen zudem der Vorsitzende Christoph Wulf und zwei weitere Mitglieder des DUK-Expertenkomitees auf Einladung an einem Fachgespräch des KMK-Kulturausschusses zum Thema Immaterielles Kulturerbe teil.

Schon im Mai 2013 – also noch vor dem rechtswirksamen Beitritt Deutschlands zur Konvention im Juli – begann die erste Bewerbungsphase für das Bundesweite Verzeichnis. Der damalige Präsident der KMK, Minister Stephan Dorgerloh aus Sachsen-Anhalt, lud in einer gemeinsamen Pressemitteilung mit Staatsminister BKM Bernd Neumann, AA-Staatsministerin Cornelia Pieper und DUK-Vizepräsident Christoph Wulf alle, die Formen Immateriellen Kulturerbes pflegen, ein, sich zu bewerben. Einige Länder richteten zusätzlich zum Bundesverzeichnis, das nun im Entstehen begriffen war, sogar zum Teil zeitlich noch vor den ersten Eintragungen in dieses, eigene Länderverzeichnisse des Immateriellen Kulturerbes ein. Dies waren Nordrhein-Westfalen, Bayern – mit jeweils eigenen Logos – Sachsen und Sachsen-Anhalt. Diese Länder schufen – bis auf Sachsen – auch darüberhinausgehend Strukturen, die sich vornehmlich an Bewerbergruppen, in zweiter Linie aber auch an Trägergruppen, deren Kulturformen Anerkennung gefunden hatten, richteten: Beratungsstellen zum Immateriellen Kulturerbe. Diese übernahmen vor Ort Aufgaben der Geschäftsstelle der DUK, die diese mit ihrer Ausstattung nicht in der ganzen Fläche Deutschlands, insbesondere nicht so umfangreich in Ländern, die sich beim Immateriellen Kulturerbe stark engagieren, leisten konnte. Zwischen diesen Beratungsstellen wie auch individuell mit der DUK-Geschäftsstelle kam es zu regelmäßigen engen Abstimmungen.

Die meisten Länder beriefen zudem für ihre Aufgabe der Vorauswahl von Bewerbungen zur Weiterleitung ans KMK-Sekretariat in Stufe 2 des Bewerbungsverfahrens eine Jury mit Experten des Immateriellen Kulturerbes auf Landesebene ein. Diese sollten das jeweilige Votum über die – zunächst zwei, später vier – möglichen Plätze pro Land fachlich absichern. Die Modalitäten waren hier recht verschieden: Während etwa Bayern, Berlin und Nordrhein-Westfalen feste Jurys einrichteten, beriefen manche Länder diese nur jeweils ad hoc für den einzelnen Begutachtungszeitraum ein oder verzichteten ganz auf eine Juryentscheidung, wenn es etwa weniger Bewerbungen als zur Verfügung stehende Plätze im jeweiligen Land gab.

Bei den Ländern ist hinsichtlich der Frage, ob bewusste kulturpolitische Strategien die Politikformulierung leiteten, zu differenzieren. In den größeren Ländern wie Bayern und Nordrhein-Westfalen war dies nach anfänglichem Zögern sicherlich schon der Fall, wenn eine Förderung der jeweiligen Heimat-

oder Regionalkultur auch nicht konsequent und stets im Zusammenhang mit dem Immateriellen Kulturerbe kommuniziert wurde. Auch kleinere Länder, wie Mecklenburg-Vorpommern, entwickelten eine Art (Förder-)Politik zum Immateriellen Kulturerbe. In der Mehrzahl der Länder aber startete die Umsetzung eher konzeptlos bzw. orientierte sich stark an den bundesweiten Vorgaben der KMK und der DUK und setzte kaum eigene Akzente (siehe im Weiteren Abschnitt 6.3.2.3.).

6.2.6   Weitere Akteure und ihre Ansätze

Zu Politikformulierungen weiterer Akteure, i. d. R. der Zivilgesellschaft, hinsichtlich Maßnahmen der Umsetzung der Konvention kam es teilweise bereits vor dem deutschen Beitritt zur Konvention. Sie erfolgten zum Teil aber auch erst nach den bisher beschriebenen Aktivitäten der staatlichen Akteure sowie der DUK bzw. bezogen sich erst darauf. Trotzdem zählen sie noch in diese Phase des Policy-Cycle, da sie erst einmal grundsätzliche Positionsbestimmungen bzw. Orientierungen der Akteure umfassen. Insgesamt ist daran zu erinnern, dass die Phase Politikformulierung im Policy-Cycle nicht zwingend endet, wenn die Politikimplementierung anfängt.

Über eine Anerkennung bzw. Listung von bestimmten kulturellen Ausdrucksformen als Immaterielles Kulturerbe hinaus kann die nationale Umsetzung der UNESCO-Konvention auch grundsätzlich zu den Zielen des Völkerrechtsinstruments (siehe Kapitel 4) beitragen: eine Inwertsetzung von Kulturformen, durchaus unabhängig von Anerkennung oder Listung, kann die Trägergruppen etwa stärken. In dieser Hinsicht wirkte zum Beispiel das von der Europäischen Union über das Interreg-Programm geförderte „Cultural Capital Counts"-Projekt, an dem die BTU Cottbus mit dem Lehrstuhl von Marie-Theres Albert von 2011 bis 2014 beteiligt war. Hierbei wurde das Zusammenwirken von Immateriellem Kulturerbe und nachhaltiger Entwicklung in praktischen Kontexten von Regionalentwicklung auf der Basis von traditionellen kulturellen Ausdrucksformen untersucht. (vgl. Meißner 2020: 7 f.) Zu den weiteren Maßnahmen, die im Rahmen der nationalen Umsetzung der Konvention ergriffen werden können und entsprechend der Empfehlungen der Richtlinien zur Durchführung des Übereinkommens auch sollten, gehören Ausbildungsaktivitäten, die Dokumentation von Immateriellem Kulturerbe, z. B. in Museen, die Integration von Immateriellem Kulturerbe in Strategien anderer Politikfelder, aber auch wissenschaftliche, technische und künstlerische Studien sowie Maßnahmen der Informationsverbreitung und Bildungsprogramme.

Einige nichtstaatliche Institutionen formulierten in der Vor- und Frühphase der Umsetzung der Konvention in Deutschland bereits eine eigene Position bzw. Politik zum Immateriellen Kulturerbe: Der Bund Heimat und Umwelt (BHU) hat etwa frühzeitig zugesagt sich mit seinen Landesverbänden an der Umsetzung der Konvention in Deutschland zu beteiligen (vgl. Dok. 11: BHU-Resolution vom 03.07.2011) und es öffentlich als empfundene Verpflichtung kommuniziert, „zu Pflege und Bewahrung des immateriellen Kulturerbes beizutragen" (Dok. 22: BHU-Stellungnahme im Dezember 2012). Dazu gehörte auch die Bereitschaft als Verband im DUK-Expertenkomitee mitzuwirken. Ebenso verhielt es sich beim Zentralverband des Deutschen Handwerks (ZDH). Wie bei einer Einsichtnahme in die Akten des ZDH deutlich wurde, beschäftigte sich dieser bereits ab 2007 mit der UNESCO-Konvention zur Erhaltung des immateriellen Kulturerbes. Das Ziel war, das Thema Handwerk in Gesellschaft und Politik stärker mit dem Thema Kultur zu verbinden. Dazu wurden Positionspapiere verfasst und der Kontakt mit politischen Entscheidungsträgern und Experten gesucht. Eine konkrete Idee des ZDH war, ein „Archiv des praktischen Wissens" (Dok. 2: Dokumentation ZDH-Workshop 9./10. April 2008: 3) zu schaffen, womit handwerkliches Wissen und praktisches Tun dokumentiert und nutzbar gemacht werden soll. Vor allem sah man in der Konvention aber die Möglichkeit sich eines „kulturpolitische[n] Sprachrohr[s]" zu bedienen und „das Handwerk als kulturellen Faktor im öffentlichen Bewusstsein zu verankern" (Dok. 2: Dokumentation ZDH-Workshop 9./10. April 2008: 6). Angedacht wurde 2008 dafür eine Zusammenarbeit mit Museen, Schulen und Wissenschaft (vgl. Dok. 2: Dokumentation ZDH-Workshop 9./10. April 2008: 6). Auf Bundesebene befasste sich ein Spezialgremium des Deutschen Handwerkskammertags, die Planungsgruppe Kultur, mindestens einmal im Jahr mit den neuen Entwicklungen rund um die UNESCO-Konvention in Deutschland. Als der Beitritt konkret zu werden versprach, meldete auch der ZDH sein Interesse an einer Mitarbeit im Expertenkomitee an. Der Zentralverband des Deutschen Handwerks stand zu dieser Zeit bereits mit Partnern aus dem universitären Bereich (Universität Göttingen, Fachhochschule Köln) sowie der Dokumentarfilmszene in Kontakt, um ein größeres Forschungsprojekt zum Handwerkswissen umzusetzen. Daraus entstand schließlich über mehrere Zwischenschritte das OMAHETI-Projekt (Objekte der Könner. Materialisierungen handwerklichen Erfahrungswissen zwischen Tradition und Innovation), das von 2015 bis 2019 unter Federführung der Universität Göttingen lief (siehe Abschnitt 6.3.1.4.). In Bayern u. a. mobilisierten von Anfang der nationalen Umsetzung an auch die Handwerkskammern ihre Mitglieder im Bereich Immaterielles Kulturerbe.

Bereits zum Zeitpunkt des deutschen Beitritts war die internationale NGO SAVE (Sicherung der landwirtschaftlichen Artenvielfalt in Europa) mit Sitz in Deutschland auf eigene Initiative zur Beratung des Zwischenstaatlichen Ausschusses des Übereinkommens akkreditiert worden. Die deutsche Sektion der internationalen NGO CIOFF, die ebenfalls in genannter Rolle akkreditiert war und ist, hatte sich früh für die Umsetzung der Konvention auch durch Deutschland eingesetzt. CIOFF Deutschland sagte denn auch frühzeitig seine Unterstützung bei der Informationsverbreitung über die Inhalte der Konvention und bei der Unterstützung der internationalen Vernetzung zu und tauschte sich diesbezüglich regelmäßig mit der DUK aus.

Im Museumsbereich gehören Schutz, Dokumentation und Vermittlung des Immateriellen Kulturerbes schon seit 2004 zu den Zielen des Internationalen Museumsrats ICOM. Dessen deutsche Sektion hat sich dem Thema zunächst zögerlich, aber dann auf maßgebliches Betreiben von Präsidiumsmitglied Elisabeth Tietmeyer, die auch Mitglied des DUK-Expertenkomitees war, zunehmend genähert. Es passte gut in die museumsweltinterne Debatte rund um mehr Beteiligung der Menschen an der Arbeit von Museen und die Gegenwartsorientierung von Museen und anderen Ausstellungsinstitutionen (vgl. Koslowski 2015b: 42). Der Museumsverband in Mecklenburg-Vorpommern e. V. war ein Vorreiter, denn er initiierte 2015 in Folge einer Fachkonferenz vom Oktober 2014 einen Arbeitskreis zum Immateriellen Kulturerbe. Durch dessen Treffen mit mehreren thematischen Workshops jährlich wurden zum einen die am Thema interessierten Beschäftigten aus den kleinen und größeren Museen des Landes regelmäßig zusammengeführt, zum anderen waren aber auch Aktive aus den Bereichen Volkskunde, Tourismus, Bildung und Medien an diesem Austausch immer wieder beteiligt. (vgl. Wulf 2017)

Ein weiterer wichtiger Partner bei der Umsetzung im nationalen Rahmen ist die Wissenschaft. Die deutschen Universitäten haben sich anfangs recht zurückhaltend gezeigt, das Thema des Immateriellen Kulturerbes in den entsprechenden Studiengängen und ihrer Forschung aufzugreifen. Ähnlich wie die damaligen Akteure im politischen Raum versuchten die Volkskundler, Europäischen Ethnologen usw. in Deutschland die Konvention zunächst zu ignorieren oder ihre Bedeutung herunterzuspielen (vgl. Jacobs 2014: 268). Es dominierte eine kritische Lesart des Völkerrechtsdokuments. Bei aller Vorsicht, sich nachträglich dazu ein Urteil zu bilden, kann man doch mit ziemlicher Sicherheit konstatieren, dass sich Wissenschaft und Politik langezeit gegenseitig nicht besonders inspiriert und motiviert haben, hinsichtlich eines Beitritts zur Konvention aktiver zu werden. Bereits aus der Zeit vor dem deutschen Beitritt stammt allerdings

ein größeres von der DFG gefördertes Forschungsprojekt der Universität Göttingen bzw. einer interdisziplinären Forschungsgruppe zu Cultural Property (in zwei
Phasen, zunächst 2008 bis 2011, dann noch einmal von 2011 bis 2014 gefördert),
in dem die UNESCO einen besonders wichtigen und dabei auch das Immaterielle Kulturerbe einen gewissen Raum einnahm. Tourismuswissenschaftler Volker
Letzner von der Hochschule München befasste sich ebenfalls bereits ab etwa
2008 mit den Potenzialen des Immateriellen Kulturerbes und erforschte hartnäckig, warum sich Deutschland nicht zu einer Ratifizierung durchringen konnte.
Nach dem erfolgten Beitritt nahm er auch die deutsche Umsetzung des Inventarisierungsverfahrens noch 2013 kritisch unter die Lupe (vgl. Letzner 2013).
Im selben Jahr gab er u. a. konkrete Inspiration zur Bewerbung des Peter-und-
Paul-Fests Bretten für das Bundesweite Verzeichnis (siehe Abschnitt 4.2.3.). An
der Universität Paderborn wurden 2006 bereits ein Lehrstuhl für Materielles
und Immaterielles Kulturerbe und ein Masterstudiengang Kulturerbe eingerichtet.
Lehrstuhlinhaberin Eva-Maria Seng engagierte sich ab dem deutschen Beitritt
u. a. in der Landesjury NRW, etablierte mit Landesförderung eine Beratungsstelle zum Immateriellen Kulturerbe und wirkte an der nationalen und später auch
UNESCO-Nominierung des Bauhüttenwesens als Erhaltungsprogramm Immateriellen Kulturerbes mit. Der UNESCO-Lehrstuhl von Marie-Theres Albert an der
BTU Cottbus-Senftenberg zeichnete für die von den Ländern in Auftrag gegebene, einflussreiche Machbarkeitsstudie (Albert/Disko 2011) zu den Optionen der
nationalen Mitwirkung Deutschlands im Rahmen der UNESCO-Konvention verantwortlich. Am Lehrstuhl entstanden in den Folgejahren auch eine Reihe von
wissenschaftlichen Arbeiten zum Immateriellen Kulturerbe.

Auch die Medien, die über Kulturpolitik berichten, reagierten auf die in
Deutschland neue Konvention: Der Anfang des Jahres 2013 – kurz nach dem
Bundeskabinettsbeschluss zum Beitritt – inspirierte einige öffentlich-rechtliche
Rundfunksender zu Sendungen, in denen sie in Kombination aus Expertenge-
sprächen und Hörer-Anrufen nach Ideen für die Inventarisierung Immateriellen
Kulturerbes fragten, z. B. WDR 5 am 02.01.2013 und SWR 2 am 18.01.2013.
Als es im Frühjahr 2013 auch offiziell mit der Inventarisierung losging, unter-
stützen die Medien dies, indem sie die Möglichkeit, Vorschläge einzureichen,
bekanntmachten und erklärten (z. B. Die WELT 18.03.2013, DeutschlandRadio
Wissen am 11.04.2013 oder 3sat-Kulturzeit-News vom 12.04.2013). Weitere die
Zivilgesellschaft ermunternde Berichte gab es in den Qualitätsmedien während
der ersten Monate der deutschen Umsetzung, etwa am 01.05.2013 im Deutschlandfunk, am 09.07.2013 im DeutschlandRadio Kultur, am 13.08.2013 auf MDR
Thüringen oder am 17.08.2013 in der FAZ.

Die Ziele der sehr verschiedenen Akteure des sog. Dritten Sektors im Hinblick auf die Umsetzung der Konvention in Deutschland sind schwer auf einen Nenner zu bringen. Letztlich waren innerhalb dieser Gruppe von der rein wissenschaftlichem Interesse dienenden Bestandsaufnahme über die Sensibilisierung für die Bedeutung des Immateriellen Kulturerbes bis hin zu einer Aufwertung und einer Anerkennung des eigenen Tuns im zivilgesellschaftlichen Engagement im kulturellen Bereich bis hin zum Ziel der Erhöhung kultureller Teilhabe in unserem Land alle Ansätze vertreten.

6.3 Die Implementierung der Politik zur Umsetzung der Konvention in Deutschland: Kulturelle Teilhabe unbewusst erweitert

Nach der Skizze der Überlegungen, die die Struktur der Umsetzung der Konvention in Deutschland geprägt haben, und der Darstellung der sich daraus direkt ergebenen ersten Schritte (Abschnitt 6.2.), werden im Folgenden aus verschiedenen Perspektiven die weiteren Umsetzungsprojekte, -programme und -strategien der am Prozess beteiligten politischen Akteure präsentiert: zunächst in Form der Maßnahmen bzw. Instrumente (Abschnitt 6.3.1.), dann unter Betrachtung der Akteursverhältnisse sowie der Wirkung der Konvention auf die Diskurse und die Interessenwahrnehmung der Akteure (6.3.2.). Anschließend wird die kulturwissenschaftliche Perspektive eingenommen (6.3.3.) und abschließend wird die Wechselwirkung zwischen internationaler und nationaler Umsetzung der Konvention betrachtet (6.3.4.).

6.3.1 Projekte, Programme und Strategien der Umsetzung in Deutschland

Das Haupterhaltungsinstrument der Konvention und sichtbarster Ausdruck ihrer Umsetzung in den meisten Mitgliedsstaaten der Konvention und auch in Deutschland ist die Würdigung der Kulturformen in einem Verzeichnis (vgl. Lenski 2014: 73 f.). Allerdings ist

„[i]n der Summe noch mehr passiert als [...] mit der Listung. Also allein die Einrichtung der Stellen bei den Ländern in unterschiedlicher Art und Weise [...]. Dann die Länderlisten, [...] die Veranstaltungen, die die Deutsche UNESCO-Kommissionen gemacht hat, um das Thema zu vermitteln. Aber natürlich dann auch der ganze politische Prozess, der nachgelagert ist […] dem Expertenkomitee, wenn wir uns da ausgetauscht haben oder wo das Expertenkomitee ja mit eingebaut ist: die Befassung des Kulturausschusses, der Kultusministerkonferenz. All diese politischen Austauschprozesse sind zentral. Und dann natürlich auch die Diskussionsprozesse mit den Trägergruppen, die stattfinden. Die Arbeit bei der Deutschen UNESCO-Kommission jenseits dieser Veranstaltungen, auch im Dialog mit den einzelnen Trägergruppen, die sich über Antragsstellungen Gedanken machen. […] Kulturpolitisch ist das eine unglaubliche Menge an verschiedenen kleinen Einzelaktivitäten. Und das wirkt natürlich ins kulturelle Leben auch ziemlich rein." (E2, Interview am 25.10.2018)

Die zur nationalen Umsetzung der Konvention in Deutschland ergriffenen Projekte, Programme und Strategien – d. h. die Policy-*Outputs* (siehe Abschnitt 5.1.7.) der Politik zum Immateriellen Kulturerbe in Deutschland – werden in diesem Abschnitt jeweils in Verbindung mit den wichtigsten Akteuren, die an ihrer Umsetzung beteiligt waren bzw. sind, einzeln dargestellt. ‚Projekte' steht hierbei als neutraler Begriff für Vorhaben der einzelnen Akteure, während ‚Programme' und ‚Strategien' qualifizierter zu bewerten sind. Letztere werden aufgelegt bzw. formuliert, um bei definierten Adressaten sowie mit für die Durchführung Verantwortlichen bestimmte Handlungsziele zu erreichen (siehe Abschnitt 5.1.5.). Häufig sind diese Programm- und Strategieformulierungen allerdings implizit bzw. werden zumindest nicht veröffentlicht. Die Differenzierung ist allerdings nicht Hauptgegenstand der Untersuchung der vorliegenden Arbeit, zumal die Übergänge fließend sind. I. d. R. werden diese Bezeichnungen im Folgenden also synonym verwendet oder aber unter dem Begriff ‚Maßnahmen' zusammengefasst.

Spezifische Maßnahmen zur Förderung einzelner anerkannter Kulturformen, die man ebenfalls als Ergebnis der Umsetzung der Konvention in Deutschland werten kann, werden hier ausdrücklich nicht dargestellt. Es handelt sich im Folgenden nur um Maßnahmen, die im Allgemeinen der Erhaltung des Immateriellen Kulturerbes im Sinne der UNESCO-Konvention dienen. Da häufig mehrere politische Akteure (siehe Abschnitt 5.1.2.) an diesen Maßnahmen beteiligt sind, werden diese zur besseren (Wieder-)Auffindbarkeit in den jeweiligen Unterkapiteln und in den Folgekapiteln durchnummeriert – mit einer hohen oder niedrigen Zahl ist hierbei keine Wertung verbunden, sondern diese ergibt sich aus der Position der Darstellung in der Gliederung. Übergreifende laufende Maßnahmen ohne klaren Zeitpunkt oder ohne klares Ergebnis, wie etwa die gezielte Verbreitung von Informationen, Beratungen, allgemeine Presse- und Öffentlichkeitsarbeit sowie Medienberichte und Lehrveranstaltungen zum Immateriellen Kulturerbe oder interne, strukturierende Maßnahmen, wie die Erstellung eines

Kommunikationskonzepts, werden zum Teil ebenfalls beschrieben, aber nicht als explizite Projekte, Programme und Strategien gewertet und entsprechend nicht nummeriert. Kooperationsprojekte mit Partnern im Ausland werden hier ebenfalls außenvorgelassen, da sie im Abschnitt 6.3.4. näher beleuchtet werden.

6.3.1.1 Bund

Die Aktivitäten der Bundesregierung im Rahmen der Umsetzung der Konvention sind überschaubar:

(1) Am Verfahren der Inventarisierung Immateriellen Kulturerbes in Deutschland, also der Erstellung des Bundesweiten Verzeichnisses (siehe Abschnitt 6.2.2.), beteiligte sich der Bund entsprechend der Verabredungen des gemeinsamen Bund-Länder-Kommuniqués von 2012 (Dok. 19: Ergebnisvermerk zu den Bund-Länder-Absprachen vom 29.10.2012): zum einen durch Mitgliedschaft je eines Vertreters des AA und von BKM in beratender Funktion, ohne Stimmrecht, im DUK-Expertenkomitee (2), zum anderen durch die gemeinsame staatliche Bestätigung der Auswahlempfehlungen dieses Expertenkomitees durch die Länder und BKM (7). Mit dieser Bestätigung achten die staatlichen Akteure die Aufgabenteilung zwischen Expertenarbeit und demokratischer Legitimation (siehe Abschnitt 6.3.2.5.), auch wenn nicht alle Expertenempfehlungen auf ungeteilte Zustimmung stießen, wie etwa an der zeitweisen Abstinenz der BKM bei der Verkündung der Entscheidungen an die Medien abzulesen war (siehe Abschnitt 6.3.2.3.).

(2) Bei der Besetzung des DUK-Expertenkomitees (siehe Abschnitt 6.2.4.) mit unabhängigen Experten haben AA und BKM ein gesondertes Vorschlagsrecht. Das AA beschränkte sich bei beiden Gelegenheiten im Berichtszeitraum auf die Benennung der gleichen (einen) Expertin, die besonders bewandert im Bereich Welterbe ist. Dies lässt auf eine (außen-)kulturpolitische Strategie der angestrebten Kohärenz zwischen den UNESCO-Instrumenten und ihrer Umsetzung in Deutschland schließen (siehe auch Abschnitt 6.3.2.3.). BKM nominierte für die Pilotphase der Arbeit des Expertenkomitees 2013/14 zunächst eine Person und für den ersten regulären Berufungszeitraum 2015–2018 zwei andere Personen. Hierbei spielte das Thema der Kulturellen Bildung eine besondere Rolle, denn zwei dieser drei Personen waren in diesem Feld tätig. BKM sah, wie durch Vertreter der Behörde mehrfach geäußert wurde, wichtige Schnittmengen der Kulturellen Bildung zum Immateriellen Kulturerbe. Dies ist insofern interessant, dass die Kulturelle Bildung stark auf das Ziel Kulturelle Teilhabe einzahlt (siehe auch Abschnitt 6.3.2.3.). Die unmittelbare Vertretung des Bundes im Expertenkomitee nahmen für das AA die Welterbe-Beauftragte Birgitta Ringbeck und für BKM wechselnde Referate wahr (siehe Abschnitt 6.2.4.).

(3) Ferner wirkt die Bundesregierung an den deutschen UNESCO-Nominierungen mit, die formal als Stufen 5 und 6 des vereinbarten Verfahrens (siehe Abschnitt 6.2.2.2.) gelten, *de facto* prozedural jedoch davon losgelöst funktionieren. Auch die UNESCO-Nominierungen werden auf Empfehlung des DUK-Expertenkomitees von BKM im Benehmen mit den Ländern formal beschlossen (7). Das AA hat nach der Erarbeitung der Nominierungsunterlagen durch die Kulturträgergruppen und die Geschäftsstelle der DUK die staatliche Federführung bei der offiziellen Einreichung der Dossiers bei der UNESCO bis hin zur späteren Präsentation während der Sitzung des Zwischenstaatlichen Ausschusses der UNESCO-Konvention, auf der die Entscheidung über eine Aufnahme erfolgt. Das sich erst im Laufe der Umsetzung herausschälende Verfahren der Erarbeitung und Einreichung wird in den Abschnitten 6.3.2.4. sowie 6.3.4.1. noch näher beschrieben. Zudem nimmt das AA nach einer erfolgreichen Aufnahme in die internationalen Listen die offiziellen Einschreibungsurkunden vom UNESCO-Sekretariat entgegen und verleiht sie i. d. R. in einem von den Trägergruppen selbst zu organisierenden Festakt.

(4) Die Bundesregierung finanziert die Geschäftsstelle Immaterielles Kulturerbe bei der Deutschen UNESCO-Kommission (siehe Abschnitt 6.2.3.). BKM wirkt über die Gewährung dieser Zuwendung und die Definition von Erfolgszielen auch inhaltlich an der Ausgestaltung der Konvention in Deutschland mit. Der Vizepräsident der DUK, Christoph Wulf, meint:

„Dass wir die [Geschäftsstelle bei der DUK] finanziert bekommen, ist ein ganz wesentlicher Beitrag der Politik. Denn das Ganze wäre nicht so gut entwickelt worden, wenn wir nicht diese Möglichkeiten gehabt hätten. […] Und die Politik hat das auch erkannt in der Bedeutung, hat das dann unterstützt, auch immer wieder durch Gelder Möglichkeit gegeben, mal Gruppen zusammenzuholen, einen anderen Austausch zu machen, zwischen den Länderjurys und der nationalen Jury, um zu sehen, wie man mit den Kriterien umgeht, um überhaupt sich über die Komplexität auszutauschen. Und sich klarzumachen, wie gehen wir damit um. Also ich glaube, dass insgesamt die Politik da hilfreich war." (E1, Interview am 15.10.2018)

Die im Zitat genannten Aktivitäten, die mit BKM-Unterstützung möglich waren, werden im Abschnitt 6.3.1.3. näher beschrieben.

(5) Aufgabe der Bundesregierung ist durch das AA schließlich die regelmäßige Zahlung eines Beitrags zum Fonds der UNESCO-Konvention, in den alle Vertragsstaaten einen Beitrag entsprechend ihrer wirtschaftlichen Leistungsfähigkeit einzahlen.

Das AA übernahm des Weiteren bereits vor dem offiziellen Beitritt zur Konvention mit seinem Sprachendienst die Erstellung der offiziellen Übersetzungen des Textes der UNESCO-Konvention und der Richtlinien zur Durchführung des Übereinkommens ins Deutsche. Diese Texte wurden von der DUK 2012/13 auf dem Internetportal (17) und in Form einer Broschüre publiziert (18).

6.3.1.2 Länder und Kommunen

(6) Die 16 Länder der Bundesrepublik spielen im Rahmen der nationalen Umsetzung des UNESCO-Übereinkommens insbesondere auf der ersten und der zweiten Stufe des Bewerbungsverfahrens für das Bundesweite Verzeichnis (1) eine entscheidende Rolle (siehe Abschnitt 6.2.2.2.): Dafür haben sie zum Teil Expertenjurys berufen, in jedem Fall aber jeweils eine Ansprechperson benannt, an die sich interessierte Bewerbergruppen, die ihr Immaterielles Kulturerbe im jeweiligen Land pflegen oder dort ihren Sitz haben, wenden können und wo sie im Rahmen der offiziellen Bewerbungszeiträume auch ihre Bewerbungsdossiers einreichen können (siehe auch Abschnitt 6.2.5.). Die Gruppe dieser Ansprechpersonen war zunächst, u. a. aufgrund der sonstigen fachlichen Zuständigkeiten ihrer Mitglieder, aber auch der unklaren Ausgangslage zu Beginn, recht heterogen, hat aber im Untersuchungszeitraum durch einen regelmäßigen und von den KMK-Berichterstattern im Kulturausschuss sowie der DUK-Geschäftsstelle begleiteten strukturierten Austausch zu einer gut funktionierenden Arbeitsrunde gefunden, die allerdings unter häufigen personellen Wechseln litt. Die 16 Ansprechpersonen wirken unterschiedlich intensiv auf die Bewerbungsaktivitäten in ihren jeweiligen Ländern ein – zum Teil tun sie dies aktiv informierend durch Ansprache von möglicherweise geeigneten Akteuren und die Organisation von Informationsveranstaltungen (10), zum Teil gar durch regelrechte Aufforderungen, Bewerbungen zu verfassen, zum Teil aber auch recht zurückhaltend und nur auf Nachfrage von interessierten Akteuren handelnd. Auf dem ersten Evaluierungstreffen im Juli 2014 wurde von den Länderreferenten zusammen mit der DUK-Geschäftsstelle (2) eine Bilanz der Stärken und Schwächen des ersten Bewerbungsverfahrens gezogen. Die für die zweite Bewerbungsrunde vorbereiteten Beschlüsse des KMK-Kulturausschusses und schlussendlich der Länderminister können bereits als ein Lerneffekt des Policy-Cycle verstanden werden: Zum einen verständigte man sich, dass 2015 nach der Pilotphase ein weiteres Bewerbungsverfahren erfolgen sollte, das grundsätzlich nach den gleichen Modalitäten ablaufen sollte wie die erste Runde. Auch grundsätzlich stellte man bei dieser Gelegenheit einen zweijährigen Turnus für die kommenden Jahre in Aussicht, da man der Auffassung war, dies habe sich bewährt. Für das zweite Bewerbungsverfahren (2015/

16) verständigten sich die Länder zum anderen auf neue Quoten der Weiterleitung ans KMK-Sekretariat (zu den Gründen siehe Abschnitt 6.4.2.): In die nun vier Vorschläge pro Land, die zum einen unabhängig davon zählen, ob diese länderspezifisch oder länderübergreifend sind, wurden zum anderen auch die Vorschläge für Beispiele Guter Praxis der Erhaltung Immateriellen Kulturerbes integriert. Die Quoten wurden allerdings im Laufe des Verfahrens zwischen den Ländern und nach Rücksprache mit den DUK-Experten dahingehend als flexibel vereinbart, dass Länder, die ihre Quote nicht ausschöpfen ihre Plätze an andere Länder, die nach ihrer Vorauswahl mehr als vier Vorschläge für aussichtsreich halten, weitergeben können. Dies hatte zur Folge, dass ein Land wie Bayern in der Umsetzungspraxis deutlich mehr als vier Vorschläge weiterleiten konnte, da Länder wie Bremen oder das Saarland ihr Kontingent kaum oder gar nicht ausnutzten und andere ihr Kontingent zumindest nicht voll ausschöpften.

Die Möglichkeit der Benennung von Experten für das DUK-Expertenkomitee (2), die den Ländern im Rahmen von dessen Geschäftsordnung eingeräumt wird, nahmen diese bei beiden Berufungen (2012/13 sowie 2014/15) im Zeitraum, den diese Arbeit betrachtet, in der Zahl sehr umfangreich, wahr, so dass jeweils nicht alle Vorschläge vom DUK-Vorstand berücksichtigt werden konnten. Die beiden direkt für die Ländervertreter vorgesehenen Sitze im Gremium wurden in der Pilotphase 2013/14 durch die Berichterstatterin des KMK-Kulturausschusses aus Schleswig-Holstein und eine Vertretung des KMK-Sekretariats wahrgenommen, ab 2015 übernahmen die beiden Berichterstatter aus Schleswig-Holstein und Sachsen die Vertretung gemeinsam.

(7) Neben der Zusammenführung der von den Ländern weitergeleiteten Bewerbungen (2. Stufe des vereinbarten Verfahrens) – eine Aufgabe, die so viel Aufwand verursacht, dass ab dem zweiten Bewerbungsverfahren 2015/ 16 dafür eine länderseitig finanzierte Hilfskraft für die Dauer von zwei bis drei Monaten eingestellt wird (vgl. Dok. 25: KMK-Beschluss vom 11.12.2014: 2) – sowie der Vorbereitung der Beschlussfassung der KMK-Gremien Kulturausschuss, Amtschefkonferenz und Ministerrunde obliegt dem KMK-Sekretariat im Umsetzungsszenario der Inventarisierung insbesondere die Organisation der Herstellung des Benehmens über die Bestätigung der Auswahlempfehlungen des DUK-Expertenkomitees durch einen taggleichen Notenwechsel mit BKM (4. Stufe des vereinbarten Verfahrens; siehe hierzu auch Abschnitt 6.3.2.5.). Dazu kommt in enger Kooperation mit der DUK die anschließende unmittelbare Kommunikation der Entscheidungen durch Information der Bewerbergruppen per individualisierten, vom KMK-Generalsekretär und dem Vorsitzenden des DUK-Expertenkomitees unterzeichneten Schreiben (vgl. Dok. 25: KMK-Beschluss vom

11.12.2014: 2) und die entsprechende Pressearbeit. An der gemeinsamen Pressearbeit zu den Entscheidungen beteiligte sich BKM zunächst als dritter Partner, später übte die Behörde der Kulturstaatsministerin hierbei Zurückhaltung und überließ die Verkündung häufig allein den Ländern und der DUK.

(8) Das erste informelle Austauschtreffen zwischen Mitgliedern der Länderjurys und des DUK-Expertenkomitees gab es bereits im Frühjahr 2014. Dabei ging es insbesondere um eine Verständigung über die jeweiligen Modalitäten bei der Bewertung von eingehenden Vorschlägen. Im September 2015 traf man sich in dieser Runde erneut zu einem Vertiefungsworkshop zur Qualitätssicherung bei der Erstellung des Bundesweiten Verzeichnisses. Dieses zunächst nicht explizit vorgesehene Austauschformat wurde auch im Weiteren in unregelmäßigen Abständen in Abstimmung zwischen Ländern und DUK wiederholt.

(9) Die Länder, sowie auch die Kommunen, übernahmen gemeinsam mit der DUK-Geschäftsstelle Verantwortung bei der Organisation von Veranstaltungen zur Auszeichnung der Trägergruppen anerkannter Kulturformen. Diesen wurden jeweils individuelle Urkunden, die mit dem Logo „Wissen. Können. Weitergeben." versehen sind, überreicht. Im Jahr 2015 wurde eine entsprechende Veranstaltung, die weder im vereinbarten Stufenverfahren noch durch die Zuwendungsbescheide der BKM definierten Aufgabenportfolio der DUK-Geschäftsstelle vorgesehen waren, von der Landesvertretung Schleswig-Holsteins beim Bund in Verbindung mit einer Fachtagung (16) ausgerichtet. Mecklenburg-Vorpommern organisierte im Jahr 2017 in seiner Berliner Landesvertretung eine ähnliche Veranstaltung nach der zweiten Bewerbungsrunde für das Bundesweite Verzeichnis. Im Jahr 2016, als Urkunden an nur sieben Kulturformen und zwei Gute Praxis-Beispiele überreicht werden sollten, ging die DUK zum Zweck der Auszeichnungsveranstaltung eine Partnerschaft mit der Stadt Heidelberg, die kurz zuvor als UNESCO-Creative City für Literatur anerkannt wurde, ein. Die Auszeichnung fand im Rahmen einer städtischen Festveranstaltung anlässlich der Interkulturellen Wochen gegen Rassismus statt. 2018 bildete die DUK-Hauptversammlung in Bamberg den Rahmen für eine Auszeichnung, bei der erneut eine Stadt mit direktem UNESCO-Bezug – eine Welterbestätte und die nationale Anerkennung der Bamberger Gärtnerkultur als Immaterielles Kulturerbe stehen für die Stadt zu Buche – Verantwortung für eine Festveranstaltung mit Urkundenvergabe übernahm. Auch die Durchführung von Auszeichnungsveranstaltungen war ein Lerneffekt aus den Nachbarländern, wie z. B. Österreich, das diese Würdigung ein- bis zweimal jährlich für seine Neueinträge ins nationale Verzeichnis veranstaltet (vgl. Staatenbericht 2015: 7). Dass diese Art der öffentlichen Würdigung zunächst nicht vorgesehen war und dann 2014/15 für wichtig

erachtet wurde, liegt vermutlich an der in diesen wenigen Monaten bereits gewandelten Wahrnehmung des Inventarisierungsverfahrens. Während man anfangs von einer Bestandsaufnahme ausging, waren die Aspekte der Auszeichnung und Wertschätzung für die aus dem Verfahren erfolgreich hervorgegangen Gruppen bzw. Kulturformen – der Wettbewerbscharakter ließ sich bei allen Beteiligten wohl doch nicht ganz verleugnen – zum Ende der ersten Bewerbungsphase bereits dominant (siehe Abschnitt 6.2.2.3.).

Die kommunale Ebene ist neben der oben beschriebenen Ausrichtung von Auszeichnungsveranstaltungen (9) auf weitere Weise an der Inventarisierung beteiligt: Am Auswahlprozess wirken die kommunalen Spitzenverbände durch Mitgliedschaft eines Vertreters im Expertenkomitee (2) mit – die Vertretung wurde im Untersuchungszeitraum vom Deutschen Landkreistag wahrgenommen (vgl. K, Interview am 01.11.2018). Der Deutsche Städtetag war zudem Partner der Fachtagung im März 2015 (16). Die Beteiligung von kommunalen (Selbst-)Verwaltungen – Bürgermeistern, Kulturdezernenten, Verwaltungsmitarbeitern, Lokalpolitikern – an Vorschlägen von lokal verankerten traditionellen kulturellen Ausdrucksformen für das Bundesweite Verzeichnis des Immateriellen Kulturerbes (1) ist ein weiterer Aspekt der kommunalen Mitwirkung an der Konventionsumsetzung. Konkrete Beispiele für letzteres sind die in Abschnitt 4.2. dargestellten Kulturformen Lindenkirchweih Limmersdorf und das Peter-und-Paul-Fest in Bretten. Aber auch weitere Beispiele können hier noch angeführt werden:

> „Also wir haben ja Kommunen, zum Beispiel eine Stadt, die ausgezeichnet werden wollte wegen des intensiven Schachspiels. Da ist es eine ganze Kommune, die da den Antrag gestellt hat. Und die konnte auch plausibel machen, dass das wirklich für diese Stadt und für diese Umgebung ein ganz zentrales Moment kultureller Aktivität ist." (E1, Interview am 15.10.2018)

Dabei bewegen sich die kommunalen Verantwortungsträger auf einem schmalen Grat. In bestimmten Fällen ist die Gemeinde durchaus die geeignete Trägerinstitution für eine Kulturform, in anderen kann eine zu starke Vereinnahmung schnell in den Verdacht einer politischen Einflussnahme geraten:

> „Gemeinden, die sich interessieren, Bürgermeister, die etwas mit stützen wollen, bis hin zu Bundestagsabgeordneten, die darin ein gewisses politisches Interesse sehen, dass etwas anerkannt wird, als immaterielles kulturelles Erbe […]. Also das ist doch auch ein von der Politik durchaus durchtränktes Feld. Das ist nicht hohe Weltpolitik. Aber es ist eine Politik, die regional ist, die natürlich auch viel zu tun hat mit der Bedeutung, die die Parteien haben vor Ort." (E1, Interview am 15.10.2018)

(10) Während im Jahr 2013 die DUK-Geschäftsstelle zum Auftakt der nationalen Konventionsumsetzung sechs Regionalforen zur Information von Interessierten über die UNESCO-Konvention und ihre Umsetzung in Deutschland insbesondere im Hinblick auf das Inventarisierungsverfahren organisierte und dafür jeweils Kooperationen mit den Ländern einging, übernahmen einige von diesen das Format von Infoveranstaltungen ab 2015 selbst. Besonders aktiv waren Bayern und Nordrhein-Westfalen, aber auch Schleswig-Holstein, Mecklenburg-Vorpommern, Thüringen, Sachsen-Anhalt, Berlin und Rheinland-Pfalz organisierten eigene Veranstaltungen. I. d. R. luden Sie Mitglieder des DUK-Expertenkomitees und/oder Mitarbeiter der DUK-Geschäftsstelle als Referenten dazu ein.

(11)/(12) In Bayern entwickelte sich dank der schon in der ersten Bewerbungsrunde zahlreichen Bewerbungen, durch die Einrichtung eines Landesverzeichnisses mit eigenem Logo und anschließend der Etablierung einer Beratungsstelle, zunächst beim Bayerischen Landesverein für Heimatpflege und später beim Institut für Volkskunde der Bayerischen Akademie der Wissenschaften, eine große Dynamik rund ums Immaterielle Kulturerbe. Die staatlich geförderten Bezirksheimatpfleger und ehrenamtlichen Kreisheimatpfleger waren eine Struktur, auf der man hierbei gut aufbauen konnte. In Nordrhein-Westfalen entschied man sich ebenfalls früh dafür, ein Landesverzeichnis (11) mit eigenem Logo, das die aufgenommen Trägergruppen nutzen können, einzurichten. Weitere Landesverzeichnisse führen inzwischen Sachsen und Sachsen-Anhalt. Eine große Dynamik in die Bewerbungslage kam in NRW aber interessanterweise nicht durch das Landesverzeichnis, sondern 2016 mit der Einrichtung einer Beratungsstelle (12) an der Universität Paderborn. Beratungsstellen außerhalb der Landesverwaltung richteten auch Sachsen-Anhalt und Thüringen inzwischen ein.

6.3.1.3 Deutsche UNESCO-Kommission

Seit 2013 trifft sich das DUK-Expertenkomitee (2) zu zwei jährlichen Sitzungen, eine im Frühjahr und eine im Herbst. Die jeweilige Vor- und Nachbereitung liegt im Aufgabenbereich der DUK-Geschäftsstelle (4). Die Hauptaufgabe der Bewertungen von Dossiers im Rahmen des Inventarisierungsverfahrens erfolgt anhand der konkret eingegangenen Dossiers in Stufe 3 des Verfahrens (siehe Abschnitt 6.2.2.2.) jeweils über den Sommer in individueller Kapazität der Experten:

„Es sind 64 Projekte, die gelesen werden müssen. Das sind dann also doch über tausend Seiten, die da von jedem gelesen werden. Und natürlich die zehn [Bewerbungsdossiers], für die jeder verantwortlich ist im engeren Sinne und ein schriftliches

Gutachten macht. Die müssen natürlich genauer gelesen werden." (E1, Interview am
15.10.2018)

Empfehlungen für Aufnahmen ins Bundesweite Verzeichnis werden dann auf der
Herbstsitzung gemeinsam getroffen. Der Vertreter der Kommunen, Jörg Freese,
äußert sich zur Sitzungsatmosphäre im Gremium wie folgt:

> „Ich hatte den [...] wohltuenden Eindruck, dass die Leute da, gerade die Wissen-
> schaftler da ihre Fachexpertise eingebracht haben und nicht so sehr auf irgendwas
> jetzt eingeschossen haben. Dass jeder so persönliche Vorlieben hat oder nicht, das ist
> normal. Das nicht; hatte ich auch den Eindruck bei dem einen oder anderen. Aber
> das war nie durchschlagend. Und auch die Länder, sind ja immer nur einige vertre-
> ten natürlich, können ja nicht 16 Länder immer am Tisch sitzen, auch da fand ich,
> war das Bemühen eigentlich erkennbar, dass die jetzt nicht sagen, so ich bin jetzt aus
> Schleswig-Holstein und jetzt muss ich aber das und das jetzt irgendwie unbedingt
> durchbringen." (K, Interview am 01.11.2018)

(13) Auch hinsichtlich der Bestimmung eines Logos für das Immaterielle Kulturerbe in Deutschland tauschte man sich im Expertenkomitee in dessen erstem
Arbeitsjahr aus. Da die Experten ihre Rolle gegenüber Öffentlichkeit und Zivilgesellschaft als eine aktivierende ansahen, sprachen sie sich für die Entwicklung
eines eigenen Logos für das Bundesweite Verzeichnis aus. Die Erstellung wurde
in einem öffentlichen, offenen Wettbewerb ausgeschrieben – hieran beteiligten
sich 31 Personen mit 46 Vorschlägen. Den Zuschlag erhielt auf Votum des
Expertenkomitees der Grafiker Ercan Tuna aus München.

Abbildung 6.1 Logo
Immaterielles Kulturerbe -
Wissen. Können.
Weitergeben. (Copyright:
Deutsche
UNESCO-Kommission)

Das Logo (vgl. Abbildung 6.1) wurde als eingetragene Marke beim Deutschen
Patent- und Markenamt geschützt. Für die Logonutzung durch die Trägergruppen
des Immateriellen Kulturerbes wurden seitens der DUK-Geschäftsstelle detaillierte Nutzungsbedingungen in einem Leitfaden formuliert. In einem weiteren
Leitfaden werden die grafischen Nutzungsbedingungen erläutert. Die Trägergruppen sind in diesem Zusammenhang jährlich gebeten über die Nutzungen des
Logos einen formlosen Bericht an die DUK-Geschäftsstelle zu erstatten. Die

Kreation und Vergabe eines Logos wurde von kritischen Stimmen als Indiz für einen exklusiven Charakter des Bundesweiten Verzeichnisses des Immateriellen Kulturerbes, das damit Hierarchien und Ausschlüsse produziere, interpretiert (vgl. Schönberger 2017: 1). Zwar kann man diese Wirkung nicht ausschließen – „Kultur zu fördern heißt Ausschlüsse zu konstruieren" hieß es in „Der Kulturinfarkt" (Haselbach/Klein/Knüsel/Opitz 2012: 38) –, aus den Debatten im Expertenkomitee wurde aber deutlich, dass dies zumindest nicht der Beweggrund für die Kreation des Logos war. Tatsächlich ging es den Experten um eine bessere, leichter zugängliche Form der Kommunikation des Themas auf der einen und eine öffentlich sichtbare Anerkennung für die Trägerformen auf der anderen Seite. Da die kommerzielle Nutzung des Logos per Nutzungsleitfaden ausgeschlossen ist, kann dieses zumindest auch nicht als Teil einer direkten Inwertsetzungsstrategie interpretiert werden.

Gemeinsam mit den Ländern wurden von der DUK-Geschäftsstelle im Jahr 2013 begleitend zur ersten Bewerbungsrunde sechs Regionalforen (10), verteilt über das Bundesgebiet in Leipzig, Lübeck, Mainz, Osnabrück, Berlin und Augsburg, organisiert. Diese dienten der Information über die UNESCO-Konvention und den Prozess der Erstellung des Bundesweiten Verzeichnisses sowie der konkreten Beratung von möglichen Trägergruppen hinsichtlich der Möglichkeit der Bewerbung für Gruppen der Zivilgesellschaft. Insgesamt nahmen mehr als 300 Personen an den sechs Veranstaltungen teil. Die Reaktionen auf diese Form der Öffentlichkeitsarbeit für die Umsetzung der Konventionen waren überwiegend positiv. Der Wissenschaftler Volker Letzner, der das Forum in Augsburg am 15. Juli 2013 besuchte, lobte etwa die Offenheit für Anpassungen des Inventarisierungsverfahrens in künftigen Runden auf Basis von Vorschlägen der Teilnehmer (vgl. Letzner 2013: 60). Zwei Vorstandsmitglieder des Bundesverbands für Ethnolog*innen e. V., die in Mainz am 24. Mai 2013 und Leipzig am 3. Mai 2013 teilnahmen, begrüßten das Format ebenfalls (vgl. https://www.bundesverband-ethnologie.de/kunde/upload/all_files/Berichte/Besprechung--UNESCO-Rein-Lipp-28.05.2013.pdf; Zugriff am 13.12.2021).

(14) Im September 2013 wurde von der DUK-Geschäftsstelle in Berlin für einen Personenkreis, der mit der operativen Umsetzung der Konvention in Deutschland befasst war, also Mitglieder des DUK-Expertenkomitees, Verantwortliche in den Länder-Kulturministerien, Vertreter von relevanten NGOs; insgesamt 20 Personen; ein zweitägiger Vertiefungsworkshop organisiert. Den Workshop leitete ein vom UNESCO-Sekretariat vermittelter Trainer aus Serbien, der Mitglied des von der UNESCO weltweit aufgebauten Fortbildernetzwerks der Konvention ist. Als Arbeitsgrundlage wurde ein Handbuch genutzt, welches

das UNESCO-Sekretariat im Rahmen seiner Capacity-Building-Strategie erstellt hatte, das die DUK-Geschäftsstelle ins Deutsche übertragen und drucken ließ. Diesen Vertiefungsworkshop führte die DUK in Kooperation mit der KMK, der Österreichischen UNESCO-Kommission sowie dem Schweizer Bundesamt für Kultur durch. Die Partner aus Österreich und der Schweiz entsendeten je einen Vertreter zum Workshop, was den Fachaustausch zwischen den drei Ländern förderte sowie für die kommenden Jahre weiter vertiefen half (siehe auch Abschnitt 6.3.4.3.).

(15) Im Oktober 2013 veranstaltete die DUK ebenfalls in Berlin in Fachkooperation mit der Kulturstiftung des Bundes, der Kulturstiftung der Länder und dem Japanischen Kulturinstitut Köln ein eintägiges Fachsymposium „Immaterielles Kulturerbe erhalten und wertschätzen" mit Referenten aus Deutschland, Japan, Belgien, Lettland und Spanien sowie vom UNESCO-Sekretariat aus Paris. Anlass des Symposiums war das zehnjährige Jubiläum der Verabschiedung der Konvention und der im selben Jahr erfolgte deutsche Beitritt. Es kann als ein von mehreren Seiten gefordertes „Forum Immaterielles Kulturerbe" unter Einbeziehung von Verbänden und interessierten Organisationen gewertet werden, wie es ähnlich zu Beginn der nationalen Umsetzung in der Schweiz stattgefunden hatte (siehe Abschnitt 4.4.2.2.). Rund 150 Teilnehmende – aus der Wissenschaft, potenzielle Träger Immateriellen Kulturerbes, politisch Verantwortliche, Medienvertreter usw. – erarbeiteten kollaborativ inhaltliche Anregungen für die Umsetzung der Konvention in und durch Deutschland. Grußworte hielten Monika Grütters, damals noch Vorsitzende des Ausschusses für Kultur und Medien im Deutschen Bundestag, und DUK-Vizepräsident Christoph Wulf. Die Veranstaltung wurde von einer Poster-Session begleitet, bei der 20 Plakate Projekte aus Praxis und Forschung zum Immateriellen Kulturerbe vorstellten. Diese wurden später online auf unesco.de (17) veröffentlicht. Das Fachsymposium wurde von einer Vorbereitungsphase, mit Lektüre-Angebot zum vertieften Einlesen, und einer Nachbereitungsphase, in der alle Teilnehmenden über Google Docs an der Entstehung des Ergebnispapiers beteiligt waren, begleitet. Das Ergebnispapier der Rundtisch-Diskussionen enthielt konkrete und zum Teil interessante Anregungen für die deutsche Umsetzung der UNESCO-Konvention, von denen in den folgenden Jahren einige umgesetzt werden konnten, andere aus Ressourcen- oder sonstigen Gründen aber aufgeschoben wurden.

(16) 2015 fand erneut eine größere Fachtagung mit ca. 180 Teilnehmenden unter dem Motto „Wissen. Können. Weitergeben." in Berlin in der Landesvertretung Schleswig-Holsteins beim Bund gemeinsam mit dem Deutschen Kulturrat und dem Deutschen Städtetag statt. Zusammen mit den Übergaben von Urkunden

(9) an die Trägergemeinschaften der ersten Einträge im Bundesweiten Verzeichnis bot die Veranstaltung Trägergruppen und Experten die Gelegenheit, nach der ersten Bewerbungsrunde Erfahrungen auszutauschen und noch unerschlossene Potenziale im Bereich des Immateriellen Kulturerbes in Deutschland zu identifizieren sowie eine moderne Praxis der Pflege zu diskutieren. Ein Abschlusspapier mit den dokumentierten Ergebnissen der vier Workshops enthielt erneut interessante Anregungen, die zum Teil in das weitere Arbeitsprogramm der DUK-Geschäftsstelle einflossen.

(17) Eine der ersten Maßnahmen der von BKM finanzierten DUK-Geschäftsstelle (4) war bereits ab 2012 die Erstellung eines umfassend informierenden Internetauftritts zum Immateriellen Kulturerbe auf der Seite www.unesco.de. Hier fanden sich die vom AA erstellten amtlichen Übersetzungen des Konventionstexts und der Richtlinien zur Durchführung des Übereinkommens sowie Meldungen zu aktuellen Aktivitäten zum Immateriellen Kulturerbe in Deutschland und weltweit mit Bezügen zur deutschen Umsetzungspraxis. Zudem etablierte die DUK eine Artikelserie zu den Einträgen im Register Guter Praxis-Beispiele der Erhaltung Immateriellen Kulturerbes der UNESCO und nahm Übersetzungen von relevanten Texten der Seite ich.unesco.org, zum Beispiel einer virtuellen Ausstellung zum Thema Immaterielles Kulturerbe und Nachhaltige Entwicklung, vor. Auch ein eigens produzierter Kurzfilm, der erklärte, was unter Immateriellem Kulturerbe zu verstehen ist, fand sich hier. Ab Beginn des Bewerbungsverfahrens für das Bundesweite Verzeichnis (1) waren hier auch stets das aktuell gültige Bewerbungsformular, die Hinweisblätter zur Erstellung einer Bewerbung, FAQs und die Kriterien mit näheren Erläuterungen und ab der zweiten Runde auch Beispieldossiers erfolgreicher und aussagekräftiger Bewerbungen zu finden. Ab Ende 2014 wurde zudem eine umfangreiche Online-Darstellung des Bundesweiten Verzeichnisses in Text (deutsch und englisch) und Bild, sowie wenn vorhanden Video- und Audiodateien, mit eigener Datenbank und Suchfunktion eingerichtet. Direkt zugänglich sind auf diesen Seiten damit alle Informationen zum deutschen Bewerbungsverfahren (1) und die Kontakte zu den einzelnen Ansprechpersonen in den Ländern (6). Damit wurde die Seite zum zentralen Portal für am Immateriellen Kulturerbe Interessierte, auf das die meisten Bundesländer sowie interessierte Kulturverbände von ihren Webseiten verlinkt haben.

(18) Im Jahr 2012 erarbeitete die DUK auch zwei Druckerzeugnisse: eine Broschüre mit den Vertragstexten der Konvention (Übereinkommen und Richtlinien zur Umsetzung) und einen Themenflyer zum Immateriellen Kulturerbe. Diese wurden in den Folgejahren an einen breiten Kreis von Multiplikatoren, an Länder- und Bundesministerien sowie NGOs und Interessierte verteilt. Im Dezember 2014

erschien zudem eine weitere Publikation: die Erstauflage einer Broschüre mit den Einträgen im Bundesweiten Verzeichnis. Diese betrug 3.000 Exemplare, davon 500 englischsprachig, um den internationalen Fachaustausch zu fördern. Die Broschüre wurde seitdem mehrfach ergänzt, thematisch um Inhalte der später durchgeführten Kampagne „Kulturtalente" (22) erweitert, und nachgedruckt.

(19) Für Interessenten wurde ab 2012 ein separater elektronischer Newsletter etabliert, der etwa alle zwei Monate mit Neuigkeiten zum Immateriellen Kulturerbe erschien. Dieser ging im Jahr 2016 im DUK-Newsletter, der sich im etwa gleichen Turnus allen Themen rund um das Erbe der Menschheit widmete, auf.

(20) Um in der Kulturszene Aufmerksamkeit für die Möglichkeit der Bewerbung für das Bundesweite Verzeichnis (1) zu erzielen, wurden in Fachzeitschriften von der DUK auch Artikel platziert und Anzeigen geschaltet, z. B. in den Kulturpolitischen Mitteilungen, in der Zeitschrift „Soziokultur" und in „Politik & Kultur", Ausgabe September/Oktober V/2013. In der Folgeausgabe November/ Dezember VI/2013 dieses Periodikums des Deutschen Kulturrats erschien dann ein ausführliches redaktionell gestaltetes Dossier zum Immateriellen Kulturerbe.

Mit der Einrichtung der Geschäftsstelle wurde auch die Pressearbeit der Deutschen UNESCO-Kommission zum Immateriellen Kulturerbe substantiiert. Regelmäßig gingen Pressemitteilungen an den Gesamt-DUK-Presseverteiler und einen spezifisch zusammengestellten Presseverteiler zum Immateriellen Kulturerbe.

(21) Zudem wurden spezifische Informationsprodukte für die Zielgruppe Journalisten erstellt, da man die als wichtig eingestufte Medienberichterstattung über das Immaterielle Kulturerbe positiv beeinflussen wollte: ein Hintergrundpapier für Journalisten mit FAQs, spezifischen Pressefragen sowie Daten & Fakten zur Konvention, das mehrere Jahre lang wiederholt aktualisiert wurde, sowie ein Online-Pressebereich zum Immateriellen Kulturerbe auf der Website der DUK. Ferner wurden von der Geschäftsstelle im Rahmen der gerade anfangs sehr wichtigen Kommunikationsarbeit den Ländern anlassbezogen Muster-Pressemitteilungen bzw. Mustertextbausteine für die Kommunikation gegenüber Öffentlichkeit und Medien angeboten. Das im ersten Förderjahr 2012 von BKM geforderte Kommunikationskonzept entwickelte die DUK-Geschäftsstelle in den beiden Folgejahren weiter und passte es jeweils an die veränderten Anforderungen der Öffentlichkeitsarbeit und zur Bewusstseinsbildung für die Bedeutung des Immateriellen Kulturerbes an. Es hatte zum Ziel, die Kommunikationsarbeit klar zu strukturieren und diese bewusst strategisch einzusetzen. Enthalten waren die Leitideen und Botschaften der Kommunikationsarbeit, eine Bestimmung der Zielgruppen der Informations- und Öffentlichkeitsarbeit, eine Zusammenfassung der

Aktivitäten im jeweils vergangenen sowie eine Übersicht über die geplanten Aktivitäten im kommenden Jahr, außerdem nähere Informationen zur Durchführung der einzelnen Maßnahmen bzw. zur Nutzung der Instrumente der Ansprache.

(22) Nach Abschluss der Pilotphase holte die DUK-Geschäftsstelle 2015 zu Kernfragen strategischer Kommunikation des Themas Immaterielles Kulturerbe Beratung einer Agentur ein. Hintergrund war, dass das Immaterielle Kulturerbe durch das hohe Interesse, das es medial inzwischen erlangt hatte, neu zu einem von drei Schwerpunktthemen der Presse- und Öffentlichkeitsarbeit der DUK erkoren wurde. Ergebnis dieses Beratungsprozesses war insbesondere eine öffentliche Kampagne, die, wenn auch mit geringen finanziellen Mitteln ausgestattet, über die Sachinformationen hinaus Interesse und Emotionen wecken und damit eine andere Art der Aufmerksamkeit auf das Thema lenken sollte: Als „Kulturtalente" wurden beispielhaft Persönlichkeiten aus den Trägergruppen von anerkannten Kulturformen in Interviews portraitiert und ihr Bild auf Postern verbreitet. Für die Kampagne selbst wurde mit Postkarten geworben.

(23) Die von der DUK ernannten Experten verstanden ihr Mandat stets auch als aktivierend im Verhältnis zur Zivilgesellschaft und besonders zu ihren als unterrepräsentiert wahrgenommenen Teilen: Potenzielle Trägergruppen wurden mit Unterstützung der DUK-Geschäftsstelle aktiv auf das Bewerbungsverfahren hingewiesen. Eine der Grundlagen für diese Aktivierung bildeten zwei wissenschaftliche Recherche-Aufträge, die bereits 2012 vergeben wurden und noch vor dem ersten Bewerbungsverfahren zum einen die „Träger-Landschaft" in Deutschland und zum anderen mögliche Anknüpfungspunkte zu bereits erfolgten Einträgen in nationalen Verzeichnissen anderer Länder explorieren sollten (siehe Abschnitt 6.2.3.). Die beiden Forschungsarbeiten, deren Ergebnisse ein wichtiges Wissensreservoir für die weitere Facharbeit der Geschäftsstelle und des Expertenkomitees bildeten, wurden nach Abschluss des ersten Bewerbungsverfahrens Ende 2014 auch auf der DUK-Website (17) veröffentlicht.

(24) Weiterhin wurden 2015 zwei Kommunikationspapiere erstellt, die in der Folge Grundlage für das Werben und Argumentieren gegenüber potenziellen Trägergruppen auf Veranstaltungen oder in Beratungsgesprächen waren: „Immaterielles Kulturerbe in Deutschland gesucht – Botschaften an potentielle Zielgruppen (nicht nur) im urbanen Kontext" (Dok. 28) sowie „Positive Effekte eines Bewerbungsprozesses als Immaterielles Kulturerbe in Deutschland" (Dok. 29).

(25) Die DUK hat zudem im Rahmen des aktivierenden Werbens gegenüber möglichen weiteren Trägergruppen selbst jeweils eintägige, praxisorientierte Workshops zu den Themen urbanes und migrantisches Immaterielles Kulturerbe

veranstaltet: im Juli 2015 in Hamburg und im März 2016 in Heidelberg. Veranstaltungsort war in Hamburg ein soziokulturelles Zentrum und in Heidelberg, zugleich Fachpartner der Veranstaltung, das städtisch getragene Interkulturelle Zentrum.

(26) Über die allgemeine Beratungstätigkeit der DUK-Geschäftsstelle hinaus wurde zur Unterstützung von insbesondere kleinen und nicht von Verbänden strukturierten Trägergruppen, die konkrete praktische Hilfe beim Erstellen von Bewerbungen für das Verzeichnis (1) benötigen, ab 2016 ein Mentoring-Programm entwickelt. Hierzu sollten Alumni des DUK-Freiwilligendienstes kulturweit von der DUK-Geschäftsstelle geschult werden, diese Aufgabe im direkten Kontext zu übernehmen. Die Umsetzung in die Praxis erfolgte ab dem Jahr 2017.

(27) Mit der Aufnahme ins Bundesweite Verzeichnis ist für die Kulturträgergruppen keine automatische finanzielle oder sonstige Unterstützung verbunden. Auf vielfache Nachfrage, welchen Vorteil anerkannte Trägergruppe hätten, wurde von der DUK-Geschäftsstelle ab dem Jahr 2015 ein Handbuch mit möglichen Fördermaßnahmen, die unabhängig von der Anerkennung als Immaterielles Kulturerbe bestehen, erarbeitet, das auf der DUK-Website nach wie vor verfügbar ist (https://www.unesco.de/sites/default/files/2018-04/Handbuch_F%C3%B6r derma%C3%9Fnahmen_ImmateriellesKulturerbe.pdf; Zugriff am 13.12.2021). Ressourcen werden hierbei in einem breiten Sinne verstanden: Dazu zählen öffentliche Wertschätzung, ideelle bzw. Sachleistungen, z. B. kostenlose oder kostengünstige Zur-Verfügung-Stellung von Räumen, aber auch öffentliche Aufmerksamkeit, Anerkennung, Förderpolitik, Fundraising, Zugang zu Medien, personelle und finanzielle Ressourcen. Die Idee hinter dem Handbuch war, dass Trägergruppen sich selbst um entsprechende Förderung bemühen müssen und das Label des Immateriellen Kulturerbes als Argument nutzen könnten. Die 2016 veröffentlichte Publikation bietet eine exemplarische Zusammenstellung als Anregung zur Identifikation möglicher Unterstützungsquellen.

Zu einer weiteren Aufgabe der DUK-Geschäftsstelle, die ursprünglich gar nicht in ihrem Aufgabenportfolio explizit vorgesehen war, entwickelte sich die Federführung und Koordination bei der Erstellung von UNESCO-Nominierungen (3). In zum Teil äußert kurzer Zeit wurden gemeinsam mit Vertretern der jeweiligen Trägergruppen der Kulturformen Dossiers erstellt, die nach Abstimmung mit den verantwortlichen staatlichen Stellen für eine Listeneintragung bei der UNESCO eingereicht wurden. Im Berichtszeitraum war dies um die Jahreswende 2014/15 das Dossier zum Genossenschaftswesen und parallel das Mehrländerdossier zur Falknerei, um die Jahreswende 2015/16 die Nominierung Orgelbau und Orgelmusik und ab 2016 das Mehrländerdossier zum Blaudruck (siehe Abschnitt 6.3.4.1.).

(28) Die DUK-Geschäftsstelle bemühte sich zudem, mit sowohl internationaler als auch nationaler Perspektive, in Deutschland ansässige NGOs, die im Feld des Immateriellen Kulturerbes wirken, für die Mitwirkung an der Konventionsumsetzung zu aktivieren. Auf Basis einer Internet-Recherche sowie der Auswertung des OECKL wurden zunächst zu Beginn der Konventionsumsetzung mehr als 200 potenziell relevante NGOs identifiziert. Diese wurden im Februar 2013 per E-Mail und auf der DUK-Website gezielt auf Mitwirkungsmöglichkeiten im Rahmen der Umsetzung der UNESCO-Konvention hingewiesen.

Dass die Aktivitäten der DUK besonders vielfältig und zahlreich sind, liegt an ihrer zentralen Rolle in der Umsetzungsarchitektur und den der Geschäftsstelle übertragenen Aufgaben. Es ist nichtsdestotrotz zu konstatieren, dass die DUK eine beachtliche Aktivität entwickelt hat, die der Sichtbarkeit der Konvention gute Dienste erwiesen hat. Die KMK-Berichterstatterin für das Thema Immaterielles Kulturerbe Susanne Bieler-Seelhoff meinte hierzu etwa:

> „Nichts ist so gut, dass es nicht verbessert werden kann, aber ich halte eigentlich für ganz entscheidend in der Zusammenarbeit unsere Koordinierungsstelle, die Geschäftsstelle bei der Deutschen UNESCO-Kommission. Weil Sie brauchen für eine gute Zusammenarbeit aller wirklich jemanden, der wie eine Spinne im Netz nicht nur die Formalia, sondern auch den Input gibt von den internationalen Konferenzen, der hilft, auch mit Themen zu setzen, der erkennt auch die Nachfragen der einzelnen Traditionen, wo könnte man noch nachschärfen und so weiter. Das halte ich für sehr gut aufgestellt mittlerweile bei uns und halte ich auch für einen Glücksfall, dass wir es so gemacht haben." (L, Interview am 15.11.2018)

6.3.1.4 Zivilgesellschaft und Expertenzentren

Im Bereich der zivilgesellschaftlichen Organisationen und Expertenzentren gibt es über die im Folgenden beschriebenen Maßnahmen hinaus in Verbindung mit konkreten Kulturformen des Immateriellen Kulturerbes noch zahlreiche weitere Projekte, Programme und Strategien der Umsetzung der Konvention. Hier wird sich auf allgemeine, der Erhaltung Immateriellen Kulturerbes dienende Maßnahmen beschränkt.

Während einigen der im Rahmen dieser Arbeit befragten Experten über die Inventarisierung und die Einrichtung von Fachstellen und -gremien keine relevanten weiteren Maßnahmen der Umsetzung einfielen (vgl. etwa B, Interview am 05.11.2018), wies Gertraud Koch ganz bewusst auf vielfältige Aktivitäten vor allem nichtstaatlicher Akteure, insbesondere Museen, Universitäten und Forschungseinrichtungen, hin:

„Die Museen sind ja teilweise auch als Antragsteller [für Aufnahmen in das Bundesweite Verzeichnis des Immateriellen Kulturerbes, Anm. d. Verf.] aktiv. [...] Es gibt Lehrveranstaltungen natürlich dazu, [...] Vorlesungsreihen und so weiter. Da könnte vielleicht noch ein bisschen mehr passieren. Es spielt oft aber dann auch indirekt eine Rolle. Also wenn ich jetzt zum Beispiel das EU-Projekt angucke, was wir machen, wo es um Participatory Memory Practices geht. Das ist Immaterielles Kulturerbe, auch wenn es nicht draufsteht, aber natürlich auch. Ja, also insofern wird das Thema wichtiger, auch wenn nicht immer ‚Immaterielles Kulturerbe‘ draufsteht, ja." (E2, Interview am 25.10.2018)

Am Folgeprojekt des bereits im Abschnitt 6.2.6. vorgestellten EU-Projekts „Cultural Capital Counts" namens ARTISTIC von 2017 bis 2020 hat, wie im Zitat angesprochen, die Universität Hamburg mit dem Lehrstuhl von Gertraud Koch mitgewirkt. (vgl. Meißner 2020: 49 f.)

(29) Mit mehreren Jahren Vorlauf konnte 2016 an der Hochschule für Musik Franz Liszt in Weimar und der Friedrich-Schiller-Universität Jena auf Betreiben von Tiago de Oliveira Pinto ein UNESCO-Lehrstuhl im Kontext Immaterielles Kulturerbe eingerichtet werden. Das UNESCO-Chair-Programm vernetzt seit 1992 zu UNESCO-Themen forschende bzw. andere Beiträge leistende Lehrstühle weltweit. Denomination des UNESCO-Lehrstuhls in Weimar/ Jena ist „Transkulturelle Musikforschung" – inhaltlich geht es um die mit den jeweiligen Trägerschaften kollaborativ entwickelte Erforschung der soziokulturellen, historischen und globalen Kontexte musikalischer Darbietungen. Pinto war von Anbeginn 2013 Mitglied im DUK-Expertenkomitee zum Immateriellen Kulturerbe (2) und pflegte bereits vor der Anerkennung seines Lehrstuhls als UNESCO-Chair zahlreiche Partnerschaften mit Forschungseinrichtungen und Trägergruppen im globalen Süden. Eine noch stärkere Ausrichtung seiner Arbeit an der UNESCO-Konvention von 2003 war entsprechend gut vorbereitet und wird durch Forschungsvorhaben in den Bereichen Dokumentation, Analyse und Erforschung der Wirkung von Erhaltungsmaßnahmen auf den sozialen Kontext der Trägerschaften u. a. in Afghanistan, Äthiopien, Kolumbien, Brasilien, Israel und Deutschland, sowie Lehrveranstaltungen, Workshops und Konzerte zu den Themen Musik und Performance als Immaterielles Kulturerbe umgesetzt.

Durch Mitglieder des DUK-Expertenkomitees und von Landesjurys mit befördert, kam das Thema auch an der Universität Hamburg (Gertraud Koch), der

Universität Freiburg (Markus Tauschek und Wolfgang Mezger), der BTU Cottbus-Senftenberg (Marie-Theres Albert), der Universität Paderborn (Eva-Maria Seng) und der Universität Regensburg (Daniel Drascek) voran.

> „Ich denke, dass [Immaterielles Kulturerbe] heute ein Begriff ist und dass sehr stark er jetzt auch in dem Bereich der Heritage Studies mit aufgegriffen wird und verhandelt wird. Wobei natürlich sehr stark immer auch noch das Weltkulturerbe Thema ist. [...] Ich würde sagen, es hat sich erst mal sehr stark verändert, dass darüber diskutiert wird überhaupt, und dass deutlich wird, wie viel Fachbezug tatsächlich dazu da ist. Ich habe vorher so spontan gesagt: ‚Das ist ja unser Metier.' [des Fachs Kulturanthropologie, Anm. d. Verf.] Ich glaube, die Einsicht hat sich erst nach und nach verfestigt, dass es unser Metier ist und sich auch verbreitet, und dass es auch ein Feld ist, in dem wir präsent sein sollen und müssen. Es wird auch kritisch diskutiert. Und das ist natürlich auch eine Qualität von Wissenschaft, dass es kritisch diskutiert wird und darüber auch weiterentwickelt werden kann. [...] Und ich glaube, inzwischen ist allen klar, es ist eine sehr, sehr ernsthafte Konvention, die eine ganze Menge auch bewegen kann." (E2, Interview am 25.10.2018)

Soweit die Einschätzung von Gertraud Koch, die an der Universität Hamburg den Lehrstuhl für Volkskunde/Kulturanthropologie innehat. Auch Susanne Bieler-Seelhoff betont die insgesamt wichtige Rolle der Wissenschaft und die darüberhinausgehende Sensibilisierung der Zivilgesellschaft durch insbesondere in der Brauchpflege aktive Kulturverbände wie Heimatbünde (vgl. L, Interview am 15.11.2018)

Der Deutsche Kulturrat als bundesweiter Dachverband der Spartenkulturverbände hat sich für das Thema Immaterielles Kulturerbe und die Umsetzung in Deutschland erst interessiert als die erste Bewerbungsphase begann (vgl. V, Interview am 06.11.2018) und man eigene Mitgliedsverbände motivierte und zum Teil auch unterstützte, sich für das Bundesweite Verzeichnis (1) zu bewerben (vgl. Dok. 24: Stellungnahme des Deutschen Kulturrats vom 06.12.2013: 1). Nach den ersten Anerkennungen, u. a. der unterstützten Verbände des Chorwesens und der Theater- und Orchesterlandschaft, beteiligte sich der Deutsche Kulturrat gemeinsam mit dem Deutschen Städtetag an der o. g. Fachtagung im März 2015 in Berlin (16). Auch das Welttanzprogramm, das Amateurtheater, den Modernen Tanz und die Künstlerischen Drucktechniken unterstützte der Deutsche Kulturrat öffentlichkeitswirksam in seinem Periodikum „Politik & Kultur" (Ausgabe 1/2014), da jeweils Mitgliedsverbände hinter diesen Bewerbungen standen. Der Deutsche Kulturrat appellierte im selben Zeitraum an das DUK-Expertenkomitee „auf einen angemessenen Ausgleich zwischen den Künsten, Folklore und Brauchtum zu achten. Der Deutsche Kulturrat sieht kein Erfordernis, Kulinaria in die Liste des immateriellen Kulturerbes aufzunehmen." (Dok. 24: Stellungnahme des

Deutschen Kulturrats vom 06.12.2013: 2) Die hierbei deutlich zum Ausdruck kommende Skepsis gegenüber nicht mit den Künsten zu assoziierenden Kulturformen schlug sich in den folgenden Jahren wieder in einer weitgehend passiven Begleitung des deutschen Umsetzungsprozesses nieder.

(30) Der Bund Heimat und Umwelt, der auch als institutionelles Mitglied im DUK-Expertenkomitee (2) vertreten ist, ist international seit 2016 als Beratungsorganisation des Zwischenstaatlichen Ausschusses akkreditiert. Nach dem Untersuchungszeitraum der vorliegenden Arbeit kamen 2018 noch der Zentralverband des Deutschen Handwerks (ZDH) und 2020 der Bayerische Verein für Heimatpflege hinzu, die zuvor durch Vertreter ebenfalls Erfahrung im DUK-Expertenkomitee (2) gesammelt hatten. Bemühungen zur Akkreditierung, die allerdings bis heute erfolglos blieben, gab es zudem seitens der in Deutschland ansässigen europäischen NGO ANME (*Association of natural medecine in Europe*).

(31) Der Bund Heimat und Umwelt gründete 2015 in Folge einer gemeinsamen Veranstaltung mit der DUK in Berlin, bei der Aktive aus dem Umfeld der Bürger- und Heimatverbände in den Ländern zusammenkamen, die beim Immateriellen Kulturerbe besonders engagiert und zum Teil auch in Jury-Arbeit auf Länder- und Bundesebene involviert waren, eine Fachgruppe Immaterielles Kulturerbe. Diese traf sich fortan zwei Mal jährlich und organisierte auch eigene Tagungen. Landesheimatbünde führten zudem eigene Schulungs- und andere Veranstaltungen zum Immateriellen Kulturerbe durch. Hauptziel des BHU und seiner Mitgliedsverbände war inhaltlich eine Stärkung der Komponente Naturwissen in der deutschen Umsetzung des Immateriellen Kulturerbes, insbesondere in der Länderjury-Arbeit, die Identifizierung interessanter Kulturformen in diesem Bereich und die Unterstützung kleinerer, nicht so lobby-starker Trägergruppen von lebendigen Traditionen.

(32) Aus einer Kombination der Aktivitäten des ZDH und der Universität Göttingen in Kooperation mit der Fachhochschule Köln entstand das OMAHETI-Projekt (Objekte der Könner. Materialisierungen handwerklichen Erfahrungswissen zwischen Tradition und Innovation) (siehe auch Abschnitt 6.2.6.). Im Rahmen des vom BMBF von 2015 bis 2019 geförderten Forschungsvorhabens wurden zwei Handwerkstechniken – der Orgelbau und der Lehmbau – auf ihr Innovationspotenzial und ihren Gehalt impliziten Wissens untersucht. Daraus entstanden u. a. zwei Lehrfilme, die die Erkenntnisse auf die Anwendungsfälle anwendeten, und eine sehenswerte Ausstellung, die das Wissen und Können im Handwerk in den Mittelpunkt stellte.

(33) Die deutsche Sektion der CIOFF verbreitete nicht nur Informationen über die deutsche Umsetzung der Konvention in ihren Fachkreisen und tauschte

sich mit anderen Sektionen international aus. Im Jahr 2014 veranstaltete sie auch den CIOFF-Weltkongress in Bautzen und richtete dazu – unter UNESCO-Schirmherrschaft (34) – eine begleitende Fachtagung „Awareness of Intangible Cultural Heritage" aus. Sie unterstützte ferner mit Fachkenntnissen auch konkret einige Trägergruppen im Bewerbungsprozess für das Bundesweite Verzeichnis (1) und für die UNESCO-Listen (3), u. a. die Blaudrucker.

(34) Für besonders sichtbare Aktivitäten können Schirmherrschaften der UNESCO und der DUK beantragt werden. Erfolgreich bemühten sich das TheaterFigurenMuseum Lübeck 2012 für eine Ausstellung zum chinesischen Schattentheater sowie zur Peking-Oper unter UNESCO-Schirmherrschaft, das Museum der Augsburger Puppenkiste „die kiste" mit einer Ausstellung zum Thema Puppenspiel als weltweit verbreitetes und vielfältiges Kulturerbe 2015 unter Schirmherrschaft der DUK sowie, ebenfalls unter DUK-Schirmherrschaft, das Linden-Museum in Stuttgart 2015/16 mit ihrer Ausstellung „Die Welt des Schattentheaters". Einige Museen in Deutschland entwarfen für Ausstellungen mit Inhalten des Immateriellen Kulturerbes auch neue Konzepte, vor allem die Ethnologischen Museen taten sich hervor. Im Jahr 2014 fand zudem unter DUK-Schirmherrschaft eine Sonderschau „Bark Cloth-Herstellung – ein Immaterielles Kulturerbe" auf der Kölner Möbelmesse „Living Interiors" statt – die Hand-fertigung eines vielseitig verwendbaren, aus Baumrinden gewonnenen Tuchs aus Uganda ist seit dem Jahr 2008 in die Repräsentative Liste der UNESCO eingetragen. Fertigung, Weiterverarbeitung und zeitgemäße Verwendung dieses ugandischen Rindentuchs in Architektur, Design und Kunst wurden auf der Son-derschau von einem ugandisch-deutschen Familienunternehmen präsentiert, das mit Unterstützung des BMZ auf Basis dieses Verfahrens insbesondere Wandbe-hänge produziert und damit nach eigenen Angaben 500 ugandischen Familien den Lebensunterhalt sichert.

(35) Aus der Gründung des Arbeitskreises Immaterielles Kulturerbe des Museumsverbands in Mecklenburg-Vorpommern e. V. – siehe für weitere Infor-mationen Abschnitt 6.2.6. – entwickelten sich mehrere konkrete Vorschläge für das Bundesweite Verzeichnis (1). Der Arbeitskreis führte zudem Umfra-gen unter den Mitgliedern des Museumsverbands durch und fertigte daraus eine Überblicksstudie zur Situation des Immateriellen Kulturerbes im Land für das Landeskulturministerium an. Diese zivilgesellschaftliche Aktivität hatte ent-scheidende Wirkung auf die aktive Umsetzung der Konvention im Land bzw. entstanden daraus produktive Wechselwirkungen (siehe Abschnitt 6.3.2.3.).

6.3.1.5 Medien

Im Radioprogramm WDR 3 lief im Jahr 2015 eine kuratierte Programmreihe unter dem Titel „SoundWorld", die sich den musikalischen Aspekten bei den 2014 anerkannten Formen Singen der Lieder der deutschen Arbeiterbewegung, Instrumentenbau im vogtländischen Musikwinkel um Markneukirchen, Rheinischer Karneval mit seinen lokalen Varianten, die Schwäbisch-Alemannische Fastnacht und den Passionsspielen Oberammergau widmete. Eine solche thematische Serie anhand von Formen des Immateriellen Kulturerbes blieb im Untersuchungszeitraum singulär, obwohl es weitere Kontakte der DUK-Geschäftsstelle in Richtung von Sendereihen gab, die im Ergebnis letztlich nicht zustande kamen. Zweifelsohne haben aber auch die Medien einen wichtigen Teil dazu beigetragen, dass die Konvention vergleichsweise sichtbar umgesetzt werden konnte,

> „[e]infach, weil teilweise die Geschichten stimmten. Also Geschichten erzählen ist ja total wichtig. [...] Ich meine, das ist ja eine Binsenweisheit, dass die Geschichten, die damit verbunden sind, und damit auch die Botschaften transportieren, dass das das A und O ist, mehr denn je in einer Gesellschaft, wo man immer mehr um Aufmerksamkeit kämpfen muss. Und vor allen Dingen, wo man versteht, mit dem Thema auch Emotionen anzusprechen." (V, Interview am 06.11.2018)

Im Verlauf der Jahre ist ein deutlicher Zuwachs der Medienberichte zu verzeichnen: Die Zahl der von der DUK-Geschäftsstelle dokumentierten Berichte, die sich mit dem Immateriellen Kulturerbe befassten, stieg von 39 im Jahr 2012 sprunghaft auf 437 im Jahr 2013 und 572 im Jahr 2014. 2015 erfolgte noch einmal nahezu eine Verdopplung auf dann 912 Berichte (Zahlen sind den unveröffentlichten jährlichen Verwendungsnachweisen der DUK an BKM entnommen). Jeweils zum Jahresende, wenn die internationalen und auch nationalen Neueinträge bekanntgegeben wurden, gab es nahezu täglich Berichte in den regionalen und überregionalen Medien. Ferner fanden zunehmend auch bereits Vorschläge für das Bundesweite Verzeichnis des Immateriellen Kulturerbes großes Medieninteresse. Diese Meldungen wurden i. d. R. von den Trägergruppen und verbundenen Protagonisten lanciert. Auch auf qualitativer Ebene gab es Fortschritte gegenüber der vor dem deutschen Beitritt vorwiegend ambivalenten bis ausgesprochen kritischen Rezeption des Themas in der deutschen Öffentlichkeit und in den Medien. Der Tenor der Berichte drehte sich mit den konkreten Anerkennungen zunehmend in die positive Richtung. Missverständnisse hinsichtlich der Konventionsziele Erhaltung und Wertschätzung, hinsichtlich der Art der zu

erhaltenden kulturellen Ausdrucksformen sowie die Vermengung der verschiedenen Kulturkonventionen der UNESCO und ihrer Schutzgegenstände bestanden
jedoch im untersuchten Zeitraum zumindest teilweise kontinuierlich fort.

Einschränkend muss zudem hinzugefügt werden: Es „scheint jetzt die ganze
große Fach- und auch Gesamtöffentlichkeit nicht gefunden zu haben. Oder vielleicht auch nicht zu finden; das weiß ich nicht. Muss man einfach sagen: Die
Betroffenen finden das wichtig." (K, Interview am 01.11.2018) Die Einschätzung, dass das Thema Immaterielles Kulturerbe keinen überragenden öffentlichen
Widerhall gefunden hat, kann man teilen. Selbst die internationalen Anerkennungen wurden nicht so groß gewürdigt wie es die Welterbe-Stätten regelmäßig
erleben. „Nach wie vor, wenn der Naumburger Dom dann trotz aller Bedenken Weltkulturerbe wird, findet das eine andere Aufmerksamkeit, als wenn eine
Handwerkergruppe, ein bestimmtes Handwerk, aufgenommen wird. Aber das
macht nichts." (E1, Interview am 15.10.2018) Denn andererseits haben gerade
die Medien auf lokaler und regionaler Ebene die einzelnen Aufnahmen von Kulturformen sehr ausführlich und teilweise mit großem Lokal- bzw. Regionalstolz
gewürdigt. Und auch die Berichterstattung in den überregionalen Medien hat
sich im Laufe der Jahre zum Positiven gewandelt. Am 08.08.2014 erschien zum
Beispiel ein Interview mit dem DUK-Pressesprecher auf Spiegel Online unter
dem Titel „Immaterielles Kulturerbe der Unesco. Mokka, Kimchi – und Fritten?"
Zu besonderen Anlässen, wie den Aufnahmen in die Verzeichnisse und Listen
berichteten auch überregionale Medien, wie etwa bei der Verkündung der ersten
Verzeichniseinträge am 12.12.2014 z. B. im Deutschlandradio Kultur mit einem
Artikel „Erste Liste mit Deutschlands immateriellen Kulturerbe vorgestellt" und
einem Radiobeitrag im Deutschlandfunk in der Sendung „Kultur heute". oder
anlässlich der ersten Auszeichnungsveranstaltung am 16.03.2015 Deutschlandradio Kultur oder das ARD Nachtmagazin am 17.03.2015 mit einem Videobeitrag
von 2:15 min.-Länge. Auch die Deutsche Welle würdigt das Immaterielle Kulturerbe regelmäßig, z. B. ebenfalls am 16.03.2015 mit dem Webseiten-Artikel
„Auszeichnung für immaterielle Kulturgüter". Öffentlich-rechtliche Rundfunk-
anstalten unterstützten darüber hinaus auch die Bewerbungsaufrufe für das
Bundesweite Verzeichnis, z. B. der WDR mit einer Meldung in seinem Internetangebot am 01.03.2015 unter dem Titel „Neue Chance für Traditionen:
UNESCO ruft zu Bewerbungen für Kulturerbe auf" oder das kulturradio des RBB
am 01.09.2015 „UNESCO-Kommission wirbt um Bewerber für immaterielles
Kulturerbe".

Die Medien haben das Thema mit der Zeit offenbar als attraktives Sujet der
Berichterstattung entdeckt, da in der Bevölkerung ein hohes Identifikationspo-
tenzial mit den Formen des Immateriellen Kulturerbes verbunden ist und zudem

die Erwähnung einer UNESCO-Auszeichnung, gerade im lokalen oder regionalen Kontext, als etwas besonders Positives und Berichtenswertes gesehen wird.

6.3.2 Wirkungen und Akteursverhältnisse

Bei der UNESCO-Konvention und ihrer als Policy-Transfer vollzogenen Übertragung in den nationalen Politikrahmen (siehe Abschnitt 5.2.4. sowie 6.4.) handelt es sich um eine neue Struktur, die neue Formen des Zusammenspiels zwischen etablierten Akteuren im Feld der Kulturpolitik und Gemeinschaften im Hinblick auf deren Immaterielles Kulturerbe zur Folge hat. (vgl. Blake 2019: 17 f.) Neue bzw. geänderte Akteursverhältnisse kann man als einen *Output* einer Programmumsetzung, treffender aber noch als *Outcome*, also eine Wirkung im Gesamtsystem (siehe Abschnitt 5.1.7.), interpretieren. In jedem Fall sorgen diese Beziehungen zwischen politischen Akteuren für neue Interaktionen, die wiederum ihrerseits Output, Impact und/oder Outcome produzieren können.

Wie sehen nun diese neuen Formen des Zusammenspiels zwischen den etablierten politischen Akteuren im Falle Deutschlands aus und wie entwickeln sich ihr Verhältnis und Zusammenwirken durch den neuen Faktor im Politikfeld? Und wie gestaltete sich die Interaktion mit den Trägergemeinschaften von Formen Immateriellen Kulturerbes sowie den Experten als neuen Akteuren in der Kulturpolitik? Das folgende Abschnitt 6.3.2.1. widmet sich daher der Konstituierung zweier neuen Akteursgruppen in der Kulturpolitik durch den bis hierhin vorgestellten Weg der Politikformulierung: der Trägergruppen Immateriellen Kulturerbes und der Experten des Immateriellen Kulturerbes. Im Abschnitt 6.3.2.2. wird darauf basierend die Konstituierung eines neuen Policy-Netzwerks rund um das Thema Immaterielles Kulturerbe beschrieben. Abschnitt 6.3.2.3. bilanziert die Handlungsorientierungen und Ziele der Akteure. Abschnitt 6.3.2.4. beschreibt einzelne interessante Akteursverhältnisse im Netzwerk und Abschnitt 6.3.2.5. fasst die Akteursinteraktionen zu vier voneinander abgrenzbaren Logiken zusammen.

Bei der Umsetzung der UNESCO-Konvention zur Erhaltung des immateriellen Kulturerbes handelt es sich um eine Form der Mehrebenen-Governance, die globale, nationale, subnationale und lokale Elemente enthält. Auf globaler Ebene wird durch die Konvention ein Rahmen von Standards definiert. Auf nationaler und/oder subnationaler Ebene müssen Institutionen neu geschaffen oder zumindest neu benannt werden, um die erforderlichen Aufgaben zu übernehmen oder wenigstens zu delegieren. Als Institutionen, die im Rahmen des Untersuchungsgegenstands dieser Arbeit relevant sind, werden zum einen das Arrangement der Inventarisierung, wie es zwischen Bund, Ländern und der DUK vereinbart wurde (siehe Abschnitt 6.2.2.) als auch die beteiligten Organisationen, in bzw. mit denen die politischen Akteure agieren, verstanden (siehe Abschnitt 5.1.4.). Auf lokaler Ebene tragen die Trägerschaften der Kulturformen, die gelegentlich auch auf Unterstützung der hier verantwortlichen politischen Akteure angewiesen sind, ihren Teil zur Umsetzung der Konvention bei. Trotz der sehr partizipativen Orientierung dieser Konvention sind es die Staaten im System der UNESCO, in der als zwischenstaatliche Organisation die Politik die Summe bzw. der kleinste gemeinsame Nenner der politischen Interessen ihrer Mitgliedsstaaten ist, die die entscheidenden Hebel bedienen und im Innern Handlungsmacht verteilen. (vgl. Eggert/Peselmann 2015: 140 und Tauschek 2013: 100 ff.) Den lokalen Akteuren werden durch den vorgegebenen Rahmen „spezialisierte Fähigkeiten abverlangt, die wiederum ein großes Maß an Reflexivität voraussetzen" (Tauschek 2013: 129). Im Netzwerk der Kulturpolitik zum Immateriellen Kulturerbe sind also staatliche, private und zivilgesellschaftliche Akteure vertreten. Trotzdem ist der Staat, also in diesem Fall die Bundesrepublik Deutschland, im gesamten Prozess der nationalen Umsetzung der UNESCO-Konvention zur Erhaltung des immateriellen Kulturerbes der wichtigste Akteur, der überwiegend eine moderierende, gelegentlich aber auch entscheidende, Rolle einnimmt. Dies trifft umso mehr zu, wenn man noch die weiteren Schritte nach der nationalen Inventarisierung (1) hin zu einer UNESCO-Nominierung (3) in Betracht zieht. In der nationalen Umsetzung der Konvention von 2003 werden zwar gewisse Aufgaben an Nichtregierungsorganisationen und Experten delegiert, die Entscheidungshoheit und Verantwortlichkeit gegenüber internationalen Partnern im Kulturvölkerrecht verbleibt aber beim Staat. Und die Souveränität der Trägergruppen im Umgang mit ihrem eigenen Kulturerbe bewegt sich, sobald sie – auf eigene Initiative – die „Arena" des Immateriellen Kulturerbes betreten, im Wirkungsfeld, das staatlich definiert wurde. (vgl. Noyes 2015: 167 f.)

6.3.2.1 Konstituierung neuer Akteursgruppen: Träger Immateriellen Kulturerbes und Experten für Immaterielles Kulturerbe

Den handelnden Akteuren des Kulturpolitikfeldes war wohl bewusst, dass mit dem Schritt des Beitritts zur UNESCO-Konvention von 2003 und der konkreten nationalen Umsetzung neue Akteure, i. d. R. Gemeinschaften, also kollektive oder korporative Akteure, in das Feld der Kulturpolitik eintreten würden. In den zitierten Bundestagsdebatten und den Fachgesprächen im Auswärtigen Amt sowie im Deutschen Bundestag wurde dies zum Beispiel aus den inhaltlichen Beiträgen und auch den Teilnehmerlisten deutlich. Die Länder in erster Linie, die DUK ebenfalls und im weiteren Verlauf auch BKM und AA hatten durch die Ausgestaltung des Verfahrens der Inventarisierung mit ganz neuen Ansprechpersonen zu tun – die beispielhaft genannten Gruppen der Reetdachdecker, Flößer, Morsetelegrafen, Spitzenklöppeler und Poetry-Slammer wurden im Verlauf der vorliegenden Arbeit bereits erwähnt.

> „[G]anz stark erkennbar ist tatsächlich das Handwerk. Was vielleicht natürlich auch durch die Tatsache, dass es professionell geführt ist, die Möglichkeiten gut erklärt, erläutert und dafür wirbt, [geprägt ist]. Aber wir haben auch zunehmend Akteure aus dem Bereich Naturschutz, aber auch […] der Bereich der Tradition, die im Einklang mit der Umwelt, aber eben auch im Umgang mit Tieren stehen, […], aber auch aus gesundheits- und naturkundlichen Berufen." (L, Interview am 15.11.2018)

Aus dieser Aufzählung wird noch einmal deutlich, dass die Definition von Gruppen und Gemeinschaften, die die Trägergruppen des Immateriellen Kulturerbes ausmachen, „nicht nur territorial, sondern auch im Sinne von Interessengemeinschaften und Netzwerken verstanden" (Dok. 18: DUK-Arbeitspapier 2012: 1) wird.

Das Verständnis bzw. der Begriff der Trägergruppen von Immateriellen Kulturformen wurde zum einen durch die Konvention selbst, aber auch durch die Rahmenbedingungen, die sich in Deutschland aus der Politikformulierung der staatlichen Akteure und der DUK ergaben, sehr weit gefasst. „Jeder kann sich anmelden, jeder kann um Rat fragen, jeder kann Hilfe suchen." (E1, Interview am 15.10.2018) war der Grundsatz. Durch die Verständigung auf ein *Bottom-up*-Verfahren der Inventarisierung wurde zunächst jeder Gruppe, und selbst Einzelpersonen, potenziell zugestanden, Trägergruppe Immateriellen Kulturerbes zu sein. Dies spricht für ein weites Verständnis von kultureller Teilhabe. Die von Christoph Wulf angedeuteten Hilfe bzw. Unterstützung der Trägergruppen im Bewerbungsverfahren leisten insbesondere die Geschäftsstelle Immaterielles Kulturerbe der DUK sowie die Ansprechpersonen und die Beratungsstellen der Länder. „Und damit, potenziell artikulieren sich Leute, immer mehr Gruppen, die Anträge stellen, die Frage, gehören wir denn dazu, können wir da etwas machen?" (E1, Interview am 15.10.2018) Man kann dieses Verständnis aber auch als Laissez-faire, als „neoliberale Ideologie interpretieren […], die darauf baut, dass Interessierte selbst über die notwendigen Fähigkeiten und Ressourcen verfügen, einen entsprechend erfolgreichen Antrag zu stellen" (Tauschek 2013: 135). Im Extremfall verhindert dies gar, dass eigentlich passende Vorschläge von Trägergruppen, die es nicht schaffen, eine Bewerbung zu erstellen, zu Einträgen im Verzeichnis werden. Dies wurde auch im DUK-Expertenkomitee durchaus (selbst-)kritisch diskutiert und die Erkenntnis führte später zur Initiative der DUK, Bewerbergruppen Mentoren für das Bewerbungsverfahren zu vermitteln (26).

Gemeinsam standen die die Umsetzung tragenden Akteure vor der Frage, wie man geeignete Gruppen identifiziert bzw. auf die UNESCO-Konvention und ihre Möglichkeiten aufmerksam machen sollte. Häufig braucht es auf Seiten der potenziellen Trägergruppen zunächst einmal die Erkenntnis, dass sie überhaupt etwas Besonderes machen, dass sie für eine Anerkennung als Immaterielles Kulturerbe überhaupt in Frage kommen. Für viele Menschen in den Trägergruppen, insbesondere im ländlichen Raum, ist ihr kulturelles Engagement so selbstverständlich und „selbstverständlich ehrenamtlich" (Institut für Kulturpolitik der Kulturpolitischen Gesellschaft 2015: 28), dass sie überrascht sind, wenn dieses als etwas so Besonderes wahrgenommen, also als potenzielles Immaterielles Kulturerbe identifiziert wird. Die Gruppen waren kulturpolitische Aufmerksamkeit bis dato häufig nicht gewöhnt und informierten sich umgekehrt also auch nicht in typischen „Kulturmedien". Man musste sie daher über Multiplikatoren erreichen, die für kulturpolitische Akteure zugänglich waren (siehe Abschnitt 6.3.1.3.).

Für jene Gruppen, die sich selbst als Trägergruppen Immateriellen Kulturerbes sahen oder denen eine Bewerbung empfohlen wurde, stellte sich nach der grundsätzlichen Erkenntnis, dass sie sich am Verfahren beteiligen könnten, im nächsten Schritt dann häufig die Frage, was der Vorteil einer Bemühung um Eintragung ihrer Kulturform als Immaterielles Kulturerbe ist. Die DUK argumentierte insbesondere mit dem besseren bzw. leichteren Zugang zu Ressourcen – in einem breiten Sinne verstanden –, der sich aus der öffentlichen Aufmerksamkeit und Anerkennung ergibt. Auch der Bewerbungsprozess an sich wurde als bereichernde und hilfreiche Erfahrung für die Trägergruppen dargestellt. (vgl. Dok. 29: Positive Effekte eines Bewerbungsprozesses).

Für die Trägergruppen ist „heritage [...] a tool of change" (Hafstein 2007: 97); sie gewinnen durch den Eintritt in den Erbediskurs an Raum und Einfluss in der Kulturpolitik. In jedem Fall ist mit der Anerkennung als Immaterielles Kulturerbe in mehrerlei Hinsicht eine Aufwertung der Kulturform und ihrer Trägergruppen verbunden, sowohl im Politikfeld unter den Akteuren selbst wie auch in der öffentlichen Wahrnehmung (vgl. Lembke 2017: 111). Der neue Status bietet vielfältige Möglichkeiten kulturelles Kapital finanzieller und ideeller Art zu akkumulieren. Man spricht in diesem Zuge auch von einer Inwertsetzung der Anerkennung; insbesondere in den Bereichen, die mit Handwerk und (Kultur-) Tourismus in Zusammenhang stehen, ist dies festzustellen, gilt aber bei einer geschickten Nutzung der Reichweite öffentlicher Aufmerksamkeit im Grunde für alle Formen.

Die Mitglieder des Expertenkomitees waren zum Teil regelrecht angesteckt von der Begeisterung, die aus den Bewerbungen für das Bundesweite Verzeichnis sprach: „Also man merkt ja, dass da Herzblut drinsteckt, wenn die sich bewerben." (K, Interview am 01.11.2018) Damit zu einer zweiten Gruppe, die sich im Kontext der nationalen Umsetzung der UNESCO-Konvention zum Immateriellen Kulturerbe allein auf Basis der Politikformulierung neu im Politikfeld konstituiert hat: die Expertencommunity für Immaterielles Kulturerbe. Um ein neues politisches Thema herum bildet sich zwangsläufig eine Gruppe von interessierten Fachleuten und Forschenden, die zum einen selbstlos ihre Expertise zur Verfügung stellen und damit im Gemeinwohlinteresse zu informierten Entscheidungsfindungen beitragen, die sich von dieser Rolle aber auch einen eigenen Vorteil versprechen. In der vorliegenden Konstellation, in der ein Expertengremium auf Bundesebene sowie mehrere Expertenfachgremien auf Länderebene maßgebliche Einschätzungen für den Fortgang des politischen Prozesses – hier insbesondere die Inventarisierung – liefern, ist der Einfluss dieser Personengruppe umso größer. Die Verlagerung von fachlichen Entscheidungen auf ein Expertengremium dient dazu erstens sachliche und vergleichsweise neutrale Empfehlungen einzuholen (vgl. Benz 2016: 52, 63 f.), zweitens Lösungen vorzubereiten – in diesem Fall die Anerkennung als Immaterielles Kulturerbe in Deutschland – und drittens diese Lösungen aufgrund des Sachverstands der Experten mit Legitimation auszustatten (vgl. Kropp 2010: 26). Die ins DUK-Expertenkomitee berufenen Personen suchten auch den Austausch mit ihren Kollegen auf Länderebene, von denen die meisten ebenfalls eine, i. d. R. kleinere, Jury zur Vorauswahl aus den eingegangenen Bewerbungen einberiefen. Auch an einigen Universitäten, an Museen und in Verbänden entstanden unabhängig von den Expertengremien auf Länder- und Bundesebene erste Ansätze von Expertenstrukturen zum Thema Immaterielles Kulturerbe.

Um die Zivilgesellschaft, insbesondere die Gruppen, die Kulturformen pflegen, die der Definition Immateriellen Kulturerbe entsprechen, sich aber bisher nicht beworben hatten, zielgerichteter zu adressieren, hat die DUK nach der ersten absolvierten Bewerbungsrunde für das Bundesweite Verzeichnis im Hinblick auf die (vermuteten) Interessen der Trägergruppen an einer Anerkennung 2015 zwei Argumentationspapiere erstellt (24), die man als Fortschreibungen des DUK-Expertenpapiers „Das lebendige Kulturerbe kennen lernen und wertschätzen!" (Dok. 18) aus dem August 2012 lesen kann: Im Papier „Immaterielles Kulturerbe in Deutschland gesucht – Botschaften an potentielle Zielgruppen (nicht nur) im urbanen Kontext" (Dok. 28) wurde zuvorderst noch einmal deutlich gemacht, was genau das Immaterielle Kulturerbe eigentlich ist: „Immaterielles Kulturerbe ist gelebtes Kulturerbe. Es geht um überlieferte und zeitgenössische

Kulturpraxis, lebendige Alltagskultur, die unmittelbar von menschlichem Wissen und Können getragen wird." (Dok. 28: Botschaften an potentielle Zielgruppen: 1; Punkt 1) Dies erschien notwendig, da 2015 bei interessierten Akteuren noch immer grundlegende Verständnisschwierigkeiten, insbesondere im Verhältnis zum UNESCO-Welterbe, bestanden. Direkt danach wurde in Punkt 2 von 11 betont, dass eine öffentliche Anerkennung der Kulturform im Vordergrund stehe:

„Das bundesweite Verzeichnis des immateriellen Kulturerbes ist eine öffentliche Anerkennung dieser kulturellen Ausdrucksformen. Die große öffentliche Wahrnehmung durch die Aufnahme kann für die Kulturträger-Gemeinschaften von Nutzen sein: Sie schafft einen Vorteil im Rahmen der ‚Ökonomie der Aufmerksamkeit‘." (Dok. 28: Botschaften an potentielle Zielgruppen: 1).

Betont wird neben anderen Punkten, die an weiteren Stellen dieser Arbeit eine Rolle spielen, schließlich die Wirkung des Immateriellen Kulturerbes als die eines gesellschaftlichen Diskurs- und Reflexionstreibers:

„Bei der Erstellung des bundesweiten Verzeichnisses des immateriellen Kulturerbes handelt es sich um ein Bottom-up-Verfahren mit der Einladung an zivilgesellschaftliche Gruppen, Gemeinschaften und Initiativen sich zu beteiligen. Menschen in Gruppen und Netzwerken mit gemeinsamen Interessen und dauerhaftem Einsatz für die von ihnen gepflegten Kulturformen sind zur Reflexion und Diskussion eingeladen, was Ihre Tradition ist – was sie definiert – wie sie gemeinsam aktiv sind – und was ihnen dabei wichtig ist." (Dok. 28: Botschaften an potentielle Zielgruppen: 2; Punkt 11)

Im zweiten Papier namens „Positive Effekte eines Bewerbungsprozesses als Immaterielles Kulturerbe in Deutschland" (Dok. 29), das stärker darauf aufmerksam macht, dass schon der Weg zur Anerkennung, selbst wenn er letztlich nicht erfolgreich verlaufen sollte – denn diese Möglichkeit besteht natürlich immer und schreckte einige durchaus interessierte Gruppen angesichts des Aufwands und begrenzter Ressourcen gelegentlich ab –, einen Gewinn bzw. ein „lohnendes Unterfangen" darstellt, hieß es in Punkt 2 von 6: „In einem intensiven Prozess der Gruppen-Selbstbefragung kann erörtert werden: Was ist uns gemeinsam wichtig? Was macht unsere Tradition aus? Was definiert uns? So kommt es zu einem Bewusstseinsprozess über das gemeinschaftliche Tun." (Dok. 29: Positive Effekte eines Bewerbungsprozesses: 1) Die Anerkennung und ihre Folgen werden damit, wie durch Aussagen der damals bereits anerkannten Kulturträgergruppen belegt war, als nicht alleinige Wirkung dargestellt, denn

„[o]ftmals wird bei der Reflexion über das gemeinsame aktive Tun sowie bei der
konkreten Formulierung des Bewerbungsformulars erkannt, welche kulturellen Ressourcen in der Tradition – über das oberflächlich Sichtbare hinaus – noch stecken.
Es entsteht auch der Boden für neue Kooperationen und Projekte." (Dok. 29 Positive
Effekte eines Bewerbungsprozesses: 1; Punkt 3)

Gleichzeitig wird in Aussicht gestellt, dass „[j]e intensiver und gewissenhafter
der Verständigungsprozess über die gemeinsame Bewerbung betrieben wird, desto
erkenntnisreicher und erfolgversprechender ist der Bewerbungsprozess" (Dok 29:
1; Punkt 4). Das vermutete höchste Interesse der Trägergruppen – Aufmerksamkeit zu erzielen und Nachwuchs für die Traditionspflege zu gewinnen – wird in
Punkt 5 angesprochen:

„Der Schritt an die Öffentlichkeit in einem Bewerbungsprozess, zum Beispiel um alle
Träger der Tradition zu erreichen bzw. zu informieren, führt in der Regel zu höherer
Aufmerksamkeit. Zum Beispiel berichten Medien über die kulturelle Ausdrucksform
und politische Entscheidungsträger schenken der Trägergruppe ihr Ohr. In Situationen
von Nachwuchsmangel oder geringer gesellschaftlicher Aufmerksamkeit für die Tradition kann der Prozess der Inventarisierung so bereits Teil der Erhaltungsmaßnahmen
sein." (Dok. 29: Positive Effekte eines Bewerbungsprozesses: 1)

Auf die häufig geäußerte Kritik, dass das Bewerbungsformular nicht ausreichend
Platz biete, um die lebendige Tradition ausführlich darzustellen, geht der letzte
Punkt dieses Papiers ein, indem er beides – Ausführlichkeit und präzise Kürze –
an den richtigen Stellen im Prozess für notwendig erklärt und die Vorzüge der
knappen Formulierung herausstellt: „Während der Bewerbungsprozess ausschwei-
fende Überlegungen zur eigenen kulturellen Ausdrucksform ermöglicht, führt die
Wortzahlbeschränkung im Bewerbungsformular schließlich wieder zu einer Konzentration auf das Wesentliche. Dieses Kondensat des Prozesses kann für die
weitere öffentliche Darstellung der lebendigen Tradition – etwa auf Flyern, Webseiten, gegenüber potenziellen Förderern usw. – hilfreich sein." (Dok. 29: Positive
Effekte eines Bewerbungsprozesses: 1; Punkt 6) Die Interessen der Trägergruppen
sowie die Wirkung der Konventionsumsetzung auf diese werden im Folgenden
untersucht.

   Deutlich wurde durch die praktische Umsetzung der Konvention, insbesondere
durch die Inventarisierung (1), dass das Immaterielle Kulturerbe noch deutlich
kontextabhängiger ist als das materielle (Welt-)Kulturerbe. Viele Trägergruppen
betrachten daher auch nach einer Anerkennung ihrer Kulturform als Immaterielles
Kulturerbe den eigenen kulturellen Kontext als überaus relevant, vielleicht sogar

als noch wichtiger als zuvor. Einer positiven Stärkung des kulturellen Bewusstseins auf lokaler und/oder regionaler Ebene steht die Gefahr einer stärkeren
Kulturpolitik der Differenz entgegen. Eine „Neukontextualisierung in Hinblick
gerade auf ein gemeinsames Erbe der Menschheit" (Lenski 2014: 95) ist zwar
prinzipiell in der Logik der Konvention angelegt und mag bei Außenstehenden
funktionieren, entsteht bei den Trägergruppen aber nicht automatisch, sondern
bedarf zusätzlicher Sensibilisierung für die integrative Funktion oder zumindest
das entsprechende Potenzial von Kultur, damit es nicht zu kontraproduktiven kulturellen Abgrenzungstendenzen kommt. Es besteht somit ein Spannungsfeld bei
der Umsetzung der UNESCO-Konvention von 2003 zwischen der damit verbundenen Konstruktion (oder Rekonstruktion) kultureller Identitäten und dem
internationalen Austausch mit dem Ziel von Verständigung und Versöhnung der
Kulturen durch die Betonung des Gemeinsamen im Hinblick auf kulturelles Erbe.
(vgl. Lenski 2014: 10 ff., 81 f.)

Aber wie nutzen nun die Kulturträgergruppen die Anerkennung? Einige konkrete Hinweise darauf können den in dieser Arbeit ausführlicher dargestellten
Fallbeispielen entnommen werden (siehe Abschnitt 4.2.). Zweifellos wurde und
wird „dort auch die Möglichkeit gesehen [...], vielleicht für das eigene Tun
und Wirken noch einmal ein Stück Marketing zu machen" (L, Interview am
15.11.2018). Die DUK-Geschäftsstelle hat dies mit dem Handbuch zu Fördermaßnahmen (27) ja auch ganz konkret angeregt. Gut sichtbar in dieser Hinsicht
ist auch die Logonutzung (13), die ausschließlich zu nicht-kommerziellen Zwe-
cken und nur durch die Trägergruppe selbst erfolgen darf. Typische Arten der
Logonutzung sind die Verwendung auf Briefköpfen, in E-Mail-Abbindern, auf
bzw. in Publikationen sowie in Form von Plaketten an Vereinsheimen (vgl. Schönberger 2017: 6). Die Bestimmung, wer zur Trägergruppe gehört, ist gelegentlich
nicht ganz einfach im Kontext der Logoverwendung. Hier gilt es dann zwischen
der DUK-Geschäftsstelle und den Ansprechpersonen der Trägergruppen gute und
für die jeweilige Kulturform passende Lösungen zu finden. Handlungsleitend ist
dabei, was der Wahrnehmung des Immateriellen Kulturerbes in der Öffentlichkeit
guttut.

6.3.2.2   Konstituierung eines neuen Policy-Netzwerks

Als zentrale politische Akteure im Politikfeld Kultur, die im Kontext der
nationalen Umsetzung der UNESCO-Konvention zur Erhaltung immateriellen
Kulturerbes ein Policy-Netzwerk (siehe Abschnitt 5.1.2.) bilden, sind zu verstehen: die Kulturverwaltungen der Länder, die zuständigen Verwaltungen von BKM
und AA im Bund, die DUK mit ihrer Geschäftsstelle und dem Expertenkomitee,
die einzelnen Experten und Kompetenzzentren (NGOs, Verbände, Universitäten,

Museen etc.), die Trägergruppen Immateriellen Kulturerbes und – etwas außerhalb des engen Kerns – Kulturpolitiker auf kommunaler, auf Länder- und auf Bundesebene sowie die Medien.

Die geteilte Überzeugung der Mitglieder des Politiknetzwerkes zum Immateriellen Kulturerbe ist, dass durch die Identifizierung von Kulturformen und deren Anerkennung sowie die Auszeichnung von Trägergruppen zum einen ein Beitrag zur Erhaltung von überliefertem Wissen und Können geleistet und zum anderen öffentliche Aufmerksamkeit generiert wird. (vgl. Dok. 27: Rede Brunhild Kurth am 16.03.2015) Das Bezugssystem dieses Netzwerks ist leicht abweichend vom gesamten Politikfeld: Während für die Kulturpolitik grundsätzlich Art. 5 GG wichtigster Bezugspunkt ist und zudem Kulturpolitik als Gesellschaftspolitik, mit dem Anspruch kulturelle Teilhabe auszubauen, gilt (siehe Abschnitt 3.5.1.), ist in diesem Fall die UNESCO-Konvention – mit ihrem allerdings ebenfalls partizipativen Grundgedanken – der zentrale Bezugspunkt.

Wenn wir die Konstituierung eines Policy-Netzwerks (siehe Abschnitt 5.1.2.) rund um die Umsetzung der UNESCO-Konvention zur Erhaltung des immateriellen Kulturerbes konstatieren, ist davon auszugehen, dass sich die beteiligten Akteure einen Vorteil aus der Kooperation in diesem Netzwerk versprechen und diesen auch erlangen, denn sonst würden sie ihre Mitgliedschaft früher oder später beenden (vgl. Blum/Schubert 2009: 62 f.): Die Trägergruppen des Immateriellen Kulturerbes erlangen neue Aufmerksamkeit für ihr Tun, ebenfalls die beteiligten Experten und Fachstellen wie die DUK, aber auch Verbände, Museen und Forschungsinstitutionen, die damit die Relevanz ihrer Arbeit steigern (siehe Abschnitt 6.2.6. und 6.3.3.). Politiker, die die Entscheidungen verkünden können oder zumindest an ihnen beteiligt sind, versprechen sich von ihrer Mitwirkung an der Identifizierung und, einer als solche wahrgenommenen, Auszeichnung Immateriellen Kulturerbes ein positives Image und dadurch letztlich Wählerzuspruch. Politische Amtsträger, speziell in den Kommunen, haben im Verlauf der ersten Jahre der Umsetzung der Konvention in Deutschland ganz allmählich erkannt, dass

„das ein ganz wichtiger Bereich ist auch für sie, wo sich das Verhältnis, also etwa der Parteien zu den Menschen gestaltet. Also wenn der Bürgermeister eine Rede hält oder Stadtrat, der eine Gruppe besucht, also der Anerkennung ausdrückt. Und gleichzeitig setzt das natürlich voraus, dass man selber davon überzeugt ist. Ich glaube, [...] das ist gewachsen, sehr stark in den letzten Jahren. Dass die Politik auch sieht, das ist ein wichtiger Bereich, das ist den Menschen wichtig. Und Politik heißt natürlich auch Vertretung des Gemeinwesens. Also von dem, was die Menschen wirklich mögen und was sie tun. In dem Sinne, glaube ich, entdeckt die Politik und das wird noch zunehmen, allmählich auch diesen Bereich als einen, wo sie wirken kann und wo sie auch Menschen gewinnen kann, auch für andere Dinge." (E1, Interview am 15.10.2018)

Zwar blieben die Parlamente in der Implementierung der Politik zum Immateriellen Kulturerbe – anders als in der Ratifizierungsphase – nachrangige Akteure, aber nachdem die ersten Eintragungen ins Bundesweite Verzeichnis erfolgt waren, machten auch einzelne Mitglieder des Deutschen Bundestags das Immaterielle Kulturerbe als interessantes Feld aus, i. d. R. vor dem Hintergrund konkreter Bewerbungsabsichten oder -erfolge aus ihrem Wahlkreis – auf diese Weise entstanden punktuell neue Kontakte zwischen der DUK und Parlamentariern. Wenn ein positiver Imagetransfer durch die Inventarisierung Immateriellen Kulturerbes (1) und ggf. andere Maßnahmen zur Umsetzung der Konvention (siehe Abschnitt 6.3.1.) gelingt, ist von fortdauernder politischer Unterstützung des Programms auszugehen. Damit erneut zu den Vorteilen, die sich die am Prozess beteiligten Akteure von der Mitwirkung im Policy-Netzwerk versprechen: Die genaue Ausgestaltung der Umsetzung liegt bei der Verwaltung. Der Staat als korporativer Akteur hat auf den Ebenen der Länder und des Bundes Einfluss gewonnen, einen Bereich der Kultur, in dem er sich bisher weitgehend zurückgehalten hatte, zu regulieren (vgl. Mißling 2010: 96 f.). Einzelne Mitglieder der staatlichen Hierarchien können das Thema zudem nutzen, um sich intern zu profilieren, weil es – allein schon durch den Bezug auf die UNESCO – eine gewisse Aufmerksamkeit erhält.

„Je nach Interessenlage, Zielen, Expertise, zur Verfügung stehenden Ressourcen (wie beispielsweise persönliche Netzwerke) und Handlungsmacht haben diese staatlichen AkteurInnen – die in der Regel BeamtInnen sind und nicht immer auch ExpertInnen im Bereich des kulturellen Erbes – die Möglichkeit, mehr oder weniger machtvoll in die Kulturerbepolitik einzugreifen und diese mit zu bestimmen." (Eggert/Mißling 2015: 70)

6.3.2.3 Handlungsorientierungen und Ziele der Akteure

Die Frage nach der Wirkung der Konventionsumsetzung stellt sich auch im Hinblick auf die von den beteiligten politischen Akteuren erhofften oder real beobachteten Effekte für die Durchsetzung ihrer Handlungsorientierungen bzw. Präferenzen. Dazu wird in der folgenden Betrachtung auch das als übergreifendes Ziel von Kulturpolitik verstandene Steigern kultureller Teilhabe gezählt, wobei untersucht wird, ob dieses Ziel den jeweiligen Akteur tatsächlich leitet.

Die kommunale Ebene ist nach Auffassung aller im Rahmen dieser Arbeit befragten Experten jene Ebene, auf der die Wirkung der Umsetzung der UNESCO-Konvention zum Immateriellen Kulturerbe in Deutschland am deutlichsten spürbar wird. Insbesondere trifft das dort zu, wo die Trägergruppen lokal oder regional organisiert sind. Der Vertreter der kommunalen Familie im DUK-Expertenkomitee, Jörg Freese, etwa meint: „Man darf sich nicht kleinreden, weil es da Auswirkungen [gibt], die eben im Mikrokosmos einer Region sozusagen eine Rolle spielen." (K, Interview am 01.11.2018) Das Interesse an einer Steigerung von kultureller Teilhabe durch eine Bewerbung für das Bundesweite Verzeichnis des Immateriellen Kulturerbes hat auf dieser Ebene vermutlich keine große Rolle gespielt, da diese Zielsetzung, insbesondere in kleineren Kommunen, nicht unbedingt handlungsleitend ist und Kultur meist zu den wenig beachteten Politikfeldern zählt. Die Erhaltung des Immateriellen Kulturerbes kann aber zum einen für die Trägergruppen selbst, darüber hinaus jedoch auch in den Kommunen und Regionen, wo sie angesiedelt sind, eine durchaus spürbare Wirkung erzielen. Dies betrifft neben der Stärkung von Identitäts- und Heimatgefühl der Bevölkerung die durchaus sehr wichtigen Politikfelder Tourismus, Regionalentwicklung und Wirtschaft. Nur recht wenige Kommunen haben das Ziel, die lebendige Tradition vor Ort in Wert zu setzen, zu Beginn der Konventionsumsetzung strategisch verfolgt. Jene, wie Bretten und Limmersdorf (siehe Abschnitt 4.2.), möglicherweise zum Beispiel auch Malchow in Mecklenburg-Vorpommern, die dies taten, konnten mit den dahingehend beabsichtigten Wirkungen aber zufrieden sein. Der Deutsche Städtetag, der für die kommunale Kulturpolitik wichtigste Akteur, erwähnt in seinem Positionspapier „Kulturpolitik als Stadtpolitik" aus dem Jahr 2015 – zum ersten Mal in einer solchen Stellungnahme – das ‚immaterielle Erbe' als eine Form des Kulturerbes, die mitbestimmend für „das unverwechselbare kulturelle Erscheinungsbild einer Kommune" (Deutscher Städtetag 2015: 14) sei. Diese Wirkung ist mittel- bis langfristig nicht zu unterschätzen, weil die Kulturpolitik vor Ort, die die Menschen am direktesten erreicht, bekanntlich maßgeblich von den Kommunen geprägt wird. In den beiden darauffolgenden Absätzen des Städtetags-Papiers sind die Zuschreibungen und Interpretationen hinsichtlich des Immateriellen Kulturerbes zwar etwas gewagt oder gar abseitig, v. a. werden mit dem (materiellen) Welterbe der UNESCO tendenziell zu viele Gemeinsamkeiten gesehen, die in Wirklichkeit nicht existieren – z. B. Authentizität und Universalität der Trägerschaft von Kulturformen. Dies zeigt wiederum, dass es zwischen den Kreisen der Experten des Immateriellen Kulturerbes, den Ländern und den Verantwortlichen des Deutschen Städtetags bis dahin nur wenig Kontakte und Austausch gegeben hatte, weil die kommunale Ebene im Untersuchungszeitraum noch nicht so aktiv in die Umsetzung involviert war. „Ja, also wir haben es in Gremien einmal befasst und haben festgestellt, dass das Interesse, über den Deutschen Landkreistag sich damit zu befassen, sich in sehr engen Grenzen hielt." (K, Interview am 01.11.2018) Die im Rahmen dieser Arbeit befragte Ländervertreterin konstatiert kritisch bzw. auch selbstkritisch:

> „Ich würde mir in Teilen wünschen, dass die Kommunen noch viel stärker ihre aktivierende Rolle einnehmen, weil sie einfach am besten wissen, was in ihrer Region passiert, also Kommunen, Gemeinden und so weiter, klar. [...] Vielleicht wäre das auch wirklich noch einmal ein anderer Wert, dass wir die kommunale Familie noch gar nicht genügend informiert haben, mitgenommen haben und so weiter. Das wäre, glaube ich, auch noch einmal eine gute Sache dafür zu werben." (L, Interview am 15.11.2018)

Bestätigung findet die Wahrnehmung, dass sich die Kommunen in den ersten Jahren der Konventionsumsetzung nicht genügend gewürdigt gefühlt haben, ferner durch eine Aussage des Vertreters des Deutschen Landkreistags im DUK-Expertenkomitee:

> „Und da wurde irgendwann beschlossen, wir haben kein Stimmrecht mehr. Kann ich nachvollziehen, weil man sagt, so richtig Experte bin ich nicht. Und egal wer kommt, Kollegen vom Städtetag auch, wir sind alle da keine Experten. Gut, damit sind sie [die DUK bzw. das Expertenkomitee, Anm. d. Verf.] sozusagen auf der Aufmerksamkeitsliste von den Terminen, die man so wahrnimmt, natürlich ganz nach unten gerutscht. [...] Also, das halte ich auch für ungeschickt, das so zu regeln. [...] Dann müsste man sagen, okay, wir machen das auf wackliger Schiene. Die Länder müssen eh dabei sein, klar. Und auf Kommunalos können wir eigentlich verzichten. Das wäre dann konsequent." (K, Interview am 01.11.2018)

Auch wenn diese Reaktion gegebenenfalls als etwas überzogen bewertet werden kann, muss man konstatieren, dass die kommunale Ebene sich mit der Umsetzung der UNESCO-Konvention in Deutschland zumindest bis 2016 nicht wirklich abgeholt fühlte.

Des Weiteren lohnt ein differenzierter Blick auf die Politik zum Immateriellen Kulturerbe in den einzelnen Ländern der Bundesrepublik. Zweifellos gab es von Anfang solche, die das beschriebene vielfältige Potenzial einer Identitätspolitik und Inwertsetzung erkannt und beim Immateriellen Kulturerbe darum auch aktiver als andere waren, und somit zumindest schrittweise auch kulturpolitisch strategischer vorgingen.

> „Gerade die großen Flächenländer, ich nenne jetzt einmal Bayern, ich nenne aber auch Nordrhein-Westfalen und Sachsen, nutzen das Thema mehr und mehr, um tatsächlich

Zivilgesellschaft und Politik miteinander ins Gespräch zu kriegen – und in den Regionen Flagge zu zeigen und den dort lebenden Menschen, und um die handelt es sich ja schließlich, um ihren Traditionen und ihrer Heimatverwurzelung auch mehr Wertschätzung entgegenzubringen. Also das beobachte ich ganz stark." (L, Interview am 15.11.2018)

Andere Länder gewannen erst durch die bei ihnen eingereichten Bewerbungen, also letztlich durch die Akteure der Zivilgesellschaft, an Profil. Birgitta Ringbeck teilt die verbreitete Meinung, dass in Bayern „natürlich das traditionelle Brauchtum, sage ich mal, viel stärker verankert ist als in vielen anderen Bundesländern" (B, Interview am 01.11.2018). Durch die vielfältigen Bewerbungen der zivilgesellschaftlichen Gruppen und aber auch die frühzeitig ergriffenen Aktivitäten des zuständigen Ministeriums (11, 12) entstand im südöstlichsten Bundesland zumindest der Eindruck, dass mit dem Immateriellen Kulturerbe strategische Ziele der Stärkung der Heimatpflege, wie in der Landesverfassung des Freistaats verankert, verfolgt werden. Nordrhein-Westfalen ist dieselben Schritte wie Bayern gegangen, allerdings etwas zögerlicher und zunächst weniger stringent – hier entstand der Eindruck, dass man die Konvention angesichts der existierenden Landschaftsverbände und ihrer volkskundlichen Stellen zunächst für einen Selbstläufer hielt. Nach anfänglich großem Interesse in der ersten Bewerbungsrunde flaute die Bewerberlage aber ab – erst die Etablierung einer Beratungsstelle (12) sorgte für neuen Schwung in der Umsetzung im nach Einwohnern größten deutschen Bundesland. In Mecklenburg-Vorpommern waren zum einen aufgrund der frühzeitigen Gründung eines thematischen Arbeitskreises im Museumsverband (35), der aktive Mitglieder in allen Landesteilen zu regelmäßigen Treffen versammelte und Trägergruppen aktiv zu Bewerbungen ermunterte, und zum anderen dank eines engagierten Referenten im Ministerium, ebenfalls von Beginn an viele Aktivitäten zum Immateriellen Kulturerbe zu verzeichnen. In Hessen, Sachsen, Schleswig-Holstein, Baden-Württemberg, Sachsen-Anhalt, Rheinland-Pfalz und Niedersachsen gab es anfangs – und zum Teil kontinuierlich bis heute – sehr engagierte Mitarbeiter im Ministerium, die sich des Themas ebenfalls mit Tatendrang annahmen. In Sachsen-Anhalt kam dem Thema zusätzlich ein äußerst reger Landesheimatbund zugute, der das Immaterielle Kulturerbe ins Zentrum seiner Aktivitäten stellte und eine Mitarbeiterin mit der Beratung von Bewerbergruppen (12) betraute. Hier wurde nach einiger Zeit auch ein Landesverzeichnis eingerichtet (11). In Thüringen verlief der Umgang mit dem Thema Immaterielles Kulturerbe über die hier betrachteten Jahre mal engagiert, mal eher beiläufig – an diesem Beispiel wird gut sichtbar, dass es dem Land, wie vielen anderen, an einer nur ansatzweise formulierten kulturpolitischen Strategie im Umgang mit dem Immateriellen Kulturerbe fehlte. Bei personeller Diskontinuität in den Ministerien auf der Position der Ansprechperson fiel dies besonders deutlich auf. Ähnliches wie in Thüringen kann man nach einem Personalwechsel für Baden-Württemberg konstatieren und nach mehreren Personalwechseln auch für Hessen. Insgesamt kann festgehalten werden, dass personelle Kontinuität auf der Stelle der Verantwortlichkeit für das Thema Immaterielles Kulturerbe förderlich war, um eine gewisse strategische Verankerung des Immateriellen Kulturerbes in einem Land zu erreichen; dies gilt etwa für die sehr unaufgeregte, aber solide Arbeit in Niedersachsen. In Schleswig-Holstein wechselte zwar die konkrete Zuständigkeit im Laufe des hier betrachteten Untersuchungszeitraums auch, dem Thema kam aber zugute, dass die Abteilungsleiterin kontinuierlich Berichterstatterin des KMK-Kulturausschusses für Immaterielles Kulturerbe und damit auch im DUK-Expertenkomitee vertreten war. Ähnlich stark war die Stellung des Themas in der Landeskulturpolitik des Freistaats Sachsen; nicht erst mit Vertretung durch den Abteilungsleiter im Expertenkomitee ab 2015, ein Jahr nachdem dieser die Rolle des Co-Berichterstatters im KMK-Kulturausschuss von Mecklenburg-Vorpommern übernahm. Sachsen und Rheinland-Pfalz nahmen zudem, da die beiden hinter der Bewerbung stehenden Gesellschaften ihren Sitz in diesen beiden Ländern haben, auf Ministerebene an der Auszeichnungsveranstaltung anlässlich der 2016 erfolgten UNESCO-Anerkennung des Genossenschaftswesens (3) teil und würdigten die Bedeutung des Immateriellen Kulturerbes dadurch. Das Land Berlin verzeichnete ohne viel eigenes Zutun von Anfang an viele Bewerbungen für das Bundesweite Verzeichnis, da hier zahlreiche Bundesverbände ihren Sitz haben und darum Bewerbungen nach dem Sitzland-Prinzip einreichen. Die Mitarbeiterin in der Senatsverwaltung händelte dies professionell, ohne allerdings tatsächlich in der Stadtgesellschaft praktizierte lebendige Traditionen zu fördern bzw. fördern zu können. Nahezu keine Aktivitäten, sowohl von zivilgesellschaftlicher wie auch von staatlicher Seite, waren dagegen im Saarland und in Bremen zu registrieren. Auch in Hamburg und Brandenburg kam mit zwar engagierten Mitarbeiterinnen in den Kulturverwaltungen, aber wenig bis keinem politisch-strategischem Vorgehen, das Thema nicht wirklich in Schwung. Insgesamt ist bei den Bewerbungen für das Bundesweite Verzeichnis, selbst wenn Zahlen nicht alles über die Intensität von Aktivitäten zur Umsetzung der Konvention aussagen, ein Süd-Nord-Gefälle festzustellen. Hohe Bewerbungszahlen kann in beiden hier betrachteten Bewerbungsverfahren Bayern (33 im ersten Durchgang und 26 im zweiten) vorweisen; Baden-Württemberg (10 im ersten Bewerbungsdurchgang und 5 im zweiten) mit Abstrichen auch. In den nördlichen Bundesländern Hamburg (jeweils 1 in beiden Bewerbungsdurchgängen), Bremen (2 im ersten Durchgang, keine im zweiten), Schleswig-Holstein (4 im

ersten Bewerbungsdurchgang und 3 im zweiten) und Brandenburg (4 im ersten Bewerbungsdurchgang und 2 im zweiten) blieben die Bewerberzahlen stets
überschaubar (Zahlen entstammen einer internen Aufstellung der Geschäftsstelle
Immaterielles Kulturerbe). Im KMK-Kulturausschuss wurde in Anwesenheit der
stellvertretenden Vorsitzenden des DUK-Expertenkomitees Gertraud Koch Ende
2015 gar offen gemutmaßt, dass es bei der Quantität von lebendigen Traditionen
ein natürliches Gefälle von Süden nach Norden gäbe:

> „Und zwar nicht von dem Vorsitzenden, der aus Bayern kam zu dem Zeitpunkt, son-
> dern von dem Berliner Mitglied, und dann sofort von der […] Vertreterin aus Baden-
> Württemberg] aufgegriffen wurde. Und es kam dann auch kein größerer Widerspruch.
> Also das ist, glaube ich, in der Politik sehr verankert. Und man sieht es natürlich auch
> in der Art und Weise, wie es umgesetzt wird, also Bayern, die eben dann, ja, sich
> noch mal die Wild Card in dieser Sitzung geholt haben [die Beibehaltung der Flexi-
> bilität der 4er-Quote mit zusätzlichen Kontingenten für Weiterleitungen aus Ländern
> mit vielen Bewerbungen, Anm. d. Verf.]. Aber wir sehen natürlich auch sehr offen-
> siv Mecklenburg-Vorpommern, die jetzt in eine ähnliche Scharte hauen, sage ich mal,
> und wo dann Einreichungen auch in der Qualität vergleichbar sind. Aber da wird sich,
> glaube ich, einiges bewegen auch." (E2, Interview am 25.1.2018)

Schließlich darf nicht unerwähnt bleiben, dass bei den Bewerberzahlen natürlich
auch Einwohnerzahl und Größe der Länder – siehe Bremen und das Saarland
(jeweils eine Bewerbung in beiden Durchgängen) – eine Rolle spielen (siehe
Abschnitt 6.3.2.3.) Anhand dieser Bewerberzahlen für das Bundesweite Verzeichnis in den einzelnen Ländern kann man deutlich ablesen, dass diese zwar
zahlenmäßig durchaus sehr unterschiedlich sind, in den ersten beiden Bewerbungsrunden gab es aber aus jedem der 16 Bundesländer mindestens einen
Vorschlag. In der Perspektive einer potenziellen Stärkung kultureller Teilhabe
durch die Umsetzung der UNESCO-Konvention im nationalen Rahmen kann also
eine geographisch breite Beteiligung konstatiert werden. Zivilgesellschaftliche
Gruppen, die sich überwiegend bisher außerhalb des Zirkels von Adressierun-
gen kulturpolitischer Maßnahmen wiederfanden, sind so – mit der Bewerbung
zumindest zeitweise – in die Sphäre des Politikfelds bzw. des gesellschaftlichen Teilsystems (siehe Abschnitt 5.1.3.) Kultur eingetreten. Für jene Gruppen,
die Aufnahme ins Verzeichnis gefunden haben, ist damit sogar eine langfristige
Verortung im Kulturbereich verbunden. Dies betrifft nicht nur kleine Gruppen,
wie die Akteure der Limmersdorfer Lindenkirchweih, des Peter-und-Paul-Fests
Bretten oder des Harzer Finkenmanövers (siehe Abschnitt 4.2.), sondern auch
größere wie die Handwerkswandergesellen, Sternsinger und Handwerksbäcker
oder sehr große Gruppen wie die Karnevalisten und Genossenschafter. Hinzu

kommen zudem jene, die bisher stärker im Umwelt- und Landwirtschaftsbereich Berücksichtigung fanden, wie die Falkner, Köhler oder Flößer, oder aber im Bereich Technik die Morsetelegrafen sowie im Bereich Wirtschaft hinsichtlich ihres Handwerks wie die Orgelbauer oder Reetdachdecker. Auch die Zuschauer und Teilnehmer etwa an Volksfesten, Karnevalsumzügen oder beim friesischen Biikebrennen zählen im Sinne der abgestuften Dimensionen kultureller Teilhabe (siehe Abschnitt 3.5.1.) zu den damit in das Kulturfeld integrierten Akteuren. Auch wenn kulturelle Teilhabe nicht das vorrangige Ziel der Länder mit der Umsetzung der UNESCO-Konvention gewesen ist, ist im Ergebnis durch die Bewerbungsverfahren und Anerkennungen eine beachtliche Ausweitung des Felds der Kulturakteure festzustellen.

In der Behörde der BKM entstand mit der Konventionsumsetzung eigentlich keine erkennbare Dynamik. Das Immaterielle Kulturerbe schien in der Verwaltung und bei der Haussspitze, wie bereits vor dem deutschen Beitritt, kaum größere Aufmerksamkeit zu erhalten. Das mag zunächst überraschen, da man doch seit 2012 die Finanzierung der DUK-Geschäftsstelle verantwortete. Zum einen lag dies vermutlich an der geteilten Zuständigkeit der Finanzierung der Geschäftsstelle (4) durch ein Referat und die Wahrnehmung der Vertretung im DUK-Expertenkomitee (2) durch ein anderes Referat, das im Betrachtungszeitraum auch noch einmal wechselte. Zum anderen nahm Kulturstaatsministerin Monika Grütters zwar die Auszeichnung der ersten Kulturform im März 2015 zusammen mit der damaligen KMK-Präsidentin Brunhild Kurth aus Sachsen noch persönlich vor, hatte in den Folgejahren erkennbar aber zunehmend ein abweichendes Interesse als jenes, dass sich bei der DUK und in vielen Ländern durchsetzte, nämlich das Instrument mittels Anerkennungspolitik für eine Verbreiterung der kulturellen Teilhabe und des Kulturbegriffs zu nutzen sowie kulturelles Wissen und praktisches Können als Erbe zu würdigen. Im BKM hätte man eine stärkere zahlenmäßige Beschränkung und Konzentration auf (hoch-)kulturell wertvolle Formen des Immateriellen Kulturerbes präferiert. Man fremdelte mit den sehr lokalen Formen und letztlich auch dem weiten UNESCO-Kulturbegriff. Dies drückte sich zum einen in eher zögerlichen Nominierungen von Personen für das DUK-Expertenkomitee, für die man ein gesondertes Vorschlagrecht erhalten hatte, und zum anderen in der mangelnden Begeisterung über die ersten vom Expertenkomitee ausgewählten UNESCO-Nominierungen, insbesondere die „hochkulturfernen" Genossenschaftswesen (Auswahl 2014), Falknerei (2015) und Blaudruck (2016), aus. Zum Teil blieb das BKM in diesem Kontext der zuvor verabredeten gemeinsamen Pressearbeit mit DUK und KMK fern. Nur die Auswahl der Nominierung „Orgelbau und Orgelmusik" im Jahr 2014, die 2015 noch einmal bestätigt wurde, hat BKM wohl goutiert: Im Jahr 2016 wurde ein

spezielles Förderprogramm der BKM zur Förderung von Orgelsanierungen aufgelegt und ab 2018 in das allgemeine Denkmalschutz-Sonderprogramm des Bundes
aufgenommen. Die Bezüge des Immateriellen Kulturerbes zum von BKM ebenfalls verfolgten Thema Kulturelle Bildung hob man zwar seitens der Behörde
der Kulturstaatsministerin vereinzelt hervor, aber daraus folgten keine stringenten
Aktivitäten, diese Verknüpfungen auch zu fördern.

Im AA herrschte im Betrachtungszeitraum ein ambivalentes Verhältnis zur
2003er-UNESCO-Konvention: Ins DUK-Expertenkomitee entsandte man mit Birgitta Ringbeck die ins Auswärtige Amt entsandte Länderkoordinatorin für das
UNESCO-Welterbe, d. h. für die 1972er-Konvention. Ferner nominierte das
AA darüber hinaus eine Expertin, die ebenfalls im Bereich UNESCO-Welterbe
spezialisiert ist. Aus diesem Kontext kommend, der stets prioritär die UNESCO-
Listungen sowie die weltweite Einzigartigkeit, die beim Welterbe entscheidend
ist, im Blick hat, betrachteten beide die weitgehend ungesteuerte nationale
Inventarisierung Immateriellen Kulturerbes mit einer gewissen Skepsis.

> „Ich glaube, keiner hat so richtig geahnt, was dabei rauskommt. Muss ich auch sagen,
> manchmal habe ich mich erschrocken, was dabei rauskommt, also die vielen, vielen
> wirklich lokalen Initiativen […] Aber die Befürchtung halt, dass die Zeichnung dieser
> Konvention das Welterbe-Label beeinflusst, […] und nicht […] schwächt, die ist ganz
> klar eingetreten. Also kaum ein Journalist weiß zu unterscheiden zwischen Welterbe-
> Stätten, materiellem und immateriellem Kulturerbe." (B, Interview am 05.11.2018)

Im AA herrschte also lange eher ein Abwehrreflex gegen eine breite Lesart des
Immateriellen Kulturerbes, da dies von den dort Verantwortlichen als Abwertung
des Welterbes gefürchtet wurde. Zwar befürwortete das AA eine Bestandsaufnahme, aber die Ergebnisse waren den Verantwortlichen dann oftmals nicht
,hochwertig' genug und zu lokal:

> „Ich finde immer noch am wichtigsten, dass man im Land wirklich inventarisiert und
> mal aufnimmt und wahrnimmt: Was haben wir an wirklich traditionellen [Formen
> …], was eigentlich unter dem Radar der Kulturförderung untertaucht und nicht auf-
> genommen, von denen nicht wahrgenommen wird, weil es oft zu kleinteilig ist." (B,
> Interview am 05.11.2018)

Das Ziel, mit dieser neuen Konvention die kulturelle Teilhabe zu stärken, kam
im AA keinem in den Sinn (vgl. B, Interview am 05.11.2018). Die Suche nach
interessanten bzw. attraktiven Formen Immateriellen Kulturerbes, die man international gut darstellen, mit denen sich Deutschland schmücken können sollte, war

die Triebfeder der Mitwirkung. Ab dem Zeitpunkt als das AA die Aufgabe übernahm, deutsche Nominierungen in die UNESCO-Gremien einzubringen, wuchs
das Interesse und Engagement allerdings. Der im Botschafterrang tätige Ständige Vertreter Deutschlands bei der UNESCO in Paris, im Zeitraum der für die
erste UNESCO-Eintragung des Genossenschaftswesens 2016 verantwortliche Stefan Krawielicki, setzte gemeinsam mit dem zuständigen Referat 603–9 großes
argumentatives und persönliches Kapital für die erfolgreiche Einschreibung ein.
Mit diesem Erfolg konnte sich das AA im Politiknetzwerk des Immateriellen
Kulturerbes in Deutschland tatsächlich schmücken, denn es hatte seine Rolle
als Repräsentant der Auswärtigen Kulturpolitik nach innen betont. Ein Scheitern
mit der ersten eigenen Nominierung hätte für die öffentliche Wahrnehmung der
Umsetzung in Deutschland wahrscheinlich negative Folgen gehabt. Dies konnte
abgewendet werden. Das allerdings von den internationalen Partnern als forsch
und nicht ganz regeltreu wahrgenommene Vorgehen bei der Komitee-Sitzung in
Addis Abeba Ende 2016 (siehe Abschnitt 6.3.4.1.) blieb nicht ohne Folgen für
Deutschlands Rolle in der UNESCO im Verhältnis zu den anderen Staaten. In
den Folgejahren mussten sich die deutschen Vertreter in verschiedenen Kontexten
unter Verweis auf die letztlich erfolgreichen Anstrengungen, die negative Exper-
tenvorbewertung in eine Einschreibung der Kulturform zu überführen, immer
wieder anhören, dass auch Deutschland es mit den Regeln ja nicht immer so
genau nähme (vgl. Hintergrundgespräche mit verschiedenen Vertretern des AA).

Dass die DUK eine sehr starke Stellung im Rahmen der nationalen Konventionsumsetzung bekam, so dass sie quasi in allen damit zusammenhängenden
Prozessen involviert war, war, wie man am Beispiel der Welterbe-Konvention
erkennen kann, nicht selbstverständlich. Dies entsprach aber natürlich den Handlungsorientierungen der DUK, denn ihr eigener satzungsgemäßer Anspruch ist
es, in den Prozessen, die die UNESCO-Themen betreffen, ein wichtiger Mittler zwischen allen Beteiligten zu sein. Dies begünstigte in jedem Fall auch den
internationalen Austausch mit Partnern in den Nachbarländern und darüber hinaus
(siehe Abschnitt 6.3.4.3.). Die internationale Kooperation wurde von den DUK-
Experten bereits 2012 als wichtiges Ziel benannt: „Bereits jetzt signalisieren
Kolleginnen und Kollegen u. a. aus den Regionen Asien-Pazifik, Lateinamerika
und Europa ihre Vorfreude auf interessante Beiträge aus Deutschland und eine
vertiefte Zusammenarbeit." (Dok. 18, DUK-Arbeitspapier 2012: 1) Innerhalb der
DUK wurde das Immaterielle Kulturerbe im Laufe des hier betrachteten Zeitraums von einem Randthema zu einem der drei zentralen Themen – neben dem
Welterbe und globalen Trends in Bildung, Wissenschaft, Kultur und Kommunikation –, zumindest in der Presse- und Öffentlichkeitsarbeit. Die DUK fühlte sich
dem Kulturbegriff der UNESCO von Mexiko-Stadt 1982 verpflichtet, das heißt

ein breiteres Verständnis von Kultur und Kulturakteuren als dies in Deutschland bis dato dominierte (siehe Abschnitt 6.3.3.1.).

In jenem Ausschnitt der Zivilgesellschaft, der in Verbänden organisiert ist und hier in Punkto einer Wirkung der Konventionsumsetzung wegen des Bezugs zum Thema vorrangig interessiert, hat das Immaterielle Kulturerbe zwischen 2013 und 2016 an Gewicht deutlich gewonnen. Verbände von Kulturformen, die sich für die Aufnahme ins Bundesweite Verzeichnis beworben haben, und jene, die allgemein im Bereich Heimatpflege (BHU, CIOFF) oder Handwerk (ZDH) tätig sind, haben durch den Bewerbungsprozess vielfach eine Reflexion des eigenen Gegenstands und Handelns durchgeführt und mit der Einbettung in ein neues Akteursfeld sowie durch die Popularisierung des Konzepts Immaterielles Kulturerbe in größeren Teilen der Gesellschaft Beiträge zum Gelingen der Umsetzung geleistet. Damit haben auch sie auf das – so wohl von ihnen nicht formulierte Ziel – der kulturellen Teilhabe eingezahlt. Für die bundesweit spartenübergreifend tätigen Kulturverbände, den Deutschen Kulturrat, wiewohl dieser eine stärkere Berücksichtigung in der kulturpolitischen Debatte gefordert hatte (vgl. Dok. 24: Stellungnahme des Deutschen Kulturrats vom 06.12.2013: 2), und auch für die Kulturpolitische Gesellschaft (KuPoGe), zählte das Immaterielle Kulturerbe im Untersuchungszeitraum dagegen nicht zu den Schwerpunkten der Beschäftigung. Die KuPoGe spielt auch im Bereich der Kulturpolitikforschung eine wichtige Rolle. In den „Kulturpolitischen Mitteilungen" dominierte eine eher spöttische bis kritische Lesart, z. B. in Ausgabe 149 im Mai 2015 mit dem Artikel „Die Katze lässt das Morsen nicht" von Wolfgang Hippe[2]. Dass beide Verbände sich dem Immateriellen Kulturerbe nicht sonderlich interessiert gegenüber zeigten, hatte letztlich sicherlich mit Einfluss darauf, dass es sich in größeren kulturpolitischen Debatten in Deutschland nicht wirklich niederschlug.

6.3.2.4 Einzelne Akteursverhältnisse unter der Lupe

Dadurch, dass vergleichsweise viele Akteure am Prozess der Inventarisierung Immateriellen Kulturerbes (1) und weiterer Maßnahmen (siehe Abschnitt 6.3.1.) beteiligt sind, besteht grundsätzlich die Gefahr von Kommunikationsdefiziten, Reibungsverlusten und Spannungen in ihrem Verhältnis zueinander. Die DUK relativierte allerdings 2011 bereits damals bestehende Ängste der staatlichen Stellen, dass es bei der Aushandlung über Aufnahmen in ein Verzeichnis des Immateriellen Kulturerbes in Deutschland zu besonders folgenreichen Spannungen zwischen den kulturpolitischen Akteuren kommen könne:

---

[2] https://www.kupoge.de/kumi/pdf/kumi149/kumi149_54-55.pdf; Zugriff am 19.06.2022

„Bei demokratisch-pluralistischen Arbeitsprozessen ist es üblich, dass unterschiedliche Sichtweisen und fachliche Kriterien zu Gehör kommen und schrittweise daraus Konsensus entsteht. Fallweise mag dies auch Konfliktstoff beinhalten. Insofern
unterscheidet sich die Erarbeitung von Inventaren nicht grundsätzlich von sonstiger
kultureller Zusammenarbeit im Bereich der Kulturpolitik und der Kulturerbepflege,
wie z. B. der Erstellung von Gutachten für mögliche deutsche Nominierungen für die
UNESCO-Welterbeliste." (Dok. 6: Einschätzung der DUK zum BKM-Sachstand vom
Juli 2010: 7)

Entgegen der Befürchtungen gab es im Untersuchungszeitraum zwischen den
Experten sowie den beteiligten staatlichen Stellen kaum Reibungspunkte. „Ich
muss sagen, bisher ist der [Dreiklang] sehr, sehr gelungen, es ist fast ein Modell
der Zusammenarbeit. [...] In Deutschland ist das bisher sehr konsensuell." (E1,
Interview am 15.10.2018) Gertraud Koch stimmt Christoph Wulf grundsätzlich
zu, weist aber auf einen Aspekt hin, der bei der, typischerweise Institutionen in
den Fokus nehmenden Betrachtung des akteurzentrierten Institutionalismus nicht
außen vorgelassen werden darf: „Ich finde das eigentlich gut gelungen, mit der
Kultusministerkonferenz und mit dem BKM. Es hängt aber sehr stark auch an
den Personen, die das vorantreiben. Aber das wird es wahrscheinlich immer. Im
Grundtenor hat das ganz gut geklappt." (E2, Interview am 25.10.2018) Nicht nur
der Vorsitzende und die stellvertretende Vorsitzende des Expertenkomitees sehen
eine gelingende Zusammenarbeit der Akteure im deutschen Mehrebenensystem,
auch Birgitta Ringbeck, die qua ihrer Funktion als Welterbe-Beauftragte der Länder im Auswärtigen Amt sowohl die Länder- als auch die Bundesperspektive hat,
meint: „Es gelingt auf jeden Fall. [...] Es funktioniert, mit Schwerpunkten da,
wo ein besonderes Interesse ist. Und das wird dann von den Landesregierungen
gesteuert, denke ich." (B, Interview am 05.11.2018)

An dieser Stelle sollen ausgewählte Akteursverhältnisse der wichtigsten
Akteure untereinander etwas genauer unter die Lupe genommen werden:

Die Trägergruppen Immateriellen Kulturerbes kamen im Bewerbungsverfahren für das Bundesweite Verzeichnis (1) zunächst i. d. R. mit den Ländern,
d. h. den dortigen Ansprechpersonen für das Thema Immaterielles Kulturerbe
(6), in Kontakt. Zum Teil waren dies erstmalige Kontakte. (vgl. L, Interview am
15.11.2018) Mit der Deutschen UNESCO-Kommission war der Kontakt für die
Trägergruppen häufig ebenfalls eine neue Beziehung, zum Teil bereits vor bzw.
im Bewerbungsprozess, zum Teil auch erst später im Zuge der erfolgten Aufnahme ins Verzeichnis. Bereits durch diese beiden neuen Kontaktbeziehungen
ins kulturpolitische Feld, die von den Trägergruppen i. d. R. als sehr kooperativ und wertschätzend beschrieben wurden, fühlten sich diese häufig in ihrem
kulturellen Tun aufgewertet. Die Auszeichnungsveranstaltungen (9), an denen

darüber hinaus auch der Bund – stets BKM, zum Teil auch das AA – beteiligt
waren, waren wichtige Anlässe, die eine diesbezügliche kulturpolitische Würdigung zum Ausdruck brachten; die Vergabe des Logos (13) ebenso. (siehe auch
Abschnitt 4.2.) Da nicht alle Gruppen mit ihren Vorschlägen erfolgreich waren
bzw. jene, denen zwar die Aufnahme ins Bundesweite Verzeichnis gelungen war,
die aber nicht für eine UNESCO-Nominierung (3) berücksichtigt wurden, sind im
Verhältnis Trägergruppen zur DUK durchaus auch Misstöne aufgetreten (siehe
auch Abschnitt 6.3.3.1.). Ähnliches mag für das Verhältnis zur Länderebene
gelten. Dies ist angesichts solcher neuen Akteursbeziehungen, die durch verschiedene Erwartungshaltungen geprägt und sich zunächst durch die Praxis etablieren
mussten, nicht verwunderlich. Einige Trägergruppen waren auch frustriert über
das komplexe und mit langen Fristen verbundene Verfahren. Nicht allen war
stets klar, wer innerhalb des vom Mehrebenensystem und verschränkten Zuständigkeiten geprägten Inventarisierungsverfahrens für was Verantwortung trägt und
warum so lange auf Entscheidungen gewartet werden muss. Auf den darüber hinaus formulierten Bedarf der erfolgreichen Trägergruppen, dass wenig klar sei, was
eigentlich aus einer Anerkennung folge bzw. folgen könne, reagierte die DUK
zum einen mit einer Schärfung der Argumentation, was mit einer Bewerbung
erreicht werden könne (24), und zum anderen mit der Erstellung eines Handbuchs
mit möglichen Fördermaßnahmen nach der Anerkennung (27). Ein Akteursverhältnis, das sich über die Auszeichnungsveranstaltungen (9) hinaus kaum
entwickelte, war jenes zwischen Trägergruppen einerseits und der Verwaltung
sowie der Politik im Bund andererseits. Wenn die Beziehungen nicht aufgrund
der spezifischen Kulturform (z. B. Chorwesen, Theater- und Orchesterlandschaft
usw.) vorher bereits bestanden hatten oder es zu einer UNESCO-Nominierung (3)
kam, entstand hier wenig Anlass, in Interaktion zu treten. Die neue kulturpolitische Würdigung der Trägergruppen geschah also eher auf Ebene der Länder sowie
durch die DUK-Geschäftsstelle. Mit den Beratungsstellen der Länder (12) hatten
Bewerbergruppen erst ab dem zweiten Bewerbungsverfahren (2015/16) zu tun.
Da in der vorliegenden Arbeit keine der in diesem Zug zur Anerkennung gelang-
ten Traditionen näher untersucht wurden, kann zu diesem Akteursverhältnis keine
fundierte Aussage getroffen werden. Bereits anerkannte Kulturformen hatten nach
Kenntnis des Autors dieser Arbeit nur im Zuge von Informationsveranstaltungen
(10) Kontakte zu den Beratungsstellen. Ein produktives Verhältnis entstand dagegen an vielen Stellen zwischen Trägergruppen und Experten. Letztere standen
ersteren in vielen Fällen mit Anregungen zur Seite, was die Aufarbeitung der
Historie, die nationale und internationale Vernetzung oder eine zukunftsgewandte
Form der Traditionspflege und Kommunikation anbelangt. Für die Experten

waren die Kulturformen teilweise spannende Neuentdeckungen, die sie zu vertieften Forschungen (29, 32) (siehe beispielhaft Abschnitt 4.2.2.), Ausstellungen
(34) und neuen Vernetzungen (31, 35) inspirierten.

Die bei der DUK eingerichtete Fachstelle (4) erhielt für ihre Arbeit überwiegend großes Lob von allen Seiten (vgl. L, Interview am 15.11.2018).
Die Berichterstatter des KMK-Kulturausschusses und die BKM- sowie AA-
Vertreter verlassen sich im Hinblick auf den Überblick über die laufenden,
zum Teil sehr komplexen, Verfahren – Bewerbungsverfahren, Rückstellungen,
UNESCO-Nominierungen, Berichterstattungen für verschiedene Gremien laufen
zum Beispiel stets parallel –, die politisch zur Entscheidung per demokratischer Legitimation anstehen, stark auf die Geschäftsstelle der DUK. Die Länder
und die DUK kooperieren etwa auch hinsichtlich der Verkündung der Entscheidungen der Bewerbungsverfahren sehr eng: Über das KMK-Sekretariat werden
im Vorfeld des taggleichen Notenwechsels KMK-BKM gemeinsame Schreiben
von KMK und DUK zur Information der Bewerbergruppen vorbereitet und die
Pressearbeit abgestimmt. Die DUK hat durch ihre Arbeit im Bereich Immaterielles Kulturerbe ihre Position und ihr Arbeitsverhältnis zu den Ländern im
Kulturpolitikfeld deutlich verbessern können. Die Arbeitskontakte zum KMK-
Sekretariat sowie zu den Länderverwaltungen liefen nahezu reibungslos. Auch
politisch kam etwas in Bewegung: Eine Teilnahme von DUK-Vertretern an den
Sitzungen des KMK-Kulturausschuss war zuvor etwa selten, entwickelte sich
aber seit der Umsetzung der UNESCO-Konvention zum Immateriellen Kulturerbe zu einer wiederkehrenden Angelegenheit. Selbst in der Ministerrunde waren
DUK-Vertreter nun gelegentlich als Gäste geladen. Ausdrücklich wurde seitens
der Länder der DUK und dem Expertenkomitee wiederholt öffentlich für ihre
Arbeit im Feld des Immateriellen Kulturerbes gedankt. Nicht zuletzt durch die
positiven Erfahrungen, die die Länder in der Zusammenarbeit mit der DUK in
diesem Themenbereich gemacht haben, wurde auch die Arbeitsbeziehung im
Rahmen der UNESCO-Konvention zur Kulturellen Vielfalt (2005) intensiviert.
Auch im Bereich Welterbe konnte die DUK ihre Position gegenüber bzw. im
Zusammenspiel mit Bund und Ländern in den Folgejahren stärken. Inwiefern
dies ursächlich mit der guten Zusammenarbeit bei der 2003er-Konvention zu tun
hat oder noch andere Faktoren hier eine Rolle spielten, kann an dieser Stelle nicht
weiter untersucht werden und könnte Ziel weiterer Arbeiten sein.

Das Verhältnis der DUK zu den Institutionen des Bundes ist vielschichtig.
Das Auswärtige Amt ist der Zuwendungsgeber der institutionellen Förderung
der DUK. Das Projekt „Geschäftsstelle Immaterielles Kulturerbe" (4) wurde aber
von BKM finanziert. Die Behörde der Kulturstaatsministerin zeigte allerdings in
den Anfangsjahren dieser Förderung eher schwaches Interesse an der Arbeit der

DUK-Geschäftsstelle, u. a. wohl auch wegen wechselnder Zuständigkeiten (siehe Abschnitt 6.2.4. und 6.3.2.3.). Im Zuge der UNESCO-Nominierungen (3) wurden der Austausch und die Zusammenarbeit im Dreieck zwischen der DUK, den betroffenen Trägergruppen und dem AA dagegen intensiver. Dabei wurden die Vorbereitungen der deutschen und der multinationalen UNESCO-Nominierungen bis zur Einreichung allerdings kaum vom AA begleitet oder gesteuert. Hier ergab sich, denn so recht wurde dies vorab in der Phase der Politikformulierung nicht besprochen, dass nach staatlicher Bestätigung der Auswahlempfehlungen des Expertenkomitees die DUK mit ihrer Geschäftsstelle Verantwortung übernahm (siehe Abschnitt 6.3.4.1. und 6.4.2.). Die DUK konnte dadurch, dass sie in dieses Vakuum stieß, ihre Position im Themenfeld auch gegenüber dem AA stärken.

Insgesamt waren AA und BKM mit der Arbeit der DUK zufrieden. Beide Akteure fremdelten allerdings deutlich stärker mit dem weiten Kulturbegriff, der der UNESCO-Konvention zur Erhaltung des immateriellen Kulturerbes zugrunde liegt, als dies die meisten der Länder taten. Dies sorgte im Verhältnis von AA und BKM zur DUK und den Experten, die dieses Verständnis hochhielten, gelegentlich für Schwierigkeiten.

„Da sind viele Schnittstellen der Zusammenarbeit notwendig, damit das Ganze tatsächlich funktioniert und viele Austauschprozesse eingebaut, die für mich den Wert auch des deutschen Modus der Umsetzung ausmachen, weil man darüber tatsächlich ja auch an dem Verständnis dessen arbeitet, was Immaterielles Kulturerbe ist und was es beiträgt und warum es relevant ist. Und natürlich sind in diesem Mehrebenensystem dann auch bestimmte Schwierigkeiten drin. […] Da ist sicherlich auch noch viel Vermittlungsarbeit notwendig, damit […] eben gerade das zum Beispiel auch so zivilgesellschaftliche, naturbezogene Kulturerbe tatsächlich als Kultur wahrgenommen wird. Also diese Arbeit am nicht-elitären Kulturbegriff, da wird noch ein bisschen Wasser die Elbe runterfließen." (E2, Interview am 25.10.2018)

Von Expertin Gertraud Koch wird in diesem Zitat die Komplexität bzw. die vielen notwendigen Kommunikationsprozesse als Wert gesehen, der zum Ziel der kulturellen Teilhabe beitrage, weil man dadurch das Kulturverständnis diskursiv neu bestimmen könne (siehe auch Abschnitt 6.3.3.1.).

Gegenüber der (Fach-)Öffentlichkeit investierte die DUK sehr viel in die Kommunikation des Themas Immaterielles Kulturerbe: Eine ganze Reihe von Maßnahmen (15, 16, 17, 18, 19, 20, 22, 24) wurden basierend auf den mit BKM abgestimmten Kommunikationskonzepten ergriffen. Mit der Expertenlandschaft zum Immateriellen Kulturerbe baute die DUK anfangs zunächst neue Kontakte auf bzw. reaktivierte die bereits bestehenden aus der Arbeit der Phase vor dem deutschen Beitritt (siehe Abschnitt 6.1.2.) und pflegte diese Beziehungen auch im weiteren Verlauf der Umsetzung kontinuierlich. Besonders intensiv war selbstredend die Kooperation mit den Mitgliedern des DUK-Expertenkomitees (2); auch über die engere Arbeit der Bewertungen von Bewerbungen hinaus wurden gemeinsame Projekte wie Fachtagungen (15, 16) und thematische Workshops (25) angestoßen und umgesetzt (des Weiteren: 23, 29, 31, 32). Mit den Experten auf Länderebene gab es von Seiten der DUK i. d. R. keine direkten Kontakte mit Ausnahme der Austauschtreffen auf Expertenebene (8) und bei Informationsveranstaltungen (10). Zudem unterstützte die DUK-Geschäftsstelle bei der Akkreditierung von NGOs beim Zwischenstaatlichen Ausschuss der Konvention (30).

Die Experten erlangten zum einen eine einflussreiche Stellung gegenüber den staatlichen Akteuren von Bund und Ländern, weil sie anders als diese und Verbandsvertreter autonom agieren können (vgl. Benz 2004: 133) und zum anderen, weil sie als neue Akteursgruppe im Feld der Kulturpolitik gerade in der Anfangsphase der nationalen Umsetzung der Konvention viel Gestaltungsspielraum der Interpretation von Konzepten und Fachbegriffen hatten, zu einem Zeitpunkt, als sich die anderen Akteure noch mit dem neuen Thema und den Entscheidungsstrukturen zurechtfinden mussten. Die DUK hat dies als Institution, die mit der Bündelung von Expertise Erfahrung hat, kanalisiert und in Form von Expertenstellungnahmen, wie zum Beispiel dem Arbeitspapier von 2012 (Dok. 18) oder eines Begriffsglossars, unterstützt und auch in Form der Abschlusspapiere der Fachtagungen von 2013 (15) und 2015 (16) übersetzt. Dass sich mit den Experten des Immateriellen Kulturerbes eine neue Akteursgruppe konstituiert hat, wurde bereits in Abschnitt 6.2.5. näher erläutert. Sie traten durch die Umsetzung der Konvention in Beziehung zu den etablierten Akteuren des Politikfelds.

„Das Thema war auch verortet natürlich in den ethnologischen Fachbereichen [der Universitäten], früher Volkskunde genannt und so weiter. Mit denen, glaube ich, viele von uns als Ländervertreter auch als erstes einmal Kontakt aufgenommen haben, um diese Lücke zu schließen, diesen Überblick zu bekommen, zu sagen: ‚Mensch, was gibt es an gewachsenen Traditionen und so weiter, was zeichnet sich aus?‘ [...] Und insofern sind das sicherlich geborene Partner gewesen. Es gibt da, glaube ich, auch viel Kontakte zu den Länder-Jurys und so weiter, auf diese Expertise zurückzugreifen. Und letztlich war das ja auch ein Großteil der Expertise, die wir dann zusammengetragen haben für unser Expertenkomitee, für unser bundesweites." (L, Interview am 15.11.2018)

Das Verhältnis der Experten zu Bund und Ländern gestaltete sich insgesamt entsprechend der Erwartungen und dadurch sehr produktiv und für alle Seiten zufriedenstellend: Die politischen Stellen erhielten vom DUK-Expertenkomitee

(2) eine fachliche Bewertung, der sie folgen konnten, was sie im Untersuchungszeitraum ohne Ausnahme taten. „Also bisher ist [… die Arbeit des Expertenkomitees der DUK] von der KMK und BKM und Auswärtigem Amt auch alles als eine sehr engagierte Arbeit wertgeschätzt worden." (E1, Interview am 15.10.2018) Die mit der abschließenden staatlichen Bestätigung im gemeinsamen Benehmen verbundene Vetodrohung in der politikverflochtenen Architektur des Inventarisierungsverfahrens war den Experten bei ihren Auswahlempfehlungen natürlich durchaus bewusst, zumal die Länder und der Bund auch mit jeweils zwei Vertretern mit Beobachterstatus im DUK-Expertenkomitee vertreten sind. Wie genau der Einfluss dieses Vetopotenzials auf die Auswahl ist, ist aber schwer abzuschätzen. Möglicherweise führt diese Konstellation gerade zu für alle beteiligten Akteure akzeptablen Ergebnissen, denn Bedenken können so bereits im Gremium frühzeitig angesprochen werden, bevor es zu einem öffentlichen Veto kommen muss. Das DUK-Expertenkomitee erfuhr von den beteiligten staatlichen Stellen für seine Arbeit wiederum ganz überwiegend hohe Zustimmung und Wertschätzung (vgl. E1, Interview am 15.10.2018). Die in den Auswahlprozess involvierten staatlichen Akteure gaben zum Teil freimütig zu, dass erst im Laufe des Verfahrens in Interaktion mit den Experten bei ihnen die Erkenntnis gereift sei, welche Bedeutung der Prozess der Inventarisierung eigentlich habe:

> „Dann leuchtet es eigentlich ein, wenn man sagt, […] die Alemannische Fastnacht oder den Rheinischen Karneval […] auf die Liste zu schreiben […]. Der ist so vital, das erlebe ich […] jedes Jahr wieder mit […]. Und ich denke, wow, in jedem Dorf ist da irgendwas. Tausend Seelen und ein Riesenumzug. Wahnsinn." (K, Interview am 01.11.2018)

Die Experten untereinander etablierten einen lebendigen Fachaustausch über das Immaterielle Kulturerbe in Deutschland, zum einen in den Sitzungen des Expertenkomitees (2), zum anderen im Austausch mit ihren Kollegen auf Länderebene (8), im Rahmen und am Rande von Informations- und Fachveranstaltungen (10, 14, 15, 16) sowie in Fachgruppen (31) bzw. Facharbeitskreisen (35). Teilweise war in der Gruppe der Experten eine regelrechte Euphorie zu spüren, dass das Thema Immaterielles Kulturerbe nun eine solch breite Aufmerksamkeit erhielt.

Das Verhältnis der beiden Akteure im Bund – BKM und AA – ist grundsätzlich kein einfaches, da die Zuständigkeit für Auswärtige Kulturpolitik eigentlich beim AA liegt, das BKM aber in den vergangenen Jahren sich zusehends auch in diesem Gebiet betätigt (z. B. Provenienzdebatten, Kulturpolitik in Europa usw.). Im Bereich Immaterielles Kulturerbe zeigten sich diese Probleme aber kaum, da die Zuständigkeiten – BKM für die Finanzierung der Geschäftsstelle (2), AA für

die Finanzierung des Konventionsbeitrags (5), BKM für die Bestätigung der Auswahlempfehlungen des Expertenkomitees (7) und das AA für die internationalen
Nominierungen (3) – klar geregelt waren. Hier erwies sich das 2012 beschlossene Kommuniqué als gute Basis. Die Rolle von BKM im Zusammenwirken mit
den Ländern bei der Herstellung des Benehmens zur staatlichen Bestätigung der
Auswahlempfehlungen des DUK-Expertenkomitees zeigt eine typische Ausprägung des deutschen Mehrebenensystems: Die Entscheidung wird auf mehrere
Schultern auf mehreren staatlichen Ebenen verteilt („joint decision making").
Die Kabinettsvorlage von 2012, mit der der deutsche Konventionsbeitritt bun-
desseitig beschlossen wurde, spricht von „zustimmende[r] Kenntnisnahme der
Kultusministerkonferenz und des Beauftragten der Bundesregierung für Kultur
und Medien" (Dok. 21: Kabinettsache Datenblatt 17/05067: 2). Dies klingt nach
recht voneinander unabhängigen Verfahren. Ein Blick in die Aktenbestände des
AA und der DUK zeigt allerdings, dass der Begriff ‚Benehmen' im Kommuniqué
(Dok. 19: Ergebnisvermerk zu den Bund-Länder-Absprachen vom 29.10.2012)
sehr sorgfältig gewählt wurde. Den Ländern war die gemeinsame Verantwortung von KMK und BKM zur staatlichen Legitimation der Auswahlempfehlungen
wichtig. So heißt es offiziell im KMK-Beschluss vom Dezember 2012, dass

„die Kultusministerkonferenz einer staatlichen Legitimierung der Auswahlempfeh-
lungen des Expertenkomitees Immaterielles Kulturerbe bei der Deutschen UNESCO-
Kommission durch die Kultusministerkonferenz im Benehmen mit dem BKM
[zustimmt]. Die abschließende staatliche Bestätigung der Auswahlempfehlungen des
Expertenkomitees wird seitens der Kultusministerkonferenz im Benehmen mit dem
BKM erfolgen. Diese Verfahrensweise wird spätestens nach fünf Jahren durch die
Länder geprüft." (Dok. 20: KMK-Beschluss vom 06.12.2012: 2)

Mit dieser Politikverflechtung sind bzw. wären auch Vetomöglichkeiten verbunden, für jedes einzelne Land in der KMK, dann aber auch für den Bund gegenüber
einer einhelligen KMK-Position. Ein solches Veto aber tatsächlich auszuüben,
würde einen doppelten, unausgesprochenen Konsens aufkündigen, nämlich erstens die Experten nicht zu desavouieren und zweitens das solidarische und
bundesfreundliche Verhalten vermissen zu lassen. Daher ist dieses Drohpotenzial vergleichsweise schwach und die Konstellation sorgt in der Praxis eher für
einen großen Einigungsdruck. In der Praxis läuft das Herstellen des Benehmens
so ab, dass die Länder ihre Position zu den Auswahlempfehlungen des DUK-
Expertenkomitees in einer Sitzung der KMK/Kultur-MK bestimmen und dies
vom KMK-Sekretariat der BKM per Note mitteilen lassen. Das BKM übermittelt
dann seinerseits taggleich eine Note, dass das Benehmen in dieser Frage hergestellt ist. Das manchmal problematische Verhältnis zwischen Bund und Ländern

im Bereich der Kultur und der entsprechenden Kompetenzen schlägt beim Immateriellen Kulturerbe kaum durch. Mit der (Fach-)Öffentlichkeit kommunizieren Bund und Länder übrigens im Grunde nur einseitig anlässlich der Ankündigung von Bewerbungsverfahren (1) und den Entscheidungen über Verzeichnis- und Listenaufnahmen (7, 11) im Zusammenhang mit der Herstellung des Benehmens. Die Länder untereinander haben durch die Austauschrunden der Verantwortlichen in den Verwaltungen (6) gelegentlich intensiver, wenn länderübergreifende Anträge im Bewerbungsverfahren miteinander abzustimmen waren (vgl. Dok. 25: KMK-Beschluss vom 11.12.2014: 2), sowie durch die anlässlich der Umsetzung der UNESCO-Konvention wiederkehrende Thematisierung im KMK-Kulturausschuss und der KMK-Ministerrunde eine regelmäßige Kommunikation gepflegt. Entsprechende Kontakte zwischen denselben Personen bestanden zum Teil in anderen Feldern über die KMK schon zuvor. Zwar hat sich zwischen den Bundesländern eine gewisse Konkurrenz im Hinblick auf die Umsetzung der Konvention vor Ort gezeigt – eher aber ausgedrückt als positiver Wettbewerb um die besten Lösungen durch ein Ausschöpfen der Möglichkeiten der Einrichtung von Länderverzeichnissen (11) mit eigenen Auszeichnungszeremonien und Beratungsstellen (12) sowie eine Ausrichtung von bundesweiten Auszeichnungsveranstaltungen (9) oder die Durchführung von Informationsveranstaltungen (10) als durch einen tendenziell negativen, ausschließlich auf eine Maximalzahl von Einträgen zielenden Wettstreit. Die in einzelnen Ländern bei der Umsetzung von Projekten, Programmen und Strategien gesammelten Erfahrungen wurden in den erwähnten Austauschrunden besprochen und in der Folge von anderen Ländern adaptiert. Bayern und Nordrhein-Westfalen oder auch Mecklenburg-Vorpommern gaben mit ihrer vergleichsweise offensiven Politik zum Immateriellen Kulturerbe (siehe Abschnitt 6.2.5. und 6.3.2.3.) zum Beispiel anderen Ländern Orientierung. Eine besondere Form der kooperativen Interaktion zwischen den Ländern war zudem der Umgang mit den Quoten der pro Bewerbungsrunde zur Weiterleitung an die Bundesebene möglichen Bewerbungen für das Bundesweite Verzeichnis. Hier verständigten sich die Länder nach Rücksprache mit den DUK-Experten darauf, dass diese auch flexibel von anderen Ländern genutzt werden können, wenn ein Land sein Kontingent nicht ausschöpfen kann.

Im beschriebenen Policy-Netzwerk stehen so gut wie alle genannten Akteure miteinander im Kontakt. Ohne eine eingehende Netzwerkanalyse, die den Rahmen dieser Arbeit sprengen würde, ist es nicht möglich, mit letzter Sicherheit festzustellen, wer dabei über eine zentrale Stellung und möglicherweise singuläre Machtposition in diesem Netzwerk verfügt (vgl. Lembke 2017: 173). Aus den hier vorgenommenen Analysen kann aber Folgendes abgeleitet werden: Trotz der

vergleichsweise starken Stellung der Trägergruppen der Kulturformen im Netzwerk, einer in Punkto Informationsvorsprung zentralen Stellung der DUK, einer
starken Position der Experten und prinzipiell zwischen allen wichtigen Akteuren
gleichrangig vorhandenen Kommunikations- und Beziehungsstrukturen sind die
staatlichen Stellen – die Länder und der Bund – im Binnen- wie im Außenver-
hältnis des Netzwerks durch die Gestaltung der Verfahren und ihre, demokratisch
legitimierte, Machtposition bei den Letztentscheidungen doch die entscheidenden
Akteure im Feld. Zwar setzt der Staat mit seinem Inventarisierungsverfahren stark
auf einvernehmliche Zusammenarbeit der verschiedenen staatlichen Ebenen sowie
mit gesellschaftlichen Gruppen und Organisationen (vgl. Jann/Wegrich 2003:
74) – schließlich stellt er selbst auch keine Leistung im engeren Sinne bereit,
sondern gibt einem gesellschaftlichen Aushandlungsprozess einen Rahmen; viele
Merkmale der Steuerungsstruktur entsprechen einer selbst-regulativen Politik. Die
staatliche Kontrolle ist marginal, aber doch stets präsent und wird durch eine
abschließende Legitimation der wichtigsten Entscheidungen (Verzeichniseinträge,
UNESCO-Nominierungen) auch sichtbar gemacht. (vgl. Schubert 1991: 61 ff.,
Windhoff-Héritier 1987: 41)

6.3.2.5 Vier Logiken der Akteursinteraktion

Renate Mayntz hatte vorgeschlagen zwischen den *„formal vorgesehen*, den *faktischen* und den in *funktioneller* Hinsicht *optimalen* Beziehungen"* (Mayntz 1980:
9, Hervorhebungen im Original) zu unterscheiden. Die *formal vorgesehenen*
Verfahren und damit verbundenen Akteursbeziehungen der Inventarisierung als
Hauptmaßnahme der Konventionsumsetzung sind in Abschnitt 6.2.2. beschrieben
worden. Die Umsetzung der UNESCO-Konvention zur Erhaltung des immateriellen Kulturerbes in Deutschland orientiert sich *faktisch* an vier verschiedenen
Logiken der Beteiligung und Steuerung des Zusammenwirkens von Akteurs-
gruppen, die gelegentlich durchaus konfligieren: Dies sind erstens Kulturelle
Teilhabe, zweitens der (Kultur-)Föderalismus, drittens eine Qualitätsauswahl und
viertens eine demokratische Legitimation. Dies wird beispielhaft besonders an
der sichtbarsten Maßnahme der Umsetzung, der deutschlandweit einheitlichen
Inventarisierung von Kulturformen im Bundesweiten Verzeichnis (1), deutlich:
Die erste Stufe ist als partizipatives *Bottom-up*-Vorschlagsverfahren gestaltet.
Während sich dies an der die Kulturpolitik in Deutschland insgesamt prägenden Prämisse und Logik der Verbreiterung von Teilhabe an Kultur durch die
Aktivierung von immer mehr Kulturakteuren und -interessierten ausrichtet, ist
die Vorauswahl von Kulturformen durch die Länder nach einheitlichen Quoten
in der zweiten Stufe des Verfahrens vor allem von der Logik des Föderalismus,

die jedem Land eine gleiche Zahl von Nominierungen zuspricht, geprägt – deutlicher jedenfalls als von der Selektion nach Qualitätskriterien, die hier bezogen auf das Gesamtverfahren, selbst wenn eine Jury an der Auswahl mitwirkt, als nachrangig gewertet werden muss, da eine strikte Quotenregel pro Land herrscht. Die Qualitätsauswahl erfolgt hauptsächlich in der dritten Stufe des Verfahrens durch das DUK-Expertenkomitee, das Auswahlempfehlungen ausspricht. In der vierten Stufe greift die Logik der demokratischen Legitimation der Auswahlempfehlungen durch eine Überführung in staatliche Entscheidungen durch Bund und Länder.

Zu den einzelnen Logiken ließe sich jeweils eine Menge sagen – im Folgenden soll fokussiert noch einmal deren jeweilige Wirkung auf die Akteursverhältnisse im Politikfeld beschrieben werden:

Kulturelle Teilhabe, eine Demokratisierung nicht nur des Zugangs zu Kultur, sondern der aktiven Teilnahme am kulturellen Leben und dessen Mitgestaltung (siehe Abschnitt 3.5.1.) prägen den Geist der UNESCO-Konvention und der deutschen Kulturpolitik gleichermaßen. Daher verwundert es grundsätzlich nicht, dass diese Logik auf das offene Vorschlagsverfahren für das Bundesweite Verzeichnis des Immateriellen Kulturerbes mit einem breiten Aufruf, sich mit Vorschlägen an der Bestandsaufnahme zu beteiligen, übertragen wurde. In dieser Hinsicht kann man die Umsetzung der Konvention in Deutschland also durchaus als eine Stärkung des Aspekts der kulturellen Teilhabe werten – nicht so sehr im gebräuchlichen Verständnis, dass Vermittlungszugänge zu bestehenden Kulturangeboten geschaffen werden, sondern in dem Sinne, dass weitere Formen kulturellen Ausdrucks tatsächlich als Kulturformen anerkannt werden und ihre Praktizierenden damit zu Kulturakteuren werden sowie die mehr oder weniger passiv an den Kulturformen Beteiligte zu Kulturkonsumenten werden. Dies führte in der Praxis der Akteursverhältnisse ganz konkret dazu, dass Kulturabteilungen der Länder mit den dort identifizierten Ansprechpersonen (6), zum Teil unterstützt von Beratungsstellen (12), Kontakte zu potenziellen Trägergruppen etablieren und sich im Rahmen der Bewerbungsverfahren an den Umgang mit Akteuren gewöhnen mussten, die teilweise bisher nicht zu ihrer klassischen Klientel gehörten:

„Das Interessante ist natürlich, dass auch Kulturabteilungen mit zivilgesellschaftlichen Gruppierungen in Kontakt kommen, die bisher, ich nenne es einmal, einfach so nicht in ihrem Fokus standen und sie vielleicht auch formal gar nicht in ihrem Portfolio hatten. Das ist sicherlich unterschiedlich, aber wir reden ja auch von einem Bereich der Heimatkultur und wir reden natürlich auch über das direkte Kulturerbe hinaus über Handwerkstechniken, für die wir originär zunächst erst einmal nicht zuständig sind, es sei denn, sie haben auch einen kunsthandwerklichen Aspekt. Okay, dann gibt es teilweise die Zuständigkeit. Wir reden auch über den Umgang mit Praktiken in Natur und Umwelt. Das heißt, unser Horizont, in den dafür verantwortlichen Kulturministerien wurde erst einmal erweitert. Und zwar in vielen Fällen sehr positiv erweitert und in anderen Fällen war es mühselig. Weil wir dafür auch nicht die Expertise hatten, um zu erkennen, entspricht das nun, über die formalen Anmeldeverfahren hinaus, tatsächlich dieser Konvention. […] Also es gibt da ein neues Klientel, mit dem man sich auseinandersetzt und mit dem man kommuniziert und das man vielleicht neu entdeckt für sich." (L, Interview am 15.11.2018)

Dabei wurden auch Verbandsstrukturen zum Teil neu entdeckt oder aber noch aktiver ins kulturpolitische Feld eingebunden:

„[… A]ber es gibt ja auch verbandliche Strukturen, nehmen wir einmal den Heimatbund, nennen wir einmal große andere: Volkstanz, Trachten, auch andere Verbände, also ich habe ja das Kunsthandwerk schon genannt. Also das sind sicherlich alles Multiplikatorengruppen, die wir auch versucht haben, weil wir ja die einzelnen Akteure gar nicht kannten, zunächst auf diese neue Konvention aufmerksam zu machen, auf das neue Verfahren und sie ja auch aufgerufen haben, in kleinen Länderkonferenzen sich zu beteiligen." (L, Interview am 15.11.2018)

Auch die DUK baute neue Kontakte auf zu NGOs (28) sowie im Zuge der *bottom-up*-orientierten Vorschlagsverfahren zu potenziellen Trägergruppen, denen sie mit Einrichtung der Geschäftsstelle (4) ein aktives Beratungsangebot (10) machen konnte. Außerdem aktivierte sie, um das partizipative Verfahren bekannt zu machen, bestehende Kontakte zur Kulturfachpresse (20) und zu Kulturjournalisten (21). Das Bewusstsein, das man neue Zielgruppen ansprechen muss, war also bei den Ländern und der DUK von Anfang an vorhanden. Die DUK stellte sich etwa im Arbeitspapier von 2012 als eine der wichtigsten Fragen „Wie organisieren sich die das immaterielle Kulturerbe tragenden Gemeinschaften und Gruppen?" (Dok. 18: DUK-Arbeitspapier 2012: 2) Trotzdem spricht, so muss man konstatieren, auch aus diesem Papier insgesamt mehr Interesse und Begeisterung für die Kulturformen als für die Trägergruppen.

Zur Betrachtung des Kulturföderalismus, der zweiten Logik des Zusammenwirkens von Akteuren im Rahmen der nationalen Umsetzung der Konvention zum Immateriellen Kulturerbe, soll zunächst auf einige in unserem Mehrebenensystem typische Kritikpunkte an dieser Logik und dann aber auch auf die Vorteile eingegangen werden. Ein häufiger Kritikpunkt ist die Gleichbehandlung ungleicher Subjekte – also der 16 zum Teil sehr unterschiedlichen Länder:

„Wir haben ja bei solchen Geschichten immer auch noch das Problem, dass [...] diese Länder, die dafür Verantwortung tragen, eben zwischen der Halbmillionen-stadt Bremen und Nordrhein-Westfalen mit 18 Millionen Einwohnern auch rein von der Größenordnung her total unterschiedlich sind. Und dass [...] es also normal ist, wenn aus NRW ein Vielfaches an Vorschlägen kommt als aus Bremen. Oder aus Mecklenburg-Vorpommern oder Hamburg. Und das macht es ja vom Verfahren her schon schwierig, weil [...] man kann ja nicht alle gleichbehandeln." (K, Interview am 01.11.2018)

Die Gleichbehandlung der Länder sorgt zusammen mit dem Ansinnen eine Überbelastung der ehrenamtlich tätigen Experten zu verhindern für die strenge zahlenmäßige Beschränkung (vgl. Schönberger 2017: 3) in den Vorschlagsverfah-ren für das Bundesweite Verzeichnis (1), die so aus Österreich oder der Schweiz etwa nicht bekannt ist. Die Gleichbehandlung der politischen Subjekte führt aber zu einer Ungleichbehandlung der in diesen Ländern lebenden Menschen – siehe den im Zitat angeführten Vergleich zwischen den Einwohnern von Bremen und Nordrhein-Westfalen. Gerade beim Immateriellen Kulturerbe, das auf die Aus-übung durch Menschen angewiesen ist und die zentrale Rolle der Träger für die Erhaltung betont, ist dies ein empfindlicher Punkt. Hinzu kommt noch, dass so in einigen Ländern zwischen den Bewerbergruppen um die Anerkennung ein ziemlicher Wettbewerb, den man eigentlich verhindern will, mit ungleichen Voraussetzungen entsteht.

„Die Anwendung der aus dem politischen Kontext wohlbekannten föderalen Proporz-logik führt hier dazu, dass die verschiedenen Gruppen mit dem von ihnen ausgeübten immateriellen Erbe in einen erheblichen Konkurrenzdruck gezwungen werden, der sowohl zwischen den Gemeinschaften innerhalb eines Bundeslandes als auch indirekt zwischen den Bundesländern wirkt." (Lenski 2014: 102)

Hinzu kommt, dass sich dieses Ungleichgewicht zwischen den Bewohnern der Länder über die Jahre mit den Vorschlagsrunden tendenziell sogar noch ver-stärkt. (vgl. Letzner 2013: 62) Abgemildert werden kann dies allenfalls über die Länderverzeichnisse des Immateriellen Kulturerbes (11), die tatsächlich ja zuerst in den bevölkerungsreichen Ländern Nordrhein-Westfalen und Bayern ein-geführt wurden. Die im Rahmen des Bewerbungsverfahrens zum Immateriellen Kulturerbe gefundene Lösung des Kulturföderalismus mit festen Quoten der Län-der, die aber recht flexibel, wenn in Ländern Plätze frei bleiben auch von jenen Ländern belegt werden können, die mehr aussichtsreiche Vorschläge als zuste-henden Plätze verzeichnen (siehe Abschnitt 6.3.1.2. und 6.3.2.4.), ist ebenfalls ein gutes Beispiel für den erfolgreich kooperierenden und sich dynamisch an veränderte Bedingungen anpassenden mehrgliedrigen Staat. Statt Konfliktbeziehungen kommt es somit zu einer Kooperation auf der horizontalen Ebene. Ein expliziter Vorzug des Föderalismusprinzips ist zudem das Potenzial unter ähnlichen, wenn nicht gar gleichen Bedingungen einen Wettstreit um adäquate (vgl. Hildebrandt/Wolf 2008: 369) Problemlösungen und gute sowie innovative Politik (vgl. u. a. Benz 2009: 75 ff., 219) zu führen. In einem solchen Leistungswettbewerb wird hinsichtlich Strukturen und Politikinhalten sowie Innovationen „wechselseitiges Lernen über beste Praktiken zwischen den Gebietskörperschaften" (Benz 2009: 219) gefördert. Im besten Falle kommen die Länder durch die Umsetzung der Konvention also in produktiven Austausch miteinander, auf den die zahlreichen Austauschrunden der Länderreferenten und Expertenjurys (8, 14) sowie Fachtagungen (15, 16) hindeuten, und adaptieren dadurch erfolgreiche Modelle – man kann vermuten, dass sich dieser Austausch etwa auf die Einführung von Länderverzeichnissen (11) und Beratungsstellen (12), die Durchführung von Informationsveranstaltungen (10), die Erstellung von Publikationen, Webauftritten usw. durchaus positiv ausgewirkt hat. Das Handeln der Akteure ist bei der nationalen Umsetzung der UNESCO-Konvention zur Erhaltung des Immateriellen Kulturerbes auf vertikaler wie auch auf horizontaler Ebene vor allem von kooperativen Motiven geprägt – nicht zuletzt, weil der Parteienwettbewerb in diesem Politikfeld und auch bei diesem speziellen Thema schwach ausgeprägt ist und es beim Immateriellen Kulturerbe im Grunde keine ernsthaften Verteilungsprobleme zwischen den Ländern gibt (vgl. Benz 2016: 35 ff., 39 f.). Nicht einmal bei den sehr limitierten Möglichkeiten UNESCO-Bewerbungen (3) einzureichen, sind diese bisher aufgetreten. Dies ist allerdings wohl darauf zurückzuführen, dass das DUK-Expertenkomitee bisher stets für deutschlandweit verbreitete Kulturformen votierte. Dies kann als eine Art vorauseilende Konfliktvermeidungsstrategie gelesen werden. Seitens der DUK und ihrer Experten wurde versucht, eine allzu starke Durchdringung des Verfahrens nach der Föderalismuslogik zu vermeiden. (siehe auch Abschnitt 6.3.4.1.) Der Vorsitzende des Expertenkomitees betonte wiederholt, etwa in der KMK; dass jede Bewerbung unabhängig von den anderen bewertet werde, man beim Expertenurteil strikt nach Qualität und nicht nach Länderproporz bzw. -wettbewerb gehe (vgl. Dok. 18: DUK-Arbeitspapier 2012: 2).

Eben dieses angesprochene Qualitätsurteil – die dritte Logik der Interaktionen im Rahmen der bundesweiten Inventarisierung Immateriellen Kulturerbes (1) – bezieht sich in der ursprünglichen Konzeption des Verfahrens (siehe Abschnitt 6.2.2.) insbesondere auf die Identifizierung von nicht geeigneten Vorschlägen für das Verzeichnis, also vor allem solche, die nicht die Menschenrechte achten oder nicht mit nachhaltiger Entwicklung in Einklang stehen. Allenfalls eine grobe Prüfung, ob der Vorschlag unter die Definition des Art. 2 der Konvention passt, war vorgesehen, also eine negative Auswahl im Sinne einer Verhinderung von nicht adäquaten Vorschlägen im Verzeichnis. Dies entspricht der Konventionslogik, die es nach Art. 2 des Übereinkommens den Trägergruppen selbst überlässt, zu bestimmen, was ihr Immaterielles Kulturerbe ist. Auf die Diskrepanz dieser Bestimmung zu einem staatlich bzw. von Experten formulierten Qualitätsurteil nach z. B. Einzigartigkeit und Authentizität wie beim UNESCO-Welterbe ist bereits an anderen Stellen hingewiesen worden (siehe Abschnitt 4.1., 6.1.1. und 6.2.2.). Stattdessen entwickelte sich die Praxis in Kombination mit der zahlenmäßigen Beschränkung der möglichen Vorschläge auf Ebene der Länder und der dortigen Übertragung der Vorauswahl auf Jurys (6), und infolgedessen auch einer Limitierung pro Bewerbungsrunde für ganz Deutschland, zu einer positiven Auswahl im Sinne einer Auszeichnung. (vgl. Letzner 2013: 62) Die DUK versperrte sich dieser Lesart, anders als zu Beginn, im Laufe der Umsetzung nicht mehr: Ein Argument, mit dem man für die Bewerbung und mögliche Eintragung ins Verzeichnis warb (24), war, dass dies Vorteile im Rahmen der „Ökonomie der Aufmerksamkeit" (Dok. 28: Botschaften an potentielle Zielgruppen: 1) bringe, denn die Erstellung des Verzeichnisses trage schließlich dazu bei, dass die Öffentlichkeit auf Formen des lebendigen Kulturerbes aufmerksam würde.

Die Einholung einer Expertenbewertung über Förderentscheidungen ist ein typisches Vorgehen von Kulturverwaltungen, um nicht in den Verdacht zu kommen, dass Politik und Verwaltung zu stark auf Qualitätsentscheidungen Einfluss nehmen. Trotzdem ist eine Politisierung auch in dieser Form nie ganz auszuschließen und wie die Erfahrung zeigte, ist das auch bei der Inventarisierung Immateriellen Kulturerbes der Fall (siehe Abschnitt 6.3.3.1.). Zum Qualitätsurteil durch die Experten ist zu bedenken:

„Da es sich ja im weitesten Sinne um Kunst handelt, also im alten Sinne von *artes* oder *technae*, wo Kunst und Handwerk ja auch ganz eng verbunden ist, ist natürlich auch die Frage nach dem Urteil, eine, die was mit Geschmack zu tun hat. Das ist ja die alte These aus dem 18./19. Jahrhundert, dass die Schwierigkeiten des ästhetischen Urteils darin liegen, dass es eben nicht eindeutig zu machen ist, sprachlich zu fassen. Sondern es ist etwas Diffuses, das ist wieder der Geschmack. Und da kann man nun noch viel zu sagen, aber das ist natürlich etwas, mit dem wir auch konfrontiert sind, dass das ein weiches Feld ist. Es ist nicht ein großes Gebäude, was so bleibt alle Zeit. Sondern es ist eine Einschätzung, wie sich Dinge entwickeln, wie die Dynamiken sind." (E1, Interview am 15.10.2018)

Ein weiterer interessanter Aspekt in der Logik von Qualitätsurteilen ist, dass beim UNESCO-Kulturerbe, zumindest unbewusst, bei Experten immer der Gedanke an das Welterbe mit seinem Auswahlkriterium ‚einzigartiger universeller Wert' eine Rolle spielt. In den Debatten im DUK-Expertenkomitee tauchte dies zumindest wiederholt auf, entweder als positive Orientierung oder aber als negative Abgrenzung von diesem Auswahlmaßstab. Der Aspekt Wettbewerb spielt intuitiv sicher in dem Fall in den Köpfen der Beteiligten mit, denn

> „Inventare sind langweilig, nur Wettbewerbe und deren ‚Leuchttürme' wecken Aufmerksamkeit und in deren Licht möchten sich die Verantwortlichen gerne sonnen, wenn sie denn […] goldene Plaketten o.Ä. verteilen dürfen! So jedenfalls erscheint dem Außenstehenden die Logik des vorliegenden Implementierungsprozesses, der de facto, wenn auch nicht de jure, als Wettbewerb konzipiert ist." (Letzner 2013: 62)

Bei Qualitätsurteilen und einer aktiven Auswahl aus einer begrenzten, weil durch einen Trichter vorsortierten, Zahl vorliegender Bewerbungen – Kulturstaatsministerin Grütters sprach bei den ersten Verzeichnisaufnahmen 2015 von einem „Auswahlprozess" (Dok. 26: Rede Monika Grütters am 16.03.2015) – ist es wahrlich schwierig den Eindruck, dass es sich um einen Wettbewerb handele, abzustreifen. Zumal:

> „Die Bundesländer sind stolz, wenn sie Weltkulturerbe haben und sie feiern sich damit auch und sehen das als ihren Verdienst an. Man kann darüber geteilter Meinung sein, aber das ist die Realität. Also dass man das etwas kritisch sehen muss, ist, glaube ich, außer Frage. Beim immateriellen kulturellen Erbe ist dieser Gesichtspunkt, der Beste sein zu müssen, nicht so im Zentrum" (E1, Interview am 15.10.2018),

meint allerdings Christoph Wulf. Ob dies vielleicht mehr dem Wunschdenken der DUK und ihrer Experten entsprechend der Konzeption aus den Anfangsjahren (vgl. Dok. 18: DUK-Arbeitspapier 2012) entsprach und sich die öffentliche Wahrnehmung nicht doch anders entwickelte?

Der – im strengen Sinne – politische Einfluss auf das Verfahren greift in der letzten Stufe, der demokratischen Legitimation der Auswahlempfehlungen des Expertenkomitees. Es ist davon auszugehen, dass politischer Einfluss durchaus auch bereits auf die anderen Stufen genommen wird, sei es durch die Unterstützung von Vorschlägen durch lokale Politiker oder Parlamentarier oder aber politische Kriterien, die bei den Vorauswahlen auf Verwaltungs- oder Expertenebene eine Rolle spielen mögen und schwer nachzuverfolgen sind. Demokratisch legitimiert sind natürlich auch die Länderregierungen, die die Bewerbungen in der

zweiten Stufe des Verfahrens an die DUK weiterleiten. Hinsichtlich von Letztentscheidungen stimmt es trotzdem, dass die Logik der demokratischen Legitimation
und der Überführung in staatliche Entscheidungen erst zum Abschluss des Verfahrens dominiert. Die Bestätigung der Expertenempfehlungen im Benehmen
zwischen den Ländern und BKM (7) ist in gewisser Weise heikel. Zum einen
erinnert sich Christoph Wulf: „Ich kenne noch andere Zeiten aus der Zusammenarbeit zwischen KMK und Bundesministerium, die eher feindschaftlich war.
[…] In Deutschland ist das bisher [aber] sehr konsensuell." (E1, Interview am
15.10.2018) Zum anderen: „De facto sind die Empfehlungen oder fühlt sich die
Politik den Empfehlungen des Expertenkomitees verpflichtet und [diese] sind
bindend für sie." (L, Interview am 15.11.2018) Dies stärkt die Stellung des
Experten, die zwar *de jure* nur Empfehlungen aussprechen, aber *de facto* eben
doch die Entscheidungen bisher zu einhundert Prozent vorweggenommen haben.
Sie wurden allerdings eben gerade für diese Einschätzung berufen und geben sie
ehrenamtlich – eine Abweichung der Politik von den Empfehlungen würde ihr
Expertentum empfindlich beschädigen. Auf einer zweiten Ebene besteht diesbezüglich ein spannendes Akteursverhältnis zwischen dem Bund, vertreten durch
BKM, und den Ländern, deren gemeinsame Position in der KMK bzw. heute
Kultur-MK festgestellt wird, hinsichtlich der Herstellung des Benehmens. Dass
an dieser Stelle sogar zwei staatliche Akteure – eine oberste Bundesbehörde als
korporativer Akteur und die KMK/Kultur-MK als kollektiver Akteur – sich auf
eine Position einigen müssen, stärkt die Stellung der Experten wiederum, da es
unwahrscheinlicher wird, dass sich 17 individuelle Akteure – als die die Länder
und der Bund hier der Einfachheit halber hinsichtlich ihrer Interessenwahrnehmung aufgefasst werden – auf eine Ablehnung von Expertenempfehlungen
einigen. (siehe Abschnitt 6.3.2.4.) Es gilt also die u. a. von Kropp (2010: 9 f.)
und Benz (2004: 134) als typisch für verflochtene Mehrebenensysteme konstatierte Situation, dass Vetos und entsprechend folgende Blockaden meist nur ein
Drohpotenzial sind und es faktisch i. d. R. zu Einigungen kommt.

6.3.3   Kulturwissenschaftliche Erkenntnisse aus dem Umsetzungsprozess

Es ist davon auszugehen, dass die Umsetzung der UNESCO-Konvention in
Deutschland zum einen Einflüsse, d. h. *impacts* (siehe Abschnitt 5.1.7.), auf die
Entwicklung des Begriffsverständnisses, die Bekanntheit und die gesellschaftliche Wahrnehmung des Immateriellen Kulturerbes hat sowie zum anderen auch
den Interessen und Zielen der beteiligten Akteure grundsätzlich dienlich ist und

in dieser Hinsicht Wirksamkeit erzielt. Der folgende Abschnitt betrachtet zum ersten die Wirkung (*impact*) der Umsetzung der 2003er-UNESCO-Konvention auf gesellschaftliche und zum Teil auch kulturpolitische bzw. kulturwissenschaftlichen Debatten im Umgang mit Traditionen und ihre Veränderlichkeit, den Kulturbegriff, Identität und Heimat in Deutschland (Abschnitt 6.3.3.1.). Zum zweiten befassen die Ausführungen sich mit den kulturwissenschaftlich geprägten Erwägungen der Experten des Immateriellen Kulturerbes, insbesondere der Mitglieder des Expertenkomitees der DUK in ihrer Bewertungspraxis im Zuge der Inventarisierung (Abschnitt 6.3.3.2.). Zum dritten wird auf die Binnenorganisation und äußere Verfasstheit der Kulturträgergruppen und die damit zusammenhängenden kulturwissenschaftlichen Erwägungen eingegangen (Abschnitt 6.3.3.3.).

6.3.3.1 Wirkung auf gesellschaftliche Debatten

Mit den ersten Eintragungen ins Bundesweite Verzeichnis wurde u. a. klar, dass der Bereich des Immateriellen Kulturerbes mehrere Millionen Menschen in Deutschland betrifft, denkt man etwa an die Chorsänger, die Mitglieder in Genossenschaften, die Karnevalisten und Narren oder die Beteiligten, inklusive der Besucher, der Theater- und Orchesterlandschaft. Eine weitere Erkenntnis war, dass der Kulturbegriff weiter gefasst werden muss als dies die Kulturverwaltung normalerweise tut, insbesondere im Umgang mit dem kulturellen Erbe. „Poetry Slam wäre […] so ein Beispiel, das einem traditionellen Kultur[erbe]verständnis eher entgegenwirkt." (E1, Interview am 15.10.2018) In vielen Kulturabteilungen der Länder führte der – oftmals erstmalige – direkte Kontakt mit den Kulturträgern des Immateriellen Kulturerbes zu einer Bewusstseinserweiterung hinsichtlich des Kulturbegriffs, d. h. zu einer Erweiterung des Spektrums im Kulturverständnis (vgl. L, Interview am 15.11.2018). Aber auch andere Akteure des Politikfelds waren mit den geänderten Koordinaten konfrontiert.

> „Da kommt auch eine Breite und die Vielfalt dazu, dass das eben zum einen sich an, ich sage mal ‚normalen' kulturellen Formen wie Theater oder Musik oder sowas klammert. Aber eben Kultur dann in einem noch deutlich weiteren Sinn gedacht wird. […] Das Bierbrauen unter Kultur zu fassen ist ja möglich und auch richtig angesichts der Historie. Aber macht man ja klassischerweise nicht." (K, Interview am 01.11.2018)

Neben das „bürgerliche Verständnis der Hochkultur" (E1, Interview am 15.10.2018) tritt nun mit dem Anspruch der Gleichberechtigung die gelebte Kultur – verwirrenderweise aber gerade im Kleid des Kulturerbes, das man zuvor mit gebautem Erbe bzw. Denkmälern assoziierte und das sehr klassische Förderstrukturen aufweist. Christian Höppner hat sich als u. a. Präsident des Deutschen Kulturrats im Untersuchungszeitraum viel mit dem Kulturbegriff befasst und meint, dass der Einfluss der nationalen Umsetzung der UNESCO-Konvention zur Erhaltung des immateriellen Kulturerbes darauf nicht zu unterschätzen sei:

> „Also a) ist das positiv, dass sich Gruppen begegnet sind, die sich vorher, wenn überhaupt, nur aus der Ferne wahrgenommen haben. Und b) ist das noch mal [ein Anstoß], das merke ich jedenfalls bei vielen Diskussionsveranstaltungen, dass wieder eine neue Frage auftaucht: ‚Was ist eigentlich Kultur?‘ […], also, wie oft bin ich schon damit konfrontiert worden, mit dem Karneval […]? ‚Ja, das ist doch gut, aber das ist doch keine Kultur.‘ Also wirklich von Leuten, die einen weiten Horizont haben, finde ich. Oder die so ein bisschen sagen: ‚Na ja, das verwässert doch.‘ Ich sage, nein, überhaupt nicht, im Gegenteil. Das schärft endlich die Aussage, kulturelle Vielfalt ist wirklich ein breites Feld, ist kein beliebiges, aber ein breites. Und letztendlich kriege ich jede Diskussion im Moment wahrscheinlich, weil sie keiner kennt oder zu wenig kennt, wenn ich auf die Erklärung von Mexiko-City verweise zum offenen Kulturbegriff, von 1982.“ (V, Interview am 06.11.2018)

Populäre Kultur geriet durch die neue UNESCO-Konvention in Deutschland stärker als je zuvor in den Fokus der Kulturpolitik und bekam damit auch neue Funktionen und spezifische Bedeutungen (vgl. Tauschek 2013: 22 f.). Ländervertreterin Susanne Bieler-Seelhoff geht von einer durch die Umsetzung der UNESCO-Konvention zur Erhaltung des immateriellen Kulturerbes ausgelösten Dynamik aus:

> „Ja, es verändert vielleicht unsere Sicht auf Kultur, also weitet vielleicht auch den Kulturbegriff aus, der ja sowieso einer ist, der relativ unspezifiziert ist in Deutschland. Es gibt einige Länder, die tragen mehr einen Begriff der Kunst in ihrem Titel, also eine Kunstabteilung, andere die Kultur. Und wenn man sich den angelsächsischen Begriff zugrunde legt, ist Kultur alles, was dazu beiträgt, dass wir zusammenleben und zwar gut und friedlich zusammenleben. Und insofern ist das [Immaterielle Kulturerbe] natürlich auch ein Teil unserer Zusammenlebenskultur.“ (L, Interview am 15.11.2018)

Diese Erkenntnis ist auf die nationale Umsetzung der UNESCO-Konvention zurückzuführen, denn ohne diese hätte es bei den politischen Akteuren und der Öffentlichkeit wohl keinen Anreiz zur Beschäftigung mit dem Thema in der deutschen Kulturpolitik gegeben. Durch die Einbettung in das Feld der Kulturpolitik, die vorher kaum gegeben war und nun nach und nach für eine neue Wahrnehmung sorgt, sowie durch die Berichterstattung der Medien wird diese Entwicklung mindestens mittelfristig auch Auswirkungen auf das Kulturverständnis der Gesellschaft haben: Dass zur, manchmal fast ehrwürdig überhöhten, Kultur und dann sogar zu unserem Kulturerbe in Deutschland auch das Hebammenwesen, die Morsetelegrafie und das Reetdachdecken gehören, ist eine Veränderung der Debatte, die maßgeblich auf die nationale Umsetzung der UNESCO-Konvention zurückzuführen ist.

Die öffentlichkeitswirksame Darstellung, was eigentlich unter Immateriellem Kulturerbe verstanden werden kann, insbesondere im Hinblick auf die große Vielfalt, sollte, so zunächst die Vorstellung der DUK und ihres Expertenkomitees in der Anfangsphase der Umsetzung, vollständig über die ersten Eintragungen und ihre öffentliche Präsentation gelingen. Im DUK-Arbeitspapier von 2012 heißt es:

> „Gruppen, Gemeinschaften und ggf. auch Einzelpersonen pflegen ganz unterschiedliche, vielfältige Ausdrucksformen dieses kulturellen Erbes. Welche Tradierungs- und Organisationsformen hierzulande vorhanden sind und wie weit das Spektrum der Vielfalt reicht, ist bislang weitgehend undokumentiert. Dies wird einer der spannendsten und zugleich herausfordernden Bereiche der praktischen Umsetzung dieses Übereinkommens in Deutschland sein." (Dok. 18: DUK-Arbeitspapier 2012: 2)

Daher wollte man mit der ersten Eintragungsrunde ein möglichst breites Bild vermitteln und legte auf die Bekanntmachung der ersten Bewerbungsrunde und die Möglichkeit, sich aus der Zivilgesellschaft heraus zu beteiligen, sehr viel Wert (17, 18, 19, 20, 21). In ihrer Rede auf der Auszeichnungsveranstaltung der ersten 27 Einträge ins Bundesweite Verzeichnis im März 2015 (9, 16) sagte Kulturstaatsministerin Grütters: „Das Verzeichnis des immateriellen Kulturerbes sorgt für Wertschätzung, indem es uns bewusstmacht, dass unser Reichtum nicht allein in unserem Wohlstand begründet liegt, sondern auch in der Vielfalt unserer Kultur". Und weiter:

> „Deshalb finde ich aus kulturpolitischer Sicht allein schon den Auswahlprozess für das Verzeichnis des immateriellen Kulturerbes wichtig: die öffentliche Debatte darüber, was unsere kulturelle Identität ausmacht und mit welchen Traditionen wir uns selbst und unser Land so sehr identifizieren, dass wir sie auf die Liste des weltweiten immateriellen Kulturerbes bringen wollen – allein diese Debatte schärft das Bewusstsein für den enormen Wert all' unserer kulturellen Ausdrucksformen – und für unsere Identität." (Dok. 26: Rede Monika Grütters am 16.03.2015)

Der Hinweis der Staatsministerin für Kultur und Medien auf die diskursive Entwicklung des Kulturbegriffs sowie den Verständigungsprozess in der Gesellschaft ist bemerkenswert. Ein Schlaglicht auf die BKM-Perspektive wirft dabei, dass kulturpolitisch der Auswahlprozess hervorgehoben und die Finalität der internationalen Listen betont – also eine eher kompetitive Komponente beim Inventarisierungsverfahren in den Vordergrund gerückt – wird. An dieser Stelle im Zusammenhang mit der Wirkung auf die gesellschaftlichen Debatten über das Immaterielle Kulturerbe werden die unterschiedlichen Vorstellungen und Strategien der Akteure, was mit der Inventarisierung erreicht werden soll, also wieder deutlich (siehe Abschnitt 6.2.).

Ganz zufrieden waren die Experten mit dem Ergebnis der ersten Eintragungsrunde im Hinblick auf die Wertschätzung für eine möglichst große Breite und Vielfalt der Kulturträgerschaften aber nicht: Mit Blick auf u. a. migrantisch geprägte und urbane Trägergruppen war die Aktivierung nicht sonderlich erfolgreich. Im DUK-Expertenkomitee wurde daher in der Folge eine aktive Kommunikation dieses Missstands vereinbart. Neben der Betonung bei öffentlichen Veranstaltungen, wie etwa bei der Eröffnung der Fachtagung im März 2015 (16) durch Christoph Wulf, dass auch diese Formen zum Immateriellen Kulturerbe gehören und man Bewerbungen aus dieser Richtung sehr begrüßen und unterstützen würde, verschriftlichte die DUK diese Botschaften auch in zwei Papieren (24; siehe Dok. 28 und 29), die für die interne und externe Kommunikation genutzt wurden. Hier heißt es u. a.:

> „Das gleichwertige Nebeneinanderstellen von bisher völlig unterschiedlichen Kategorien von Kultur kann das Selbstbewusstsein der Überlieferungsträger/-innen stärken und Grenzen (in den Köpfen und reale) überwinden." sowie „Es geht ganz und gar nicht um die Betonung von Originalität, Einzigartigkeit oder Authentizität bzw. fundamentalistische Auffassungen kultureller Traditionspflege. Gesucht sind lebendige Traditionen, die von der Gemeinschaft getragen ‚mit der Zeit gehen' und in Deutschland kreativ weiterentwickelt wurden und werden." (Dok. 28: Botschaften an potentielle Zielgruppen: 1)

Die Betonung dieses sehr offenen Konzepts, das eine Traditionspflege in Deutschland – anstelle des Begriffs einer ‚deutschen Tradition' – zur Grundlage macht, ist bewusst erfolgt. Man wollte den transkulturellen Aspekt und die verbindende Kraft von Kultur betonen. Im Arbeitspapier von 2012 dachte man daher auch folgenden Fragen eine wichtige Rolle zu:

> „Welche Rolle spielen die Übernahme vormals fremder Kulturelemente und transnationale kulturelle Wechselwirkungen für die Perspektiven des immateriellen Kulturerbes in und aus Deutschland? Inwiefern gibt es inter- oder transkulturelle Formen von immateriellem Kulturerbe, etwa im Bereich von migrantischen und mobilen Prozessen oder über neue mediale Verbindungen und Vernetzungen?" (Dok. 18: DUK-Arbeitspapier 2012: 2)

Zugleich ist im Hinblick auf ein statisches gegenüber einem dynamischen Verständnis von Tradition mit dem Immateriellen Kulturerbe erstmals in einer gewissen gesellschaftlichen Breite zumindest andiskutiert worden, was in der Kulturanthropologe lang bekannt war, nämlich, dass Traditionen veränderlich sind, sich sogar permanent weiterentwickeln müssen, um nicht zu erstarren und damit auszusterben. Die amtierende KMK-Präsidentin Brunhild Kurth meinte bei der ersten Auszeichnungsveranstaltung im März 2015 etwa:

> „Dabei ist das Spannende am immateriellen Kulturgut, dass es so gar nicht ins Museum passen will. Es geht nicht darum, einen bestimmten Zustand zu bewahren oder zu konservieren. Das immaterielle Kulturerbe ist auf die Zukunft ausgerichtet. Es will weitergegeben und gelebt werden. Und genau deshalb gehört zu den maßgeblichen Auswahlkriterien, dass die aufzunehmende Kulturpraktik aktiv gelebt wird und jede und jeder Interessierte daran teilnehmen kann." (Dok. 27: Rede Brunhild Kurth am 16.03.2015: 3)

Dies war bis dato absolut nicht ‚*common sense*' im Politikfeld Kultur und blieb auch in den Folgejahren noch eine wenig verbreitete Erkenntnis. Das Verständnis, was Immaterielles Kulturerbe ist, ist

> „noch unterentwickelt. Ich finde, das ist eine große Kommunikationsaufgabe. Da will ich jetzt auch niemand an den Pranger stellen, aber ich schließe die Zivilgesellschaft mit ein, also in jedem Fall auch Deutscher Kulturrat. Ich finde auch, die Deutsche UNESCO-Kommission, die eine ganz tolle Arbeit macht, aber ich finde – und da zeigt sich das noch mal beim Immateriellen Kulturerbe, dass sie noch Schwierigkeiten hat, sich aus dieser Fachlichkeit und aus diesem internationalen Kontext, die total wichtig sind, rauszubewegen, – [sie müsste] eigentlich als Zielgruppe sogar den Landrat vor Ort, den Bürgermeister vor Ort [ins Auge fassen]. Weil die Wirkung letztendlich, die sie entfalten kann, entfaltet sie ja nicht nur auf Bundesebene, sondern eben auch vor Ort. Das ist noch so eine Riesenkommunikationsaufgabe, die von uns allen noch nicht, finde ich, hinreichend erfüllt ist." (V, Interview am 06.11.2018)

Der Deutsche Kulturrat verstaute das Immaterielle Kulturerbe anfangs in der Schublade „Denkmalpflege" und wollte die neue Konvention nutzen, diese durch transmediale Elemente zu modernisieren (vgl. Stellungnahme des Deutschen Kulturrats vom 06.12.2013: 2). Erneut wird in diesem Zitat von einem der befragten Experten neben der Feststellung einer noch ausbaufähigen Kommunikation in der Öffentlichkeit auch ein Defizit in der Kommunikation mit der kommunalen Ebene konstatiert. Beides wird als bisher ungehobenes Potenzial einer noch größeren Wirkung auf die gesellschaftlichen Debatten durch die Umsetzung der Konvention gesehen.

Vor dem deutschen Beitritt wurden von den verantwortlichen staatlichen Akteuren öffentlich ausgetragene Kontroversen, insbesondere negativer Art, um das Immaterielle Kulturerbe befürchtet, wie es etwa Österreich rund um die „Wiener Balltradition"– hier im Kontext neurechter Gruppierungen und ihrer Anleihen an den Nationalsozialismus – erlebt hatte (siehe Abschnitt 4.4.2.1.). Die erste Bewerbungsphase 2013 und die ersten 27 Eintragungen in das Bundesweite Verzeichnis des Immateriellen Kulturerbes Ende 2014 bzw. mit dem Festakt im März 2015 in Berlin (9) erfolgten zwar mit sehr positiver Berichterstattung der Medien und guter Resonanz in der Öffentlichkeit. Auch die weiteren Inventarisierungsrunden sowie die ersten UNESCO-Nominierungen stießen größtenteils auf öffentliches Wohlwollen und provozierten kaum negative Debatten über Traditionspflege in der Vergangenheit oder über Konflikte zwischen verschiedenen gesellschaftlichen Gruppen. Das heißt jedoch nicht, dass der Bewerbungsprozess und seine mediale Begleitung gänzlich ohne Reibungen vonstattengingen. Ein größerer Konflikt, den die DUK-Geschäftsstelle und das Expertenkomitee bewältigen mussten, entspann sich um die in der ersten Bewertungsrunde von den Experten zurückgestellte Bewerbung des Schützenwesens. Dahinter stand ein, die katholische Verankerung der Tradition stark betonender, Verband aus Nordrhein-Westfalen (Europäische Gemeinschaft Historischer Schützen). Nachfragen der Experten im Zuge ihrer Bewertungstätigkeit bezogen sich auf Medienberichte – zum einen über eine Ungleichbehandlung eines Schützenkönigs muslimischen Glaubens bei der Traditionsausübung im Jahr der Bewertung (2014) und zum anderen über ähnlich gelagerte Vorfälle in den Jahren 2011/2012 bei homosexuellen Schützenkönigen, die – ebenfalls unter Berufung auf die christliche Tradition – bei offiziellen Anlässen ihre Partner nicht präsentieren durften. Die Rückfragen mit der Bitte um Präzisierung der Bewerbung gingen dem Verband, der die Bewerbung eingereicht hatte, im Dezember 2014 zu. Im Februar 2015 beschwerte er sich, noch bevor ein eigenes offizielles Schreiben an die DUK ging, zunächst öffentlich via Pressemitteilung, was u. a. einen Artikel auf Spiegel Online (17.02.2015) sowie am selben und den Folgetagen auf Basis von Agenturmeldungen eine Reihe von Berichten in der regionalen Presse in NRW, aber auch in den überregionalen Medien (u. a. FAZ) zur Folge hatte. Die DUK reagierte darauf mit einer presseöffentlichen Klarstellung, in der u. a. der Wortlaut der Begründung der Rückstellung der Bewerbung aus dem gemeinsamen Schreiben der DUK und der KMK vom Dezember 2014 zitiert wird: „Eine Betonung des historischen christlichen Gründungszwecks betroffener deutscher Schützenverbände macht für die Experten nicht einsichtig, weshalb dieser Zweck heutzutage durch religiöse Öffnung gefährdet sein sollte." Zudem wurde auf die „Achtung vor der kulturellen Vielfalt" als Anspruch unabhängig von Geschlecht,

Religion, Sexualität oder Herkunft in der UNESCO-Konvention hingewiesen. Wichtig sei den Experten bei der Bewertung gewesen, dass jeder Interessierte an einer Tradition und Wissensform teilnehmen könne, hieß es. Dieses Kriterium könne nur dann eingeschränkt werden, wenn es der Kern einer Tradition rechtfertige. Der letztgenannte Punkt bezieht sich auf die öffentlich mehrfach geäußerte (falsche) Parallelität der christlichen Konfession beim Schützenwesen zum männlichen Geschlecht bei der Sächsischen Knabenchortradition, die unter den ersten Aufnahmen ins Verzeichnis war. Von der im Begründungsschreiben gebrauchten Bezeichnung „biodeutsche Maßstäbe", nach denen der Verband mutmaßlich urteile, über die sich der Schützenverband besonders empört hatte, distanzierte sich die DUK und bedauerte seine Verwendung in dem Schreiben. Zudem machte die DUK der Bewerbergruppe ein Gesprächsangebot. Der Vorsitzende des DUK-Expertenkomitees Christoph Wulf sowie Mitglied Wolfgang Kaschuba kamen im Juni 2015 in Bonn zu einer Besprechung mit Vertretern des Verbandes, der die ursprüngliche Bewerbung eingereicht hatte, und eines weiteren bundesweit und konfessionsungebunden agierenden Verbandes (Deutscher Schützenbund), der sich, nachdem er über die Presse von der Bewerbung aus NRW erfahren hatte, gern an der Bewerbung beteiligen wollte, zusammen. Die Ausgangslage war entsprechend durchaus komplex. In dieser Besprechung konnten aber viele Fragen geklärt werden und auf allen Seiten war Bereitschaft zu einer guten Lösung, d. h. einer Eintragung unter Achtung der grundlegenden UNESCO-Prinzipien wie Gleichbehandlung und Achtung anderer Gruppen, zu kommen, vorhanden. In der Folge gelang 2015 tatsächlich in einer überarbeiteten Bewerbung die gemeinsame Anerkennung des „Schützenwesens in Deutschland". Das DUK-Expertenkomitee konnte für sich den Erfolg verbuchen, dass es die Verfechter eines progressiven Gesellschaftsbildes innerhalb der Schützenträgerschaft bzw. -verbände gestärkt hatte und an die Eintragung ins Bundesweite Verzeichnis Prinzipien geknüpft hatte. Es machte deutlich, dass das Prädikat „Immaterielles Kulturerbe" nicht für alles vergeben wird, was eine Tradition ist bzw. hat: An die Eintragung sind über die identitätsstiftende Bedeutung und die Pflege einer lebendigen Tradition hinaus weitere Bedingungen geknüpft. Die Experten demonstrierten mit ihrem Vorgehen auch, wie die Auslegung der Konvention im deutschen Kontext gesellschaftlich progressive Debatten anstoßen kann. Der kritisierte Verband änderte in der Folge tatsächlich seine Statuten, so dass nun der katholische Glauben zwar als Grundwert der Gemeinschaft, aber nicht mehr als Bedingung für die Ausübung der Tradition bzw. der Rolle als Schützenkönig festgeschrieben wurde (vgl. https://www.katholisch.de/artikel/6961-schutzen-wol len-muslimen-und-homosexuelle-aufnehmen; Zugriff am 04.09.2021). Die DUK und das Expertenkomitee nutzten den Fall also proaktiv, um die Positionierung des Immateriellen Kulturerbes in Deutschland als zukunftsgewandte Kulturpflege deutlich zu machen und um gesellschaftliche Konflikte und eine Wertedebatte vor dem Hintergrund des UNESCO-Programms produktiv zu verhandeln.

Eine weitere Problemlage zwischen Experten und Bewerbergruppen ergab sich im Feld des Brauchkomplexes Fasching/Fastnacht/Karneval. Hier gab es in der ersten Bewerbungsrunde für das Bundesweite Verzeichnis drei, sich inhaltlich teilweise überschneidende, Bewerbungen. Im Juni 2015 trafen sich der Expertenkomitee-Vorsitzende Christoph Wulf und seine Stellvertreterin Gertraud Koch in Berlin mit Vertretern des Verbandes, der eine Globalbewerbung für alle mit dem Brauchkomplex verbundenen Traditionen eingereicht hatte. Diese Bewerbung wurde zuvor unter Hinweis auf die Aufnahme der spezifischeren, lokal verankerten Formen „Schwäbisch-Alemannische Fastnacht" und „Rheinischer Karneval mit seinen lokalen Varianten" ins Verzeichnis abgelehnt. Hauptargument der Experten dafür war, dass die jeweiligen spezifischen Trägergruppen für die Erhaltung der einzelnen Kulturformen, wie in der UNESCO-Konvention festgehalten, eine zentrale Rolle spielen. Eine wichtige Bedingung für die Aufnahme ins Verzeichnis und damit die Anerkennung als Immaterielles Kulturerbe ist die Einbindung aller Praktizierenden in einen Vorschlag. Dies war dem Bundesverband offenbar nicht gelungen, da es parallel einzelne Bewerbungen des Rheinischen Karnevals und der Schwäbisch-Alemannischen Fastnacht gab. In der Abwägung wurde im Fall der Faschings-/Karnevals-/Fastnachtstraditionen daher einer Bevorzugung spezifischer Phänomene Vorrang gegeben. Insgesamt reflektierte das Expertenkomitee dabei auch, dass es bei der Inventarisierung um eine Bestandsaufnahme repräsentativer Phänomene lebendiger Traditionen, also eine exemplarische Auswahl zur Darstellung der Vielfalt des Immateriellen Kulturerbes in Deutschland gehe und nicht um eine katalogartige, vollständige Erfassung aller Traditionen. Hierdurch erfuhr implizit die Inventarisierungspraxis in Deutschland eine Konkretisierung.

Die DUK beschäftigt sich auch mit der Frage, wie die verschiedenen Erbeprogramme der UNESCO zueinanderstehen. DUK-Vizepräsident Christoph Wulf konstatierte rückblickend:

> „Mittlerweile hat sich auch das Verhältnis zum Weltkulturerbe gewandelt, weil die Dinge zusammenhängen. Denn es gibt keine großen Bauten ohne die handwerkliche Kenntnis davon. Das ist etwas, was sich gemeinsam entwickelt. [...] Mittlerweile hat sich das immaterielle kulturelle Erbe emanzipiert von dem Welterbe und findet durchaus Aufmerksamkeit. Weil es ja eben auch wirklich bedeutend ist." (E1, Interview am 15.10.2018)

In den Ländern, gemeint sind hier die Kulturverwaltungen, aber auch die Kulturpolitik, spielt das Verhältnis zwischen (materiellem) Welterbe nach der 1972er -UNESCO-Konvention und dem Immateriellen Kulturerbe der 2003er-Konvention in der Umsetzung ebenfalls eine wichtige Rolle. Einige Länder würdigen das Immaterielle Kulturerbe offensiv als eigene wertvolle Form der Kulturerbepflege, für andere aber bleibt es (noch) ein Anhängsel des Welterbes oder sie sehen das Immaterielle Kulturerbe als weniger wertvolle Kompensation für fehlende bzw. eine im Ländervergleich geringere Zahl von Welterbe-Stätten. Die Ländervertreterin Susanne Bieler-Seelhoff jedoch meint:

„Mittlerweile merken, glaube ich, die Akteure zumindest in den Ländern, dass es ein Wert an sich ist, diese Konvention auch tatsächlich zu leben. […] Wir sehen ja, dass wir zunehmend mehr Bewerbungen kriegen. Wir sehen, dass die Länder, die Instrumente, die wir ihnen an die Hand gegeben haben, Länderlisten, zum Beispiel, auch ausfüllen. Wir sehen, dass die Länder gestiegene Pressearbeit, Öffentlichkeitsarbeit dazu machen. Und tatsächlich ihre regional ausgezeichneten, von einer Jury in der Regel ja ausgewählten Praktiken dann auch noch einmal öffentlich präsentieren und wertschätzen. Also das sind ja alles Zeichen dafür, dass dieses ernst genommen wird und dass die Kommunikation zu dem Thema tatsächlich an Fahrt aufgenommen hat und Politik am Ende auch das zu seiner Sache gemacht hat." (L, Interview am 15.11.2018)

Dass es zudem durch die Umsetzung der Konvention faktisch zu einer Ausweitung der Zahl der Kulturakteure kommt, spricht für die These, dass die kulturelle Teilhabe von der Umsetzung der UNESCO-Konvention in Deutschland profitiert:

„Die Zahl der Akteure hat sich sehr ausgeweitet, eben nicht nur die Zahl der Interessenten. Es ist einfach Thema in unserer Kultur geworden und ich würde sagen, auch in der Öffentlichkeit wird klar, dass das […] wirklich etwas ist, was für große Bevölkerungsgruppen ein konstitutives Element ist. Für soziales Leben, für ihr kulturelles Leben. Also von daher gibt es, glaube ich, schon eine Ausweitung der Interessenten, die ganz beträchtlich ist." (E1, Interview am 15.10.2018)

Die Wirkung der Konventionsumsetzung kann allerdings über das Politikfeld der Kultur und ihre gesellschaftliche Verständigungsfunktion hinausreichen; man denke nur an das Politikfeld Wirtschaft, etwa beim Handwerk, aber auch bei anderen Formen der Inwertsetzung der lebendigen Traditionen, wie im Tourismus.

„Gemessen an dem Potenzial ist die [Wirkung] noch viel zu gering […], aber sie ist natürlich, also wo ich hinkomme, spüre ich das schon. Also spätestens an dem Punkt, wo es vor Ort verstanden wird, damit auch zu werben. Und da ganz unterschiedlich, manchmal unter touristischen Gesichtspunkten, manchmal einfach auch aus dem Gefühl, wir sind wer, und endlich werden wir wahrgenommen. Und das finde ich ganz wichtig. Das ist so die Frage des Selbstbewusstseins, von Gemeinschaften vor Ort, von Gesellschaften vor Ort. Das […] spielt auf jeden Fall in das Thema ‚Gesellschaftlicher Zusammenhalt' mit rein. Insofern kann ich da nur, also ich kann nichts Negatives entdecken, wirklich nur positive Wirkungen. Ich bin nur immer zu ungeduldig, wenn es darum geht, das ist so großartig, da müsste man noch mehr aus dem Eisen schmieden können." (V, Interview am 06.11.2018)

In diesem Zitat steckt eine Reihe von wichtigen Beobachtungen: Zunächst nimmt mit Christian Höppner jemand, der kulturpolitisch in den untersuchten Jahren als Präsident des Deutschen Kulturrats in der ganzen Breite der Kulturszene involviert war, die Wirkung gemessen an einem durchaus hohen Potenzial als noch gering wahr. Er hat aber auch bereits wahrgenommen, dass bei den Akteuren, die die Anerkennung durch Aufnahme in das Bundesweite Verzeichnis selbst erfahren haben, eine Wirkung zu spüren ist, nämlich, dass „ein neues Selbstbewusstsein in der Gruppe der Praktizierenden entsteht, die sich nun stärker als zuvor oder gar erstmals als Kulturakteur*innen und Zielgruppe von Kulturpolitik verstehen" (Hanke 2019: 147) bzw. dass diese versuchen, die Wirkung in konkrete Erhaltungsaktivitäten umzumünzen. Dies kann man seitens der etablierten kulturpolitischen Akteure als einen Hinweis darauf werten, dass die kulturelle Teilhabe durch eine Erweiterung des als kulturpolitisch relevant anerkannten Akteursspektrums gewachsen ist. Höppner beschreibt die Wirkung aber auch darüberhinausgehend als gesamtgesellschaftlich relevant, wenn er das Thema des gesellschaftlichen Zusammenhalts anspricht. Die Erkenntnis, dass Originalität und Authentizität wenig, aber der Beitrag des Immateriellen Kulturerbes zum sozialen Zusammenhalt viel zählt, setzt sich auch bei den Trägergruppen der Kulturformen nach und nach durch (vgl. u. a. Schenk 2015: 129). Ein wenig pessimistischer, was langfristigen *impact* bzw. Nutzen angeht, ist Ländervertreterin Susanne Bieler-Seelhoff:

„Aber die Auswirkungen sind, denke ich einmal, aus Sicht der Trägergruppen vielleicht noch zu gering. Weil ich auch höre, dass ja während des Auszeichnungsverfahrens oder während dieses Prozesses steht man im Fokus und wenn man dann ausgezeichnet ist, dann kann man selber zwar mit dem Label werben, aber es gibt nicht eine automatische stärkere Beachtung sozusagen der ausgezeichneten Traditionen." (L, Interview am 15.11.2018)

Damit ist ein problematischer Punkt angesprochen, nämlich, dass es im Grunde (bisher) in Deutschland keine politische oder fachliche Strategie gibt, wie mit den ins Verzeichnis aufgenommenen Kulturformen im Weiteren umgegangen werden soll. Weder ist eine Netzwerkbildung als strategischer Ansatz Teil der Verabredungen zwischen Bund und Ländern oder Inhalt der Zuwendungen an die Deutsche UNESCO-Kommission noch gibt es eine echte Förderstruktur für die Erhaltung von Formen Immateriellen Kulturerbes. Die Erstellung eines Handbuchs möglicher Förderungen aus anderen Bereichen der Kultur- und Ehrenamtsförderung (27) spricht dahingehend Bände.

Festzustellen bleibt, dass die Trägergruppen Immateriellen Kulturerbes vor und natürlich auch nach der Anerkennung zum Teil beträchtliche Unterschiede untereinander aufweisen, etwa was die Professionalität und Möglichkeit der Darstellung des eigenen Tuns angeht. Einige sind

„stärker in die Diskussion geraten […] dadurch, weil sie in die Öffentlichkeit getreten sind, Falknerei würde ich mal so sehen. Ich denke, dass andere sehr positiv jetzt überhaupt erst mal wahrgenommen sind und eher Rückenwind sehen für eine relativ aufwändige […] kulturelle Praxis, wie das ganze Orgelwesen mit Orgelbau und den Aufführungspraktiken drumherum." (E2, Interview am 25.10.2018)

Gertraud Koch schätzt es so ein, dass im kulturpolitischen Raum

„das Bewusstsein gewachsen ist, dass das eine wichtige Konvention ist. Ich kann die Zurückhaltung des Anfangs verstehen, weil das ja sehr viel auch mit der Ausgestaltung der Konvention zu tun hat. Und ich denke, es war gut, da Sorgfalt walten zu lassen und sich Gedanken zu machen: ‚Was ist auch die spezifische Rolle Deutschlands in so einer Konvention?' Dort, finde ich, sind wir auf einem guten Weg. Und das ist sicherlich noch nicht bis in alle politischen Bereiche vorgedrungen, was diese Konvention tatsächlich an Bedeutung hat." (E2, Interview am 25.10.2018)

Susanne Bieler-Seelhoff pflichtet bei und meint:

„Ich persönlich habe schon den Eindruck, dass die Relevanz gestiegen ist; stark gestiegen ist vielleicht übertrieben. Aber das Ganze hat natürlich etwas mit den Herausforderungen, den aktuellen, zu tun, der zunehmenden Globalisierung, Digitalisierung, Verunsicherung der Gesellschaft. Und bei einer gleichzeitigen Rückbesinnung auf das, was die regionale Identität ausmacht, was vielleicht auch den seit einigen Jahren neu definierten Heimatbegriff ausmacht." (L, Interview am 15.11.2018)

Das Immaterielle Kulturerbe kann also zum einen mit dem Blick zurück, aber zugleich mit dem Blick auf aktuelle und kommende Herausforderungen, für die gegenwärtige Situation auf unserem Planeten sensibilisieren. Neben den für die Bundesrepublik genannten Potenzialen besteht im internationalen Raum zusätzlich noch die Gelegenheit zum interkulturellen Austausch. Gerade im Zusammenwirken mit den angesprochenen Identitätsfragen kann dieser „UNESCO-Effekt" besonders wertvoll sein, um nicht in eine Deutsch- oder eine Regionaltümelei abzurutschen. Die Vertreterin des Bundes, die für diese Arbeit befragt wurde, meint dazu:

> „Also ich habe während meines ganzen Studiums den Begriff Heimat nicht in den Mund genommen. Heute gibt es da auf Bundesebene, auf Landesebene auch, gibt es ein ganzes Heimatministerium. Und dieses Thema [Immaterielles Kulturerbe] greift da natürlich rein. Irgendwie muss auch Kulturpolitik es besetzen, und natürlich möglichst positiv. Und aus bösen Erfahrungen der Vergangenheit in Deutschland lernen, also, dass Heimat nicht gleichbedeutend ist mit einem falsch verstandenen Nationalismus. Weil das einfach mit Verankerung, mit Identität zu tun hat, aber mit Verankerung in einer globalisierten Welt. Und deshalb, da kann auch die UNESCO helfen. Die Anerkennung von Heimat, also erst mal das Positive. […] Die Auseinandersetzung ist da und ist wichtig, wichtiger denn je. Gleichzeitig muss man sehen, dass dieser Begriff nicht noch mal missbraucht wird. Und ich glaube, UNESCO kann für die Anerkennung praktisch im internationalen Rahmen helfen. Weil damit gleichzeitig verbunden ist die Achtung und Wertschätzung eben von kultureller Identität auf der ganzen Welt. Ich glaube, das muss man immer mehr deutlich machen." (B, Interview am 05.11.2018)

Eine Verschiebung im öffentlichen Diskurs über Immaterielles Kulturerbe sehen – in Bezug auf die Heimatkultur – einige der Experten aber sehr kritisch:

> „Ich denke, eine zentrale Herausforderung wird auch sein, sich von dieser Heimatdiskussion nicht besudeln oder instrumentalisieren zu lassen und deutlich zu machen, da geht es eher, wenn man in dieser Terminologie bleiben will, um Be-Heimatung als um diese alten Heimatkonstrukte, sondern um diesen aktiven Prozess, sich mit den anderen und dem Ort und den Gegebenheiten eben kulturell auseinanderzusetzen." (E2, Interview am 25.10.2018)

Von der grundsätzlich offen gelassenen Konzeption des Immateriellen Kulturerbes, das eine sehr lokale Kulturform sein kann, aber auch eine deutlich weitere Ausdehnung bis hin zur weltweiten Form annehmen kann, wie die Mitgliedstaaten der UNESCO-Konvention in Folge eines entsprechenden kollektiven Reflexionsprozesses in den Jahren 2011/12 als Kompromiss feststellten, ist auch in Deutschland eine gewisse Unsicherheit geprägt, auf welcher Ebene des Kulturföderalismus das Immaterielle Kulturerbe eigentlich anzusiedeln sei. Damit verbunden ist zugleich auch eine Unsicherheit über die Wertigkeit einer Anerkennung als Immaterielles Kulturerbe. Der Vertreter der Kommunen im Expertenkomitee steht mit folgender Aussage beispielhaft für diesen permanenten gedanklichen Spagat:

„Dann gibt es eben Sachen, die bundesweites Interesse sind: Das ist Bier, das Brotbacken [...] und Handwerkgeschichten eher. Aber das ist eben nicht die örtliche oder
die jeweilige Ausgestaltung des Karnevals oder Fastnacht [...]. Das ist dann wieder
regional. Das macht es ja so schwierig, dass wir da jetzt bundesweit einen Hype zu
entwickeln. Denn auf diese Kirchweih, die Sie da eben genannt haben [Limmersdor-
fer Kirchweih, Anm. d. Verf.], ob die weiter existiert oder nicht, das ist den Menschen,
die eben nicht in der Region leben, relativ wurscht. Muss man einfach sagen. Das ist
nicht böse gemeint, aber das ist eben so." (K, Interview am 01.11.2018)

Es ist darauf hinzuweisen, dass die letztgenannte Einschätzung möglicherweise
voreilig sein könnte, denn gerade die Anerkennung und der damit verbundene
erhoffte auch überregionale Bedeutungszuwachs scheint lokalen Kulturformen
bei einer Bewerbung besonders wichtig zu sein (siehe Abschnitt 4.2.) und die
längerfristige Wirkung einer Anerkennung als Immaterielles Kulturerbe im Bundesweiten Verzeichnis könnte eben gerade einen solchen Bewusstseinswandel
bewirken, nämlich, dass es – dies durchaus in Anlehnung an das UNESCO-
Welterbe, für das sich die Menschen in Bedrohungssituationen inzwischen
teilweise weltweit einsetzen – eben auch über die Region Limmersdorf hinaus
den Menschen künftig nicht mehr egal sein könnte, ob die Kulturform weiterbe-
steht. Schließlich ist mit der Aufnahme ins Bundesweite Verzeichnis ihr hoher
Wert in den Augen der Öffentlichkeit belegt.

Für die Kommunen war die Umsetzung der UNESCO-Konvention zum
Immateriellen Kulturerbe aber sicherlich ein zweischneidiges Schwert. Einige
erkannten etwa durch die Beteiligung an Bewerbungen die Chancen, die für die
Traditionen, die vor Ort gelebt und praktiziert werden, mit einer Anerkennung
bestehen. Für andere Kommunen, insbesondere jene mit chronisch klammen Kul-
turhaushalten, war die Aussicht, dass nun zusätzliche kulturelle Akteure auf den
Plan treten und um Förderung ersuchen könnten, vielleicht gar keine genehme.
Schließlich wissen die Verantwortlichen in den Kommunen zu schätzen, dass
die Kulturakteure vor Ort viel ehrenamtlich leisten, aber ihr Bedarf an Unter-
stützung – neben finanzieller, auch durch die kostenfreie bzw. kostengünstige
Bereitstellung von Räumen und anderen Ressourcen – übersteigt i. d. R. die
Möglichkeiten der kommunalen Haushalte.

Nicht nur im Sinne kultureller Teilhabe ist nach der gesamtgesellschaftlichen
Wirkung zu fragen, die die Umsetzung der UNESCO-Konvention in Deutschland
hatte und hat. Christoph Wulf von der Deutschen UNESCO-Kommission meint:

„Ich glaube, dass die gesellschaftlichen Wirkungen viel größer sind als wir das antizi-
piert haben. Das ist wirklich ein wichtiger Bereich geworden. Natürlich darf man das
nicht übertreiben. Es sind keine Leuchtturmprojekte. [...] Sondern es sind Dinge, die

die Menschen machen. Also das, was die Brasilianer *Cultura Viva* nennen, lebende Kultur. Und es ist, glaube ich, ein Bewusstsein dafür, dass das ein wichtiger Bereich des menschlichen Lebens ist. Dass man gemeinsam etwas macht in der Region, in den Orten, in denen man ist. Dass man da Sinn draus zieht. Dass man auch eine Verbindung zwischen den Generationen zieht aus den gemeinsamen Aktivitäten." (E1, Interview am 15.11.2018)

6.3.3.2 Bewertungspraxis im DUK-Expertenkomitee

Das DUK-Expertenkomitee war insbesondere in den Anfangsrunden bei den Auswahlempfehlungen auf der schwierigen Suche nach einem Pfad, einerseits eine große Vielfalt von Kulturformen zu würdigen und ein breites Spektrum abzubilden, so dass sich ein positives oder gar ein faszinierendes Bild des Immateriellen Kulturerbes in Deutschland vermittelt, und andererseits Qualitätsstandards zu setzen auf einem Gebiet, dass sich einer reinen Qualitätsbeurteilung im Grunde entzieht. Anders formuliert: Für dieses neue Gebiet mussten spezifische Qualitätsanforderungen formuliert werden. Dieser Komplexität waren sich die meisten Experten bewusst. (vgl. E1, Interview am 15.10.2018)

„Die sind sich auch bewusst, dass es eine andere Dynamik ist und eine andere Zielsetzung als beim Weltkulturerbe. Also viel breiter angelegt. Natürlich die Frage nach Qualität ist auch eine für uns wichtige, dass also nicht Beliebigkeit entsteht, dass nicht alles dazu gehört. Also man sieht […] schon, dass man sich sehr viel Mühe gibt, eben auch Qualitätsstandards einzuhalten, ohne aber diesen ganzen Bereich jetzt unter das Zwangsbett optimaler Qualität zu bringen. […] Das ist natürlich eine Gratwanderung, die hat selber viel mit ästhetischen Entscheidungen zu tun." (E1, Interview am 15.10.2018)

Qualität darf im Kontext des Immateriellen Kulturerbes aber nicht mit Ästhetik oder Einmaligkeit verwechselt werden, wie Gertraud Koch betont:

„Im Unterschied zum Weltkulturerbe, wo das, was da ist, ja tatsächlich auch endlich ist – das Immaterielle Kulturerbe funktioniert anders. Das ist kreativ, das entwickelt sich weiter. Und da können viele, viele besondere Formen nebeneinanderstehen. Ich würde mir wünschen, dass es die Qualitätskriterien sind, die ja in der Konvention zum Teil auch festgeschrieben sind und die weiterentwickelt werden, die den Ausschlag geben. Und nicht so sehr diese Frage: Wie exklusiv ist es? Um eben deutlich zu machen, es ist etwas sehr Essenzielles für alle Menschen und potenziell müssen alle irgendwie auch die Option haben, mit so etwas auf einer Liste zu erscheinen, wenn sie sich eben für so eine kulturelle Form interessieren. Es wäre blöd, über die Hintertür wieder den elitären Kulturbegriff einzuführen, nur, weil wir da so eine Exklusivität herstellen." (E2, Interview am 25.10.2018)

Bei der Entscheidungsfindung über einzelne Dossiers orientierte sich das DUK-Gremium auf Vorschlag der DUK-Geschäftsstelle, die über einen guten Kontakt zu ihrem Konterpart in der Österreichischen UNESCO-Kommission verfügte (vgl. Abschnitt 4.4.2.1.), an der Vorarbeit des österreichischen Fachbeirats für das Immaterielle Kulturerbe. Hier waren einige typische Fallkonstellationen und problematische Bewerbungen bereits durch die Entscheidungspraxis vorstrukturiert – wie etwa der Ausschluss von Traditionen im Zusammenhang mit Glücksspiel oder einem Missbrauch für politische und ökonomische Zwecke von der Anerkennung als Immaterielles Kulturerbe. Aus diesem Papier stammt auch die Vorgabe, dass die Tradition seit mindestens drei Generationen bestehen müsse (vgl. Staatenbericht 2015: 6) – eine Formulierung, die die DUK für ihre Vorlage explizit nicht übernommen hat. In dieser Frage hat sich das DUK-Expertenkomitee in der Praxis eher an der Schweiz orientiert, die von zwei Generationen und zudem von einem von der Dauer flexiblem, kontextabhängigen und im Einzelfall zu beurteilenden Begriff ‚Generation' ausgeht (vgl. Bundesamt für Kultur 2010: 10). In einem Grundsatzpapier formulierte die DUK in Abstimmung mit den Mitgliedern ihres Expertenkomitees 2015: „Das zeitliche Bestehen der Kulturform wird jeweils individuell bewertet und, gerade im städtischen Rahmen, in der Bewertung flexibel gehandhabt. Unsere heutige Gesellschaft ist von vielen innovativen und sich beschleunigenden Dynamiken gekennzeichnet: Das Immaterielle Kulturerbe zeichnen langsamere Rhythmen aus." (Dok. 28: Botschaften an potentielle Zielgruppen: 2)

Eine weitere Grenze, die von Anfang an selbstverständlich gezogen wurde, ist die Einhaltung von Gesetzen. „[A]ls Prinzip gibt es natürlich diese Grundhaltung, dass man alles, was durch Gesetze abgedeckt ist und möglich ist, eben auch akzeptiert. Aber es kann natürlich auch da Grenzverschiebungen geben." (E1, Interview am 15.102.2018) Hiermit spricht Christoph Wulf die Fragen etwa von Tierrechten oder Traditionen, die mit Waffengebrauch zu tun haben, an. Andere umstrittene Fälle betrafen Diskriminierungen aufgrund von Geschlecht oder Religionszugehörigkeit (siehe Abschnitt 6.3.3.1. zum Thema Schützenwesen). Hieran hat sich gezeigt, dass es bei der Beurteilung von Immateriellem Kulturerbe nicht genügt, die Vorgaben der UNESCO-Konvention und die deutsche Gesetzeslage anzusehen, sondern dass auch Werturteile erfolgen müssen. „Das sind so drei Problemfelder, Stadt [und die damit verbundene Generationenfrage, Anm. d. Verf.], Verhältnis zum Tier und drittens [...] die Abgrenzung nach rechts, [...] das sind Dinge, wenn ich Probleme benennen müsste, die auf uns mit Sicherheit zukommen werden." (E1, Interview am 15.10.2018) Wenn man zurückblickt in die Phase der Politikformulierung (Abschnitt 6.2.), sind dies genau die sensiblen Fragen, für die das Expertenkomitee der DUK letztlich auch eingesetzt wurde. Sonst hätte die Entscheidung über Aufnahmen in das Bundesweite Verzeichnis schließlich auch in der Administration erfolgen können. Nichtsdestotrotz führten diese Themen dazu, dass es im Komitee zu kontroversen Debatten kam und auch in der Öffentlichkeit einige Entscheidungen bzw. Empfehlungen diskutiert wurden. Doch muss dies für die Profilschärfung und öffentliche Aufmerksamkeit nicht schlecht gewesen sein, wie Jörg Freese vom Deutschen Landkreistag meint:

> „Ansonsten habe ich natürlich schon wahrgenommen, dass es immer mal wieder jetzt auch in der Öffentlichkeit Thema war. Meistens ja Stichwort Kontroverse, weil bestimmte Dinge dann schwierig waren. Stichwort Schützenvereine [...]. Aber das ist ja der normale Lauf, dass Dinge jetzt, wenn sie einfach so laufen, dann keinen interessieren. Es sei denn, die Kontroverse wird dann veröffentlicht." (K, Interview am 01.11.2018)

Eine besondere Herausforderung der Expertenkomitee-Arbeit in der Evaluierung von Bewerbungen ist tatsächlich die Bewertung des Umgangs der Traditionen bzw. vielmehr der Umgang der Traditionsträgergruppen heute mit der Geschichte ihrer Praxis in der NS-Zeit und ggf. auch weiteren kritischen Perioden der typischen Mythenbildung, wie Mittelalter (z. B. Hexenverfolgung), Kolonialismus oder zur Zeit der Teilung Deutschlands. Insbesondere geht es um eine bewusste Abgrenzung gegen damals gegebenenfalls im Rahmen der Kulturpraxis vorgekommene Verfehlungen und im besten Falle eine glaubhafte kritische Aufarbeitung dessen:

> „Die Grundthese ist die, man darf bestimmte Bereiche des IKE, die vielleicht durch den Nationalsozialismus belastet sind, nicht dieser Geschichte überlassen. Sondern man muss sie neugestalten, neu entwickeln, in neuem Kontext sehen. Und das ist eine ganz wichtige Aufgabe. Und deswegen hat ja auch die Expertenkommission extra in den Antrag [das Bewerbungsformular, Anm. d. Verf.] eine lange Passage über diese Zeit [integriert ...]. Es geht nicht darum, Schuld zu bekennen, aber ein Bewusstsein zu haben, dass da Missdeutungen erfolgt sind. Und ich denke, das geschieht weitgehend. Oft geben wir [... Bewerbungen] auch deswegen zurück und bitten da noch einmal um Nachbesserung. [... D]as setzt eben Erinnerungsarbeit voraus. Und deswegen scheint mir das also ganz wichtig, dass wir diese Dimension betonen. Die zweite wichtige Dimension ist [...]: Es geht um Kultur in Deutschland. Weil das einmal öffnend für transkulturelle, interkulturelle Anträge, wie wir sie jetzt ja haben mit dem Blaudruck zum Beispiel, ist, und auch natürlich Möglichkeiten gibt für Gruppen, die sich bilden, die Migrationshintergründe haben." (E1, Interview am 15.10.2018)

Dass man bei der Inventarisierung nicht nach „deutschem Kulturerbe", sondern nach „Immateriellem Kulturerbe in Deutschland" suche, musste auf zahlreichen

Informationsveranstaltungen (10) und in Beratungsgesprächen immer wieder wiederholt werden, da dies bei vielen Interessierten und Kulturträgergruppen nicht intuitiv war.

In der Bewertungspraxis ist ein weiterer schwieriger Pfad, dass nach Konventionstext ja eigentlich die Kulturträgergruppen über die Definition „ihres" Immateriellen Kulturerbes befinden sollten – anders als beim Welterbe, wo es sich um ein reines Expertenurteil handelt. Ein objektiver oder zumindest als universal geltender Wahrheitsbegriff der 1972er-Konvention steht also einem subjektiven Wahrheitsbegriff beim Immateriellen Kulturerbe gegenüber (vgl. Letzner 2013: 60), so dass eine diskursive Aushandlung des Status der Vorschläge aus der Zivilgesellschaft unter Experten als Teil des Inventarisierungsprozesses zwar angemessen ist, aber niemals zu hundertprozentig befriedigenden Ergebnissen im Sinne des Wortlauts der Konvention führen wird. Dieses Spannungsfeld gilt es zu benennen, aber letztlich auszuhalten. Es entspricht eigentlich der typischen Situation bei Kunsturteilen, über die schwerlich ein von allen geteiltes Urteil zu sprechen ist – eine Erfahrung, die Mitglieder von Jurys immer wieder machen (vgl. E1, Interview am 15.10.2018).

6.3.3.3 Innere Organisation und äußere Verfasstheit der Trägergruppen

Die Trägergruppen der Einträge im Verzeichnis sind zum Teil ganz verschieden verfasst und organisiert: Das Spektrum erstreckt sich von Einzelpersonen, die für eine kulturelle Ausdrucksform stellvertretend eine Bewerbung einreichen, wie etwa beim „Poetry Slam im deutschsprachigen Raum" über eine nur für den Zweck der Bewerbung gegründete Initiativ- oder Arbeitsgruppe, wie beim „Singen der Lieder der deutschen Arbeiterbewegung", über Stiftungen, wie im Fall der „Sächsischen Knabenchöre", zahlreiche Vereine wie zum Beispiel der „Verein zur Erhaltung und Förderung der Limmersdorfer Kirchweihtradition" oder die Vereinigung Alt-Brettheim (siehe Abschnitt 4.2.), Kultureinrichtungen wie Museen, etwa im Fall des „Westerwälder Steinzeugs", Interessennetzwerken wie bei der „Morsetelegrafie" bis hin zu allen Bewohnern einer Ortschaft, wie zum Beispiel bei den „Passionsspielen Oberammergau" oder gar ganzen nationalen Minderheiten, wie den Friesen und Sorben, sowie großen Verbänden mit mehreren tausend oder gar Millionen Mitgliedern, wie beim „Chorsingen in Amateurchören" oder der „Deutschen Brotkultur". Zum Teil stehen faktisch hinter den Bewerbungen allerdings nur Einzelpersonen, die im Namen oder Auftrag von Gruppen die Anerkennung forciert haben. In den meisten Fällen handelt es sich um kleine Gruppen von Akteuren oder Verbandsspitzen, die sich die Anerkennung zum Ziel gesetzt haben. Und zum Teil gab es tatsächlich produktive Beteiligungsprozesse, in denen sich große Gruppen auf eine gemeinsame Bewerbung verständigt haben. Bei einigen der im Bundesweiten Verzeichnis anerkannten Kulturformen scheint im eigentlichen Sinne vor der Bewerbung keine klar abgegrenzte Trägergruppe im Sinne der UNESCO-Konvention bestanden zu haben, sondern diese hat sich vielmehr erst durch den Bewerbungsprozess und die Trägerschaft des Eintrags bewusst konstituiert, wie etwa beim Genossenschaftswesen. Dies ist ein Potenzial des Immateriellen Kulturerbes, nämlich die Kollektivitäts- bzw. Gemeinschafts- und Identitätsstiftung (vgl. Hafstein 2007: 91), das bisher kultur- und gesellschaftspolitisch noch vergleichsweise wenig gewürdigt wird. Im bereits zitierten Grundsatzpapier der DUK hieß es entsprechend:

„Die Trägerschaft muss nicht in Vereinsform zusammenkommen. Vielfältige, auch erst provisorische und informelle, Organisationsformen sind möglich, wie etwa interkulturelle Freundeskreise und Nachbarschaftsinitiativen, Musik- und Tanzgruppen, eine Festform oder auch andere zivilgesellschaftliche Initiativen. Es geht um kreative Weitergabe und Bewusstseinsbildung, um besonderes Engagement von der Basis her. Oft handelt es sich um einzelne, bisweilen sehr kleine, Trägergruppen und sehr konkrete Ausdrucksformen. Im Geiste der UNESCO-Konvention geht es aber um die Anerkennung von Kulturformen von Gruppen jeglicher Größe und Beschaffenheit: lokale Gemeinschaften aber auch thematische Interessengemeinschaften und Netzwerke, Laien wie auch Profis und alle Zwischenstufen. Es sind die Gemeinschaften und Gruppen selbst, die ihr Immaterielles Kulturerbe definieren." (Dok. 28: Botschaften an potentielle Zielgruppen: 2)

Es gibt unter den Bewerbungen für das Bundesweite Verzeichnis analytisch betrachtet im Grunde zwei Typen, wie die für diese Arbeit befragten Experten fast alle an der einen oder anderen Stelle in den Interviews bemerkt haben: Zum einen, gibt es jene, die

„da aus so einer sehr starken, ich sage jetzt, Heimatverbundenheit ganz explizit Aktivitäten [... einreichen], die das auch genauso formulieren. Und dann gibt es aber auch die anderen, die stärker auf das Verbindende gucken. Und ich muss sagen, ich finde beides legitim. Und ich finde es unsere Aufgabe, auch diese traditionelleren heimatverbundeneren Perspektiven dabeizuhaben. Auch nicht abzuwerten, auch nicht zu sagen: ‚Das ist weniger [wert]', weil das natürlich dem Radius der Menschen entspricht, die da vor Ort sind und das nicht schon per se ausgrenzenden Charakter hat. Und man auch diese Kleinteiligkeit, oder manchmal auch Skurrilität, die darin liegt, genauso hochschätzen muss wie die Skurrilität beim Poetry Slam. Das würde ich schon auch als eine Herausforderung in unseren Diskussionen sehen" (E2, Interview am 25.10.2018),

merkt Gertraud Koch an.

Eine wichtige Frage ist in diesem Kontext auch die innere Verfasstheit bzw. Konstitution von Trägergruppen sowie die interne Rollenverteilung. Die Frage dabei ist, wer eigentlich stellvertretend für eine Gruppe spricht. Aus kulturwissenschaftlicher Sicht gilt es im Hinblick auf das Erfordernis der Zustimmung aller Gruppenmitglieder zu Bewerbungen und Nominierungen sowie zu Erhaltungsmaßnahmen im Grunde stets genau hinzuschauen, wie hierarchisch Gruppen organisiert sind, wer für wen (mit) spricht, wie also die innere Meinungsbildung abläuft und wer dabei welche Rolle einnimmt. Es gibt, wie eben gezeigt, kleine Trägergruppen von Formen des Immateriellen Kulturerbes, die sehr formulierungsbegabte Mitglieder haben, aber es gibt auch Gruppen, die ausschließlich aus praktisch sehr gewandten, ehrenamtlich tätigen Menschen bestehen, die allerdings nicht begabt in der Formulierung dessen sind, was sie im Sinne einer Form Immateriellen Kulturerbes tun. Dann gibt es andererseits schlagkräftige Verbände, die über hauptamtliches Personal verfügen, welches die Bewerbungen formulieren kann. Diese drei Varianten von Trägergruppen benötigen im Bewerbungsverfahren für das Bundesweite Verzeichnis (1) sehr unterschiedliche Unterstützung seitens der beratenden Stellen (DUK-Geschäftsstelle, Länderansprechpersonen, Beratungsstellen der Länder): Jene, die zwar keine Probleme haben ihr Thema zu beschreiben, benötigen manchmal Anstöße konkret auf die Fragen des Bewerbungsformulars zu antworten und die Aufforderung ihre Texte auf das für die Bewertung als Immaterielles Kulturerbe Wesentliche zu fokussieren. Verbandsverantwortliche wiederum verfallen bei der Beschreibung einer Kulturform oft in einen appellativen Stil, den sie aus ihrer sonstigen Arbeit gewöhnt sind. Dies trifft i. d. R. allerdings nicht die Erwartungen und Anforderungen, die die Experten an die Beschreibung einer lebendigen Kulturtradition stellen. Daher ist auch hier Unterstützung notwendig. Das Engagement von Verbänden im Bereich Immaterielles Kulturerbe wird von den Experten übrigens häufig kritisch beäugt, da man davon ausgeht, dass die UNESCO-Konvention und das Verzeichnis für die Trägergruppen direkt und nicht für ihre Verbandsvertreter Aufmerksamkeit schaffen soll. „Ich denke, dass wir teils so eine Verbandsperspektive bekommen, […] und wir tatsächlich diese Verbandsgeschichte so ein bisschen im Blick haben müssen" (E2, Interview am 25.10.2018), äußert sich stellvertretend die Kulturanthropologin Gertraud Koch. Ein weiterer Aspekt im Umgang bzw. im Zusammenspiel der Verzeichniserstellung mit Verbänden ist, dass diese versuchen Einfluss auf die Prozesse zu nehmen:

> „Ja, haben wir natürlich eine ganze Reihe, auch die ja dann – also ich kann es ja ganz offen sagen –, auch richtig Lobbypolitik versucht haben. […] Aber auch jetzt

[…] umgekehrt, die Verhinderung. […] Also da wird schon sehr deutlich, dass die Aushandlungsprozesse in Gang gekommen sind." (E2, Interview am 25.10.2018)

Und schließlich benötigen die kleinen, häufig rein ehrenamtlich getragenen Trägergruppen zum Teil ganz konkrete Unterstützung bei der Formulierung einer Bewerbung. Bei der Bewertung der Bewerbungen können die Mitglieder des Expertenkomitees auf die unterschiedliche Verfasstheit der Trägergruppen bewusst eingehen. Dies geschieht durchaus:

„Man ist sich auch klar in Expertenkommissionen, dass es Unterschiede gibt zwischen den Anträgen. Es gibt die professionellen Anträge von großen Institutionen und es gibt die von kleinen Handwerkergruppen, die eben nicht so professionell sind, aber die deswegen keine schlechtere Arbeit im Sinne der Konvention machen müssen. Also das sind Dinge, die muss man wägen, die muss man auch berücksichtigen." (E1, Interview am 15.10.2018)

Nimmt man das Ziel der Verbesserung kultureller Teilhabe bzw. der Würdigung ehrenamtlichen Engagements ernst, was die meisten im DUK-Komitee vertretenen Experten in ihrem Wirken inzwischen durchaus beabsichtigen zu tun, muss man die Bewerbungen entsprechend differenziert lesen, das heißt sich nicht von hervorragenden Texten blenden lassen, hinter denen zum Teil wenig Substanz steckt, und umgekehrt aus eher wenig aussagekräftigen Texten die möglicherweise dichte Substanz einer lebendigen Kulturerbepflege bewusst herausdestillieren. An diesem Punkt setzt das im Abschnitt 6.3.1.3. beschriebene Mentoring-Programm (26) zur Unterstützung kleiner, ehrenamtlicher Trägergruppen an.

Zunehmend war im Verlauf der nationalen Umsetzung der Konvention vor dem Hintergrund der eben beschriebenen Erkenntnisse ein stärkeres Motiv der Anerkennung von ehrenamtlichem Engagement bei den Experten und auch in vielen Ländern verbunden. Dies hing allerdings auch damit zusammen, dass man den anerkannten Kulturträgergruppen keine konkrete (finanzielle) Förderung anbieten konnte. Im Kontext des Handbuchs zu möglichen Fördermaßnahmen (27) für die Trägergruppen, das 2016 von der DUK publiziert wurde, wurde ausdrücklich auf die Würdigung bürgerschaftlichen Engagements durch die Anerkennung als Immaterielles Kulturerbe verwiesen. Der Bund (BKM/AA) dagegen setzte, wie im vorherigen Abschnitt bereits dargelegt, tendenziell stärker auf eine Würdigung von kulturellen Spitzenleistungen auch durch die Inventarisierung des Immateriellen Kulturerbes.

6.3.4   Internationale Zusammenarbeit und Mitwirkung Deutschlands an der Konventionsumsetzung

Jeder Vertragsstaat wirkt durch seine Praxis der nationalen Umsetzung der Konvention zur Erhaltung des immateriellen Kulturerbes ein Stück weit an der internationalen Umsetzung des Übereinkommens mit und damit auch automatisch auf diese ein. Am sichtbarsten wird dies durch Nominierungen für die UNESCO-Listen (3), die durch das Verhandeln des Vorschlags im Rahmen der Konvention und ihrer Gremien auf die Praxis des Nachdenkens und des Umgangs mit Immateriellem Kulturerbe Einfluss nimmt. Dies haben die Mitglieder des DUK-Expertenkomitees, die für die Auswahl aus dem Reservoir der Einträge im Bundesweiten Verzeichnis verantwortlich sind, bewusst reflektiert und wollten mit ihrer Auswahl strategische Akzente setzen. Im Arbeitspapier von 2012 hieß es dazu: „Wie können Beiträge aus Deutschland im Rahmen dieser UNESCO-Konvention und der Zusammenarbeit mit den [damals, Anm. d. Verf.] insgesamt 144 Vertragsstaaten aus allen Weltregionen interessante und neue Impulse setzen?" (Dok. 18: DUK-Arbeitspapier 2012: 2) Zum einen beinhaltet dies die Botschaft, dass man den bereits international gelisteten Elementen nicht einfach parallele Vorschläge aus Deutschland zur Seite stellen wollte, sondern man hatte den Anspruch neue Impulse im Verständnis der Vielfalt des Immateriellen Kulturerbes zu setzen. Zum anderen bedeutete dies eine große Bereitschaft zu Nominierungen, die gemeinsam mit anderen Vertragsstaaten eingereicht werden, weil es sich um eine geteilte Kulturpraxis handelt und die Bewusstseinsförderung dafür, dass Kultur über nationale Grenzen hinweg praktiziert werden kann, als einer der gewünschten Effekte (*impacts*) der Konventionsumsetzung gesehen wurde.

6.3.4.1   UNESCO-Nominierungen

Eine erste Erfahrung im Umgang mit multinationalen UNESCO-Nominierungen machte Deutschland direkt nach den ersten 27 Eintragungen im Bundesweiten Verzeichnis. Zu diesen gehörte die Falknerei, zu der bereits eine Eintragung von 13 Staaten auf der Repräsentativen Liste des Immateriellen Kulturerbes der Menschheit bestand. Die koordinierenden Vereinigten Arabischen Emirate bereiteten just für März 2015 eine erweiterte Nominierung vor, an der die deutschen Falknerverbände noch teilnehmen wollten und diesen Wunsch unter Hinweis auf die günstige Gelegenheit um die Jahreswende 2014/15 mit Nachdruck an die DUK-Geschäftsstelle herantrugen. Es musste zwischen den staatlichen Stellen und der DUK-Geschäftsstelle sowie dem DUK-Expertenkomitee also ad hoc eine Modalität gefunden werden, wie Deutschland noch teilnehmen könnte, so dies denn von den staatlichen Stellen auch gewünscht wäre. Das DUK-Expertenkomitee fasste einen Umlaufbeschluss und so konnte die Auswahlempfehlung noch im März 2015 staatliche Bestätigung der KMK und BKM erfahren. Die internationale Zusammenarbeit beschränkte sich in diesem Fall allerdings auf einen Workshop in Abu Dhabi, der der Umarbeitung des Formulars zur Ergänzung der vier neu teilnehmenden Staaten diente und an dem für Deutschland eine Vertreterin der Deutschen Botschaft in Abu Dhabi sowie ein Repräsentant des Deutschen Falkenordens teilnahmen, und das Gegenlesen und Absegnen von Texten im AA und bei der DUK.

Eine wichtigere Etappe in der internationalen Wirkung des deutschen Beitritts zur UNESCO-Konvention war die letztlich erfolgreiche erste eigene Nominierung für die UNESCO-Listen des Immateriellen Kulturerbes. Die Nominierung der Genossenschaftsidee und -praxis (offiziell „Idee und Praxis der Organisation von gemeinsamen Interessen in Genossenschaften") wurde Ende 2014 zusammen mit den ersten Eintragungen in das Bundesweite Verzeichnis des Immateriellen Kulturerbes vom DUK-Expertenkomitee empfohlen und in Rekordtempo in enger Kooperation zwischen der DUK-Geschäftsstelle und den Trägergruppen Deutsche Hermann-Schulze-Delitzsch-Gesellschaft und Friedrich-Wilhelm-Raiffeisen-Gesellschaft im März 2015 beim UNESCO-Sekretariat eingereicht (3). Ende 2016 erfolgte dann nach zähem Ringen die erste Anerkennung eines deutschen Vorschlags auf der Repräsentativen Liste des Immateriellen Kulturerbes der Menschheit. Das Thema der Genossenschaftsidee und -praxis kam zweifellos für viele überraschend und war auch dem UNESCO-Expertengremium, das die Vorbewertung verantwortete, und den im Komitee vertretenen Staaten bei der Sitzung im äthiopischen Addis Abeba (28.11.-02.12.2016) alles andere als einfach zu vermitteln. Dies lag zum einen am Thema selbst, das als etwas sperrig im Verhältnis zu den klassischen Formen Immateriellen Kulturerbes bezeichnet werden kann, zum anderen aber auch an der sehr kurzen Zeit, um die Nominierung zu erstellen (Dezember 2014 mit Aufnahme ins Bundesweite Verzeichnis bis März 2015 Einreichung bei der UNESCO). Hierunter hatten die Präzision und Qualität trotz der sehr aktiven Einwirkung der DUK-Geschäftsstelle, die dafür umfangreiche Auswertungen der bisherigen Entscheidungen des Zwischenstaatlichen Ausschusses und anderer internationaler Nominierungen vorgenommen hatte, gelitten. Hinzu kommt noch:

„Es gibt einen Grundkonflikt, […], der hängt damit zusammen, wie man Kultur versteht. Es gibt den großen Ansatz, der die Kultur im engeren Sinne versteht. […] Und es gibt die, die eher einen ethnologischen Kulturbegriff haben, der auch in der UNESCO vorausgesetzt, der Kultur viel weiter fasst, als symbolische Systeme, als

auch Organisationssysteme. Wir hatten diese Diskussion international wie auch national bei unserem ersten Vorschlag Genossenschaftswesen. [...] Also wir als [... DUK-
Expertenkomitee] sind der Auffassung, dass man das Spektrum ausschöpfen muss.
Und wir haben auch in internationalen Diskussionen oft anerkennende Worte dafür
gefunden, dass wir eben Kultur weiter gefasst haben, nicht so eng, wie das sozusagen
auf der Hand liegt. Aber da liegt so ein kleines, sagen wir mal, Spannungsfeld [...]."
(E1, Interview am 15.09.2018)

Jedoch wird die Wirkung der Anerkennung von „Idee und Praxis der Organisation
gemeinsamer Interessen in Genossenschaften" auf die internationale Umsetzung
und die deutsche Positionierung im Rahmen der UNESCO-Konvention, gerade
auch im Hinblick auf die Anschlussfähigkeit für internationale Kooperationen,
von den befragten Experten ganz überwiegend sehr positiv eingeschätzt:

„Wenn ich mir die Rückmeldungen angucke, die ich im Gespräch mit den Kollegen in Japan, in Finnland, also wo ich auch hinkomme international, wird man dann
doch gerne, von weiteren Ländern, auf die Genossenschaften angesprochen. Das ist
schon ein Meilenstein gewesen auch, der diskutiert wird. Und der auch kritisch diskutiert wird, aber ich glaube, im Grundtenor vor allem positiv aufgenommen wird. Und
immer auch so ein bisschen mit der Frage verbunden wird: ‚Und was kommt jetzt von
euch?' Also ich glaube, wir haben da schon so ein bisschen eine Rolle auch weg." (E2,
Interview am 25.10.2018)

Eine zweite eigene deutsche Nominierung wurde bereits direkt in dem Jahr nach
der Genossenschafts-Nominierung im Frühjahr 2016 eingereicht. Das Dossier zu
„Orgelbau und Orgelmusik", das die DUK-Geschäftsstelle in ähnlich kurzer Zeit
zusammen mit einem dafür benannten Experten des Verbands der Orgelbausach-
verständigen in Deutschland erstellt hat, fand bei der UNESCO deutlich wohlwol-
lenderen Widerhall und wurde ohne Vorbehalte Ende 2017 in die Repräsentative
Liste des Immateriellen Kulturerbes der Menschheit aufgenommen.

Auffällig ist, dass die oben beschriebene Positionierung der DUK-Experten
hinsichtlich des Wunsches bewusst eigene Impulse im internationalen Rahmen zu setzen zusammen mit der stark an Exzellenz orientierten Haltung der
Bundesvertreter in der Praxis im Expertenkomitee dazu führte, dass man die
lokalen Phänomene, die ins Verzeichnis aufgenommen wurden, für UNESCO-
Nominierungen kaum in Betracht zog. Für die beiden Ländervertreter im Komitee
war dies vermutlich zustimmungsfähig, weil sonst eine Debatte unter den Ländern
gedroht hätte, warum zunächst jenes Land und nicht ein anderes Berücksichtigung gefunden habe. Möglicherweise wäre es sogar zu Forderungen nach
einer komplizierten Tentativliste wie beim Welterbe gekommen, denn die Länder

hätten Planungssicherheit bekommen wollen, wann sie an der Reihe gewesen wären mit einer UNESCO-Nominierung. Auch im Weiteren wurden rein lokale Kulturformen nicht ernsthaft in Erwägung gezogen: 2015 wurde erstmals im Komitee die Deutsche Theater- und Orchesterlandschaft als künftige UNESCO-Nominierung vorgeschlagen. 2016 fiel die Wahl auf das bereits unter Beteiligung der DUK-Geschäftsstelle laufende Mehrländer-Nominierungsprojekt des Blaudruck-Handwerks, das eine deutlich intensivere Zusammenarbeit der Praktiker aus den beteiligten Staaten (Österreich, Ungarn, Tschechien, Slowakei und Deutschland) und der jeweils verantwortlichen Umsetzungsagenturen bedingte. Es kam u. a. zu mehreren Experten- und Praktikertreffen in Wien, in Budapest und Bratislava.

Alle Auswahlempfehlungen des DUK-Expertenkomitees im Untersuchungszeitraum wurden von BKM und KMK staatlich bestätigt, auch wenn mit zunehmender Zeit hierüber größerer Diskussions- und Mitsprachebedarf der staatlichen Stellen rückgemeldet wurde. Anfangs gab es für die Auswahl der UNESCO-Nominierungen keine expliziten Kriterien. Die Experten entschieden zunächst in einer Diskussion in der jeweiligen Sitzung, was sie im Sinne der selbst gewünschten neuen Impulse in die internationale Konventionsumsetzung einbringen wollten. Die in der Praxis zur Anwendung kommenden Kriterien wurden erst 2016 intern verschriftlicht und das Verfahren wurde mit mindestens zwei Beratungsrunden über einen Vorschlag und eine zwischengeschaltete SWOT-Analyse des Vorschlags fortan etwas stärker formalisiert.

Für die DUK-Geschäftsstelle gestaltete sich ab Ende 2014 die Arbeit an UNESCO-Dossiers, zunächst mit den Genossenschaftsverbänden, dann parallel auch mit den Falknern, und in der Folge mit den Trägern der Orgel-Nominierung und gleichzeitig bereits beginnend mit den Blaudruckern als sehr arbeitsintensiv. Diese Aufgabe war in der ursprünglichen Tätigkeitsbeschreibung der Geschäftsstelle vergessen oder schlicht unterschätzt worden – u. a. wohl, weil im Kontext der Welterbe-Konvention daran die jeweiligen Stätten über ihre Trägerschaften ziemlich eigenverantwortlich arbeiten. Im Kontext der zivilgesellschaftlichen Gruppen des Immateriellen Kulturerbes mit vergleichsweise wenig Ressourcen wäre dies aber kaum erfolgversprechend gewesen, weil es für den internationalen Nominierungsprozess die Kenntnis einer ganzen Reihe von impliziten Erwartungen und Hintergrundwissen bedarf.[3]

Zunehmend kommt es auf Ebene der Trägerschaften auch bereits vor offiziellen gemeinsamen internationalen Nominierungen zu einem Austausch, wenn

---

[3] Die Formulare und Aide-Mémoires zur Beantwortung der Fragen finden sich hier: https://ich.unesco.org/en/forms (Zugriff am 28.06.2022).

es um gemeinsame Themen oder Problemstellungen gibt. Hierzu ermuntern die Experten und die DUK-Geschäftsstelle auch ausdrücklich. Gertraud Koch führt folgendes Beispiel an, das an eine thematische Initiative der DUK anknüpft und zugleich mit der Beratung im Zuge einer Bewerbung zusammenhängt:

> „Bei mir ist jetzt von der Initiative St. Pauli hier über die Kulturbehörde auch eine Anfrage angekommen, die so ein bisschen nach Hilfestellung auch gefragt haben, oder nach Verständnis von der Konvention. Also da kommt dann auch Dialog über die Grenzen hinweg in Gange. Da habe ich auf West-Kruiskade [ein von Superdiversität geprägtes Stadtviertel Rotterdams, das eingehend kulturwissenschaftlich untersucht wurde, Anm. d. Verf.] auch verwiesen. Und ich nehme auch in anderen Antragsstellungen wahr, dass da ja länderübergreifende Diskussionen auch stattfinden." (E2, Interview am 25.10.2018)

Dass die Experten im DUK-Expertenkomitee bei ihren Auswahlempfehlungen für UNESCO-Nominierungen bisher eher den deutschlandweit verbreiteten Kulturformen den Vorzug vor lokalen oder regional verankerten Formen und ihren Trägergruppen gegeben haben, mag im föderalen deutschen Mehrebenensystem, von dem auch das Inventarisierungsverfahren ja grundsätzlich stark durchdrungen ist, zunächst überraschen. Frankreich hatte ein ähnliches Problem (siehe Abschnitt 4.4.2.4.), wobei man dies hier auf den Zentralismus und die starke Betonung der Einheit der Nation zurückführte. Interessanterweise kann man für Deutschland mit seiner anderen staatsgeschichtlichen Tradition und dem ausgeprägten Föderalismus im Kulturbereich dagegen die These aufstellen, dass eben dieser Föderalismus sich hier hinderlich auf die Auswahl von lokaleren, in nur einzelnen Ländern verbreiteten Kulturformen auswirkt. Die Experten scheinen bei ihren Auswahlempfehlungen nämlich eine vorauseilende Konfliktvermeidungsstrategie eingeschlagen zu haben, um zu vermeiden, dass die Föderalismuslogik, die ja auch in der staatlichen Bestätigung über die KMK/Kultur-MK noch einmal Einfluss nimmt, ihre Empfehlungen beeinflusst. Der Gedanke scheint zu sein: Sobald eine Kulturform ausgewählt würde, die nur ein Land betrifft, wären die Forderungen bzw. Fragen der anderen Länder, wann ihre Kulturformen Berücksichtigung finden, vorprogrammiert. Eine ähnliche Entwicklung ist seit einiger Zeit beim Memory-of-the-World-Programm der UNESCO festzustellen, das bisher von der DUK erfolgreich aus der Föderalismuslogik herausgehalten werden konnte, nun aber seitens der Länder und der KMK zunehmend unter dieser Perspektive betrachtet und mit einer Art Tentativliste zur nationalen Reihung von Nominierungen wie beim UNESCO-Welterbe versehen werden soll.

6.3.4.2 Mitwirkung im Rahmen der Konventionsgremien

Vor dem Beitritt zur UNESCO-Konvention nahm Deutschland bereits sporadisch, meist vertreten durch die Ständige Vertretung Deutschlands bei der UNESCO in Paris, mit Beobachterstatus an den Sitzungen der Vertragsstaatenkonferenz und des Zwischenstaatlichen Ausschusses teil. Ab 2012 entsendete auch die DUK-Geschäftsstelle (4) Vertreter zu den Sitzungen. Die Vertragsstaatenkonferenzen finden in geraden Jahren i. d. R. im Juni statt, die Komitee-Sitzungen jährlich im November/Dezember. Neben den auf der Agenda stehenden Entscheidungen – von Änderungen der Texte der Richtlinien zur Durchführung des Übereinkommens über Listenaufnahmen, die Anerkennung von NGOs zur Beratung des Ausschusses bis hin zu inhaltlichen Diskussionen zu verschiedenen Aspekten des Immateriellen Kulturerbes – sind diese Treffen auch hervorragende Foren zur Knüpfung von Kontakten und zum fachlichen Austausch zwischen den Vertretern der Mitgliedsstaaten und NGOs. Die DUK nutzte diese Gelegenheiten etwa auch, um über die deutsche Umsetzung zu informieren und zum Beispiel Exemplare der Publikation mit den deutschen Einträgen im Bundesweiten Verzeichnis des Immateriellen Kulturerbes (17) zu verteilen. Da die DUK die Rechtsform eines eingetragenen Vereins hat, waren auch die informellen Treffen von NGOs am Rande der beiden statutarischen Gremiensitzungen ein Forum, in dem sie sich umtat. Zudem gab es in diesem Rahmen regelmäßige informelle Treffen mit anderen Delegationen, insbesondere mit Vertretern aus Österreich und der Schweiz – i. d. R. in dieser Dreierkonstellation – sowie mit den Niederlanden, Belgien, aber auch den nordischen Ländern, der Slowakei und Ungarn.

Ab dem Jahr 2015 befasste sich Deutschland auch mit der Option, als Mitgliedsstaat im Zwischenstaatlichen Ausschuss der 2003er-UNESCO-Konvention mitzuwirken. Im Vorfeld und auf der Komiteesitzung in Windhoek/Namibia kam es diesbezüglich zu verschiedenen Abstimmungen und Treffen zwischen der DUK, dem AA und dem UNESCO-Sekretariat. Hintergrund war, dass es um die Wählbarkeit Deutschlands Unklarheiten gab, die langezeit nicht komplett ausgeräumt waren. Dies hängt an einer komplizierten Konstellation, die zum einen mit unklaren Formulierungen in der Konvention im Hinblick auf die Bedingungen für eine Wählbarkeit von Staaten im Kontext der Zahlung von freiwilligen Beiträgen zum Fonds der Konvention und zum anderen offenbar vonseiten des Auswärtigen Amts irrtümlich falsch kalkulierten (vgl. Dok. 8: Informelles Arbeitspapier KMK, BKM, AA 2011: 2) und damit in zu geringer Höhe gezahlten Beiträgen (5) zusammenhängen. Anlässlich der Veröffentlichung der Unterlagen zur 10. Sitzung des Zwischenstaatlichen Ausschusses wurde offenbar, dass das UNESCO-Sekretariat in seiner Aufstellung der jährlichen Beiträge der

Vertragsstaaten zum Fonds der Konvention für Deutschland einen Minusbetrag verzeichnet. Zum Hintergrund: Deutschland hat bei seinem Beitritt zur Konvention von dem Recht nach Art. 26 Abs. 2 der Konvention Gebrauch gemacht, statt Pflicht-beiträge in Höhe von 1 Prozent der jährlichen Beiträge an die UNESCO freiwillige Beiträge zum Fonds zu zahlen. Hintergrund war, dass dies den Haushaltsgesetzgeber nicht dauerhaft bindet und damit zum Beitritt kein Ver-tragsgesetz nötig wurde (siehe Abschnitt 6.2.1.). Deutschland gehört nur zu einer Handvoll Vertragsstaaten, die diese Ausnahmeregel der Konvention nutzt. Unklar ist, unter welchen Bedingungen Staaten, die einen Vorbehalt gegen die Zahlung von Pflichtbeiträgen eingelegt haben, für den Zwischenstaatlichen Aus-schuss kandidieren können. Art. 26 Abs. 5 der Konvention sieht vor, dass ein Mitgliedstaat nur dann in das Komitee der Konvention gewählt werden kann, wenn es mit seinen Beitragszahlungen nicht im Rückstand ist. Was dies für Staa-ten bedeutet, die von dem Vorbehalt gegen Beitragspflichten Gebrauch gemacht haben, konnte auch unter Hinzuziehung des juristischen Beraters der UNESCO nicht abschließend geklärt werden. Dessen Aussage war sinngemäß, dies müss-ten die Vertragsstaaten zu gegebenem Zeitpunkt, das heißt bei der Wahl neuer Komitee-Mitglieder, definieren.

Seit 2013 zahlt Deutschland zwar jährlich in den Fonds der Konvention ein, jedoch nicht in voller Höhe von 1 Prozent seines Beitrags an die Organisation, der erwartet würde, wenn Deutschland an den Pflichtbeitrag gebunden wäre. Hier kam es wohl zu einem folgenschweren Kalkulationsfehler im AA, da die Beträge jeweils für Zweijahreszeiträume errechnet werden, da dies auch dem regulären UNESCO-Haushalt entspricht. Deutschland erhielt bei Beitritt 2013 eine Kalku-lation des UNESCO-Sekretariats, die sich auf das Beitrittsjahr bezog, die man in Berlin aber für eine Berechnung für das Biennium 2012–2013 hielt. Für die Jahre ab 2014 wurde daher nur etwa die Hälfte des Betrags in den AA-Haushalt eingestellt. Bis wohl einschließlich 2018 fehlte daher immer circa die Hälfte der Summe, um die 1 Prozent-Marke zu erreichen.[4] Ebenfalls nicht abschließend geklärt ist die Frage, ob die Differenz zwischen 1 Prozent des regulären jährlichen UNESCO-Beitrags und dem Betrag des freiwilligen Beitrags eines Vertragsstaats im Fall der Anwendung von Art. 26 Abs. 2 vom UNESCO-Sekretariat überhaupt als Zahlungsrückstand gewertet werden kann.

---

[4] Der jeweils aktuelle Zahlungsstand ist hier zu finden: https://ich.unesco.org/en/ich-fund-00816 (Zugriff am 28.06.2022).

Festzuhalten bleibt, dass die genaue Interpretation der Vertragsstaaten und des UNESCO-Sekretariats wohl in der Praxis, das heißt einer erstmaligen deutschen Kandidatur für den Zwischenstaatlichen Ausschuss, wird deutlich werden müssen. Eine solche war auf der Vertragsstaatenkonferenz im Juli 2022 erstmals erfolgreich.

6.3.4.3 Internationale Fachkooperationen

Über UNESCO-Nominierungen hinaus gab es seitens der an der Umsetzung der UNESCO-Konvention beteiligten Akteure auch Kooperationen mit Partnern, insbesondere in Österreich, der Schweiz, den Niederlanden und Belgien (vgl. E1, Interview am 15.10.2018) bei Tagungen und anderen thematischen Initiativen. Die DUK beteiligte sich mit ihren Experten sowie den verantwortlichen Mitarbeitern der Geschäftsstelle auch am internationalen Fachaustausch. 2012 nahmen etwa Gertraud Koch und der Mitarbeiter der Geschäftsstelle an einem Austauschtreffen im französischen Vitré zu den verschiedenen Konzepten der nationalen Umsetzung des UNESCO-Übereinkommens in europäischen Staaten teil. Zu einer 2013 erschienenen Publikation (vgl. Centre Français du Patrimoine Culturel Immatériel – Maison des Cultures du Monde 2013) steuerten beide einen Beitrag bei. Weitere Mitglieder des DUK-Expertenkomitees nahmen im Beobachtungszeitraum zudem an Austauschtreffen über die Umsetzung der Konvention in Ljubljana/Slowenien und Szentendre/Ungarn teil. Großes Potenzial sieht Gertraud Koch „im Dialog mit den internationalen Partnern, die [moderneren] Dimensionen tatsächlich auch sichtbar zu machen, das Migrantische, West-Kruiskade, das würde ich aus dem niederländischen Diskurs mitnehmen. Die sind ja unglaublich geübt, sage ich mal, in diesen Interkulturalitätsdimensionen." (E2, Interview am 25.10.2018)

Ein weiteres Treffen auf Ebene der für die Umsetzung Verantwortlichen der Nachbarländer Österreichs fand im Juni 2013 in Wien auf Einladung der ÖUK statt. Hierbei ging es vor allem um den Austausch über die verschiedenen Ansätze der nationalen Umsetzung der Konvention und möglicher gemeinsamer UNESCO-Nominierungen – hier tauchte das Thema multinationale Nominierung Blaudruck erstmals auf. Im selben Jahr im September lud die DUK zu einem inhaltlichen Vertiefungsworkshop nach Berlin (14) ein, an dem auch Vertreter der Umsetzung in Österreich und der Schweiz teilnahmen. Zum Fachsymposium Ende Oktober (15) waren ebenfalls bewusst Vertreter aus Japan, Belgien, Lettland und Spanien sowie vom UNESCO-Sekretariat aus Paris eingeladen. Unter den Teilnehmern waren erneut Gäste aus Österreich.

Am 24. Oktober 2014 veranstaltete die DUK eine gemeinsame Tagung zum Thema „Lebendige Traditionen im urbanen Raum" mit dem Schweizer Bundesamt für Kultur und der Schweizerischen UNESCO-Kommission in Fribourg. Einer der Referenten war Wolfgang Kaschuba, Mitglied des DUK-Expertenkomitees. Christoph Wulf äußerte in seinem Geleitwort:

> „Es wird der Arbeit mit der UNESCO-Konvention von 2003 noch einmal neue Impulse geben, die Erhaltung kultureller Ausdrucksformen in sich rasch wandelnden, multikulturellen Gesellschaften umzusetzen. [...] Durch die gemeinsame Tagung [...] konnte ein wichtiger Austausch von Erfahrungen und unterschiedlichen Perspektiven bezüglich des Themas stattfinden. Ich setze bei diesem transnationalen Thema besonders auf die Zusammenarbeit im europäischen und internationalen Rahmen und freue mich auf weitere Gelegenheiten." (Wulf 2015: 15)

Der Effekt solcher Tagungen ist nicht nur, dass Themen vorangebracht werden, die den Partnern gemeinsam wichtig sind – wie zum Beispiel das moderne, urbane Kulturerbe oder der Umgang mit Spannungsfeldern, wie sie im Umgang mit bzw. der Anerkennung von Immateriellem Kulturerbe etwa im Bereich von Geschlechtergerechtigkeit oder Tierrechten auftauchen –, sondern es gibt auch eine gegenseitige Befruchtung durch den Austausch über Maßnahmen, Strategien und Programme zur Umsetzung der Konvention. Hier ist das politische Lernen, wie in Abschnitt 5.2.4. vorgestellt, ein wichtiges Konzept. Wulf drückt dies wie folgt aus:

> „Also ein Beispiel der Zusammenarbeit ist ja die Falknerei oder [...] das Blaudrucken, wo es direkt zu gemeinsamen Anträgen kam. Oder wohl auch bei den Bauhütten, [...] wo es dann eben wirklich internationale oder transnationale Anträge sind. Das ist die eine Form. Dann ist, denke ich, die Zusammenarbeit einfach auch wichtig und sich gegenseitig zu stützen. Um zu sehen, da geschieht auch etwas. Und die machen das und das, um das zu fördern, vielleicht kann man davon was übernehmen oder ähnliches. Also in dem Sinne ist der Austausch Unterstützung." (E1, Interview am 15.10.2018)

Das DUK-Expertenkomitee suchte ebenfalls den Fachaustausch mit Experten aus anderen Ländern. Im Frühjahr 2015 nahm die österreichische Fachfrau und frühere Leiterin der Nationalagentur zum Immateriellen Kulturerbe Maria Walcher an einer Sitzung teil, im Frühjahr 2016 gar eine vierköpfige Delegation von Experten und administrativ Verantwortlichen aus den Niederlanden. Stefan Koslowski, der im Schweizer Bundesamt für Kultur die Verantwortung für die nationale Umsetzung der UNESCO-Konvention innehat, nahm im Frühjahr 2017 an der Sitzung des Expertenkomitees und der Auszeichnungsveranstaltung des Genossenschaftswesens anlässlich der UNESCO-Listung teil.

6.4   Evaluierung und politisches Lernen im Zuge der nationalen Umsetzung der UNESCO-Konvention

Der von der UNESCO mit dem Völkerrechtstext des Übereinkommens von 2003 vorgegebene globale kulturpolitische Rahmen war der Ausgangspunkt politischen Lernens (siehe Abschnitt 5.2.4.), von dem die in der vorliegenden Arbeit beschriebenen Entwicklungen in Deutschland abzuleiten sind. Deutschland nahm zunächst überwiegend desinteressiert zur Kenntnis, dass es ein neues Völkerrechtsinstrument im Bereich Kulturerbe gab, machte dann durch Beobachtung in seinem geografischen Umfeld die Erfahrung, dass es möglich ist, die Konvention zur Erhaltung des immateriellen Kulturerbes in Westeuropa produktiv umzusetzen und nahm für die eigene Umsetzung ab 2013 Anleihen bei den entsprechenden Umsetzungsmodellen von Partnern (Abschnitt 6.4.1.). Ab dem Zeitpunkt der eigenen Umsetzung der Konvention im nationalen Kontext ergab sich eine ganze Reihe von Aspekten des politischen Lernens, die im Rahmen des Policy-Cycle (siehe Abschnitt 5.2.3.) als Phase der Politikreformulierung und Evaluierung verstanden werden können (Abschnitt 6.4.2.). Dabei geht es unter anderem auch um die Frage, welche Lehren die Akteure des Politikfelds aus der Umsetzung der Konvention in Deutschland gezogen haben. Hierbei sollen die beiden Analysekategorien Anpassungen von Umsetzungsparametern im laufenden innerstaatlichen Verfahren und Aspekte des Lernens von Umsetzungsmodellen in anderen Staaten untersucht werden. Schließlich sind auch die Rückwirkungen der deutschen Umsetzung auf den internationalen Kontext, in dem sich die Umsetzung einer UNESCO-Konvention stets bewegt, zu betrachten. Auch Deutschland hat mit seiner Form der nationalen Umsetzung zum Teil Partner im Ausland zu politischem Lernen inspiriert (Abschnitt 6.4.3.).

6.4.1   Politisches Lernen aus der Umsetzung von anderen Vertragsstaaten

Während die Politikziele, -strukturen und -inhalte weitgehend durch den Rahmen der UNESCO-Konvention vorgegeben waren, bediente sich Deutschland bei der Politikformulierung mit Blick auf andere Transferobjekte nach Dolowitz/Marsh

(1996: 349 f.) – Politikinstrumente, Institutionen, Ideologien, Ideen/Haltungen/ Konzepte sowie negative Erfahrungen – bei seinen Nachbarstaaten. Im Hinblick auf die Politikinstrumente im Rahmen der mehrstufigen Umsetzung der Inventarisierung von Formen des Immateriellen Kulturerbes in Deutschland (siehe Abschnitt 6.2.2.2.) gleichen einzelne Schritte recht deutlich mindestens einem der beiden vorgestellten Modelle in Österreich und der Schweiz (siehe Abschnitt 4.4.) – die deutsche Variante der Inventarisierung kann mithin als Synthese bzw. als Hybridbildung der beiden Modelle der südlichen Nachbarländer begriffen werden, denn es wurden in gewissen Aspekten Anleihen bei beiden Verfahren genommen.

Der Wunsch von der Praxis der europäischen Nachbarn zu lernen, war auch bereits im Erstellungsauftrag und Ergebnis der von den deutschen Ländern 2010 initiierten Machbarkeitsstudie angelegt. Zudem wurden zu den Fachgesprächen im Deutschen Bundestag und im Auswärtigen Amt Vertreter von Nachbar- und Partnerstaaten eingeladen, um von den jeweiligen Erfahrungen zu berichten. In der Begründung des Bundestagsantrags von CDU/CSU und FDP hinsichtlich der Ratifizierung der UNESCO-Konvention durch Deutschland im Jahr 2011 wird ausdrücklich und positiv auf die Erfahrungen in Österreich und der Schweiz verwiesen (vgl. Dok. 10: BT-Drs. 17/6314 vom 29.06.2011: 2). Fast *unisono* erinnern sich zudem die befragten Experten: „Der deutschsprachige Raum war eine wichtige Referenz, Österreich, Schweiz", meint Gertraud Koch und ergänzt: „Aber man hat natürlich dadurch, dass man international geguckt hat, auch viel gelernt darüber, wo man vielleicht Umsetzungen eher schwierig fand und wo man sagte, dann in Reflexion dessen: ‚Wir möchten zu einem Bottom-up-Ansatz kommen.'" (E2, Interview am 25.10.2018) Sie spielt auf die vormalige französische Praxis einer tendenziellen *Top-Down*-Inventarisierung an (siehe Abschnitt 4.4.2.4.), von der man sich, zumindest in Expertenreihen, in Deutschland ganz bewusst abgrenzen wollte.

Die Schweiz kann für die DUK und jene Experten, die sich bereits 2006 und 2012 zu Konsultationen hinsichtlich der deutschen Mitarbeit im Rahmen der UNESCO-Konvention trafen, als zunächst wichtigstes Vorbild gelten. Ähnlich wie im südwestlichen Nachbarland mit dem von der Schweizerischen UNESCO-Kommission organisierten Forum Immaterielles Kulturerbe 2006 und den in diesem Rahmen gestellten „verwegenen Fragen" (DUK 2007: 66) der Ton der Debatte gesetzt wurde und programmatische Pflöcke eingehauen wurden, prägten vor dem deutschen Beitritt zunächst das Memorandum von 2007 (DUK 2007: 20–29) den Kurs der DUK im Feld Immaterielles Kulturerbe und ab 2012 dann im Verlauf der Pilotphase und der ersten Jahre der Umsetzung in Deutschland das Arbeitspapier (Dok. 18) – zum Teil für die anderen Akteure nicht sichtbar – strategisch das Handeln des zentralen Akteurs Deutsche UNESCO-Kommission. Von politischer Seite war ein Forum wie in der Schweiz, das auch NGOs und Verbände proaktiv einbezieht, ebenfalls eingefordert worden (vgl. Dok. 10: BT-Drs. 17/6314 vom 29.06.2011: 3). In diese Richtung ging ein Format, das die DUK im Beitrittsjahr 2013 mit einem Fachsymposium in Berlin (15) durchgeführt hat.

Die Schweiz war auch hinsichtlich des föderalen Elements, genauer der weitgehenden Souveränität der jeweiligen Gliedstaaten und Eigenständigkeit bezüglich der Sammlung und Vorauswahl der Vorschläge für das nationale Verzeichnis, Vorbild – für die deutschen Länder wohl anfangs sogar insgesamt das favorisierte Modell (vgl. Dok. 8: Informelles Arbeitspapier KMK, BKM, AA 2011: 1). Österreich bot dagegen hinsichtlich des Bewerbungsverfahrens und der Formulierungen der Teilnahmebedingungen, des Aufbaus und der Formulierung von Fragen und Anforderungen im bundeseinheitlichen Bewerbungsformular und der Begleitung der Bewerbung durch zwei fachliche Empfehlungsschreiben sowie Fotos und Audio-/Videoaufnahmen die stärkste Orientierung (vgl. B, Interview am 05.11.2018). Die stringentere Strukturierung des Verfahrens und der Unterlagen in Österreich bot vor allem für die Akteure des Bundes gute Orientierung, um ein einheitliches Verfahren auch für Deutschland auf die Beine zu stellen. Der erste Vorschlag der Unterlagen für das Bundesweite Verzeichnis kam denn auch aus dem Auswärtigen Amt in Anlehnung an das österreichische Beispiel. Vorbild für das deutsche Formular zur Anmeldung einer Form Immateriellen Kulturerbes blieb das österreichische Formular, das als sein Vorbild wiederum das UNESCO-Formular für die Repräsentative Liste mit spezifischen Anpassungen für den nationalen Rahmen hatte (vgl. Staatenbericht 2015: 7). Im der Inventarisierung zugrundeliegenden Kommuniqué, auf das sich Bund und Länder 2012 verständigten, heißt es sogar: „Unter besonderer Berücksichtigung der Erfahrungen und Strukturen in der Schweiz und in Österreich haben die KMK, der BKM und das AA ein Szenario für die Implementierung des Übereinkommens entwickelt, [...]" (Dok. 19: Ergebnisvermerk zu den Bund-Länder-Absprachen vom 29.10.2012: 3). Tatsächlich ist das Verfahren auch insofern eine Kompromissvariante mit Elementen aus der Schweiz und aus Österreich, da man einen Mittelweg zwischen der lange in Österreich geübten Praxis permanent Vorschläge für das Verzeichnis zuzulassen und dem Schweizer Weg, nur zirka alle fünf Jahre sehr viele Vorschläge entgegenzunehmen, fand, indem man sich auf regelmäßige, aber feste, deutschlandweite Bewerbungszeiträume in relativ engem Turnus verständigte. Man nutzte einheitliche Formulare wie in Österreich, ließ den Ländern bei der Vorauswahl in der zweiten Stufe des Verfahrens darüber hinaus jedoch freie Hand wie in der Schweiz.

Die Nationalagentur für das Immaterielle Kulturerbe bei der Österreichischen UNESCO-Kommission war auf institutioneller Ebene das Vorbild der Geschäftsstelle der DUK; von den grundlegenden Aufgaben bis hin zur Höhe der jeweiligen Zuwendungssumme (siehe Abschnitt 6.2.3.). Auch die Konstellation einer unmittelbaren Anbindung eines Expertengremiums – bei der ÖUK der Fachbeirat, bei der DUK das Expertenkomitee – an die Fachstelle ist an die österreichische Praxis angelehnt. (vgl. Albert/Disko 2011: 24) Eine Herausforderung im Vergleich zur österreichischen Praxis war die angemessene Mitwirkung der 16 Länder – im südlichen Nachbarland Deutschlands sind es mit neun entscheidend weniger – im Prozess bzw. ganz konkret in der Arbeit des Expertenkomitees. Während man in Österreich je einen Vertreter der Länder in den Fachbeirat, das dortige Fachgremium zur Evaluierung von Vorschlägen für das nationale Verzeichnis, entsenden konnte, hätte bei einer parallelen Praxis das DUK-Expertenkomitee zu viele Mitglieder bekommen, um diskussions- und entscheidungsfähig zu bleiben, und zudem wäre es tendenziell politisiert worden. Daher wurde die Stufe der Vorauswahl der eingehenden Bewerbung auf Länderebene eingezogen. Christoph Wulf sieht daher auch keine direkte Parallelisierung. „Ich denke, es ist dann doch schon ein eigener Entwurf gewesen. Weil wir einmal ja das Problem hatten, wir müssen 16 Bundesländer irgendwie einbinden." (E1, Interview 15.10.2018) In der Schweiz ist die aus kantonalen Kulturbeauftragten, Vertretern des Bundes sowie Experten zusammengesetzte Steuerungsgruppe das entsprechende Pendant. Der dortige weite Gestaltungsspielraum des Fachgremiums bei der Zusammenfassung und Neukonzeption von Elementen des nationalen Verzeichnisses wurde in der Entscheidungspraxis des deutschen Expertenkomitees zum Teil aufgegriffen (siehe Abschnitt 6.3.3.1.).

Bei der konkreten kriteriengeleiteten Entscheidungsfindung und des Entscheidungsmodus orientierte sich das DUK-Expertenkomitee in der Kategorie Ideen/Haltungen/Konzepte der Transferobjekte (vgl. Abschnitt 5.2.4.; Dolowitz/ Marsh 1996: 349 f.) wieder sehr eng am österreichischen Pendant: Hinsichtlich der Entscheidungshilfe in Einzelfällen von vorgelegten Bewerbungen ging das soweit, dass man das eigene interne Papier auf der Vorarbeit des österreichischen Fachbeirats aufbaute. Dies verweist im Übrigen auch auf die Kategorie des Transferobjekts der negativen Erfahrungen, welche sich etwa u. a. auf die Wiener Balltradition zurückführen lassen (vgl. Abschnitt 4.4.2.1.). Durch die im südöstlichen Nachbarland bereits gemachten Erfahrungen in der konkreten Entscheidungspraxis waren einige typische Fallkonstellationen und problematische

Inhalte von Bewerbungen bereits bekannt – wie etwa Traditionen im Zusammenhang mit Glücksspiel oder einer Nutzung für politische und ökonomische Zwecke. Dieses Papier wurde vom DUK-Expertenkomitee nur zaghaft weiterentwickelt (siehe auch Abschnitt 6.4.2.) – die meisten Punkte übernahm man dauerhaft fast eins zu eins aus Österreich. Beim Modus der Entscheidungsfindung orientiert sich das DUK-Expertenkomitee ebenfalls an jenem des österreichischen Fachbeirats. Der Vorsitzende Christoph Wulf rekapituliert:

> „Also wir haben da fast immer einstimmige Ergebnisse […]. Manchmal, wenn man gar nicht kann, hat man die Möglichkeit, rauszugehen. Oder man lässt es einfach passieren oder man stimmt, das machen wir jetzt manchmal auch, dagegen, da hat man eben zwei, drei Gegenstimmen. Aber in der Regel ist die Idee, konsensuell die Dinge zu verabschieden. Was, denke ich, auch der Kunst, dem Kunsturteil gegenüber angemessen ist, weil es eben diese Schwierigkeiten der Urteilsfindung gibt." (E1, Interview am 15.10.2018)

Eine weitere Modalität, die nicht Teil des vereinbarten Stufenverfahrens ist, die die Geschäftsstelle der DUK bzw. das DUK-Expertenkomitee aber ebenfalls von ihren österreichischen Vorbildern adaptiert hatten, ist die Möglichkeit der Rückstellung von Bewerbungen. Diese werden vom österreichischen Fachbeirat wie auch vom deutschen Expertenkomitee angewandt auf Bewerbungen, die den Experten vom Thema her grundsätzlich als Form Immateriellen Kulturerbes im nationalen Rahmen anerkennenswert erscheinen, bei denen in den Bewerbungsunterlagen aber nicht alle Fragen zufriedenstellend beantwortet wurden. Statt diese abzulehnen und die Bewerbergruppe auf die nächste Vorschlagsrunde zu vertrösten und möglicherweise zu entmutigen, haben diese so die Möglichkeit ihr Formular zu überarbeiten und schon wenige Monate nach der Mitteilung direkt und damit im verkürzten Verfahren wieder bei der DUK einzureichen. Die erneute Bewertung erfolgt dann im unmittelbaren Folgejahr, also in jenem Jahr zwischen den beiden regulären Bewertungsdurchgängen.

In Österreich, wo bereits früher als in Deutschland mit der Inventarisierung des Immateriellen Kulturerbes begonnen wurde, hatte die ÖUK für die zwei Mal jährlich erfolgenden Aufnahmen ins Verzeichnis jeweils Auszeichnungsveranstaltungen organisiert. Aus der weitgehenden Parallelisierung der Aufgaben der Nationalagentur in Österreich und der DUK-Geschäftsstelle entstand für die politischen Akteure in Deutschland wohl die Erwartung, dass die DUK dies auch tun werde. Obwohl man für diese Aktivität im Rahmen der BKM-Zuwendung nicht mit Mitteln bedacht wurde und dies auch nicht Teil des vereinbarten Stufenverfahrens war, hielt man eine öffentliche Auszeichnungsveranstaltung der Trägergruppen bzw. der Kulturformen (9) auch bei der DUK insbesondere kommunikativ für wertvoll, da die Bekanntgabe der Entscheidung der ersten Verzeichnisaufnahmen Mitte Dezember 2014 insgesamt in eine ungünstige Zeit – kurz nach den öffentlich viel beachteten UNESCO-Listungen und kurz vor Weihnachten – fiel. So wurde im März 2015 in Berlin in der Landesvertretung Schleswig-Holsteins eine große Auszeichnungsveranstaltung in Verbindung mit einer Fachtagung (16) organisiert. Das Feedback der von der Staatsministerin für Kultur und Medien, Prof. Monika Grütters, und der KMK-Präsidentin, Brunhild Kurth aus Sachsen, ausgezeichneten Kulturträgergruppen darauf war äußerst positiv, so dass im Policy-Netzwerk fortan die Erwartung bestand, dass öffentliche Auszeichnungsveranstaltungen auch in den Folgerunden der Inventarisierung stattfinden. Die Folgen aus dieser Entwicklung für die öffentliche Wahrnehmung der Verzeichnisaufnahmen – kurzgefasst: mehr Auszeichnung denn Bestandsaufnahme – reflektierte man zum damaligen Zeitpunkt allerdings wohl kaum.

Die Erarbeitung und Vergabe eines Logos (13) für die Einträge im Bundesweiten Verzeichnis lässt sich ebenso aus Lerneffekten aus der Schweiz – hier wurde ein eigenes Logo für die Lebendigen Traditionen eingeführt – und Österreich, wo ein mit einem Zusatz als Hinweis auf die Anerkennung als Immaterielles Kulturerbe versehenes ÖUK-Logo an die Trägergruppen vergeben wurde, erklären.

Die Einführung eines Registers Guter Praxis-Beispiele als Unterkategorie des Bundesweiten Verzeichnisses ist eine Anleihe aus der Praxis der nationalen Umsetzung in Ungarn. Durch den internationalen Fachaustausch zu Beginn der eigenen nationalen Umsetzung (siehe Abschnitt 6.3.4.3.) hatte die DUK von dieser Möglichkeit erfahren. Das entsprechende internationale Register auf UNESCO-Ebene war selbstverständlich Ausgangspunkt der ungarischen Praxis und gab Deutschland ebenfalls grundlegend Inspiration, Erhaltungsprogramme zu inventarisieren bzw. auszuzeichnen und gesondert herauszustellen.

6.4.2   Lerneffekte im Laufe des Inventarisierungsverfahrens

Anhand einer Auswertung der beiden im Untersuchungszeitraum 2013 bis 2016 durchgeführten Bewerbungsverfahren für das Bundesweite Verzeichnis (2013/14 sowie 2015/16) sollen zunächst einige sich aus der permanent-begleitenden Evaluierung ergebende Lerneffekte im Inventarisierungsverfahren und entsprechende Reformulierungen von Aspekten der Politik zum Immateriellen Kulturerbe – im Sinne der Evaluierungsphase des Policy-Cycles – aufgezeigt werden:

In der ersten Bewerbungsrunde (2013) kam es zu 128 Bewerbungen, aus denen die Länder auf der zweiten Stufe des Verfahrens 83 auswählten. 27 davon hatten im Dezember 2014 einen Eintrag ins Bundesweite Verzeichnis zur Folge. Dreizehn Vorschläge wurden zurückgestellt und mit der Bitte um Nachlieferung von Informationen an die Bewerbergruppen zurückgeschickt. 34 Vorschläge wurden vom Gremium abgelehnt. Die hohe Zahl von zunächst in der ersten Stufe des Verfahrens als Bewerbung eingegangenen und letztlich aber nicht anerkannten Kulturformen – 45 auf Länderebene aussortierte plus 34 vom DUK-Expertenkomitee abgelehnte – bezeichnet Sophie Schönberger, die als einzige deutsche Wissenschaftlerin am international vergleichenden Projekt OSMOSE mitgewirkt hat, als Ausdruck eines stark kompetitiven und selektiven Charakters der deutschen Verzeichniserstellung (vgl. Schönberger 2017: 3). Folgt man dieser Bewertung, würde dies auch heißen, dass die Inventarisierung zumindest nicht vorbehaltlos dem Ziel einer Erhöhung kultureller Teilhabe durch die Umsetzung der Konvention in Deutschland zu dienen scheint. Die Einschätzungen des Verfahrens fällt bei den im Rahmen dieser Arbeit befragten Experten und Trägergruppen (siehe Abschnitt 4.2.) dagegen einheitlich ziemlich positiv aus: „[D]as Verfahren ist schwierig und komplex. […] Dafür funktioniert es ja ganz gut." (K, Interview am 01.11.2018) Wirft man in exemplarischer Weise einen genaueren Blick auf Vorschläge, die nicht aufgenommen wurden, haben diese – insbesondere im ersten Durchgang, in dem sehr viele Vorschläge zum DUK-Expertenkomitee weitergeleitet wurde, darunter alle länderübergreifenden (s. u.) – nicht aus Gründen der Selektionsmechanismen und auch nicht aus Gründen einer harten Selektivität der Experten den Einzug ins Verzeichnis verpasst, sondern weil sie schlicht die Kriterien, die die UNESCO-Konvention vorgibt und die für die deutsche Umsetzung präzisiert und kontextualisiert wurden, nicht erfüllten. Dazu zählen etwa die Bewerbungen des „Handschriftlichen Briefes", der ein Objekt darstellt und im Verfahren auch nicht als Kulturpraxis mit definierbarer Trägergruppe präsentiert wurde, oder des „Norddeutschen Grünkohlessens", das ohne Beteiligung einer Trägergruppe von der Redaktion eines öffentlich-rechtlichen Rundfunksenders vorgeschlagen wurde. Weitere Bewerbungen waren zum Beispiel der Eigenvorschlag eines Ensembles für traditionelle Musik oder des Streichquartetts als Instrumentalformation bzw. Gattung. Insofern muss man zumindest für die Anfangszeit der Umsetzung der Konvention der Einschätzung von Sophie Schönberger (2017: 3) widersprechen: Vornehmlich lag es an den nicht zur Definition Immateriellen Kulturerbes passenden Vorschlägen oder auch der im Sinne des Konventionstexts mangelhaften Darstellung von Trägergruppen und lebendiger Weiterentwicklung von Kulturformen, die zu einer Nicht-Aufnahme führten. Man kann ihr ferner entgegenhalten, dass gerade das offene und partizipative Verfahren, das jedem ohne formale Zugangsbeschränkung die Teilnahme ermöglichte, zu der relativ hohen Quote von Nichtaufnahmen führte. Im Sinne der Konsistenz, was unter Immateriellem Kulturerbe zu verstehen ist, und um dies auch überzeugend öffentlich zu kommunizieren, ist eine konsequente Auswahlpraxis vonnöten. Das zunächst weitgehend aus Österreich übernommene DUK-Expertenkomitee-interne Papier der Operationalisierung der wichtigsten Kriterien für Aufnahmen ins Verzeichnis (siehe Abschnitt 6.4.1.) wurde durch die Entscheidungspraxis und die Diskussionen im Gremium im Laufe der Zeit schrittweise modifiziert ohne aber gänzlich neue Kriterien zu ergänzen. Über die Erfüllung der definierten Kriterien hinaus hat sich die Mehrheit im Expertenkomitee der DUK dabei stets für eine möglichst große Zahl von Einträgen und eine Würdigung einer Breite und Vielfalt im Verzeichnis stark gemacht.

„Also ich glaube, es ist ein wichtiger Punkt, dass man diese Vielfalt sieht und dass man auch sieht, dass es, also vor allen Dingen im Bereich des IKE – im Bereich des Weltkulturerbes ist die Vielfalt etwas eingeschränkter, auf das was man doch ästhetische, wertvolle Gebäude nennt – hier hingegen ist das viel weitere Spektrum." (E1, Interview am 15.10.2018)

Der Expertenkomitee-Vorsitzende fragt sich allerdings auch:

„Wie viel können wir aufnehmen in eine Liste, wie viel wollen wir aufnehmen in eine nationale Liste? Da gibt es sicherlich auch eine Dynamik: Am Anfang war man da natürlich interessiert viele Sachen zu haben. Mittlerweile wird man strenger in der Auswahl. Ist das berechtigt oder nicht berechtigt? Also ist diese Sorge, die manche haben, das geht ins Uferlose, ist die berechtigt, ist es unsere Aufgabe, da ein Stückchen zu bremsen, um auch den Wert der Auszeichnung zu erhalten? [...W]ir haben ja verschiedene Stufen: Wir haben die Länderverzeichnisse und wir haben das nationale Verzeichnis und wir haben das internationale." (E1, Interview am 15.10.2018)

An dieser Aussage lässt sich gut die Entwicklung der ersten Jahre der Inventarisierung in Deutschland nachvollziehen: startend von einer Bestandsaufnahme mit dem Ziel der Sensibilisierung für die Bedeutung des Immateriellen Kulturerbes im Allgemeinen hin zu einer Würdigung einzelner, als herausgehoben wahrgenommener, Kulturformen mit einer Listenhierarchie. In diesem Sinne müsste die These von Schönberger (2017: 3) eines stark kompetitiven und selektiven Charakters der deutschen Verzeichniserstellung vielleicht nach zehn Jahren nationaler Umsetzung der Konvention noch einmal ernsthaft geprüft werden.

In der ersten Runde des Bewerbungsverfahrens galten noch andere Quoten als in späteren Bewerbungsdurchgängen – man hatte vorher ganz einfach keine genaue Vorstellung, wie die Beteiligung am Verfahren sich genau gestalten würde und musste „*learning by doing*" praktizieren: Als pro Bundesland gewährte Quote war man 2011 noch von bis zu zehn Benennungen ausgegangen (vgl. Dok. 8: Informelles Arbeitspapier KMK, BKM, AA 2011: 1). In der ersten Bewerbungsrunde 2013/14 waren dann allerdings zunächst einmal nur zwei Vorschläge pro Bundesland zur Weiterleitung vorgesehen – dies wohl auch eine zahlenmäßige Orientierung an den jährlichen Bewerberzahlen in Österreich –, und darüber hinaus zunächst auch nur zwei als länderübergreifend zu klassifizierende für ganz Deutschland. Insbesondere letzteres erwies sich wegen hoher Bewerberzahlen in dieser Kategorie (im ersten Durchgang 60 Vorschläge, die in mehr als einem Bundesland verbreitet sind) als nicht haltbar und wurde von den Ländern in der KMK nach Rücksprache mit dem DUK-Expertenkomitee sogar noch im laufenden ersten Verfahren korrigiert. Die DUK-Experten zeigten sich so flexibel, dass sie alle länderübergreifenden Vorschläge ohne Vorauswahl auf Länderebene in ihre Bewertung nahmen, was zu der außerordentlich hohen Zahl von 83 Dossiers insgesamt führte, die sie schließlich auf ihren Tischen hatten. Aufgrund des dabei entstandenen Missverhältnisses von sehr vielen Bewerbungen, die keinem Land zugeordnet wurden und damit keine Vorbewertung auf Länderebene erfuhren, wurde zum zweiten Bewerbungsdurchgang die Regelung mit vier Weiterleitungen, unabhängig, ob die Bewerbungen länderspezifisch, länderübergreifend oder Gute Praxis-Beispiele sind, pro Land mit der Beibehaltung des Sitzlandprinzips in Kombination mit der tatsächlichen praktischen Verortung für Einreichungen von Bewerbungen eingeführt (vgl. Dok. 25: KMK-Beschluss vom 11.12.2014: 1; siehe auch Abschnitt 6.3.1.2.) und seitdem beibehalten. Die Länder hatten sich damit die Steuerungs- und Entscheidungsmacht über die Weiterleitungen, die ihnen im ersten Verfahren durch die nicht vorhergesehene Verteilung der Bewerbungen zum einen und die Flexibilität der DUK-Experten zum anderen weitgehend genommen wurde, zurückgeholt. Eine weitere Steuerungsmöglichkeit der Länder ergab sich durch die Vereinbarung über eine Flexibilisierung dieser 4er-Quote, auf die insbesondere Bayern, das in bisher allen Vorschlagsverfahren die meisten Bewerbungen verzeichnete, gedrängt hatte. Freibleibende Plätze in anderen Ländern können danach bis zur Maximalzahl von 64 Bewerbungen auf die anderen Länder verteilt werden. Die Aufteilung organisiert die KMK mit Unterstützung der DUK. Die Debatten über diesen Punkt liefen einige Male zwischen den Ländern vergleichsweise kontrovers, da andere Länder Bedenken dagegen hatten, dass sich zunehmend ein quantitatives Ungleichgewicht im Bundesweiten Verzeichnis zeigt. Auch die DUK-Experten, denen an einer Sensibilisierung für das Immaterielle Kulturerbe in ganz Deutschland gelegen war, sahen die Regelung eher skeptisch. Auch sie befürchteten, dass ein zu starker

Bayern-Schwerpunkt auf der Liste dem Thema in anderen Regionen nicht gut bekomme. Im Beobachtungszeitraum behielt die flexible Quote aber Bestand.

Unter den 83 von den Ländern ausgewählten Bewerbungen der ersten Vorschlagsrunde 2013/14 waren auch neun, die ein Beispiel Guter Praxis der Erhaltung Immateriellen Kulturerbes beschrieben. Das Problem, welches das Expertenkomitee bei diesen hatte, war, dass vorher weder Kriterien für die Bewertung dieser Erhaltungsprogramme festgelegt wurden noch im Bewerbungsformular geeignete Informationen, die eine echte Bewertung erlauben, abgefragt wurden. Dies rührte daher, dass die Vorlage, wie erläutert, aus Österreich stammte und dort bis dato keine entsprechenden Bewerbungen eingegangen waren. Da die DUK u. a. in den 2013 durchgeführten Regionalforen (10) und auf ihrer Webseite (17) sowie im Newsletter (19) – kurz in ihrer gesamten Werbung für das Bewerbungsverfahren – bewusst für die Guten Praxis-Beispiele und ihre Vorzüge geworben hatte, trat hier ein interessanter Widerspruch zwischen dem Auswärtigen Amt, das die Formulare der KMK als Entwurf zur Verfügung gestellt hatte, und den Ländern auf der einen und der Öffentlichkeitsarbeit der DUK, die auch im Namen der Experten erfolgte, auf der anderen Seite zu Tage, der ganz konkrete operative Probleme verursachte. In der ersten Runde wurde dies vom Expertenkomitee zunächst über das Mittel von Rückstellungen aller neun Bewerbungen gelöst. Bis zur Behandlung im Folgejahr (2015) definierte man seitens der DUK im Zusammenwirken mit den Ländern eigene Kriterien, die ähnlich wie jene Kriterien für Kulturformen aus der Konvention und den Richtlinien zur Durchführung des Übereinkommens abgeleitet und auf den deutschen Kontext übertragen wurden. Die Informationen zur adäquaten Bewertung der Bewerbungen mussten sich die Experten allerdings zunächst noch aus den Antworten auf anderslautende Fragen der ersten Version des Bewerbungsformulars heraussuchen. Der Umgang mit den Bewerbungen für Beispiele Guter Praxis der Erhaltung Immateriellen Kulturerbes wurde dann nach den in der ersten Runde gesammelten Erfahrungen weiter angepasst: Zur Bewerbungsrunde 2015/16 wurden durch die DUK-Geschäftsstelle in Abstimmung mit den Ländern auch Fragen zu den Gute Praxis-Beispielen in das gemeinsame, bundesweit einheitliche Bewerbungsformular integriert. Während bis dahin die Träger der Programme ihre Angaben mühsam als Antworten auf die Fragen, die sich im Grunde auf Kulturformen und nicht auf Erhaltungsprogramme bezogen, geben mussten, gibt es seitdem drei spezielle Fragen, die nur für diese Unterkategorie des Bundesweiten Verzeichnisses Anwendung finden. Außerdem zählen diese Vorschläge seitdem mit in die jeweiligen 4er-Quoten der 16 Länder (vgl. Dok. 25: KMK-Beschluss vom 11.12.2014: 2). Hieran zeigt sich bereits in mehrfacher Hinsicht ein Lerneffekt mit Anpassung der entsprechenden Politik, der typisch für den Policy-Cycle ist: quasi ein kleiner

Policy-Cycle im großen, denn nach der Implementierung des Bewerbungsformulars wurde dieses in der Praxis evaluiert und dann entsprechend der festgestellten
Bedarfe reformuliert.

Von den neun oben erwähnten Vorschlägen für Gute Praxis-Beispiele, die
2014 zurückgestellt wurden, weil es noch keine Kriterien dafür gab, wurden
im Rahmen der Bewertung der Rückstellungen und der folgenden staatlichen
Bestätigung dieser Auswahlempfehlungen Ende 2015 zwei erste Einträge im
nationalen Register anerkannt. Hinzu kamen darüber hinaus sieben weitere Einträge von Kulturformen ins Verzeichnis aus den oben genannten Rückstellungen,
die nunmehr die Anforderungen erfüllten. Ende 2015 gab es damit also bereits
36 Einträge im Verzeichnis. Drei Vorschläge wurden erneut zurückgestellt und
konnten im Folgejahr mit nachgelieferten Informationen wiederum direkt bei der
DUK-Geschäftsstelle eingereicht werden. Vier Vorschläge wurden vom Gremium
abgelehnt.

Im zweiten Bewerbungsdurchgang (2015/16) kam es mit dem neuen Bewerbungsformular zu 75 Vorschlägen aus der Zivilgesellschaft. Die Länder wählten
daraus 54 Vorschläge aus – schöpften das Maximalkontingent von 64 Dossiers
also nicht aus; allein 21 Dossiers stammten allerdings aus Bayern, das zu diesem Zeitpunkt noch als einziges Land eine Beratungsstelle zum Immateriellen
Kulturerbe eingerichtet hatte (12) – und leiteten sie über das KMK-Sekretariat an
die Experten der DUK weiter. Hinzu kamen die drei oben genannten Rückstellungen. Von diesen 57 Dossiers empfahlen die Experten dieses Mal 34 Kulturformen
und zwei Gute Praxis-Beispiele zur Aufnahme in das Verzeichnis. Elf Vorschläge
wurden zurückgestellt. Zehn Vorschläge wurden vom Gremium abgelehnt – die
Zahl der Ablehnungen war inzwischen also deutlich geringer geworden, was
Sophie Schönbergers (2017: 3) Einschätzung eines sehr selektiven und kompetitiven Verfahrens erneut eher widerlegt. Ende 2016 betrug die Zahl der Einträge
im Bundesweiten Verzeichnis des Immateriellen Kulturerbes damit 72, darunter
vier Gute Praxis-Beispiele.

Die Änderung der Bewerbungsunterlagen, die hier beispielhaft anhand der
neu eingefügten Fragen zu den Gute Praxis-Beispielen bereits dargestellt wurden, erfolgte in permanenter enger Abstimmung zwischen der DUK und den
Ländern und beweist eine hohe Bereitschaft der beteiligten Akteure zum politischen Lernen. Ein weiterer Aspekt, der bereits nach der ersten Bewerbungsrunde
angepasst wurde, zeigt zugleich auch einen weiteren Lerneffekt, nämlich die recht
spontane Kreation von Länderverzeichnissen (11) im Jahr 2014. Als Bund und
Länder 2011/12 die Ratifizierung und das Szenario der Inventarisierung besprochen hatten, spielte dies noch keine Rolle, wohl auch, da niemand genau das
Interesse aus der Zivilgesellschaft hat abschätzen können. Als Bayern und NRW

im ersten Bewerbungsdurchgang ein großes Interesse der Beteiligung am Verfahren feststellen konnten, reagierten beide flächen- und bevölkerungsreichen Länder schnell und richteten diese Verzeichnisse ein. Auf ihr Betreiben wurde sodann bei der ersten Überarbeitung der bundesweit einheitlichen Bewerbungsformulare 2015 gleich mit aufgenommen, dass es sich nicht nur um Bewerbungen für das Bundesweite Verzeichnis, sondern auch für eventuell vorhandene Länderverzeichnisse handele und dass diese formal in die KMK-Beschlusslage aufgenommen wurden (vgl. Dok. 25: KMK-Beschluss vom 11.12.2014: 2).

Im Sinne des politischen Lernens im Laufe der Umsetzung der Inventarisierung lohnt an dieser Stelle ein Blick auf den Wettbewerbsföderalismus: Durch die eigenverantwortliche Form der Gestaltung der ersten Stufe des Bewerbungsverfahrens in den 16 Ländern kann ein Leistungswettbewerb zwischen ihnen im Sinne von Lernen von besten Problemlösungen beobachtet werden (siehe u. a. Abschnitt 6.3.2.5.). Begrenzt ist dieser Leistungswettbewerb im Vergleich zur Schweiz, wo die Kantone ganz eigenverantwortlich, d. h. ohne nationalweite Vorgabe der Form und Art der Vorschlagssammlung agieren, aber er ist im Rahmen der Inventarisierung stärker als in Österreich, wo die Vorschläge zentral bei der ÖUK eingehen, also das Verfahren nationalweit einheitlich ist. Allein die Einrichtung von Länderjurys für die Vorauswahl (6) war ein Lerneffekt der Länder untereinander: Dies war keine Vorgabe im Stufenverfahren, wurde aber doch von einer großen Zahl von Ländern vorgenommen, weil es sich anderswo als praktikabel erwiesen hatte. Länder wie Bayern und NRW haben darüber hinaus eine Vorreiterrolle eingenommen nicht nur hinsichtlich der Einrichtung von Länderverzeichnissen, sondern auch von Beratungsstellen (12) sowie der Durchführung von regelmäßigen Informationsveranstaltungen (10) und eigenen Fachtagungen. Dies hat im Laufe der Umsetzung in kleineren Ländern wie Sachsen-Anhalt, Sachsen, Mecklenburg-Vorpommern und Thüringen zu produktiven Nachahmereffekten geführt.

Ein Lernaspekt auf Länderebene war ferner, dass die Fachzuständigkeit der für Denkmalschutz bzw. UNESCO-Welterbe verantwortlichen Referenten für das Immaterielle Kulturerbe (6) nicht unbedingt immer die passendste Lösung war. In Bayern wechselte die Zuständigkeit für das Immaterielle Kulturerbe gar vom für Kunst zuständigen Ministerium in das für Heimat zuständige Haus. In vielen anderen Ländern übernahmen zunehmend die für Erinnerungskultur, Heimatkultur oder regionale Kulturpolitik bzw. internationale Kulturpolitik zuständigen Referate bzw. Referenten auch die Aufgabe Ansprechperson für Bewerbergruppen des Immateriellen Kulturerbes zu sein.

Eine Weiterentwicklung des Bundesweiten Verzeichnisses betrifft in anderer Hinsicht auch seine Darstellung hinsichtlich der Kategorien, nach denen die aufgenommenen Kulturformen sortiert werden können. Beachtenswert im internationalen Vergleich ist die zu den fünf in der Konvention genannten Bereichen hinzugekommene Kategorie „Formen gesellschaftlicher Selbstorganisation", die zum Beispiel für das Genossenschaftswesen oder das Singen von Arbeiterliedern durch den Zusammenhang mit der Tätigkeit in Gewerkschaften angewandt wurde. Diese Erweiterung der Kategorien ergab sich aus den ersten Vorschlägen für das Bundesweite Verzeichnis 2013/14: Das Expertenkomitee der DUK konstatierte, dass die Bewerbungen in den genannten beiden Fällen alle Kriterien zur Aufnahme erfüllten, aber nur begrenzt zu den Bereichen, die die UNESCO-Konvention als beispielhaft vorgibt, passten und stark den Aspekt der gesellschaftlichen Mobilisierung für eine gemeinsame Sache betonten, so dass spontan für die Web-Darstellung und -Sortierung auf der DUK-Website (17) diese Kategorie eingeführt wurde. Von Seiten der staatlichen Vertreter gab es keine Bedenken, so dass dies recht geräuschlos ohne formalen Beschluss Teil der deutschen Umsetzung wurde. Im internationalen Austausch wurde dies aber durchaus interessiert zur Kenntnis genommen.

Ebenfalls ein eindeutiger Lernprozess ergab sich im Untersuchungszeitraum im Hinblick auf ein scheinbar kleines Detail des Bewerbungsprozesses für das Bundesweite Verzeichnis des Immateriellen Kulturerbes. Die staatlichen Stellen und die DUK hatten sich anfangs nach österreichischem Vorbild auf die Übernahme der Bedingung, dass zwei unabhängige Empfehlungsschreiben den Bewerbungen beigefügt werden müssen, verständigt. Hintergrund dieser Regelung ist die Idee, dass man sich auf diese Weise unabhängige Einschätzungen erhofft, wie lebendig und insgesamt den Kriterien genügend die Kulturform ist – schließlich kann kein Expertengremium für alle Vorschläge des weiten Spektrums der Formen Immateriellen Kulturerbes über hervorragende Expertise verfügen. Abweichend von der österreichischen Praxis gab man hierfür allerdings keine Liste von möglichen Verfassern aus dem Wissenschaftskontext an, da die DUK und ihre in der Anfangsphase dazu konsultierten Experten der Meinung waren, dass im deutschen Kontext eine solche angesichts des weiten Felds des Immateriellen Kulturerbes einerseits und der Breite der Expertenschaft in diesen Gebieten andererseits niemals umfassend hätte sein können. Dies jedoch führte dazu, dass den Bewerbergruppen trotz Hinweisen für die Verfasser der Schreiben, die auf der DUK-Website veröffentlicht wurden, häufig unklar blieb, wer ein solches Schreiben, das zudem häufig fälschlicherweise als ‚Gutachten' betitelt wurde, verfassen könne. Die DUK präzisierte dahingehend die Antworten auf „Häufig gestellte Fragen" (FAQs) auf der Website, dass es sich um von der Bewerbergruppe unabhängige Personen mit einer gewissen, nachweisbaren Expertise im Feld der vorgeschlagenen lebendigen Tradition handeln müsse. Man wollte nicht zwingend wissenschaftliche Gutachten, sondern kenntnisreiche und unabhängige Einschätzungen erhalten und begrenzte daher die Seiten- bzw. später Zeichenzahl strikt. Es wurde seitens der DUK wiederholt betont, dass es sich bei den Verfassern nicht um Wissenschaftler handeln müsse, sondern auch nicht-diplomierte Heimatforscher u. a. in Frage kämen. Da die Bewerbungsdossiers trotzdem wiederholt inadäquate Empfehlungsschreiben enthielten – zum Teil ohne Aussagekraft, zum Teil im Stil verfehlt, zum Teil reine Gefälligkeitsschreiben von Politikern, die mit der Kulturform an sich nichts zu tun haben, zum Teil auch von Personen, die unmittelbare Verbindungen zur Bewerbergruppe hatten – drohten darunter zunehmend die Erfolgschancen im Übrigen eigentlich aussichtsreicher Bewerbungen zu leiden. Die Expertengremien auf Länder- und Bundesebene haderten, ob sie unpassende Empfehlungsschreiben als K.O.-Kriterium werten oder aber über Schwächen in diesem Punkt hinwegsehen sollten. Man einigte sich nach eingehenden Beratungen zwischen Vertretern der Länderjurys und des DUK-Expertenkomitees im Kreise der Länderverantwortlichen und der DUK-Geschäftsstelle im Jahr 2016 auf eine Umfirmierung der Schreiben als „fachliche Begleitschreiben". Die Qualität bzw. die Erfüllung des Zwecks dieser Schreiben ist seitdem insgesamt gestiegen. Zudem hat das politische Lernen in diesem Fall auch wieder rückwärts funktioniert, denn Österreich, das in seiner nationalen Inventarisierung mit ähnlichen Schwierigkeiten im Umgang mit diesen Schreiben konfrontiert war, hat sich inzwischen einer Umbenennung nach deutschem Vorbild angeschlossen.

Die Entwicklung eines Handbuchs mit Fördermaßnahmen (27) für anerkannte Formen Immateriellen Kulturerbes war ferner ein Lernen daraus, dass es erfolgreichen Trägergruppen naturgemäß nicht immer ausreichte, einmalig gewürdigt worden zu sein, sondern dass sie ihre Erhaltungaktivitäten darauf ausbauend nun weiter verstärken wollten. Dieses Feedback erhielt die DUK vielfach und auch in den Länderministerien war dies ein häufig geäußerter Bedarf. Im Fokus stehen die Kulturformen nur während des Bewerbungsverfahrens und kurz nach einer erfolgreichen Auswahl. Nach der Auszeichung müssen die Träger mit dem Label werben, um Unterstützung zu bekommen, aber eine automatische stärkere Beachtung der ausgezeichneten Traditionen gibt es nicht und wird von den politischen Akteuren bisher auch kaum strategisch verfolgt (vgl. L, Interview am 15.11.2018). Weitere Anpassungen der Umsetzungsprogramme im Hinblick auf die Bewerbungen für das Bundesweite Verzeichnis und die Erreichbarkeit von potenziellen Trägergruppen waren die Konzeption eines Mentoringprogramms für kleine Bewerbergruppen (26) sowie der Versuch einer gezielten Ansprache von Gruppen, die man durch das *Bottom-up*-Verfahren zuvor nicht erreicht hatte (24, 25).

„Dadurch, dass es zivilgesellschaftlich wächst und vielleicht dieses aktivierende Moment erst jetzt im dritten, vielleicht dann auch im vierten Zyklus stärker zum Tragen kommt, hat es natürlich auch einen gewissen Willkürcharakter, wer sich bewirbt. Und das Expertenkomitee und die Länder können ja nur unter denen auswählen, die tatsächlich den Schritt gegangen sind. Und da kann man ja nur zurzeit in unserem Verfahren an alle Verantwortlichen appellieren, noch einmal gezielt anzusprechen und Hilfestellung zu leisten." (L, Interview am 15.11.2018)

Neben der nationalen Inventarisierung war die deutsche Umsetzung der UNESCO-Konvention zum Immateriellen Kulturerbe auch bei den Nominierungen von Kulturformen für die UNESCO-Listen durch Lerneffekte gekennzeichnet. Zum einen stellten die beteiligten Akteure fest, dass es dafür ebenfalls einer stärkeren Strukturierung der Auswahl- sowie der Erarbeitungsprozesse bedurfte. Die Abläufe der Auswahl im DUK-Expertenkomitee wurden mitsamt einer expliziten Formulierung von Kriterien für eine Auswahl im Laufe des Umsetzungsprozesses präzisiert (siehe Abschnitt 6.3.4.1.). Die Übernahme einer steuernden Rolle bei der Erarbeitung der deutschen UNESCO-Nominierungen durch die DUK ist ebenfalls ein Lerneffekt, der sich in der konkreten Umsetzung des Stufenverfahrens ergab: Die als Stufen 5 und 6 des Prozesses gedachten Schritte waren im Szenario deutlich weniger durchstrukturiert als die Stufen 1 bis 4. Die beteiligten politischen Akteure mussten realisieren, dass die Trägergruppen Immateriellen Kulturerbes ganz andere Voraussetzungen mitbringen als die Trägerschaften von Welterbe-Stätten – hier hatte man bewusst oder unbewusst zunächst Parallelen gezogen, stellte aber fest, dass der Unterstützungsbedarf, insbesondere angesichts der kurzen Zeiträume, die man sich im Netzwerk gerade anfangs für die Erarbeitung der Nominierungen gab (siehe Abschnitt 6.3.4.1.), viel größer war. Viele Akteure, insbesondere Bund und Länder, hatten den Aufwand einer UNESCO-Nominierung deutlich unterschätzt, da man der Auffassung war, man müsse die Angaben für die nationale Inventarisierung nur ins Englische übertragen. Dass die Kriterien und Anforderungen der Nominierungsformulare auf UNESCO-Ebene und der begleitenden Materialien (Video, Einverständniserklärungen der Trägerschaften usw.) aber zum Teil doch deutlich von der nationalen Inventarisierung abwichen, wurde dann erst in der Praxis deutlich.

6.4.3 Politisches Lernen anderer Vertragsstaaten aus der deutschen Umsetzung

Das deutsche Modell hatte seinerseits durch den regelmäßigen internationalen Fachaustausch (siehe Abschnitt 6.3.4.) wiederum Rückwirkungen auf die Umsetzung in anderen Vertragsstaaten der UNESCO-Konvention, wenn auch in geringem Ausmaß als dies umgekehrt (siehe Abschnitt 6.4.1.) der Fall war.

Österreich beobachtete die deutsche Umsetzung besonders intensiv; zwischen der ÖUK und der DUK bestand ein regelmäßiger Austausch über Projekte und Details der nationalen Umsetzung. So folgte Österreich u. a. der deutschen Umfirmierung der Empfehlungsschreiben in „fachliche Begleitschreiben" (siehe Abschnitt 6.4.2.). Bei der Einrichtung eines separaten Registers Guter Praxis-Beispiele der Erhaltung Immateriellen Kulturerbes als Unterkategorie des nationalen Verzeichnisses war Deutschland sehr früh gestartet – schon 2015 erfolgten die ersten Anerkennungen von Gute Praxis-Projekten, wie in Abschnitt 6.4.1. gezeigt insbesondere inspiriert von Ungarn und dem UNESCO-Register. Österreich erkennt im nationalen Rahmen seit 2019 Gute Praxis-Beispiele in einer separaten Darstellung auf der ÖUK-Webseite an. Bezüglich der Logopraxis wurde geprüft, das in Deutschland geschaffene Logo für Formen Immateriellen Kulturerbes zu übernehmen, nachdem Trägergruppen in Österreich, insbesondere in den Grenzregionen, die deutsche Praxis als beispielgebend gelobt und dies angeregt hatten. Dies ist allerdings bisher (Stand 2022) nicht erfolgt. Und schließlich führte Österreich, in diesem Fall sicherlich nicht ausschließlich dem deutschen Vorbild folgend, ebenfalls feste Bewerbungszeiträume für sein nationales Verzeichnis ein, nachdem Vorschläge hier viele Jahre permanent eingesandt werden konnten.

Frankreich orientierte sich nach einem weitgehend von einem *Top-Down-* und der Wissenschaft geprägten Inventarisierungsansatz ab etwa 2013 an den partizipativeren Prozessen der Partner- und Nachbarländer. Auch wurde ähnlich wie in Deutschland der Beratung und Unterstützung von Trägergruppen im Inventarisierungsprozess seitdem mehr Aufmerksamkeit geschenkt. Während diese Anpassungen als Lerneffekte der eigenen Umsetzung und im Verhältnis zu den UNESCO-Nominierungen bewertet werden können, gibt es hinsichtlich der Einführung eines Logos für das Immaterielle Kulturerbe in Frankreich eine recht deutliche Anlehnung an die deutsche Praxis: Das im Jahr 2018 kreierte Logo trägt sehr eng dem deutschen Beispiel „Immaterielles Kulturerbe – Wissen. Können. Weitergeben." folgend den Titel „Patrimoine culturel immatériel en France. connaître, pratiquer, transmettre". (vgl. Abbildung 6.2 und Abschnitt 4.4.2.4.)

Abbildung 6.2 Logo des
Immateriellen Kulturerbes
in Frankreich (eigenes Foto)

Finnland war der UNESCO-Konvention, ähnlich wie die Niederlande, im etwa gleichen Zeitraum beigetreten wie Deutschland. Zwischen der DUK-Geschäftsstelle und der in Finnland verantwortlichen nationalen Museumsagentur gab es einen kontinuierlichen Austausch hinsichtlich des Aufbaus einer Auswahlarchitektur von Formen Immateriellen Kulturerbes und der Gestaltung der Entscheidungspraxis. Finnland entschied sich im Zuge der Inventarisierung für einen Wiki-Verzeichnis-Ansatz, so dass der Austausch hier vor allem auf den verschiedenen Methoden beruhte. Für die Qualitätsauswahl durch Experten und das dabei gewählte Vorgehen wurden ebenfalls Erfahrungen ausgetauscht.

Eine gegenseitige Bereicherung erfolgte zudem zwischen den für die nationalen Umsetzungen verantwortlichen Personen in den Niederlanden, Belgien und Deutschland, speziell hinsichtlich des Themas urban und interkulturell geprägter Traditionen, die die Heterogenität der Gesellschaft abbilden. Verschiedene Ansätze der Aktivierung von möglichen Trägergruppen wurden zwischen den Partnern ausgetauscht und zum Thema Superdiversität fand im Februar 2018 eine gemeinsame Tagung in Utrecht statt.

Japan und weitere Länder waren sehr an der ersten deutschen UNESCO-Listung des Genossenschaftswesens interessiert. In der Schweiz gab es mit den Geteilschaften im Wallis zu diesem Zeitpunkt bereits einen inhaltlich verwandten Eintrag im nationalen Verzeichnis. Die UNESCO-Eintragung gab vielerorts den Gedankenanstoß zunächst das Projekt einer nationalen Anerkennung anzugehen mit der möglichen langfristigen Perspektive die Eintragung Deutschlands zu einer multinationalen Listung zu machen.

Evaluierung der kulturpolitischen Maßnahmen: Ergebnisse aus der bisherigen Praxis und Erkenntnisse für eine künftige Politik zum Immateriellen Kulturerbe

7

Nach der eingehenden Analyse der nationalen Umsetzung der UNESCO-Konvention zur Erhaltung des immateriellen Kulturerbes in Deutschland im Zeitraum bis einschließlich 2016 soll nun ein Fazit dieser Arbeit gezogen werden: Welche Ergebnisse hatte die Politik zum Immateriellen Kulturerbe in Deutschland und welche Erkenntnisse ergeben sich daraus für eine künftige Politik? (Abschnitt 7.1.) Welche Modifikationen wären darüber hinaus, auch unter Betrachtung der Erfahrungen in anderen Staaten, im Ergebnis dieser Arbeit zu empfehlen? (Abschnitt 7.2.) Schließlich: Welche Bereiche bedürfen einer weiteren politik- und/oder kulturwissenschaftlichen Erforschung? (Abschnitt 7.3.)

Wenn ein neues Instrument von Kulturpolitik eingeführt wird, als welches man die nationale Umsetzung der UNESCO-Konvention mit ihren verschiedenen Maßnahmen verstehen muss, soll damit eine Regelungs- oder Förderlücke geschlossen werden. Zwar handelte es sich in diesem Fall um einen speziellen Impuls, der von außen, nämlich der Staatengemeinschaft der UNESCO, kam. Trotzdem ist ein solcher Lückenschluss gelungen: Insbesondere sind neue Akteure, die vorher wenig Berücksichtigung im Politikfeld gefunden haben, in der eigenen Wahrnehmung aber Kulturakteure sind, in die Arena der Kulturpolitik eingetreten.

„Wenn man eine Million Menschen hat, die in zehntausend Chören wöchentlich singen, dann ist das eine Größe. Und das mag einem nun gefallen, nicht gefallen, aber sagen wir mal, die Kultur und die Bedeutung, die das für das Leben der Menschen hat, das ist schon unglaublich. […] Oder man kann eben viele Beispiele nehmen. Also das hat eine große Lebendigkeit in Deutschland. Und das hat man allmählich entdeckt. Und dann wurde auch klar, dass es dafür jetzt einen Begriff gibt." (E1, Interview am 15.10.2018)

© Der/die Autor(en) 2024

B. Hanke, *Kulturelle Teilhabe durch Immaterielles Kulturerbe*, Auswärtige Kulturpolitik, https://doi.org/10.1007/978-3-658-44086-2_7

Im Vorgriff auf die detaillierte Darstellung in diesem Kapitel hier zunächst fünf zentrale Ergebnisse der Arbeit und fünf Empfehlungen für die weitere Arbeit mit dem Politikinstrument der UNESCO-Konvention zur Erhaltung des immateriellen Kulturerbes in Deutschland:

In Deutschland wird die UNESCO-Konvention seit 2013 mit einer Vielzahl von neu aufgelegten Maßnahmen operationalisiert und damit in den nationalen Kontext übersetzt. Zentrale Maßnahme ist wie in den untersuchten Nachbarländern die Inventarisierung von Formen Immateriellen Kulturerbes. Dies erfolgt hierzulande über ein mehrstufiges Verfahren, an dem eine Reihe von zum Teil im Politikfeld etablierten, zum Teil neuen Akteuren, beteiligt ist.

Die beteiligten Akteure kooperieren produktiv und in ihren Rollen gut aufeinander abgestimmt miteinander; die Politikverflechtung zeigt überwiegend positive Wirkungen. In dem neu geschaffenen Politiknetzwerk haben die Akteure aber verschiedene Interessen, die sie versuchen um- und durchzusetzen. Da in der Phase der Politikformulierung versäumt wurde, eine klare und gemeinsame Zieldefinition der deutschen Mitwirkung an der Konventionsumsetzung zu formulieren, differieren auch die Wirkungsabsichten, was gelegentlich zu (Ziel-)Konflikten führt.

Durch die Umsetzung der Konvention ist die kulturelle Teilhabe in Deutschland in mehreren Dimensionen erhöht worden. Die Arbeit konnte allerdings zeigen, dass dies bei den relevanten Akteuren zu Beginn kaum vernehmbares Motiv oder gar eine Strategie der deutschen Mitwirkung an der Konventionsarbeit war.

Das Kulturverständnis öffnet sich durch die Umsetzung der UNESCO-Konvention schrittweise in Richtung der UNESCO-Definition und nimmt mehr breitenkulturelle Elemente sowie Formen von Wissen und Können auf. Während die Trägergruppen anerkannter Kulturformen zum einen von gewachsenem Stolz auf das eigene Tun und höherer Selbstachtung berichten, sind zum anderen vielfach auch neue (internationale) Kontakte entstanden. Durch den Reflexionsprozess werden Gemeinsamkeiten genauso wie Unterschiede und Trennungslinien deutlich; die Konstituierung von Gruppen produziert zugleich Inklusion wie auch Exklusion.

Rund um die Umsetzung der 2003er-UNESCO-Konvention in Deutschland sind vielfache Wechselwirkungen zwischen der nationalen und der internationalen Kultur(erbe)politik zu konstatieren. Insbesondere ist eine neue Dynamik im kulturpolitischen Feld zu beobachten. Eine wichtige Erkenntnis des internationalen Vergleichs ist, dass kulturpolitische Maßnahmen gesellschaftliche Debatten anregen, zu kultureller Teilhabe beitragen und ein Bewusstsein für internationale Verbindungen und Zusammenarbeit fördern können.

Für eine gedeihliche Weiterentwicklung des Instruments in Deutschland lassen sich folgende fünf Empfehlungen ableiten: Erstens wird empfohlen, bewusster auf die Förderung kultureller Teilhabe Wert zu legen und allgemein Kulturerbe-Politik stärker in Richtung Gesellschaftspolitik auszulegen. Zweitens sollte das Konzept ‚Immaterielles Kulturerbe' im Policy-Netzwerk und in der Ausgestaltung der konkreten Umsetzungsmaßnahmen noch geschärft werden, um die Verständigung darüber zu fördern und das Wirkungspotenzial auszuschöpfen. Drittens sollten beim Inventarisierungsverfahren Anpassungsmaßnahmen vorgenommen werden, um dieses konsistenter sowie noch effektiver zu machen und dabei zugleich strategischer auszurichten. Viertens sollte das Netzwerk der Trägergruppen, das bisher nur rudimentär existiert, gestärkt werden, indem Austausch- und Qualifizierungsangebote gemacht werden. Und fünftens schließlich sollten Ressourcen zur Inwertsetzung Immateriellen Kulturerbes, insbesondere in Form von Aufmerksamkeit und einer Harmonisierung mit einer nachhaltigen Entwicklung, mobilisiert werden.

7.1 Zentrale Ergebnisse der Arbeit

Die Methode einer Politikfeldanalyse anhand des Modells des Policy-Cycles erwies sich als geeignet für die Untersuchung der ersten Phase der Umsetzung der UNESCO-Konvention zur Erhaltung des immateriellen Kulturerbes in Deutschland bis einschließlich des Jahres 2016. Die strukturierte Auswertung von Experteninterviews und Dokumenten, ergänzt um Medientexte und Fallbeispiele, erlaubte gute Einblicke in die zu untersuchenden Vorgänge. Dass dabei eine alleinige Konzentration auf die politischen Akteure und ihre Perspektiven vermieden wurde und stattdessen mit dem Ansatz des akteurzentrierten Institutionalismus die Strukturen und Institutionen mit ihren Interaktionen mit in den Blick genommen wurden, zeigte sich ebenfalls als sinnvoll, zumal dieser Ansatz in der Lage ist die Mehrebenenverflechtung abzubilden. Die mit dem Ansatz verbundene Annahme, dass der Kontext mit seinen institutionellen Regeln das Handeln der Akteure bestimmt, bestätigte sich an vielen Stellen dieser Arbeit ebenso wie die Gültigkeit der komplementären Beobachtung, dass institutionelle Strukturen maßgeblich durch die darin aktiven Akteure gestaltet werden (vgl. Scharpf 2000: 17, 41 f., 78). Das Konzept des politischen Lernens erwies sich für die Erkenntnissammlung in der vorliegenden Arbeit darüber hinaus als sehr hilfreich, da es Übertragungseffekte aus dem internationalen Kontext wie auch des Wettbewerbsföderalismus und der typischen Phasen des Policy-Cycle erklären konnte.

An der Umsetzung der Konvention zum Immateriellen Kulturerbe in Deutschland sind, wie gezeigt, eine ganze Reihe von im Politikfeld bereits etablierten sowie auch neuen Akteuren beteiligt. Da sich diese Akteure zum Teil passiv, aber durchaus wohlwollend, zum Teil sogar äußerst aktiv und mit großer Begeisterung beteiligen, steht stark zu vermuten, dass sie sich alle durch die Mitwirkung bessergestellt sehen als zuvor: Die Vorteile und der Nutzen durch Beteiligung an der Umsetzung überwiegen offenbar die Kosten, also den Ressourceneinsatz (vgl. Blum/Schubert 2009: 127 f.).

Allerdings gilt wie in den untersuchten Nachbarländern auch in Deutschland, hier in Anlehnung an Ausführungen von Stefan Koslowski vom Schweizer Bundesamt für Kultur im Mai 2017, die Erkenntnis, dass Immaterielles Kulturerbe nach wie vor weder in kommunikativer noch in kulturpolitischer Hinsicht ein leicht zu vermittelndes Thema ist. In allgemeinen Kulturerbediskursen im Politikfeld ist Immaterielles Kulturerbe inzwischen zwar präsent und wird meist mitgemeint, aber in seiner Spezifik doch insgesamt wenig berücksichtigt. Die Trägerschaften des materiellen Kulturerbes sind zudem im Vergleich noch immer wesentlich besser organisiert als jene des Immateriellen Kulturerbes. In der Kulturförderung wird Immaterielles Kulturerbe auch nur ansatzweise mitgedacht und eher wenig berücksichtigt. Ausnahmen von spezifischen Förderungen für Formen des Immateriellen Kulturerbes sind in Deutschland an einer Hand abzählbar.

Aus der Hauptmaßnahme der ersten Phase der Konventionsumsetzung in Deutschland, der Inventarisierung von Formen Immateriellen Kulturerbes, die zunächst eine reine Bestandsaufnahme sein sollte, hat sich eine qualitative Auszeichnung entwickelt, und zwar in erster Linie der Kulturformen und in zweiter Linie der Trägergruppen. In Beantwortung der erkenntnisleitenden Frage dieser Arbeit ist zwischen den verschiedenen Akteuren zu differenzieren: In der allgemeinen Öffentlichkeit wird vornehmlich eine kulturpolitische Würdigung von besonderen Kulturformen wahrgenommen. Die staatlichen Stellen tendierten von Anfang an dazu, eine „Hitliste" zu erstellen und das Besondere ins Rampenlicht zu stellen sowie im Eigeninteresse selbst von dem Glanzlicht schillernder Auszeichnungen im UNESCO-Kontext zu profitieren. In der Perspektive der Trägergruppen der anerkannten Kulturformen handelt es sich um eine Kombination aus der Würdigung ihres, häufig ehrenamtlichen, Engagements in Verbindung mit einer öffentlichen Anerkennung im prestigeträchtigen Bereich des Kulturerbes als Anhäufung symbolischen Kapitals (vgl. E1, Interview am 15.10.2018). Für die Fachorganisationen und -experten stand die Bestandsaufnahme in Kombination mit einer wertschätzenden Würdigung bürgerschaftlichen Engagements im Kulturbereich im Vordergrund. Der DUK und den Nichtregierungsorganisationen im Bereich lag viel an der Sensibilisierung für das Immaterielle Kulturerbe und seinen besonderen Wert für das menschliche Zusammenleben. Dass sich die Anerkennung für die Trägergruppen lohnen müsse, erkannte man im DUK-Expertenkomitee aber bereits recht früh, und entschied sich noch vor den ersten Eintragungen ein Logo zu kreieren und zur Nutzung an die Trägergruppen zu vergeben. Dass öffentliche Aufmerksamkeit das realistischste Ziel und Ergebnis der Anerkennung ist, die es durch die Träger selbst in andere Vorteile und Erhaltungsmaßnahmen umzumünzen gilt, betonte die DUK nach den ersten Verzeichniseinträgen sowohl gegenüber erfolgreichen wie auch gegenüber noch an einer Bewerbung interessierten Trägergruppen. Es fällt auf, dass keiner der maßgeblichen Akteure mit der nationalen Umsetzung der 2003er-UNESCO-Konvention explizit die Erhöhung kultureller Teilhabe zum Ziel hatte. Dass sich dies trotzdem zumindest teilweise als Ergebnis des Prozesses realisierte, wird im Unterkapitel 7.1.3. detaillierter bilanziert. Dies wurde von einem entsprechenden Reflexions- und Erkenntnisprozess unter den Experten des Immateriellen Kulturerbe und bei den zivilgesellschaftlichen Akteuren begleitet. Von einigen Akteuren des Policy-Netzwerks wird die Inventarisierung als reine Pflichtaufgabe der nationalen Umsetzung der UNESCO-Konvention gewertet, von einigen aber auch begeistert im Erkenntnisinteresse verfolgt und als Möglichkeit den eigenen Einflussbereich auszuweiten gesehen. Im Fall der neuen Akteure im Politikfeld, den Experten und den Trägergruppen, wird durch die Mitwirkung im Netzwerk die Chance gesehen, nachdrücklich auf die Bedeutung des eigenen Wirkens auch außerhalb des Netzwerks, also im wissenschaftlichen Kontext oder im Verhältnis zu anderen Akteuren des bürgerschaftlichen Engagements, aufmerksam zu machen.

7.1.1 Politische Maßnahmen der Umsetzung der UNESCO-Konvention in Deutschland

Vielfach wurde im Laufe dieser Arbeit deutlich, dass es sich bei der Umsetzung der 2003er-UNESCO-Konvention nicht etwa um ein rein fachliches, sondern um ein politisches Projekt handelt. Dieses wird von konkreten Akteuren – von den Trägergruppen über Experten bis hin zu den in der Verwaltung auf verschiedenen Ebenen Verantwortlichen – ausgestaltet und mitgeprägt. Das Umsetzungssystem hat sich dabei nicht so eng an das etablierte Vorgehen im Bereich des materiellen Kulturerbes angelehnt wie vorhergesagt. (vgl. Tauschek 2012: 208 f.) Es handelt sich bei der Politikformulierung um den seltenen Fall einer Policy-Erneuerung (vgl. Howlett/Ramesh/Perl 2009: 137, 204 f.), denn es sind neue Ideen und auch neue Akteure ins Politikfeld der Kultur eingetreten. Allerdings finden im Politikfeld auch eine Reihe von Übertragungen aus der klassischen Kulturförderung und vom materiellen Welterbe zum Immateriellen Kulturerbe statt, die manchmal zum gegenseitigen Nutzen sind, wenn etwa Vertrauenskapital aus dem Bereich Welterbe auf das neuere Programm übertragen wird oder sich Anerkennungen gegenseitig stärken, wie zum Beispiel bei den Bauhütten oder „[…] Bamberg mit der Gärtnerkultur. Das ist ein gutes Beispiel, finde ich, wo die das Immaterielle mit dem Materiellen verbinden. Also das muss man wirklich nicht für jede Nominierung machen lassen, aber mit Sicherheit kann man da einiges tun." (B, Interview am 05.11.2018) Gelegentlich kann aber auch Schaden aus der engen Verknüpfung entstehen, wenn daraus etwa Missverständnisse über die jeweiligen Verfahren und Gegenstände erwachsen oder die Diskurse mit Konflikten aus dem jeweils anderen Feld belastet werden.

> „Man muss immer aufpassen, dass das nicht verwechselt und miteinander vermischt wird. Das ist, glaube ich, die entscheidende Frage. Also Welterbe hat natürlich den entscheidenden Vorteil, dass man dahinfahren kann, sich das angucken kann. […] Und das geht natürlich nur begrenzt [beim Immateriellen Kulturerbe …]. Deswegen sollte man eben versuchen, so gut es eben geht, die Eigenständigkeit und die Andersartigkeit dieser, ja, Bewertung oder dieser Würdigung deutlich zu machen. […] Aber das ist, denke ich, den Schweiß der Edlen wert, das immer wieder zu versuchen. Aber es ist schon eine Herausforderung, das immer wieder abzugrenzen. Zu sagen, wir reden da über was anderes. Und gleichzeitig auch deutlich zu machen, den eigenen Stellenwert auch zu unterstreichen. Das ist schwierig." (K, Interview am 01.11.2018)

Für die Diskurse über Kultur und Kulturerbe ergaben sich im Politikfeld neue Erkenntnisse und Einsichten durch die Umsetzung der neuen UNESCO-Konvention in Deutschland. Mit den Experten, die Immaterielles Kulturerbe einschätzen und bewerten, sowie den Trägergruppen, die teilweise zuvor gar nicht im Kulturfeld verortet wurden, sind neue Akteure ins Politikfeld integriert worden. Zudem sind auch ganz neue Institutionen entstanden, die durch ihre Entscheidungen und ihr Wirken wesentlich einen Teil dieser Politik mitprägen (vgl. Tauschek 2010: 98).

Im Abschnitt 6.3.1. ist im Detail eine ganze Reihe von politischen Maßnahmen (Projekten, Programmen und Strategien) vor- und dargestellt worden, mit denen die maßgeblichen Akteure in Deutschland das völkerrechtliche Instrument UNESCO-Konvention zur Erhaltung des immateriellen Kulturerbes umsetzen. Dazu gehören nach der Klassifikation von von Beyme (1998, 2002), ergänzt durch Wimmer (2011: 10), insbesondere regulative Maßnahmen zur Gestaltung von

Rahmenbedingungen mit einigen protektiven Elementen, in der Mehrzahl dienen sie allerdings der Förderung eines öffentlichen Bewusstseins und Diskurses.
Im Bereich der distributiven Maßnahmen, das heißt der monetären Förderung,
passiert im Vergleich zu anderen Bereichen der Kulturpolitik wenig. Insgesamt konnten 35 konkrete Maßnahmen identifiziert und voneinander abgegrenzt
werden – ein Mix aus prozeduraler Steuerung, Strukturierung und Informati-
onsinstrumenten, die nach Jann (1981: 62 f.) als informationelle Instrumente
bezeichnet werden und insbesondere auch Auszeichnungs- und Titelvergaben
beinhalten. Bei dem Maßnahmenmix handelt es sich im Ganzen um eine Form
von indirekter bzw. Anreizsteuerung. (vgl. Braun/Giraud 2003: 149 f.) Darunter finden sich Aktivitäten zur Aus- und Weiterbildung von Kulturakteuren, zur
Dokumentation und Popularisierung von Immateriellem Kulturerbe sowie Studien
verschiedener Art. In den Bereichen der Integration von Immateriellem Kulturerbe in Strategien anderer Politikfelder und in konkrete Bildungsprogramme
bestanden im Untersuchungszeitraum noch Leerstellen. (vgl. Abschnitt 6.2.6.)

Der Hauptfokus fast aller Akteure in der untersuchten Anfangszeit der nationalen Umsetzung des Übereinkommens lag auf dem vereinbarten mehrstufigen
Verfahren und der schrittweisen Erstellung eines Bundesweiten Verzeichnisses
des Immateriellen Kulturerbes. Wie in den vergleichend betrachteten Staaten
Österreich, Schweiz, Belgien und Frankreich auch, ist dies zweifelsohne „Brenn-
punkt und Herzstück der Umsetzung der Konvention" (Koslowski 2016: 65). Eine
Aufnahme ins Verzeichnis erwies sich vielfach als ein Vorteil im Rahmen der
sogenannten „Ökonomie der Aufmerksamkeit", die sinngemäß besagt, dass im
Strom der Fülle von Informationen, die in unserer Gesellschaft heute verfügbar ist, die Aufmerksamkeit zur wertvollsten Ressource geworden ist. Zweifellos
schafft ein Eintrag in einem nationalen Verzeichnis des Immateriellen Kulturerbes
höhere Sichtbarkeit für eine Kulturform und ihre Trägergruppe und produziert auf
diese Weise „kulturelle Bedeutsamkeit" (Tauschek 2013: 94). Interessant ist im
Hinblick auf den zeitlichen Ablauf der Inventarisierung zudem der vergleichende
Blick: Eine maßgebliche Begleiterin der Umsetzung der Konvention in Frankreich weist darauf hin, dass die Inventarisierung und UNESCO-Nominierungen
dort parallel gestartet worden sind (vgl. Cachat 2015: 51) – ähnlich, wenn auch
mit etwas anderen Vorzeichen, war es in Belgien – während Österreich, die
Schweiz und auch Deutschland bewusst entschieden hatten, zweistufig vorzu-
gehen. Dass dies eine politische Richtungsentscheidung war, wird in diesem
Vergleich deutlich. Kritik am Modus der Inventarisierung in Deutschland, u. a.
der tendenziell kompetitive Charakter, die implizit an vielen Stellen entgegen
der Konventionsabsichten doch vorgenommene qualitative Bewertung der Kulturformen nach Einmaligkeit, Authentizität und historischer Unveränderlichkeit

(vgl. Lenski 2014: 102 f.) sowie an den langen Verfahren, hat durchaus eine gewisse Berechtigung. Der Einschätzung, dass die Erstellung des Verzeichnisses die Umsetzung der Konvention in Deutschland komplett ausmache (vgl. Schönberger 2017: 1), ist durch eine genaue Analyse der ersten vier Jahre der Konventionsimplementierung in Deutschland und unter Verweis auf die 35 konkreten Projekte, Programme und Strategien, die im Rahmen dieser Arbeit vorgestellt und kontextualisiert wurden, allerdings nicht zu folgen.

Zu den über die Inventarisierung hinausgehenden strukturell bedeutsamen Maßnahmen zählen die Einrichtung einer koordinierenden Geschäftsstelle bei der Deutschen UNESCO-Kommission, die maßgeblich Informations- und Öffentlichkeitsarbeit betrieben und als „Spinne im Netz" (L, Interview am 15.11.2018) des entstandenen Politiknetzwerks fungiert hat, und eines ebenfalls bei der DUK angesiedelten Expertenkomitees; darüber hinaus die Benennung von Ansprechpersonen für das Thema in den Länder-Kulturministerien und die Einrichtung von evaluierenden Länderjurys in den meisten sowie von Länderverzeichnissen und landesgeförderten Beratungsstellen in einigen Bundesländern. Die Arbeit hat sich in Abschnitt 6.2. der Entstehung dieser Strukturen zur Umsetzung der Konvention gewidmet. Eine wichtige Rolle spielt in den aufgebauten Beratungs- und Informationsstrukturen die mit der Konvention und der Kommunikation über ihre Inhalte verbundene Ermunterung zu bzw. die mit den Anerkennungen verbundene Stärkung bürgerschaftlichen Engagements im kulturellen Bereich sowie die Betonung der sozialen bzw. gesellschaftlichen Funktion von Kultur. Sophie Lenski geht soweit, von einer „im weiteren Sinne der Verwaltung soziokultureller Gruppen" (Lenski 2014: 104) dienenden Funktion bzw. potenziellen Nutzungsmöglichkeit der Konvention zu sprechen. Diese Erörterung der Funktion der UNESCO-Konvention zwischen den Polen einer im engeren Sinne kulturpolitischen Absicht mit teilhabe- bzw. demokratiefördernden Komponenten („Kultur von allen für alle") und der Würdigung – bzw., negativ und überspitzt formuliert, Vereinnahmung – bürgerschaftlichen Engagements, also einer eher gesellschaftspolitischen Wirkung von Kulturpolitik, korrespondiert eng mit der erkenntnisleitenden Fragestellung dieser Arbeit (siehe Abschnitt 1.2. und 7.1.). Der Autor dieser Arbeit ist der Auffassung, dass die positiven Effekte dominieren und im Großen und Ganzen keine Absichten der staatlichen Stellen zu erkennen sind, entscheidend in die Dynamiken soziokultureller Gruppen einzugreifen.

Die Kommunen in Deutschland haben die Anerkennungen im Rahmen der UNESCO-Konvention zum Teil durchaus für eigene Motive instrumentalisiert, etwa eine Identitätsbildung, um die Bevölkerung emotional an den Ort zu binden oder auch um touristische Effekte zu erzielen (vgl. Burkhard 2015:

273). Einige der Länder der Bundesrepublik Deutschland haben die Konvention zudem genutzt, um ihre Heimatpflege zu modernisieren bzw. gewissermaßen in ein modernes, UNESCO-induziertes Konzept einzubetten. Bayern ist hier allen voran zu nennen, aber auch Nordrhein-Westfalen, Sachsen-Anhalt und mit Abstrichen Mecklenburg-Vorpommern und Sachsen haben Schritte in diese Richtung getan bzw. im Betrachtungszeitraum zumindest eingeleitet. Die Einrichtung von Landesverzeichnissen des Immateriellen Kulturerbes ist dabei einerseits ein Mittel, um den stellenweise kritisierten allzu selektiven Charakter des deutschen Inventarisierungsweges abzumildern (vgl. Schönberger 2017: 7) – in Mecklenburg-Vorpommern zieht man allerdings, dies konterkarierend, andererseits einen Vergleich zum Sport, nämlich, dass dies einer Erweiterung des Verständnisses vom Immateriellen Kulturerbe als Leistungssport – gemeint ist die Auswahl für das Bundesweite Verzeichnis – um den Breitensport gleichkäme (vgl. Schmied 2017: 11). Dass die Länder allerdings das Immaterielle Kulturerbe gezielt und strategisch genutzt hätten, um „die Identitäten in den Bundesländern auf diese Weise [zu] stärken" (Lenski 2014: 102) ist, mit wenigen Ausnahmen und auch dort höchstens in Ansätzen, nicht zu beobachten. Der Staat beschränkt sich, wie typischerweise im Kulturbereich, im Sinne prozeduraler Steuerung bei der Inventarisierung Immateriellen Kulturerbes weitgehend darauf, die Entscheidungsmodi festzulegen und auf diese Weise einen gewissen Einfluss auf die Richtung der Ergebnisse auszuüben, nicht aber die Ergebnisse an sich zu beeinflussen (vgl. Offe 1975: 93 und Braun/Griaud 2003: 169; siehe auch Abschnitt 5.1.5.). Darüber hinaus gibt es einige Maßnahmen, die sogar völlig unabhängig von staatlichen Eingriffen sind. Nichtsdestotrotz ist der Staat, wie im Kontext einer UNESCO-Konvention und im Kulturvölkerrecht auch kaum anders zu erwarten, ein zentraler Akteur, der die wichtigsten Ressourcen im Politikfeld verteilt.

7.1.2 Wirkung der Konventionsumsetzung auf die Kulturpolitik und ihre Akteure

Mit der zweiten Forschungsfrage sollte untersucht werden, wie sich die Beschäftigung mit dem Thema Immaterielles Kulturerbe auf die Kulturpolitik und ihre Akteure im deutschen Mehrebenensystem sowie ihr Zusammenwirken mit ihren jeweiligen Absichten und Zielen auswirkt. Allgemein ist festzuhalten, dass „[t]he 2003 Convention highlights and revitalizes intangible cultural heritage as an element of cultural policy on the national and sub-national level, and offers a platform for international cooperation" (Merkel 2011: 56). Die Governance der Umsetzung der UNESCO-Konvention zur Erhaltung des immateriellen Kulturerbes in Deutschland kann als „Kind ihrer Zeit" interpretiert werden. Groß geschrieben wird der Wert Kooperation, zum einen zwischen Zivilgesellschaft und Staat – ein Policy-making unter solch engem Einbezug nicht-staatlicher Akteure wäre, zumal in einem Bereich mit Völkerrechtsbezug, einige Jahrzehnte früher wohl undenkbar gewesen, was den Wandel der politischen Entscheidungsstrukturen im Politikfeld demonstriert (vgl. Mayntz 1997: 241) –, aber zum anderen auch die Kooperation der staatlichen Ebenen untereinander. Nachdem in Abschnitt 6.2.2. die *formal vorgesehenen* Beziehungen beschrieben wurden, in Abschnitt 6.3.2.5. die *faktischen* Akteurskonstellationen erläutert wurden, sollen hier nun die von letzteren nicht weit abweichenden sich in *funktioneller* Hinsicht als *optimal* herausgestellten Beziehungen (vgl. Mayntz 1980: 9) dargelegt werden: Die verschiedenen staatlichen Ebenen und die mitwirkende Zivilgesellschaft inklusive der Experten haben bei der Umsetzung der UNESCO-Konvention zur Erhaltung des immateriellen Kulturerbes in Deutschland fast modellhaft ihre Rollen im Zusammenspiel eingenommen und kooperieren in ihren einander ergänzenden Zuständigkeiten in diesem Netzwerk zum ganz überwiegenden Teil reibungslos und geradezu beispielhaft miteinander:

Die Deutsche UNESCO-Kommission, die als e. V. nicht Teil der staatlichen Verwaltung ist, allerdings neben renommierten Einzelpersonen und wichtigen gesellschaftlichen Institutionen auch Vertreter von Bund und Ländern in ihren Steuerungsgremien aufweist und Zuwendungsempfängerin des Bundes ist, wirkt als intermediäre Institution zwischen Staat und Zivilgesellschaft. Sie ist vermittelnder und koordinierender Akteur, der weder dem Bund noch den Ländern zugehörig ist, und gestaltet so als weitgehend unparteiische Schaltzentrale erfolgreich die nationale Umsetzung. Die Deutsche UNESCO-Kommission als Mittlerorganisation der Auswärtigen Kultur- und Bildungspolitik mit Plattformcharakter für die in Deutschland vorhandene Expertise in den UNESCO-Themenfeldern konzentriert sich zum einen auf die Unterstützung der Erhaltung Immateriellen Kulturerbes durch alle daran interessierten Akteure und zum anderen auf die Bündelung von Expertise. Ihr grundlegendes Interesse an einer effektiven deutschen Mitwirkung an der UNESCO-Arbeit wird durch diese Rolle gut bedient. Zudem kann sie mittels dieser zentralen Position im Rahmen der nationalen Umsetzung der 2003er-UNESCO-Konvention auch ihre Position im Kulturpolitikfeld insgesamt stärken.

Nach dem die deutsche Politik prägenden Subsidiaritätsprinzip und der grundlegenden Zuständigkeit der Länder für Kultur sind diese folgerichtig erste Ansprechpartner für die Trägergruppen Immateriellen Kulturerbes und Adressat der Bewerbungen aus der Zivilgesellschaft, sowie zum Teil aus der kommunalen

(Selbst-)Verwaltung, für das Bundesweite Verzeichnis. Die Initiativmöglichkeit von zivilgesellschaftlichen Gruppen und der kommunalen (Selbst-)Verwaltung schafft ein im (Kultur-)Völkerrecht sehr partizipatives Element, das einer modernen Governance von Kulturpolitik in Deutschland entspricht. Den zum Teil gänzlich neuen Akteuren im Politikfeld geht es insbesondere um eine Anerkennung und Würdigung.

Die Länder konnten im Kontext des Immateriellen Kulturerbes ihre strategisch wichtige Position behaupten und sich einen entscheidenden Zugriff auf die Ausgestaltung der nationalen Umsetzung der UNESCO-Konvention sichern. Außerdem gewannen sie die Möglichkeit mit diesem Instrument eine potenziell identitätsstiftende Kulturpolitik im eigenen Verantwortungsbereich zu gestalten. Die Vorsortierung der eingehenden Vorschläge für das weitere Inventarisierungsverfahren erfolgt in jeweils eigener Zuständigkeit der Länder nach dem Prinzip der Plausibilitätsprüfung, d. h. eine Prüfung von formalen Kriterien, in Kombination mit einem Qualitätsurteil, das allerdings durch das Föderalismusprinzip mit festen Quoten pro Bundesland relativiert wird.

Die eigentliche unabhängige fachliche Qualitätsprüfung der Vorschläge für das Bundesweite Verzeichnis des Immateriellen Kulturerbes geschieht auf der dritten Stufe des Verfahrens durch eine von Länderproporz weitgehend unabhängige fachliche Bewertung des bei der DUK eingerichteten unabhängigen Expertenkomitees. Die Entscheidung über Aufnahmen in das Bundesweite Verzeichnis des Immateriellen Kulturerbes haben Länder und Bund also in der Tradition klassischer öffentlicher Kulturförderung – Schaffung von Rahmenbedingungen, Bereitstellung von Ressourcen und Ermöglichung von kreativer Entfaltung unter Betonung einer weitgehenden Nichteinmischung (vgl. Lembke 2017: 206) – nicht selbst übernommen. Die staatlichen Akteure verlassen sich, wie auch bei Kulturförderentscheidungen üblich, auf eine Prüfung von formalen Kriterien durch die Kulturverwaltungen und ein Votum von Expertenjurys. Die Experten können sich, da sie nicht die Letztentscheidung über Aufnahmen treffen müssen, relativ frei von öffentlichem Druck ihren Kompetenzen entsprechend inhaltlich mit den Bewerbungen befassen. Sie versachlichen Debatten und treffen weitgehend neutrale Entscheidungen (vgl. Benz 2016: 52, 63 f.). Sie bereiten dadurch die Lösungen vor und statten diese auf Basis ihres Sachverstands mit der entscheidenden Legitimation aus (vgl. Kropp 2010: 26). Die Fachleute übernehmen also die Rolle der fachlichen Bewertung der eingehenden Bewerbungen und damit der Beratung von Politik und Verwaltung. Dies sichert letztere gegen die potenzielle Kritik politischer Einflussnahme ab, erstere können inhaltlichen Einfluss im kulturpolitischen Feld geltend machen.

Die demokratische Legitimation der fachlichen Urteile geschieht auf der vierten Stufe des Verfahrens durch ein Benehmen von Bund (BKM) und Ländern. Dieses bezieht sich auch auf die Entscheidung über UNESCO-Nominierungen, die dann im Anschluss fachlich zwischen den Trägergruppen und der DUK-Geschäftsstelle erarbeitet und schließlich vom Auswärtigen Amt auf offiziellem (zwischen-)staatlichen Wege eingereicht und in den internationalen Gremien vertreten werden. BKM handelt also vor allem in Ausgestaltung des nationalen Verfahrens und hat nach seiner Etablierung 1998 dadurch eine weitere Mitgestaltungsmöglichkeit in der gesamtdeutschen Kulturpolitik im Verhältnis zu den Ländern erlangt, während das AA die internationale Komponente der Konventionsumsetzung eng begleitet und damit sein Tätigkeitsfeld der Auswärtigen Kultur- und Bildungspolitik weiterhin quasi exklusiv verteidigt. Im DUK-Expertenkomitee sind die staatlichen Akteure, auch die Kommunen als Teil der Länder, zwar bereits mit Beobachterstatus vertreten. Die staatlichen Stellen haben sich die Letztentscheidung über eine Anerkennung dennoch vorbehalten und legitimieren diese damit auch demokratisch – ein Aspekt, der die Wirkung der Anerkennung symbolisch erhöht und damit für die Trägergruppen attraktiver macht. Diese Entscheidung erfolgt in Form einer von Ländern und Bund im Benehmen miteinander hergestellten Bestätigung der Empfehlungen der Experten und legt damit, wenn auch nicht die faktische, sondern doch die moralische Hürde, diesen Empfehlungen zu widersprechen und damit die aggregierte Expertenmeinung zu desavouieren, sehr hoch.

Das gesamte Verfahren und die damit verbundenen Kommunikations- und Interaktionsprozesse, die verschiedenen, zum Teil sich widersprechenden, Steuerungslogiken folgen, sind zweifelsohne komplex und kompliziert. Nach aktuellem Stand sorgt die Umsetzung der Konvention in Form der Inventarisierung aber keineswegs für unbefriedigende Lösungen, die sich aus dieser Politikverflechtung durchaus ergeben könnten. Die Politikergebnisse führen ganz im Gegenteil zu Zufriedenheit bei den meisten Akteuren und werden ganz überwiegend als adäquate Lösungen und nicht als Probleme oder Konfliktfaktoren wahrgenommen (vgl. Scheller/Schmid 2008: 8). Der kooperative Bundesstaat, unterstützt von Expertengremien, dominiert im Verfahren und zeigt sich als handlungsfähig. Er eröffnet durch die Aushandlungsprozesse auch Diskurs- und Kommunikationsforen, die für eine gesellschaftliche (Selbst-)Verständigung genutzt werden können (vgl. Scheller 2008: 27 f.; siehe auch Abschnitt 5.1.4.).

Man kann sagen, dass der Staat das neue Politiknetzwerk mit einer Mischung aus etablierten Akteuren der verschiedenen staatlichen Ebenen und ganz neuen gesellschaftlichen Gruppen und Organisationen bewusst geschaffen oder zumindest seine Konstituierung gefördert hat, um über eine passende Steuerungsstrategie für die nationale Umsetzung der Konvention zu verfügen (vgl. Mayntz 1997: 202 sowie Jann/Wegrich 2003: 74; siehe auch Abschnitt 5.1.6.). Das Inventarisierungsverfahren insgesamt zeigt mit seiner Beteiligung vieler verschiedener Akteure bis hin zur Zivilgesellschaft mit überwiegend für alle Beteiligten befriedigenden Ergebnissen eindrücklich die Vorzüge eines funktionierenden kooperativen Föderalismus.

Mit den Trägergruppen Immateriellen Kulturerbes sind zum Teil neue Akteure im Feld der Kulturpolitik aufgetaucht, deren (Binnen-)Strukturen weitgehend unbekannt sind und die oft auch im Inventarisierungsverfahren eine *black box* blieben. Eine Analyse erster Tendenzen zu deren erfolgreicher Integration ins Politikfeld besagt, dass eine enge Zusammenarbeit zwischen (lokaler) Verwaltung und Zivilgesellschaft bzw. auch eine Unterstützung der (lokalen) Politik ein wichtiger Erfolgsfaktor ist. Dass es aber, ähnlich übrigens wie beim UNESCO-Welterbe, auch möglich ist, als einzelner „Kulturerbeaktivist" (Tauschek 2013: 94) an entscheidenden Stellen so viel Überzeugungsarbeit zu leisten, dass eine Anerkennung als Immaterielles Kulturerbe erreicht wird, zeigt, dass es im deutschen Verfahren noch Defizite in der Frage der adäquaten Beteiligung der Trägergruppen und -gemeinschaften gibt. Zugleich war die Wirkung auf die Trägergruppen zum Teil anders als beabsichtigt: Viele empfanden das Inventarisierungsverfahren eher als Prüfung und Wettbewerb denn als Bestandsaufnahme und würdigenden Reflexionsprozess.

Trotz des weitgehend harmonischen Miteinanders der kulturpolitischen Akteure bei der Umsetzung der UNESCO-Konvention konnte im Rahmen dieser Arbeit gezeigt werden, dass diese keineswegs mit einer einheitlichen Problem- und klaren Zieldefinition in die nationale Umsetzung der UNESCO-Konvention eingestiegen sind. Gertraud Koch spricht von einer „*Nolens-volens*-Entwicklung" (E2, Interview am 25.10.2018). Auch die für eine konsistente Programmformulierung notwendige Verständigung über beabsichtigte Wirkungen erfolgte nur rudimentär. Einzig den „Durchführungsteil" (Jann 1981: 49) dieser vier Elemente, also welche Institutionen mit welchen Aufgaben betraut werden, hatte man im Vorfeld – das heißt bis zum Jahr 2012 – ausführlich diskutiert. (siehe auch Abschnitt 5.1.5.) Die Akteure sind – insbesondere im Hinblick auf die öffentliche Wirkung der Inventarisierung – mit unterschiedlichen Interessen und Absichten in diese Umsetzung eingestiegen und haben die Strukturen und Prozesse für unterschiedliche Absichten und Ziele genutzt, die sich zum Teil durchaus widersprechen. Beachten muss man dabei auch, dass „[d]as Governance-Feld des Erbeschutzes […] Handlungsräume [eröffnet], die auch für andere als die von der UNESCO definierten Ziele genutzt werden können" (Eggert/Peselmann 2015: 157). Immaterielles Kulturerbe kann zweifellos auch als Ressource für politische, soziale und wirtschaftliche Interessen interpretiert und sollte stets mindestens auch aus diesem Blickwinkel mit untersucht werden (vgl. Eggert/Mißling 2015: 74). Nach einer gewissen Zeit der Umsetzung des Instruments ergibt sich in Deutschland inzwischen das Dilemma, dass sich das weitere Vorgehen nach den ersten Erfahrungen zwischen den verschiedenen Akteuren schwierig gemeinsam bestimmen lässt, da man sich – nun verspätet – erst einmal wirklich auf Ziele und beabsichtigte Wirkungen der deutschen Mitwirkung verständigen muss.

Die im Rahmen dieser Arbeit befragten Experten sind sich weitgehend einig, dass sich der Aufwand, die Konvention in Deutschland in einem nach Zuständigkeiten fein ziselierten System umzusetzen, gelohnt hat und – auch wenn an der ein oder anderen Stellschraube zu drehen sein wird – weiterhin lohnt. Bedingung für eine längerfristige Wirkung ist nach dieser Auffassung eine Kontinuität in der Umsetzung. (vgl. u. a. K, Interview am 01.11.2018) Kritisch kann man einerseits anmerken, dass sich mit der UNESCO-Konvention von 2003 und ihrer nationalen Umsetzung der Staat bzw. in Deutschland die verschiedenen staatlichen Akteure, erstmals regulativ in einen Kulturbereich „eingemischt" haben bzw. diesen für sich vereinnahmen, bei dem sie bisher außen vor waren (vgl. Mißling 2010: 96 f., 105 ff.). Es ergibt sich damit also ein spezifisches neues Verhältnis zwischen staatlicher Kulturpolitik und zivilgesellschaftlich geprägter Kulturpraxis. Man kann sich andererseits aber auch fragen, ob aus der Aufgabe der Umsetzung der Konvention und des Umgangs mit sowie der Auslegung von Immateriellem Kulturerbe in Deutschland bereits ausreichend viel kulturpolitisch gemacht wurde. Insbesondere das Potenzial des partizipatorischen Momentums und der Chance zur gesellschaftlichen Selbstverständigung aus einer anderen Perspektive scheint noch nicht vollkommen ausgeschöpft zu sein. (vgl. Koslowski 2015b: 34) Auch die Hoffnung verschiedener Experten und Wissenschaftler, unter anderem von Wolfgang Schneider (2014b: 196, siehe auch Dok. 18: DUK-Arbeitspapier 2012), dass die (Länder-)Kulturpolitik sich im Kontext der Konventionsumsetzung, von weltweiten Impulsen inspiriert, Reformen unterzieht und einen Paradigmenwechsel einleitet, ist bis dato nicht eingetroffen. Zwar ist durchaus etwas in Bewegung gekommen in den 2010er Jahren, denn heute wird zivilgesellschaftliches und in ländlichen Räumen verortetes Kulturschaffen zunehmend gewürdigt, aber hierzu hat das Immaterielle Kulturerbe wohl nur marginal beigetragen, war also nicht der entscheidende Reformtreiber.

7.1.3 Teilhabe an Kunst und Kultur als Ziel, Aufgabe und Gegenstand der Umsetzung der UNESCO-Konvention in Deutschland?

Bei der dritten Forschungsfrage der vorliegenden Arbeit ging es um eine Gesamtbetrachtung, inwiefern es Ziel, Aufgabe und Gegenstand der Umsetzung der UNESCO-Konvention zur Erhaltung des immateriellen Kulturerbes in Deutschland ist, die Teilhabe an Kunst und Kultur zu verbreitern. Zum einen bietet Immaterielles Kulturerbe die Gelegenheit, mithilfe einer Ausweitung des Kulturverständnisses in Deutschland die kulturelle Partizipation breiter Bevölkerungsgruppen zu stärken und dadurch etablierte Kulturbegriffe aufzubrechen bzw. zu erweitern. Der Text des Übereinkommens mit starker Betonung auf Partizipation und Mitwirkung der Gemeinschaften und Gruppen, ggf. auch Einzelpersonen, der sich insbesondere im Art. 15 artikuliert, legt zum anderen nah, dass in seiner Umsetzung zivilgesellschaftliches Engagement aktiviert und gewertschätzt wird. Kulturelle Teilhabe möglichst vieler Menschen wird damit nicht nur begrüßt, sondern gar eingefordert. (vgl. Koslowski 2015b: 38) Die Frage ist allerdings: Gelingt die Übertragung dieser Absichten in der nationalen Umsetzung in Deutschland?

Allein durch die Trägerschaft einer selbst definierten, zivilgesellschaftlichen Gruppe in Bezug auf die jeweiligen Kulturformen und die Erstellung des Bundesweiten Verzeichnisses als *Bottom-up*-Prozess ist der Teilhabeaspekt beim Immateriellen Kulturerbe sehr ausgeprägt und „im Kontinuum der kulturellen Teilhabe zwischen rezeptiver Betrachtung und aktiver Betätigung […] als hochgradig partizipativ zu bewerten" (Rieder 2019: 144). „Diese offene und partizipative Form der Verzeichniserstellung kann auch als Einladung an breite Bevölkerungsschichten verstanden werden, an Kunst und Kultur teilzuhaben." (Hanke 2019: 147) Dass zudem neue Akteure ins Feld der Kulturpolitik eingetreten sind, etwa in den Bereichen Handwerk, Naturwissen, aber auch Bräuche, ist ein deutliches Zeichen, dass kulturelle Teilhabe nicht nur qualitativ, sondern auch quantitativ gestärkt wurde.

Charakteristikum der Formen des Immateriellen Kulturerbes ist allerdings, dass sie bereits seit Generationen praktiziert werden und daher nun als kulturelles Erbe anerkannt werden können. Durch die Anerkennung entstehen allerdings nicht unmittelbar neue Teilnehmerzahlen an kulturellen Angeboten, wie das bei der Gewinnung neuer Publika für Theater- oder Orchestervorstellungen oder neuer Besucher in Museen der Fall ist, sondern die Gruppe der auch schon bisher aktiv und passiv an den Kulturformen Partizipierenden wird faktisch nur in

eine neue Schublade gesteckt. Dies ist im Grunde eine Aufwertung von bisher marginalisierten Kulturakteuren. (vgl. Hanke 2019: 147)
Das Augenmerk des Immateriellen Kulturerbes auf Alltags- bzw. Breitenkultur und gesellschaftliches Wissen und Können ist in gewisser Weise eine Fortführung der Ausweitung von Kulturangeboten und -förderung unter dem Stichwort „Kultur für alle" mit dem Vormarsch der Soziokultur und ihrer Orientierung am kulturellen Durchschnittskonsumenten in den 1970er und 80er Jahren (vgl. von Beyme 2012: 11) sowie der damit bereits verbundenen Ausweitung des Kulturbegriffs. Es handelt sich dieses Mal allerdings nicht um eine Schaffung neuer Kulturangebote, sondern um eine Ausweitung der Anerkennung von bestehender Kulturpraxis. Immaterielles Kulturerbe kann ‚Hochkultur' sein, aber auch ‚Breitenkultur'. Man kann sie als „Kultur von allen mit allen für alle" bezeichnen. Dies passte gut in den Zeitgeist der Kulturpolitik zur Zeit des deutschen Beitritts im Jahr 2013. Michael Wimmer spricht unter Sparzwängen und im Kontext des, zumindest gefühlten, Abbaus des Wohlfahrtstaats von einer Wandlung hin zur „Kultur mit allen":

„Und so machen sich staatliche Akteure auf die Suche nach PartnerInnen aus der Zivilgesellschaft, um mit ihnen gemeinsam die Rahmenbedingungen für eine ‚aktivierende Kulturpolitik' zu definieren. […] Ihre Handlungsfelder umfassen Freiwilligenarbeit, bürgerschaftliches und ehrenamtliches Engagement." (Wimmer 2011: 82)

Die Umsetzung der Konvention in Deutschland ist also auch in dieser Hinsicht ein „Kind ihrer Zeit" bzw. passt in ihrer Würdigung des bürgerschaftlichen Engagements und der wichtigen Rolle zivilgesellschaftlicher Akteure gut in die vorherrschende Lesart von Kulturpolitik.
Darüber hinaus hat allein der Umgang mit dem Immateriellen Kulturerbe und die positive Wertschätzung, die es mittlerweile erfährt, das Kulturverständnis in der Politik in Deutschland zumindest graduell bereits geändert.

„Die UNESCO-Konvention bricht die gängigen Argumentations- und Handlungsmuster der Kulturförderung nicht zuletzt dadurch auf, dass sie die zentrale Bedeutung der Gemeinschaften, Gruppen und Individuen bei der Inwertsetzung des immateriellen Kulturerbes hervorhebt: Der Prozess der Erbwerdung kulturellen Tuns wird nicht mehr als Privileg von Eliten aus Politik, Verwaltung oder Wissenschaft verstanden. […] Die Betonung des zivilgesellschaftlichen Beitrags jenseits der Fachexpertise und jenseits politischer und administrativer Entscheide ist ein Spezifikum des UNESCO-Übereinkommens, durch das es sich von anderen abhebt. Die Konvention aktiviert zivilgesellschaftliches Engagement und begrüsst ausdrücklich kulturelle Teilhabe, die keine privilegierte Position der Erkenntnis voraussetzt und auf die Mitgestaltung des kulturellen Lebens von möglichst vielen Menschen abzielt. […] Die

Konvention [...] rüttelt an einem Verständnis von Kulturförderung, das bislang die kulturell-gesellschaftliche Leistung des kulturellen Schaffens von Laien marginalisierte." (Koslowski 2015a: 49)

Viele der Formen des Immateriellen Kulturerbes bauen auf bürgerschaftlichem und ehrenamtlichem Engagement auf. Dies hat der Staat – Bund und Länder –, anders als die Kommunen, in Deutschland im kulturellen Bereich bis dato kaum gefördert und daher inhaltlich in der Kulturpolitik auch kaum im Blick gehabt. Die Ländervertreterin im DUK-Expertenkomitee Susanne Bieler-Seelhoff weist darauf hin, dass sich gesellschaftspolitisch in den letzten zwanzig Jahren viel getan habe:

„Die Kultur in den ländlichen Räumen ist bei allen Ländern, bis auf die Stadtstaaten natürlich, viel stärker in den Fokus gerückt worden und damit auch kleinere Kultureinrichtungen, Kulturprojekte, die es immer schon gab, die existiert haben, die feste Bestandteile ihrer Gemeinde waren, die aber vielleicht, ganz bestimmt, nicht im Förderfokus von Ländern standen, weil sie eben eine sehr ortsbezogene regionale Bedeutung hatten, und Länder ja in der Regel fördern, was von Landesinteresse ist oder beispielhaft für das Land ist." (L, Interview am 15.11.2018)

Insofern kann man erneut feststellen, dass die UNESCO-Konvention bzw. ihre Umsetzung in Deutschland durchaus zu einem günstigen Zeitpunkt kamen, da sie in vielen Fällen die Stärkung der Kultur in ländlichen Räumen und der zivilgesellschaftlichen bzw. gemeinnützigen Komponente des Kulturpolitikfelds erfolgreich flankierten.

Auf die Frage, warum der Staat in unserem politischen System Kultur fördert, antwortete Oliver Scheytt unter Bezug auf drei Bereiche: „Die Künste leben vom Wagnis, entfalten Visionen, geben dem Experiment Raum und stärken den Eigen-Sinn der Individuen. Kulturelle Bildung entfaltet künstlerische und schöpferische Impulse, sie fördert gesellschaftliche Handlungskompetenz, soziale und politische Mündigkeit. Geschichtskultur tradiert, reflektiert und inszeniert Historie im Spektrum von Aufklärung, Bildung, Wissenschaft und politischer Verantwortung, Ästhetik und spielerischer Aneignung." (Scheytt 2010: 27) Das Immaterielle Kulturerbe lässt sich keinem dieser drei Bereiche – Künste, kulturelle Bildung und Geschichtskultur – eindeutig zuordnen. Die einzelnen Kulturformen haben aber durchweg bedeutende Anteile von einem, zwei oder gar allen dreien der genannten Bereiche. Immaterielles Kulturerbe kann daher in diesem Querschnittssinne als legitimer Teil von fördernder Kulturpolitik begriffen werden, was aber eben vor dem deutschen Konventionsbeitritt nicht auf dem kulturpolitischen Radar war.

Dies kann man unter anderem mit Blick auf die dominierenden Begriffsverständnisse von ‚Politik' und ‚Kultur', das heißt die jeweiligen weiten bzw. engen Begriffe, und ihre Kombination miteinander als wichtige Determinanten von konkreter Kulturpolitik, erklären. Bis in die 1960er-Jahre dominierte in Deutschland eine Kombination aus engem Kulturbegriff (Kultur als Kunst) und engem Politikbegriff (Politik als staatliches Handeln), die inzwischen von einem nach wie vor dominanten engem Kulturbegriff in Kombination mit einem weiten Politikbegriff (Politik sowohl als staatliches als auch gesellschaftliches Handeln) abgelöst wurde. Sollte sich zunehmend der UNESCO-induzierte weite Kulturbegriff (Kultur im Plural als Sitten, Gebräche, Lebensweisen der Menschen) durchsetzen, indem u. a. das Immaterielle Kulturerbe verstärkt Anerkennung als Teil von Kultur und Kulturpolitik findet, z. B. auch wie in Frankreich als Teil der Kulturstatistik, und zudem kulturpolitische Interventionen im ländlichen Raum selbstverständlich zum Aktivitätenportfolio von Kulturpolitik gehören, wird dies das Wesen von Kulturpolitik in Deutschland langfristig erneut verändern. (vgl. Klein 2009: 65 f.) Trotz eines im Vergleich mit anderen Politikfeldern geringen Etats hätte Kulturpolitik so die Gelegenheit, weiter an Anerkennung und als bedeutend für Gesellschaftspolitik zu gewinnen. Denn das Immaterielle Kulturerbe bietet die Chance,

„den eigenen Sinn für kulturelle Praktiken zu schärfen, die unsere gegenwärtige Gesellschaft prägen und die wir im Hinblick auf unser kulturelles Miteinander für wertvoll erachten. […] So lässt sich die Konvention als Instrument zur gesellschaftlichen Selbstverständigung verstehen und nutzen." (Koslowski 2015b: 38)

Durch den Beitritt zur Konvention und die folgenden Umsetzungsprozesse ist sicher noch kein umfassender Wandel des Kulturbegriffs in Deutschland erfolgt, jedoch wurde eine entsprechende Sensibilisierung angestoßen. Beachtenswert im Hinblick auf das Ziel kultureller Teilhabe durch die Umsetzung der UNESCO-Konvention ist die für das Bundesweite Verzeichnis des Immateriellen Kulturerbes erfolgte Kreation einer neuen (Unter-)Kategorie der „Formen gesellschaftlicher Selbstorganisation". Dies findet sich im UNESCO-Kontext und in anderen Staaten nicht so explizit als Bereich, in dem Immaterielles Kulturerbe zum Ausdruck kommt. Wenngleich sich dies relativ spontan aus den ersten Einreichungen aus der Zivilgesellschaft, u. a. der Genossenschaftsidee und -praxis, ergab und diese Kategorie vom DUK-Expertenkomitee relativ geräuschlos und ohne formalen staatlichen Beschluss eingeführt wurde, kommt dadurch ein Verständnis der nationalen Umsetzung der 2003er-UNESCO-Konvention zum

Ausdruck, das die Organisation von Gesellschaft in Deutschland und die Beteiligung der Menschen an gesellschaftlichem bzw. kulturellem Leben als relevanten Faktor betrachtet. Dies mag auf die öffentliche Wahrnehmung des Immateriellen Kulturerbes und seines Beitrags zu kultureller Teilhabe durchaus, zumindest indirekt und mittelfristig, Einfluss nehmen.

Zur Wahrheit gehört aber auch, dass kulturelle Teilhabe mit der deutschen Umsetzung der UNESCO-Konvention im Grunde fast *en passant*, ohne bewusste dahinterstehende Absicht der meisten politischen Akteure, erhöht wurde, das heißt, ohne dass dies von Anfang an strategisch ein bewusstes Motiv der nationalen Umsetzung war. Es müsste an anderer Stelle bzw. in weiteren Studien genauer untersucht werden, ob es sich bei kultureller Teilhabe um ein tief verinnerlichtes Ziel der deutschen Kulturpolitik handelt und daher stets implizit mitgedacht und damit auch konzeptionell verfolgt wird, wenn neue Maßnahmen im Politikfeld ergriffen werden. Oder wird es vielleicht so bewusst dann doch nicht von den kulturpolitischen Akteuren als Ziel verfolgt, weil andere kunst(sparten)immanente Ziele dominieren? Für letztere These spräche, dass gerade im Bereich des kulturellen Erbes häufig eher eine Fokussierung auf Objekte festzustellen ist, so dass kulturelle Teilhabe als Ziel hier bislang eher nicht auf dem Schirm war. ‚Kulturerbe' wird in Deutschland i. d. R. bisher wenig inklusiv interpretiert, stattdessen wird eher versucht, einen Nimbus von Exklusivität zu schaffen. Das Interesse richtet sich auf das Kulturerbe an sich – und nicht auf die damit in Verbindung stehenden Trägergruppen bzw. die Anlieger von Erbestätten. Dieser Umgang mit kulturellem Erbe steht dem Immateriellen Kulturerbe nach UNESCO-Verständnis wie auch dem Ziel, der Erhöhung kultureller Teilhabe durch eine Kulturpolitik für das Immaterielle Kulturerbe entgegen. Zwar waren sich die meisten beteiligten Akteure auch anfangs wohl schon bewusst, dass Gruppen auf den Plan treten würden, mit denen Kulturpolitik bisher wenig Berührung hatte. Aber die verwunderten oder gar belustigten Reaktionen über die UNESCO-Listungen vor dem deutschen Beitritt etwa in verschiedenen Medienberichten und die ersten deutschen Verzeichniseintragungen in Fachkreisen ließen dann doch darauf schließen, dass man nicht mit der Andersartigkeit der neuen Kulturträgerschaften gerechnet hatte. Bei der Untersuchung der hier betrachteten Forschungsfrage muss man daher auch das konkrete Begriffsverständnis von ‚kultureller Teilhabe' im jeweiligen Kontext genau unter die Lupe nehmen: Kulturelle Teilhabe wird in Deutschland noch immer häufig in Bezug auf klassische Kunst- und Kulturangebote und den Zugang des Publikums zu diesen verstanden, also Theateraufführungen, Museumsbesuche usw. Um kulturelle Teilhabe tatsächlich aktiv mittels der Umsetzung der UNESCO-Konvention zum Immateriellen Kulturerbe zu fördern, müsste sich als Vorbedingungen dieses Verständnis im Politikfeld zunächst erweitern.

Das Potenzial des Instruments Immaterielles Kulturerbe in Bezug darauf, Teilhabe an Kunst und Kultur zu ermöglichen und bürgerschaftliches Engagement zu fördern und wertzuschätzen, wird in der deutschen Kulturpolitik also noch nicht voll ausgeschöpft. Zum einen hat der Bund unter den hier relevanten Akteuren erkennbar am wenigsten Interesse, dieses Ziel mittels der nationalen Konventionsumsetzung zu verfolgen. Zum anderen bedienen die verschiedenen Bundesländer das Thema recht unterschiedlich – während Bayern oder Nordrhein-Westfalen, aber auch Sachsen-Anhalt und Mecklenburg-Vorpommern, ihre Trägergruppen auf verschiedenen Wegen würdigen und zum Teil auch materiell oder durch Aktionen, die öffentliche Aufmerksamkeit generieren, fördern, sind bisher etwa im Saarland oder in den Stadtstaaten Berlin, Hamburg und Bremen keine oder sehr überschaubare Angebote für die Trägergruppen auszumachen. Unterschiede definieren sich zum Teil auch darüber, ob man kulturelle Teilhabe und kulturelle Bildung eben auch in Bezug auf gewachsene Regionalkultur (vgl. Institut für Kulturpolitik der Kulturpolitischen Gesellschaft 2015: 50) definiert, wie es einige ländlich geprägte Bundesländer durchaus tun, während andere, wie gezeigt, beide Konzepte tendenziell nur in Bezug auf Hochkultur anwenden. Einige Länder haben dagegen verstanden, dass im Sinne kultureller Teilhabe das Immaterielle Kulturerbe gerade in peripheren Regionen eine große Rolle bei der Aktivierung und partizipativen Mitwirkung an Gemeinschaftsaktivitäten spielen kann: „Dort wo ein konsumierbares Kunst- und Kulturangebot fern ist, ist die Partizipation entscheidend." (Institut für Kulturpolitik der Kulturpolitischen Gesellschaft 2015: 50)

Ein Fakt oder – je nach Perspektive – auch Problem ist, dass die Aktivitäten zur Erhaltung des Immateriellen Kulturerbes in Deutschland eben regional sehr unterschiedlich verteilt sind. Am sichtbarsten wird dies durch die hohe Zahl bayerischer Einträge im Bundesweiten Verzeichnis und auch durch die Existenz von Landeslisten in einigen Bundesländern bis hin zu gar keiner Sichtbarkeit von Formen Immateriellen Kulturerbes in anderen Bundesländern.

> „Die Schwäche sehe ich darin, dass es nicht ausgewogen ist. Nicht ausgewogen zwischen den Kategorien [die in der Konvention aufgeführten Bereiche des Immateriellen Kulturerbes; Anm. d. Verf.], nicht ausgewogen zwischen den Ländern. Aber ich meine, wir haben ja noch nicht mal zehn Jahre hinter uns." (B, Interview am 05.11.2018)

Allein aufgrund der weiteren Dynamik von Aufmerksamkeit und Anerkennungen für eine breitere Palette von Kulturformen ist beispielsweise Gertraud Koch optimistisch:

> „Insofern denke ich, dass wir mehr Landeslisten bekommen werden, auf der ganz praktischen Ebene, dass sich diese Idee, dass Immaterielles Kulturerbe vielleicht vor allem in Süddeutschland verbreitet ist, so langsam auflösen wird und [wir] dann eben auch hier im Norden entsprechend Aktivitäten bekommen werden, die versuchen, tatsächlich auch Teil von den Listen zu werden." (E2, Interview am 25.10.2018)

Auch der Vertreter der Kommunen im Expertenkomitee denkt in diese Richtung:

> „Fände ich gut, wenn alle Länder oder überall, die es für relevant halten [ein Landesverzeichnis einrichten]. Und ich finde, ich kenne kein Land in Deutschland [...], was nicht in der Hinsicht auch was zu bieten hätte. Also, wüsste ich nicht. Gerade die ganzen mitteldeutschen Länder, Küstenländer sowieso." (K, Interview am 01.11.2018)

Im Übrigen äußern sich auch die in dieser Arbeit befragten Kulturträgergruppen häufig an einer differenzierenden Listungssystematik mit Landes- und Bundesverzeichnissen interessiert.

Die Beteiligung der Zivilgesellschaft an Kultur und die Mitwirkung an Kulturpolitik, zum Beispiel über ehrenamtliches Engagement, muss durch Instrumente der Kulturförderung ermöglicht werden – hier funktionieren die politischen Maßnahmen (Projekte, Programme und Strategien), die zur Umsetzung der UNESCO-Konvention zur Erhaltung des immateriellen Kulturerbes eingesetzt werden, insbesondere die sehr offene Einladung sich am Inventarisierungsverfahren zu beteiligen, bisher insgesamt durchaus recht gut. Dann, so zeigt sich, können Konzepte und Instrumente, mit denen Kulturpolitik gemacht wird, wie eben die Anerkennung von Formen Immateriellen Kulturerbes, auch neue Formen kultureller Partizipation ermöglichen. Die verschiedenen Logiken, nach denen das Bundesweite Verzeichnis erstellt wird, konfligieren in dieser Hinsicht allerdings gelegentlich miteinander: Der Kulturföderalismus blockiert stellenweise die kulturelle Teilhabe, wenn allein aufgrund von zahlenmäßiger Beschränkungen für die Länder bei der Weiterleitung von Vorschlägen verhindert wird, dass Aktivitäten zur Erhaltung Immateriellen Kulturerbes gewürdigt werden können. Eine ähnliche Problemkonstellation kennt man in der Schweiz (vgl. Graezer Bideau 2012: 307). Ebenfalls von dort bekannt, ist, dass geographische, konfessionelle und wirtschaftliche Faktoren eine Rolle spielen, wie viele Vorschläge für das nationale Verzeichnis aus den jeweiligen Regionen kommen. Tendenziell fühlen sich urban geprägte, protestantische und stärker industrialisierte Regionen eben weniger vom Immateriellen Kulturerbe betroffen. (vgl. Graezer Bideau 2012: 309) Anders gesagt, hier in Anlehnung an einen im Mai 2017 gehaltenen Vortrag von Stefan Koslowski, der die Inventarisierung Immateriellen Kulturerbes in der Schweiz koordiniert: Trägerschaften, jenseits eines brauchorientierten Verständnisses des Immateriellen Kulturerbes fühlen sich von der Definition und dem Kontext des Immateriellen Kulturerbes bisher eher nicht angesprochen. Auch der Organisationsgrad ist hierfür mitentscheidend, denn diese brauchorientierten Trägerschaften sind zweifellos besser organisiert als lebendige Traditionen im urbanen Raum oder Gruppen, die auf Traditionellem basierend viel Neues wagen. Eine direkte persönliche Ansprache möglicher Trägerschaften, Verantwortungsträger und Multiplikatoren verspricht den größten Erfolg. Kulturakteure der zeitgenössischen Kulturszenen scheinen zudem Berührungsängste zu den Trägerschaften des Immateriellen Kulturerbes zu haben. Diese, und sei es projektartig, zusammenzuführen, könnte künftig ein lohnendes Unterfangen für beide Seiten darstellen. In Diskursen über kulturelle Teilhabe ergeben sich Möglichkeiten, Immaterielles Kulturerbe als integralen Bestandteil von Kulturleben mit zu berücksichtigen. Dafür sollten kulturpolitische Bezüge zu kultureller Vielfalt, materiellem Kulturerbe, Kulturförderung und kultureller Teilhabe bewusst geschaffen werden.

Die vorliegende Arbeit hat gezeigt, dass diese Erkenntnisse aus der Schweiz nahtlos auf Deutschland übertragbar sind. Die grundlegenden Herausforderungen in vergleichbaren inhaltlichen, zeitlichen und räumlichen Kontexten sind also mehr oder weniger unabhängig vom konkreten Politiknetzwerk und der Wahl der Politikinstrumente.

Schließlich noch ein Hinweis in Bezug auf die Grenzen von kultureller Teilhabe: Einbeziehung hat stets auch eine Kehrseite, nämlich den Ausschluss Dritter. Zwar trägt Immaterielles Kulturerbe gesamtgesellschaftlich zu größerer Teilhabe an Kultur bei, aber durch die Definition von mehr oder weniger festen Trägergruppen erfolgt in Bezug auf eine Kulturform immer auch eine Abgrenzung, die folglich Ausschlüsse produziert und Teilhabe im Kleinen sogar entgegenwirken kann. Diesen limitierenden Faktor gilt es in der Abwägung mit Blick auf die Untersuchung einzelner Phänomene stets zu beachten. (vgl. Rieder 2019: 143)

7.1.4 Öffnung der Perspektive für Gemeinsamkeiten oder Verengung auf Partikularitäten?

Die Frage, ob man in Kulturfragen eher das Verbindende oder das Trennende sieht, reicht konzeptionell über die Konvention zur Erhaltung des immateriellen Kulturerbes deutlich hinaus. Es kommt hier auf eine wünschenswerte Haltung und Einstellung der Beteiligten an, die allerdings kulturpolitisch durchaus aktiv gefördert werden kann.

Die Umsetzung der Konvention hatte auf die deutsche Kulturpolitik insgesamt, wie bereits gezeigt, grundsätzlich eine öffnende Wirkung im Hinblick auf das Kulturverständnis: Durch die Anerkennungsprozesse und eine diskursive Begleitung sind neue Formen der Kulturpraxis bzw. des kulturellen Erbes in den Kanon der weithin anerkannten Kultur aufgenommen worden. Dass dies viel mit sozialem Zusammenleben in Gemeinschaften zu tun hat, verleiht dem Immateriellen Kulturerbe gesellschaftspolitisch eine zusätzliche Relevanz. Gleichzeitig hat der Charakter der Inventarisierung als Auszeichnung oder zumindest als Anerkennung die mit dem Begriff ,Kulturerbe' stark verbundene Exklusivität vermittelt, die zunächst mit der Projektierung als reine Bestandsaufnahme eigentlich vermieden werden sollte. Trotzdem liegt auch – dies zeigt unter anderem das UNESCO-Welterbe – in der Exklusivität eine Chance, das Gemeinsame zu suchen: Die Welterbestätten fühlen sich untereinander als gemeinsames Erbe der Menschheit durchaus verbunden.

Mit der vierten Forschungsfrage sollte konkret untersucht werden, ob die Trägergruppen Immateriellen Kulturerbes sich zum einen ebenfalls mehr mit von anderen Gruppen gepflegten kulturellen Traditionen, die Ähnlichkeiten zur eigenen Traditionspflege haben, aber in anderen kulturellen Kontexten existieren, identifizieren und zum anderen, ob dies auch mit Traditionen, die dieselbe Anerkennung im selben Referenzsystem – nämlich das Bundesweite Verzeichnis des Immateriellen Kulturerbes – erfahren haben, obwohl sie in verschiedenen Kontexten und auf ganz andere Art ausgeübt werden, funktioniert. Eröffnen sich also neue Perspektiven, die man ins Verhältnis zu der vertrauten, eigenen kulturellen Praxis setzt? Daraus würde sich im besten Fall eine Konkretisierung der eher abstrakten Auszeichnung als Immaterielles Kulturerbe ergeben. (vgl. Tauschek 2010: 291 ff.)

Die Konvention selbst pendelt zwischen einem relativistischen Ansatz auf der einen und einer universalistischen Note an der anderen Seite. Die Bestimmung des Immateriellen Kulturerbes durch die jeweilige Trägergruppe und des identitätsstiftenden Charakters dieser Kulturform durch einen subjektiven Prozess der Identifikation (vgl. Rieder 2019: 145) erfolgt losgelöst vom Nationalstaat.

Die Kulturformen und ihre Trägergruppen müssen aber u. a. die universell gültigen Menschenrechte zwingend einhalten genauso wie den Respekt zwischen verschiedenen Gruppen und Gemeinschaften und für nachhaltige Entwicklung gewährleisten (vgl. Meyer-Rath 2007: 159) und sie begeben sich mit der Inventarisierung, zumindest symbolisch, in den supranationalen Kontext der UNESCO. „Nicht mehr die Ethik-Chartas der Karnevalsvereine sind künftig der alleinige Maßstab närrischen Handelns, sondern die Konvention der Menschenrechte, die seit Jahrzehnten das, zugegebenermaßen nicht immer reibungslose, Miteinander der Menschen garantiert", meint Karnevalsexperte Günter Schenk (2015: 129). Man kann sich fragen, welche Ansprüche mit der Identifizierung als Immaterielles Kulturerbe an die Trägergruppen gerade nach einer Anerkennung ihrer Kulturform tatsächlich verbunden sind.

Zunächst gehört zu einer Antwort auf diese Frage(n) die wichtige Erkenntnis aus der deutschen Umsetzung, dass Experten und die koordinierende DUK eindringlich und fortwährend versucht haben, ein Bewusstsein dafür zu schaffen, dass sich Immaterielles Kulturerbe dynamisch weiterentwickeln (können) muss, „dass Traditionen und Kulturerbe nicht einfach gegeben sind, sondern durch Transformation, Neuentstehung, Übernahmen, Wiederbelebungen, ja teilweise Erfindungen charakterisiert sind" (Zürcher 2015: 17). Dies relativiert die Eignerschaft einer bestimmten Gruppe über die jeweilige Kulturform und setzt sie zugleich ins Verhältnis zu früheren Generationen und anderen Kulturen.

Ob die Stärkung der eigenen Identität der jeweiligen Trägergemeinschaften immaterieller Kulturformen eigenständiges Ziel der UNESCO-Konvention ist oder die Identifizierung Immateriellen Kulturerbes vielmehr dem internationalen Austausch und der Förderung der kulturellen Vielfalt dienen soll, ist im Konventionstext ebenfalls nicht eindeutig bestimmt (vgl. Lenski 2014: 95). „Das Eigene kann bekanntlich stets nur in Bezug auf oder in Abgrenzung zum Anderen oder Fremden bestimmt werden. Wenn Listen nach nationalen oder regionalen Gesichtspunkten erstellt werden, dann liegt es in der Natur der Sache, dass zunächst das Eigene interessiert" (Zürcher 2015: 18), stellte der Generalsekretär der Schweizerischen Akademie der Geistes- und Sozialwissenschaften anlässlich einer schweizerisch-deutschen Tagung zum Immateriellen Kulturerbe zurecht fest. Er fährt fort:

„Dort dürfen wir aber auf keinen Fall stehen bleiben. Im Eigenen oder im Besonderen müssen wir wiederum nach dem Gemeinsamen suchen, das heisst nach den gemeinsamen symbolischen Formen, welche die Menschheit in ihrer Kulturentwicklung und in ihrer Migrationsgeschichte hervorgebracht hat. Also: Wir müssen dem

Gemeinsamen, das sich weltweit in besonderen Ausprägungen verschiedener Kulturen manifestiert, Beachtung schenken. Alles andere führt im besten Fall zu Provinzialismus, im schlechtesten Fall in Abgründe, die an dieser Stelle nicht thematisiert werden müssen." (Zürcher 2015: 18)

Es handelt sich bei einigen der in Deutschland anerkannten Kulturpraktiken um sehr lokale oder regionale Formen, die einen engen Bezug zum Ort mit hoher identitätsstiftender Wirkung haben. Diese Kleinteiligkeit hat im Spannungsverhältnis zwischen Selbstbezogenheit und transkultureller Öffnung einen anderen Ausgangspunkt als größere, geographisch weiter verbreitete Phänomene wie etwa das Amateurchorwesen. In einem föderalistischen Staat müssten die Länder, insbesondere jene mit einem höheren Anteil an ländlichen Räumen, ein Interesse daran haben, erstere Form der Heimatpflege bzw. Regionalkultur zu fördern. Dass Frankreich als Zentralstaat damit objektiv zunächst große Probleme hatte, überrascht kaum. Vor dem Hintergrund der spezifischen deutschen Geschichte, die mehrfach „das Nationale" mit verheerenden Folgen überbetont und missbraucht hat, gibt es hierbei allerdings auch hierzulande zum Teil große Vorbehalte und beträchtliche Unterschiede zwischen den Ländern. Bayern fördert die Heimatpflege traditionell sehr stark, was auch direkt Auswirkungen auf den Umgang mit Immateriellem Kulturerbe im Freistaat hatte. Die Stadtstaaten fremdeln dagegen ziemlich mit dem Immateriellem Kulturerbe, was für urbane Räume an sich gilt. Eine mögliche Bewerbung des Münchener Oktoberfests, ein internationales und auch interkulturelles Ereignis *par excellence* mit zahlreichen Adaptionen weltweit und zugleich großem Regionalbezug, wurde von vornherein ausgeschlossen, da sich der Münchener Stadtrat als Träger des Volksfests ausdrücklich gegen eine Anerkennung als Immaterielles Kulturerbe positionierte. Eine hierbei denkbare enge Verknüpfung von Heimatpflege und Internationalität im Kontext Immaterielles Kulturerbe ist daher also, zumindest bisher, nicht zustande gekommen. Schleswig-Holstein ging die Förderung der Regionalkultur in anderer Weise an, indem man die guten grenzüberschreitenden Beziehungen mit den Dänen als Inhalt einer Bewerbung für das Bundesweite Verzeichnis und später für das UNESCO-Register Guter Praxis-Beispiele gefördert hat. Die tendenzielle Bevorzugung von deutschlandweiten oder grenzüberschreitend praktizierten, ‚generalistischeren' Kulturformen im DUK-Expertenkomitee entspricht zwar nicht gänzlich den ursprünglichen Absichten hinter der UNESCO-Konvention, dies sorgt aber tendenziell in der deutschen Umsetzung für eine stärkere inter- und transkulturelle Perspektive, so dass bei den Trägergruppen die Verbindungen zu anderen, ähnlichen, aber durchaus auch unterschiedlichen,

Kulturformen deutlicher vermittelt werden. Dies ist ganz im Sinne des UNESCO-Bildungskonzept der Global Citizenship Education, die die Wechselwirkungen von lokalem Handeln und globalen Entwicklungen aufzeigen möchte.

Zweifelsohne gewinnt eine anerkannte Kulturform, das identitätsstiftende Merkmal der Trägergruppe, und damit auch diese selbst durch ein erfolgreich durchlaufenes Bewerbungsverfahren an Prestige und der Stolz auf das eigene Tun sowie das Selbstwertgefühl wachsen. Vielen Gruppen geht es bei der Bewerbung für das Verzeichnis zuvorderst um Anerkennung und Aufmerksamkeit. Die drei in Abschnitt 4.2. untersuchten Fallbeispiele haben gezeigt, dass der Stolz auf die Anerkennung auch das Verantwortungsgefühl („*ownership*") (vgl. Hafstein 2007: 84) der Trägergruppe für die eigene lebendige Tradition gesteigert hat. Aus den untersuchten Nachbarländern (siehe Abschnitt 4.4.2.) gibt es ähnliche Erkenntnisse; zudem die Beobachtung, dass die Anerkennung als Immaterielles Kulturerbe zu neuen Ideen in den Erhaltungsaktivitäten wie auch zu neuen Kontakten zu Trägergruppen ähnlicher oder gleicher Kulturformen in anderen Ländern geführt und damit begünstigend für die internationale Vernetzung gewirkt haben (vgl. Staatenbericht AUT 2015: 7, 14).

Nicht überall scheint die Anerkennung aber den zugleich gewünschten Effekt der interkulturellen Öffnung des Blickes der Trägergruppen gehabt zu haben:

„Das ist immer ein starker Rückbezug auf das, was vor Ort da stattfindet. Das ist ja ein wichtiger Punkt, aber die Tür, die sich öffnen könnte in dem Schauen, was gibt es denn da eigentlich noch und wo ergeben sich für uns Anknüpfungspunkte, auch aus einer intrinsischen Neugier heraus, das habe ich bisher noch nicht entdeckt, also jedenfalls nicht in der Orchester- und Theaterlandschaft. Wobei bei Theater bin ich nicht dicht genug dran, um das kompetent beurteilen zu können. Beim Orchester, das ist jetzt vielleicht zu hart gesagt, also ich meine, da ist schon eine Neugier da, und die sind ja auch […] a) international besetzt, und b) es gibt auch viel Austausch. Das meine ich damit nicht, sondern ich meine speziell, um das noch mal klarzumachen […], dass dieses Instrument selber, das Instrument ist noch mal ein Schlüssel, um eine Tür aufzumachen und was Neues zu entdecken. […] Nach meiner Wahrnehmung, […], ist das […] mehr rückbezogen, dass man sagt, so zack, ihr habt eine Auszeichnung. Damit gehen wir ran. Wie weit das jetzt, eben wie gesagt, die Neugier, wie ist das in Brasilien, wie ist es denn da? Das nehme ich zumindest nicht wahr. Vielleicht passiert es, aber ich nehme es nicht wahr." (V, Interview am 06.11.2018)

Ein wirksames Instrument sind in dieser Hinsicht internationale Nominierungen, denn damit begeben sich Trägergruppen bewusst in den internationalen Kontext und lassen sich auf Vergleiche und Bezüge ein. Noch einmal stärker relativierend auf eine lokale oder nationale Fokussierung wirken multinationale Nominierungen für die UNESCO-Listen, wie jene, an denen sich Deutschland mit der Falknerei, dem Blaudruck und – zeitlich nach dem Untersuchungszeitraum dieser Arbeit – den Bauhütten und im Nachgang noch weiteren beteiligt hat. Aber auch niedrigschwelliger auf Ebene des informellen Austauschs zwischen Trägergruppen über Grenzen hinweg, wie etwa bei verschiedenen Karnevals-, Faschings- bzw. Fastnachtstraditionen, zum Teil wissenschaftlich untermauert, können effektiv für die Einnahme einer transnationalen Perspektive mit der Fokussierung auf das Gemeinsame und gegenseitige Bezüge sein. Überhaupt sind wissenschaftliche Aktivitäten, wie etwa von UNESCO-Chair-Inhaber Tiago de Oliveira Pinto (Weimar/Jena) im Zusammenwirken etwa mit den Finkenfreunden im Harz, ebenfalls hilfreich, um Trägergruppen für interkulturelle Perspektiven zu sensibilisieren. Aber auch Anlässe, wie die Auszeichnungsveranstaltungen oder Fachtagungen, die Gelegenheit zum allgemeinen Austausch zwischen anerkannten Gruppen Immateriellen Kulturerbes boten, wurden von Trägergruppen und anderen Akteuren wiederholt als perspektivenöffnend beschrieben.

Zumindest kann man konstatieren, dass die vor dem deutschen Beitritt bestehenden Ängste oder zumindest Bedenken, dass es durch die Anerkennung von kulturellen Traditionen mit problematischen geschichtlichen Zusammenhängen zu einer Re-Nationalisierung kommt, derzeit – wie auch in allen untersuchten Nachbarländern – im Zusammenhang mit der Umsetzung dieser UNESCO-Konvention unbegründet erscheinen. In jenen Fällen, in denen Zweifel an den Praktiken in den fraglichen Zeiträumen bestanden, haben die Expertenbegutachtung und entsprechende Nachfragen ihren Zweck erfüllt. Die Chance, die sich Deutschland bot, einen neuen Ansatz zum Umgang mit Volkskultur und gemeinschaftsstiftendem kulturellen Erbe zu entwickeln, wurde ergriffen, indem ihr positiver Wert in einem internationalen Rahmen mit bestehenden Verbindungen und neuen Kooperationen über Grenzen hinweg betont werden konnte (vgl. Koch/Hanke 2013: 52). Von Expertenseite und der DUK wurde stets sehr bewusst nach „Immateriellem Kulturerbe in Deutschland" gesucht und explizit nicht nach „deutschem Immateriellem Kulturerbe". Es soll kein Besitzanspruch des Staates oder der Bevölkerungsmehrheit formuliert werden. Auch die Bezeichnung „Bundesweites Verzeichnis" statt „nationales Verzeichnis" war bewusst gewählt, um hier keine Missverständnisse aufkommen zu lassen – man beachte die entsprechenden Erfahrungen in Österreich rund um die inzwischen gestrichene Bezeichnung der koordinierenden Stelle als „Nationalagentur" im zeitlichen Zusammenhang mit dem strittigen Element der Wiener Balltradition (siehe Abschnitt 4.4.2.1.).

Vonseiten der Kulturwissenschaften wird zurecht in Frage gestellt, ob die zum Teil überholten Theorien zu Kulturtraditionen und Gruppenbildungen, wie sie Grundlagen der Konvention sind oder implizit mitschwingen, eigentlich hilfreich für das Verständnis jener Kulturformen sind. Es handelt sich sicherlich um ein Spannungsfeld mit Unzulänglichkeiten, die man immer wieder thematisieren sollte, aber aus Sicht internationaler Kulturpolitik sind durch die politische Setzung des Rahmens des UNESCO-Übereinkommens im Bereich der traditionellen kulturellen Ausdrucksformen durch Aufmerksamkeit durchaus positive Effekte des Kulturaustauschs und internationaler Zusammenarbeit erkennbar. (vgl. Koslowski 2015b: 37)

Selbstverständlich kommt es im Prozess der nationalen Umsetzung der UNESCO-Konvention von 2003 neben der Betonung von Gemeinsamem auch zur Herausarbeitung von Unterschieden und Trennungslinien. Dies betrifft etwa die Unterschiede Stadt-Land, in Glaubensfragen (dominierend katholisch vs. dominierend protestantisch), zwischen als elitärer und als populärer Kultur bezeichneten Formen bzw. auch Hoch- vs. Volks- bzw. Alltagskultur, industrialisierter bzw. technisierter vs. landwirtschaftlich geprägter Kulturen oder auch Kulturformen bestimmter sozialer Schichten (z. B. Lieder der Arbeiterkultur) (vgl. Graezer Bideau 2012: 308). Neben dem Potenzial des Immateriellen Kulturerbes Inklusion zu fördern und durch die Anerkennung die Position auch von strukturell benachteiligten Gruppen zu stärken und damit zur gesellschaftlichen Kohäsion beizutragen, besteht durchaus auch die, fast gegensätzliche, Gefahr, dass die Konvention gesellschaftlicher Kohäsion entgegenwirkt, indem partikulare Interessen gestärkt, eine abgrenzende Gemeinschaftsrhetorik gefördert, Superiorität bzw. Überlegenheit der einzelnen Träger(-gruppen) beansprucht wird und damit die Wirkungen tendenziell eher ausgrenzend, also exklusiv, und folglich desintegrativ sind (vgl. Rieder 2019: 147 f.).

7.1.5 Wechselwirkung zwischen der internationalen und der nationalen Umsetzung der Konvention

Die fünfte Forschungsfrage befasste sich mit der Wechselwirkung zwischen der internationalen und der nationalen Umsetzung der Konvention. Durch die Adaption des völkerrechtlichen Rahmens der UNESCO-Konvention haben zivilgesellschaftliche kulturelle Aktivitäten und ein lebendiges Kulturerbe und Erfahrungswissen in der Kulturpolitik in Deutschland eine Aufwertung erfahren. Auch auf das etablierte deutsche Kulturverständnis, d. h. der weitgehenden Verengung von Kultur als Kunst, hat der internationale Einfluss und Austausch eine Wirkung. Und schließlich sind neue Akteure in das Politikfeld integriert worden.

Damit wird das Verständnis von überliefertem Wissen und Können neu geprägt und zugleich das Kulturverständnis im Land graduell beeinflusst. Und doch muss man festhalten, dass hiermit keineswegs etwas ganz neu aus dem Boden gestampft wurde, sondern dass auf Bewährtem – Breitenkultur, Heimatpflege, Heimatkultur, Handwerkskultur, Brauchpflege usw. – aufgebaut und dies in einen neuen Rahmen gesetzt wurde.

> „[W]e should recognise that safeguarding ICH is by no means a new endeavour and not only has it been an important aspect of their heritage for countries and people worldwide long before the [Convention] was adopted, but communities have been and continue to safeguard ICH on their own initiative. However, much of this was being done without any official sanction, support or framework and the Convention has encouraged the development of related national legislative, administrative, financial and other responses." (Blake 2019: 18)

Es ist aber eben so, dass die UNESCO-Konvention das zivilgesellschaftliche Engagement für die Pflege und Erhaltung lebendiger Traditionen mit kulturpolitischen Mitteln unterlegt und letztlich unterstützt. Die Projekte, Programme und Strategien sind dabei in Deutschland insbesondere administrativer und ideeller Natur.

Der Neuigkeitswert und die Wirkung der nationalen Umsetzung der UNESCO-Konvention in Deutschland im Politikfeld gehen also über die Erweiterung des Kreises der Kulturakteure hinaus. Auf einer strukturellen Ebene gibt es mehrere wesentliche Punkte, die Christoph Wulf anführt:

> „Einmal ist die Verbindung, die Internationalität, die potenzielle, eine Erneuerung. Und die Verbundenheit mit anderen Ländern [...] sogar über Europa hinausgehend, da ist, glaube ich, ein wirklich neuer Punkt. Der zweite Punkt ist, dass eben die Konvention klarmacht, es geht nicht um eine traditionelle Folklore. Sondern es geht um eine ganz andere, viel komplexere Verankerung der Kultur [...]. Das Dritte ist, dass man das Ganze überhaupt ins Bewusstsein ruft und sagt, das ist Kultur. Das ist eine praktizierte Kultur. [...] Der vierte Punkt [...], da geht es um die Diversität: Kulturen können sich heute nicht mehr sozusagen nationalstaatlich begründen, sondern das sind fraktionierte Bereiche, wo es Vielfalt gibt, [...]. Und das ist, wenn man so will, eine Dezentralisierung. Aber die eben wichtig ist für das Verständnis heutigen kulturellen Lebens." (E1, Interview am 15.10.2018)

Gertraud Koch stimmt ihrem Kollegen Wulf nahezu uneingeschränkt zu und schaut zudem von der institutionellen Perspektive auf die Innovationen, die sich ergeben haben:

> „Neuerung war es ja vor allem auch deswegen, weil es eine UNESCO-Konvention war. Natürlich haben sich Leute schon lange mit diesen Forschungsgegenständen beschäftigt. Aber als Konvention wird es eine kulturpolitische Maßnahme und damit auch ein Governance-Ansatz. Und das ist das, was ich bei aller Kritik, die es da auch

aus wissenschaftlicher Sicht geben mag, und die auch berechtigt ist, als unglaublich positiv sehe und warum ich mich selber da auch so gerne dafür einsetze, dass damit erstmals auf kulturpolitischer Ebene auch ein Instrument da ist, das den Wert von dem Immateriellen tatsächlich thematisiert, sichtbar macht, es auch politisch auf einer suprastaatlichen Ebene heraushebt und damit ja auch zu einem Austausch, zu einem Thema – zu einem Dialogthema – zwischen den Staaten macht. Das hatten wir bisher in der Form nicht. Wir hatten davor die eher nationalistische Aushandlung von Kulturerbe. Und mit der Konvention können wir das tatsächlich auch in einer nachhaltigen Art und Weise herausholen, herausheben." (E2, Interview am 25.10.2018)

In diesem Zitat finden sich mehrere sehr wichtige Punkte, die zentrale Ergebnisse dieser Arbeit noch einmal aufgreifen: Erstens, dass die Konvention eine kulturpolitische Maßnahme und ein Governance-Ansatz ist, der für Bewegung im Feld der Kulturpolitik gesorgt hat. Dies bestätigt die Grundannahmen der vorliegenden Arbeit. Und zweitens, dass es gelingt oder zumindest gelingen kann, also die Konvention das Potenzial hat, die Beschäftigung mit lebendigen Traditionen aus dem nationalen Rahmen herauszuholen und zu einem Austauschthema in internationaler Perspektive zu machen. Damit ist drittens auch eine kulturelle Öffnung der Perspektiven der Trägergruppen verbunden. Es sei jedoch erwähnt, dass durchaus auch Befürchtungen in diesem Zusammenhang existieren:

„Ihren Wert als praktisch bedeutsames kulturpolitisches Instrument in der Hand der Staaten und ihrer jeweiligen Regierungen können die in der Konvention von 2003 vorgesehenen Maßnahmen entfalten, indem sie einerseits zu einer staatlichen – mitunter nationalen – Vereinnahmung bestimmter kultureller Praxen führen und leicht als Mittel solcher staatlicher Kulturpolitiken eingesetzt werden können, die auf die Herausbildung, Stärkung oder Profilierung nationaler Identitäten abzielen. Andererseits können sie aber auch zur Schaffung oder Stärkung einer effektiven staatlichen Kontrolle der betroffenen kulturellen Praxen beitragen." (Mißling 2010: 107)

Auch wenn man mit solchen Einschätzungen angesichts der sehr kurzen Zeitspanne, die hier untersucht wurde, vorsichtig sein muss, ist eine Vereinnahmung der Kulturformen des Immateriellen Kulturerbes oder gar die Ausübung staatlicher Kontrolle über sie in Deutschland bisher nicht festzustellen. Allerdings sind zwischen staatlichen Akteuren und den Trägergruppen Immateriellen Kulturerbes neue Beziehungen entstanden, deren Entwicklung weiter zu beobachten sein wird. Außerdem hat sich durch die UNESCO-Konvention ein neuer Orientierungspunkt bzw. „Kompass" (Schenk 2015: 129 am Beispiel des Karnevals) für die Trägerschaften und ihre Pläne zur Tradierung bzw. Erhaltung der Kulturformen ergeben.

Bei der Umsetzung der UNESCO-Konvention zur Erhaltung des immateriellen Kulturerbes handelt es sich um eine international vergleichbare Intervention in Gesellschaft, Staat und zum Teil auch Markt der Vertragsstaaten. Zwar haben diese in der nationalstaatlichen Umsetzung des Instruments sehr viel Spielraum, aber es bietet sich wegen des gemeinsamen Rahmens der Konvention trotzdem untereinander die Möglichkeit einer Vergleichbarkeit in einem spezifischen Bereich von Kulturpolitik. Zur Klärung der Forschungsfrage wurde im Rahmen dieser Arbeit u. a. im Kapitel 4 die UNESCO-Konvention und ihre Entstehung erläutert sowie auch auf die nationale Umsetzung in vier Vergleichsstaaten (Österreich, Schweiz, Belgien und Frankreich) rekurriert. Zudem wurde im Abschnitt 6.4. das politische Lernen der Vertragsstaaten untereinander thematisiert. In diesen Untersuchungen war festzustellen, dass gut nachzuvollziehende Wechselwirkungen zwischen der deutschen und der internationalen Umsetzung der Konvention bestehen. Deutschland hat insbesondere in Österreich und der Schweiz viele Anleihen genommen, aber auch aus den früheren Erfahrungen in Frankreich und Belgien sowie weiteren Ländern etwas gelernt. Die nach Rose (1991) als Lektionen bezeichneten Ergebnisse des Policy-Lernens changieren je nach Maßstab zwischen Adaptionen bestimmter Aspekte, einer Hybridbildung oder Synthese der verschiedenen Umsetzungsmodelle bis hin zu reinen Inspirationen in bestimmter Hinsicht. Im Vergleich zur Schweiz ist Deutschland beispielsweise bei der dezentralen Erfassung von Vorschlägen in den Ländern für das Bundesweite Verzeichnis stringenter vorgegangen, indem man hierzulande nicht nur einen Leitfaden, sondern ein einheitliches Formular und einheitliche Kriterien, die jeweils weitgehend aus dem zentralistischer vorgehenden Österreich übernommen wurden, vorgegeben hat.

Es zeigte sich in dem Vergleich der Staaten untereinander und ihrer Strategien der Umsetzung der Konvention aber auch, dass nationale oder regionale Traditionen der Kulturerbepflege durch die neue UNESCO-Konvention nicht komplett beseitigt worden sind. Zum einen muss sich die Umsetzung der Konvention in die etablierten Kompetenzverteilungen im Politikfeld Kultur einpassen. Zum anderen kommt es auch inhaltlich zu einem Interaktionsprozess zwischen dem neuen Rahmen und früheren Formen des Umgangs mit den heute als Immaterielles Kulturerbe bezeichneten kulturellen Ausdrucksformen. (vgl. Fournier 2012: 339)

Das Beispiel der UNESCO-Konvention zur Erhaltung des immateriellen Kulturerbes zeigt: Kulturpolitik und kulturpolitische Maßnahmen können gesellschaftliche Debatten befördern, damit u. a. zu Teilhabe beitragen und ein Bewusstsein für internationale Verbindungen und Zusammenarbeit fördern. Zugleich gibt es ein Spannungsverhältnis zwischen dem Anspruch, Immaterielles

Kulturerbe möglichst inklusiv und teilhabeorientiert im Sinne des weiten Kulturbegriffs darzustellen und dem faktischen Zwang bei Inventarisierungsprozessen
und erst recht bei internationalen Anerkennungen im UNESCO-Rahmen aufwändige Auswahl- und Bewertungsprozesse durchzuführen (vgl. Tauschek 2010:
73).

Das Spektrum der kulturpolitischen Maßnahmen auf finanzielle Unterstützung
in relevantem Maße und legislative Maßnahmen auszuweiten, könnte der nächste
Schritt der Umsetzung in den kommenden Jahren sein. Dass es dazu bisher
nicht gekommen ist oder nur in Einzelfällen erfolgt, macht aus dem Umgang
mit dem Immateriellen Kulturerbe einen Spezialfall der deutschen Kulturpolitik.
Diese definiert sich normalerweise vorrangig über eine finanzielle Förderung von
Kulturträgern, d. h. eine distributive Steuerung. Es bleibt abzuwarten und spannend zu beobachten, ob sich diese Sonderstellung halten wird. Zumal aus der
Betrachtung des Untersuchungszeitraums noch unbeantwortet bleibt, ob die hier
in Frage kommende Alternative zu einer Fokussierung der kulturpolitischen Maßnahmen auf materielle Förderpolitik, nämlich das Anstoßen öffentlicher Debatten
bzw. Bewusstseinsprozesse, tatsächlich als kulturpolitische Maßnahme stringent
von den Akteuren verfolgt wird.

Im internationalen Rahmen wurden, wie die Abschnitt 4.4.2. und 6.3.4. zeigten, eine Reihe von neuen Kontakten geknüpft oder vertieft, z. B. beim Blaudruck,
bei den Genossenschaften oder im Bereich Orgelbau und Orgelmusik, wo jeweils
implizit die für das Leben im Anthropozän zentrale Frage nach dem Verhältnis von Partikularem und Universellem im Bereich der Kultur aufgeworfen wird,
aber auch auf kulturpolitischer und fachlicher Ebene zwischen im Feld aktiven
NGOs und den jeweils für die nationale Umsetzung verantwortlichen Organisationen der Vertragsstaaten. Häufig wird nicht zuverlässig zwischen einer nationalen
und einer internationalen Anerkennung unterschieden. Christian Höppner meint
allerdings zuvorderst komme es auf den Stolz auf das eigene Tun bei den
Trägergruppen an:

„Also ich bin ja kein Freund von Tohuwabohu. Ich erlebe da in der Richtung schon ein
ziemliches Durcheinander. Aber meistens finde ich das total süß, weil der Stolz, auf
der Liste zu sein, viele bringen das dann eben nicht nur ineinander, sind dann manchmal auch enttäuscht, wenn sie erfahren, nein, das ist ja nur die nationale Liste, statt
jetzt die große Welterbeliste [die UNESCO-Listen des Immateriellen Kulturerbes,
Anm. d. Verf.]. Aber, also da, wo es funkt, ist es, glaube ich, nicht so entscheidend.
Das ist vielleicht ein bisschen despektierlich, aber, ob das jetzt die nationale oder
die Welterbeliste ist: Das hat dann einfach vor Ort funktioniert." (V, Interview am
06.11.2018)

Des Weiteren sei auf die doppelschneidige Rolle der UNESCO hinsichtlich des Themas kulturelle Vielfalt hingewiesen: Einerseits sind die Anstrengungen für die Bewahrung der kulturellen Vielfalt weltweit der Hauptantrieb für die völkerrechtlichen Instrumente, die die UNESCO verabschiedet hat und seitdem dynamisch verfolgt, andererseits drückt sie eben durch ihre Rolle als global Standards vorgebende Institution einen einheitlichen Stempel auf die Kulturen dieser Welt und sorgt für eine Homogenisierung und damit Verminderung der Vielfalt der Herangehensweisen an die Bewahrung eben jener kulturellen Vielfalt (vgl. Bortolotto 2012: 265 f.). Diese Arbeit hat gezeigt, dass Deutschland zwar in wichtigen Aspekten von den Erfahrungen anderer Staaten gelernt und natürlich auch wichtige Elemente der UNESCO-Standards übernommen hat, aber trotzdem – im Sinne der Vielfalt – sein eigenes System der nationalen Umsetzung der Konvention gefunden und auch die Konzepte für sich interpretiert hat. Es handelt sich im Grunde um einen permanenten Aushandlungsprozess zwischen den nationalen und internationalen Einflüssen, der durchaus mit den historischen Wurzeln zu tun hat, die der Umgang mit den als Immaterielles Kulturerbe bezeichneten Kulturformen im jeweiligen Staat hat, wie das Beispiel Frankreich sehr deutlich gemacht hat, wo die Vorläufer des Umgangs mit diesen Formen die erste Phase der Inventarisierung stark beeinflusst haben bzw. sogar als Gegenbewegung zu den neuen Konzepten interpretiert werden konnten (vgl. Bortolotto 2012: 277).

Schließlich ein Blick auf die Auswahl von UNESCO-Nominierungen – ein Bereich, in dem noch einmal ganz spezifische Mechanismen der Wechselwirkung zwischen nationaler und internationaler Umsetzung der Konvention bestehen: Wie gezeigt, wollten die Experten der DUK inhaltliche bzw. thematische Impulse setzen, die der Vielfalt auf den UNESCO-Listen neue Aspekte hinzufügen. Damit wollten sie zum einen den Mehrwert betonen, dass Deutschland sich an der Umsetzung nun – verspätet – beteiligte und zum anderen auch explizit ein Zeichen und Nachweis der Relevanz nach innen an die deutsche Öffentlichkeit senden, das zum Beispiel Demokratie und Teilhabe fördernde Kulturformen, wie die Genossenschaftsidee und -praxis, oder gemeinhin als herausragend im internationalen Vergleich wahrgenommene Vorschläge, wie Orgelbau und Orgelmusik oder die Deutsche Theater- und Orchesterlandschaft, gemacht wurden. Dies führte aber dazu, dass deutsche Bewerbungen im internationalen Rahmen zum Teil als sperrig oder gar abseitig wahrgenommen wurden. Zwar wurde in den internationalen Gremien hinter vorgehaltener Hand betont, dass dies durchaus interessante Impulse wären, aber konsensfähig war dies dann eben nicht immer und sorgte dafür, dass einige deutsche Nominierungen nicht (auf Anhieb) die Aufnahme schafften. Die Bemühungen um das Setzen von kraftvollen Impulsen führten zugleich dazu, dass deutschlandweiten und sogar darüber hinaus verbreiteten

Elementen, wie dem Hebammenwesen, als UNESCO-Nominierungen von den Experten der Vorzug vor lokalen Phänomenen gegeben wurde. Bedingt war dies paradoxerweise allerdings auch durch den Föderalismus: Um kein Bundesland mit einer Auswahl einer regionalen Nominierung zu bevorzugen und damit die anderen 15 zu benachteiligen, griff man lieber auf Nominierungen von nationaler Tragweite zurück. Dies alles steht insgesamt im Kontrast zur engen Trägerorientierung des Wortlauts der UNESCO-Konvention und eigentlich eben auch zur föderalen Struktur, gerade im Kulturbereich, – Belgien, die Schweiz, Österreich und sogar Frankreich als zentralistischer Staat haben, auch zu Anfang ihrer eigenen nationalen Umsetzung bereits, zum Teil deutlich lokalere Elemente mit klarer fassbarer Trägergruppe für die UNESCO-Listen nominiert als Deutschland.

Es bleibt festzuhalten, dass der Beitritt zur UNESCO-Konvention von 2003 und ihre Umsetzung im nationalen Rahmen in Deutschland eine neue Dynamik im kulturpolitischen Feld kreiert hat.

„The act of signing up to the Convention, of implementing its guidelines within national borders, and in promoting and facilitating community-based processes required for the preparation of nominations, have generated new practices, analyses and discourses that together are shaping the understanding and practices of intangible cultural heritage." (Akagawa/Smith 2019: 1)

Die mittel- und langfristigen Folgen für die deutsche Kulturpolitik, speziell den Bereich des kulturellen Erbes, sind derzeit noch nicht genau abzusehen, könnten aber durchaus tiefgreifend sein. Eine deutsche Mitwirkung im Zwischenstaatlichen Ausschuss, die ab 2022 für vier Jahre erstmals erfolgt, und damit auch eine engere Einbindung der deutschen Konventionsumsetzung in internationale Diskurse rund um das Immaterielle Kulturerbe kann in beide hier untersuchten Richtungen gehen bzw. können die Wechselwirkungen zwischen nationaler und internationaler Umsetzung der Konvention noch einmal neue Wendungen nehmen.

7.2   Empfehlungen zur weiteren Umsetzung der Konvention in Deutschland

Nach Windhoff-Héritier (1987: 20) ist eine Politikfeldanalyse zum einen ein analytisch-erklärendes, zum anderen aber auch ein präskriptives Instrument. Neben einer Bewertung der Problemdefinition und Zielauswahl in einer konkreten Problemlage und einer (ex-post)-Erfolgskontrolle der durchgeführten Programme, wie sie in Abschnitt 7.1. für diese Arbeit anhand der Forschungsfragen zusammenfassend vorgenommen wurde, geht es auch darum alternative Methoden zur Erreichung dieser Ziele darzustellen sowie die Durchführungschancen der vorgeschlagenen Lösungswege einzuschätzen (vgl. Windhoff-Héritier 1987: 115 f.). Den entsprechenden Empfehlungen und Vorhersagen auf Basis der bisherigen Erfahrungen ist dieses Unterkapitel des Fazits dieser Arbeit gewidmet.

Ein kulturpolitisches Konzept, „welche Rolle das immaterielle Kulturerbe im innerstaatlichen kulturellen Gesamtgefüge spielen soll" (Lenski 2014: 105), gibt es bisher in Deutschland im Wesentlichen nicht. Dies wäre zweifellos ein Desiderat für die weitere Umsetzung der Konvention. Es schüfe nicht nur für die direkt beteiligten Akteure Klarheit, sondern böte für alle Akteure im Politikfeld der Kulturpolitik eine wichtige Orientierung. Dabei würde es sich gegebenenfalls lohnen, die Ergebnispapiere der größeren DUK-Fachtagungen von 2013 und 2015, die interessante Anregungen aus der Zivilgesellschaft und aus Expertenkreisen gesammelt hatten, die aus Kapazitätsgründen aber nicht alle verfolgt werden konnten, einzubeziehen.

7.2.1 Kulturelle Teilhabe und Kulturerbe-Politik als Gesellschaftspolitik

Immaterielles Kulturerbe kann potenziell zu allen dreien von Max Fuchs (2005: 37) genannten strategischen Zielen von Kulturpolitik in Deutschland beitragen: „Erhaltung des Kulturerbes, Innovation und Publikumsgewinnung". Auch erfüllt sie alle vom selben Autor als „Kulturfunktionen" bezeichnete Aufgaben: Möglichkeiten zur Selbstreflexion bieten, mithin der Gesellschaft den Spiegel vorhalten; Angebote an Identitäten und Vorstellungen vom guten Leben machen; sowie die Funktion eines sozialen und kulturellen Gedächtnisses. (vgl. Fuchs 2003: 16) Damit verdient die Politik zum Immateriellen Kulturerbe prinzipiell ein größeres Interesse der kulturpolitischen Akteure, gerade auch da sie stark in ländlichen Räumen verankert ist, und die dort angesiedelte Kultur häufig in der öffentlichen Wahrnehmung zu kurz kommt. Hierzu bedarf es einiger präzisierenden Zuspitzungen in der Kommunikation über Immaterielles Kulturerbe und, dem am besten vorgeschaltet, eines politikfeldinternen Bewusstseinsbildungsprozesses. Es hängt dabei auch vom Verständnis ab, was man als Policy-Netzwerk unter Kultur bzw. konkret als öffentliche geförderte und unterstützte Kultur zu zählen bereit ist und wie dies entsprechend dieser Wertschätzung dann in der Gesellschaft wahrgenommen wird.

Grundsätzlich wäre empfehlenswert, dass die Akteure des Politikfelds diskursiv die Perspektive der nationalen Umsetzung der UNESCO-Konvention zum Immateriellen Kulturerbe über den Kulturerbeerhalt *pro domo*, also in einem engen Sinne den Erhalt der Kulturformen um ihrer selbst willen, hinaus weiten: Die Gewährleistung kultureller Teilhabe für die Förderung gesellschaftlichen Zusammenhalts, also eine Politik der Erhaltung des Immateriellen Kulturerbes als Gesellschaftspolitik und Demokratisierung von Kultur zu deklarieren, wäre ein beachtlicher Schritt vorwärts. Aus einer rechtsnormativen Perspektive bedarf der

„sowohl kulturstaatlich als auch sozialstaatlich motivierte Gedanke der kulturellen Daseinsvorsorge und eines kulturellen Grundangebots bei aller Freiheit in der Ausgestaltung staatlicher Kulturpolitik stärkerer Aufmerksamkeit. Die Sicherung der breiten Zugänglichkeit kultureller Einrichtungen und Veranstaltungen ist ein wesentliches Element der Förderung der Kultur selbst wie auch der Gesellschaft als ganzer." (Germelmann 2013: 758)

In diesem Sinne äußert auch Christian Höppner einen Wunsch für die Zukunft:

„Den Schwerpunkt würde ich tatsächlich darauf legen, wie können wir die vorhandenen Potenziale, die vorhandenen Kräfte noch besser bündeln im Sinne von Wirksamkeit, in unsere Gesellschaft hinein. [...] Ich würde es halt auch, sagen wir mal, unter dem Blickwinkel nehmen, gesellschaftlicher Zusammenhalt. Das können Sie natürlich als Instrumentalisierung dann auch wiederum kritisieren, aber ich finde, wir haben da neben dem Eigenwert, der unumstritten ist und wo man gar nicht dran popeln sollte, schon gar nicht im Grundgesetz, neben diesem Eigenwert haben wir aber auch diese Mitverantwortung für das Thema ‚Gesellschaftlicher Zusammenhalt', und da tun wir noch viel, viel, viel zu wenig. Da reicht es nicht nur, darüber zu reden. Da gibt es natürlich auch viele gute Beispiele, aber, wenn man sich das ganze Reservoir anguckt, dann ist da noch viel mehr möglich. [... D]iese beiden Stränge, Eigenwert und soziale [Wirkung], würde ich in der gesamten Kommunikationsschiene wirklich als einen wesentlichen Bestandteil [ansehen ...]." (V, Interview am 06.11.2018)

Auch Sophie Lenski (2014: 104 f.) konstatiert durch die verschiedenen denkbaren politischen Umsetzungsmaßnahmen erhebliche Möglichkeiten von gesellschaftlichen Wirkungen der Umsetzung der Konvention zur Erhaltung des immateriellen Kulturerbes.

Die Potenziale, die man strategisch-kulturpolitisch gezielt mittels der Umsetzung der Konvention noch stärker ausschöpfen könnte, sind aus Sicht des Autors dieser Arbeit folgende sieben Punkte:

1. Immaterielles Kulturerbe leistet einen Beitrag zur Klärung und Schärfung kultureller Identitäten, ohne dass dies ausgrenzend und hierarchisierend wirkt. Schließlich werden mittels Formen Immateriellen Kulturerbes kollektive Identitäten konstruiert bzw. bestätigt, ohne dass zwingend eigene Überhöhungen damit verbunden sein müssen.

2. Das Immaterielle Kulturerbe kann entscheidend dazu beitragen, die in der Gesellschaft vorhandenen Wissens- und Könnensbestände zu würdigen und gesamtgesellschaftlich stärker nutzbar zu machen und dadurch inwertzusetzen. Dies trüge auch zu einer Aufwertung praktischen bzw. impliziten Wissens und Könnens gegenüber theoretischem „Buch"-Wissen bei.

3. Eng mit dem vorgenannten Punkt zusammenhängend, kann eine kulturpolitische Würdigung Immateriellen Kulturerbes auch einen Beitrag zu ganzheitlichen Bildungsprozessen leisten. Die Weitergabe Immateriellen Kulturerbes ist häufig ein Akt informellen Lernens bzw. informeller (kultureller) Bildung. Dies auch so zu begreifen, zu würdigen und zu nutzen, wäre kultur- und auch bildungspolitisch angeraten, um die verschiedenen Formen der Aneignung von Fähigkeiten gleichwertig zu behandeln.

4. Mit der Umsetzung der UNESCO-Konvention in Deutschland sollte eine noch stärkere Würdigung bürgerschaftlichen Engagements im engeren und weiteren Kulturbereich einhergehen. Die Rolle des Ehrenamts für kulturelle Betätigung ist in den letzten Jahren zunehmend stärker erkannt und gewürdigt worden. Der enge Zusammenhang der Themen Kulturerbepflege und bürgerschaftliches Engagement wird beim Immateriellen Kulturerbe besonders deutlich, kulturpolitisch aber bisher noch selten hergestellt.

5. Im kunstpolitischen Sinne, aber auch im Sinne der Förderung der Kultur- und Kreativwirtschaft, gilt es die kulturellen Ressourcen der Formen des Immateriellen Kulturerbes stärker zu entdecken und freizulegen. Viele der in Rede stehenden Kulturformen haben in der Vergangenheit Anstöße für neues Kunst- und Kulturschaffen sowie für wirtschaftliche Innovationen gegeben. Ebenso geben sie aktuell Anregungen für kontemporäre Schaffensprozesse und können auch in Zukunft Impulse in dieser Hinsicht setzen.

6. Die aus dem überlieferten Wissen gewonnenen Innovationen gehen von der gesellschaftspolitischen Bedeutung her über die Bereiche Kunst und Wirtschaft noch hinaus, da sie einen Beitrag zur Bewältigung gesellschaftlicher Herausforderungen, wie der Umsetzung einer nachhaltigen Entwicklung, den Umgang mit dem Klimawandel, Reaktionen auf den demografischen Wandel usw. leisten können.

7. Schließlich kann das Immaterielle Kulturerbe mit seinen sowohl lokalen wir auch globalen Anknüpfungspunkten Beiträge zur stärkeren Verbreitung

und Umsetzung des Konzepts der Global Citizenship leisten, das sich die UNESCO im Bereich der hochwertigen Bildung (Sustainable Development Goal 4) auf die Fahnen geschrieben hat.

Bei allen diesen Fragen geht es zum einen um die Förderung gesellschaftlicher Debatten, die unsere Gesellschaft im Sinne einer gemeinsamen Diskursfähigkeit in der Demokratie mehr als nötig hat, was u. a. zur Klärung von Spannungen beitragen kann, und zum anderen geht es um konkrete Produkte oder Ergebnisse der Kulturformen, die das Wissen und Können jetzt und in Zukunft gesellschaftlich relevant machen.

Im Grunde muss auch eine Debatte über den Kulturbegriff in Deutschland noch einmal fundiert geführt werden. Denn an vielen Stellen in der Umsetzung in Deutschland hat sich gezeigt, dass klassisch-bürgerliche Formen des kulturellen Ausdrucks, wie Theater, Tanz und Musik, schnell und bereitwillig Anerkennung gefunden haben, nicht zuletzt, weil die beteiligten Stellen mit diesen Akteuren umzugehen wissen. Hebammen und andere Gruppen, die Traditionen im Bereich Natur und Universum praktizieren und selbst Handwerkstraditionen sowie die im Grunde im Zentrum der Konvention stehenden Alltags- und klassischen Volkskulturtraditionen hatten es da vergleichsweise schwerer. Und es gibt durchaus eine Bewegung innerhalb der Experten des Immateriellen Kulturerbes, die dieses in Deutschland gern auf klassische Hochkulturformen begrenzen würden. Aber „nach Auffassung […] vieler, auch selbst große Teile der entsprechenden Leute in der UNESCO [würde dies] zu einer Verengung dieses ganzen Feldes führen" (E1, Interview am 15.10.2018). Tatsächlich muss sich der weite Kulturbegriff im Sinne der UNESCO-Konferenz von Mexiko-Stadt (1982) in Deutschland noch durchsetzen, denn selbst im Kulturbereich kennen diesen die meisten nicht.

> „Das ist ja auch eine Abgrenzungsfrage oder eine Teilhabefrage. […] Und also ich werbe immer dafür, dass man den Kulturbegriff nicht gleichzeitig mit einer Wertzumessung verbindet, sondern wenn man jetzt ganz brutal ist oder ganz holzschnittartig formuliert, kann man sagen, alles, was nicht Natur ist, ist Kultur. […] Aber natürlich, wenn man es feiner zieht, dann finde ich, ist die Erklärung von Mexiko-City einfach für mich die Referenzgrundlage schlechthin." (V, Interview am 06.11.2018)

Mit dem Kulturbegriff in engem Zusammenhang steht auch der Wissensbegriff, den die UNESCO ebenfalls breiter versteht als im in Deutschland gebräuchlichen Sinne: Erfahrungs- und implizites praktisches Wissen ist demnach nicht minder wichtig als akademisch und schulisch erworbenes Wissen.

„Es wird vielleicht auch in den Wissenschaften interessanter werden, in der Kulturwissenschaft oder auch in der Erziehungswissenschaft, wo man die Bildungsbedeu-
tung noch viel mehr […] einfach erkennen muss. […] Wir haben in den letzten Jahren
so einiges erreicht, dass [das Immaterielle Kulturerbe] zumindest in der Wissenschaft
akzeptiert wird als eine ganz wichtige Dimension." (E1, Interview am 15.10.2018)

Es braucht, befördert durch das Immaterielle Kulturerbe, einen Bewusstseinswandel des Verständnisses von Wissen einerseits und damit im engen Zusammenhang
des Potentials von Immateriellem Kulturerbe für Bildungsprozesse in unserer
modernen Gesellschaft und von Kultur andererseits. Christoph Wulf schildert dies
mit einer im Kontext Immaterielles Kulturerbe gemachten konkreten Erfahrung:

„Also mir ist das noch mal so klar geworden bei [einem] Film über […] den Orgelbau.
Da wurde gezeigt, wie ein Orgelbauer, wie er eine Pfeife bearbeitet. Und wie es um
Millimeter geht, die er wegschleift. Und wo er also eine kleine Kerbe einbringt und so
weiter. Das war außerordentlich eindrucksvoll. Da ist dieses alte Verständnis, Handwerk ist Kunst, also *technae* und *artes* ist noch nicht getrennt, Kunst und Handwerk.
Sondern das ist noch zusammengedacht. Bei den Griechen ja auch […] und bei den
Römern natürlich […]. Und das geht ja bis in die Moderne hinein. Also und dafür hat
man dann ein Beispiel, wie das zusammengeht, Kunst und Handwerk." (E1, Interview
am 15.10.2018)

Dass Kulturerbe auch für Bildungsprozesse eine Rolle spielt, und zwar nicht nur
als Lerninhalt, sondern auch für die Lernprozesse – also auf welche Weise wir
welche Inhalte inkorporieren, d. h. neben der geistigen Aufnahme auch körperlich verinnerlichen – hat sich als Erkenntnis in Deutschland bei weitem noch nicht
durchgesetzt. Das Immaterielle Kulturerbe liefert mit Handwerkstechniken, aber
auch mit performativen Praktiken wie z. B. Tanz oder Brauchausübungen – denkt
man etwa an bestimmte Abläufe, die den Beteiligten über die Jahre der Prakti-
zierung „in Fleisch und Blut übergehen" –, eindrucksvolle Belege, so dass eine
intensivere Befassung auch in der international vergleichenden Bildungsforschung
im Kontext der Erreichung des SDG 4 produktiv erscheint.

7.2.2 Schärfung des Konzepts und der Umsetzungsmaßnahmen

Das Verständnis von Immateriellem Kulturerbe in der Fachöffentlichkeit und
auch der allgemeinen Öffentlichkeit benötigt ganz ohne Zweifel noch Nach-
schärfung. Gleichzeitig darf und sollte man gar nicht unbedingt erwarten, dass

ein partizipatives und an vielen Stellen dezentrales Verfahren ein hundertprozentig stringentes Bild ergibt. Dann müsste man allerdings in der Kommunikation auch offensiv vertreten, dass diese Dekonstruktion eines „auf stimmige Schlüssigkeit zielende[n] kulturpolitische[n] Konzept[s]" (Koslowski 2015a: 42) gewollt ist. Das heißt jedoch wiederum nicht, dass man jede Unschärfe in Kauf nehmen bzw. tradieren muss. Zum einen sollte daher das Konzept des Immateriellen Kulturerbes im Bedeutungsverhältnis zu den teilhabeorientierten und demokratisierenden Konzepten Breitenkultur, Alltagskultur, Volkskultur, Heimatkultur, Stadtteil- und Soziokultur konkretisiert werden. Viele der anerkannten Formen sind eben nicht der traditionellen Hochkultur zuzurechnen und werden deshalb, selbst an ihren Praxis- und Aufführungsorten, bisher gar nicht wirklich als Teil von Kultur gesehen (vgl. Institut für Kulturpolitik der Kulturpolitischen Gesellschaft 2015: 33). Gleichzeitig gibt es auch von den Experten und staatlichen Stellen eine bestimmte, manchmal gar nicht explizit gemachte, aber unterschwellig mitklingende, Erwartungshaltung, dass die anerkannten Formen gewissen Qualitätsstandards, sei es in Punkto Ästhetik, Professionalität oder sonstiger Exzellenz, entsprechen müssten. Hier bedarf es unbedingt einer konzeptuellen Schärfung des Immateriellen Kulturerbes.

Weiterhin muss das Verhältnis zum Welterbe für breite Bevölkerungsschichten geklärt werden. Von allen befragten Experten wird es als kommunikative Aufgabe gesehen, Unterschiede und Gemeinsamkeiten herauszuarbeiten: „Das ist auch bei Abgeordneten, bei Politik und so weiter immer wieder ein Ansatzpunkt, übrigens auch bei der Presse, die es ja eigentlich besser wissen könnte und müsste, nachzuarbeiten, begrifflich zu schärfen und das auseinanderzuhalten." (L, Interview am 15.11.2018)

Ein Kriterium der klaren Unterscheidbarkeit von Welterbe und Immateriellem Kulturerbe, das bisher allerdings wenig in der öffentlichen Darstellung genutzt wurde, ist die Einmaligkeit auf der einen Seite gegenüber dem Prinzip Wiederholung auf der anderen: „Diese Gegenüberstellung, zu sagen, also Universelles, Festes, was sich nicht wiederholt, […], sondern was einmalig ist [Welterbe, Anm. d. Verf.]. Und [… beim Immateriellen Kulturerbe] geht es gerade um das Repetitive." (E1, Interview am 15.10.2018) Christoph Wulf bezeichnet die Aufgabe, die Zusammenhänge des Immateriellen Kulturerbes mit den anderen UNESCO-Programmen im Bereich Bildung und insbesondere Erbe herzustellen, ebenfalls als eine wichtige: „Zusammenführung und damit eben auch die Komplexität und die Unterschiedlichkeit im Gemeinsamen herausarbeiten." (E1, Interview am 15.10.2018)

Stärker kulturpolitisch betont werden sollte darüber hinaus noch beim Immateriellen Kulturerbe,

„dass wir [...] von lebendigem Kulturerbe sprechen und dass diese Lebendigkeit das Kernkriterium ist. Und [dass] ohne diese Lebendigkeit das Siegel auch nichts mehr nutzt. [...] Dieser Modus, dass es eben nicht versteift, nicht musealisiert, nicht folklorisiert und damit ja ein Stück weit auch unabhängig von der Kulturpolitik bleibt, widerständig vielleicht auch ein bisschen zur Kulturpolitik ist. Das würde ich als einen zentralen Modus sehen. Und ich bin gespannt, ob das bleibt." (E2, Interview am 25.10.2018)

Gertraud Koch bringt in diesem kurzen Zitat eine aus ihrer Sicht ideale dialektische Beziehung zwischen dem Immateriellen Kulturerbe und Kulturpolitik zum Ausdruck: Die kulturpolitischen Akteure sollen die Lebendigkeit als Hauptcharakteristikum der Formen Immateriellen Kulturerbes künftig stärker betonen und dadurch auch fördern, damit die Kulturträgergruppen und ihre Kulturformen gerade nicht in eine zu starke Abhängigkeit von kulturpolitischen Akteuren – siehe die entsprechenden Bedenken von Lenski (2014) und Mißling (2010) – und/oder von kulturtouristischen Förderungen, wie museale oder folkloristische Darstellungen, die eine Einschränkung der Lebendigkeit bedeuten könnten, geraten. Koch fordert gar eine Widerständigkeit gegen Kulturpolitik, die an die Unabhängigkeit bzw. Freiheit, die auch sonstige Kunst- und Kulturschaffende nach Art. 5 GG für sich reklamieren, erinnert. Eine interessante Frage ist in diesem Zusammenhang, welche Unterstützung die Kulturformen bzw. konkreter ihre Trägergruppen benötigen und auf welche Form der Förderung sie von staatlicher Seite hoffen können. Vor dem Beitritt Deutschlands zur Konvention gab es die Befürchtung, dass finanzielle Verpflichtungen durch Anerkennungen als Immaterielles Kulturerbe begründet bzw. eingefordert werden. Aber

„mit dem Geld ist es gar nicht getan. Sondern das sind einfach ganz viele Menschen, die sich da ehrenamtlich engagieren, ob im Chorgesang oder in der Kirchweih oder im Karneval. Und denen man gar nichts Gutes tun würde, wenn man da jetzt was Hauptamtliches drüber stülpen würde. Vielleicht bräuchten die manchmal ein bisschen mehr Unterstützung, das will ich gar nicht verhehlen. Aber im Grundsatz wollen die das ehrenamtlich machen. Davon lebt das auch. Und deswegen ist das für mich jetzt gar nicht so ein Wert an sich, dass das jetzt kulturpolitisch durch die Decke geht [...]. Die Gesamtheit, dass man sagt, wir haben so viele Traditionen und Dinge, die auch leben und das am Leben zu erhalten und auch zu fördern, die Gesamtheit sollte eigentlich sozusagen dadurch verstärkt werden. Und ich habe den Eindruck, dass das gelingen kann. Ob es schon gelungen ist, das weiß ich jetzt nicht, weil ich glaube, das ist ein langer Prozess." (K, Interview am 01.11.2018)

Auch Gertraud Koch macht diesen Punkt und akzentuiert ihn zudem etwas anders:

„Zentral ist Ehrenamt. Also wenn es um dieses Erhalten und Starkmachen geht, ist eigentlich das Ehrenamt, ohne das passiert nirgendwo was. Und [wir müssen] versuchen da auch wegzukommen von dieser Idee, dass es um Finanzierung, sondern eher um Ressourcing geht in einem viel, viel breiteren Verhältnis. Und ich glaube, da müssen wir den Trägergruppen Rückenstärkung auch geben, dass die dann auch sagen können: ‚Nein, in das Marketingheftchen gehen wir jetzt nicht rein‘, und da auch noch mal politisches Rüstzeug, oder Rüstzeug für den Umgang mit Politik, zu geben. Das wären, glaube ich, noch mal ziemlich zentrale Perspektiven auch." (E2, Interview am 25.10.2018)

Eine der Fragen, die diese Arbeit behandeln wollte, ist die Ansiedelung des Themas Immaterielles Kulturerbe auf dem Kontinuum zwischen kulturpolitischer Würdigung und Anerkennung von bürgerschaftlichem Engagement. Im Grunde muss man dies, wie die vorliegende Arbeit gezeigt hat, aber gar nicht als Entweder-oder-Frage behandeln, denn zivilgesellschaftliches Engagement kann staatliche Kultur(förder)politik ideal ergänzen. Einige meinen, der Staat sollte sich zunehmend im Bereich Kulturpolitik gar nicht mehr darauf beschränken, direkt, v. a. mittels finanzieller Förderung, zu intervenieren, sondern eine Impulse setzende, führende Rolle im Zusammenspiel mit privaten und zivilgesellschaftlichen Partnern einnehmen (vgl. Wimmer 2011: 82). Dazu gehört auch die Bereitstellung von Arenen der Aushandlung, was kulturpolitisch gemeinsam erreicht werden soll. Ein mögliches Mittel, dass – ähnlich wie in der Schweiz – auch in Deutschland hierbei zunehmend zum Einsatz kommen könnte, ist die Organisation von Foren, auf denen alle interessierten Akteure zusammenkommen und diese Fragen etwa im Hinblick auf das Immaterielle Kulturerbe gemeinsam und offen diskutieren können.

Das Aktivierungspotenzial von zivilgesellschaftlichem Engagement sollte im Rahmen der Umsetzung der UNESCO-Konvention zur Erhaltung des immateriellen Kulturerbes noch einmal verschärft in den Blick genommen werden: Koch sieht ein großes Potenzial, „tatsächlich diese zivilgesellschaftlichen Dimensionen von Kultur hervorzuheben" (E2, Interview am 25.10.2018), und damit auch das demokratisierende Potenzial von Kultur im Allgemeinen und dem Immateriellen Kulturerbe im Speziellen.

Der Deutsche Kulturrat und andere Dachverbände könnten die Potenziale des Immateriellen Kulturerbes, u. a. im Themenfeld Beheimatung einerseits und Weltoffenheit und geteilte Verantwortung der Menschheit für die vielfältigen kulturellen Erbeformen andererseits, noch fokussierter nutzen. Dies meint selbst der

Präsident des Deutschen Kulturrats: „Ich finde, […] das, was da an Botschaften aus dem materiellen wie aus dem immateriellen Kulturerbe abzuleiten ist, dass das auch noch ein ungehobener Schatz ist, den wir noch viel größer ziehen könnten, auch im Kulturrat." (V, Interview am 06.11.2018)

Möglicherweise muss in diesem Zusammenhang auch die Begrifflichkeit, wie sie in Deutschland Anwendung findet, die sich in der Fachöffentlichkeit zwar inzwischen etabliert hat und sich natürlich auch an das Welterbe anlehnt, noch einmal überdacht werden. Eine Lösung wie in der Schweiz, wo man von ‚Lebendigen Traditionen' spricht, wäre denkbar. Zwar ist es bei den Trägergruppen überwiegend gelungen, die formale Begrifflichkeit ‚Immaterielles Kulturerbe' mit Leben auszufüllen, aber, ob sie selbst den Begriff im Alltag nutzen, ist fraglich, weil andere dann wiederum nichts damit anfangen können. (vgl. L, Interview am 15.11.2018)

Ein weiteres Problem ist jenes der sinkenden Aufmerksamkeit nach dem Anlass der erfolgten Auszeichnung einer Kulturform durch Aufnahme in ein Verzeichnis des Immateriellen Kulturerbes, was

> „natürlich der Logik [folgt], dass die Länderkulturpolitik tatsächlich nicht für jede einzelne regionale Gruppierung zuständig ist. Und das folgt natürlich auch der Logik, dass viele Dinge gar nicht direkt im Kulturbereich verortet sind, was manchmal ja auch zu schwierigen Debatten führt, weil wir eben tatsächlich nicht die Zuständigkeit für Gesundheitsberufe, für Handwerk oder für Umweltpraktiken und Naturpraktiken haben. Also, wenn wir allerdings über gesellschaftspolitische Veränderungen diskutieren, könnte man natürlich sagen, in der Metaebene sind immer alle mitgedacht, aber […] da will ich jetzt keine Haarspalterei betreiben. Ich glaube, dass es in der direkten Beschäftigung der Länder in kulturpolitischen Fragen eine geringe Rolle spielt." (L, Interview am 15.11.2018)

Susanne Bieler-Seelhoff drückt damit aus, dass die Länderkulturpolitik durchaus jene Formen zu fördern versucht, die in ihre eigene Zuständigkeit fallen. Wo allerdings zum einen aus dem Grund, dass es eine sehr lokale Praxis ist, die in die Förderzuständigkeit der kommunalen Ebene fällt oder es zum anderen in anderer Ressortzuständigkeit liegt, dies nicht gegeben ist, sind den für Kultur zuständigen Landesministerien die Hände mehr oder weniger gebunden. Dass das Immaterielle Kulturerbe auf einem weiten Kulturbegriff beruht, sollte allerdings keine Einschränkung erfahren, wie auch der Vorsitzende des DUK-Expertenkomitees Christoph Wulf betont: „Also wir als Kommission sind der Auffassung, dass man das Spektrum ausschöpfen muss." (E1, Interview am 15.10.2018) Als Mittel gegen das Problem der verteilten Zuständigkeiten wäre eine Vertretung weiterer relevanter Bundesministerien (z. B. die für die Themen

Umwelt, Landwirtschaft, Gesundheit und Wirtschaft zuständigen Ministerien) im DUK-Expertenkomitee – ähnlich wie im österreichischen Fachbeirat –, ggf. auch des Bundestags (vgl. Albert/Disko 2011: 20; wenn auch hier für die Mitgliederversammlung eines letztlich nicht zustande gekommenen Modells eines Nationalkomitees für Immaterielles Kulturerbe vorgeschlagen), denkbar. Eine vermutlich allerdings zu bevorzugende Variante, da sie nicht dazu führt, dass das DUK-Expertenkomitee mit weiteren Vertretern staatlicher Stellen besetzt wird, wäre die Gründung eines interministeriellen Arbeitskreises bzw. einer formaleren interministeriellen Arbeitsgruppe unter Führung des BKM. Dieser könnte sich zum Beispiel parallel zum Bewertungszeitraum des Expertenkomitees mit den vorliegenden Bewerbungen befassen und zu den in die jeweiligen Ressorts fallenden Themen dem BKM eine kurze Einschätzung geben. Einen Hinweis auf die mögliche Zusammensetzung gibt die Beratung der Ausschüsse der Beitrittsanträge von 2011 im Deutschen Bundestag (vgl. Abschnitt 6.1.3.): Demnach müssten mindestens das AA, das BMJ, das Finanzministerium, das Wirtschaftsministerium mit den Zuständigkeiten für Handwerk, Tourismus sowie die für die Themen Ernährung, Landwirtschaft, Umwelt und Verbraucherschutz zuständigen Ressorts vertreten sein. Ein weiterer positiver Aspekt dieser Maßnahme wäre, dass die Ressorts frühzeitig über möglicherweise anstehende Anerkennungen als Immaterielles Kulturerbe aus ihren Zuständigkeitsbereichen informiert würden. Frühzeitig könnten sie gegebenenfalls bestehende Bedenken zum Ausdruck bringen und würden zugleich ein *Ownership* für die Umsetzung der UNESCO-Konvention zur Erhaltung des immateriellen Kulturerbes entwickeln und diese auf breitere Beine stellen. Dies könnte in der Folge, ebenfalls wie in Österreich, mittels Projektförderungen auch Bereiche des Immateriellen Kulturerbes stärken, die bisher aus den Kulturhaushalten eben nicht gefördert werden konnten, wie Handwerk, Naturpraktiken usw. und damit zugleich das Thema insgesamt in der Breite besser aufstellen. Auch in den Ländern wäre eine oben beschriebene Variante der strukturierten Einbeziehung der Expertise weiterer Fachressorts in der Vorbewertung der Bewerbungsdossiers denkbar. Möglicherweise kann der Wettbewerbsföderalismus hier einen Beitrag zur testweisen Einführung leisten, wenn ein Bundesland dieses Modell in einer kommenden Bewerbungsrunde zur Unterstützung der Länderjury bzw. der Facheinschätzung des für Kultur zuständigen Ministeriums einmal ausprobieren sollte und seine Erfahrungen anschließend teilt.

Den Blick auf die Gefährdung von Formen Immateriellen Kulturerbes hat man in Deutschland bislang weitgehend gescheut. Dies könnte zum einen mit der Befürchtung zusammenhängen, dass staatlichen Stellen daraus finanzielle Verpflichtungen erwachsen könnten (vgl. E1, Interview am 15.10.2018), zum anderen aber auch damit, dass man der Auffassung war, dass

„die Konvention ja eigentlich grundsätzlich erst einmal für andere Erdteile gedacht war und tatsächlich das gefährdete Immaterielle Kulturerbe ja in den Mittelpunkt gerückt hat. Und das war auch [anfangs] doch eine inhaltliche Diskussion, brauchen wir so etwas eigentlich? Und im Übrigen kann man die Frage auch heute immer noch stellen. Und die wird auch teilweise noch gestellt. Lebt sich aber mittlerweile [...] anders. Also wir sind, glaube ich, bisher ganz, ganz rar konfrontiert worden wirklich mit aussterbendem Immateriellem Kulturerbe in Deutschland. Sondern eher mit kulturellen Praktiken, die eine Vergangenheit haben und die auch in unseren Augen zumindest jetzt auch noch eine Zukunft haben." (L, Interview am 15.11.2018)

Tatsächlich hat sich – entgegen der Vorhersage von Klaus von Beyme (2010: 273) – der Staat mit der Umsetzung der UNESCO-Konvention erstmals den nichtgefährdeten populären Kulturformen gewidmet. Zuvor war er bei lebendigen Kulturformen, wie Volksliedern und Fastnacht, kulturpolitisch erst eingeschritten bzw. den Traditionsträgern zur Hilfe gekommen, wenn eine Gefährdung des Bestands drohte. Dass dies nun mit der nationalen Umsetzung der 2003er-UNESCO-Konvention gar nicht verfolgt wurde, lässt sich nur aus den Ängsten der Anfangszeit vor finanziellen Verpflichtungen erklären.

„Aber wir haben natürlich auch Bereiche, wie die Türen auf dem Darß, die von Zimmerleuten in ganz besonderer Weise hergestellt werden, die nur in dieser Region da sind. Und jetzt kann man natürlich das abklären und sagen, na ja, das sind ein paar Dutzend Leute und wenn die sterben, dann ist das eben vorbei. Aber man kann natürlich auch sagen, das ist ein kulturelles Wissen, dass es sinnvoll ist, zu erhalten in dieser Region. Wenn die Menschen es erhalten wollen, dann kann man sie dabei unterstützen. Wenn sie es nicht mehr erhalten wollen, geht es zugrunde." (E1, Interview am 15.10.2018)

Den Intentionen der UNESCO bzw. des Vertragstextes würde es entsprechen, wenn man diesen Aspekt künftig auch in Deutschland stärker betont und in die Umsetzungsmaßnahmen einbezieht. Auch der bis zum Jahr 2018 im Expertenkomitee als Vertreter der Kommunen präsente Jörg Freese sieht die Frage der Erhaltungsbedürftigkeit als möglichen stärkeren Akzent für die Zukunft: „Gefährdung ist ja ein weiter, dehnbarer Begriff, aber solche Sachen [sollte man] eben auch im Blick [behalten]." (K, Interview am 01.11.2018)

Eine weitere Empfehlung wäre, das Thema Immaterielles Kulturerbe durch eine rechtliche Verankerung zu stärken. Vom rechtlichen Standpunkt aus betrachtet, existiert Immaterielles Kulturerbe als Konzept in Deutschland bis heute nicht, da, bis auf eine Ausnahme, keiner der Aspekte des Umgangs mit den entsprechenden Kulturformen, auch nicht hinsichtlich ihrer Finanzierung oder anderer Erhaltungsmaßnahmen, rechtlich geregelt ist (vgl. Schönberger 2017: 4).

Zwar ist das Politikfeld Kultur vergleichsweise wenig verrechtlicht, allerdings gerade im Kulturerbebereich und teilweise selbst darüber hinaus nimmt gerade in den letzten Jahren die Rechtssetzungstätigkeit der Länder zu. Doch nur im Kulturfördergesetz NRW bzw. in seiner Weiterentwicklung zum Kulturgesetzbuch NRW wird die Förderung des Erhalts und der Pflege des Immateriellen Kulturerbes, sowie die Erfassung und Sichtbarmachung durch öffentlich zugängliche Inventare, Verzeichnisse und Portale – insbesondere die Dokumentation im NRW-Landesverzeichnis – explizit erwähnt.

7.2.3   Justierungen beim Inventarisierungsverfahren

Im direkten Zusammenhang mit einer Unschärfe, welche Ziele die Akteure mit dem Instrument der UNESCO-Konvention in Deutschland erreichen wollen, bleibt auch der von den politisch Verantwortlichen angestrebte Charakter des Bundesweiten Verzeichnisses weitgehend unklar: Bei der Ausformulierung einer entsprechenden Strategie wäre etwa eine Orientierung an der Schweiz, wo einerseits die Singularität der aufgenommenen Kulturformen betont wird, andererseits aber auch ein Augenmerk auf Repräsentativität im Sinne einer Exemplifizierung weiterer ähnlicher Phänomene bei der Auswahl gelegt wird. Konkret heißt es im Schweizer Inventarisierungsleitfaden:

> „Die lebendige Tradition weist gegenüber anderen lebendigen Traditionen in der Schweiz oder im Ausland unterscheidende Merkmale auf (Singularität) und eignet sich durch ihre Ausstrahlung, eine Gruppe ähnlicher lebendiger Traditionen zu repräsentieren (Repräsentativität). Ihre Einschreibung trägt dazu bei, das Bewusstsein für die kreative Vielfalt der lebendigen Traditionen in der Schweiz zu fördern." (Bundesamt für Kultur 2010: 11)

Im Grunde entspricht dies im Großen und Ganzen zwar der Auswahlpraxis im DUK-Expertenkomitee, aber explizit gemacht wird dies als Auswahlansatz nicht. Im Idealfall sollte genauer untersucht werden, inwiefern die Praxis – Stand Oktober 2023 sind 144 Kulturformen und Erhaltungsprogramme ins Bundesweite Verzeichnis aufgenommen worden – überhaupt den Absichten, die man mit der Inventarisierung verfolgt, entspricht, und dann entsprechende Anpassungen vornehmen. Dafür allerdings müsste man eben vorab diese Absichten zunächst einmal gemeinsam im Policy-Netzwerk definieren, ausformulieren und somit transparent machen.

Häufige Kritik am deutschen Modus der Inventarisierung gibt es zum einen an der vermeintlichen Inflation von Einträgen und zum anderen an der ebenfalls vermeintlichen Zufälligkeit der Zusammensetzung des Verzeichnisses. Dem ersten Vorwurf hält die stellvertretende Vorsitzende des DUK-Expertenkomitees, Gertraud Koch, entgegen: „Es ist toll, dass wir so viel haben. Und Prinzip muss eben die Qualität sein, um das Kulturerbe, das immaterielle, zu beurteilen. [… D]a gibt es ja eine Reihe: identitätsstiftend, Verankerung in den Trägergruppen, besondere Ausdrucksform und so weiter." (E2, Interview am 25.10.2018) Mit anderen Worten: Wenn die Kriterien erfüllt sind, was durchaus auch bei einem weiten Kulturverständnis einen hohen Qualitätsanspruch in inhaltlicher Hinsicht und Aussagekraft bedeuten kann, ohne dabei allerdings nur ‚Hochkultur' zu würdigen (vgl. Germelmann 2013: 12), spreche nichts gegen viele Einträge im Verzeichnis. Dem ist im Sinne der Ziele und des Geists des Übereinkommens zuzustimmen. Andernfalls würde sich der gerade nicht angestrebte Wettbewerbscharakter zwischen den Kulturformen bzw. ihren Trägergruppen verschärfen. Interessant in diesem Zusammenhang ist auch die Perspektive des Verbandsvertreters Christian Höppner:

„Ich bin […] ja der Meinung, dass es nicht genug sein kann […]. Ich meine, klar, je mehr es wird, desto schwieriger wird es, das dann auch noch unterscheidbar zu machen, noch diese Einmaligkeit der jeweiligen Auszeichnung damit klarzumachen, aber […] es ist sicher eine Herausforderung, auch wieder an die Kommunikation, an die Öffentlichkeitsarbeit, gar keine Frage. Da würde ich mir auch noch mehr wünschen. Also, das klingt jetzt alles vielleicht ein bisschen, wir leisten es ja selber nicht als Kulturrat, aber da würde ich mir mit dem Potenzial, das ich in der [...] Deutschen UNESCO[-Kommission] vermute, einfach noch mehr wünschen und auch noch mehr politische Treffen." (V, Interview am 06.11.2018)

Gleichzeitig wäre aber statt einem rein additiven Inventarisieren, wie es seit 2013/14 in Deutschland erfolgt, eine echte Evaluation der bestehenden Verzeichniseinträge und Aktualisierung des Verzeichnisses spätestens alle sechs Jahre vergleichbar dem Vorgehen in der Schweiz zu empfehlen (vgl. Koslowski 2015b: 41). Auch Flandern mit seinem Verfahren der Verknüpfung der Trägergruppen mit Kulturerbexperten bzw. -organisationen und der Vorlage von konkreten Erhaltungsplänen böte interessante Ansatzpunkte für eine qualitative Weiterentwicklung bestehender Einträge. Schon die Machbarkeitsstudie zur deutschen Umsetzung forderte, dass das Verzeichnis „regelmäßig (z. B. alle fünf Jahre) überprüft und aktualisiert werden [müsste], um sicherzustellen, dass die enthaltenen Elemente die Aufnahmekriterien weiterhin erfüllen" (Albert/Disko 2011: 28). Eine solche Evaluation wurde von der DUK-Geschäftsstelle und dem

-Expertenkomitee bereits ab etwa 2017 angestrebt – über verschiedene kollaborative Verfahren mit den Trägergruppen wurde dabei bereits nachgedacht. Aus Ressourcengründen musste das Projekt jedoch immer wieder zeitlich geschoben werden.

> „Ich denke, wir sind ja immer beim Nachsteuern. Das ist schon auch Teil von solchen Anfangsprozessen. Die Richtung, die wir dabei genommen haben, finde ich, ist, gerade auch vor dem internationalen Hintergrund, gut. Ich denke, dass wir bei diesem Aspekt der Lebendigkeit wahrscheinlich noch mal ein bisschen Hausaufgaben haben, weil die Liste sich weiterentwickelt und die Frage ist: Wie sieht es in fünf Jahren aus? Sind die, die schon lange drauf sind, von Anfang an, noch lebendig? Und dann mal Instrumente auch zu entwickeln, die dann eben auch die Träger nicht diskreditieren.“ (E2, Interview am 25.10.2018)

Auch eine zeitliche Begrenzung der Aufnahme statt einer Quasi-Ewigkeits-Listung für das Bundesweite Verzeichnis könnte man im Rahmen einer solchen Evaluation als Option prüfen. Dies war auf UNESCO-Ebene in den Anfangsjahren eine diskutierte Vorgehensweise, u. a. um bei den Trägergruppen der Kulturformen auf den Listen nicht den falschen Eindruck zu erwecken, sie müssten nun für alle Zeit die Tradition genau so weiterpflegen wie einmal beschrieben (vgl. Meyer-Rath 2007: 168). Es würde auch der Idee entsprechen, dass eine Kulturform zwar repräsentativ für Immaterielles Kulturerbe steht, jedoch nicht besser oder höher als andere Formen gewertet werden sollte (vgl. Letzner 2013: 61). Die Idee fand allerdings keinen Eingang in den Text der Richtlinien zur Durchführung des Übereinkommens, wird aber in den letzten Jahren in den internationalen Konventionsgremien zunehmend wieder diskutiert.

Für eine gewisse Differenzierung könnte auch die Einrichtung thematischer Verzeichnisse sorgen. Wie in der Schweiz könnte man auch in Deutschland zum Beispiel lebendige Traditionen mit stark kulinarischem Charakter in ein eigenes Verzeichnis auslagern. Auch Frankreich führt neben dem zentralen mehrere kleinere, thematische Verzeichnisse des Immateriellen Kulturerbes. Die Verantwortung für diese Verzeichnisse müsste in Deutschland auch nicht beim Staat liegen, sondern diese könnten geeignete zivilgesellschaftliche Organisationen, wie Verbände oder Vereine, übernehmen. Denkbar wäre eine solche thematische Inventarisierung etwa auch für die Vielfalt der Karnevals-, Faschings- und Fastnachtsbräuche oder der Stadtfeste.

Bei der Öffentlichkeitsarbeit wird über die Landesverzeichnisse hinaus im Übrigen ein regional differenziertes Vorgehen unter Beteiligung aller Akteure gefordert:

„Ob das immer jetzt bundesweit sein muss, also sagen wir, die Deutsche UNESCO-Kommission interessiert [...] oder ob es auch in den Ländern passiert, das ist vielleicht sogar noch mindestens genauso nötig und sinnvoll, weil man dadurch auch der oft ja Regionalität, das sind ja längst nicht alles bundesweite Geschichten, dann auch da eher Rechnung tragen kann. [...] Das finde ich, das ist eine Aufgabe, die nicht nur an die UNESCO geht, sondern auch an die DUK und eben auch an die Länder und wenn es sehr kleinräumig ist, natürlich auch an uns [die kommunale Ebene, Anm. d. Verf.]." (K, Interview am 01.11.2018)

Zum zweiten Einwand gegen die Zusammensetzung des Bundesverzeichnisses – die Zufälligkeit der Bewerbungen – gibt Susanne Bieler-Seelhoff zu bedenken, dass man am Anfang vielleicht noch aktiver hätte Hilfestellung geben müssen, denn „jetzt ist es schwierig, noch einmal so ein zentrales Moment [...] zu setzen. Und jetzt muss sich das quasi zurechtmendeln, dass wir da einen guten Querschnitt an Themen haben." (L, Interview am 15.11.2018) Auch Birgitta Ringbeck äußert in dieser Hinsicht einen Vorschlag:

„Also [...] wir haben ja jetzt einen *Bottom-up*-Ansatz im Moment. Aber manchmal würde ich mir schon wünschen, auch mal von oben zu gucken aus wissenschaftlicher Sicht so. Ich meine, ICOMOS hat für die Welterbe-Konvention verschiedene *Gaps* ausgemacht. Und diese *Gap*-Analyse [...], aus nationaler und auch aus internationaler Sicht finde ich die immer ganz spannend. Wenn man also über die verschiedenen Formen hinweggeht und sagt, wenn wir weltweit gucken und wenn wir national gucken, was bräuchten wir eigentlich noch auf der Seite?" (B, Interview am 05.11.2018)

Eine Mischung verschiedener Modelle stünde auch aus Sicht der Ländervertreterin Deutschland gut zu Gesicht. Sie erinnert u. a. daran, dass in der durch und durch föderalistischen Schweiz die Zentralebene Vorschläge zur Zusammenfassung von Bewerbungen machen könne. In Österreich wiederum wurden von der dortigen UNESCO-Kommission zum Teil Schwerpunktthemen, etwa nach den in der Konvention genannten Bereichen, vorgegeben, um Lücken zu füllen.

„Weil [der Zentralstaat] durchaus einen Überblick hatte, über die verschiedenen auch regionalen [Praktiken], also es wären ja hier im Umkehrschluss die Länder, was passen könnte in die Konvention, und hat Themenfelder vorgegeben. Das finde ich gar nicht so schlecht, um auch tatsächlich, jetzt gar nicht im Sinne von abschließend, einen Kanon vorzugeben, aber gleichzeitig doch einmal Leitplanken zu setzen, was da reingehören würde oder was zwingend eigentlich sowieso schon auf der Agenda steht, und wo noch etwas fehlt." (L, Interview am 15.11.2018)

Die Idee nach einer gewissen Zeit, zum Beispiel nach zehn Jahren Umsetzung, einen wissenschaftlich fundierten, ergänzenden Blick auf das aus dem zivilgesellschaftlich getragenen Verfahren gewachsene Verzeichnis zu werfen, ist sicherlich eine Überlegung wert. Dies muss dem gewählten Verfahren mit *Bottom-up*-Bewegung auch nicht widersprechen bzw. konkurrierend gegenüberstehen, sondern kann dieses ergänzen bzw. sich einfügen, wie die Erfahrungen aus der Schweiz zeigen (siehe Abschnitt 4.4.2.2.). Diese Reihenfolge des Vorgehens – umgekehrt zu jenem in Frankreich, wo man zunächst *top-down* vorging und dies dann *bottom-up* ergänzen wollte (siehe Abschnitt 4.4.2.4.) – kann dazu beitragen, dass die erwähnten Lücken gefunden werden, ohne dass die *Bottom-up*-Bewegung, die dem Geist der Konvention zweifelsohne besser entspricht, gestört wird. Bleibt man in der Logik des deutschen Vorschlagsverfahrens, was für die Konsistenz und Konstanz zu empfehlen ist, müsste man auch in der *Top-down*-Analyse geeignete Trägergruppen identifizieren und Vorschläge nach dem etablierten Verfahren generieren. Eine konkrete Idee wäre, dass dies die im Expertenkomitee vertretenen Experten selbst initiieren bzw. sogar an ihren Lehrstühlen und Universitäten selbst durchführen. Die DUK könnte dies mit ihrer Geschäftsstelle begleiten. (vgl. B, Interview am 05.11.2018) Birgitta Ringbeck meint zudem als Vorschlag in Richtung DUK: „Ich würde jetzt mal die einschlägigen Forschungsinstitute in Deutschland zu einer Konferenz zusammenholen." (B, Interview am 05.11.2018) Gesellschaftlich noch deutlich breiter anlegen würde diese Aufgabe der im Rahmen dieser Arbeit befragte Verbandsvertreter Christian Höppner:

> „Mein Fokus wäre tatsächlich, das wäre vielleicht noch einmal eine spannende Frage, dass man so einen, *Brainpool* oder so was, dass man wirklich mit einer offenen Diskussion noch mal draufguckt, was haben wir heute? Wo geht es vielleicht perspektivisch hin von der gesellschaftlichen Entwicklung, von der kulturellen Entwicklung? Wie vernetzt sind wir eigentlich mit dem kulturellen Umfeld, dem näheren und weiteren? Wo gibt es noch weiße Flecken? Also da würde ich mir jetzt nicht anmaßen, das schon mal konkret benennen zu wollen, aber so ein Gefäß, […] in der Mischung aus DUK und Zivilgesellschaft. Und auch an Stellen noch mal schauen, dass man Fachexpertise dazu kriegt, wo man ganz frei offen rumspinnen kann. Das könnte ich mir sehr gut vorstellen, Und wenn man feststellt, wir haben schon alles, ist ja auch gut, aber dass man das noch mal aufgreift." (V, Interview am 06.11.2018)

Die Anregung noch einmal über ein großes offenes Forum ein zentrales Momentum zu schaffen, könnte mit einer vorgeschalteten wissenschaftlichen Analyse und einer Reflexion der Länder und des Bundes anlässlich des im sechsjährigen Turnus durchgeführten Staatenberichtsverfahrens verbunden werden. Ein weiterer Aspekt der Bestandsaufnahme der nationalen Umsetzung ist die Kommunikation der Einträge und des Verzeichnisses in seiner Gesamtheit:

„Da gibt es ja auch […] Überlegungen zu sagen, irgendwann muss man ja auch mal Punkte machen und sagen, so, jetzt haben wir das schon so und so viel Jahre und das und das ist alles auf den Listen [...]. Irgendeinen Marketing-Experten [müsste man] da mal fragen, zu sagen, wie kann man das mal so ein bisschen aufbereiten, dass das sozusagen auch in der Kulturpolitik noch stärker deutlich wird, was das eigentlich alles ist. Die verschiedenen [Kulturformen], aber was auch zusammengehört. Und dass dann mit allen Sinnen begreifbarer machen. Ansonsten wird es ja schwierig, das zu verkaufen. Weil tolle Musik oder tolles Theater oder tolles Kino kann man schnell verkaufen. Diese Breite ist natürlich nicht so einfach. Und deswegen, das müsste man wahrscheinlich mal machen, wenn zehn Jahre rum sind oder so." (K, Interview am 01.11.2018)

Im Jahr 2013 gab es im Ergebnis des von der DUK organisierten Fachsymposiums in Berlin die Idee, alle (ernsthaften) Vorschläge, die für das Bundesweite Verzeichnis gemacht wurden in einer Online-Datenbank zu dokumentieren: zum einen als Nachweis eines transparenten Prozesses der Verzeichniserstellung und zum anderen, um denjenigen Anerkennung zukommen zu lassen, deren kulturelle Ausdrucksform aus verschiedenen Gründen (noch) nicht ins Verzeichnis aufgenommen werden konnte. Wohl vor allem aus Ressourcengründen und weil ihm keine hohe Priorität zugemessen wurde, wurde dieser Vorschlag nicht weiterverfolgt. Möglicherweise sollte man dies aber noch einmal erwägen, um ein gutes Verhältnis zwischen der Würdigung aller Vorschläge und insbesondere auch von Kulturformen, die nur aufgrund von Kapazitätsproblemen in den Trägergruppen noch nicht die Aufnahme ins Verzeichnis geschafft haben, auf der einen Seite und den ins Verzeichnis aufgenommenen und repräsentativ für die Vielfalt stehenden Kulturformen auf der anderen Seite darzustellen.

Eine Herausforderung für ein großes Land wie Deutschland bleibt das in der Konvention angelegte Erfordernis der umfassenden Beteiligung der Kulturakteure, die Träger Immateriellen Kulturerbes sind, bei allen diese Kulturformen betreffenden Fragen, etwa der Identifizierung, der Erhaltung, der Weitergabemaßnahmen usw. Wie dieses bei der Gestaltung der Projekte, Programmen und insbesondere auf Ebene der Strategien zur nationalen Umsetzung der UNESCO-Konvention angemessen strukturell berücksichtigt werden kann, ist bisher nicht befriedigend beantwortet worden. Den am deutschen Inventarisierungsprozess Beteiligten möchte man empfehlen, die Einbindung aller Gruppen(-mitglieder) im Bewerbungsverfahren noch sorgfältiger sicherzustellen, Konflikte in diesen Prozessen auch durchaus in Kauf zu nehmen und produktiv zu nutzen, da dies sehr gewinnbringend für das eigentliche Ziel der Erhaltung der Kulturformen im Hinblick auf die innere Organisation und Zukunft einer Trägergruppe sein kann. Gertraud Koch meint etwa: „Ich kann mir vorstellen, das dringt nicht zu uns,

aber ich höre so bisschen aus der Sankt-Pauli-Initiative, dass es Leute gibt, die
sagen: ‚Wollen wir gar nicht'." (E2, Interview am 25.10.2018) Das Expertenkomitee bzw. das gesamte Verfahren mit allen beteiligten Akteuren müsste hier
Wege finden, dass wirklich gut informierte Entscheidungen über eine Bewerbung
oder Nicht-Bewerbung getroffen werden (vgl. E2, Interview am 25.10.2018) Ein
mögliches Vorgehen wäre, explizite Einverständniserklärungen aller Trägergruppen bzw. aller an einer Kulturform Beteiligten mit der Bewerbung zu fordern,
so wie es in Österreich gemacht wird – dies war einer der wenigen Punkte,
die Deutschland nicht vom Bewerbungsverfahren des Nachbarlands übernommen
hatte. Auch das flämische Modell einer engeren Zusammenarbeit mit Experten
und der Aufstellung eines mit allen Trägern abgestimmten Erhaltungsplans liefert
hierbei vermutlich bessere Ergebnisse. In diesem Zusammenhang sowie anknüpfend an die oben nachgezeichnete Debatte, ob zu viel oder zu wenig Einträge
im Bundesweiten Verzeichnis erfolgen, wäre möglicherweise auch zu überlegen,
ob die Eintragungen vom Umfang der Kulturform, den Titeln und Trägergruppen
künftig nicht lieber spezifischer, also kleinteiliger, sein sollten statt tendenziell
generalistisch, wie es bisher häufig der Fall ist. Hier ist im Vergleich der Praxis der Expertengremien beziehungsweise ihrer Geschäftsstellen in den einzelnen
Vertragsstaaten (siehe Abschnitt 4.4.2.) sowie auf UNESCO-Ebene ein durchaus sehr unterschiedliches Vorgehen zu beobachten. Gerade international für die
UNESCO-Listen gibt es aber Vorbehalte gegen zu große Elemente mit relativ
unspezifischer Trägerschaft.

In Anbetracht der Verfahren der UNESCO-Nominierungen in Deutschland
wird empfohlen eine Art Tentativliste nach Schweizer bzw. Welterbe-Vorbild einzuführen, um mehr Spielraum in der zeitlichen Reihung zu haben als es über das
aktuelle Verfahren möglich ist. Faktisch hat sich dies sowieso bereits etabliert,
wenn UNESCO-Nominierungen vom DUK-Expertenkomitee empfohlen und von
Ländern und BKM im Benehmen bestätigt werden, dauert es mittlerweile mehrere Monate oder auch Jahre bis diese eingereicht werden. Anfangs war man
davon ausgegangen, dass die Übertragung der Informationen aus den Bewerbungen für das Bundesweite Verzeichnis auf die UNESCO-Formulare in bis zu drei
Monaten zu schaffen sei. Einige Nominierungsprojekte, zumal, wenn sie multinationale Elemente betreffen, benötigen aber allein angesichts der geforderten
Beteiligungsprozesse deutlich mehr Zeit bzw. ihre Qualität leidet unter zu hohem
Zeitdruck, wie die DUK und die Trägergruppen sowie im internationalen Rahmen dann das AA in den Anfangsjahren der deutschen Konventionsmitwirkung
erfahren mussten.

Zur Besetzung des DUK-Expertenkomitees und der Verbreiterung der dort versammelten Expertise gibt es weitere Überlegungen, bei der DUK, aber auch aus dem Kreis der aktuellen Mitglieder auf Basis ihrer unmittelbaren Erfahrungen:

„Also gerade in den Bereichen, wo es um Natur geht, da brauchen wir noch mal Kompetenz oder auch Informationen hinsichtlich von gesellschaftlichen Auseinandersetzungsprozessen, die gerade laufen. Vielleicht muss man teilweise Gutachten einholen. Ich denke, dass wir als Expertengremium ganz gut besetzt sind, aber das ist natürlich immer ein Ausschnitt. Und dann wird man in Detailfragen vielleicht noch mal Informationen brauchen. […] Wir haben ja oft Fragen, die wir gar nicht beantworten können, die aber auch so speziell sind, dass es sich nicht lohnt, dafür extra Expertise ins Komitee zu holen." (E2, Interview am 25.10.2018)

Gertraud Koch formuliert ihre Wünsche, denen sich der Autor der vorliegenden Arbeit anschließt, für die künftige Umsetzung der UNESCO-Konvention zum Immateriellen Kulturerbe in Deutschland im Zusammenhang mit der Inventarisierung wie folgt:

„Also, ich würde mir wünschen, dass das natürlich noch breiter wahrgenommen wird, dass ein Verständnis auch wächst darum, was da alles darunterfällt und dass die Lebendigkeit und die Trägergruppen im Zentrum stehen, dass sich auch Verbandsfunktionäre nicht gemüßigt fühlen, das für sich zu instrumentalisieren und dass wir sehr viel stärker auch noch mal Gruppen bekommen, die nicht verbandsstrukturmäßig organisiert sind. Also so ein bisschen die, die auch nicht so geübt sind in diesen Formen der Beantragung, in den Blick zu bekommen." (E2, Interview am 25.10.2018)

Der im Zitat angesprochene Umgang mit Verbänden ist im Kontext Immaterielles Kulturerbe nicht leicht zu beurteilen. Während sie gerade in der Interessenbündelung und deren professioneller Vertretung in anderen Bereichen von Kulturpolitik, aber auch beim Immateriellen Kulturerbe, eine durchaus positive Rolle spielen sowie als Dachorganisation von Praktikern und als eine demokratisch legitimierte Repräsentanz der organisierten Zivilgesellschaft ideale Ansprechpartner für Kulturpolitik und -verwaltung sind, gibt es beim Immateriellen Kulturerbe auch eine negative Seite ihrer Rolle. Es besteht häufig der Verdacht zu starker (verbands-)politischer Einflussnahme auf die Bewerbungsprozesse und dass diese nur für ein Lobbying in eigener Sache bzw. für ein Interesse, das nicht unbedingt hundertprozentig der Erhaltung der Kulturformen dient, missbraucht würden. Damit zusammenhängend wird häufig das Risiko einer drohenden Entfremdung der Praktiker von ihrer Kulturform gesehen und zudem, dass Kulturverbandsbürokratien „unverdient" zu Nutznießern einer Anerkennung werden. Als Gegenbewegung hat man sich seitens der Experten und der Geschäftsstelle der DUK die Stärkung kleiner, ehrenamtlicher Gruppen u. a. durch Verstetigung bzw. Stärkung des in Abschnitt 6.3.1.3. beschriebenen Mentoring-Programms auf die Fahnen geschrieben.

7.2.4 Netzwerk der Trägergruppen stärken und managen

Nach der Anerkennung wird von vielen Trägergruppen eine wieder sinkende Aufmerksamkeit in der Öffentlichkeit moniert – der Vorteil im Rahmen der „Ökonomie der Aufmerksamkeit" hält oft nicht lang über die Auszeichnungsfeier und entsprechende Medienberichte hinaus an. Die Gruppen fragen sich dann, welchen Nutzen sie von der Würdigung als Immaterielles Kulturerbe eigentlich konkret haben. An dieser Stelle wäre nach den Erörterungen der vorliegenden Arbeit zu empfehlen, dass sich Bund, Länder, aber insbesondere auch die Kommunen konkrete Gedanken machen, wie sie die Kulturformen und ihre Trägerschaften insgesamt, aber auch im jeweils einzelnen Fall, praktisch unterstützen können. Dafür müssen sich die Kulturträgergruppen in ihren Gemeinden, gegenüber den Kulturverwaltungen, Gehör verschaffen und sich in lokale Politik einmischen (vgl. Institut für Kulturpolitik der Kulturpolitischen Gesellschaft 2015: 27) – eine Anerkennung als Immaterielles Kulturerbe ist dafür eine gute Voraussetzung, aber eher der Startpunkt als das Ziel. Ergebnis kann dann eine kleine regelmäßige Zuwendung an die Kulturträger sein oder auch die Bereitstellung kostenloser Räumlichkeiten – also klassische Maßnahmen der Kulturförderung – aber auch logistische und/oder rechtliche Unterstützung durch die Kommunalverwaltungen (z. B. bei Veranstaltungen im öffentlichen Raum). Da gibt es bereits gute Beispiele, an denen man sich orientieren kann – einige hat die DUK 2016 in einem Handbuch (siehe Abschnitt 6.3.1.3.) zusammengefasst.

> „Da hilft der Bauhof beim Transport von Bühnenteilen, stellt Farbe und Baumaterial aus Restbeständen zur Verfügung oder sperrt die Straße für eine Musikveranstaltung. Gemeindeeigene Räume werden kostenlos überlassen und Energiekosten von der Gemeinde übernommen." (Institut für Kulturpolitik der Kulturpolitischen Gesellschaft 2015: 29)

Gertraud Koch berichtet Ähnliches aus einem von ihr verantworteten Forschungsprojekt:

> „Also was wir sehr stark wahrgenommen haben, ist diese lokale Verankerung tatsächlich in einem breiten Sinne. Wo dann halt der Sparkassendirektor wegguckt oder

sagt: ‚Ja, ist in Ordnung', wenn praktisch Dienstzeit abgeschnitten wird für irgend-eine Aktivität. Oder irgendwelche Flächen, die da sind bei der Gemeinde oder auch bei Privatleuten fürs Unterstellen von irgendwelchen Fastnachtswagen. Also wo so ein informeller Konsens ist, dass es etwas Wichtiges ist, und man ohne zu fragen Res-sourcen nutzen lässt, die so oder so da sind, wo es einem nicht so weh tut, wo man weiß, man kriegt auf der anderen Seite auch wieder einen Gefallen. [...] Das scheint mir essenziell auch für den sozialen Kit, den das [Immaterielle Kulturerbe] ja auch bilden soll." (E2, Interview am 25.10.2018)

Weiterhin könnte der Austausch von Seiten der Kulturpolitik zwischen den Kulturformträgerschaften stärker gefördert werden. Durch eine stärkere und konti-nuierliche Vernetzungsarbeit könnten neue Impulse gesetzt werden. Die Aussage „while the [ICH Convention] provides an important framework and reference point, effective safeguarding will continue to depend on the resilience and energy of stakeholders" (Akagawa/Smith 2019: 9) gilt an dieser wie auch an vielen anderen Stellen, bedarf aber einer aktiven Förderung.

Auch wenn es zwischen einzelnen Akteuren im Policy-Netzwerk des Imma-teriellen Kulturerbes bereits einen relativ intensiven Austausch gibt – was im Rahmen dieser Arbeit zwar nicht vertieft mittels einer Netzwerkanalyse unter-sucht werden konnte, wofür es aber aufgrund der hier erfolgten Analysen dennoch zahlreiche Belege gibt –, gilt es doch in Zukunft an vielen Stellen diesen Aus-tausch noch einmal deutlich zu intensivieren. Im Rahmen von Vernetzungstreffen könnten gemeinsame Probleme und Lösungswege, eine attraktivere öffentliche Darstellung des Immateriellen Kulturerbes oder gemeinsame kulturelle bzw. künstlerische Interventionen oder auch Vermittlungsaktivitäten zum Beispiel von zwei verschiedenen Kulturformen Themen sein. Die Trägergruppen der Verzeich-niseinträge kommunizieren untereinander relativ wenig miteinander, wenn sie nicht bereits zuvor in gemeinsamen Kreisen oder Arbeitsgruppen aktiv waren, wie z. B. die Aktiven des Peter-und-Paul-Fests Bretten in der AG Kinder- und Heimatfeste Süddeutschland – dies ist vor allem darauf zurückzuführen, dass es dafür an gemeinsamen Anlässen und Anreizen fehlt. Auch mit der Politik und der Verwaltung bestehen seitens der Trägergruppen nur sporadische Kon-takte. Hier könnten Beratungsstellen stärker auch eine Rolle in der Vernetzung und Beratung von bereits anerkannten Kulturformen spielen. Im Erfahrungsaus-tausch quer zu den genauen Ausprägungen der kulturellen Ausdrucksformen zu spezifischen Themen (wie Weitergabe mit Bildungs- oder Medienarbeit, Förder-mittelakquise usw.) liegt ein noch nicht gehobenes Potenzial der Anerkennung und Konstituierung der neuen Akteursgruppe der Trägerschaften Immateriellen Kulturerbes. Aber auch unter den politischen Akteuren und unter den von die-sen mit Evaluierungen und Beratung betrauten Experten gibt es trotz bestehender

Foren und Gelegenheiten für diese Zwecke noch Bedarf des strukturierten Austauschs: „Ich glaube, wir müssen einfach alle Akteure, auch die Länderjurys
[…], noch stärker miteinander vernetzen." (L, Interview am 15.11.2018) Hierfür
müsste die DUK-Geschäftsstelle, wenn sie dies künftig im Sinne eines Netzwerk-
managements – was bisher nicht zu den offiziell benannten Aufgaben der einen
dafür vorgesehen Person gehört – bzw. einer Rolle als moderner „Cultural Broker" stärker fördern soll, besser mit Personal- und Finanzressourcen ausgestattet
werden, um Kontakte regelmäßig pflegen und diese wiederum miteinander in
Kontakt bringen zu können. Die KMK-Machbarkeitsstudie zum deutschen Beitritt sah zwei bis drei Mitarbeitende als notwendig für die Aufgabenerfüllung an,
schränkte allerdings ein, dass bei Anbindung an die DUK ggf. weniger Aufwand
entstünde. Eine Aufgabenkritik mit Abgleich der Wünsche und Erwartungen der
politischen Akteure vor dem Hintergrund einer Strategie für den Umgang mit dem
Immateriellen Kulturerbe in Deutschland (siehe Empfehlung in Abschnitt 7.2.3.)
erscheint inzwischen dringend notwendig. Eine Netzwerkmanager-Rolle könnten allerdings auch dezentral die Länderansprechpersonen für das Immaterielle
Kulturerbe künftig noch stärker übernehmen. Dafür wiederum wäre auch ein
strukturiertes Weiterbildungsprogramm zu Themen des Immateriellen Kulturerbes
ein gutes Instrument, mit dem nicht nur Kenntnisse und Informationen vermittelt,
sondern auch ein Austausch unter den wichtigsten Akteuren befördert würde.

Auch eine Partnerschaft von Trägergruppen Immateriellen Kulturerbes und
solchen von Sub- bzw. Jugendkulturen wäre an konkreten Projekten denkbar (vgl.
Rieder 2019: 151). Von staatlicher Seite oder Stiftungen könnten für solche innovativen Tandems Anreize, wie Projektgelder, zur Verfügung gestellt werden. Die
Erfahrung zeigt, dass aus solchen Tandem-Projekten von kulturellen Akteuren,
wie sie etwa die Organisation MitOst im Kontext des Kulturaustauschs zwischen
Künstlern verschiedener Kulturkreise fördert, wertvolle Erkenntnisse und Produkte, die mehr als die Summe der einzelnen Beiträge sind, entstehen. Dass dies
auch gesellschaftliche Wirkung entfalten könne, wenn etwa Orchester und Fin-
kenfreunde aus dem Harz gemeinsam ein Projekt auf die Beine stellen würden,
fasziniert Christian Höppner. Solche Projekte trügen dazu bei, „Zusammenhänge
her[zu]stellen. Wir haben zu sehr doch die Fragmentierung in allen gesellschaftlichen Bereichen, aber da eben auch. Das wäre total spannend." (V, Interview am
06.11.2018) Auch Ländervertreterin Susanne Bieler-Seelhoff ist der Meinung:
„Also das wäre ein Punkt, dem wir uns, […] in Zukunft stärker widmen sollten."
(L, Interview am 15.11.2018)

„Ich stelle auch fest, dass wir aufgrund der Anmeldung sehr singulär betrachten, was gibt es sozusagen. In wenigen Fällen, insbesondere die, die wir vielleicht für beispielgebend halten über Deutschland hinaus, versuchen wir, eine gute Vernetzung aller Akteure in der Bundesrepublik zusammenzutragen und damit auch deutlich zu machen, dass das eine starke Bewegung ist." (L, Interview am 15.11.2018)

Die Betonung liegt aber eben darauf, dass diese Stärkung der Vernetzung und der Strukturen bisher sehr vereinzelt erfolgt. Dies zu einer systematischen Strategie auszuweiten, erfordert einen höheren materiellen Einsatz, verspricht aber auch eine exponentielle Wirkung. Die Vernetzung könnte dann stärker auch schon im Bewerbungsverfahren, wenn sich Akteure auf eigenen Antrieb auf den Weg der Anerkennung begeben, verfolgt werden. Dies wäre eine weitere Aufgabe der Beratungsstellen und der Ansprechpersonen der Länder, die sie bisher nur zum Teil schon wahrgenommen haben. Das DUK-Expertenkomitee hat dahingehend auch schon im Begutachtungsverfahren interveniert, indem zum Beispiel Bewerbungen zur Überarbeitung zurückgegeben wurden, mit dem ausdrücklichen Auftrag Akteure aus anderen Landesteilen oder anderen Verbänden in die Bewerbung mit aufzunehmen.

„Ein konkretes Beispiel sind die Bauhütten. Wir hatten einen Antrag, von, glaube ich [zunächst einer, dann …] drei Bauhütten am Anfang, jetzt sind es doch bald zehn. Und wir haben das wieder zurückgegeben und ins Gespräch gebracht […]. Und so können wir natürlich auch Sachen initiieren." (E1, Interview am 15.10.2018)

Darüber hinaus könnte man das Thema Vernetzung bzw. Netzwerkaufbau sogar noch einen Schritt weiter vorn, also vor einem Bewerbungsprozess, verorten, wie es etwa Frankreich in den Jahren 2010 und 2011 mit einer großflächigen Untersuchung der Frage, welche Personen und Institutionen potenziell und tatsächlich zu einem Policy-Netzwerk des Immateriellen Kulturerbes gehören (sollten), getan hat (vgl. Staatenbericht FRA 2013: 22). Selbst zehn Jahre nach Beginn der nationalen Umsetzung könnte man eine solche Bestandsaufnahme, die die DUK 2012 nur ansatzweise mit zwei Forschungsaufträgen einmal vorgenommen hatte, noch einmal unternehmen und erhielte sicherlich wertvolle neue Erkenntnisse mit dem Potenzial bisher unerschlossene Partnerschaften einzugehen.

Denkbar wäre in diesem Zuge ebenfalls ein System der Unterstützung von Trägergruppen zu etablieren. Dies könnten wie in Flandern (siehe Abschnitt 4.4.2.4.) auch in Deutschland mehrere Kulturerbeorganisationen der verschiedenen von der UNESCO-Konvention abgedeckten Themenbereiche ausfüllen. Hierzu bedürfte es aber, wenn man dem flämischen Beispiel folgt, einer Unterstützung dieser „Cultural Broker". Auch die stellvertretende Vorsitzende des DUK-Expertenkomitees weist darauf hin, dass

> „eben auch Beratungskompetenz [aufgebaut werden muss], damit die [Trägergruppen] so bleiben können, wie sie sind, sage ich mal salopp, in dieser Situation, weil wir ja aus ganz vielen Kontexten auch wissen, dass dann die Tourismusflut kommt und irgendwie gehandelt werden muss. Also da so diese Wirkungen, die man teilweise möchte, aber teilweise auch eben nicht mehr händeln kann, dass man das so ein bisschen stärker auch noch aufgreift und integriert." (E2, Interview am 25.10.2018)

Die Vertreterin des AA im Expertenkomitee der DUK äußert noch eine internationale Komponente als Ziel für die weitere Arbeit mit der UNESCO-Konvention: „Ich finde, wir sollten einfach mal irgendwann ins Komitee. Denn da spielt die Musik." (B, Interview am 05.11.2018) Auf der 9. Vertragsstaatenkonferenz der UNESCO-Konvention im Juli 2022 war die deutsche Bewerbung für einen Sitz im Zwischenstaatlichen Ausschuss erfolgreich. International wird die Umsetzung der Konvention zudem seit 2018 von einem von den Vertragsstaaten verabschiedeten übergreifenden Zielrahmen bestimmt, dem sogenannten „*Overall Results Framework*". Gertraud Koch hat an dessen Entstehung als Expertin mitgewirkt und konstatiert, dass die Komplexität der Konvention im Grunde auch ihre Qualität ausmache und diese sei „in dem *Overall Results Framework* unglaublich positiv adressiert worden und auch auf eine Art und Weise heruntergebrochen worden, dass diese Komplexität auch lebbarer wird" (E2, Interview am 25.10.2018). Dies muss sich im deutschen Rahmen allerdings noch beweisen; es hat sich konkret erstmals mit der Abgabe eines periodischen Berichts über die Umsetzung der Konvention im Dezember 2021 angedeutet. Hier besteht die Aussicht, dass durch die Orientierung an den im Zielrahmen vereinbarten Zielen und Maßzahlen eine Vergleichbarkeit zwischen den Vertragsstaaten noch einmal verstärkt hergestellt wird. Dies kann wiederum für das gegenseitige Lernen voneinander, für das die UNESCO mit ihren Konventionen und Programmen hervorragende Gelegenheiten bietet, sehr hilfreich sein. Eine auch in diesem Zusammenhang wichtiger werdende Aufgabe ist es, „dass man Verbindungen herstellt zwischen unterschiedlichen Praktiken, […] sowohl auf nationaler als auch auf internationaler Ebene" (E1, Interview am 15.10.2018). Die Querbetrachtung von Gemeinsamkeiten und Unterschieden über die bisherigen vereinzelten Projekte hinaus kann die Beschäftigung mit dem Immateriellen Kulturerbe noch einmal auf eine neue, wertvolle Ebene des interkulturellen Austauschs heben. Sophie Lenski empfahl bereits 2014, dass man Traditionen, die zwar nicht einheitlich, aber doch mit vielen Gemeinsamkeiten in mehreren Ländern Europas praktiziert werden, wie zum Beispiel der Brauchkomplex Karneval, stärker unter Betonung dieser Gemeinsamkeiten und ihrer nationen- und grenzüberschreitenden Entwicklungslinien als Immaterielles Kulturerbe herausarbeitet und als verbindend hervorhebt, um „sowohl die identitätsstiftende und -fördernde Zielrichtung der UNESCO voranzutreiben als auch gleichzeitig dem kulturpolitischen Auftrag der [Europäischen] Union, wie er im Primärrecht festgeschrieben ist, auf exzeptionelle Weise Rechnung zu tragen" (Lenski 2014: 106). Hierzu bedarf es wahrscheinlich einer stärkeren Sensibilisierung der entsprechenden Trägerschaften durch grenzüberschreitende Initiativen wie auch konkreter Impulse und Unterstützungen aus den jeweiligen nationalen und internationalen Policy-Netzwerken.

7.2.5 Valorisierung und Inwertsetzung Immateriellen Kulturerbes

Eine Valorisierung von Immateriellem Kulturerbe kann vor allem über die Zurverfügungstellung von Ressourcen aus dem Politikfeld Kultur erfolgen. Damit sind ausdrücklich nicht ausschließlich finanzielle Ressourcen gemeint. Räume bzw. Orte, wo Formen Immateriellen Kulturerbes praktiziert werden können, oder die Gewährung von Zeitressourcen für die Ausübung der Kulturpraxis (siehe Abschnitt 7.2.4.) sind mitunter wichtiger als Mittel der klassischen Kulturförderung, zumal das Immaterielle Kulturerbe häufig von ehrenamtlichem Engagement oder Einkünften anderer Art, z. B. wirtschaftlicher Aktivitäten, getragen wird. Aber für die Inwertsetzung im kulturpolitischen Feld braucht es zum einen häufig regional oder lokal passgenau unterstützende Maßnahmen – die generelle Orientierung an Beispielen aus anderen nationalen Kontexten ist durch den Rahmen des Kulturvölkerrechtsinstruments UNESCO-Konvention gut möglich und sehr fruchtbar – und zum anderen gezielte Aufmerksamkeit. Christian Höppner mahnt in diesem Sinne ein stärkeres Engagement der höchsten deutschen Politiker für die Würdigung von Immateriellem Kulturerbe an:

„Es ist toll, dass Maria Böhmer [...] es auch im Amt [von 2013 bis 2017 Staatsministerin für Auswärtige Kulturpolitik im Auswärtigen Amt, ab 2018 DUK-Präsidentin, Anm. d. Verf.] mit befördert. Und trotzdem ist es mir zu wenig zum Beispiel, auch von [Außenminister] Heiko Maas [...]. Dass [Kulturstaatsministerin] Monika Grütters das stützt, wo sie kann, aus meiner Wahrnehmung, alles gut. Aber ich finde, da kann auch die Kanzlerin zu bestimmten Punkten, so dass man so ein bisschen sortieren könnte, wo es jetzt im gesamtgesellschaftlichen Interesse von besonderem Gewicht wäre. Ich finde, den Mut sollte Politik haben, jetzt nicht alles gleichermaßen schick zu finden, sondern dann auch dann noch mal bewusst innerhalb dieser nationalen oder auch der

Welterbeliste [die UNESCO-Listen des Immateriellen Kulturerbes, Anm. d. Verf.]
dann noch mal Schwerpunkte zu setzen." (V, Interview am 06.11.2018)

Es wird also angeregt, dass führende Politiker sich des Themas in Deutschland stärker annehmen. „[P]erhaps more than in the case of listings under the
1972 World Heritage Convention, the 2003 Convention has provided national
governments as well as local communities with new tools to protect and promote
national as well as local interests" (Akagawa/Smith 2019: 10). Dies wäre nicht
nur im Interesse der Kulturerbeformen und ihrer Trägergruppen, sondern würde
Politikern auch Mittel an die Hand geben, um einerseits Gemeinschaft und Identität zu stiften. Eine solche Valorisierung von kollektiv getragenen Traditionen
geschieht bisher nur auf lokaler und zum Teil regionaler Ebene, auf nationaler
Ebene aber kaum. Andererseits können auch andere Ziele und Interessen, etwa
wirtschaftlicher Art oder im Umweltbereich, damit verfolgt werden, was bisher
nur sehr zögerlich geschieht.

> „Intangible cultural heritage has become part of the arsenal available to national
> governments in the exercise of [...] ‚soft power' within the broader domain of cultu-
> ral diplomacy [...] Broader in its touristic attraction than specific objects of tangible
> heritage, ICH appeals to a broader spectrum of humanistic, aesthetic and intellectual
> engagement, encouraging consumers to relate at the level of ‚meaning' that can apply
> to the full range of the intellectual and sensory receptors." (Akagawa/Smith 2019: 3)

Während im Bereich der Umweltpolitik durchaus vereinzelt Anknüpfungen
gesucht und gefunden werden, sind Aktivitäten der Wirtschaft im Zusammenspiel mit dem Immateriellen Kulturerbe bisher noch recht dünn gesät bzw. nicht
sonderlich sichtbar. Zuerst denkt man dabei an das Handwerk, das sowohl im
Wirtschaftssektor angesiedelt ist als auch als Teil des Immateriellen Kulturerbes
eben im Politikfeld Kultur. Auch die Tourismusbranche, die ein großes Interesse
am Kulturerbe hat, kommt einem in den Sinn. Die Auszeichnung von Formen
Immateriellen Kulturerbes kommt der Logik der Nutzung von Verkaufs- und Mar-
ketingpotenzialen von erlebbarem Kulturerbe sehr entgegen. (vgl. Letzner 2013:
63) Durch die Bestimmung, dass das Logo des Immateriellen Kulturerbes nur
für nicht-kommerzielle Aktivitäten genutzt werden darf, ist hier möglicherweise
ein gewisser Bremseffekt entstanden, der vom Policy-Netzwerk des Immateriellen Kulturerbes auch durchaus beabsichtigt war. Es ist auf lange Sicht aber
nicht klug, die zum Teil durchaus legitimen Interessen der Kulturträgerschaften
in dieser Hinsicht zu ignorieren. Schenk (2015: 130) weist zurecht darauf hin,
dass sich die UNESCO-Konvention ausdrücklich dafür einsetzt, dass diejenigen,

die das jeweilige Immaterielle Kulturerbe ausüben davon auch Einkünfte erzielen können sollen. Ein kluger Umgang mit den wirtschaftlichen Dimensionen und touristischen Interessen von erfolgreich anerkanntem Immateriellem Kulturerbe wird künftig vor dem Hintergrund der Herausforderung einer nachhaltigen Entwicklung noch genauer auszuloten sein. Natürlich bestehen weiterhin Gefahren – die Stichworte sind Folklorisierung, Kommerzialisierung (vgl. Tauschek 2010 am Beispiel des Karnevals von Binche) und Konventionalisierung, auch verflachte Anpassung an die Bedürfnisse des Tourismus (vgl. Eberhard/Letzner 2009: 7) sowie zu starke Musealisierung. Hier können Österreich und die Schweiz wie auch Frankreich, die alle dem Thema Handwerk bereits größere Aufmerksamkeit im Kontext Immaterielles Kulturerbe geschenkt haben, Orientierung bieten. Österreich und die Schweiz haben auch im (Natur-)Tourismusbereich die Inwertsetzungspotenziale des Immateriellen Kulturerbes im Sinne einer nachhaltigen Entwicklung bereits genauer unter die Lupe genommen als man sich dies in Deutschland bisher getraut hat. Eine Reflexion in Form von (gemeinsamen) Konferenzen könnte der bisherigen Tabuisierung des Themas entgegenwirken und zudem die Attraktivität der Anerkennung noch einmal steigern.

Um sich dem etablierten Bereich der Kulturförderung stärker anzunähern, wird auch die Einrichtung eines Unterstützungsfonds für Trägergruppen Immateriellen Kulturerbes immer wieder diskutiert. Hier würden i. d. R. bereits kleine Beträge – man könnte etwa an eine Höhe von bis zu 5.000 Euro auf Antragsbasis denken – genügen, um einzelne Erhaltungsmaßnahmen wie z. B. bewusstseinsfördernde Projekte für anerkannte Kulturformen anzustoßen. Wenn einzelne Bundesländer dies, etwa im Rahmen ihrer zum Teil zunehmend prononcierteren „Heimatpolitik", ausprobieren würden, und Erfahrungen positiver Art im Rahmen der KMK oder anderer Foren teilen, könnte über den Wettbewerbsföderalismus eine solche Maßnahme wahrscheinlich sogar recht schnell Verbreitung verbinden. Zumindest das Landesinteresse wäre im Falle einer erfolgten Anerkennung als Immaterielles Kulturerbe und damit überregionalen Würdigung und Ausstrahlungswirkung problemlos zu begründen.

Ein weiterer Punkt, der im Sinne der Inwertsetzung und Valorisierung Immateriellen Kulturerbes dringend auszubauen wäre, wären gemeinsame Anstrengungen der Partner des Policy-Netzwerks die mediale Aufmerksamkeit für das Thema zu erhöhen. Hier wären verschiedene Formate denkbar, etwa im öffentlich-rechtlichen Rundfunk in Umsetzung seines „Kulturauftrags" eine Serie über konkrete Formen Immateriellen Kulturerbes, wie sie für das UNESCO-Welterbe auf 3sat regelmäßig produziert wird. Auch attraktive bewusstseinsfördernde Kampagnen mit Medien- oder Werbepartnern der DUK oder anderer Akteure gehören bisher kaum zum Aktivitätenportfolio, wären aber für die Bekanntheit des Themas und die Vermittlung zentraler Botschaften zielführend.

Schließlich ein Punkt, der, wiewohl Teil der Inwertsetzungsbemühungen, eher abwehrend verstanden werden muss: Es gilt im Sinne der Erhaltung der Kulturformen dringend eine Bürokratisierung von Formen bzw. Erhaltungsaktivitäten Immateriellen Kulturerbes zu vermeiden. Markus Tauschek (2012: 208) verweist darauf, dass *Heritage Regimes* sehr häufig zur Bürokratisierung von Management und Interpretation von Erbe führen. In diesen Fällen würden die guten Absichten, die man der UNESCO-Konvention und ihren Umsetzungsakteuren in Deutschland unterstellen darf, zum Gegenteil führen, nämlich einer Fossilisierung statt zu einer erhaltenen oder gar gesteigerten Lebendigkeit der kulturellen Ausdrucksformen. Hier böte es sich an, die DUK im Rahmen ihrer koordinierenden Funktion der Konventionsumsetzung, wie sie es bereits vereinzelt tut, auch mit der Autorität aller staatlichen Akteure explizit darauf zu verpflichten, solche Entwicklungen als „*watchdog*" im Auge zu behalten und wenn nötig gegenzusteuern.

7.3   Forschungsdesiderata und Ausblick

Die sich aus den Ergebnissen und Empfehlungen der vorliegenden Arbeit ergebenden weiteren Forschungsperspektiven können grob in drei Bereiche eingeteilt werden, die sich allerdings nicht in jedem Fall klar voneinander trennen lassen: erstens zum Politikfeld Kulturpolitik in Deutschland, zweitens zur konkreten Ausgestaltung der Umsetzung der UNESCO-Konvention zum Immateriellen Kulturerbe in Deutschland und drittens zum Immateriellen Kulturerbe mit seinem kultur- und gesellschaftspolitischem Potenzial.

Noch immer werden generell in der Kulturpolitik und in den sie beobachtenden Kreisen, insbesondere in den Medien, Maßnahmen der finanziellen Kulturförderung oder Personaldebatten aufmerksamer verfolgt und debattiert als das Anstoßen öffentlicher Debatten bzw. Bewusstseinsprozesse (vgl. Wimmer 2011: 109, 289) wie im Fall der Umsetzung der 2003er-UNESCO-Konvention in Deutschland. Diese Schwerpunktsetzung im Zuge der (hoffentlich) aufblühenden deutschen Kulturpolitikforschung wissenschaftlich genauer zu untersuchen, empirisch sowohl qualitativ und quantitativ zu belegen und kritisch-konstruktiv zu hinterfragen, könnte einen Beitrag leisten, Kulturpolitik grundsätzlich breiter aufzustellen und ihr damit auch zu mehr Relevanz zu verhelfen.

Häufig wird, u. a. vom BHU, im Zusammenhang mit dem Immateriellen Kulturerbe auf die Rahmenkonvention des Europarates über den Wert des Kulturerbes für die Gesellschaft – die sogenannte Faro-Konvention (2005) – hingewiesen, die ein modernes Kulturverständnis propagiert und Kulturerbe als soziale, kulturelle und auch ökonomische Ressource begreift. Sie betont zudem Kulturerbe als Potenzial bzw. Kapital für nachhaltige Entwicklung und Lebensqualität. Wichtige neue und für das Immaterielle Kulturerbe förderliche Impulse wären bei einer, bisher kaum ernsthaft erwogenen, deutschen Ratifizierung auch dieses Völkerrechtsinstruments, das viele Experten und Vertreter anderer Staaten in enger Verbindung zur UNESCO-Konvention zum Immateriellen Kulturerbe sehen, zu erwarten. Sie fördert eine zeitgemäße Kulturerbepolitik und bildet eine solide Grundlage für die zukünftige Ausrichtung einer umfassenden Politik zur Erhaltung des kulturellen Erbes, wobei die Leistungen des Kulturerbes für die Gesellschaft ins Zentrum gerückt und die Mitwirkung, Mitverantwortung und Teilhabe der Bevölkerung am Kulturerbe gestärkt werden sollen. (vgl. Schweizerische Eidgenossenschaft 2020: 3230) Dies könnte mittelfristig in Deutschland zu einer kohärenteren und konsistenteren Kulturerbe-Politik führen, die sich trotz aller bereits lange bestehenden Bemühungen im Bereich des Welterbes, im Denkmalschutz, beim Dokumentenerbe und seit 2013 auch beim Immateriellen Kulturerbe, bisher nicht erkennen lässt. Eine Forschung, die diese Bezüge und das Potenzial herausstellt, wäre auch in praktisch-politischer Beratungsfunktion wünschenswert.

Eine kontinuierliche Betrachtung der Kooperations- und Dominanzverhältnisse im Mehrebenensystem der Kulturpolitik wäre eine wichtige Aufgabe der Kulturpolitikforschung. Der Bund hat seit der Etablierung von BKM zweifelsohne Kompetenzen und Macht im Bereich der Kulturpolitik gewonnen. Ob dies zulasten der Länder und/oder Kommunen ging, ist ohne empirische Untersuchungen schwer zu sagen, da das Kulturpolitikfeld insgesamt dynamisch ist. Derzeit erscheint es eher so, dass das Thema insgesamt an Gewicht gewonnen hat und sich ausdifferenziert hat, so dass Kommunen, Länder und Bund gut nebeneinander Kompetenzen haben können und sich gegenseitig ergänzen (vgl. Burkhard 2015: 184 f.). Wie die noch relativ neue Entwicklung der Gründung einer Kulturministerkonferenz seit 2019 sich auf die gesamtstaatliche Rolle der Länder im Politikfeld längerfristig auswirken wird, wird eine weiterhin spannend zu beobachtende Entwicklung sein.

Eine Frage, der sich diese Arbeit – zum einen aus Kapazitätsgründen, zum anderen, weil der Untersuchungszeitraum begrenzt war und bestimmte Wirkungen erst längerfristiger zu erwarten sind – nur am Rande widmen konnte, ist, was der Staat bzw. seine verschiedenen Ebenen in Deutschland aus der Gestaltungsmöglichkeit bzw. der Macht, die er mit der Ernennung Immateriellen Kulturerbes erlangt, eigentlich macht (siehe Abschnitt 3.1.). Eine diesbezügliche Untersuchung der ersten zehn oder gar 15 Jahre der Konventionsumsetzung in

Weiterverfolgung des Ansatzes der vorliegenden Arbeit wäre spannend. Hierzu gab es im Vorfeld und auch der Anfangszeit in der Wissenschaft große Bedenken (vgl. Mißling 2014 und Lenski 2014), die sich im Rahmen der Untersuchungen hier nicht bestätigt haben, mittlerweile aber, da es auch in den Jahren 2017 ff. konkret etwas zu untersuchen gäbe, kaum mehr thematisiert werden.

Wünschenswert wäre zudem in Zukunft eine genaue Untersuchung der Binnenstruktur von Trägergemeinschaften des Immateriellen Kulturerbes: Wer spricht in den Bewerbungsprozessen oder auch nach einer Anerkennung für wen und mit welcher Legitimation? Die Definition von ‚community' oder ‚Gemeinschaft' ist international, aber besonders auch in der deutschen Umsetzung, sehr offen und damit unklar belassen worden. Im Grunde müssen daher auf Basis von schriftlichen Bewerbungen oder Nominierungen Experten entscheiden, wer die legitimen Trägergruppen sind, wie groß sie sind oder ob die Genannten berechtigt sind für eine Kulturform als Träger zu stehen. Dies senkt, entgegen den Wünschen des Wortlauts der UNESCO-Konvention und ihrer Umsetzungsrichtlinien, den Einfluss der Gemeinschaften, weil die Gruppenzugehörigkeit, Grenzen und Unterscheidungen bzw. Unterschiede doch wieder von außen, von anderen definiert werden. Sie sind nur scheinbar natürlich gegeben. Es besteht außerdem im Nachgang einer Anerkennung die Gefahr, dass sich aus einer zuvor gegebenen produktiven Mehrstimmigkeit eine interne Homogenität und Konformität entwickelt, die Dissens unterdrückt (vgl. Hafstein 2007: 94 f.). Oder aber – andersherum – es entstehen als Folge der neuen Situation Konflikte, die vor einer Anerkennung bewusst oder auch unbewusst nicht ausgetragen wurden.

„The international normative recognition obliges governments to actively implement these Conventions; it also legitimizes substantial activities and initiatives by non-state actors. For publicly committed scholars it will be worthwhile to follow how the thus inscribed dialogical elements might influence cultural practice over time, particularly in situations of conflict and violence." (Merkel 2011:59)

In diesem Zusammenhang würde auch eine Untersuchung von Ein- und Ausschlüssen im Sinne kultureller Teilhabe und Offenheit der Trägergruppen bei Fallstudien, am besten vergleichender Natur, von als Immaterielles Kulturerbe anerkannten Kulturformen lohnen. (vgl. u. a. Rieder 2019: 143) Damit im Zusammenhang könnte sich auch eine exemplarische Untersuchung der Binnenverhältnisse in einer Trägergruppe im Sinne der Besser- bzw. Schlechterstellung (vgl. Blum/Schubert 2009: 128) durch die Anerkennung einer Kulturform als Immaterielles Kulturerbe als sinnvoll erweisen. Zu denken wäre hierbei zum Beispiel an die „Deutsche Brotkultur", bei der es zu einem „Trittbrettfahrer-Problem"

kam, als die Aufbackbäcker in Discountern mit dem Prädikat Immaterielles Kulturerbe warben, obwohl die Anerkennung sich ausdrücklich auf die
Handwerksbäcker bezog.

Auch eine genauere Untersuchung der Binnenstruktur des Netzwerks der
anerkannten Kulturträgergruppen, das heißt der Kontakte untereinander, sowie
zu Kulturverbänden, Kulturpolitikern, den Kulturverwaltungen usw., erscheint
sinnvoll. Hier kann an Untersuchungen von Kilian Lembke (2017) und die
Grundlagen von Netzwerkanalysen nach Patrick Föhl und Robert Peper (2014)
angeknüpft werden. Vermutlich sollte dies zunächst im regionalen Kontext zum
Beispiel eines Bundeslands angegangen werden, da das Netzwerk deutschlandweit inzwischen bereits sehr groß und verzweigt ist – methodisch möglich wäre
aber wohl beides.

Im Bereich insbesondere der Brauchforschung wäre im Kontext Immaterielles
Kulturerbe – mit seinem breiten Verständnis von Wissen, Können, Fertigkeiten
und Techniken – eine genaue, historisch differenzierte, Untersuchung sinnvoll, ob
tatsächlich der Süden Deutschlands, über mehr Formen überlieferter, traditioneller
und bis heute lebendiger Kultur verfügt als die nördlichen Regionen. Dies hat
sich im politischen Diskurs über das Immaterielle Kulturerbe unter den Ländern
im Laufe der Umsetzung schleichend so als gegeben festgesetzt – eine genauere
Untersuchung, ob, gerade wenn man den breiten Kulturbegriff des Immateriellen
Kulturerbes zugrunde legt, nicht aus historischen Gründen im Norden, Osten und
Westen viel verschüttet ist oder die Gruppen bisher einfach nicht so aktiv werden
wie in Bayern, wäre jedoch noch einmal eine genaue Untersuchung wert. Dies
könnte mittelfristig das Ungleichgewicht im Bundesweiten Verzeichnis doch ein
wenig abmildern, weil es in anderen Bundesländern zumindest ermunternd auf
Kulturträgergruppen wirken könnte.

Mehr Aufmerksamkeit aus gesellschaftspolitischer Sicht sollte in der Forschung das Lern- und Erziehungspotenzial des Immateriellen Kulturerbes erhalten, das im Rahmen der vorliegenden Arbeit nur thematisch gestreift wurde:

„Es ist ein wesentlicher Bereich, in dem Kinder, Nachwachsende, in Kultur eingeführt
werden. Das hat die Erziehungswissenschaft bislang nicht wirklich in der Bedeutung
begriffen. Das würde ich auch für die Kulturwissenschaften sagen. Das fängt so lang-
sam an, dass man sieht, dass das ein riesen Feld ist. Und dass man sehr vieles lernt,
als Kind, wenn man teilnimmt an einem Karnevalsumzug. [...] Also da wird so viel
gelernt an Sozialem, an Selbstständigkeit, aber auch, [...] an Gefühle[n], wie man die
ausdrückt, wie man sie darstellt und so weiter, das ist in der Komplexität außerordentlich groß und eben wirklich auch bedeutend für eine Gesellschaft." (E1, Interview am
15.10.2018)

Das Immaterielle Kulturerbe gehört, gerade wenn man die Bezüge zur Kulturellen Teilhabe betont, im weitesten Sinne in den Bereich der kulturellen Bildung. Als Aufgabe von Forschung käme dann auch hinzu, die in den letzten Jahren zu beobachtende zunehmende Tendenz Bildung zu ökonomisieren und strikt zu effektivieren, mit wissenschaftlichen Methoden zu hinterfragen:

> „Digitalisierung und das ist alles sehr wichtig. Und kein Mensch wird da was gegen sagen. Aber es ist eben nicht alles für das menschliche Leben. Es gibt eben andere Dinge, die kulturell besetzt sind, die auch oft für das persönliche Leben bedeutender sind. Und die müssen im Bildungsbereich noch Berücksichtigung finden. Es geht auch nicht alles, dass man Bildungsfragen unter ökonomischen Fragen abhandelt, sondern es geht um Entwicklung von Menschen." (E1, Interview am 15.10.2018)

Insbesondere im Bereich Handwerk und dem Erlernen der Techniken spielt die Vermittlung des „impliziten Wissens, des kulturellen Wissens, des schweigenden Wissens [...], das] sich auch schwer sprachlich vollständig fassen" (E1, Interview am 15.10.2018) lässt, das aber einen Kern von Immateriellem Kulturerbe ausmacht, eine besondere Rolle. Christine Merkel (2011: 61) argumentiert mit Richard Sennett und seinem 2008 erschienenen Werk „Handwerk", dass das Prinzip Handwerk nicht nur im Handwerk und im Kleinen beim einzelnen Handwerker relevant ist. Genauso wichtig sei es für Innovationen im großen Stil. Es betrifft dann potenziell auch den IT-Sektor, den Dienstleistungssektor oder wissenschaftliche Forschung und Wissenserwerb im Allgemeinen.

> „[Intangible cultural heritage] can be described as an activity which combines performance and knowledge. The creation of knowledge is based on the performance of rituals and other forms of intangible heritage, whereas the performance of cultural expressions, on the other hand, reactivates, deepens and transmits knowledge. Thus, this type of agency inscribes itself into a vision of a more equitable knowledge society with widespread empowerment of cultural actors. It cannot be stressed enough that practices of intangible cultural heritage are crucial progenitors of practical knowledge [...]. For a possible contribution of ICH to alternative modernization, this is probably the most important structural element." (Merkel 2011: 60)

In diesem Sinne wäre die Ergründung des Potenzials des Immateriellen Kulturerbes, mit seinem die Vereinheitlichungstendenzen der Globalisierung bekämpfenden Impuls, einen Beitrag zu einer alternativen Form der Modernisierung unserer Gesellschaft (vgl. Merkel 2011: 60) zu leisten, nicht nur im Bildungsbereich, sondern noch darüber hinaus ein bedeutendes Forschungsdesiderat.

Konzepte und Begriffe der UNESCO-Konvention zur Erhaltung des immateriellen Kulturerbes sind noch immer Kritik ausgesetzt – aus kulturwissenschaftlicher Perspektive ist das teilweise auch durchaus berechtigt: Hier wurden und werden zum Teil überholte Wissensbestände der Kulturwissenschaften gepflegt bzw. reanimiert, insbesondere von der vermeintlichen Unveränderlichkeit von kulturellen Traditionen, also einer ungebrochenen Kontinuität, und einer sozialen Geschlossenheit, also der festen Verbindung mit homogenen Gemeinschaften (vgl. Kaschuba 2015: 54 f.). Das dem gegenüber gestellte dekonstruierende Verständnis von Kultur als permanent im Wandel befindlich und eine durch die verantwortlichen Akteure und Austauschprozesse entstehende Veränderbarkeit klingen zwar im Text der Konvention an, sind aber beileibe nicht geteilte Überzeugungen aller an der Konventionsumsetzung international wie auch in den jeweiligen nationalen Kontexten Beteiligten. „Die nachvollziehbare Kritik […] bleibt allerdings blind, wenn sie deren Leistungen [des UNESCO-Übereinkommens, Anm. d. Verf.] übergeht und deren gesellschafts- und kulturpolitischen Leistungen ignoriert." (Koslowski 2015a: 48) Bewusst sind die Konzepte und Begriffe der Konvention, als Produkte von Kompromissen, interpretationsbedürftig. (vgl. Koslowski 2015a: 47) Dies ermöglicht wiederum allerdings auch, und hier sind Forschungsaktivitäten ganz sicher noch nicht ausgeschöpft, eine Interpretation und Operationalisierung im jeweiligen Kontext. Anlässlich der ersten Aufnahmen ins Bundesweite Verzeichnis äußerte Christoph Wulf:

> „Eigentlich ist das eine Wertediskussion. Viele Menschen verbinden mit dem Begriff Kultur etwas Elitäres, das nur bestimmten Gruppen der Bevölkerung vorbehalten ist, den Menschen, die einen Sinn für das Historische und für die Schönen Künste haben. Das Immaterielle Kulturerbe bricht etablierte Kulturbegriffe auf und rückt Alltagskultur in ein neues Licht. Das sorgt für ein breiteres Verständnis von Kultur bei den Menschen. Was ist uns heute wichtig und was kann uns morgen wichtig sein? Mit dem bundesweiten Verzeichnis ist die Chance verbunden unser kulturelles Gedächtnis und mit ihm die Bedeutung von Gemeinschaften wieder zu entdecken und nicht bei Individualismus und Leistungsdenken stehen zu bleiben." (unesco heute online, erschienen am 12.12.2014, http://www.unesco.de/9128.html – nicht mehr online auffindbar)

Diese spannenden Diskussionen und Diskurse, über das, was Kultur für den Einzelnen und für Gruppen, die im Kontext des Immateriellen Kulturerbes entstanden sind (vgl. Letzner 2013: 63), eigentlich ist und bedeutet, sind bisher noch wenig erforscht worden. Gerade im urbanen Kontext gilt es noch eine ganze Reihe von Erkenntnissen zu Tage zu fördern. Kaschuba (2015: 59) schlägt etwa vor, nicht nach dem dörflichen Erbe in der Stadt, sondern nach neuen Kategorien zu suchen, die Traditionen nach neuen Zeitmaßstäben und Formen anerkennen. Das wäre für ihn dann eine Re-Definition des kulturellen Erbes, das auch quer zu sozialen und kulturellen Schichten gemeinschaftsstiftend sein kann.

Das Immaterielle Kulturerbe sollte in diesem Kontext zunehmend noch stärker im Zusammenhang mit Identitätsfragen untersucht werden, d. h. mit dem eher traditionell orientierten Heimatdiskurs einerseits und andererseits mit den Fragen der Superdiversität in modernen Städten. Christoph Wulf äußert zu diesen Zusammenhängen folgende Gedanken:

> „In den Städten [haben wir] Menschen mit 150, 160 Migrationshintergründen [...] und [...] im Grunde [ist] die Diversität das Medium des Lebens geworden [...]. Das ist natürlich ein völlig anderes Denken als wir es ja auf dem Lande haben, als wir es traditionell in den Nationen haben, wo eben der Staat, dann die polnische, deutsche, tschechische Nationalität für die Identität herangezogen wird. Die ist natürlich bei uns auch wichtig, gar keine Frage. Es kann nicht darum gehen, diese Dimensionen der Identitätsstiftung dieser kulturellen Arbeit irgendwie auszugrenzen. Nein, das ist wichtig. Aber man kann sie offen sehen, in einem europäischen, in einem Weltkontext. Und dann, das ist natürlich etwas ganz anderes, wenn dieses nicht zur Ausgrenzung [dient], sondern lädt eher ein, daran teilzunehmen: andere, auch Menschen aus anderen Kulturen." (E1, Interview am 15.10.2018)

Das Potenzial des Immateriellen Kulturerbes für die eigene kulturelle Identitätsstiftung, abgegrenzt von einer rückwärtsgewandten Heimattümelei noch näher in politischen Kategorien zu untersuchen, wäre wohl einige wissenschaftliche Untersuchungen wert. Schließlich sind nicht alle relevanten Akteure des Policy-Netzwerks von einer zu engen Beziehung zwischen dem Immateriellen Kulturerbe und dem Heimatdiskurs bzw. Heimatpolitik begeistert:

> „Ich sehe im Moment so ein bisschen mit Sorge, dass vielleicht auch so Instrumentalisierungen stattfinden, stattfinden sollen, versucht werden für das Heimatthema. Und das würde ich eigentlich gern voneinander getrennt haben [...]. Und da sehe ich aber auch bei sehr informierten Politikern, die um den Wert der Konvention und ihre Bedeutung wissen schon, dass so ein gewisser Konnex hergestellt wird. Das sehe ich aus wissenschaftlicher Sicht kritisch. Ich verstehe das. Also ich verurteile das nicht, ich verstehe das, dass man das, gerade wenn man das Wissen hat, dass die Konvention etwas bewegen kann, was sie bewegen kann, wie sie ausgestaltet werden kann, dies auch einbringen möchte, um dieser unsäglichen Heimatdiskussion eine andere Richtung zu geben. Das verstehe ich sehr wohl. Ich denke aber nur, dass der Heimatbegriff so belastet ist historisch, dass man den nicht mehr so richtig gedreht kriegt." (E2, Interview am 25.10.2018)

Tatsächlich beschäftigt die Verbindung bzw. die Bezüge zwischen Heimat und Immateriellem Kulturerbe auch die Vertreterinnen von Bund und Ländern: „Heimat war für mich [...] ein Begriff, den man am besten nicht nutzte. Haben die Leute überhaupt keine Angst mehr vor. Also ich glaube, das sollte man auf jeden Fall im Auge behalten." (B, Interview am 05.11.2018)

Zum Thema Superdiversität und Immaterielles Kulturerbe haben das niederländische Zentrum für Immaterielles Kulturerbe, die belgischen NGOs tapis plein und FARO sowie die Deutsche UNESCO-Kommission im Nachgang des Untersuchungszeitraums der vorliegenden Arbeit im Jahr 2018 eine Tagung in Utrecht durchgeführt (vgl. https://www.unesco.de/kultur-und-natur/immaterie lles-kulturerbe/unser-beitrag/projekte-zum-immateriellen-kulturerbe; Zugriff am 19.07.2020). Wulf äußert zu diesem Themenkomplex, den die DUK künftig mit Partnern auch noch weiterverfolgen will, folgende Gedanken:

> „Ein großes Problem ist das, dass man das immaterielle kulturelle Erbe weniger in Städten verankern kann oder verankert sieht. Also wir haben ein großes Interesse daran, hinzugucken in die Städte und zu gucken, ob es da etwas gibt. Aber das Problem ist, dass ja die Vorstellung da ist, es soll über einen gewissen Zeitraum entwickelt sein, zwei, drei Generationen. Und in den Städten, die Städte sind schnelllebiger, da findet man zwar auch kulturelle Arbeit, eben aber dann oft sehr kurzfristig, über manchmal nur ein paar Jahre. Und die Frage ist, gibt es Möglichkeiten, in diesem Bereich etwas aufzuzeichnen, etwas zu identifizieren. Also da sind wir sehr sensibel und suchen. Aber das ist eben nicht einfach. Also in den Großstädten, klar, gibt es regionale Gruppen oder auch ethnische Gruppen, Migrationsgruppen, die sich bilden. Aber die müssten natürlich eine gewisse Tradition haben und eine gewisse Zeit brauchen sie auch, um sich zu entwickeln, um eigene kulturelle Arbeit vorzulegen. Und das ist nicht so ganz einfach. Wir haben dann versucht, ja über den Poetry Slam etwas Modernes aus der Gegenwartskultur zu nehmen und haben dann auch zeigen können, wie das ja doch schon eine kulturelle Verankerung hat. Aber wie gesagt, das ist ein Feld, in dem wir gerne noch mehr identifizieren würden und auch noch mehr machen würden. Aber da hängt es natürlich auch von der Situation ab, die da ist." (E1, Interview am 15.10.2018)

Gertraud Koch erweitert die Perspektive noch dahingehend, dass es gar nicht im Kern um städtisches in Abgrenzung zu ländlichem Immateriellen Kulturerbe geht, denn die Grenzen seien fließend, sondern dass dies als Chiffre steht für Kulturerbe, das sich modernen Problemlagen widmet,

> „was wir unter so Aspekten wie städtisches Kulturerbe, urbanes Kulturerbe zusammenfassen, aber dabei ja eher dann tatsächlich Entwicklungen im Blick haben, die in der Moderne und unter den Lebensbedingungen der Modernisierung entstanden sind, wie die Genossenschaften zum Beispiel" (E2, Interview am 25.10.2018).

Ein weiteres Thema, das noch mehr Aufmerksamkeit auch der kulturwissenschaftlichen Forschung verdient, sind die typischen Spannungsfelder des Immateriellen Kulturerbes im gesellschaftlichen Diskurs im (west-)europäischen Kontext: Dies sind erstens der ethisch-moralisch diskutierte Umgang mit Tieren, zweitens Genderfragen, d. h. der Ausschluss von entweder Männern oder Frauen bei der Ausübung von lebendigen Traditionen, aber auch im Kontext sexueller Identitäten, drittens die Folgen einer touristischen und sonstigen wirtschaftlichen Inwertsetzung, die etwa zu einer Kanonisierung führen können (vgl. Tauschek 2010 am Beispiel des Karnevals von Binche), viertens der Umgang mit Erfahrungswissen, das unter Umständen im Gegensatz zu wissenschaftlichen Erkenntnissen steht (z. B. traditionelle Heilmethoden), und fünftens bei der Beteiligung von Minderheiten bzw. an Religionen und Religionsgemeinschaften orientierten Bräuchen. Die fünf kurz skizzierten Themen stehen im Zusammenhang mit vielen virulenten gesellschaftlichen Debatten, nur, dass diese in der allgemeinen Öffentlichkeit selten direkt mit dem Immateriellen Kulturerbe verknüpft werden. Ob dies wünschenswert wäre, sei dahingestellt, weil dies das Thema auch in der Wahrnehmung beschädigen könnte. Werden die erwähnten strittigen Themen nicht möglichst sensibel vor dem Hintergrund der damit verbundenen Werte und Ideologien sowie wissenschaftlich fundiert im Kontext der Traditionspflege von Gemeinschaften behandelt, sorgen die dadurch ausgelösten Konflikte möglicherweise dafür, dass der kooperative Umgang der beteiligten Akteure miteinander in den Hintergrund tritt und das Programm der Umsetzung der UNESCO-Konvention des Immateriellen Kulturerbe in Deutschland insgesamt leidet (vgl. Benz 2016: 35 ff., 39 f.). Die deutschsprachigen UNESCO-Nationalkommissionen Deutschlands, Österreichs, der Schweiz und von Luxemburg haben jedenfalls vorausschauend und weil es unter den Experten dazu selbstverständlich bereits Debatten gibt im Mai 2018 in Wien eine Tagung veranstaltet (vgl. https://www.unesco.de/kultur-und-natur/imm aterielles-kulturerbe/unser-beitrag/projekte-zum-immateriellen-kulturerbe; Zugriff am 19.07.2020) Christoph Wulf führt zum Beispiel zum Bereich Naturwissen und der Traditionen im Umgang mit Tieren aus:

„Das sind komplexe Probleme, weil das Verhältnis zum Tier sich ja ändert. Früher, sagen wir mal im ersten Drittel des 20. Jahrhunderts ging es vor allen Dingen um die Differenz, was macht den Menschen besonders im Vergleich zum Tier. Heute sind wir mehr interessiert an dem, was wir gemeinsam haben. Also man spricht von menschlichen Primaten oder nicht-menschlichen Primaten. Und das heißt natürlich, dass sich diese Grenze verschiebt, wo man relativ einfach sagen konnte, es sind ja bloß Tiere. Das wird auch noch ein Problemfeld werden für uns. Das ist, glaube ich, ziemlich sicher. Aber gut, als Prinzip gibt es natürlich diese Grundhaltung, dass man alles, was durch Gesetze abgedeckt ist und möglich ist, eben auch akzeptiert. Aber es kann natürlich auch da Grenzverschiebungen geben." (E1, Interview am 15.10.2018)

Schließlich könnte das ganze Feld der Ergründung von spezifischen Transferprozessen des transnationalen Austauschs im Rahmen des politischen Lernens im Zusammenhang mit dieser, und durchaus auch anderer, UNESCO-Konventionen in der Kulturpolitikforschung noch intensiver angegangen und empirisch untersucht werden. Dolowitz/Marsh (1996) und Howlett/Ramesh/Perl (2009) haben dafür eine Reihe von Fragen und Kriterien für eine genauere Untersuchung vorgeschlagen.

Alles in allem konnte die vorliegende Arbeit zeigen, dass das Themenfeld in vielfacher Hinsicht einer genaueren Untersuchung wert ist. Die Erkenntnisse sind hilfreich für ein genaueres Verständnis des Mehrebenensystems Kulturpolitik in Deutschland, für die Hintergründe und konkreten Beweggründe der Umsetzung der UNESCO-Konvention zur Erhaltung des immateriellen Kulturerbes in Deutschland sowie für das Wechselspiel aus internationaler und nationaler Umsetzung von internationalen Kulturvölkerrechtsinstrumenten. Der Autor der Arbeit wäre erfreut, wenn weiterführende Forschungen die hier erarbeiteten Erkenntnisse vertiefen, erweitern, mit anderen Methoden belegen oder auch falsifizieren würden. In jedem Fall bietet die Thematik Stoff für eine weitergehende wissenschaftliche Befassung in mehreren Disziplinen.

Literaturverzeichnis

ACKERMANN, Manfred: „Kultur" – seit 1990 eine Aufgabe auch der Bundesrepublik, in: Institut für Kulturpolitik der Kulturpolitischen Gesellschaft e.V. (Hrsg.): Jahrbuch für Kulturpolitik 2013. Band 13. Thema: Kulturpolitik und Planung, 87–92, Essen: Klartext Verlag, 2013.

ADELL, Nicolas: The French Journeymen Tradition: Convergence between French Heritage Traditions and UNESCO's 2003 Convention, in: BENDIX, Regina F./EGGERT, Aditya/PESELMANN, Arnika (Hrsg.): Heritage Regimes and the State, Göttingen Studies in Cultural Property, Volume 6, 177–193, Göttingen: Universitätsverlag Göttingen, 2012.

AIKAWA-FAURE, Noriko: La Convention de l'Unesco pour la sauvegarde du patrimoine culturel immatériel et sa mise en oeuvre, in: KHAZNADAR, Chérif (Hrsg.): Le Patrimoine Culturel Immatériel à la lumière de l'extrême-orient, International de l'Imaginaire, coll. „Babel", nouv. série, n° 24, 13–45, Paris/Arles: Maison des Cultures du Monde/Actes Sud, 2009.

AKAGAWA Natsuko/SMITH, Laurajane: The practices and politics of safeguarding, in: AKAGAWA Natsuko/SMITH, Laurajane (Hrsg.): Safeguarding Intangible Heritage. Practices and Politics, 1–13, Oxon/New York: Routledge, 2019.

ALBERT, Marie-Theres/DISKO, Stefan: Machbarkeitsstudie. Umsetzung der UNESCO-Konvention zur Bewahrung des immateriellen Kulturerbes (2003) in Deutschland, BTU Cottbus, 2011.

AX, Christine/HORCHLER, Dieter: Handwerk und immaterielles Kulturerbe, in: UNESCO heute, Zeitschrift der Deutschen UNESCO-Kommission. Ausgabe 1/2007 – Themenheft „Immaterielles Kulturerbe", 50–54, Bonn, 2007.

BANDELOW, Nils C.: Policy Lernen und politische Veränderungen, in: SCHUBERT, Klaus/BANDELOW, Nils C. (Hrsg.): Lehrbuch der Politikfeldanalyse, 289–331, München, Wien: Oldenbourg, 2003.

BEHRENS, Maria: Quantitative und qualitative Methoden in der Politikfeldanalyse, in: SCHUBERT, Klaus/BANDELOW, Nils C. (Hrsg.): Lehrbuch der Politikfeldanalyse, 203–236, München, Wien: Oldenbourg, 2003.

BENZ, Arthur: Governance – Regieren in komplexen Regelsystemen. Eine Einführung, Wiesbaden: VS Verlag für Sozialwissenschaften, 2004.

BENZ, Arthur: Politik in Mehrebenensystemen, Wiesbaden: VS Verlag für Sozialwissenschaften, 2009.

© Der/die Herausgeber bzw. der/die Autor(en) 2024   457
B. Hanke, *Kulturelle Teilhabe durch Immaterielles Kulturerbe*, Auswärtige Kulturpolitik, https://doi.org/10.1007/978-3-658-44086-2

BENZ, Arthur: Politikverflechtung und Dynamik des Föderalismus, in: BENZ, Arthur/ DETEMPLE, Jessica/HEINZ, Dominic: Varianten und Dynamiken der Politikverflechtung im deutschen Bundesstaat, Baden-Baden: Nomos Verlagsgesellschaft, 2016.
BERNECKER, Roland: Warum brauchen wir eine Konvention für das immaterielle Kulturerbe? Interview mit Roland Bernecker, Generalsekretär der Deutschen UNESCO-Kommission, in: UNESCO heute, Zeitschrift der Deutschen UNESCO-Kommission. Ausgabe 1/2007 – Themenheft „Immaterielles Kulturerbe", 16–19, Bonn, 2007.
BILGRAM, Bianca/KAMM, Friederike/SCHILLING, Klaus: Die Welt verändern. Kultur und Bildung als Motor einer Nachhaltigen Entwicklung, in: BRAUN-WANKE, Karola/ WAGNER, Ernst (Hrsg.): Über die Kunst, den Wandel zu gestalten. Kultur – Nachhaltigkeit – Bildung, 15–20, Münster/New York: Waxmann, 2020.
BLAKE, Janet: Further reflections on community involvement in safeguarding intangible cultural heritage, in: AKAGAWA Natsuko/SMITH, Laurajane (Hrsg.): Safeguarding Intangible Heritage. Practices and Politics, 17–35, Oxon/New York: Routledge, 2019.
BLUM, Sonja/SCHUBERT, Klaus: Politikfeldanalyse, Wiesbaden: VS, Verl. für Sozialwissenschaften, 2009.
BORTOLOTTO, Chiara: The French Inventory of Intangible Cultural Heritage: Domesticating a Global Paradigm into French Heritage Regime, in: BENDIX, Regina F./EGGERT, Aditya/PESELMANN, Arnika (Hrsg.): Heritage Regimes and the State, Göttingen Studies in Cultural Property, Volume 6, 265–282, Göttingen: Universitätsverlag Göttingen, 2012.
BOUCHENAKI, Mounir: A Major Advance towards a Holistic Approach to Heritage Conservation: the 2003 Intangible Heritage Convention, in: International Journal of Intangible Heritage, Vol. 02, 105–109, Seoul: National Folk Museum of Korea, 2007.
BRAUN, Dietmar/GIRAUD, Olivier: Steuerungsinstrumente, in: SCHUBERT, Klaus/ BANDELOW, Nils C. (Hrsg.): Lehrbuch der Politikfeldanalyse, 147–174, München, Wien: Oldenbourg, 2003.
BROCCHI, Davide: Für eine nachhaltige Kulturpolitik. Ein Impulsvortrag, Januar 2017 (https://davidebrocchi.eu/wp-content/uploads/2017/01/2017-Kieler-Impuls-von-Davide-Brocchi.pdf; Zugriff am 08.04.2021).
BUNDESAMT FÜR KULTUR DER SCHWEIZ (Hrsg.): Leitfaden zur Erstellung der Liste der lebendigen Traditionen in der Schweiz, 2010.
BURKHARD, Claudia: Kulturpolitik als Strukturpolitik? Konzepte und Strategien deutscher und italienischer Kulturpolitik im Vergleich, Frankfurt am Main: Peter Lang, 2015.
CACHAT, Séverine: La mise en oeuvre de la convention de l'Unesco pour la sauvegarde du patrimoine culturel immatériel en France, in: CENTRE FRANCAIS DU PATRIMOINE CULTUREL IMMATERIEL (Hrsg.): Le patrimoine culturel immatériel. Regards croisés de France et d'Allemagne, Les Cahiers du CFPCI n. 3, 46–58, Vitré: Centre français du patrimoine culturel immatériel – Maison des Cultures du Monde, 2015.
CASTELEYN, Lothar/JANSSENS, Ellen/NEYRINCK, Jorijn: Six Years of Experience in Intangible Heritage Mediation in Flanders (Belgium). From Cultural Heritage Cells and an ICH Network to www.immaterieelerfgoed.be, in: JACOBS, Marc/NEYRINCK, Jorijn/ VAN DER ZEIJDEN, Albert (Hrsg.): Brokers, Facilitators and Mediation. Critical Success (F)Actors in Safeguarding Intangible Cultural Heritage, Volkskunde – Tijdschrift over de cultuur van het dagelijks leven, 3/2014 (Special Issue), 387–403, Gent: Academia Press, 2014.

CENTRE FRANÇAIS DU PATRIMOINE CULTUREL IMMATÉRIEL – MAISON DES CULTURES DU MONDE (Hrsg.): L'administration du patrimoine culturel immatériel en Europe. Organisation, réglementation et procédures, Les Cahiers du CFPCI n.1, Vitré, 2013.

DE OLIVEIRA PINTO, Tiago: Songbird and birdsong: Listening to the finches in the Harz region, Germany, in: Sound Studie Journal, vol. 6, no. 2, DOI: https://doi.org/10.1080/20551940.2020.1799543, 2020.

DEUTSCHE UNESCO-KOMMISSION (DUK): Immaterielles Kulturerbe in der Arbeit der UNESCO: neue Aufgaben, neue Herausforderungen. Ergebnisse einer Fachkonsultation zum UNESCO-Übereinkommen zur Bewahrung des immateriellen Kulturerbes, in: UNESCO heute, Zeitschrift der Deutschen UNESCO-Kommission. Ausgabe 1/2007 – Themenheft „Immaterielles Kulturerbe", 20–29, Bonn, 2007.

DEUTSCHE UNESCO-KOMMISSION (Hrsg.): Übereinkommen zur Erhaltung des immateriellen Kulturerbes, Bonn: Deutschen UNESCO-Kommission e.V., 2013.

DEUTSCHER BUNDESTAG (Hrsg.): Schlussbericht der Enquete-Kommission ‚Kultur in Deutschland'. Berlin: Bundestags-Drucksache 16/7000, 2007.

DEUTSCHER STÄDTETAG: Kultur in Deutschland aus Sicht der Städte. Positionsbestimmung zum Bericht der Enquete-Kommission „Kultur in Deutschland" des Deutschen Bundestages, 2009.

DEUTSCHER STÄDTETAG: Kulturpolitik als Stadtpolitik. Positionspapier des Deutschen Städtetages, 2015.

DEUTSCHER STÄDTE- UND GEMEINDEBUND/LANDSBERG, Gerd: Kultur vor Ort. Standortvorteil, Lebensqualität, Identität und Wirtschaftsfaktor, 2015.

DOLOWITZ, David/MARSH, David: Who learns from Whom: A Review of the Policy Transfer Literature, in: Political Studies 44, 343–357, London: Political Studies Association, 1996.

DUCASTELLE, Jean-Pierre: Le Patrimoine Culturel Immatériel de la Fédération Wallonie-Bruxelles, in: CENTRE FRANÇAIS DU PATRIMOINE CULTUREL IMMATÉRIEL – MAISON DES CULTURES DU MONDE (Hrsg.): L'administration du patrimoine culturel immatériel en Europe. Organisation, réglementation et procédures, Les Cahiers du CFPCI n. 1, 80–92, Vitré: Centre français du patrimoine culturel immatériel – Maison des Cultures du Monde, 2013.

EBERHARD, Theo/LETZNER, Volker: Das UNESCO-Immaterielle Weltkulturerbe: Stand des Ratifizierungsprozesses in Deutschland, Februar 2009 (https://w3-mediapool.hm. edu/mediapool/media/fk14/fk14_lokal/diefakultt_1/forschungundprojekte/immaterie lles_kulturerbe/IKE-Ratifizierungsstand_090910_Letzner.pdf; Zugriff am 28.04.2019).

EHRMANN, Siegmund: Aufgabe von Staat, Zivilgesellschaft und Markt, in: Neue Wege für die Kulturpolitik. Zu den Ergebnissen der Enquete-Kommission „Kultur in Deutschland", 10–14, Berlin: Fraktion der SPD im Deutschen Bundestag, 2008.

EGGERT, Aditya/MIßLING, Sven: Das UNESCO-Übereinkommen von 2003 zur Erhaltung des immateriellen Kulturerbes, in: GROTH, Steffen/BENDIX, Regina F./SPILLER, Achim (Hrsg.): Kultur als Eigentum: Instrumente, Querschnitte und Fallstudien, 61–82, Göttingen: Universitätsverlag Göttingen, 2015.

EGGERT, Aditya/PESELMANN, Arnika: Heritage und die Chimäre der Governance, in: GROTH, Steffen/BENDIX, Regina F./SPILLER, Achim (Hrsg.): Kultur als Eigentum:

Instrumente, Querschnitte und Fallstudien, 139–161, Göttingen: Universitätsverlag Göttingen, 2015.

EPPLER, Annegret: Die Kultusministerkonferenz der Bundesrepublik Deutschland – ein Mikrokosmos des deutschen Föderalismus?, in: ROSNER, Andreas/BUßJÄGER, Peter (Hrsg.): Im Dienste der Länder – im Interesse des Gesamtstaats. Festschrift 60 Jahre Verbindungsstelle der Bundesländer, 707–729, Wien: Wilhelm Braumüller Universitäts-Verlagsbuchhandlung Ges.m.b.H., 2011

FLICK, Uwe: Qualitative Sozialforschung. Eine Einführung, Reinbek bei Hamburg: Rowohlt Taschenbuch Verlag, 2007.

FÖHL, Patrick S./GLOGNER-PILZ, Patrick/LUTZ, Markus/PRÖBSTLE, Yvonne: Nachhaltige Entwicklung in Kulturmanagement und Kulturpolitik – Eine Einführung, in: FÖHL, Patrick S./GLOGNER-PILZ, Patrick/LUTZ, Markus/PRÖBSTLE, Yvonne (Hrsg.): Nachhaltige Entwicklung in Kulturmanagement und Kulturpolitik. Ausgewählte Grundlagen und strategische Perspektiven, 7–18, Wiesbaden: VS Verlag für Sozialwissenschaften, 2011.

FÖHL, Patrick S.: Nachhaltige Entwicklung in Kulturmanagement und Kulturpolitik: Neustart oder Placebo? – Grundlagen und Diskussionsanstöße, in: FÖHL, Patrick/GLOGNER-PILZ, Patrick/LUTZ, Markus/PRÖBSTLE, Yvonne (Hrsg.): Nachhaltige Entwicklung in Kulturmanagement und Kulturpolitik. Ausgewählte Grundlagen und strategische Perspektiven, 19–68, Wiesbaden: VS Verlag für Sozialwissenschaften, 2011.

FÖHL, Patrick S./PEPER, Robert: Transformationsprozesse benötigen neue methodische Ansätze. Einsatz einer Netzwerkanalyse bei der Erarbeitung einer Kulturentwicklungskonzeption, in: Kulturpolitische Mitteilungen Nr. 147, S. 54–56, Essen: Kulturpolitische Gesellschaft e.V., 2014.

FOURNIER, Laurent-Sébastien: Intangible Cultural Heritage in France: From State culture to Local Development, in: BENDIX, Regina F./EGGERT, Aditya/PESELMANN, Arnika (Hrsg.): Heritage Regimes and the State, Göttingen Studies in Cultural Property, Volume 6, 327–340, Göttingen: Universitätsverlag Göttingen, 2012.

FUCHS, Max: Kulturpolitik als gesellschaftliche Aufgabe, Opladen/Wiesbaden: Westdeutscher Verlage, 1998.

FUCHS, Max: Kulturpolitik in Zeiten der Globalisierung, in: Aus Politik und Zeitgeschichte, 15–20, Bonn: Bundeszentrale für politische Bildung, 2003.

FUCHS, Max: Kulturvermittlung und kulturelle Teilhabe – ein Menschenrecht, in: MANDEL, Birgit (Hrsg.): Kulturvermittlung – zwischen kultureller Bildung und Kulturmarketing. Eine Profession mit Zukunft, 31–39, Bielefeld: transcript Verlag, 2005.

FUCHS, Max: Kultur, Kulturpolitik und das Feuilleton. Überlegungen aus aktuellem Anlass, in: ZIMMERMANN, Olaf/GEISSLER, Theo (Hrsg.): Max Fuchs. Kulturpolitik und Zivilgesellschaft. Analysen und Positionen, 93–94, Berlin: Deutscher Kulturrat, 2006.

FUCHS, Max: Kulturpolitik und ihre Begründungen. Einige theoretische Überlegungen zu einem praktischen Problem, in: Institut für Kulturpolitik der Kulturpolitischen Gesellschaft e.V. (Hrsg.): Jahrbuch für Kulturpolitik 2010. Band 10. Thema: Kulturelle Infrastruktur, 45–50, Essen: Klartext Verlag, 2010.

GERMELMANN, Claas Friedrich: Kultur und staatliches Handeln. Grundlagen eines öffentlichen Kulturrechts in Deutschland, Tübingen: Mohr Siebeck, 2013.

GLASER, Hermann: Zum Geleit, in: WAGNER, Bernd: Fürstenhof und Bürgergesellschaft. Zur Entstehung, Entwicklung und Legitimation von Kulturpolitik, 9–11, Bonn: Kulturpolitische Gesellschaft sowie Essen: Klartext-Verlag, 2009.

GÖHLER, Gerhard: Politische Institutionen und ihr Kontext. Begriffliche und konzeptionelle Überlegungen zur Theorie politischer Institutionen, in: GÖHLER, Gerhard (Hrsg.): Die Eigenart der Institutionen. Zum Profil politischer Institutionentheorie, Baden-Baden: Nomos Verlagsgesellschaft, 1994.

GRAEZER BIDEAU, Florence: Identifying „Living Traditions" in Switzerland: re-enacting Federalism through the UNESCO Convention for the Safeguarding of Intangible Cultural Heritage, in: BENDIX, Regina F./EGGERT, Aditya/PESELMANN, Arnika (Hrsg.): Heritage Regimes and the State, Göttingen: Universitätsverlag Göttingen, 303–325, 2012.

GRONI, Christian: Das Menschenrecht auf Teilnahme am kulturellen Leben, Niedernhausen: Richard Boorberg Verlag, 2008.

HAFSTEIN, Valdimar Tr.: Claiming Culture: Intangible Heritage Inc., Folklore ©, Traditional Knowledge™, in: HEMME, Dorothee/TAUSCHEK, Markus/BENDIX, Regina (Hrsg.): Prädikat HERITAGE. Wertschöpfungen aus kulturellen Ressourcen (Studien zur Kulturanthropologie/Europäischen Ethnologie, 1), Berlin: LIT-Verlag, 75–100, 2007.

HALL, Peter A.: Policy Paradigms, Social Learning, and the State: The Case of Economic Policymaking in Britain, in: Comparative Politics, Vol. 25, No. 3 (Apr., 1993), 275–296, City University of New York, 1993.

HANKE, Benjamin: Was hat Deutschland von der Umsetzung von UNESCO-Konventionen?, in: GOTZMANN, Inge (Hrsg.) Kulturlandschaft und Kulturerbe – Konventionen und ihre Umsetzung in Europa: Dokumentation des Workshops „Konventionen zu Kulturlandschaft und Kulturerbe" am 11. und 12. Oktober 2016 in Berlin, 85–88, Bonn: Bund Heimat und Umwelt in Deutschland, 2016.

HANKE, Benjamin: Die Umsetzung der UNESCO-Konvention zur Erhaltung des immateriellen Kulturerbes in Deutschland. Ein Beitrag zur Förderung der Teilhabe an Kunst und Kultur?, in: GAD, Daniel/SCHRÖCK, Katharina M./WEIGL, Aron (Hrsg.): Forschungsfeld Kulturpolitik – eine Kartierung von Theorie und Praxis. Festschrift für Wolfgang Schneider, 141–150, Hildesheim: Universitätsverlag Hildesheim/Georg Olms Verlag, 2019.

HASELBACH, Dieter/KLEIN, Armin/KNÜSEL; Pius/OPITZ, Stephan: Der Kulturinfarkt. Von allem zu viel und überall das Gleiche, München: Albrecht Knaus Verlag, 2012.

HASELBACH, Dieter: Kulturpolitik planen. Beobachtungen und Schlussfolgerungen aus der Planungspraxis, in: Institut für Kulturpolitik der Kulturpolitischen Gesellschaft e.V. (Hrsg.): Jahrbuch für Kulturpolitik 2013. Band 13. Thema: Kulturpolitik und Planung, 93–101, Essen: Klartext Verlag, 2013.

HILDEBRANDT, Achim/WOLF, Frieder: Die Politik der Bundesländer. Staatstätigkeit im Vergleich, Wiesbaden: VS Verlag für Sozialwissenschaften, 2008.

HITZLER, Ronald: Wissen und Wesen des Experten. Ein Annäherungsversuch – zur Einleitung, in: HITZLER, Ronald/HONER, Anne/MAEDER, Christoph (Hrsg.): Expertenwissen. Die institutionalisierte Kompetenz zur Konstruktion von Wirklichkeit, 13–30, Opladen: Westdeutscher Verlag, 1994.

HOFFMANN, Hilmar: Kultur für alle – Perspektiven und Modelle, erw. und aktualisierte Ausgabe, Frankfurt am Main: Fischer Taschenbuch Verlag, 1981.

HOFFMANN, Hilmar: Kultur für morgen. Ein Beitrag zur Lösung der Zukunftsprobleme, Frankfurt a.m.: Fischer Taschenbuch Verl., 1985.

HOFFMANN, Hilmar: Kultur als Lebensform. Aufsätze zur Kulturpolitik, Frankfurt am Main: Fischer Taschenbuch Verlag, 1990.

HORNBERGER, Barbara: Die Anerkennung kultureller Präferenzen. Zum Verhältnis von populärer Kultur und kultureller Teilhabe, in: NATIONALER KULTURDIALOG (Hrsg.): Kulturelle Teilhabe / Participation culturelle / Partecipazione culturale", 205–210, Zürich und Genf: Seismo Verlag, 2019.

HOTTIN, Christian: Le Patrimoine Culturel Immatériel en France : des paradoxes évolutifs, in: CENTRE FRANÇAIS DU PATRIMOINE CULTUREL IMMATÉRIEL – MAISON DES CULTURES DU MONDE (Hrsg.): L'administration du patrimoine culturel immatériel en Europe. Organisation, réglementation et procédures, Les Cahiers du CFPCI n.1, 12–35. Vitré, 2013.

HOWLETT, Michael/RAMESH M./PERL, Anthony: Studying Public Policy. Policy Cycles & Policy Subsystems, Ontario: Oxford University Press, 2009

INSTITUT FÜR KULTURPOLITIK DER KULTURPOLITISCHEN GESELLSCHAFT: Förderpotenziale für die kulturelle Infrastruktur sowie für kulturelle Aktivitäten in ländlichen Räumen. Eine Bestandsaufnahme, Bonn, 2015.

JACOBS, Marc: Das Konventionsprojekt der UNESCO zum immateriellen Kulturerbe, in: UNESCO heute, Zeitschrift der Deutschen UNESCO-Kommission. Ausgabe 1/2007 – Themenheft „Immaterielles Kulturerbe", 9–15, Bonn, 2007.

JACOBS, Marc: Cultural Brokerage, Addressing Boundaries and the New Paradigm of Safeguarding Intangible Cultural Heritage. Folklore Studies, Transdisciplinary Perspectives and UNESCO, in: JACOBS, Marc/NEYRINCK, Jorijn/VAN DER ZEIJDEN, Albert (Hrsg.): Brokers, Facilitators and Mediation. Critical Success (F)Actors in Safeguarding Intangible Cultural Heritage, Volkskunde – Tijdschrift over de cultuur van het dagelijks leven, 3/2014 (Special Issue), 265–291, Gent: Academia Press, 2014.

JACOBS, Marc/NEYRINCK, Jorijn/VAN DER ZEIJDEN, Albert: UNESCO, Brokers and Critical Success (F)Actors in Safeguarding Intangible Cultural Heritage, in: JACOBS, Marc/NEYRINCK, Jorijn/VAN DER ZEIJDEN, Albert (Hrsg.): Brokers, Facilitators and Mediation. Critical Success (F)Actors in Safeguarding Intangible Cultural Heritage, Volkskunde – Tijdschrift over de cultuur van het dagelijks leven, 3/2014 (Special Issue), 249–256, Gent: Academia Press, 2014.

JANN, Werner: Kategorien der Policy-Forschung, Speyerer Arbeitshefte Nr. 37, Hochschule für Verwaltungswissenschaften Speyer, 1981.

JANN, Werner/WEGRICH, Kai: Phasenmodelle und Politikprozesse: Der Policy-Cycle, in: SCHUBERT, Klaus/BANDELOW, Nils C. (Hrsg.): Lehrbuch der Politikfeldanalyse, 71–104, München, Wien: Oldenbourg, 2003.

KASCHUBA, Wolfgang: Wandel als Erbe? Urbane Tradition als „paradoxe" Kategorie, in: BUNDESAMT FÜR KULTUR/SCHWEIZERISCHE AKADEMIE DER GEISTES- UND SOZIALWISSENSCHAFTEN (Hrsg.): Lebendige Traditionen in der urbanen Gesellschaft, 54–60, Hier und Jetzt: Baden, 2015.

KERN, Kristine/JÖRGENS, Helge/JÄNICKE, Martin: The Diffusion of Environmental Policy Innovations. A Contribution to the Globalisation of Environmental Policy, Berlin: Wissenschaftszentrum Berlin für Sozialforschung, 2000.

KHAZNADAR, Chérif: Patrimoine culturel immatériel: les problématiques, in: KHAZ-NADAR, Chérif/DAVOIGNEAU, Jean (Hrsg.): Le Patrimoine Culturel Immatériel. Les enjeux, les problématiques, les pratiques, International de l'Imaginaire, coll. „Babel", nouv. série, n° 17, 51–58, Paris/Arles: Maison des Cultures du Monde/Actes Sud, 2004.

KHAZNADAR, Chérif: La relation de la France au patrimoine culturel immatériel, in: KHAZNADAR, Chérif (Hrsg.): Le Patrimoine Culturel Immatériel. Premières expériences en France, International de l'Imaginaire, coll. „Babel", nouv. série, n° 25,11–23, Paris/Arles: Maison des Cultures du Monde/Actes Sud, 2011.

KLEIN, Armin: Kulturpolitik. Eine Einführung, VS Verlag für Sozialwissenschaften: Wiesbaden, 2009.

KOCH, Gertraud/HANKE, Benjamin: Get to know and appreciate the Living Cultural Heritage in Germany, in: CENTRE FRANÇAIS DU PATRIMOINE CULTUREL IMMATÉRIEL – MAISON DES CULTURES DU MONDE (Hrsg.): L'administration du patrimoine culturel immatériel en Europe. Organisation, réglementation et procédures, Les Cahiers du CFPCI n.1, 46–56. Vitré, 2013.

KONO, Toshiyuki: UNESCO and Intangible Cultural Heritage from the Viewpoint of Sustainable Development, in: UNESCO/Abdulqawi A. Yusuf (Hrsg.): Standard-setting at UNESCO; Volume 1: Normative action in education, science and culture: essays in commemoration of the sixtieth anniversary of UNESCO, 237–266, Paris: UNESCO Publishing, 2007.

KOSLOWSKI, Stefan: Lebendige Traditionen inmitten der urbanisierten Gesellschaft. Zur Aktualisierung der „Liste der lebendigen Traditionen in der Schweiz, in: BUNDES-AMT FÜR KULTUR/SCHWEIZERISCHE AKADEMIE DER GEISTES- UND SOZI-ALWISSENSCHAFTEN (Hrsg.): Lebendige Traditionen in der urbanen Gesellschaft, 40–53, Hier und Jetzt: Baden, 2015a.

KOSLOWSKI, Stefan: Warum und wozu „Lebendige Traditionen ausstellen und vermitteln"? Zur Umsetzung des „UNESCO-Übereinkommens zur Bewahrung des immateriellen Kulturerbes", in: BUNDESAMT FÜR KULTUR (Hrsg.): Lebendige Traditionen ausstellen, 34–45, Hier und Jetzt: Baden, 2015b.

KOSLOWSKI, Stefan: Stadtleben unter der Lupe. Ausstellungen als Foren der Gegenwartsvergegenwärtigung, in: Der Spiegel der Stadtkultur. Stadtmuseen vor neuen Herausforderungen, 65–66, Landesstelle für die nichtstaatlichen Museen in Bayern: München, 2016.

KOSLOWSKI, Stefan: Kultur teilen. Immaterielles Kulturerbe leben, in: Heimatschutz/Patrimoine, Ausgabe 4/2017 – Themenheft Lebendige Traditionen, 6–11, Zürich, 2017.

KROPP, Sabine: Kooperativer Föderalismus und Politikverflechtung, VS Verlag für Sozialwissenschaften: Wiesbaden, 2010.

KUCKARTZ, Udo: Qualitative Inhaltsanalyse. Methoden, Praxis, Computerunterstützung, Weinheim und Basel: Beltz Juventa, 2012.

LEIBFRIED, Stephan/ZÜRN, Michael (Hrsg.): Transformationen des Staates?, Frankfurt am Main: Suhrkamp Verlag, 2006.

LEMBKE, Kilian: Kommunale Kulturpolitik. Strukturen, Prozesse, Netzwerke, Bielefeld: transcript Verlag, 2017.

LENSKI, Sophie: Batik in Bethlehem, Hikaye in Hannover. Der rechtliche Schutz des Kulturerbes zwischen kulturellem Internationalismus und nationaler Identität, Baden-Baden: Nomos Verlagsgesellschaft, 2014.

LETZNER, Volker: Was lange währt, wird vielleicht doch noch gut…!? Die Umsetzung der UNESCO-Konvention von 2003 zum immateriellen Kulturerbe in Deutschland und deren Defizite, in: Tourismus Management Passport, Zeitschrift der Fakultät für Tourismus der Hochschule München, 58–63, Augsburg: vmm wirtschaftsverlag, 2013.
LOWI, Theodore J.: Arenas of Power, Boulder: Paradigm Publishers, 2009.
LÜDDEMANN, Stefan: Kultur. Eine Einführung, Wiesbaden: Springer Fachmedien, 2019.
MANDEL, Birgit (Hrsg.): Kulturvermittlung – zwischen kultureller Bildung und Kulturmarketing. Eine Profession mit Zukunft, Bielefeld: transcript Verlag, 2005.
MANDEL, Birgit: Teilhabeorientierte Kulturvermittlung. Neue Herausforderungen für Kulturinstitutionen und Kulturpolitik, in: NATIONALER KULTURDIALOG (Hrsg.): Kulturelle Teilhabe / Participation culturelle / Partecipazione culturale", 69–76, Zürich und Genf: Seismo Verlag, 2019.
MAYER, Horst O.: Interview und schriftliche Befragung. Entwicklung, Durchführung und Auswertung, München: Oldenbourg Wissenschaftsverlag, 2004.
MAYNTZ, Renate (Hrsg.): Implementation politischer Programme. Empirische Forschungsberichte, Königstein/Ts.: Verlag Anton Hain Meisenheim GmbH, 1980.
MAYNTZ, Renate: Soziale Dynamik und politische Steuerung. Theoretische und methodologische Überlegungen, Frankfurt/Main; New York: Campus Verlag, 1997.
MAYNTZ, Renate: Governance im modernen Staat, in: BENZ, Arthur: Governance – Regieren in komplexen Regelsystemen. Eine Einführung, 65–76, Wiesbaden: VS Verlag für Sozialwissenschaften, 2004.
MAYRING, Philipp: Qualitative Inhaltsanalyse. Grundlagen und Techniken, 9. Auflage, Weinheim: Deutscher Studien Verlag, 2007.
MEISSNER, Marlen: The Valorisation of Intangible Cultural Heritage: A Bourdieusian Approach to the Developmental Potentials of Heritage, 2020 (unveröffentlicht).
MERKEL, Christine M.: Usable pasts – Creative futures. How the normative recognition of intangible cultural heritage and of the diversity of cultural expressions by UNESCO opens new horizons for publicly committed scholars, in: BROSIUS, Christiane/POLIT, Karin M.: Ritual, Heritage and Identity: The Politics of Culture and Performance in a Globalised World, 55–75, New Delhi: Routledge Press, 2011.
MEUSER, Michael/NAGEL, Ulrike: ExpertInneninterviews – vielfach erprobt, wenig bedacht, in: GARZ, Detlef/KRAIMER, Klaus: Qualitativ-empirische Sozialforschung. Konzepte, Methoden, Analysen, 441–471, Opladen: Westdeutscher Verlag, 1991.
MEUSER, Michael/NAGEL, Ulrike: Expertenwissen und Experteninterview, in: HITZLER, Ronald/HONER, Anne/MAEDER, Christoph (Hrsg.): Expertenwissen. Die institutionalisierte Kompetenz zur Konstruktion von Wirklichkeit, 180–192, Opladen: Westdeutscher Verlag, 1994.
MEYER-BISCH, Patrice: Participer à la vie culturelle est un droit humain. Conséquences pour les politiques publiques, in: NATIONALER KULTURDIALOG (Hrsg.): Kulturelle Teilhabe / Participation culturelle / Partecipazione culturale", 51–58, Zürich und Genf: Seismo Verlag, 2019.
MEYER-RATH, Anne: Zeit-nah, Welt-fern? Paradoxien in der Prädikatisierung von immateriellem Kulturerbe, in: HEMME, Dorothee/TAUSCHEK, Markus/BENDIX, Regina (Hrsg.): Prädikat HERITAGE. Wertschöpfungen aus kulturellen Ressourcen (Studien zur Kulturanthropologie/Europäischen Ethnologie, 1), Berlin: LIT-Verlag, 147–176, 2007.

MIßLING, Sven: Die UNESCO-Konvention zum Schutz des immateriellen (Kultur-)Erbes der Menschheit von 2003. Öffnung des Welterbekonzepts oder Stärkung der kulturellen Hoheit des Staates?, in: BENDIX, Regina F./BIZER, Kilian/GROTH, Stefan (Hrsg.): Die Konstituierung von Cultural Property. Forschungsperspektiven, Göttingen Studies in Cultural Property Band 1, 91–113, Göttingen: Universitätsverlag Göttingen, 2010.

MULCAHY, Kevin: Public Culture, Cultural Identity, Cultural Policy. Comparative Perspectives, New York: Palgrave Macmillan, 2017.

MÜLLER, Lorenz/SINGER, Otto: Rechtliche und institutionelle Rahmenbedingungen der Kultur in Deutschland. Bestandsaufnahme und Einordnung in die kulturpolitische Praxis von Bund und Ländern (Wissenschaftliche Dienste des Deutschen Bundestages, WF X – 106/03), Berlin: Deutscher Bundestag, 2004.

NATIONALER KULTURDIALOG (Hrsg.): Kulturelle Teilhabe / Participation culturelle / Partecipazione culturale", Zürich und Genf: Seismo Verlag, 2019.

NATIONALER KULTURDIALOG: Positionspapier der Arbeitsgruppe Kulturelle Teilhabe, Oktober 2015, in: NATIONALER KULTURDIALOG (Hrsg.): Kulturelle Teilhabe / Participation culturelle / Partecipazione culturale", 355–357, Zürich und Genf: Seismo Verlag, 2019.

NEUMANN; Bernd: „Kultur nach Plan" heißt: Rahmenbedingungen für Kunst und Kultur gestalten, in: Institut für Kulturpolitik der Kulturpolitischen Gesellschaft e.V. (Hrsg.): Jahrbuch für Kulturpolitik 2013. Band 13. Thema: Kulturpolitik und Planung, 19–26, Essen: Klartext Verlag, 2013.

NEYRINCK, Jorijn: La Politique du Patrimoine Culturel Immatériel en Flandre, in: CENTRE FRANÇAIS DU PATRIMOINE CULTUREL IMMATÉRIEL – MAISON DES CULTURES DU MONDE (Hrsg.): L'administration du patrimoine culturel immatériel en Europe. Organisation, réglementation et procédures, Les Cahiers du CFPCI n. 1, 93–105, Vitré: Centre français du patrimoine culturel immatériel – Maison des Cultures du Monde, 2013.

NOYES, Dorothy: From Cultural Forms to Policy Objects, in: FOSTER, Michael Dylan/ GILMAN, Lisa (Hrsg.): UNESCO on the Ground: Local Perspectives on Intangible Cultural Heritage, 161–175, Bloomington/Indianapolis: Indiana University Press, 2015.

OFFE, Claus: Berufsbildungsreform. Eine Fallstudie über Reformpolitik, Frankfurt am Main: Suhrkamp-Verlag, 1975.

ÖSTERREICHISCHE UNESCO-KOMMISSION: Immaterielles Kulturerbe in Österreich. Verzeichnis 2014–2015, Wien: ÖUK, 2015.

PAPPI, Franz Urban: Policy-Analyse. Elemente der Kritik und Perspektiven der Neuorientierung, in: HÉRITIER, Adrienne: Policy-Analyse. Kritik und Neuorientierung, Opladen: Westdeutscher Verlag, 1993.

PAPPI, Franz Urban/KÖNIG, Thomas/KNOKE, David: Entscheidungsprozesse in der Arbeit- und Sozialpolitik. Der Zugang der Interessengruppen zum Regierungssystem über Politikfeldnetze; ein deutsch-amerikanischer Vergleich, Frankfurt/Main; New York: Campus Verlag, 1995.

PLAGEMANN, Volker: Bürgerrecht Kultur, in: SCHWENCKE, Olaf (Hrsg.): Kulturföderalismus und Kulturförderung. Neue Bundesstaatlichkeit im Kulturstaat Deutschland?, 83–86, Hagen/Loccum: Kulturpolitische Gesellschaft e.V., 1992.

POHLMANN, Markus: Kulturpolitik in Deutschland. Städtisch organisierte Kultur und Kulturadministration, München: minerva publikation, 1994.

PRIMAVESI, Oliver/RAPP, Christof: Aristoteles, München: C.H.Beck, 2016.

RIEDER, Katrin: Was die Gemeinschaft zusammenhält. Teilhabe als Merkmal des immateriellen Kulturerbes, in: NATIONALER KULTURDIALOG (Hrsg.): Kulturelle Teilhabe / Participation culturelle / Partecipazione culturale", 143–154, Zürich und Genf: Seismo Verlag, 2019.

ROSE, Richard: What is Lesson-Drawing?, in: Journal of Public Policy, 11(1), 3–30., Cambridge u.a.: Cambridge University Press, 1991.

RUDOLFF, Britta: 'Intangible' and 'tangible' heritage A topology of culture in contexts of faith, Dissertation, Mainz 2006.

SABATIER, Paul A.: Advocacy-Koalitionen, Policy-Wandel und Policy-Lernen. Eine Alternative zur Phasenheuristik, in: HÉRITIER, Adrienne: Policy-Analyse. Kritik und Neuorientierung, Opladen: Westdeutscher Verlag, 1993.

SABATIER, Paul A./JENKINS-SMITH, Hank C.: The Dynamics of Policy-Oriented Learning, in: SABATIER, Paul A./JENKINS-SMITH, Hank C. (Hrsg.): Policy Change and Learning. An Advocacy Coalition Approach, Boulder: Westview Press, 1993.

SCHARPF, Fritz W.: Theorie der Politikverflechtung, in: SCHARPF, Fritz W./REISSERT, Bernd/SCHNABEL, Fritz: Politikverflechtung. Theorie und Empirie des kooperativen Föderalismus in der Bundesrepublik, 13–70, Kronberg/Ts.: Scriptor Verlag, 1976.

SCHARPF, Fritz W.: Interaktionsformen. Akteurzentrierter Institutionalismus in der Politikfeldforschung, Opladen: Leske + Budrich, 2000.

SCHENK, Günter: Karneval zwischen Tradition und Kommerz. Kulturerbe als Chance?, Köln: Marzellen Verlag GmbH, 2015.

SCHELLER, Henrik/SCHMID, Josef: Föderale Politikgestaltung im deutschen Bundesstaat, Baden-Baden: Nomos Verlagsgesellschaft, 2008.

SCHELLER, Henrik: Ursprünge und Rezeption des Politikverflechtungsansatzes – Auswanderung aus der Wissenschaft und politische Instrumentalisierung?, in: SCHELLER, Henrik/SCHMID, Josef: Föderale Politikgestaltung im deutschen Bundesstaat, 13–35, Baden-Baden: Nomos Verlagsgesellschaft, 2008.

SCHEYTT, Oliver: Kultur für alle und von allen – ein Erfolgs- oder Auslaufmodell?, in: MANDEL, Birgit (Hrsg.): Kulturvermittlung – zwischen kultureller Bildung und Kulturmarketing. Eine Profession mit Zukunft, 25–30, Bielefeld: transcript Verlag, 2005.

SCHEYTT, Oliver: Kulturpolitik als gesellschaftliche Aufgabe, Sicherung der kulturellen Infrastruktur, in: Neue Wege für die Kulturpolitik. Zu den Ergebnissen der Enquete-Kommission „Kultur in Deutschland", 5–9, Berlin: Fraktion der SPD im Deutschen Bundestag, 2008.

SCHEYTT, Oliver: Pflichtaufgabe, Grundversorgung und kulturelle Infrastruktur – Begründungsmodelle der Kulturpolitik, in: Institut für Kulturpolitik der Kulturpolitischen Gesellschaft e.V. (Hrsg.): Jahrbuch für Kulturpolitik 2010. Band 10. Thema: Kulturelle Infrastruktur, 27–44, Essen: Klartext Verlag, 2010.

SCHEYTT, Oliver: Kulturpolitikforschung als Basis für kulturpolitisches Monitoring, in: Kulturpolitische Mitteilungen 155, 26, Bonn, IV/2016.

SCHMID, Josef: Variable Verflechtungsmuster in unterschiedlichen Politikfeldern aufgrund von Problem- und Strukturkontingenzen, in: SCHELLER, Henrik/SCHMID, Josef: Föderale Politikgestaltung im deutschen Bundesstaat, 345–357, Baden-Baden: Nomos Verlagsgesellschaft, 2008.

SCHMIED, Hartmut: Umfrage zum Immateriellen Kulturerbe 2017 unter den Museen im Museumsverband in Mecklenburg-Vorpommern e.V., Sonderheft der Mitteilungen des Museumsverbandes in Mecklenburg-Vorpommern e.V., 2017.

SCHNEIDER, Volker/JANNING, Frank: Politikfeldanalyse: Akteure, Diskurse und Netzwerke in der öffentlichen Politik, Wiesbaden, Wiesbaden: VS, Verlag für Sozialwissenschaften, 2006.

SCHNEIDER, Wolfgang: Kulturvermittlung braucht Kulturpolitik … um neue Strategien ästhetischer Kommunikation zu entwickeln, in: MANDEL, Birgit (Hrsg.): Kulturvermittlung – zwischen kultureller Bildung und Kulturmarketing. Eine Profession mit Zukunft, 40–48, Bielefeld: transcript Verlag, 2005.

SCHNEIDER, Wolfgang: Wider die normative Kraft des Faktischen. Kulturpolitische Anmerkungen zur Infrastruktur der Kunstbetriebe, zu Institutionalisierungsbestrebungen der Kommunen und zu der Initiative, Kulturräume wieder neu zu denken, in: INSTITUT FÜR KULTURPOLITIK DER KULTURPOLITISCHEN GESELLSCHAFT E.V. (Hrsg.): Jahrbuch für Kulturpolitik 2010. Band 10. Thema: Kulturelle Infrastruktur, 281–289, Essen: Klartext Verlag, 2010.

SCHNEIDER, Wolfgang: Arts and Development. Parameters for a future International Cultural Policy, in: SCHNEIDER; Wolfgang/GAD, Daniel (Hg.): Good Governance for Cultural Policy. An African-European Research about Arts and Development, 15–27, Frankfurt am Main: Peter Lang, 2014a.

SCHNEIDER, Wolfgang (Hrsg.): Weißbuch Breitenkultur. Kulturpolitische Kartografie eines gesellschaftlichen Phänomens am Beispiel des Landes Niedersachsen, Hildesheim: Universitätsverlag (Hildesheimer Universitätsschriften, 29), 2014b.

SCHNEIDER, Wolfgang: „Seismographs", "Watch Dogs" or "Change Agents"? Artistic Interventions and Cultural Policy in Processes of Social Transformation, in: Journal of Law, Social Justice & Global Development, 2016, (1), Special Issue 'Cultural Economies and Cultural Activism', University of Warwick, 2016.

SCHNEIDER, Wolfgang: Die Zeichen der Zeit nicht erkannt!, im Interview in: kulturmanagement.net, Nr. 134, 17–23, Juli 2018.

SCHNELL, Rainer/HILL, Paul B./ESSER, Elke: Methoden der empirischen Sozialforschung, München & Wien: Oldenbourg, 6. Auflage, 1999.

SCHÖNBERGER, Sophie: Lists and logos for the intangible – German lessons of hierarchy and exclusion, 2017 (http://dpc.hypotheses.org/files/2018/07/Lists-and-logos-for-the-int angible.pdf; Zugriff am 15.01.2021).

SCHUBERT, Klaus: Politikfeldanalyse. Eine Einführung, Opladen: Leske + Budrich, 1991.

SCHUBERT, Klaus/BANDELOW, Nils C.: Politikdimensionen und Fragestellungen der Politikfeldanalyse, in: SCHUBERT, Klaus/BANDELOW, Nils C. (Hrsg.): Lehrbuch der Politikfeldanalyse, 1–22, München, Wien: Oldenbourg, 2003.

SCHUBERT, Klaus/KLEIN, Martina: Das Politiklexikon, Bonn: Bundeszentrale für politische Bildung, 2006.

SCHWEIZERISCHE EIDGENOSSENSCHAFT: Botschaft zur Förderung der Kultur in den Jahren 2021–2024. Kulturbotschaft 2021–2024 (https://www.admin.ch/opc/de/federal-gazette/2020/3131.pdf; Zugriff am 13.08.2020).

SCHWENCKE, Olaf/BÜHLER, Joachim/WAGNER, Marie Katharina: Kulturpolitik von A-Z. Ein Handbuch für Anfänger und Fortgeschrittene, Berlin: B&S Siebenhaar Verlag, 2009.

SIEVERS, Norbert: Die unzulängliche Zugänglichkeit der Kultur. Kulturelle Teilhabe und Sozialstruktur, in: Institut für Kulturpolitik der Kulturpolitischen Gesellschaft e.V. (Hrsg.): Jahrbuch für Kulturpolitik 2010. Band 10. Thema: Kulturelle Infrastruktur, 221–233, Essen: Klartext Verlag, 2010.

SINGER, Otto: Kulturpolitik und Parlament. Kulturpolitische Debatten in der Bundesrepublik Deutschland seit 1945 (Wissenschaftliche Dienste des Deutschen Bundestages, WF X – 078/03), Berlin: Deutscher Bundestag, 2003.

SOMMER, Frank: Kulturpolitik als Bewährungsprobe für den deutschen Föderalismus, Frankfurt am Main: Peter Lang GmbH, 2008.

STATISTISCHE ÄMTER DES BUNDES UND DER LÄNDER: Kulturfinanzbericht 2020, Wiesbaden: Statistisches Bundesamt, 2020.

STAUFFER, Christian/WIEDMER, Cécile: Schlussbericht des Projekts „Lebendige Traditionen in den Schweizer Pärken und UNESCO Weltnaturerbestätten", 2017–2019, Bern: Netzwerk Schweizer Pärke, 2019.

TAUSCHEK, Markus: Wertschöpfung aus Tradition. Der Karneval von Binche und die Konstituierung kulturellen Erbes, Berlin: LIT Verlag Dr. W. Hopf, 2010.

TAUSCHEK, Markus: The Bureaucratic Texture of National Patrimonial Policies, in: BENDIX, Regina F./EGGERT, Aditya/PESELMANN, Arnika (Hrsg.): Heritage Regimes and the State, Göttingen Studies in Cultural Property, Volume 6, 195–212, Göttingen: Universitätsverlag Göttingen, 2012.

TAUSCHEK, Markus: Kulturerbe. Eine Einführung, Berlin: Dietrich Reimer Verlag, 2013.

TORNATORE, Jean-Louis: Anthropology's Payback: „The Gastronomic Meal of the French". The Ethnographic Elements of a Heritage Distinction, in: BENDIX, Regina F./ EGGERT, Aditya/PESELMANN, Arnika (Hrsg.): Heritage Regimes and the State, Göttingen Studies in Cultural Property, Volume 6, 341–365, Göttingen: Universitätsverlag Göttingen, 2012.

VAN DEN BROUCKE, Dries/THYS, Arlette (Hrsg.): The Government of Flanders' policy on safeguarding intangible cultural heritage, Brüssel: Government of Flanders, Arts and Heritage, 2012.

VAN WAARDEN, Frans: Institutionen zur Zentralisierung und Kontrolle politischer Macht, in: SCHUBERT, Klaus/BANDELOW, Nils C. (Hrsg.): Lehrbuch der Politikfeldanalyse, 257–288, München, Wien: Oldenbourg, 2003.

VITALI, David/DAO, Julia: L'administration du Patrimoine Culturel Immatériel en Suisse, in: Centre français du patrimoine culturel immatériel – Maison des Cultures du Monde (Hrsg.): L'administration du patrimoine culturel immatériel en Europe. Organisation, réglementation et procédures, Les Cahiers du CFPCI n.1, 36–45, Vitré, 2013.

VIVIANI, Madeleine: Das Schweizer Forum für das immaterielle Kulturerbe, in: in: UNESCO heute, Zeitschrift der Deutschen UNESCO-Kommission. Ausgabe 1/2007 – Themenheft „Immaterielles Kulturerbe", 65–66, Bonn, 2007.

VON BEYME, Klaus: Kulturpolitik und nationale Identität. Studien zur Kulturpolitik zwischen staatlicher Steuerung und gesellschaftlicher Autonomie, Opladen/Wiesbaden: Westdeutscher Verlag, 1998.

VON BEYME, Klaus: Vergleichende Politikwissenschaft, Wiesbaden: VS Verlag für Sozialwissenschaften, 2010.

VON BEYME, Klaus: Kulturpolitik in Deutschland. Von der Staatsförderung zur Kreativwirtschaft, Wiesbaden: Springer Fachmedien, 2012.

VON KÖCKRITZ, Sieghardt: Kulturföderalismus und Kulturförderung in Deutschland, in: SCHWENCKE, Olaf (Hrsg.): Kulturföderalismus und Kulturförderung. Neue Bundesstaatlichkeit im Kulturstaat Deutschland?, 75–79, Hagen/Loccum: Kulturpolitische Gesellschaft e.V., 1992.

WAGNER, Bernd: Kulturpolitik in der Bundesrepublik Deutschland, Deutscher Musikrat/ Deutsches Musikinformationszentrum, 2007; Stand: 20.07.2007 (http://www.miz.org/sta tic_de/themenportale/einfuehrungstexte_pdf/02_Musikfoerderung/wagner.pdf; Zugriff am 22.10.2018).

WAGNER, Bernd: Fürstenhof und Bürgergesellschaft. Zur Entstehung, Entwicklung und Legitimation von Kulturpolitik, Bonn: Kulturpolitische Gesellschaft sowie Essen: Klartext-Verlag, 2009.

WAGNER, Bernd: Kulturelle Infrastruktur. Einleitung, in: Institut für Kulturpolitik der Kulturpolitischen Gesellschaft e.V. (Hrsg.): Jahrbuch für Kulturpolitik 2010. Band 10. Thema: Kulturelle Infrastruktur, 11–26, Essen: Klartext Verlag, 2010.

WAGNER, Bernd: Kulturpolitik – Ein Praxisfeld ohne Theorie?, in: Jahrbuch Kulturmanagement 2011, (1), 41–51, Bielefeld: transcript, 2011.

WALCHER, Maria: Die Nationalagentur für das immaterielle Kulturerbe in Österreich. Eine erste Bilanz, in: UNESCO heute, Zeitschrift der Deutschen UNESCO-Kommission. Ausgabe 1/2007 – Themenheft „Immaterielles Kulturerbe", 69–70, Bonn, 2007.

WENZLER, Michel: Journalisten und Eliten. Das Entstehen journalistischer Nachrichten über Energie- und Kulturpolitik, Konstanz: UVK Verlagsgesellschaft, 2009.

WIMMER, Michael: Kultur und Demokratie. Eine systematische Darstellung von Kulturpolitik in Österreich, Innsbruck: Studienverlag Ges.m.b.H., 2011.

WINDHOFF-HÉRITIER, Adrienne: Policy-Analyse. Eine Einführung, Frankfurt/Main, New York: Campus Verlag, 1987.

WOLF-CSANÁDY, Elisabeth: Wertewandel und Kulturpolitik in der Bundesrepublik Deutschland und Österreich, Frankfurt a. M.: Peter Lang-Verlag, 1996.

WULF, Christoph: Immaterielles kulturelles Erbe als Aufgabe von Erziehung und Bildung, in: UNESCO heute, Zeitschrift der Deutschen UNESCO-Kommission. Ausgabe 1/2007 – Themenheft „Immaterielles Kulturerbe", 41–43, Bonn, 2007.

WULF, Christoph: Geleitwort, in: BUNDESAMT FÜR KULTUR/SCHWEIZERISCHE AKADEMIE DER GEISTES- UND SOZIALWISSENSCHAFTEN (Hrsg.): Lebendige Traditionen in der urbanen Gesellschaft, 14–15, Hier und Jetzt: Baden, 2015.

WULF, Christoph: Vorwort, in: SCHMIED, Hartmut: Umfrage zum Immateriellen Kulturerbe 2017 unter den Museen im Museumsverband in Mecklenburg-Vorpommern e.V., Sonderheft der Mitteilungen des Museumsverbandes in Mecklenburg-Vorpommern e.V., 5, 2017.

ZIMMERMANN, Olaf: Wachgeküsst. 20 Jahre neue Kulturpolitik des Bundes 1998–2018, Deutscher Kulturrat e.V.: Berlin, 2018.

ZÜRCHER, Markus: Geleitwort, in: BUNDESAMT FÜR KULTUR/SCHWEIZERISCHE AKADEMIE DER GEISTES- UND SOZIALWISSENSCHAFTEN (Hrsg.): Lebendige Traditionen in der urbanen Gesellschaft, 16–18, Hier und Jetzt: Baden, 2015.

Periodische Berichte über die Umsetzung der Konvention zur Erhaltung des immateriellen Kulturerbes (2003) an die UNESCO (Staatenberichte):

Belgien: https://ich.unesco.org/doc/download.php?versionID=26289
Frankreich: https://ich.unesco.org/doc/download.php?versionID=33234
Schweiz: https://ich.unesco.org/doc/download.php?versionID=37454
Österreich: https://ich.unesco.org/doc/download.php?versionID=39541

Internetseite:

http://www.unesco.de/immaterielles-kulturerbe mit Unterseiten